＊叢書《制度を考える》
Following the Rules
Practical Reasoning and Deontic Constraint
Joseph Heath
ジョセフ・ヒース
瀧澤弘和 訳

ルールに従う
社会科学の規範理論序説

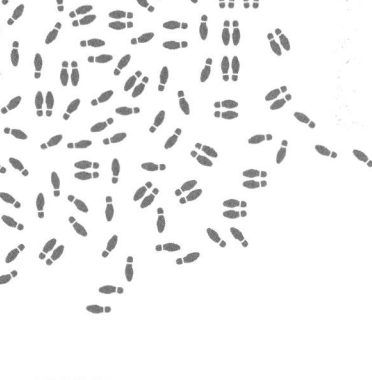

NTT出版

Copyright©2008 by Oxford University Press, Inc.
"Following the Rules: Practical Reasoning and Deontic Constraint,
First Edition" was originally published in English in 2008.
This translation is published by arrangement with Oxford University Press.
『ルールに従う――社会科学の規範序説』は,
2008年にオリジナルの英語バージョンが出版された.
この翻訳はオクスフォード大学出版との契約により翻訳出版された.

謝辞

Acknowledgment

　まず，長年にわたり本書の執筆に助力してくださった方々，本書を読んでコメントをくださった方々に謝意を表したい．特に，ジョエル・アンダーソン，ブノワ・デュブルーユ，ブノワ・ハーディ－ヴァレ，ヴィダ・パニッチ，パトリック・ターメル，スコット・ウッドコック，セルジオ・テネンバウムの各氏に感謝する．また，私の同僚ロナルド・デ・スーザと，オックスフォード大学出版会のピーター・オーリン，ピーター・モンチロフの各氏に対しては，もっとも必要なときに，プロジェクト全体を後押ししてくださったことに対して感謝している．

　本書には，長年にわたり専門雑誌の論文として発表してきたアイディアが改訂された形で組み込まれている．これらの専門雑誌のエディターとレフェリー，並びにこれらの論文に関して助力してくださったすべての方々に感謝する．本書における私の議論の定式化は，以下の諸論文に提示されたアイディアに取って代わるものとして理解されるべきである．"Foundationalism and Practical Reason," *Mind* 106, 3 (1997): 451-73, "The Structure of Normative Control," *Law and Philosophy* 17, 4 (1998): 419-41, "Brandom et les sources de la normativité," *Philosophiques* 28 (2001): 27-46, "Rational Choice with Deontic Constraint," *Canadian Journal of Philosophy* 31, 3 (2001): 361-88, "Practical Irrationality and the Structure of Decision Theory," in Sarah Stroud and Christine Tappolet, eds., *Weakness of Will and Practical Irrationality* (Oxford: Clarendon, 2003), "The Transcendental Necessity of Morality," *Philosophy and Phenomenological Research* 67 (2003): 378-95.

本書は多くの領域をカバーしている．決定的な時点で，重要なアイディアや業績を紹介してくださった方々に感謝している．こうしたアイディアや業績は，紹介していただかなければ私が気づかなかっただろうが，後に私の見解を展開するにあたって重要であることが判明したものである．そうした方々としては，トマス・マッカーシー，ジェームズ・ジョンソン，スティーブン・トゥールミン，デイヴィド・デイヴィス，マイケル・ウィリアムズ，ポール・トンプソン，ロナルド・デ・スーザの各氏が挙げられる．

　長年にわたり，カナダ工業省社会科学局（Social Sciences and Humanities Research Council of Canada），カナダ・リサーチ・チェアズ・プログラム（Canada Research Chairs Program），並びにトロント大学とモントリオール大学の哲学科から受けてきた寛大なサポートに対しても，謝意を表したい．

日本語版に寄せて
Preface to Japanese Edition

　私の『ルールに従う——社会科学の規範理論序説』が日本語で出版されるのを見ることは，私にとって大きな喜びです．何よりもまず，この翻訳作業に注ぎ込まれた膨大な仕事量に関し，瀧澤弘和氏に感謝したいと思います．われわれのEメールのやりとりを振り返ってみると，彼が本書の状況に関する問い合わせのために私にコンタクトをしてきたのは，本書がまだ草稿にすぎなかった2007年のことだったことがわかります．この翻訳が2013年の今の時点で登場するという事実は，この種の仕事にどれだけの作業が必要とされるのかについての何ほどかの感慨を読者に与えることでしょう．とりわけ，広範囲の学術文献に依拠し，いくつかの異なる理論の語彙を広範に使用している，この種の本の翻訳についてはそうだと思います．私の仕事を日本の読者に対してより近づきやすいものとするために，このようなプロジェクトを完遂しようとしてくれる人がいるということに対し，私は謙遜とともに感謝の意を抱くものです．ここ数年にわたり私の仕事に対して興味を示し，支持してくださった青木昌彦教授に対しても，謝意を述べたいと思います．

　時間とともに20世紀の知的文化は「現代の理論」というよりも「思想史」の一部になりつつありますが，この20世紀という期間について奇妙に感じられることがいくつかあるように思われます．その1つが，社会科学者たち，とりわけ経済学者たちの間にあった，ルールが人間の社会的行動の理解に対して重要でないという頑迷な主張であったことは疑いえないことです．これが奇妙であるのは，公平な観察者であれば容易に，人間の社会的インタラクションを他の動物のそれと比較するとき，ルール遵守が人間の社会的行動のもっとも重要な特徴であるという結論に至るだろうからです．しかしながら，

ハーバート・ギンタスが注意したように，人類学と社会心理学を例外として，20世紀の社会科学はおしなべて「おそらく人間の心にとって著しく特徴的で，人間社会における協力と利害対立の理解にとり中心的」であるもの——すなわち，ルールが内面化され，行為を導く仕方——を無視するか，誤って解釈するかしてきたのでした[1]．

　この意図的な目隠しを理解するためのもっとも良い方法は，社会科学者たちが現実を認識する仕方に，方法論的関心が大きな影響を与える例としてそれをみることだと思います．20世紀初頭における現代的な期待効用理論の展開によって，研究者たちは，理論的にエレガントで倹約的であるだけでなく，非常に強力な経済の数学モデルを構築することを可能にする人間行為のモデルを手にしたのでした（合理的意思決定を最大化問題として扱うことにはいくつかの利点があります．そのうち特に重要なのは，これによって一見複雑な問題を解くのに，比較的単純でよく理解できる数学的テクニックを多数用いることができることです）．ルール遵守が課す最重要の課題は，ルールに従う限りにおいて，人々が自分のもっとも選好する結果について最大化しないだろうということです．このために，ルール遵守が正真正銘の現象であることを認めることに対して，（とりわけ経済学者たちの間で）大きな抵抗があったのです．これは，単に，それを認めることがモデルを破壊し，あらゆる種類のインタラクションの数学的な取り扱いを不可能としてしまうと感じられたからにすぎませんでした．このように主体に隠れた動機を帰属させることによって，明白なルール遵守のあらゆる事例はないものとして説明でき，合理化できると信じたいという強い欲求があったのです．その背景には，明らかに最大化していない行為形態を最大化として扱うという，方法論的に誘導された強い欲求があったのでした．

　私がこのことに言及する理由の一部は，本書がなぜ今あるような形で書かれたのかを説明するためです．最初の3章において私が着手したのは，行為の経済学的モデルが，ルール遵守を表現し，取り入れるためにどのように修正できるのかを示すことでした．私がそうしたのは，フォーマルなモデル化のしやすさが行為理論の特に重要な特徴であると考えたからではありません．

---

1) Herbert Gintis, "A Framework for the Unification of the Behavioral Sciences," *Behavioral and Brain Sciences*, 30 (2007): 1–61.

むしろこの方向で探求を開始することに対する懸念が，諸個人がしばしば他の目的ではなく，それ自身のためにルールに従っているという直観的にもっともらしいアイディアに対する抵抗を動機づける中心的な要因の1つとなってきたからです．私の主要な目標は単に，ルールがそれほどエキゾチックなものではないということを示すこと，そしてルールを導入することが社会科学におけるフォーマルなモデル化におけるわれわれの能力を阻害すると恐れる理由がないということを示すだけのことでした．

　このように本書は，少なくとも最初は，深遠な問題提起を意図しているのではない議論から始められています．しかし，もちろんルール遵守の現象は，人間の認知と動機に関する深遠な問題を提起するものです．行為の経済学的モデルが何世代もの理論家たちにとって説得力があるように見えた理由の一部は，それが非常に単純で直観的に訴えかける信念・欲求心理学の一般化を構成しているからです．ルールを導入することは，単純に信念と欲求を結合すること以上のものが，実践的推論の中で起こっていることを示唆しています．人々がなぜルールに従うのかというより深遠な問題を扱うために，私はまず信念と欲求が何であるのかを問うことから始めます．私が採用する解答は，哲学文献ではきわめてありふれた見解ですが，信念と欲求が命題的態度であるということです．つまり，それらがその構造において本質的に言語的であるということです．

　信念や欲求などの状態をよりよく理解するために言語哲学に目を向けるとき，『哲学探究』においてルートヴィヒ・ヴィトゲンシュタインによって始められたルール遵守に関する非常に洗練された議論が現在の見解に影響してきたことがわかります．これらの考察が示唆しているのは，意味のある発話をし，そうして意味のある思考を持つわれわれの能力がルールに従うというわれわれの能力を前提としていることです．このことはさらに，ルールに従うことがわれわれの選択することであるばかりでなく，合理的存在としてのわれわれの本性の一部でもあるかもしれないことを示唆しているのです．これが，私が本書の後半で展開しようと努めた中心的なアイディアです．

　私がそうする目的は，20世紀のルール遵守に対する懐疑論の多くに疑いなく火をつけることとなった，根本的な帰結主義的直観をある程度認めることにあります．ルールに従うことがルールを破ることで得られる状態よりも悪いと自分自身でわかっている状態を生み出すとき，ルールに従うことには

本当に奇妙なことが存在しているのです．ここで一種のルールの物神崇拝が作用していると示唆することは，まったく説得力がないわけではありません．私の目的は，ルール遵守のこの特徴が奇妙であると認めること，しかし，この奇妙さは人間の認知の深いところで作用しており，実際，人間の合理性に対して構成的な構造の一部をなしていると論じることなのです．こうして，合理的主体がルールを無視する選択をするかもしれないという示唆には，不整合な面が存在しています．この不整合性は，合理性がそれ自身でルール遵守的能力の1つのタイプであるという事実から生じています．これが中心的な哲学的主張です．それは，もちろんイマヌエル・カントによってもっとも影響力のある仕方で述べられたアイディアの1バージョンであります．しかしながら，私はこのことを自然主義的な根拠の上に立って論じます．そうすることが，基本的なカント的アジェンダをよりモダンなスタイルで展開していると考えるからです．

　ここで書かれていることの多くは決定的なものというより，むしろ問題提起的なものです．それは，論争を解決するよりも開始することを意図しているのです．もっとも重要なことは，それを主張している人々が特に密接なコミュニケーションを行ってこなかった異なる理論分野の文献を結びつけることを意図しているということです．このように，本書が成功するか否かは読者たちの反応に多くを負っています．したがって私は，本書が別の言語で生み出す反応，別の読者たちのグループとともに生み出す反応を見ることを大いに楽しみにしているのです．

ジョセフ・ヒース

ルールに従う──社会科学の規範理論序説　目次

謝辞 ──────────────── i
日本語版に寄せて ──────── iii

イントロダクション ──────────────── 3

第1章 道具的合理性 ──────────────── 19

 1.1　意思決定理論　24
 1.2　フォン・ノイマン＝モルゲンシュテルンの手続き　36
 1.3　社会的インタラクション　40
 1.4　秩序の問題　56
 1.5　結論　64

第2章 社会秩序 ──────────────── 67

 2.1　道具的アプローチ　71
 2.2　顕示選好理論　80
 2.3　ルール道具主義　85
 2.4　黙約　94
 2.5　実験ゲーム理論　98
 2.6　結論　104

第3章 義務的制約 ──────────────── 107

 3.1　社会規範　109
 3.2　原理　119
 3.3　世界ベイズ主義　127

3.4　社会的インタラクション　　132
　　3.5　規範的コントロール　　141
　　3.6　社会的統合　　150
　　3.7　結論　　161

第4章　志向的状態　　163

　　4.1　言語論的転回　　164
　　4.2　言語と意識の優先順位　　170
　　4.3　私的言語論　　179
　　4.4　規範性の諸源泉　　185
　　4.5　記号論の凋落　　192
　　4.6　理由を与えたり求めたりするゲーム　　200
　　4.7　志向的状態　　204
　　4.8　結論　　219

第5章　選好の非認知主義　　221

　　5.1　実践理性に関する懐疑主義　　224
　　5.2　欲求イン・欲求アウトの原理　　231
　　5.3　基礎づけ主義の問題点　　240
　　5.4　基礎づけなしの実践的推論　　247
　　5.5　規範に関する認知主義　　258
　　5.6　実践的合理性に関するブランダムの見解　　267
　　5.7　意図に関するノート　　272

第6章　自然主義的パースペクティブ　　283

　　6.1　利他主義の謎　　285
　　6.2　包括適応度　　290
　　6.3　互恵的利他主義　　297
　　6.4　怪しい仮説のいくつか　　306
　　6.5　規範同調性　　319
　　6.6　社会生物学に抗して　　331
　　6.7　結論　　342

第7章　超越論的必然性 ── 345

- 7.1　懐疑論的解決　348
- 7.2　懐疑論的解決の問題点　357
- 7.3　超越論的論証　362
- 7.4　論証　369
- 7.5　反論　375
- 7.6　結論　383

第8章　意志の弱さ ── 385

- 8.1　アクラシア　388
- 8.2　割引　398
- 8.3　応用　411
- 8.4　自己コントロール　418
- 8.5　意志の補綴学　430

第9章　規範倫理学 ── 437

- 9.1　進化ゲーム理論の問題点　439
- 9.2　道徳と黙約　448
- 9.3　後黙約的道徳性　456
- 9.4　道徳的観点　468
- 9.5　独立した道徳的判断　474
- 9.6　結論　480

第10章　結論 ── 485

- 訳者解説 ── 497
- 『ルールに従う』概要 ── 511
- 参考文献 ── 523
- 事項索引 ── 549
- 人名索引 ── 562

凡例

1. 原著にはなかった参考文献リストを作成して巻末に置いた．
2. 原文の斜字体は，書名とラテン語以外のものについては訳文に傍点を付して示した．書名は二重括弧で示し，ラテン語部分については，ところどころ括弧を付して，原語がわかるようにした．
3. 原語を知りたいと思われる読者の便宜のために，ところどころで訳語の直後に括弧で原語を示した．
4. 訳注は最小限に留めたが，どうしても必要なところで，本文中に〔　　〕で補った．また長い註は†をつけ，脚注とした．
5. 原文で明らかなタイプミスと思われるところについては，適宜修正して訳した．
6. 以下は，読み進める前の段階での，読者に対する訳語上の注意である．
    (a) 本書には，人の行動，行為等に関係する語が異なる意味を伴って頻出する．そこで基本的には，"action" と "act"（名詞）は「行為」，"behavior" は「行動」，"conduct" は「おこない」または「行為」，performance は「パフォーマンス」と訳し分けてある．
    (b) "reasoning"，"reason"，"inference" が頻出する．"reasoning" と "inference" の違いは文脈で判別可能と判断し，ともに「推論」と訳し，両者の言葉が近接して登場するところでは，訳注を付した．"reason" は「理性」と訳した．
    (c) "convention" は「黙約」と訳した．
    (d) "group selection" は「群淘汰」とすることが一般的であるが，その意味内容から考えて，あえて「集団選択」という訳語を付した．
    (e) "population" は生物学的文脈においては「個体群」，人間に関する部分では「人口」と訳した．
    (f) ヒースは，文化的伝達システムにおいては「不適応（maladaptation）」という言葉を使用しないと宣言している．生物的進化の文脈では「適応」「不適応」だが，文化的伝達システムでは「適合的」，「不適合的」とした．ただし，どちらの場合でも "fitness" は「適応度」と訳した．
    (g) "conception" は形容的がついているところで「（～的）把握」と訳したが，場合によっては「概念化」と訳した．
    (h) "articulate" はヒース（およびブランダム）にとって重要な哲学的用語である．これは重要な哲学的文脈では「明示的に述べる」と訳したが，そうでない場合は文脈によっている．

ルールに従う

社会科学の規範理論序説

イントロダクション

Introduction

　道徳性（morality）には多くの不可解な側面が存在する．しかし，おそらくもっとも重大な謎は，道徳性がしばしば自己利益に反して行為することを求めることである．われわれは，あるものを欲求しながらも，その獲得のために必要とされることが道徳によって禁じられていると感じる状況におかれるかもしれない．道徳はこのように，個人的利益の追求を自制する義務という形式，あるいはもっとテクニカルな用語を用いるならば，義務的制約（deontic constraint）という形式でわれわれにその姿を現わすことになる．道徳のこの側面がどうしてパラドクシカルに見えるようになるのかを理解することは難しくない．「自己利益」というものが，十分な理由をもって追求することのできる目標の集合でないとしたら，それは何なのだろうか．そして，もし自己利益が十分な理由をもってわれわれが追求できる目標の集合であるならば，自己利益の追求に対するどのような制約も定義により不合理となるように思われるのである．

　この種の考察によって，多くの哲学者たちはこの現象そのものを否定し，道徳と自己利益の相反は単に見掛け上のものにすぎないと示唆するようになった．よく考えてみると，制約という姿をとって現われるのは道徳だけではない．われわれは実践的熟慮において慎慮という制約にも服していることに気づくのである．われわれはしばしば，あることをなしたいと思いつつ，その行為の長期的帰結のためにそうすることを差し控えるべきだと感じることがある．この場合には，「慎慮（prudence）」が自己利益の追求に対する制約として現われることになるが，これは単なる見掛け上のことである．慎慮という制約と自己利益の間に相反があるのではなく，自分の短期的利益と長

期的利益の間に相反があるにすぎないと悟るならば，その幻想は直ちに解消されることになるからである．慎慮はしたがって，実際には制約ではなく，むしろ正しく理解すれば自己利益の表現であることがわかる．

　哲学者たちの多くは道徳的制約もまた，それが正当なものである限り，これと類推的な構造を持つに違いないと感じてきた．道徳はしばしば自己利益を犠牲にして他者の利益を促進する行為を遂行する義務として表現される．しかし通常，道徳的行為は孤立して行われるというより，むしろ（すべての人間社会の社会秩序の核心部に位置する）互恵性の一般化されたシステムの一部として行われるものである．互恵性のこのシステムは関連するすべての人々に対して便益をもたらす（略奪に対する不安からの自由のような多くの無形の便益も含まれる）．もし，自分自身の義務に従うことがこの互恵性の一般化されたシステムに入れてもらうための代価を表現しているのならば，道徳的制約を尊重することもまた便益を生み出すものであることは明らかなことのように思われる．道徳と慎慮との主な違いは，後者の場合，長期的便益が自分自身の行為者性（agency）によって確保されるのに対して，前者においては長期的便益が他者の行為者性——すなわち自分が道徳法則に従うことにより，互恵性が確保される他者の行為者性——によって媒介されている点にあることになる．

　このようにして道徳哲学者たちは，道徳もまた，正しく理解するならば自己利益の1つの構成要素であることを示すために多大な労苦を費やしてきた．このような議論が成功裏に成し遂げられるならば，われわれの道徳理解の中心的な謎を解くことになるばかりでなく，道徳的懐疑論に対する決定的な反駁ともなるであろう．というのも，この議論が，原理的にどのような合理的人間も承認せざるをえないような，道徳的に行為するための理由を提供することになるからである．しかしながら残念なことに，これまでのところこの議論を完全に説得的な仕方で展開することができた人は誰もいない．このアイディアは，高度に抽象的なレベルで素描されるときには非常にもっともらしいものにみえる．一方で人々が道徳的義務を尊重する義務を負っていると感じることと，他方で全員がそのような義務を尊重するときに顕著な協力的便益が実現することとの関係はもちろん偶然の一致ではありえない．しかし，厳密な仕方で詳細を詰めようとすると，すなわち，どのように一方から他方が導出できるのかを示そうとすると，議論は常にある重要な点で哲学

的手品を必要としてしまうかのようにみえるのである．

　さらに，この議論の戦略がどんなによく出来たものであったとしても，道徳的生活の現象学はこの種の自己利益への還元に頑強に抵抗したままである．多くの人々は，イマヌエル・カントが『人倫の形而上学の基礎づけ』の最初の部分で展開した常識的道徳の分析を直観的に正しいものと感じるだろう[1]．道徳は，何らかの報酬を予想するからでなく，それ自身のために遂行されなければならない行為という形で義務を課するものである．道徳が自分の個人的利益を促進するための間接的な方法にすぎないならば，もはやそれは本当の道徳とは言えないだろう．このように，道徳的生活の現象学——行為の時点で道徳的義務が個人によって経験される仕方——は断固として義務的であり続ける．しかし，もしこの現象学を真剣に受け取るならば，義務的制約に関する謎は新たな力をもって居座り続けることになる．すなわち，道徳的に行為することが自分の利益にならないかもしれないのにかかわらず，そうすることが合理的であるというのはどのようにして可能になるのだろうかという問いである．

　この問いは時間を超越した永遠の問いのようにみえるかもしれない．しかし最近は，それをより扱いやすいものにしてくれるかもしれないという期待を抱かせる多くの理論的発展が蓄積されてきた．「自己利益」という言葉は，これまで常に曖昧になりがちであった．しかし，行為の性質に関する関心を行為の帰結に関する関心から区別することで，義務的制約という現象をより鋭く特徴づけることが可能となる．カントが定言命法（「xを行え」）を仮言命法（「もしyを欲するならば，xを行え」）から区別したとき，彼が事実上打ち立てたのは，それ自身あるいはその内在的性質のために評価された行為と，その帰結によって評価された行為との間にある対立であった．その帰結のために評価される行為の価値はまさにその帰結に依存する．これに対して，それ自身のために評価される行為の価値はその帰結からは独立したものである．カントによれば，道徳が義務的制約のシステムであるという事実は，道徳的価値が後者のタイプのものであるという事実に反映されているのである．

　したがって，義務的制約の謎にアプローチする1つの方法は，合理的行為

---

[1] Immanuel Kant, *Foundations of the Metaphysic of Morals*, trans. Lewis White Beck (Indianapolis: Bobbs-Merrill,1959), p.30 (Ak 414).

が必然的に帰結主義的構造を持つものなのか否か，あるいはそれが非帰結主義的考慮を組み込むことができるか否かを問うことである．これはまた，実践理性の道具的把握（instrumental conception of practical rationality）——諸行為は価値のある目的の達成のための手段としてのみ評価されると主張する考え方——が正しいかどうかを別の仕方で問うことでもある．このように定式化されるとき，義務的制約に関する謎はルールに従う行動の合理的基礎に関するより一般的な謎の特殊ケースにすぎないとみなされるようになる．たとえば，経済学者は長い間，厳密に道具的な合理的行為の理論が予想するほど，人々がインセンティブに対して感応的でないことを観察してきた（また，ときおりその事実によって悩まされてきた）．ゲームの実験で，協力の失敗を促すように注意深くインセンティブが設定されているときですら，人々は自発的な協力行動に携わる傾向を持っている[2]．こうした現象のあるものは，不合理的であるとして片づけることもできるだろう．しかし，不合理的な行為（conduct）であるならば，人々はしばしば誤りを指摘されるとただちに自らを正すことになるはずである．経済学者たち（そしてより最近ではゲーム理論家たち）を悩ませてきた行動の多くは，こうした修正に関するどのような試みに対しても頑なに抵抗したままである．人々は，自分が何を行っているのか，なぜそうしているのかに関する明確な観念を持っているように思える．しかし，これまでのところ，彼らの推論の構造は形式的な再構築のいかなる試みをも遠ざけてきたのである．

　義務的制約の謎をこのようにより広い社会理論的文脈に置き直すことのメリットは，多くの哲学者たちが帰結主義と道具的合理性を議論する際に，いまだに「手段」と「目的」という不正確な語彙（カント以来ほとんど変化していない語彙である）を用いているのに対して，社会理論家たちや経済学者たちの議論が，合理性の道具的把握に関するより洗練された明示的表現——ベイズ的意思決定やゲーム理論（しばしば合わせて「合理的選択理論」と呼ばれる）——をめぐって構築されていることにある．合理的行為のこの特別なモデルは，19世紀の確率論の発展から生まれた洞察を組み込んで，合理

---

[2] David Sally, "Conversation and Cooperation in Social Dilemmas: A Meta-Analysis of Experiments from 1958 to 1972," *Rationality and Society* 7 (1995): 58–92 を見よ．さらに，Richard H. Thaler, "Cooperation," in *The Winner's Curse: Pardoxes and Anomalies of Economic Life* (Princeton: Princeton University Press, 1992) を参照．

性の道具的把握を改訂するために開発されたものである．このモデルに確率的要素が組み込まれていることは，人々の目的を促進することについて語ることから，人々の期待効用を最大化することについて語ることに移行したことの中に明確に示されている．

こうした観点から見るとき，カントが道徳的行為の特徴とみなしたタイプの義務的制約には興味深い特徴があることがわかる．もっとも重要なのは，行為の価値はその諸帰結から独立であるとみなされるので，対応する行為の理由はいかなる確率的推論にもかかわりなく適用可能であるということである．さらに，このことは，社会的文脈においては，行為のそのような理由はいかなる戦略的推論にもかかわりなく適用可能なものであることを意味している．相互に依存する選択を含む多くの社会的インタラクションにおいては予想の果てしない深読みという解決不可能な後退（regress）が発生することを考えると，このことは義務的制約の非常に興味深い，重要な特性となることが判明するかもしれない．残念ながら，このことは主として「手段」と「目的」という使い古された語彙が現在も支配的であるという理由によって，哲学的議論の多くにおいて見過ごされてきた．実際，この語彙の不適切さは，義務的制約の問題を行為の「主体相対的（agent-relative）」理由と「主体中立的（agent-neutral）」理由の間の区別を用いて再定式化する方向に哲学者たちを押しやる主要な力の1つとなってきた[3]．私はここではそのような再定式化を避けるつもりである．実践的合理性の構造を議論するときに，合理的選択理論から始めることがより適切となる正確な理由は，それが最初から確率的推論を組み込んだ唯一のモデルだからである．この枠組みの中には，行為とその諸帰結の間の素朴心理学（folk psychology）的な区別を保存するきちんとした方法がさまざまに存在している．

残念ながら，理論家たち（哲学者や社会科学者）の多くは，合理的選択理論の持つテクニカルな装置は，確率的推論に伴う複雑さを取り扱うために導入されたというだけでなく，主体の実践的思考に非帰結主義的考慮を導入すること自体を禁止するものであると誤って信じてきた．別の言い方をすれば，意思決定理論家たちは必然的に帰結主義にコミットしているとか，帰結主義

---

[3] たとえば，David McNaughton and Piers Rawling, "Agent-Relativity and the Doing-Happening Distinction," *Philosophical Studies* 63 (1991): 168-69 を見よ．

は単にベイズ的推論が実践的事柄に適用されるときに帯びる表現でしかないなどとたびたび思われてきたのである．この見解によれば，義務的制約やルールに従う行動は，数学的に取り扱えないか，または論理学的整合性の初等的基準に違反するかのどちらかである．したがって，合理的選択理論または，主体が自分たちの期待効用の最大化に努めるという見解へのコミットメントは，合理性の道具的把握へのコミットメントを必然的に伴うものであると多くの人々にみなされている[4]．

　以下の議論における私の最初の主要な仕事は，そのような必然性（entailment）がないということを示すことである．合理的行為を効用最大化としてフォーマル化したモデルの中に，合理的選択理論の理論家が義務的制約を組み込むことができない理由はどこにも存在しない（ただしその際には，多くの人々の頭の中で効用理論と帰結主義に強い関連性があることを考慮すると，効用最大化という言葉を捨てて価値最大化という言葉に移行することが慎重なことであるかもしれない）．合理的選択理論の理論家たちの多くが帰結主義にコミットしていることは，（非社会的文脈における合理的選択を扱う）意思決定理論から（社会的インタラクションを扱う）ゲーム理論への移行の際に生じた単純な見落としの結果である．初期の意思決定理論家たちは，帰結主義を自明に真であるとする仕方で，すなわち理論的に無害となるような仕方で，帰結主義的な語彙を採用したにすぎなかった．たとえばレオナルド・サヴェッジは，意思決定理論の権威ある理論展開の中で，行為を単純に「各世界状態に対して帰結を割り当てる関数」と定義している[5]．このことから直ちに，行為の価値はその諸帰結の価値にもっぱら依存するだろうということが導かれる．しかし，ゲーム理論家が登場し，意思決定理論のモデルを社会的インタラクションの問題を取り扱うために拡張し始めたとき，彼らは行為を事象として——しばしば（逐次手番ゲームにおいて）他のプレーヤ

4）　このことの例としては，強い影響力を持つ Jon Elster, *Nuts and Bolts for the Social Sciences* (Cambridge: Cambridge University Press, 1989), pp.23-24 を見よ．
5）　Leonard J. Savage, *The Foundations of Statistics*, 2nd ed. (New York: Dover, 1972). 文脈の中における完全な引用は次のようなものである．「もし2つの異なる行為がすべての世界状態において同一の帰結を持つならば，現在の観点からは，これらを2つの異なる行為であると考える必要性はまったく存在しない．したがって，行為はそれに伴う可能な帰結と同一視できるだろう．あるいは，よりフォーマルには，行為は各世界状態に対して帰結を割り当てる関数なのである」p.14.

ーたちによって観察される事象として——取り扱い始めたのであった．そうすることで，彼らは不用意にも，意思決定理論家たちの間ではほとんど無害な仕方で使用されていた帰結主義的な語彙を，人間の合理性に関する主張としての帰結主義への実質的なコミットメントを意味するものへと変換してしまったのである．この転換は常に十分な理由のないままになされてきた．この事態がこれほど長い間続いてきたのは，単にそのことが概して気づかれずにきたからにすぎない[6]．

その結果，社会的行為の分析への合理性に基づくアプローチを擁護するためには合理性の道具的把握の擁護が必要だという誤った信念のもと，多くの合理的選択理論の理論家たちが多大な時間を費やして合理性の道具的把握を擁護することになった．本書の最初の3章における私の目標は，このアプローチが合理性の道具的把握の支持者たちにもたらした諸問題を描写するとともに，「合理的選択」モデルが，その数学的取り扱いの容易さや確率的推論の標準的分析を犠牲にすることなく，義務的制約やルールに従う行動を組み込むためにどのように修正されうるのかを示すことである．

一見，（間接的戦略ではなく，それ独自の要素として）ルール遵守を組み込んだ合理的行為のモデルを構築するには，義務的制約を尊重することが合理的となりうることを示すための作業が必要であるように思えるかもしれない．しかし実際のところ，この作業は，理論家たちが合理的行為のモデルが必然的に義務的制約を排除するものであると考えてきたいくつかの不当な理由を取り除くだけで済む．意思決定の理論家たちは主体の志向的状態の内容に対して伝統的に非常に寛容な態度をとってきたので，この作業において，ポジティブな命題を確立するために多くのことをする必要はない．伝統的な分析では，2つのタイプの志向的状態が主体の意思決定に関連するものとして存在している．信念と選好である．一般に合理的選択理論の理論家たちは，

---

[6] もちろん，今ではそうではない．たとえば，Peter Hammond, "Consequentialist Foundations for Expected Utility," *Theory and Decision* 25 (1988): 25-78 を見よ．彼は正規形ゲームにおける帰結主義は比較的無害であるが，意思決定の木（すなわち，時間的に拡張された選択問題）においては，それがもっともらしくない制約を課すという観察を述べている．このため彼は，「帰結主義は，意思決定に影響しうるすべてのことが，それに関連する帰結として考慮されることを要請する」(p.26) ため，「帰結」の領域を拡張することを勧めている．このような帰結の定義拡張については，第3章第2節において論じる．

これらの状態の内容の源泉については不可知論的立場をとりたがり，その代わりに「選好を所与として取り扱い」，信念を主観確率とみなすことを選択する．もちろんその結果は，たとえ完全な狂人でも，彼が自分の妄想的信念と狂った選好とを結びつけ，確率で重みをつけた選好の満足の最大化を促進することができる限り，完全な実践的合理性を示すことになるかもしれないということになる．
　実践的合理性とそれ以外の形態とを区別することは重要であるにもかかわらず，結果として生じる実践的合理性の概念はわれわれが日常使う「合理性」という言葉とは隔たっている．したがって，ルール遵守がこの狭い，実践的な言葉の意味で「合理的」となりうることを示すことは，たとえそれが骨の折れる戦いであったとしても，最終的にはたいした勝利とは言えない．これでは，強迫神経症の人にとって1日のうち数時間の間，自分の手を洗うことが合理的であるのと同じ狭い意味で，義務的制約を尊重することが「合理的」であるという可能性が排除されないのである．私は選好と信念の区別の中では「信念」よりもむしろ「選好」の側にルールを設定したいと考えたいので，主体のルールへのコミットメントを表現する1つの経路である選好もまた合理的となりうる可能性こそ，真に示す必要があることなのである．そうするためには，現在支配的な選好に関する非認知主義（noncognitivism），すなわち欲求は信念ほど合理的再評価の影響を受けないという見方に挑戦する必要がある．このことはさらに多くの仕事を含むものであり，また，多くのより深い哲学的問題を提起することになる．実践的合理性の場合には，コンセンサスはないとはいえ，議論のフォーカル・ポイントとして役立ってきた少なくとも1つのかなりの程度正確なモデルが存在している．これに対して信念と選好のことになると，哲学的議論は深いところで意見の不一致を見せており，フォーカル・モデルのようなものは何も存在していないのである．
　このような領域では，決定的な議論を行う可能性はほとんどない．その結果，本書の残りの部分における私の目標は，義務的制約の合理性を実証することというよりも，ボトルネックから抜け出る一般的な方向性を指摘することになった．より具体的に言うならば，私の目標は，合理性とルール遵守の間に存在する深い内的関係を明らかにするために，過去20年間に認識論と言語哲学の領域でなされた最良の思考と考えられるもののいくつかを取り出し，それが進化論でなされつつあるもっとも重要な仕事のいくつかにいかに

「適合」するかを示すことである．3世紀以上の長きにわたり，選好の非認知的把握を支持する主要な力の1つは，心の哲学における表象主義に対するコミットメント（すなわち，われわれの心的状態が内容を持つこと（contentfulness）を理解するときに，「表象」が中心的な説明力のある概念を構成するという考え方）であった．この信条に立つ理論家たちが行おうとしてきたことは，ある意味で，信念の説明に合わせて作られた概念を取り出し，それを人間の行為の説明のために拡張するということである．私は，ルール遵守の合理性に関する謎を生み出してきたのは，この戦略にほかならないと議論するつもりである．

最近になってロバート・ブランダムのようなプラグマティズムの理論家たちによってかなりの洗練度をもって発展されてきた代替的な戦略は，人間の行為の説明に合わせて作られた一組の概念から出発し，それらを信念と表象の説明のために拡張するというものである[7]．この戦略は，世界における人間の行為は世界に関する人間の思考よりも根本的であるというもっともらしい直観に基づくものである．合理性の道具的把握の支持者たちは，典型的には，内容を持つ志向的状態を前提として，合理的行為の説明を完成させてきた．その説明戦略は依存関係（論理と展開の両方における）の正しい順序と正反対の順序に基づいているものであるから，その結果は不満足なものである．本書の後半において，私はブランダムの路線に沿ったプラグマティズムの戦略が，伝統的に合理的選択理論の理論家たちが仮定してきたタイプの「心理主義（psychologism）」よりもずっと説得的な志向的状態の本性の理解を提供することを示そうとするつもりである．さらに，私は，このプラグマティズムの戦略が実践的合理性に関する広範囲にわたる伝統的な謎——義務的制約の謎だけでなく，アクラシアまたは意志の弱さという伝統的な問題——を解決する潜在力を持つことを示すつもりである．

同時に，私は根本的な帰結主義的直観——それ自身のためにルールに従うことには何か奇妙なことがあるという直観——に対しても，ある程度の承認を与えることを望んでいる．われわれ人間がその選択の結果として実際に何が発生するかとは無関係に，ある行為の遂行を強く要求し，他の行為の遂行

---

[7] Robert Brandom, *Making It Explicit: Reasoning, Representing, and Discursive Commitment* (Cambridge, Mass: Harvard University Press, 1994).

を拒否するというのは，真に奇妙なことである．さらに，道徳がしばしばこのことを要求することはもっと奇妙なことである．帰結主義者たちはこの奇妙さに注意を払ったという点では間違っていない．問題が発生するのは，彼らがこのことを不合理性として片づけるときである．私はその一歩手前で踏み止まりたいと思っているが，それにもかかわらず，われわれの志向的計画のこの側面に宇宙的な恣意性の要素が存在していることは認める．私は，人間という種に文化依存性をもたらしたのは，進化プロセスの結果であると論ずるつもりである．しかし，われわれの進化的遺産の多くの産物――たとえばわれわれが10本の指を持っていること――とは異なり，文化依存性に関しては，われわれはそうでない事態を自由に想像することができない．人間の文化依存性を生み出したこのプロセスは，言語と，その「言語アップグレード」が霊長類であるわれわれの脳に与えてくれた高度な認知形態とを発生させたプロセスでもあるからである．合理性自身がルール遵守の一形態なのである．すなわち，少なくとも部分的にはわれわれの文化的環境から内面化したものである（したがって，生まれつきの，ある心理学的素質の表現にすぎないものではない）．したがって，ルール遵守には奇妙なことがあるものの，このことがルール遵守を不合理なものにすることはない．それどころか，ルール遵守の奇妙さは，合理性に関するさまざまな奇妙なことのうちの1つを強調する役割を果たすにすぎない．

　この分析は，私が「道徳の超越論的必然性」と呼ぶものを擁護する際の基礎として役立つことになる．われわれみんなが実践的熟慮に際して，多かれ少なかれ義務的制約を拘束的（binding）と感じるという事実は，ドイツ語で言うnichthintergehbarであるようなわれわれの心理に関する事実であるということを示すつもりである．超越論的議論は現代哲学のサークルの中で，いくぶんエキゾチックなものとみられていることは認識している．しかし，よく言われるように，論より証拠である（The proof will be in the pudding）．ここではとりあえず，「超越論的」主張は，カントの言葉の意味において「形而上学的」主張の正反対を意味しているということに注意しておきたい．私の見解では，超越論的論証という戦略をとることが必要となるのは，本質的に，経験的文脈において実践的合理性を理解したいと望むからなのである――人間心理，子供の発達，社会理論，進化生物学の研究の結果知られるようになった重要な事実を考慮に入れつつ．

私は，哲学的文献を読んでいるうちに，「カント的な進化的自然主義」が人間道徳の基礎に関する議論の中で，十分な代表権を有した立場ではないということを知るに至った．私はこの不備を修正したいと願っている．道徳的動機に関するカントの基本的主張は，道徳のさまざまなルールに従うことと，合理的主体であることの間に内在的関係が存在するというものである．進化論の現状を一瞥するだけでも，この仮説が明白なもっともらしさを持つことが了解されるだろう．人間をそれにもっとも近い霊長類の親類から分かつ特徴はさまざまである．そのうち「4つの主要なもの」は，言語，合理性，文化，道徳（より正確な言葉でいうと，「統語論を持った言語」，「領域一般的な知性（domain-general intelligence）」，「累積的文化継承」，「超社会性（ultrasociality）」）である．しかし，化石の記録が示唆するところによれば，これらの差異が発展したのは，せいぜい20万から30万年の期間のことである（これは進化論的な言葉で言うと「それほど長くはない」）[8]．これらのそれぞれが独立に（たとえば，別々の「認知的」モジュールとして）進化してきたのかもしれないという考えはまったく信じられない．これら4つのすべてが単一の発展の産物である可能性が高いばかりでなく，その発展は真新しいメカニズムというよりはむしろ，既存の能力に対する「ひねり」のようなものであった可能性が高いのである．このように道徳が，われわれのかけがえのない認知能力のすべて——将来計画を立てたり，科学的理論を展開したり，数学をする等々——を含むような，進化論的「抱き合わせ販売」の一部であることはほとんど確実である．これらの能力がバラバラとなっている可能世界を措定することは可能であるが，そのような世界はわれわれの世界から認知的にアクセス可能ではない．したがって，「合理的な超道徳家（rational amoralist）」に関する思弁は，カント的な（すなわち軽蔑的な）言葉の意味で形而上学的である．

　3つの注意書きを述べておこう．私が「義務的制約」を「帰結主義」と対

---

[8] Derek Bickerton, "Resolving Discontinuity: A Minimalist Distinction between Human and Non-human Minds," *American Zoologist* 40 (2000): 864. ピーター・J・リチャーソンとロバート・ボイドは次のように書いている．「マクロ進化的記録は説明仮説の厳しいテストである．なぜなら，その説明はタイムスケールを正しくする必要があるからである．」Peter J. Richerson and Robert Boyd, *Not by Genes Alone: How Culture Transformed Human Evolution* (Chicago: University of Chicago Press, 2004), p.242.

照的に論じる仕方は，道徳哲学者たちにとってより馴染みの深い「義務論的」道徳理論と「帰結主義的」道徳理論との区別とは異なるものである．私が関心を抱くのは，自己利益の追求に対して，道徳が行為理論的レベルで制約を課している仕方である．しかし，多くの道徳哲学者たちもまた，道徳が善の追求に制約を課していると信じている．この論争の用語法によれば，「帰結主義者」とは，ひとたび道徳的観点から最善な（その人が支持したいと考える実践的合理性がどのようなものを特定化していたとしても，それに照らして）結果が同定されたときに，その結果の達成にもっともよく導く行為が道徳的に正しい行為であると考える人々のことである．他方，「義務論者」は，道徳的観点から最善な結果が同定された後でも，その結果を達成するために用いる手段に対して，道徳がさらなる制約を課すかもしれないと考える[9]．したがって，暴走電車が5人をはねるよりも1人の罪のない傍観者をはねる方が道徳的観点から良いとしても，そのことによってただちに，電車がその5人をはねる前に停止するように，誰かを押して車輪の下敷にする行為は容認されはしない．

この論争は基本的に，本書の議論のフォーカル・ポイントとして役立つ論争とはかなり異なるものである．たとえば，ルール功利主義者たちは，実践的合理性が真の義務的制約を組み込むものである——主体は帰結にかかわりなく，意思決定の時点で実際に「ルール」に従わなければならない——と信じている．帰結主義的考察がかかわるのは，ルールを正当化するという上位レベルにおいてだけである．ここでは，ルール功利主義者たちは，唯一の正当化可能なルールは，義務的な仕方で一般的に遵守されるときに最大幸福を促進するものと考えている．このように，ルール功利主義者たちは，道徳的正当化の理論としては「義務論」を拒否するが，義務的制約を道徳的行為の不可欠な要素として受け入れるわけである（このときの主要な課題は，なぜ正当化のレベルで有効な帰結主義が意思決定の時点で発生する熟慮に入り込まないのかを説明することとなる）．

多くの人々はそのような理論を首尾一貫しないものと考えるだろうが，私がここでそれに言及したのは，義務的制約が課されうる2つのレベルの違い

---

9) この論争の有益な概観を与えるものとしては，Shelly Kagan, *Normative Ethics* (Boulder, Colo.: Westview Press, 1998) を見よ．

に関する有用な例証をそれが提供してくれるからである．すなわち，「ルール」を単に所与のものとする行為理論的なレベル（実践的合理性の理論の一部）と，「ルール」がさらなる吟味の対象となる正当化のレベル（規範合理性の理論の一部）である．カントはどちらのレベルでも「義務論」を支持した．すなわち，カントは，定言命法が自分の行為の格率を決定するようにすることは，何をなすべきかを決定する完全に合理的な方法だと考えたし，われわれが実践的熟慮において用いるこれらの（複数形での）定言命法の正当化は，（単数形の）定言命法の参照を通してであるとも考えていた．私は，行為のレベルにおける義務的制約の合理性を擁護したいと思うが，正当化の理論としての「義務論」の擁護にはコミットしない．もちろん，ひとたび行為理論レベルにおいて義務的制約の正当化を提供することができたならば，正当化レベルでの「義務論的」考慮の導入はより容易なものとなるかもしれない．しかし以下において，このことは私の目標とはならない．

　また，本書において，非常に広範囲の義務を指示するために，私が「道徳」という言葉を非常にルースな意味で用いていることにも注意されたい．そうすることには，原理に基づく理由があるが，その理由の登場は最終章を待たなければならない．私は，「道徳的」問題と「倫理的」問題との間の，ますます標準的となりつつある用語上の区別に従うことにする．すなわち，「道徳」は何が正しく（right），間違っている（wrong）か，許され，許されないのかという問題（すなわち，義務論的形式を帯びた規範的判断）に関連するのに対して，「倫理」は価値，善の概念（いわゆる価値倫理学的問題）に関連するものである．しかし，多くの道徳哲学者たちは，「道徳」という言葉を，非常に理想化された規範的判断の集合——それらはおそらく時間を超えた永遠のものである——を指すためだけに用いている．こうして彼らは，何が道徳的なのかということと，人々が道徳的であると受け取るもの，あるいは社会が道徳的であるとわれわれに教えるものとの間に不当な対比を設けるのである．このような語り方は，さまざまな重要な哲学的問題を先取りする循環論法であるように私には思われる．さらに，時を超えた永遠の道徳的真理であるとされていること（人種差別は不正義［unjust］であるとか，猫への残酷な仕打ちは間違っている［wrong］等々）の蓄積された例のたいていのものは文化特殊的であり，比較的最近生み出されたものである．したがって，私は「道徳」という言葉を，何であれ，人々が道徳的であると自ら

考えている（考えてきた）ものすべてを指すために，疑似前方照応的な（quasi-anaphoric）意味で用いたい．結果として，ときどきは「義務的制約」の亜種としての「道徳的制約」について語ることがあるものの，このことは重要な質の違いの表示を意図するものではない．

さらに，道徳哲学者たちには，たとえばエチケットのルールのようないわゆる「黙約的（conventional）」義務と「道徳」との間や，より一般的に「社会規範」と「道徳」との間に明確な区別を引きたがる傾向がある[10]．私はこの区別を拒否するが，それは道徳が黙約的であると考えているからではなく，むしろエミール・デュルケムに従い，すべての社会規範（またはここでの語り方では「黙約（convention）」）には暗黙的に道徳的な次元が存在すると考えるからである．ユルゲン・ハーバマスが言うように，社会的インタラクションを理解しようと努めるときには，「社会関係の規範的に統合された構造が・そ・れ・自・身・と・し・て，それだけで道徳的であるという事実を考慮に入れなければならないのである（…）規範は行為する主体によって破られうるが，基本的な道徳的現象はそうした規範が持つ拘束力なのである」[11]．

別の言い方をするならば，道徳のもっとも不可解な特徴は社会規範の特徴でもあるということである．われわれが社会規範の不可解な側面を無視しがちなのは，単に，われわれが道徳よりも規範を当然視しがちであり，規範の遵守にかけられているものの方が道徳の遵守にかけられているものよりも少ないからである．それにもかかわらず，20世紀を通して社会理論家たちを悩ませてきた――規範同調性（norm conformity）の行為理論的基礎に関する――理論的諸問題が，ソクラテス以来の哲学者たちを悩ませてきた――「正義」の動機的基礎や道徳的義務に関する――問題と構造的に同じであると認識することは重要である．私の考えでは，「なぜ人々は社会規範に従うのか」という問いに対して満足ゆく解答を与えることができる人は，「なぜ人々は道徳的義務を尊重するのか」という問いに解答するのに必要な仕事を，すべてではないにしても，ほとんどしていることになるだろう．

したがって，道徳および道徳的動機づけの問題をその出発点とするにもか

---

10) Shaun Nichols, *Sentimental Rules: On the Natural Foundation of Moral Judgment* (New York: Oxford University Press, 2004), pp.5-8.
11) Jürgen Habermas, *Moral Consciousness and Communicative Action*, trans. Shierry Weber-Nicholson (Cambridge, Mass: MIT Press, 1990), p.164.

かわらず，本書が展開しようと試みるのは，実践的合理性の一般理論——ルールの遵守（または規範同調性）を端的に合理的な行為の一種として表現することができるような理論——なのである．私はこれらの行為理論的な謎を解決することが，道徳哲学のいくつかの伝統的謎を解決することにもなるものと信じているが，ここでそのことを強く主張するつもりはない．こうした観点に内的に関連している部分は最終章の議論だけである．

第1章
道具的合理性

Instrumental Rationality

　トマス・ホッブズの西洋哲学の伝統に対する偉大な貢献の1つは，現在われわれが実践的合理性の道具的把握と呼んでいるものをきわめて厳格な仕方で明示的に述べたことである．『リヴァイアサン』における彼の野心は，人間の心理や行動に関する比較的少数の仮定の集合からの演繹的帰結として一連の政治的提言を確立することであった．こうして，彼は心の哲学の基本から始め，これを一般化することで各個人の行為の傾向に関する理論を作り，このように特徴づけられた諸個人の集団がその機会を与えられたときに，どのようにインタラクトするのかに関する一連の結論を導くのである．ホッブズのアプローチ全体は演繹主義的なものであり，彼は，比較的議論の余地がないが結論の導出に関しては鋭い切れ味を持つような，最初の「公理」の集合から出発しようと試みる．この点では，彼の議論は目ざましい成功をおさめている．彼はまったく無害に見える一連の心理学的前提から始めたうえで，「孤独で，貧しく，汚く，粗野で，短い」とする，自然状態における人生の有名な特徴づけで終えるのである．大抵の人々が彼の結論に異議を唱えるにもかかわらず，その結論が彼の前提から帰結することを疑うものはほとんどいない．

　信じがたいことに，今日経済学者や多くの他の社会科学者たちの間で「最先端」とみなされている種類の行為理論——「合理的選択理論」，「意思決定理論」，「効用最大化理論」などさまざまに呼ばれている——は，実質的にはホッブズの理論と変わることがない．唯一の大きな変更点は，20世紀の初頭に確率論の発展を包摂するために導入された変更点である．残念ながらこ

の変化は，ある程度，この理論の背景にある心理学的仮定を曖昧にする効果を併せ持ってきた．このことが残念なのは，この理論のもっともらしさの多くが，その背後にある心理学の説得力ある特徴から導かれるからである．そして，この心理学は，ホッブズの提示の仕方において非常に明快に理解することが可能である．

　ホッブズは，認知の表象主義的理論として容易に識別できる内容を素描することから，『リヴァイアサン』を始めている．彼は思考について，「それぞれが，通常対象と呼ばれているわれわれの外部の物体のある性質あるいはその他の偶有性の表象あるいは現われである」と主張する[1]．さらに，このことに加えて，これらの表象がどのように形成されるのかについての主張，すなわち，当該対象との因果的インタラクションを通して形成される仕方に関する主張を展開する．このようにして，そのような一連の表象を結合することで「思考の系列」が構成される．事象の特定の系列に繰り返しさらされることによって，われわれはある思考を他の思考とより強く連合（associate）するようになる．このことから，事象の因果的秩序化という観念が生じる．このことはさらに，特定の事象を（連合した連鎖を後方に辿ることによって）説明することや，その帰結を（連鎖を前方に辿ることによって）予測することを可能にするのである．

　以上のことが，後にカントであれば「理論的合理性」と呼んだであろうものに対するホッブズの基本的な説明を構成している．そして，ホッブズがそれを実践的熟慮を包含するように拡張する仕方はきわめて直接的である．彼以前の哲学者たちは，実践哲学がときに徳や悪徳やその他の実質的性向（substantive disposition）など，どう考えていいかわからない概念の列を含むものだと考えていたが，これとは異なり，ホッブズはずっと単純な枠組みを提示する．ある可能な事態を考慮しているとき，われわれは，魅力（attraction, それに引かれること），忌避（aversion, そこから弾かれる），軽視（contempt, われわれは無関心である）という3つの情念のうち1つによって襲われると彼は言う[2]．したがって，実践的熟慮はある行為を考慮するこ

---

1)　Thomas Hobbes, *Leviathan*, ed. Richard Tuck (Cambridge: Cambridge University Press, 1991), p.13.
2)　Hobbes, *Leviathan*, p.38-39.

ととと将来の帰結の連鎖を考えることからなる．想像されたさまざまな帰結に対して感じる魅力や忌避が，連合の連鎖を通して逆に伝達される．こうして，その行為に対して魅力ないし忌避を感じ始めることになる．このように，行為を選択することは単に，もっとも魅力的なものか，もっとも忌避的でないものを選択することにすぎない．

　これ以上には何もないことを示すために，ホッブズは伝統的な徳や感情——通常，行為と関連していると考えられていた異なる諸性質——のすべてが，これらの基本的な態度の1つと信念とが結合したものに還元可能であるという議論を進めることになる[3]．こうして，ホッブズの見解によれば，実践的文脈において理性がなす作業のすべては，行為を結果と結びつける因果的連鎖を考えること（事実上，われわれの欲求を特定の行為に向けて「チャンネル」すること）からなる．理性は，そのような結合を確立すること以外には，特に実践的な機能をまったく持たない．とりわけ，理性は，魅力あるいは忌避というわれわれの感情の大きさや二極性の決定にはまったく関与していない．実践的知恵は単に経験から生まれるものである．われわれが世界について見れば見るほど，われわれの観念間の連合は強くなり，想像された諸帰結からの魅力や忌避の伝達は，より生き生きとして正確なものとなるだろう．

　心の中で作用しているとホッブズが想像しているメカニズムは，きわめて明晰に理解することができる．魅力と忌避は磁荷のようなものである．思考ないし表象は，この磁荷を受ける鉄片のようなものである．思考が磁荷を受けるとき，この思考に関連する表象全体の集合を通して磁荷が伝えられる．連合が強ければ強いほど，磁荷はより完全に伝えられる．（1つのクリップを磁石に触れ，それに2つ目のクリップをくっつけるだけで，クリップのチェーンをつくるときのことを考えればいい．）ホッブズの見解では，実践的熟慮は，こうしたさまざまな力によって，あちらこちらに引かれるという経験でしかない．われわれは利用可能な行為の集合に直面し，それらがもたらすさまざまな帰結のすべてを想像することで「それらをチャージする」，そして，これらの結果に対するわれわれの魅力と忌避が行為に逆戻りするようにするのである．こうして，われわれはもっとも強い魅力またはもっとも忌

---

[3] Hobbes, *Leviathan*, p.38–46.

避的でない力を持つ行為に対して動かされるのである．

　この理論の中には，今日であれば信念・欲求心理学と呼ばれるだろうものの先駆けを見ることができる．この見解によれば，心には2つの種類の志向的状態が存在している．事態を表象することを目的とする信念と，事態をその対象として受け取るが，それを表象しようとするのではなく，その価値を評価しようとする欲求である．この相違は，しばしば「適合の方向」という言葉で表現されている[4]．信念の場合には，目標は志向的状態を世界での物事のあり方に「適合」（すなわち一致）させることにある．他方，欲求の場合には，われわれは世界を，それが志向的状態に「適合」するようになる仕方で変えたいと望むのである．ラフに言えば実践的熟慮は，結果に対する欲求を受け取り，自分の信念を用いてどの行為がその結果をもたらす上で効果的なのかを決定することからなる．このように，われわれの信念は結果に対する欲求をある特定の行為へと「移転」するために使用される．理性が道具的であると言われるのは，この点においてである．それは，どのような仕方でわれわれの欲求を満たすのが最善なのかを決定するために，われわれが使用するものなのである．

　ひとたびこの基本的枠組みが設定されると，ホッブズは続いてその含意を引き出そうとする．もっとも有名な帰結の1つは，彼の道徳的非認知主義である．道徳的判断は，ホッブズの見解では現実の思考とみなされない．つまるところ，道徳的性質はどのような種類の状態の表象となりうるのだろうか．そして，たとえ道徳的状態というものがあったとしても，どのようにしてわれわれはそれを知ることができるのだろうか．道徳的性質は一般的に因果的効力を持つとみなされていないので，われわれの感覚と相互作用することができないのである．こうして，道徳的判断はわれわれの情念を反映するものであり，われわれの思考を反映するものであってはならないことになる．したがって，ホッブズは「誰かの欲望や欲求の対象は，どのようなものであれ，彼が自分自身で善と呼ぶものである．そして，彼の憎悪と忌避の対象は悪であり，彼の軽視の対象は見下げた，とるに足らないものである」と結論づける[5]．もちろんこのことは，特定の魅力や忌避の性質について合理的に議論

---

4) G.E.M. Anscombe, *Intention*, (Oxford: Blackwell, 1959).
5) Hobbes, *Leviathan*, p.39.

できるならば，伝統的道徳にとっての問題とはならないであろう．ホッブズの立場に力を付与しているのは，彼がさらに，これらの情念が根本的に各人に特有のもの（idiosyncratic）であると主張していることである．「これらの善，悪，軽視すべきという語は，常に，それらを使用する人格との関係において使用されるのであり，単純かつ絶対的にそうであるものはない．対象それ自体の本性から引き出される，善悪についての共通規則もない．それはその人の人格から引き出されるのである」[6]．

　信念・欲求の語彙を用いるならば，なぜホッブズがわれわれの情念の決定において理性が何らの役割も果たさないと考えているのかを，より容易に説明することができる．それは，欲求はその人の人格外部にあるものを説明できないからである．信念は，世界を表象しようとするものなので，修正可能なものである．信念は経験によって修正可能なので，信念について真であるとか偽であるとか言うことには意味がある．他方，欲求は反対方向の「適合の方向」を持つので，修正されえない．欲求はいまだ存在していない状態に関するものである．したがって，それによって説明可能となるものは存在しない．欲求はわれわれのアニマル・スピリットから生じるのである．欲求は個人間で異なるだけでなく，一個人の中でも動的安定性を持つと信じる理由すら存在しない．こうして道徳的判断は，それが特定の状態をもたらそうとするわれわれの欲求を反映する限りにおいて，真であったり偽であったりすることができないのである．

　この道徳的判断に関する非認知主義は，ホッブズのさまざまな主張の中でも広く受容されてきたものの1つである．しかし，この論点と，実践的合理性が道具的かどうかという問題とを混同しないことが重要である．これら2つのテーゼは，ホッブズの見解では密接に関連しているが，分析的には異なったものであり続けているのである．彼の道具主義は，実践的推論がわれわれの目的を実現する最良の手段を発見するために，われわれの信念を用いることからなるということと，そして行為は目的のみによって評価されるという主張から出てくるものである．これは，帰結主義仮説と呼ぶことができる．第2の主張は，欲求ないし目的に関してはいかなる推論もありえないという主張である．これがホッブズの欲求に関する非認知主義である．厳密にいう

---

[6] Hobbes, *Leviathan*, p.39.

ならば，彼の見解を道具的なものと定義づけるのは前者のテーゼだけである．というのは，実践的合理性に関して主張しているのは，このテーゼだけだからである[7]．非認知主義のテーゼは，われわれの志向的状態の起源に関するものであり，それが実践的文脈において適用される仕方に関するものではない．「理性と欲求の関係は何なのか」という問いは，「理性と信念の関係は何なのか」という問いと厳密に類推的である．これら2つの問いは両方ともが，志向的状態がどのように形成されたり，改訂されたりするのかに関する問いである．しかし，ひとたびこれらの問いに解答が提示されると，われわれはさらに「こうした信念と欲求が与えられたとき，何をなすべきか」という問いを問い続けなければならないのである．これは，実践的合理性の理論が解答しようとする種類の問いである．このように，私は「実践的合理性の道具的把握」という語を，実践的合理性がわれわれの目的の実現のための最良の手段を決定するために役立つのだという見解のためにとっておくことにし，欲求の認知的地位の問題は，当面脇にのけておくことにする．

1.1 意思決定理論

ホッブズの時代から，合理的行為の道具的把握は，哲学的想像力に非常に深い浸透力を持ってきた．現代の哲学者たちの多くは，この種のモデルはあまりに強く直観的なものだと思っており，それが間違っていることを想像す

[7) この用語法は合理的選択の文献において広く行われているが，哲学者の間では完全に標準的というわけではない．以下のものを比較してみよ．Jon Elster, *Nuts and Bolts for the Social Sciences* (Cambridge: Cambridge University Press, 1989) では，「合理的選択は道具的である．それは行為の結果によって導かれている．行為はそれ自身のために評価されたり，選択されたりするのではなく，さらなる目的に対する多かれ少なかれ効率的な手段として評価されたり，選択されるのである」と書かれている．他方，Jean Hampton, *The Authority of Reason* (Cambridge: Cambridge University Press, 1998) は，合理性の道具的把握を，「実践的推論の根本的な要素は目的に対する最良の手段を決定する推論である」という主張と，「実践的推論は行為の動機づけられない目的の設定において，何らの役割も果たさない」(p.169) という主張の両方に対するコミットメントからなると定義している．もちろん後者の主張は，自明に真となるような仕方で定式化することが可能である．つまり，志向的状態の内容は実践的合理性の範囲の外にあるとみなすことである．しかし，その主張を，理性はより一般的に行為の目的の設定において何らの役割も果たさないという主張として，内容を持つように受け取るならば，それは私が選好の非認知主義と呼ぶ主張であって，道具的合理性ではない．

ることにすら困難を感じている．この現象はある意味できわめて理解可能なことである．道具的モデルがある種の直観的魅力を持っていることを否定することはできないからである．意思決定を行うとき，すべての主体は可能な結果の集合に直面している．この主体は当然，ある結果を他の結果よりも好み，その他の間では無差別なままであろう．さまざまな結果に対する主体の態度の本性を把握するために，どのような種類の想像上の心的状態を持ち出そうとも，最終的には，主体が結果に対して何らかの種類のランクづけ——できることなら少しの無差別はあったとしても，最善から最悪までの完全なランキング——を見いだすだろうという事実は残っている．何をなすべきかを決定するために，主体は実行可能な行為のそれぞれが特定の結果をもたらす確率がどのようなものかを決定し，これらの確率を可能な便益に対して比較考量しなければならない．このプロセスは最善から最悪にいたる可能な行為の文脈特殊的な順序づけを生み出すはずであり，そこから主体はもっとも高いランクをつけられた選択肢を選択することができるのである．

　これは，われわれの実際の熟慮プロセスの圧倒的にもっともらしい再構築であるばかりでない．その背後にある信念・欲求の心理学もまた，その単純性のゆえに魅力的なものである．この心理学的理論の論理をつきつめれば，意思決定の成功に関連する諸要素が3つのカテゴリーに分けられていると考えることができる．行為，状態，そして結果である[8]．実践的熟慮の目標は行為を選択することである．主体はそのために信念と欲求に依拠する．最初に，主体は実行可能な行為の結果として生じうるさまざまな結果を考慮する．それから，どれがより望ましいか，より望ましくないかに従って結果の集合をランクづけし，どの行為がどの結果をもたらすのかを考慮する．この決定を行うために，主体は可能な状態のうちどれがもっとも起こりやすいかを決定しなければならない．そして主体は，特定の行為を推奨するために，結果に対する欲求を状態に関する信念とつなぎ合わせることによって意思決定を行う．ここでもまた，この説明を「道具的」（すなわち，帰結主義的）とし

---

8) Leonard J. Savage, *The Foundations of Statistics*, 2nd ed. (New York: Dover, 1972), pp.13-17 を見よ．「サヴェッジの3分法」として知られるこの分割については，第3章でより詳細に議論する．これは意思決定理論家の間では普遍的に受け入れられているものではないが，ゲーム理論家によってはほぼ当然視されているものである．Roger Myerson, *Game Theory: Analysis of Conflict* (Cambridge, Mass: Harvard University Press, 1991), pp.5-12 を見よ．

ているのは，行為がそれ自身のために選択されるのではなく，それが生み出す可能性が高いと考えられている結果のために選択されるということである．

現代の意思決定理論は，ホッブズによる道具的見解のオリジナルな定式化からそれほど遠く外れていない．そのアップデートされたバージョンでは，熟慮プロセスはしばしば意思決定の木を用いて表現される．確率が含まれていないときには，われわれは信念と欲求を熟慮制約（deliberative constraint）のタイプとみなすことが可能である．主体はこうした制約を可能な選択肢を退けるフィルターとして用いるのである．ヨリ・ヘンリック・フォン・ヴリグトに従って，われわれは主体を，行為・状態・結果の順列の完全な集合を含む意思決定の木から始め，この制約を用いて，望ましくない結果と不可能な事象の組み合わせを，消去することでこの木を刈り込んでいくものとして表現することができる[9]．この枠組みにおいては，信念と欲求はそれぞれ信念による制約（doxastic constraint）と欲求による制約（desiderative constraint）とみなすことができる．

図1.1は，この種の意思決定の木を表したものである．この図では，主体にとって3つの行為 $\{a_1, a_2, a_3\}$ が実行可能で，3つの可能な状態 $\{s_1, s_2, s_3\}$，3つの可能な結果 $\{o_1, o_2, o_3\}$ を含む意思決定問題が示されている．まず最初に自然がどの状態が成立するかを「選択」するところから始まる．この結果，主体は3つの意思決定ノードのどれか1つに立たされる[10]．しかし，自分がどのノードにいるのかを知らないので，主体はどの行為がどの結果を生み出すことになるのかを決定することができないだろう．たとえば，状態が s_1 ならば（すなわち，自然が s_1 の枝を「選択」したなら），行為 a_1 は結果 o_1 を生み出すだろう．しかし，状態が s_2 ならば，a_1 を選択することは結果 o_2 を生み出し，状態が s_3 ならば，a_1 は結果 o_3 を生み出すだろう．

こうして，主体の意思決定手続きは意思決定の木を刈り込むプロセスとみ

---

9) Georg Henrik von Wright, *An Essay on Deontic Logic and the General Theory of Action: with a Bibliography of Deontic and Imperative Logic* (Amsterdam: North-Holland, 1968), pp.58-68. ここでは「不可能」という言葉は，「われわれ自身の世界に物理的にアクセス可能なすべての可能世界，すなわち同じ自然法則を持っているすべての可能世界において偽である」という意味で使用されている．

10) 主体が意思決定の時点で，自分がどのノードにいるのかを知らないという事実は，図1.1において，3つのノードの間の点線によって表現されている．このことはこれらのノードが同じ「情報集合」に属することを示している．

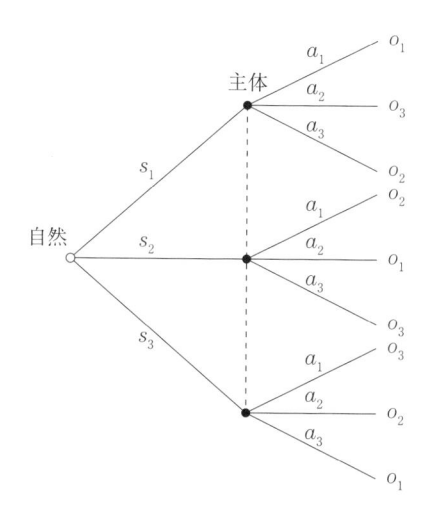

図 1.1 意思決定の木

なすことが可能となる．主体の信念と欲求は，単純にある枝を切ることによって，この図に導入することができる．主体がどの状態が成立するかを確定でき，たとえば自然が s_2 を「選択した」と信じていると考えてみよう．このことにより，主体は自然のノードで s_1 と s_3 の枝を切ることが可能となる．これはわれわれが「信念による刈り込み（doxastic pruning）」と呼べるプロセスである．ひとたび問題がこのような仕方で単純化されると，主体は自分がどのノードにいるのかを知り，どの行為がどの結果を生み出すのかを知ることになる．その結果，主体は簡単に自分がもっとも望む結果に導く行為を選択することができる．これは欲求による刈り込み（desiderative pruning）と考えることができる．そこでは，もっとも望まれる結果以外の結果へと導く枝がすべて切り取られる．この最終的な刈り込みの後に残されたものは単一の行為であり，主体は次にそれを遂行する段階に進むことができるのである．これらの2段階の刈り込みは図1.2に示されている．

主体が，どの状態が成立するかに関して確信に至らないときには，状況はより複雑となる．この場合には，主体はさまざまな状態の発生に対して確率を割り当てることしかできず，どの行為が望ましい結果をもたらすかを確実に知ることにはならないだろう．その結果，主体は簡単に木の枝を「刈り込む」ことができない．主体は，もっとも好ましい結果を得る最善の見込みを

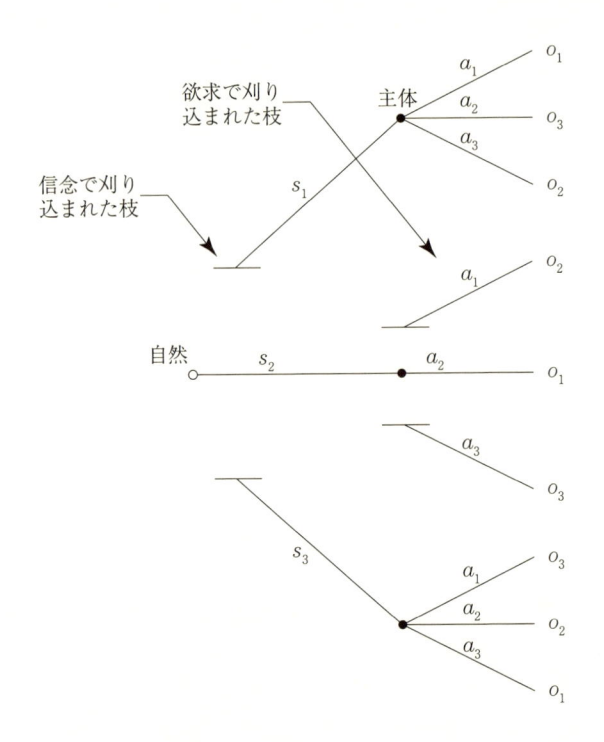

図 1.2　信念と欲求によって刈り込まれた木

与える行為を選択しなければならないのである．しかし，その場合でも物事は簡単でない．主体は，自分にとってもっとも好ましい結果をある程度の確率で与えてくれるだけでなく，悲惨な結果を得る確率を持つ行為と，最低限可もなく不可もない結果を保証してくれる行為との間で選択しなければならない状況に直面するかもしれないからである．これら2つの選択肢の間で選択するためには，主体は，最善の結果を実際のところどれほど欲しているのかということと，可もなく不可もない結果ではなく，それを追求することが最悪の結果のリスクに値するかどうかを考えなければならないだろう．ある欲求は主体の目的全体の集合の中でずっと高い優先順序を持っている．したがって確率を入れて考えるためには，信念に対して信頼水準が付与されなければならないのとまったく同じように，主体の欲求にも（基数的な）優先水準が割り当てられなければならないだろう．

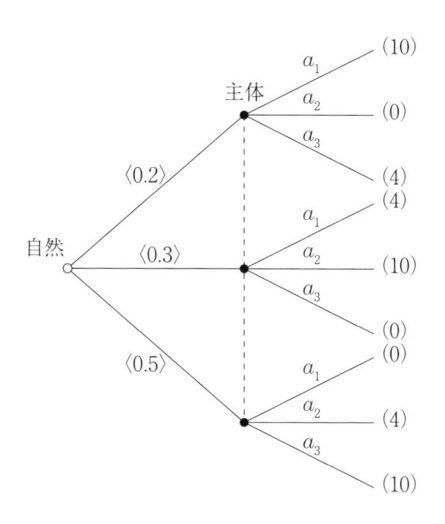

```
                                    a₁
                          主体 •————————— (10)
                            |\  a₂
                            | \————————— (0)
                            |  \ a₃
                     ⟨0.2⟩ /    \———————— (4)
                          /      a₁
                         /    ————————— (4)
                        /    / a₂
              自然  ○——⟨0.3⟩ •—————————— (10)
                        \    \ a₃
                         \    ————————— (0)
                     ⟨0.5⟩\     a₁
                           \  ————————— (0)
                            \ / a₂
                             •—————————— (4)
                              \ a₃
                               ————————— (10)
```

図1.3　不確実性を伴った意思決定の木

図1.3の意思決定の木は，主体が各状態が発生すると信じている確率を〈　〉で囲んで示し，主体が各結果を望む優先度を（　）で示している[11]．3つの状態のどれか1つが成立しなければならないので，自然の手番に割り当てられた確率は合計すると1にならなければならない．他方，主体の欲求の優先水準を表現するための数字が合計して1になるかどうかは重要でない．これらの欲求が互いに他と相対的に持つ強度だけが重要だからである．単純化のために，もっとも好まれる結果（o_1）は10を割り当てられ，もっとも好まれない結果（o_3）は0の優先度を割り当てられている．

何をすべきかを決定するために，主体は各行為の価値を，それがさまざまな結果を達成することに対して与える確率を用いて計算しなければならない．ある望ましい結果を得る20パーセントの確率が同じ結果を得ることの40パーセントの確率の半分の価値を持つと仮定するならば，各行為の価値は，各結果の望ましさをその行為の結果としてそれが発生する確率でかけ，それらすべてを合計することで計算することができる．

---

[11] ここでも，9つでなくて，3つの結果だけが存在していることに注意せよ．結果がそれに導く行為とは独立に特定可能であることは重要である．その理由は第3章第3節で明らかになるだろう．

$$u(a) = \sum_o p(o|a)u(o) \qquad (1.1)$$

このどちらかといえば単純な表現が持つ魅力的な特徴は，それが行為の効用がどのようにして，可能な結果に対する効用の関数になるのかをきわめて明瞭に示している点にある（右辺は言葉にすると，「すべての結果 o に対して，o の効用に，a を所与にしたときの o の確率をかけ，それらすべてを合計せよ」と読むことができる）．これを図1.3の例に適用すると以下のようになる．

$$\begin{aligned} u(a_1) &= (0.2 \cdot 10) + (0.3 \cdot 4) + (0.5 \cdot 0) = 3.2 \\ u(a_2) &= (0.2 \cdot 0) + (0.3 \cdot 10) + (0.5 \cdot 4) = 5 \\ u(a_3) &= (0.2 \cdot 4) + (0.3 \cdot 0) + (0.5 \cdot 10) = 5.8 \end{aligned} \qquad (1.2)$$

その結果得られる数値は行為の期待効用として知られているものである．今や，単にもっとも望ましい結果を生み出す行為を選択するのではなく，道具的に合理的な主体は，もっとも高い期待効用を持つ行為を選択することになるだろう．したがって，主体は期待効用を最大化するといわれることになる．この例では，a_3 が最良の選択である．このことは計算しないと自明とはならない．a_3 はもっとも好ましい結果を得る最良の機会をもたらす（o_1 を得る50パーセントのチャンス）にもかかわらず，それはもっとも好ましくない結果 o_3 を得るかなり高い確率をももたらすことになる．他方，行為 a_2 は最悪の結果を得る機会を最小化し，次善の結果を得る機会を最大化している．行為 a_3 がより良くなるのは，主体が最善の結果を次善の結果よりもずっと好んでいるからである．o_2 の価値が4から8に増加すれば，a_2 は a_3 よりもよくなるであろう．

この例は，実践的合理性の効用最大化としての把握が，いかにして非常に自然な形で信念・欲求の動機心理学から生じ，不確実性下の意思決定問題へと至るのかを示している．しかし理論家の中には，特定的な数値的確率や優先順位を持つものとして信念と欲求を表現することが妥当かどうかについて懐疑的な者もいる．明らかに，われわれは日常的な文脈において，ある事柄についてどのくらい確信を持てるのかとか，あれやこれやをどの程度欲しているのかについて，曖昧な観念しかもたないものである．しかしながら，これらの水準を確定するために用いることのできる非常に簡単な手続きが存在

している．一般的なアイディアを得るために，3種類の異なるフルーツ——リンゴ，オレンジ，バナナ——を食用に供された人のことを考えてみよう．彼はリンゴがもっとも好きであること，オレンジの方がバナナよりも好きであることを知っているが，それぞれを他に比べてどの程度好きなのかについては確かでない．これは，以下の手続きを用いることで容易に見いだすことができる．「リンゴ」に対して10の価値を割り当てよう．そしてリンゴから（たとえばその10パーセントというように）一部を切り落とし，残った部分のリンゴとオレンジ全体の間の選択を彼に提示する．もし彼がリンゴの残りの部分を選択するならば，リンゴからさらに一部を切り落として，オファーを繰り返す．いずれリンゴとして残っているものは小さくなり，彼はオレンジをより好み始めるだろう．したがってオレンジの価値は，彼の選好が転換するちょうどその時点で残されたリンゴの部分と等しいことになる（そして，原理的にはそのような時点が存在するに違いない）．だからリンゴの30パーセントを切り落したときに，リンゴとオレンジで無差別になるならば，オレンジは彼にとってリンゴ0.7の価値を持つことになる．この数値をリンゴの価値にかけることによって，オレンジに対する彼の欲求の優先度の水準が得られる．同じ手続きは，バナナについても繰り返すことができる．最終的に，すべてのフルーツの価値がもっとも好きなものの割合として表現されることになる．

　この手続きがうまくいくのは明らかに，結果の1つがほとんど完全に分割可能であるからである．リンゴからは好きなだけの部分を切り落とすことができ，それを極端に小さくすることもできる．この同じ一般的なアイディアを任意の結果の集合に適用するには，もっと抽象的な手続きが工夫されなければならない．そのためには，最善の結果を「勝ち取る」確率が大きかったり，小さかったりするくじの集合をその人に提供しさえすればよい．再び「リンゴ」に対して10の価値を割り当て，「何もない」に対して0の価値を割り当てる．オレンジとバナナはその間のどこかになるだろう．ここで，この人に対し，90パーセントの確率でリンゴを獲得し，10パーセントの確率で何ももらえないような賭けをオファーしよう．（これは，最善の結果か最悪の結果のどちらかを確率的に得るようなものなので，「両極端のくじ」と呼ばれている）．もしこの人がこのくじをオレンジよりも好むならば，その人に対して，リンゴを獲得する確率がより低い新たなくじをオファーする．

いずれ，リンゴを獲得する確率は非常に小さくなり，この人はオレンジの方をより好むようになるだろう．したがって，オレンジの価値は，選好が転換するときのくじにおいて，リンゴを得る確率と等しく設定できるのである．（したがって，もしこの人がオレンジと，リンゴを獲得する確率が70パーセントのくじとの間で無差別ならば，この人にとってオレンジはリンゴ0.7の価値を持つことになる．この数値とリンゴの価値をかけることで，この人のオレンジに対する欲求の優先水準が得られる．）

　このくじによる手続きは，信念を確定するために用いることができる手続きと形式的に類似するようにデザインされている．人々の確信度を決定するための標準的な戦略は，ある将来の事象の発生に対してどれだけ賭けてもよいかをみるというものである[12]．たとえば，ある人がpとなることを強く確信しており，確実に得られる10ドルと，pが真ならば20ドル得られることとの間での選択をオファーされたとすると，この人は条件つきのオファーの方をより好むはずである．しかし，確実なもののオファーの価値が徐々に増加するならば，いずれこのオファーと賭けの間で無差別になるポイントに到達するだろう．このことによって，この人がpに割り当てる確率が明らかにされる．（たとえば，もしある人がpであることを「90パーセントで確信」しているならば，この人は，ひとたび確実なもののオファーが18ドルよりも高くなったときに確実なもののオファーをより好むようになるだろう．ただし，危険中立性を仮定して．）

　こうしたくじによる手続きの利点は，それが普遍的に適用可能なことにある．そこで用いられている仮説的くじは，どのような結果に対しても構成できるからである．（このことは，人々のたとえばフルーツのスライスに対する選好に，非連続性や単純な塊のようなものがあったとしても，気にする必要がないということをも意味している．）さらにこの方法は，主体がどのようなリスクに対する態度を持っているとしても，それを主体の効用関数に組み込むという効果を持っているので，主体は5の効用と，50％の確率で10の価値を持つ結果を得ることとの間で必ず無差別となるだろう．しかし，実際にはこのことが重要なのではない．この手続きの目的は，欲求が常にある

---

[12] Mark Kaplan, *Decision Theory as Philosophy* (Cambridge: Cambridge University Press, 1996), pp.168–69 を見よ．

優先度の水準を持っているものとして（そして，信念を信頼水準を持つものとして）表現できると考えてよい理由を提供することにある．つまり，それは実践的な提案というよりも，概念的な指摘としての意味がずっと大きいのである．

効用のこうした定義に関しては，4つの点を心にとめておくべきである．

- これが期待効用と呼ばれるのは，それが特定の選択の期待された価値——すなわち事前の価値，あるいは物事がどのようになるかがわかる以前の価値——だけを表現するからである．ひとたび行為が遂行されれば，主体はどの状態が実際に成立するかを発見するだろうから，どの結果を受け取ることになるかがわかるだろう．したがって，行為の期待効用は，その行為の利得——これはその行為が主体にとって事後的にもたらす価値である——から区別される．上の例では，行為 a_3 は 5.8 の期待効用を持つかもしれないが，どの状態が成立するかによって，10, 4, 0 の利得をもたらすことになるだろう．

- 効用をある種の明確な心理学的状態であると考え，主体がそれを最大化しようとしているのだと考えていないことが重要である．何度も強調されてきたように，現在の意思決定理論は，ホッブズの見解を特徴づけていたような類いの快楽主義的仮定とは明確に一線を画している．主体が行為から獲得する「効用」は，主体の1つ以上の欲求を結果が満たすありさまを表現するための数値的な簡潔表現にすぎない．これらの欲求が何らかの共通のものを持っていると考えたり，ホッブズ流に，それらがすべてある共通の根底的な通貨に還元できると考える理由はまったくない．主体の効用を最大化する行動計画（course of action）は，飢餓救済に募金することかもしれないが，このことは主体が自分の効用を最大化するために飢餓救済に募金するということを意味しているのではない．主体が飢餓救済に募金するのは，他者の苦しみを和らげようと欲するからであり，飢餓救済に募金することがその最善の方法であるからである．募金がそうするための「最善」の方法であるという事実は，それが効用最大化であるという事実によって示されている．にもかかわらず，われわれの語り方は，容易に，すべての行為には特定の目標——たとえば効用，快楽または幸福の生産のような——が存在し，それを達成すること

を意図しているという考えへと導いてしまうのである．

- 主体の効用を表現するために用いられる数字のスケールは恣意的なものである．主体の効用関数がひとつ与えられれば，それに正の数をかけたり，任意の数を足したりすることで，表記法上の変異形を構築することができるのである．もっと具体的に言うと，主体の効用関数の任意の正の線形変換（$u'=xu+y, x>0$）は，この主体が持つ行為に対するランキングの等価な表現となる．このことは，両極端（最善の結果と最悪の結果）に付与する数値が恣意的であるという事実から出てくるのである．上述の例では，リンゴに10を，何もないに0を割り当てる代わりに，リンゴに50，何もないに10を割り当てることもできただろうし，そうしたからといって主体がどの行為を遂行すべきかという計算に何ら影響しないのである．効用関数は，主体のオレンジやバナナに対する欲求をリンゴを得る確率に対する欲求に翻訳することによって構成される．ひとたびすべての欲求がリンゴを得る確率によって表現されたならば，それを互いに他に対して釣り合わせることが可能となるのである．しかしながら，（0.3のリンゴ＋0.12のリンゴ）のような計算をするよりも，単純に「リンゴ」に対してある数値を割り当て，ニュメレールとして用いられる欲求の特定的な内容については忘れてしまう方が簡単である．この戦略の危険なところは，ひとたび数値が割り当てられると，主体のリンゴに対する欲求の強さもまた決定されたのだと考える誤りに導く可能性がある点にある[13]．しかしそうではない．2人の経済主体がフルーツに対して正確に同じ効用関数を持ちながらも，2人の欲求がまったく異なる強度を持つこともありうるのである．私はオレンジやバナナよりもリンゴが好きだが，フルーツ一般を好きではないのに対して，私の友人はフルーツが大好きであるかもしれない．したがって，われわれはどちらもオレンジから7の効用を得るかもしれないが，このことは，物事全体の中でわれわれがオレンジからどのくらいの幸福度を得るかについては何も語ってくれないのである．この結果，このタイプの効用測度は意味のある個人間の効用比較を可能にしない．ある人の期待余命や寿命が

---

13) これに対して信念は，主体がすべてのトートロジーに1の確率を割り当て，すべての矛盾に対して0の確率を割り当てると仮定することによって確定しうる．

他の人のそれよりも長いことは可能だが，誰も他の人よりも大きな期待効用や大きな利得を持つことはできないのである．いかなる意味でも，より大きな値の効用利得を持つ人が他の人よりも「より幸福である」という考えに抵抗することは，とりわけ重要である．この種の比較は何らかの方法で可能かもしれないが，意思決定理論で定義されている効用の概念はこの比較を行うために用いることができないのである．

- 数を設定するためにくじを用いることが効用概念の本質的な特徴ではないということを心にとめておくことも重要である．この方法が哲学者たちによって採用されているのは，主として，この仕方で展開されているモデルの論理的性質が魅力的であるということによる．経済学者たちや，より実践的な関心を持つ人々にとっては，必ずしもそうではないだろう．たとえば医療経済学では，さまざまな健康状態に対応する主観的効用を決定するための非常に一般的な方法が2つ存在している（特定の医学的介入の結果としての「生活の質で調整した生存年数」を計算するために）．研究者たちは，完全な健康に1という値を割り当て，死に対しては0を割り当てることから始め，次に，個々人に対してさまざまな病気の状態での生活が自分にとって持つ価値を評価するよう求める．このための1つの方法は，彼らに対して，今の病気を完全に治す確率がxパーセントで，$(1-x)$パーセントの確率で完全に死んでしまうような手術を選択するかどうかについて考えるよう求めることである．xを変化させれば，無差別な点を発見することができるが，この値はその状態で生きているときに過ごす時間の価値を割り引く（あるいは「生活の質で調整する」）ために用いることができる．もう1つの方法は，彼らに，完全に病気を治癒するものの，寿命をx日間縮めるような手術を受けたいと思うかどうかを尋ねるというものである[14]．このようにして，ある人が，たとえば今の状態であと1年生きることと，今の病気がなくて8カ月間生きることの間で無差別であることがわかるかもしれない．これも，適当な「生活の質による調整」を決定するために用いることができるのである．この最初の方の手続きはくじを用いているのに対して，後者の

---

14) Erik Nord, *Cost-Value Analysis in Health Care: Making Sense out of QALYs* (Cambridge: Cambridge University Press, 1999).

手続きは「リンゴのスライスを切り落す」手続きに類似している．2つの方法の主要な相違点は，前者が個人のリスクに対する態度を組み込んだ1組の評価を生みだすのに対して，後者はそうでないということにある．ある場合には，リスクに対する態度（あるいはよく知られた「フレーミング効果」や不確実性下の判断が被るバイアス）から独立な主観的効用を確定したいというプラグマティックな理由が存在するだろう．しかしながら，哲学者たちがくじを用いた手続きを採用することを好んできた理由は，単に，それによって効用概念を一般性のもっとも高いレベルで定義することが可能になるからである．

1.2　フォン・ノイマン＝モルゲンシュテルンの手続き

　上で述べてきたような意思決定理論の基礎の提示方法は，やや非正統的なものである．私がこのような仕方でこれを提示したのは，この理論に対する心理学的なモチベーションをいくらかでもみやすくしておき，効用最大化として合理性を把握する標準的な仕方が，ホッブズのような思想家によって切り拓かれた合理性の道具的把握の自然な拡張であることを示したいと思ったからである．しかしながら，合理性の効用最大化による把握を定立する，より標準的な方法は，（ジョン・フォン・ノイマンとオスカー・モルゲンシュテルンに因んで）フォン・ノイマン＝モルゲンシュテルンの手続きとして知られるようになった方法によるものである[15]．このアプローチが私自身のそれと異なるのは，それが欲求に対して直接的に優先水準を割り当てていない点にある．すなわち，このアプローチでは，さまざまな結果に対して序数的な選好関係しか設定しないが，選択行動に対する一組の公理的制約を用いることで，行為に対する基数効用的なランキングを課しているのである．（ここに，序数主義が重要な制約を表現している新古典派経済学の思考方法の影響をみることができるだろう．）

　フォン・ノイマン＝モルゲンシュテルンの手続きでは，主体が所与の優先度の水準を持った欲求の組を持つと前提する代わりに，主体が結果集合の順

---

15)　John von Neumann and Oskar Morgenstern, *The Theory of Games and Economic Behavior*, 2nd ed. (Princeton: Princeton University Press, 1947).

序を与える一組の選好を持っていると仮定するだけである．この文脈で専門用語として「選好」という用語を導入することには，いくつかの利点がある．そのうちもっとも重要なのは，「欲求」という言葉が，「信念」という言葉と異なって，一般的には「すべてのことを考慮した」判断を意味するものとして使われないということである．映画を観に行く欲求と家にいたい欲求のように，相反する欲求を持つことにおかしなことは何もないのである．「選好」というアイディアは，こうした複雑さのすべてを除外してくれるものである．それは，「結果」を主体にとって関心のある可能な将来の世界状態のすべての側面を包含するように定義し，この完全な帰結の集合の順序として選好を定義することによってなされる．主体が映画を観に行きたいという欲求と家にいたいという欲求の両方を持っているならば，その主体の選好は，これら2つの矛盾する欲求を互いに比較考量することから最終的に生じるものとなるだろう．こうした種類のさまざまな欲求同士の対立の調停が行われるメカニズムは，意思決定理論家にとっては何ら興味の対象とならない．実践的合理性の理論は，主体が信念と選好のよく整理された集合を持つところにおいてのみ効力を発揮するのである．

　主体の序数的選好は所与とされるのだが，それはさらにいくつかのフォーマルな制約を満たさなければならない．第1に，選好は結果の集合上に完備かつ推移的な順序を形成すべきであるとされる．これは，以下の2つの条件の形で公理的に表現される[16]．

完備性　任意の2つの結果 a と b に対して，a が b よりも弱く選好されるか，b が a よりも弱く選好されるかのどちらかである[17]．

---

16) 私の効用関数の提示の仕方はおもに R. Duncan Luce and Howard Raiffa, *Games and Decision: Introduction and Critical Survey* (New York: Dover, 1957) によっている．ついでにいえば，序数主義と公理的制約とのこの組み合わせは，意思決定理論は実践的合理性の概念と選好合理性の（薄い）理論の両方に対するコミットメントからなると示唆することで，多くの不必要な混乱を哲学文献に生じさせてきた（たとえば，J. David Velleman, "The Story of Rational Action," in *The Possibility of Practical Reason* [Oxford: Clarendon, 2000]）．基数的にランクづけられた結果上の選好から始めることは，公理的制約の必要性をなくし，したがって，意思決定はどの信念と選好が合理的で，どれがそうでないのかの決定に関わらないということを明確にする．
17) 弱い選好は，主体が一方の選択肢を他方よりも選好するか，両者の間で無差別であるかのどちらかであることを意味する．

推移性 任意の3つの結果 a, b, c に対して，a が b よりも弱く選好され，b が c よりも弱く選好されるならば，a は c よりも弱く選好される．

これら2つの条件だけで，序数的効用——それは単に，すべての結果の集合上で定義された，各元 a に実数 $u(a)$ を割り当てる任意の関数であり，すべての a と b に対して，a が b よりも選好される場合にのみ $u(a) > u(b)$ となるようなものである——を定義するには十分である．これは，各結果に対して数を割り当てるが，選好が互いにどの程度「かけ離れている」か，すなわち，主体がある結果を他の結果よりもどの程度強く選好するのかについては何も言わない．基数的効用関数（すなわち，こうした情報を含むような関数）の導出には，さらに4つの仮定が必要である．これらの仮定は，ここでも結果の集合上の確率分布として理解されたくじの使用を前提としている．こうして主体は，たとえば結果 a を得る確率 p と結果 b を得る確率 $1-p$ からなるくじを与えられる可能性を持つことになる．

自明な仕方で，結果に対する主体の選好は，結果から構成されるすべてのくじの集合上の完備で推移的な順序をもたらすように拡張することが可能だと仮定される．より実質的な内容を持つ仮定は次のようなものである．

複合くじの還元 主体は，すべての結果の集合の上の単純なくじと，（標準的な確率計算を用いて計算されるときに）これらの結果の上にまったく同じ確率分布をもたらす複合（多段階）くじとの間で無差別である．

単調性 主体が結果 a を b よりも厳密に選好し，$0 \leq p_2 < p_1 \leq 1$ であるならば，$p_1 a + (1-p_1) b$ を報酬として与えるくじは，くじ $p_2 a + (1-p_2) b$ よりも厳密に選好される．

連続性 a が b よりも弱く選好され，b が c よりも弱く選好されるならば，ある数 p が存在し，$0 \leq p \leq 1$ であり，かつ主体が b とくじ $pa + (1-p)c$ の間で無差別となる．

単調性の仮定は，他のすべてが等しい限り，主体がよりよい結果を得る確率が高い方を必ずより好むということを述べている．連続性の仮定は，任意の2つのくじが与えられるとき，より良い結果を受け取る確率 p とより悪い結果を受け取る確率 $1-p$ を与えるくじは，p が増加するにしたがって，連続的な仕方でより良くなるだろうことを述べている．このことは，良い方の結果と悪い方の結果の間にランクされている結果は，この2つの結果上に確率を割り当てたあるくじとちょうど同じ程度に良いものとなることを含意し

ている．最悪の結果 o_w に効用 0，最良の結果 o_b に 1 の価値を割り当てよう．明らかに，0 と 1 の区間上の各点 p に対して，これに対応する，o_b を得る確率 p と o_w を得る確率 $1-p$ を与えるくじが存在する．しかし，この区間は，最善の結果と最悪の結果の間の「空間を満たす」ことになるので，両者の間のどこかにランクづけられる他のすべての結果は，2 つの極端な結果上のあるランダム化の仕方と価値の上で等価とならなければならない．このことが最後の仮定を動機づけることになる．

代替可能性 任意の結果 a を所与とする．両極端の結果上の確率分布を報酬として与える等価なくじで，a に代替可能なものが存在する．

これは，どの特定の結果に対しても，主体のもっとも選好する選択肢ともっとも選好しない選択肢の上のくじが存在し，主体はその結果とこのくじに対して無差別であるだけでなく，それらの代替を喜んで受け入れるということを意味している．こうして，主体のこの結果に対する基数的効用は，この等価なくじにおいて，もっとも選好する結果に割り当てられた確率と同じ値を，この結果に割り当てることで表現することが可能である．たとえば，もっとも選好する結果に 70 パーセントの確率を与えるくじと無差別であれば，等価な行為は 0.7 の効用が与えられる．これは，数字同士の間に正しい「間隔」を与えるとともに（この例では，これらの数字はすべて 0 と 1 の間である），どのような正の線形変換を通しても一意のままである．

主体の結果に対する選好を表現するものとして，ひとたび基数的効用関数が導出されたならば，主体がどのように行為を選択するのかを決定することは非常に簡単なものとなる．定義によって，主体の行為のそれぞれは，どの自然状態が成立するかに依存しつつ，ある特定の結果をもたらす．主体がどの状態が成立するかを確実に知っているときには，主体は最善の結果をもたらす行為を選択するだけでよい．どの状態が成立するのかに関して不確実性があるときには，主体は，さまざまな状態の相対的確率に関する自分の信念を所与にして，もっとも高い期待効用をもたらす行為を選択するのである．これは容易に計算できる．いま主体が，行為 a は状態 s_1 が成立したときに結果 o_1 を，状態 s_2 が成立したときに結果 o_2 をもたらすと信じているとしよう．主体が，状態 s_1 は確率 p で発生するだろうと信じているならば，この行為はくじ $pu(o_1)+(1-p)u(o_2)$ と等価であり，同じ効用を持つことになる．したがって主体は単に，自分に実行可能でもっとも高い期待効用を持つくじ

を選択することで，何をすべきかを決定するのである．

1.3　社会的インタラクション

　効用最大化としての実践的合理性のこうした把握をどのように導出するにせよ，主要な諸仮定がどれほど無害なものとなっているかを認識することが重要である．トラシュマコス〔プラトン『国家』の中に登場する人物〕やマキアヴェリのような道具主義の初期のヒーローたちは，人々に行為を動機づける種類の欲求に関する非常に実質的な理論を支持していた．トラシュマコスにとって，秀でた人間の究極の関心は権力を獲得することであった[18]．マキアヴェリは，「人々について以下のことを一般的に言うことができる．彼らは感謝の念を持たず，気まぐれで，うわべを飾り，偽善者であり，危険から逃れようとし，利益を熱望している」と考えていた[19]．しかし，ホッブズはすでにこの種の見解からは離れていた．彼が特定している3つの「情念」はきわめて形式的なものであるため，人間の動機に関するそのような特定的な見解にコミットする必要がなかったのである．たとえば，勇気については，彼はそれを「抵抗によってその害を回避する希望を持った」忌避にすぎないものとみなし，怒りは「突然の勇気」にすぎないとし，憤慨は他者になされる害に対する怒りとみなしている．このように，諸個人が欲望や忌避によって動機づけられるという主張は，きわめて弱いものであるように意図されている．どのような反例がありうるというのだろうか．あるレベルで，ある状態に対する肯定的ないし否定的なカセクシス〔心的エネルギーが特定の対象に向けられること〕に行きつかない動機について考えることは難しいだろう．

　現代の道具主義はこの戦略をさらに一歩進めている．選好あるいは欲求の概念は完全にその内容に関して空疎である．したがって，合理的主体が期待効用を最大化するという主張は，事実上，主体が何をなすべきかを決める際に，利用可能な結果をランクづけし，このランキングに関して最善の結果をもたらすと期待するような行為を選択するというアイディアの正確な展開に

---

18) 　Plato, *The Republic,* trans. Francis MacDonald Cornford (London: Oxford University Press, 1941), p.25 (343b–344c).

19) 　Niccolo Machiavelli, *The Prince,* trans. Harvey C. Mansfield Jr. (Chicago: University of Chicago Press, 1985), p.66.

すぎないものに終わっている．たとえば，主体が自己利益の動機から行為しているということは，どこにも示唆されていない——欲求の内容は特定化されないままにされているのである．道具主義的理論は，主体の信念と欲求がどのように形成されるのかという特定の説明にはコミットしておらず，それらを外生的に決定されたものとして取り扱うのである．このことが意味しているのは，この行為モデルを，主体が結果をランクづける仕方に実質的制約を課すような欲求合理性（desire-rationality）の特徴づけによって補足することを妨げるものは何もないということである．（たとえば，道徳的実在論者は，真なる信念が状態の上の客観的確率分布を正確に反映しているのとまったく同様に，良い欲求はある客観的な価値の秩序を正確に反映していると主張することもできるであろう．このとき，完全に合理的な主体は，真であるものを信じようとし，善であるものを欲求しようとするものとして特徴づけられることになるだろう[20]．この場合には，上に素描されたモデルが示唆しているのは，合理的主体は真理を知り，善を最大化しようとするということだけである．）

　この理論が弱いものであるために，人々は容易に，合理性の道具的把握あるいは少なくともその意思決定理論的表現に対するほとんどの反論は，この理論の誤解に基づいているという誤解に導かれることになる．結局のところ，ある意味において，道具的であると特徴づけることができないような合理的行為の概念化について考えることは難しいのである．たとえば，アリスデア・マッキンタイアやチャールズ・テイラーによって広められているような，行為の新アリストテレス主義的理論はすべて，選好に基づく意思決定理論で表現される種類の道具主義と完全に整合的である[21]．しかしながら，小さいが重要な問題点が存在している．枠組みの中に第2の合理的主体を導入することで問題が発生するのである．（単純化のため，私は2人のケースへの言及に限定することにする．というのも，2人のケースについて言えるすべてのことはn人のケースに一般化可能であるという理解を前提としているから

---

20) Donald Davidson, "Mental Events," in *Essays on Action and Events* (Oxford: Clarendon, 1980), p.222.
21) Alisdair MacIntyre, *After Virtue: A Study in Moral Theory*, 2nd ed. (Notre Dama, Ind.: University of Notre Dame Press, 1984), Charles Taylor, *Sources of the Self: The Making of the Modern Identity* (Cambridge, Mass: Harvard University Press, 1989).

である．)

　興味深い状況は，合理的選択理論家たちが「相互依存的選択」と呼ぶ文脈で生じる．これは，結果が2人の別々の主体の行為が組み合わさって決定される状況である．以前には，行為と状態は，それらが結合することである結果を引き起こすような2つの種類の事象であると言った．社会的インタラクションとは，第1の主体の行為が第2の主体の行為と結合して結果を生み出すような状況のことである．こうして，一方の主体の行為は他方の主体にとっては状態となり，その逆もまた真となる．ここで発生する問題は，主体がそのような文脈において，どのようにして合理的信念を創り出すと考えられるかということである．意思決定理論のケースでは，信念は選択問題に対して外生的なものとして取り扱うことができた．しかし，第1の主体の状態が実際には第2の主体の行為であるとき，選択問題に外生的な仕方で信念を特定化することはもはや不可能である．

　単純な意思決定問題なら，主体は状態に確率を割り当てることから始め，何をすべきかを決定する問題へと移ることができよう．しかし，主体が互いにインタラクトしているときには，各主体はこれらの問題を同時に解かなければならなくなる．何をなすべきかを決めるためには，第1の主体は発生しうるさまざまな状態の確率を決定しなければならない．しかし，これらの状態は単に第2の主体の行為であるので，第1の主体は第2の主体が何をしようとしているのかを決定しなければならない．このことを考えるためには，第1の主体は第2の主体の信念がどのようなものかを考えなければならない．しかし，どの状態が生じるかに関する第2の主体の信念は，第1の主体が何をなすかに関する信念と同じことであり，これはまさに第1の主体が決定しようとしていることであるから，期待の後退が生じているのである．

　各主体に対して発生する状態はもはや意思決定問題に先んじて与えられていないので，両方の主体は2つの変数を同時に解かなければならない．各主体はどの行為を選択するかを決定しなければならないだけでなく，どの状態が生じるのかも決定しなくてはならない．問題は，どの状態が生じるかがどの行為が選択されるかに依存し，どの行為が選択されるかがどの状態が成立するかに依存していることである．このことは実践的合理性の道具的把握に対して深刻な問題を提示することになる．状態は結果と行為を結びつけているので，欲求された結果から望ましい行為へと後ろ向きに推論する唯一の方

法は状態に関する何らかの知識を通じてである．こうした信念を確定する何らかのメカニズムなしには，主体が社会的文脈において道具的に推論することは単純に不可能となるだろう．

フォン・ノイマンとモルゲンシュテルンは実際，この問題の重大さを認識した最初の人たちであった．彼らは『ゲームの理論と経済行動』の中で，次のように書いている．

> どの参加者も自分の行為を記述する変数を決定することができるが，他者の行為を記述する変数については決定できない．それにもかかわらず，これらの「他人の」変数は，彼の視点からは，統計的仮定によって記述することができないのである．これは，彼自身とまったく同様に，他者も合理的な原則によって導かれているからである……［したがって，道具的合理性の伝統的な「ロビンソン・クルーソー」モデルは，］これまでもっともラディカルな批判者たちによって想定されてきた以上に，経済理論にとってずっと限られた価値しかないのである[22]．

この時点で，2つの可能なプログラム上の戦略が現われることになる．1つは，社会的インタラクションは根本的に新しいタイプの問題を提示しており，その解決のためには，主体たちが追加的な認知的資源を必要とすると考えることである．先に私は，主体が選択肢を消去することを可能にする選択基準として欲求と信念を提示した．何らかの新たな基準——それは志向的状態の新たなカテゴリーに対応する——を導入することが，社会的インタラクション問題を解決するために必要とされるかもしれないということは常にありうることである．人間が何よりもまず社会的動物であることに鑑みれば，社会的インタラクション問題を解決することを助けるような，何らかの専用の心理学的機構をわれわれが持っていることを発見したとしても驚くにあたらないであろう．

意思決定基準の特殊社会的な形態を導入する代替的な方法は，期待の後退は悪い後退ではなく，主体は，意思決定モデルで与えられている基本的な資源だけでも，状態を特定化する何らかの方法を発見することができるだろう

---

22) Von Neumann and Morgenstern, *Theory of Games and Economic Behavior*, pp.11–12.

と考えることである．ここでのアイディアは，後退を追求してゆき，それがどこかで停止しうるのかを調べるということになろう．

この第2の選択肢は，ゲーム理論として知られるプログラムに発展してきたものである．ゲーム理論的分析の目的は，新たな種類の選択基準を導入することなしに，すべてのプレーヤーに対して安定的な信念の組み合わせが発生することを可能とするような仕方で，予想の後退を解決する方法を発見することにある．したがって，ゲーム理論的な「解決策」は信念の均衡であり，ゲーム理論はさまざまな状態の相対的確率に関する信念を決定するための一般的なメカニズムである．各プレーヤーに対して，（いまだ計画も遂行もされていない）他のプレーヤーの行為を特定の確率で生じる事象に変換するような仕方で，予想のサイクルの問題を解決することにより，戦略的推論が作用する．そのような還元が可能なときには，各プレーヤーの選択は単純な意思決定問題として扱うことが可能となる．

ゲーム理論の発展の最初の段階においては，インタラクションの問題が意思決定問題へと切り分けられるというアイディアにも一定の見込みがあるように思われた．2人の主体が自然を相手にするのではなく，お互いを相手として「プレー」しているような社会的インタラクションを表現するために，選択問題を表現するために用いられたのと同じ種類の木の図を用いることができる．唯一の相違点は，ここでは利得が，プレーヤー1の利得を最初の要素とし，プレーヤー2の利得を2番目の要素とするといったようなベクトルとして与えられていることである．図1.4のようなゲームを考えてみよう．ここでは，プレーヤー1の行為 $A_1 = \{U, D\}$ はプレーヤー2にとっては状態であり，プレーヤー2の行為 $A_2 = \{L, R\}$ はプレーヤー1にとっての状態となる．明らかに，プレーヤーたちが何をすべきかを決定する前に，どの状態に対してもそれが発生する確率を割り当てることはできない．プレーヤー2がプレーヤー1が何をしようとしているのかを知らないという事実は，プレーヤー2の2つのノードの間に引かれた破線によって表現されている．

このケースでは，両方のプレーヤーが相手が何をするのかを決定するのに，少しの努力をするだけでよい．主体たちは，典型的なチェス・プレーヤーのように，「私が x をすることを決定したと考えてみよう」という形式の仮説から推論を始めるかもしれない．次に彼らは，相手がどのように反応するか，それに対して自分がどのように反応するか等々を考え，このプロセスが安定

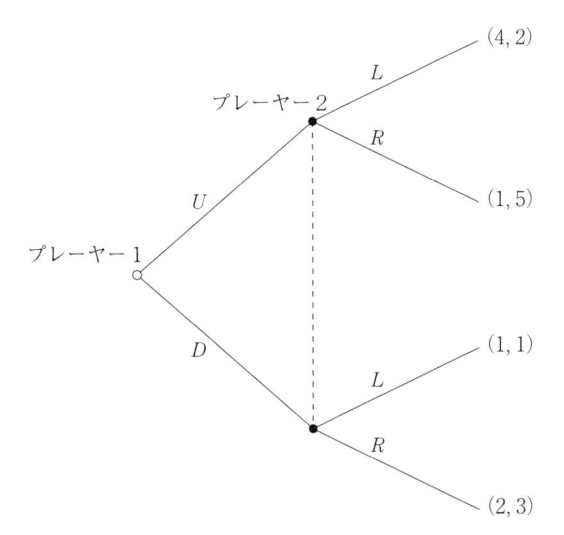

```
                              L
                         ────────── (4,2)
              プレーヤー 2 ●
           U          ╲  R
         ╱             ╲───── (1,5)
プレーヤー 1 ○             ┊
         ╲             ┊
           ╲           ┊ L
             D       ╱ ──────── (1,1)
                   ●
                    ╲ R
                     ╲───── (2,3)
```

図 1.4　社会的インタラクション

するかどうかを確かめることができるだろう．運がよければ，彼らは，どのような初期仮説に対しても整合的な反応の組を発見することができるだろう．図 1.4 に示されたゲームでは，プレーヤー 1 は「プレーヤー 2 が私が U をプレーすると予想しているとしよう．この場合，プレーヤー 2 は R をプレーしようとするだろう．しかしプレーヤー 2 が R をプレーしようとするならば，私は D をプレーする方が得になるだろう．それではプレーヤー 2 が私が D をプレーすると予想していたらどうだろうか．プレーヤー 2 は R をプレーし続けるだろう．だから私が何をするかについてプレーヤー 2 がどのように期待していようと，プレーヤー 2 は R をプレーするだろう．したがって，私は R に対する最適反応であるものをプレーすべきであり，それは D である」．この例では，L は強く支配された戦略である．すなわちプレーヤー 2 にとって，それは R よりも常に悪い戦略になっている．合理的な主体であれば，そのような戦略をプレーしないであろうから，プレーヤー 1 は確実に R を予想することができる．このことにより，実質的にゲームは，(U, R) と (D, R) という選択肢の間でのプレーヤー 1 の意思決定に転換されることになる．

　強く支配された戦略の消去によってもたらされる解は，必ずしも自明なものではない．とりわけ意思決定問題が複雑なものになるときにはそうである．

プレーヤー2

		L	M	R
プレーヤー1	U	(2, 5)	(3, 4)	(1, 3)
	C	(1, 3)	(4, 2)	(2, 1)
	D	(0, 2)	(2, 7)	(8, 4)

図1.5　支配された戦略の逐次消去

難しい問題については，意思決定を利得の行列として表現することがしばしば便利となる（これは，ゲームの逐次形ないし展開形表現とは異なる正規形として知られている）．図1.5を考えてみよう．この図は，2人のプレーヤーのそれぞれが実行可能な3つの行為を持っているゲームを表わしている．

この例では，両プレーヤーの戦略のいずれもいいところを持っている．したがって，インタラクションの結果は決定ができないようにみえる．しかし，より詳細にみれば，プレーヤー2の戦略Rが強く支配されていることがわかる．プレーヤー1が何をしようと，プレーヤー2にとっては常に，RをプレーするよりもMをプレーした方がよい．その結果，プレーヤー1は，プレーヤー2がRをプレーしないだろうと推論することが可能である．しかしながら，プレーヤー2がRをプレーしないならば，プレーヤー1にはDをプレーする理由がなくなる．D以外の2つの戦略のどちらも，LとMのもとでより良い結果をもたらすからである．言い換えれば，戦略DはRが考慮から除かれるや否や，強く支配されたものになるのである．だから，プレーヤー1は決してDをプレーすべきではない．なぜならば，プレーヤー2がRをプレーすることを想定することは決して合理的にならないからである．しかし，ひとたびDが消去されれば，プレーヤー2にはもはやMをプレーするインセンティブがなくなる．だから，プレーヤー1はプレーヤー2がLをプレーするだろうと推論することができ，Uをプレーすることが最適となる．したがって，このゲームには，支配された戦略の繰り返し消去によって発見される単一の解(U, L)が存在することになる．

この例は，(U, L)という結果は安定的であると同時に収束的であるという利点を持っているので，とりわけきれいな例である．安定的である理由は，どちらのプレーヤーも，(U, L)が予想された結果であるならば，戦略を切

り替えるインセンティブを持たないからである．また，プレーヤーが何を選択するのかに関する初期の仮説がどのようなものでも，この結果の選択へと導かれるので，この結果は収束的と言うことができる．したがってプレーヤーたちは，彼らに選択可能なすべての選択肢の含意すべてを考察することにより，「力づく」で解へと辿りつくことができるのである．したがって期待の後退は無害なものである．すべての推論プロセスが (U, L) へと導くからである．このような解決は，社会的文脈における道具的推論が，人々が非社会的文脈において推論する方法のもう少しだけ洗練されたバージョンにすぎないことがわかるかもしれないという楽観的な見込みを抱かせるものである．しかし残念ながら，問題はそんなに単純ではない．図1.6は，支配された戦略がないゲームを示している．ここでは，他の何らかの解概念が必要とされることは明らかである．

　図1.5に対して提案された種類の解は，変化する傾向を持たないような信念と戦略の組を含んでいるため，均衡と呼ばれる．より具体的に言うならば，それは，それを構成する戦略がいかなる虚偽の信念をも含意しないような，信念と戦略の組である．このことをみるために，あるプレーヤーが均衡にない戦略を提案された解として採用したときに何が発生するのかを考えてみよう．プレーヤー2がMをプレーする意思決定をしたとしてみる．この戦略が合理的になるためには，プレーヤー2はプレーヤー1がDをプレーすると信じなければならない．しかし，プレーヤー1にとってDをプレーすることが合理的となるのは，プレーヤー2がRをプレーするだろうと信じているときだけである．このとき，プレーヤー2は，プレーヤー2がRをプレーしようとしているとプレーヤー1が信じているということを信じていなければならないことになる．プレーヤー1が合理的である（そしてプレーヤー2がプレーヤー1が合理的であると信じる等々）と仮定するならば[23]，こうした信念を帰属させることは偽でなければならない．したがって，プレーヤー2のこの戦略は均衡外にあるために，それを支える信念の集合を覆してしまうのである．しかし，プレーヤー1がUをプレーするだろうと仮定して，Lを

---

23)「合理性の共通知識」（CKR: Common Knowledge of Rationality）制約をとりわけ強調したゲーム理論の発展に関しては，Shaun Hargreaves Heap and Yanis Varoufakis, *Game Theory: A Critical Text*, 2nd ed. (London: Routledge, 2004) を見よ．

プレーしようとすることには不整合的なことは何もない．このケースでは，信念と戦略のうまくかみ合った組はどちらのプレーヤーにとっても，自らを覆してしまうことがない．

したがって，ゲームの解として提案されたものはいずれも，均衡にあるという一般的な性質を持たなければならない．すなわち，信念と戦略の組が自らを覆してしまうようなものではないということである．これこそがジョン・ナッシュによって提案された最初の一般的なゲーム理論的解概念を生み出したアイディアである[24]．ナッシュによれば，解が均衡にあるというのは，各プレーヤーの戦略が他のプレーヤーたちの戦略に対する最適反応になっている（そして各プレーヤーは他の全員が解で特定化された戦略をプレーしようとしていると信じている）限りにおいてである[25]．この定義は，いかなる解も自己実効的（self-enforcing）でなければならないというアイディアを捉えている．各プレーヤーの戦略が，他のプレーヤーたちの戦略を所与として期待効用を最大化しているならば，誰も戦略を変化させるインセンティブを持たないし，したがって，誰にも誰かが戦略を変更するだろうと信じる理由がないのである．こうして，意図と信念の全体的な組は自らを覆す傾向を持つことがないであろう．

ナッシュの解概念は，図1.6に示されたゲームのように，支配された戦略の消去によっては解けないような多種多様のゲームを解くことを可能にしてくれる．残念なことに，こうしたすべてのゲームがこのように定義された均衡を1つだけ持っているというわけではない．両性の闘いと名づけられている図1.6のゲームにおいては，(U, L) と (D, R) のどちらもが均衡である．プレーヤー1がUを選択するだろうという仮説のもとでは，プレーヤー2はLをプレーするだろうが，プレーヤー1がDをプレーするだろうという仮説のもとでは，プレーヤー2はRをプレーするだろう．残念ながら，プレーヤーたちをこれらの結果のどちらかに収束するよう導くような推論プロセスは何もない．したがって，図1.5とは異なり，ここではプレーヤーたちが「力づくで」解への道を開いていくことは不可能である．

---

[24] John Nash, "Non-cooperative Games," *Annals of Mathematics* 54 (1951): 289–95.
[25] 概観については，Drew Fudenberg and Jean Tirole, *Game Theory* (Cambridge, Mass: MIT Press 1991), pp.11–14 を見よ．

		プレーヤー 2	
		L	R
プレーヤー 1	U	(3, 1)	(0, 0)
	D	(0, 0)	(1, 3)

図 1.6 両性の闘い

　これはゲーム理論において「均衡選択」の問題として知られているものである．さらに悪いことに，どの結果も安定的とも収束的ともみえないようなゲームが存在する．これをみるために，図1.7を考えてみよう．ここでも，プレーヤー 1 は次のように始めることができよう．「プレーヤー 2 は私が U をプレーすることを予想していると考えよう．この場合，プレーヤー 2 は R という反応をするだろう．しかし，プレーヤー 2 が R をプレーしようとするならば，私は D をプレーした方が得になる．だから，プレーヤー 2 は私が D をプレーすることを予想するはずだ．しかし，プレーヤー 2 が私が D をプレーすることを予想するならば，L にスイッチするだろう．しかし，プレーヤー 2 が L をプレーしようとするならば，私は U をプレーする方が得だ……等々．」最初の仮説をどのようにとろうとも，この期待の悪循環が発生する．このように，自滅的でない純粋戦略の選択の組は存在しない．したがって，内的に整合的でないような戦略と信念の組に依存しないような意思決定はないように思われる．

　ナッシュはこの「存在」問題に対する解決策を持っていた．ただしそれは普遍的に受容されてきたわけではない．基本的なアイディアは，たとえば何をすべきかをサイコロを投げるなどして，プレーヤーたちに可能な戦略をランダムにプレーすることを許すことにある．したがって U や D のような「純粋」戦略をプレーするだけではなくて，プレーヤー 1 は [3/10・U, 7/10・D] のような「混合」戦略をも採用することができることになる．これは，結果の集合が「純粋な」結果だけを含むのではなく，これらの結果上の確率分布全体の集合を含むよう拡張することと等価である．二，三の小さな制限事項のもとでではあるが，これによってすべてのゲームは少なくとも 1 つの安定的な結果を持つようになるのである[26]．図1.7のゲームでは，戦略結合 ([4/7・U, 3/7・D], [4/7・L, 3/7・R]) がナッシュ均衡となる．†（こうした戦略によって，両プレーヤーは，2 つの純粋戦略のどちらに対しても 12/7 の

プレーヤー2

		L	R
プレーヤー1	U	(3, 0)	(1, 3)
	D	(0, 3)	(3, 1)

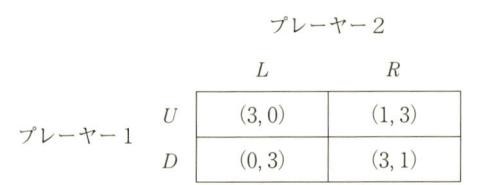

図 1.7　純粋戦略均衡がない場合

期待効用を得ることになるので，これら2つの戦略上で上記の確率分布による混合戦略を進んでプレーすることになる.）

　残念ながら，こうした修正は存在問題を解決する一方で，均衡選択の問題を悪化させるだけである．第1に，頻繁に起こる複雑な問題が，混合戦略の導入によって大抵のゲームで均衡の数を増加させてしまうという事実から生じる．つまりこの修正は，以前には均衡が存在しなかったところに均衡を生み出すことに役立つものの，すでに複数の均衡がある場合に新たな均衡を追加することにもなるのである．図1.6のゲームの場合，混合戦略の導入は（[3/4・U, 1/4・D]，[3/4・L, 1/4・R]）という新たな均衡を追加することになる[††]．今やこのゲームには，それぞれが異なる初期仮説から始めた推論プロセスの安定的な結果であるような，3つの均衡が存在することになるので，これらの初期仮説がどこから来たのかを決定することがますます重要なことになる．

　また，もっと奇妙な複雑な問題が，混合戦略均衡が必要としているような，信念の裏づけから生じてしまう．逸脱に抗して均衡を成立させているのは，各プレーヤーの戦略によって，相手プレーヤーが均衡戦略で使用される行為の間で完全に無差別になるという事実である．たとえば，図1.7においては，プレーヤー1が [4/7・U, 3/7・D] をプレーするだろうという期待によって，プレーヤー2はLとRのどちらを選択しようとも，あるいはそれら2つの間での任意の確率分布を選択したとしても，12/7の期待利得を得ることになる．このことによって，プレーヤー2には [4/7・L, 3/7・R] をプレーしない特定

---

26)　わかりやすい証明については，Drew Fudenberg and Jean Tirole, *Game Theory*, pp.29-33 を見よ．

†　ここの計算はミスをしているようである．正しくは（[2/5・U, 3/5・D]，[2/5・L, 3/5・R]）がナッシュ均衡で，均衡利得は9/5である．

††　プレーヤー2の正しい均衡混合戦略は [1/4・L, 3/4・R] である．

の理由がないことはもちろんのこと，[4/7・L, 3/7・R] をプレーする特定の理由もないことになる．しかし，それならばそもそも，プレーヤー1はどのような根拠で，プレーヤー2が [4/7・L, 3/7・R] をプレーすることを期待できるのだろうか．答えは「特にそういう根拠は何もない」ということである．均衡が行うことは，期待の後退が停止しうるような点を提供することだけであって，それは主体に対して実際の行動指針を提供するものではない．このことは主体の期待と戦略計画とを分裂させる効果を持つ．図1.4のゲームの均衡においては，プレーヤー1がDを選択するだろうというプレーヤー2の信念は，プレーヤー1が合理的である限り，実際にDを選択する計画を持つという事実と幸運にも一致している．混合戦略均衡においては，各プレーヤーの期待は合理的だが，体系的に偽であるということが起こりうるのである．さらに，実際に何をすべきかを決定する段になると，各プレーヤーは均衡で自分に割り当てられた戦略を無視することもできるのである．

　このことは次のようなことを意味している．混合戦略均衡に到達するために，プレーヤーたちは，誰が実際に何をするかという問題を基本的に脇に置いて，彼らの期待の後退を停止するような特定の信念の組を探さなくてはならないということである．こうしてプレーヤーたちがこうした期待を採用するのは，それが実現すると予想したり，それを実現させようとするからではなくて，単にそれが後退を停止させるからだということになる．このことによって，これらの信念は本気の期待というよりも，役に立つフィクションのようになるのである．このこと自体は混合戦略均衡の特異性にすぎないとして見過ごすことができるかもしれないが，可能な行為に関するプレーヤーたちの最初の仮説がどこから来たと考えられるのかという問題をより先鋭なものにしてしまうのである．

　ゲーム理論プロジェクトの全体的に還元主義的な野心と整合的なかたちでこの困難を解決しようとして，これまでにさまざまな提案がなされてきた．最初に言及する価値があるのは，ナッシュ均衡概念の精緻化を導入した結果，解集合のサイズが少しは小さくなったということである．部分ゲーム完全均衡や摂動完全均衡のように，これらの精緻化のあるものは，確率0の事象に対するプレーヤーたちの反応に対してナッシュ均衡概念がまったく制約をかけていないという事実を修正するだけのものである[27]．これらの精緻化は明らかに，戦略的合理性のフォーマルな概念の単純な拡張でしかないが，他の

多くの精緻化はさらに，許容できる結果の範囲に対して実質的な制約を導入するところまで行っている．それらの中にはたとえば，パレート支配された均衡を消去する機能を持つような制約を課すものもある[28]．こうした精緻化はある意味ではきわめてもっともらしいものだが，同時に，合理性の道具的把握だけによっては含意されないような原則や考慮を導入しており，還元主義的プログラムからの明白な逸脱を表わしている．

いずれにせよ，精緻化によって達成しうるものが限られていることはかなり明らかなことである．2つの完全に対称的な純粋戦略均衡を持つ両性の闘いのようなゲームでは，純粋に合理的な観点からは，これらのうちどちらかを消去する基準として機能しうるような重要な相違はないのである．精緻化は，しばしば微妙な意味において欠点のあるような均衡を消去することに役立つだけである．したがって，一般的な均衡選択問題がこうした方法で適切に解決可能であるという可能性はきわめて考えにくい．

次に大きく期待された考え方は，均衡選択問題が生ずるのは，これまでみてきたようなゲームのように単純な「一度限りの」ゲームでは，主体たちが期待を効果的にコーディネートするのはあまりに短い時間枠しか表現されていない事実によると考えることであった．同じゲームを繰り返しプレーすると，支配的な均衡が現われるかもしれないということが期待された．この期待は，同じゲームを繰り返しプレーする――すなわち，プレーヤーたちが各ステージ・ゲーム〔繰り返しゲームにおいて繰り返されるゲーム〕において前のゲームで他のプレーヤーがとった行為に依存して行為を選択することができる――ときに，均衡の集合が劇的に拡大するという発見によってすぐに打ち砕かれた．もっとも重要なのは，無限回の繰り返しゲーム，あるいはいつ終わるかに関して不確実性があるような有限回繰り返しゲームにおいて，い

---

27) Reinhard Selten, "Reexamination of the Perfectness Concept for Equilibrium Points in Extensive Games," *International Journal of Game Theory* 4 (1975): 25-55. こうした基本的な精緻化にも問題があったことに注意しておく必要がある．これらはすべて反事実的状況（counterfactuals）に確率を割り当てるために，条件化（conditionalization）を用いていたからである．条件法と反事実的条件法の確率は実際は等価ではないので，これらの精緻化戦略はある予測可能な困難を抱えることになった．この問題の概観については，Christina Bicchieri, "Strategic Behavior and Counterfactuals," *Synthese* 76 (1988): 135-69 を見よ．

28) John Harsanyi and Reinhard Selten, *A General Theory of Equilibrium Selection in Games* (Cambridge, Mass: MIT Press, 1988).

わゆる「フォーク定理」が証明され，維持可能な均衡の集合が無限に大きくなることが明確になったことである[29]．すべての有限回繰り返しゲームにおいては，このような均衡のひどい増殖は発生しないが，どのような状況でも均衡の数が削減されることはない．その基本的な理由は，ゲームが繰り返されることで，プレーヤーたちは，異なるステージ・ゲームのプレーに対して異なる行為という複雑なパターンを指示する戦略を採用できるようになるからである．このことは戦略集合のサイズを大きくするだけでなく，プレーヤーたちの過去の行為が，将来のプレーにおけるプレーヤーたちの意図の頼りにならない表示となり続けることを可能にするのである．

最後の，そしておそらくはもっとも広く共有された期待は，ある種のコミュニケーション・システムを導入することがプレーヤーたちの均衡選択に役立つだろうというものであった．もちろん，原初的な意味論的資源（コード化された情報内容を持つような行為の別種のクラスのようなもの）をゲームに導入するということは決して問題とされなかった．このことは還元主義的プログラムを放棄することになるからである．代替的なアイディアは，コミュニケーションのインタラクションが特別なタイプの——1人のプレーヤーの行為の選択が，他のプレーヤーたちに自分の信念や意図に関する正確な推論を行うことを可能にする——多段階ゲームとしてモデル化できるかもしれないというものであった．こうして，このタイプのコミュニケーション・システムはさまざまな通常のゲームに対して「プレー前」の部分として付加することができ，1人かそれ以上のプレーヤーたちが自分の意図をゲームが始まる前に効果的に宣言できるようにするのである．

このタイプのモデルも均衡の数を減少するよりは，むしろ増加させるという残念な結果を持つことが発見されたときに，このアイディアは放棄された[30]．各プレーヤーのシグナルの「意味」は外生的に固定されておらず，実際に使用されている均衡によって決定されるので，意味から行為への写像の

---

29) Drew Fudenberg and Eric Maskin, "The Folk Theorem in Repeated Games with Discounting or with Incomplete Information," *Econometrica* 54 (1986): 533-54. Fudenberg and Tirole, *Game Theory*, pp.150-60 も見よ．こうした結果が成立するには，プレーヤーたちが将来を大きく割り引いてはならないことに注意せよ．

30) Joseph Farrel, "Meaning and Credibility in Cheap-Talk Games," *Games and Economic Behavior* 5 (1993): 514-31.

順序を入れ替えることによって，新たな均衡が常に創られることになる．たとえば，音と意味の関係は本質的に恣意的であるから，「左」が左を意味し，「右」が右を意味するような均衡のそれぞれに対して，「左」が右を意味し，「右」が左を意味する別の均衡が存在することになるだろう．この関係が共通知識である限り，どの主体にとっても，一方の均衡を他方の均衡より好む理由がないことになる．

これに加えて，「新語（neologism）の問題」が存在する[31]．メッセージの意味は実際に使用されている均衡によって決定されるので，均衡で予期されていないメッセージの発生は確率0の事象である．このことは，ベイズ的推論では，プレーヤーたちがそのようなメッセージに帰することができる意味に対して何らの制約も課されないということを意味している．このことは，プレーヤーたちが期待されていない任意のメッセージに対して，期待されたメッセージの1つと同じ意味を割り当て，メッセージの送り手を両者に対して無差別にしてしまうことによって，新たな均衡の一団を生み出すことになる．これらのゲームにおけるメッセージは直接利得に関係していないので，どのような標準的な均衡精緻化でも，このような逸脱した解釈を排除することができない．したがってプレーヤーたちが合成的な（compositional）言語を持つと仮定すれば，こうしたゲームすべての均衡集合は無限に大きなものとなるだろう．

均衡選択問題が手に負えないものであることは，厳密に還元主義的な形態でのゲーム理論に対して深刻な問題を創出することになる．道具的合理性は非決定的である——すなわち，道具的合理性は社会的インタラクションの文脈においては，単一の実践的アドバイスを生み出すことができない——ように思われるからである．ナッシュ均衡概念は，主体が均衡を維持する信念に到達することを可能にするメカニズムを特定化するようなことは何もしていないので，これは相対的に深刻な欠陥であるということができる．ナッシュ均衡がしていることは，自己矛盾的でない信念と意図の集合を選び出すことだけなのである．クリスティナ・ビッキエーリは次のようにいう．

---

31) この用語は Farrel, "Meaning and Credibility in Cheap-Talk Games" によるものである．概要と議論については，Joseph Heath, "Is Language a Game?" *Canadian Journal of Philosophy* 25 (1995):1-28 を見よ．

ゲーム理論が，均衡とは何であるかを定義し，それを可能にする諸条件を定義しなければならないだけのことであれば，［ナッシュの］相互に合理的な信念という，明らかに限定的な定義は完全に満足のいくものである．しかし，規範的なゲーム理論の目的は，均衡を生み出すような行為を指示することである．このことは，どのようにプレーすべきかに関して一意的な合理的アドバイスを提供することを意味している．実際，理論家の課題が合理的行為の集合を指摘することだけに限定されるならば，プレーヤーたちは自分たちの行為をコーディネートすることに決して成功しないかもしれない．異なる主体たちが異なるアドバイスに従うことになるかもしれないからである．したがって各プレーヤーに対して，一意の合理的行為と，それを正当化する，他のプレーヤーたちの行動に関する一意の信念とが推薦されなければならないのである[32]．

　合理性を基盤としたゲーム理論のもっとも強力な主唱者の一人であるロジャー・マイヤーソンは，この非決定性問題が「現実の利害衝突の状況において人々の行動を予測する能力に関する数学的ゲーム理論の本質的限界と，社会心理学と文化人類学における研究の重要な課題」を顕わにしていると示唆している[33]．もしこのことが正しいならば，それは合理性の道具的把握にとって重大な帰結を生み出すことになる．それは単に，広範囲の社会的インタラクションにおいて，主体たちが望ましい結果から好ましい行為へと後ろ向きに推論することができないということを示しているからである．さまざまな結果をランクづけし，このランキングに照らして，彼らに有望な見通しを与える行為を選択することによって，主体たちが意思決定するという「圧倒的にもっともらしい」アイディアは，いまだに圧倒的にもっともらしいものである．社会的インタラクションに関与する主体たちはもはやそうすることができないということだけなのである．

---

32) Bicchieri, "Strategic Behavior and Counterfactuals," p.138.
33) Roger Myerson, *Game Theory: Analysis of Conflict* (Cambridge, Mass.: Harvard University Press, 1991), pp.113-14.

1.4　秩序の問題

　非決定性の問題は，合理性の道具的把握を非社会的文脈から社会的文脈へと拡張しようと試みるときに遭遇する最初の大きな困難である．これは明白な欠点のように思われる．たとえば，それは，合理的な個人たちが衝突することなく歩道を通るというような単純な課題をどのように処理できるのかという問題を提起するのである[34]．2つの均衡が存在している．最初の人が左を行き，第2の人が右を行くという均衡と，最初の人が右を行き，第2の人が左を行くという均衡である．さらに，左側通行や右側通行についてどのように感じるかということにかかわりなく，彼らはともに衝突を回避することに関心があるのである．このことは，各人は他方が右を行こうとするときにのみ左を行き，他方が左を行こうとするときにのみ右を行きたいということを意味している．彼らはどのようにして選択するのだろうか．ゲーム理論，そして合理性の厳密に道具的な把握は——さらなる補足がなければ——このことについてわれわれに語ることができなさそうに思われる．

　しかし問題はこれだけで終わらない．合理性の道具的把握の第2の大きな困難は，説明上の欠点をも生み出しているものの，より明白に規範的な側面を持っている．基本的な問題は，ゲーム理論が，集団的には悲惨な結果となるような行為を提案するように思われることである．実際，そこでアドバイスされる「効用最大化」の行為の多くは，われわれが日常生活の中で通常「愚か」（あるいは少なくとも「自滅的」）とみなすような行動パターンを構成している．具体的には，インタラクションにかかわるすべての主体が，効用を最大化する行為の追求を妨げられることによって，より良くなるような状況が生じうるのである．

　こうしたことのもっとも有名な例は囚人のジレンマである．図1.8を見てみよう．このゲームにおいて，LとUはどちらも強く支配された戦略であり，唯一の均衡は(D, R)である．しかし，(D, R)は$(1, 1)$の利得しかもたらさないのに対して，(U, L)は$(2, 2)$の利得をもたらすのである．したがって，両プレーヤーにとって(U, L)はより良い結果である．残念ながら，(U, L)は成立しえない．もしプレーヤー1がUをプレーするだろうとプレーヤ

---

[34] Martin Hollis and Robert Sugden, "Rationality in Action," *Mind* 102 (1993): 1-35.

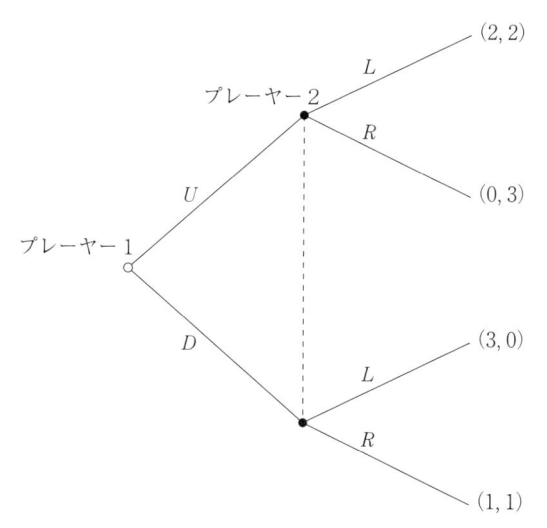

```
                              L
                           ・────── (2, 2)
              プレーヤー2 ●
                       ╱    ╲ R
                   U ╱       ╲── (0, 3)
                   ╱   ┊
     プレーヤー1 ○    ┊
                   ╲    ┊
                   D ╲    L
                      ╲     ・── (3, 0)
                       ●
                        ╲ R
                         ╲── (1, 1)
```

図 1.8　囚人のジレンマ

ー2が考えたならば，プレーヤー2はRにスイッチするだろうし，プレーヤー2がLをプレーするだろうとプレーヤー1が考えたならば，プレーヤー1はDにスイッチするだろう．実際のところ，一方が他方について何を想定するかは問題とすらならない．DとRは常に最善の戦略なのである．しかしながら，それらは(U, L)よりも悪い結果を両プレーヤーにもたらすことになる．

　文献において標準的となった語彙を用いると，LやUのような行為は「協力的」と呼ばれている（プレーヤーたちが座して目前の状況について議論するならば，彼らはこうした行為を遂行することに合意することができるはずだからである）．しかしながら，行為する段になると，両プレーヤーはこの合意を裏切るインセンティブを持つ（したがって，このゲームにおける非協力的な戦略は「裏切り」として知られるようになった）．裏切る人は「フリー・ライダー」とも呼ばれる．協力的解決を維持するための自分の役割を果たすことなしに，協力の利益を確保しようとするからである．

　実際には囚人のジレンマは，より一般的な問題の1つの特殊例にすぎない．その問題というのは，ゲームの均衡が必ずしもパレート最適でないということである．（ある状況がパレート最適であるとは，誰かの利得を他の人の利

		プレーヤー2	
	L	M	R
U	(1, 1)	(4, 0)	(4, 0)
C	(0, 4)	(3, 3)	(6, 2)
D	(0, 4)	(2, 6)	(5, 5)

図1.9　底辺への競争

得を低下させることなく増加させることが不可能なことである．このように，均衡が必ずしもパレート最適でないという事実は，少なくとも1人の人がより良くなり，他の誰も悪くならないような結果が他に存在しうることを意味している．）ずっと多くの複雑なゲームが同様の性質を示している．図1.9を見てみよう．これは，われわれが通常「底辺への競争」と呼んでいるもののラフなスケッチを表現している．最初の反復消去において，戦略RとDが消去される（それらは支配されている）ので，プレーヤーたちは(5, 5)ではなく，せいぜい(3, 3)しか得られないようにみえる．しかし，2回目の反復消去において戦略CとMが支配され，これらも消去される．こうして(U, L)が唯一の均衡として残される．この結果，プレーヤーたちは両者とも1の利得を得ることで終わるのである．このように，底辺への競争は「埋め込まれた」囚人のジレンマの組から成っている．毎回新たなサイクルの推論をするたびに（あるいは選択が逐次的に行われるときには，ゲームを毎回新たにプレーするたびに），結果がどんどん悪くなっていくのである．

最後に，3人以上の人々が囚人のジレンマに陥ることも可能である．個々人が他者にコストを課すような仕方で自分自身の条件を改善することができるときにはいつでも，通常そのようにすることが効用を最大化する行為となるだろう．しかし全員がそうすると，蓄積されたコストは裏切りを通して獲得した利益を簡単に上回り，全員が最初の時点よりも悪くなるかもしれない．このことが集団で発生するとき，それは集合行為問題（collective action problem），あるいはもっと生き生きとした仕方では「共有地の悲劇」として知られている[35]．

---

[35] Garrett Hardin, "The Tragedy of the Commons," *Science* 162 (1968):1243–48. Russel Hardin, *Collective Action* (Baltimore: Johns Hopkins University Press, 1981) も見よ．

多くの理論家たちは,こうした状況について何かしら逆説的なものがあると考え,囚人のジレンマに対する「解決」を考え出そうと努めてきた.これは通常,この構造を持つインタラクションにおいて協力することが実際に「合理的」であることを示すためにデザインされた,難解な形態の推論の形をとってきた[36].しかしながら,状況はこれよりも複雑であるはずだと信じるに足る十分な理由が存在する.結局のところ,毎日諸事をこなしている現実の人間はすべて,日常的に囚人のジレンマに陥るのである——街路を5分ほど運転する間にそうならないことは通常不可能である.さらに,それが彼ら自身の問題の原因となっていることを知っているときでさえ,停止するインセンティブがないという理由だけで,諸個人はしばしば裏切り続けるものである.このように,道具的推論がしばしば囚人のジレンマを導くという事実は理論の欠陥ではなくて,むしろ,人間的条件の特徴にすぎないかもしれない——このことについて何ら逆説的なことはないかもしれないのである.トマス・シェリングがいうように,「物事は単純な理由で最適になることはない.最適であるはずだという理由は何もないのだ.個人の反応を集団的達成に調和させるメカニズムは存在しない」[37].

典型的な例を考えてみよう.立ち往生は道路が非常に混雑しているときに発生する集合行為の問題である.自動車は青信号で交差点に入るが,先方の混雑のために,交差点を出ることができない.この結果,信号が変わるときに,もう一方の道路を通行している自動車が通り抜けることができなくなり,彼らの背後の交差点を閉じ込めるような渋滞を引き起こしてしまうのである.このことがさらに2回発生すると,1つのブロックの4つのコーナーすべての交差点が閉じられてしまう.立ち往生に関して驚くべきことは,これらの道路が一方通行の場合,4つの障害が相互に強化しあうようになるので,永遠に続く可能性があるということである.このとき,誰かがどこかで交差点から後退して出るときにのみ事態を是正することができる.したがって,これは明らかに非最適な結果である.このようなことが普通に起こる理由は,このインタラクションが囚人のジレンマの構造を持っていることにある.ド

---

36) たとえば,Richmond Campbell and Lanning Sowden, eds., *Paradoxes of Rationality and Cooperation* (Vancouver: University of British Columbia Press, 1985) に収められた論文を見よ.

37) Thomas Schelling, *Micromotives and Macrobehavior* (New York: Norton, 1978), p.32.

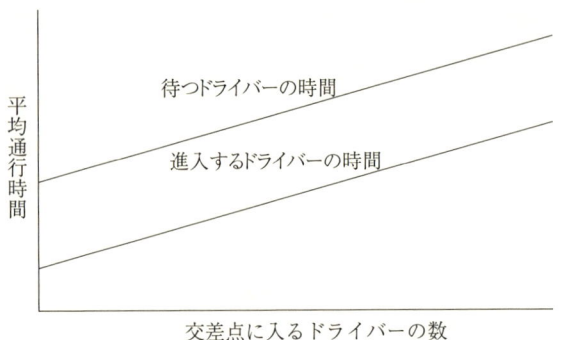

図 1.10 囚人のジレンマとしての立ち往生

(縦軸：平均通行時間、横軸：交差点に入るドライバーの数、上の線：待つドライバーの時間、下の線：進入するドライバーの時間)

ライバーの一人ひとりは，できるだけすぐに交差点に入るか，待って，交差点に入る前に交差点が空くことを確かめるかという選択を持っている．もし自分がすぐに交差点に入らなければ，別の方向をゆく車によって自分が締め出されてしまう危険性がある．さらに，交差点に入るならば，起こりうる最悪のことは，他の方向をゆく自動車をブロックすることであって，それでも自分自身はより早く通過することになる．したがって入るという選択は道路の平均通行時間を増加させるが，それにもかかわらず，待つのではなく入る人たちは常に自分自身の個人的な通行時間を削減するのである．こうして，道具的に推論するならば，すべての人は入ることを選択するだろうし，平均通行時間は増加することになるだろう（図 1.10 に示されているように）．

交通の流れが持つ性質のために，これは「一度限りの」囚人のジレンマとなっている．人々はしばしば不用意にこうした状況に陥ってしまう．彼らが自分がしたことに気づくときにはすでに遅すぎるのである．しかしながら，人々が底辺への競争に陥ることもまた，きわめて普通のことである．ここでは，彼らは自分の行為の帰結について反省する十分な時間を持っている．しかし彼らがあくまでそうし続けることがしばしばあるという事実は，道具的合理性が実際，こうした状況において裏切りをアドバイスするという見解を強く支持するものである．たとえば，アパートのビルに住んだことのある人であれば誰でも，壁を通して隣人の音楽を聞くことがどのようなものかを知っているだろう．多くの人はこの問題に対して，隣から来る攻撃的騒音をかき消すために自分自身の何かの音楽をかけることで反応する．こうしたこと

は典型的な囚人のジレンマを生み出す可能性がある．ある人がかなり大きなボリュームで何かの音楽をかけたとしてみよう．これによってイライラした隣人は，何か自分の音楽をかけることで反応する．彼自身はむしろ音楽をまったく聞かない方がよいと思っているのだが，何かを聞かなければならないのであれば，隣人のものよりも自分自身のものを聞く方がよいのだということに注意しておく．しかしながら，ひとたび彼が自分のステレオをかけると，彼の隣人は彼の音楽が壁を通過してくるのを聞くことができるようになる．このことが隣人の音楽を聞く楽しみを減退させるだろう．しかし，隣人が自分のステレオを切る可能性はほとんどないであろう．そうすれば，隣から聞こえる音楽がさらにイラつかせるものとなってしまうからである．こうして隣人は自分のステレオの音量をあげる．今や底辺への競争が始まったのである．彼が自分のステレオの音量をあげるという反応をするならば，隣人には自分のステレオの音量を再びあげる以外に選択肢がなくなるだろう．しまいには，彼らの両方は静寂の方がよいと思えるような高いボリュームで，自分自身の音楽を聞いていることに気づくかもしれない．しかしながら，どちらもこの競争を一方的に中止することができないのである．

　こうした種類の集合行為の問題が蔓延しているかもしれないと考えた最初の人はホッブズであった．われわれの自然の傾向が道具的に推論することであるならば，

　　勤労の余地はない．勤労の果実が不確実だからである．したがって，土地の耕作も，航海もなくなり，海路で輸入される商品の使用もなくなる．広い建物も，移動の道具，大きな力を必要とするような物を動かすための道具，地球全体に関する知識，時間の計算もなくなる．技芸，文学，社会もなくなる．そして最悪なのは，継続的な恐怖と暴力的な死の危険である[38]．

　こうした活動はすべて，協力を必要とするので不可能である．ホッブズの見解において自然状態が魅力的でないのは，人々が邪悪であるからでも，間違った種類の動機を持っているからでもなく，単に彼らが自分の利益を道具

---

38) Hobbes, *Leviathan*, p.89.

的仕方で追求するからなのである．（したがって，ホッブズによる自然状態の特徴づけは，先に示唆したような実践的合理性の本性に関する彼の仮定からきわめて直接的に出てくる．）

　囚人のジレンマを生成するには，少しの怠惰だけでよい．たとえば，自然状態における人々が「大きな力を必要とするような物を動かす」ことができないだろうというホッブズの主張を取り上げてみよう．これは非常に奇妙な主張のように思えるし，文献においてほとんど言及されてこなかった．ここでの推論はどういうものなのだろうか．なぜ人々は重い物体を一緒になって引き上げることができないのだろうか．問題は，このケースの場合，仕事の努力が観察不可能なことにある．6人の人たちからなるグループが一緒になり岩を持ち上げようとしていると考えてみよう．各人が適度の努力を注入するならば，彼らは容易に岩を持ち上げることができるだろう．しかしながら，各人は次のように推論するかもしれない．「どうして自分が背中をまるめてこの岩を持ち上げなければならないのだろう．自分がそれほど強く持ち上げないという選択をしても，きっと他の人たちが足りない部分を補ってくれるだろう．」もちろん，彼らすべてがこのように推論するならば，岩は少しも動かないだろう．これは古典的な集合行為問題である．これを棺担ぎのジレンマと呼ぼう．

　一部の人々は，この合理的選択理論の明白な帰結――囚人のジレンマで常に裏切るべきだということ――を，道具的合理性が持つ規範性を根底から覆すものとして受け取ってきた．この帰結は，常に道具主義者のアドバイスに従うべきかどうかという問題や，何らかの他の種類の選択基準を採用することでより良い状態にならないのかという問題へと導くものである．この主張のもっとも明示的に定式化されたバージョンは，デイヴィド・ゴティエによって展開されてきたものである．彼は，特定の環境においては，非道具的な（あるいは効用を最大化しない）選択を勧めるような選択性向を選択するように，自己利益がわれわれを導くはずであると主張している[39]．しかしながら，より基本的な困難に焦点を当てるために，こうした議論をしばらくの間，脇に置くことにしたい．非決定性の問題も非最適性の問題も，合理性の道具的把握の経験的適切性に対するチャレンジを提示するものである．われわれはしばしば非最適なインタラクションのパターンに陥る一方で，多くの状況においてそれを回避するいくぶん不思議な能力をも持っている．人々は大抵

のとき，コーディネートされた，協力的な仕方で彼らのインタラクションを組織化することができるのである．われわれは協力の失敗をときおり経験する——そして歩道ですれ違うときにときどき困難に陥る——ものの，事実は，大抵の場合そうした種の問題を回避することができるということである．われわれは——得をする裏切りの機会を放棄しつつ——単に楽しみのために協力的に行為することさえある．

　こうした例をほんの1つあげると，カナダにあるドライブ・スルーのティム・ホートン・ドーナッツのお店の常連客は，ときどき以下のようなゲームをプレーして楽しむことが好きである．ある人が，彼自身の注文だけでなく，彼の後ろにいる車の人の注文（彼が窓にくるときまでには，すでに注文されている）の分まで支払うことからゲームは始まる．後ろの人は，ドライブ・スルーの窓に到達するときに，自分の注文が前の人によってすでに支払われていることがわかってびっくりするだろう．前の人はこの時点で車で走り去っている．今度は彼女がこれに反応して，後ろにいる次の人の注文の支払いを行う．これは，誰かが最終的に裏切り，ただで自分のコーヒーかドーナッツを手に入れて車で走り去るまで続けられる．ティム・ホートンの従業員は，朝のラッシュ時間には，「後ろの人の分まで支払う」システムはしばしば30分またはそれ以上続くだろうと報告している．このシステムにおいて協力が明らかに裏切りに対して脆弱であるという事実は，おそらく人々がそれを創出し，維持することに喜びを感じる理由の1つとなっているだろう．

　おそらく誰しも，この種の「後ろの人の分まで支払う」逸話には馴染みがあるだろう．もっと厳密なデータも存在している．実験ゲーム理論は，ラン

---

39) David Gauthier, *Morals by Agreement* (Oxford: Clarendon, 1986). 多くの哲学者たちは，個人が自分の選択の指針となる原理の集合を採用することを選択するかもしれないという考え方に循環性の兆しを見いだしてきた（たとえば，Velleman, *Possibility of Practical Reason*, p.228）．そのような選択はどのような基礎の上で行うことができるのだろうか．ゴティエの構想上の直観は，意思決定理論的な推論は常に最適な結果を生成するので，この領域における道具的推論に問題がないとみなしうる，というものであった．社会的インタラクションにおいて実践的推論を支配する諸原理の選択は，こうして，意思決定理論的な選択問題として表現され，（循環性なしに）解決されうることになる．この論証の構造は，Gauthier, *Moral Dealing: Contract, Ethics, and Reason* (Ithaca: Cornell University Press, 1990), pp.209-33に転載された，David Gauthier, "Reason and Maximization," *Canadian Journal of Philosophy* 4 (1975): 411-33においてもっともよく見ることができる．

ダムに選択された被験者たちが，一度限りの匿名的なインタラクションに投げ込まれても，標準的な合理的選択理論によって予測されるレベルをはるかに上回るレベルの協力とコーディネーションを達成できることをはっきりと実証してきた[40]．問題は，インタラクションを処理し，こうした結果を達成するのに，これらの被験者たちがどのような資源を用いているのかということである．用いられている資源がすべて合理性の道具的把握の枠組みの内部でモデル化できるのならば，実際には何ら問題は存在せず，解決されるべき規範的な争点もないことになる．しかし，そうすることができないならば，このことは，ゲーム理論の還元主義的プログラムが失敗であること，行為のモデルは非道具的な熟慮を組み込むために拡張されるべきであるということを示唆しているのである．

1.5 結論

上に素描した2つの問題——コーディネーション問題と協力問題——はしばしばまとめられ，「秩序の問題」と呼ばれている．次の章で私は，この問題に対して長年にわたり提案されてきたさまざまな解決策を考察することにする．ここでは，この議論において何が問題となっているのかに関して簡潔にコメントしたい．合理性の道具的把握は，そのもっともらしさの多くの部分を，その端緒をなす心理学的仮定が持つ直観的に魅力的な特徴から引き出している．しかしながら，道具的モデルのこの最初の入念な仕上げ——期待効用最大化定理を含む——は，完全に非社会的な選択問題に関してなされている．社会的インタラクションを扱うためにそれを一般化する試みがなされるのは，漸く，このモデルが完全に特定化された後のことである．この時点で，モデルは非常に重大な困難に出会うことになる．社会的インタラクションにおいて生じる期待の後退（regress）は，こうした文脈において道具的に合理的な行為を選択するわれわれの能力を覆す恐れがある．さらに，このような問題が解決できると信じるア・プリオリな理由は存在しない．2つの変数を含む方程式は1つしか変数を含まない方程式とは完全に異なる難問な

---

40) 概観に関しては，Richard H. Thaler, *Winner's Curse: Paradoxes and Anomalies of Economic Life* (Princeton: Princeton University Press, 1992), pp.6-20 を見よ．

のである．ゲーム理論家たちは英雄的努力をなしてきたが，秩序の問題は背負っている理論的負債の多くが未払いのまま残されていることを示している（実際のところ，秩序の問題はまさに負債の未払いの部分なのである）．

　秩序の問題が合理性の道具的把握の枠組みの中で解決可能だと考えるア・プリオリな理由がないだけでなく，それが解決可能であるはずがないと考える十分な理由が存在している．よく考えてみると，道具主義的戦略の背景には，容易に疑うことができるような仮定が存在している．意思決定理論がゲーム理論の「基礎」を提供すべきだという考えは，合理的主体が世界にかかわるために使用するすべての「装備」がすでに存在しており，それが非社会的文脈において配備されているという仮定に帰着する．それは，フォン・ノイマンとモルゲンシュテルンが鋭く観察したように，合理主義の「ロビンソン・クルーソー」的把握である．他の人々がやってくるとき，彼らは単により複雑な対象として扱われる．戦略的推論の目標はまさに，他のいかなる自然事象とも同様に他者の行為が予測可能となるような仕方で，人間行動をパラメータ化することなのである．

　このアプローチのもっともらしさは，経験的な心理学的証拠のいずれよりも，ある種の心の哲学的理論が持つ人気の方により大きくかかわっている．しかし，実際の人間の幼児が最初にテーブルやボールのような「簡単なもの」をどのように扱うかを学び，それから，彼らの母親のようなもっと複雑な対象の扱いに進むというわけではあるまい．彼らは最初に人を扱うことを学ぶのである．実際，人間の幼児が自分の環境内のすべての対象を本質的に社会的なものとして取り扱うことから始め，ずっと後になって，生きているものを生きていないものから，人間でないものを人間から区別することを学ぶということは，発達心理学におけるよく知られた観察である．したがって，非社会的文脈における推論から社会的文脈における推論を「築き上げる」のではなく，むしろ社会的文脈から非社会的文脈へと下るときに，推論の「機能を削る」ことをしているのだということは，きわめてありそうなことである．この観点からは，われわれが非社会的文脈における推論で用いている資源は，毎日の社会的インタラクションで用いるフルセットの認知的資源の部分集合であるかもしれないと考えること，したがって社会的選択問題の非社会的選択問題への還元が可能であるはずがないと考えることはきわめてもっともらしいことになる．

これが正しい見解ならば，実践的合理性の理論を仕上げる最良の方法は，社会的インタラクションの構造分析から始め，人々が社会的交換を組織化するためにどのような種類の資源を用いているのかを理解することであろう．ひとたびこれがなされたならば，関連する熟慮プロセスのよりフォーマルなモデルを展開する試みを行うことができる．これは，実践的熟慮の意思決定理論的モデルをもたらしたような作業に匹敵するような試みである．残念ながら，経済学者たちにみられる支配的傾向は合理的行為のモデルを拡張することではなく，むしろ，行為の進化論的モデルや行動的モデルを好んで合理性の前提を完全に放棄してしまうことであった．こうして「協力」はしばしば，認知バイアス，フレーミング効果，限定合理性，明らかに諸個人が「理想的」合理性の基準に違反しているその他のよく知られた事例などと同じ次元で言及されることになる．これは時期尚早である．提示されている実践的合理性のほとんど厳密に還元主義的なモデルが社会的インタラクションのいくつかの側面の説明に失敗するという事実は，合理的行為という概念全体を方法論的に無価値なものにしてしまうわけではない．それは，心理学的な倹約性をより緩めたモデル（less psychologically austere model）がより大きな成功をおさめるかもしれないということを示唆しているにすぎないのである．

第2章
社会秩序

Social Order

　人間性についてもっとも理解しがたいことの1つは，われわれがこれほどまでに社交的な被造物であると同時に，これほど破壊的かつ反社会的な形態の行動傾向を持ちうるのは何故かということである．われわれの社交性は，われわれが肉体的生存を確保するために複雑な形態の協力に依存しているという明白な事実をはるかに超えるものである．われわれのほとんどは，心理学的にも感情的にもわれわれが依存している社会関係の稠密なウェブに埋め込まれながら，全人生を過ごしている．われわれは孤独なときに親交と会話を求め，他人と会話するという単純な行為に喜びを感じるものである．しかし強力な紐帯で互いに結びついている一方で，日常的に自分に利益をもたらす活動に従事し，他者に直接的犠牲を強いてもいる．問題はあからさまに攻撃的な行動に関するものだけではない．人々はきわめてありふれた事柄において極端に非協力的でありうるし，そうすることが最終的にすべての人を悪い状態にするときにも，しばしば自分自身の利益を棚上げすることを拒否するのである．

　イマヌエル・カントは，この潜在的敵対の本性——彼がわれわれの「非社会的 (unsocial) な社交性」と呼ぶもの——を理解することが人間社会の発展を理解するうえでの鍵であると示唆している[1]．われわれの社会的傾向と

---

1) カントはこの言い回しを「世界市民という視点からみた普通史の理念」で用いている．(*Kant's Political Writings*, 2nd ed., ed. Hans Reiss (Cambridge: Cambridge University Press: 1991)) 所収, p.44.

反社会的傾向とのこうした緊張関係は，それに続く世代の哲学者たちと社会理論家たちに対して，多くの極端に困難な技術的問題をもたらしてきた．数世紀の間，彼らは人間社会において社会秩序がどのようにして達成されるのかという謎を突きつけられてきただけでなく，そもそもどのようにしてそれが可能であるのかということにも頭をひねってきた．ある意味ではわれわれは，アリのコロニーの活動がどのように組織化・再生産されているかについての方が，人間社会がどのように機能しているのかについてよりも多くのことを知っているのである[2]．人々はしばしば驚くほどの水準のコーディネーションを含むインタラクションのパターンに従事するものだが，われわれがこうした社会構造の文化的伝達に依存していることは，われわれがこうした仕方でインタラクトするような「回路を備えている（hardwired）」あるいはそうするようプログラムされているわけではないことを示唆している．行動が本能だけでは過少決定になるということを考えても，社会的インタラクションのこうした安定的パターンがそもそもどのようにして可能になるのかにはわからないことが多い．ピーター・バーガーとトマス・ルックマンによれば，

　　人体には，人間の行為に安定性をもたらすのに必要な生物学的手段が欠けている．人間存在は，生命体としての資源だけに引き戻されるならば，ある種のカオス状態の存在となるだろう．しかし，そのようなカオスは理論的には考えることができたとしても，経験的には観察されない．経験的には，人間存在は秩序，方向性，安定性といった文脈で生起するものである．そうすると次のような問いが生じることになる．経験的に存在している人間の秩序の安定性はどこから来ているのだろうか[3]．

しかし人間社会がわれわれの生態（biology）によって予測される以上の水準の秩序を示している一方で，われわれは完全なカオスを生み出さないに

---

2) Bert Hölldobler and Edward O. Wilson, *The Ants* (Cambridge. Mass.: Harvard University Press, 1990) と社会心理学の標準的な入門書とを比較すると，後者がかなり見劣りすることがわかる．
3) Peter Berger and Thomas Luckmann, *The Social Construction of Reality: A Treatise in the Sociology of Knowledge* (New York: Doubleday, 1966), p.51.

しても，協力やコーディネーションの破局的な失敗を含むようなことをする能力も持っている．これらの失敗はしばしば，外的事象により引き起こされるのでなく，完全に社会内の諸個人によってとられた行為の帰結として生じるのである（「犯罪の急増」や内戦はもっとも顕著な例である）．人間社会ではときおり，社会構造のさまざまな構成要素が分解することがあり，しばしば誰もその理由が明確にわからないものである（それはある程度，そもそも一体何がそれらを結びつけていたのか誰も確かなことがわからないからである）．われわれは知ったかぶりをして帝国の「盛衰」について語るとき，どれほど成功したものであろうと，いかなる形態の社会的組織もいずれそれ自身の内的緊張関係に屈服することを暗黙のうちに示唆しているのである．どんな社会でも遠心力と求心力の両方が作用しているように思われるが，これらの力の本性はほとんど理解されていない．

　社会的インタラクションの秩序性を道具的な観点から説明しようとして，これまでに多くの試みがなされてきた．ここでの一般的戦略は，個人間に利益の調和を創出する何らかのメカニズムが，一定の社会的文脈において作用していると主張することであった．この見解によれば，社会秩序は，的確な制度的環境の組のもとにおける個人的な最大化行動の帰結でしかない．ここで背景にあるイメージはもちろん市場経済のイメージである．市場経済は，道具的に合理的な諸個人の利益を継ぎ目なく統合するインセンティブの体系を，相互に利益のある結果を生み出すような仕方で提供すると広く考えられてきた．ここでの課題は，このようなメカニズムが社会的インタラクションの他の領域においても存在することを示すことと，道具的に行為する主体の集合が社会秩序を創出し維持するのに必要な種類の行為を遂行するよう動機づけられうることを示すことである．

　この点で，これまで提出されてきたさまざまな道具主義的理論はそれほど成功してこなかった．もちろん道具的合理性が，社会的インタラクションに関して語られるどのようなストーリーに対しても，その重要な部分を形成するだろうことに疑問の余地はない．明らかに社会的諸制度は諸個人にインセンティブを提供し，諸個人はしばしばこれらのインセンティブに純粋に道具的な仕方で反応する．したがって，論点は，合理性の道具的把握が間違いであるかどうかではない．それがわれわれの推論のきわめて重要な側面を捉えていること（そして，それが交通の立ち往生状態や大気汚染のような社会現

象を説明すること）に疑いの余地はないからである．問題は，それが完全な説明を提供するかどうか，あるいは他にも何かが作用していないかどうかということである．より具体的には，道具的合理性はわれわれの「非社交的な社交性 (unsociable sociability)」の「非社交的」な部分を説明するうえではきわめて優れていることは疑いえない．問題は，それが「社交性」をも説明できるか，あるいはさらに「社交性」を包摂できるかどうかなのである．

厳密に道具的な見解に対するもっとも一般的な代替案の示唆によれば，社会秩序は自己利益だけでは説明しえず，共有された社会規範のある一組に対するコミットメントを必要とする．そのような社会規範がなければ，主体たちには，安定的な協力的解決策をひとまとめにするのに必要な「接着剤」がない．われわれは便宜上この見解を「社会学的」観点と呼んでもよいであろう[4]．もちろんこの主張はさまざまな仕方で定式化することが可能であり，それらのすべてが道具主義と整合的でないというわけではない．ここで私が取り上げるバージョンでは，規範は自己利益の追求に対して義務的制約を生成する限りにおいて重要であると主張される．言い換えれば，規範は，特定の行為のための，あるいは，特定の行為に反対する非帰結主義的理由を提供する限りにおいて重要である．このように定式化されたときにのみ，「社会規範」という想定は，標準的な道具主義的把握が提供できる以上の何かをこのストーリーにつけ加えることになるのである．

このテーマに関する文献は非常に込み入ったものであり，必ずしもそれほど鮮明なものではない．ここでは私が主要な理論的洞察と考えるものを明らかにするために，概要を説明するにとどめたい．「社会学的」代替案の検討に入る前に，まず道具主義的理論の限界を検討することから始めよう．しかしながら，第1章で素描した標準的な意思決定理論のモデルを修正することなく社会秩序の説明を試みる理論だけを検討するという意味で，この章における道具主義的理論の概観はいくぶん選択的である．この理論上の戦略が持

---

4) 実際，「共有された価値」が社会的統合に必要とされるという見解が持続していることは，タルコット・パーソンズの影響が，現代社会学だけでなく，より一般的に「素朴心理学」においてもしばしば否定されながら，いまだに続いていることの証拠といえる．Talcott Parsons, *The Structure of Social Action: A Study in Social Theory with Special Reference to a Group of Recent European Writers*, 2 vols. (New York: McGraw Hill, 1937) と *The Social System* (New York: Free Press, 1951) を見よ．

つ限界を理解することによってのみ，規範を組み込むような（あるいはより一般的に，帰結主義という仮説を棚上げするような）仕方で意思決定理論を修正するさまざまな試みに対する動機を理解できるのである．この点については次の章で議論することにする．

2.1 道具的アプローチ

どのようにして人間社会で社会秩序が達成されるかという問題が謎でないような側面が1つある．協力を確保するうえでルールがきわめて重要な役割を果たしているという広く受け入れられた合意が存在するのである．たとえば，交通の立ち往生を生み出す集合行為問題を見てみよう．世界には，交差点を塞ぐことを違法にすることでこの問題を解決しているところもある．大都市の多くでは，繁華街の交差点の真ん中に，斜線が引かれた大きな四角が描かれている——信号が変わるときにこの四角に入ってしまった人は罰金を支払わなければならないことになっている．世界の他の地域（通常は，交差点を遮ることの結果がそれほど深刻でないところ）では，われわれはこの問題の解決を道徳的抑制に依存している．人々は運転を学ぶときに，他のドライバーに対する礼儀として，交差点に早すぎるタイミングで入らないように教えられる．ルールはまた，インフォーマルな社会的サンクションによっても実効化される（enforced）．たとえば動けない状況のドライバーであっても，交差点を塞いで立ち往生しているドライバーに対してクラクションを鳴らしたりする．どちらにしても，背景にある集合行為問題を解決しているのがルールの存在であるというだけでなく，ルールがまさにこの問題を解決するために存在していることはかなり明らかなことである．

残念ながら，秩序の問題の解決策としてルールを持ち出すことは，理論的謎を解決するというよりも，それを置き換える効果を持っている．ルールを抽象的に，あるいは，事前に人々に承認させることは，意思決定の時点で彼らにルールに従わせることと同じではないからである．ルールの導入ないし発動だけでは，背後にあるインセンティブ構造は変化しない．ルールがあっても，脱出できるかどうかにかかわらず，信号が青のときに交差点に入ることはドライバーの利益となるのである．したがって，どのようにしてルールが動機の面で効果的となるのかに関する問題が残るのである．

この問題を考察するときに，道具主義的信条を持った理論家のほとんどが気づく最初のことは，ルールが実効化されているという事実である．交通違反を犯したドライバーは罰金や，あるいはもっと重い罰を科される．無礼なドライバーはクラクションを鳴らされたり，軽蔑の身振りを示されたりする．これらのサンクションを回避することが，道路のルールに従うことに対する明白なインセンティブを提供している．ホッブズはこのありふれた観察を，どのようにして社会秩序が維持されているかに関する一般理論へと転換した．彼は（いくぶん劇的に）「剣なき契約は言葉にすぎない」と言う[5]．彼は，人々がルールに従うのは，そうすることが彼らの利益になるときに限られ，そうすることを彼らの利益にする唯一の方法はただ乗りの利益を取り除くことであると主張した．このことを可能にするのは，ルールを破った人々に懲罰を課し，ルールに従う人々に報酬を与えるようなサンクション・システムを制度化することによってである．

　ホッブズの見解では，この分析の利点は，外的サンクションの動機づけの力は道具主義的な枠組みで容易に理解可能だという点にある．交通違反切符を回避したいと思うことに何も不思議なことはない．ルールの実効化は単に，「フリー・ライダー」戦略がもはや効用最大化でなくなるような仕方で環境を変化させるのである．利得が変化するのだから，集合行為問題は消えてくなる．しかしながらこの分析は，サンクションされている人の観点からは，ルールの作用をきわめて理解可能なものにするものの，サンクションを適用している人の観点からは物事をいくぶん謎めいたものにする．この問題は，ホッブズが決して適切に取り組まなかった問題である．何がサンクションを行う個人を動機づけるのか．少しばかりの報復主義的感情を持つにせよ，ほとんどの人々は実際に他人に懲罰を課すことを負担と思うものである．しかし，脅しのサンクションが機能するためには，脅しは信じられるものでなければならない．このことは，サンクションする人が本当にその行為を実行することを意図しているということを，サンクションされる人が信じていなければならないことを意味している．残念ながら，合理的主体の協力するという約束を信じられるものにすることを難しくするのと同様の論理が，合理的

---

5) Thomas Hobbes, *Leviathan*, ed. Richard Tuck (Cambridge: Cambridge University Press, 1991). p.117.

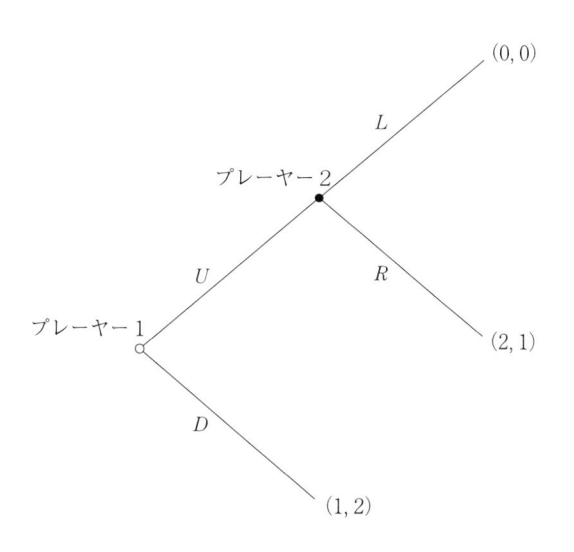

図 2.1　空脅し

主体による裏切り者を罰するという脅しを信じられるものにすることを妨げるのである．図 2.1 を考えてみよう．

　このゲームの均衡は (U, R) である．しかし明らかに，プレーヤー 2 にとっては，自分が手番を与えられたときに L をプレーするということに，何らかの仕方で公にコミットすることができるならば利益となる．プレーヤー 2 が L をプレーするとプレーヤー 1 が信じるならば，プレーヤー 1 は D を選択するだろうし，このことはプレーヤー 2 の利益となるのである．プレーヤー 2 は，プレーヤー 1 の手を強制するために $(0, 0)$ の利得でプレーヤー 1 を脅すかもしれない．しかし，残念ながらこれはうまくいかないだろう．プレーヤー 2 がそのような脅しをすることはできるだろうが，そうする段になると，実際にそうすることは決してないだろう．こうして，プレーヤー 1 は U をプレーし続け，0 を得ることと 1 を得ることとの間での選択に直面したプレーヤー 2 は利得 1 を選択するだろう．

　ある人がもう 1 人の人を脅すときには，彼は「もしあなたが x をしないなら，私は双方にダメージとなる行為 y を遂行するだろう」という種類の主張をしていることになる．脅された行為が双方にとってダメージとなるもので

なければならないことに注意しておくことが重要である．脅しをかける人にとってそれが非最適でないならば，脅すことに意味がなくなるだろう．たとえば，警察が武装した被疑者に「投降しなければ撃つぞ」というとき，彼らは彼を撃た̇な̇い̇方がいいと考えていることが仮定されているのである．警察が彼を撃ちたいと思っているとすると，彼らはいずれにせよそうするだろうし（彼が投降するかどうかにかかわらず），それは効果的な脅しとならないだろう．このことは，脅すためにはプレーヤーたちが効用を最大化しない行為に喜んで従事しなければならないことを意味している．しかし，これはまさに道具的に合理的な主体がしたがらないことなので，戦略的文脈では空脅し以外にはありえないのである．このことはゲーム理論家たちに以前からよく知られていた論点を例証している．それは，脅しと約束が類似した行為理論的構造を持っており，道具的観点からは両者とも不合理であるということである[6]．したがって剣がないならば，脅しもまた言葉にすぎないことがわかる．しかし脅しは剣であると考̇え̇ら̇れ̇て̇い̇る̇ので，ちょっとした後退問題がここに大きく立ちはだかっているのである．

どのようにして諸個人が約束を守るよう動機づけられるのかを説明するために，ホッブズは，諸個人が主権を創出するかもしれないとし，それが裏切った者に懲罰を課すのだと主張する．このように主張する際，彼は約束の拘束力を説明するために，基本的に脅しに訴えていることになる——脅しは約束とまったく同じくらい問題含みだということを単純に見落としながら．この結果，彼は自然状態において，すなわち純粋に戦略的インタラクションの中から，裏切り者を罰する能力を持った権力（authority）がどのように生じうるのかを説明することができない．この問題は，人々を罰することが通常，罰する人にとってのコストを含んでいるという単純な観察から非常に明白に見てとることができる．こうして問題は，罰を遂行するために，どのようなインセンティブが必要かということとなる．もちろん役割を十分果たしていない人々に不平を言ったり，嫌がらせをしなければならないというのはいささか不愉快な仕事となりうる．このことは新たなフリー・ライダー問題を発生させる．誰もが他の誰かがやってくれることを期待して，ルールに従

---

6) Thomas Schelling, *The Strategy of Conflict* (Cambridge, Mass.: Harvard University Press, 1960), "Threats," pp.123-30, "Promises," pp.131-37.

わない人を罰することを先延ばしにするかもしれないのである．

　このようなことがいつも起こっている．誰かが雑貨品店のエクスプレス・チェックアウトの列に多くの商品を持ってきたという，よくある状況を考えてみよう．通常は列の中の他の誰も何も言わないだろうが，他の誰かが彼女に立ち向かって欲しいと願うだろう[7]．この結果，悪いことをした人はその場を切り抜けることができる．彼女の行為はどの人にとっても，彼女にサンクションを加えることを価値あることにするほどには害のあるものではないからである．裏切り者やフリー・ライダーを罰することは，裏切りによって害を受けるすべての人々に対して正の外部性を生み出すのだから，一種の社会奉仕である[8]．しかし，それは通常1人の人によって遂行されなければならないので，懲罰を課するよう個人を動機づけるという問題が存在することになる．このことは，ルールを創るが，誰もそれを破った人を罰しないという非最適な戦略的均衡に人々が陥りうるということを意味している．（それゆえ進化論の理論家たちは，人間社会に観察されるこのタイプのサンクションを「利他的懲罰（altruistic punishment）」と呼び，「利他的協力」と同様に謎に満ちているとみなすのである．）[9]

　このように，秩序の問題に対する単純なホッブズ的解決策には成功の見込みがない．しかしながら，ホッブズ的戦略を追求する，もっと洗練された方法が多く存在する．こうした方法はどれも多かれ少なかれ，人々が「一度限りの」インタラクションにかかわっているのではなく，彼らが時間を通じて繰り返しお互いに遭遇する——そして相互利益のある協力関係に従事する態

---

7) このことは少なくともカナダにおいては真である．他の国では人々はもっと対決姿勢を見せると聞いている．

8) Pamela Oliver, "Rewards and Punishments as Selective Incentives for Collective Action: Theoretical Investigations," *American Journal of Sociology* 85 (1980): 1361. こうしてマイケル・テイラーは *The Possibility of Cooperation* (Cambridge: Cambridge University Press, 1987) の中で，集合行為問題に対して提案されてきた多くの解決策には欠陥があるとし，その理由を，それらが「脅しの利用と，サンクションの提供を含むものであり，サンクション・システムの創出と維持は，集合行為問題の事前的解決または同時的解決を伴う」(p.22) ものだからであるとしている．

9) Robert Boyd, Herbert Gintis, Samuel Bowles, and Peter J. Richerson, "The Evolution of Altruistic Punishment," in Herbert Gintis, Samuel Bowles, R. Boyd, and E. Fehr, eds., *Moral Sentiments and Material Interests: The Foundations of Cooperation in Economic Life* (Cambridge, Mass.: MIT Press, 2005), pp. 215-28.

勢にある——という事実を頼りにするものである．協力によって他の人々が将来その人に対して協力的に行動する確率を増加させるならば，すなわち協力的行為が時間を通じた互恵性のシステムに埋め込まれているならば，協力は利益をもたらすものとなるかもしれない．

もちろん，その命題の裏もまた真でなければならない．つまり裏切りは，他の人々がその人に対して将来協力的に行動しないような確率を増加させなければならない．したがって，このモデルにおいては将来の協力が「アメ」を提供する一方で，さらに「ムチ」が存在しなければならない．しかし，協力を撤回することの方が，相互に打撃となる行為の脅しよりも，信憑性のある懲罰メカニズムであるように思われる．それはまた社会学的にもより説得力があるように思える．人々はルールを破った人々を罰するために危険を冒したくないと思うかもしれないが，その人を将来も信頼することに気のりがしなくなることは確実であろうし，その人とのインタラクションを避けさえするかもしれないのである．多くの人々は，ロバート・アクセルロッドによって有名となった「しっぺ返し」戦略が，この種の条件つきの協力戦略をきわめてよく明確に表現していると感じてきた．それは「過去に協力した人々には協力し，裏切った人々には裏切り返す」というものである[10]．

完全な協力が繰り返し囚人のジレンマ・ゲームの複数均衡の1つであることを示している「フォーク定理」の背後にあるのはこの直観である（このような名前で呼ばれているのは，その結論がフォーマルに証明されるずっと以前から，ゲーム理論家たちによって広く信じられていたからである）．しかしながら，フォーク定理が——最終的に証明されたさまざまなバージョンにおいて——示しているのは，条件つきの協力が当初考えられていたほど顕著に頑健なメカニズムでないということである．「しっぺ返し」が進化ゲームにおける勝利戦略であったことは偶然ではない．というのも，実際のところそれは合理的主体同士の繰り返し囚人のジレンマの部分ゲーム完全均衡戦略ではないからである．その理由は，まさに，この戦略が懲罰メカニズムとして用いる単純な一度限りの協力の撤回が，合理的主体の間で信憑性を持たないという点にある[11]．言い換えれば，この戦略は生まれつき（hardwired）

---

10) Robert Axelrod, *The Evolution of Cooperation* (New York: Basic Books, 1984). この戦略は実際にはアナトール・ラパポートによって提出されたものである．

である(あるいは予見をしない主体によってプレーされる)ときにのみ機能するのである.他者を食い物にする手段として裏切りを選択しない合理的主体のインセンティブは一般的に,他者を罰する手段としての裏切りを選択しないインセンティブとしても機能するだろう.しっぺ返し戦略を持つ主体が遂行するようプログラムされているような「報復的懲罰」は,それ自体として,道具的に合理的な主体にとって実行可能なものではないのである.

このように,もっとも一般的な形態におけるフォーク定理は,裏切りに対する反応として,すべての協力の完全な崩壊か(「ナッシュ均衡回帰(Nash reversion)」),あるいは,人々がルールを破った人々を罰しないことに対して罰される,ルールを破った人々を罰さない人々を罰さないことに対して罰される等々というように,高階のサンクションのエスカレートする列を必要としているのである[12].前者は非常に単純であるが,社会学的な説得力を持たない(それは,どのような犯罪に対しても,社会のすべてを自然状態に回帰させることで法を実効化するようなものである).後者は非常に微妙である.諸個人が協力しなかった人々への協力をとりやめ,協力をとりやめなかった人々に対する協力をとりやめる等々というモデルを構築することは可能である.しかしながら,このようなモデルは比較的に頑健でないことが判明する.これもまた社会学的説得力に欠けるのである[13].全員が協力するであろうという,参加者間に存在する信頼を基礎として集合行為が維持される状況は多くある.こうしたケースでは,参加者たち自身がしばしば信憑性のあ

---

11) しっぺ返しとしっぺ返しの組み合わせはナッシュ均衡であり,その理由は図2.1において(D, L)がナッシュ均衡であるのと同じ理由である.しかし,これは部分ゲーム完全均衡ではない.均衡経路外でそれが指定する行為は効用を最大化するものでないからである(懲罰的な裏切りに対する予想利得が「寄生的」裏切りに対する利得とまったく同じだからである).より詳細な議論については,Eric Rasmusen, "Folk Theorems for the Observable Implications of Repeated Games," *Theory and Decision* 32 (1992): 161 を見よ.

12) 前者の「ナッシュ回帰戦略」(「トリガー」あるいは「グリム」戦略としても知られている)については,James W. Friedman, "A Noncooperative Equilibrium for Supergames," *Review of Economic Studies* 38 (1971): 1-12 を見よ.後者については,Drew Fudenberg and Eric Maskin, "The Folk Theorem in Repeated Games with Discounting or with Incomplete Information," *Econometrica* 54 (1986): 533-54 を見よ.

13) Peter Richerson and Robert Boyd. "The Evolution of Human Ultra-Sociality," in Irenas Eibl-Eibesfeldt and Frank Salter, eds., *Indoctrinability, Ideology, and Warfare: Evolutionary Perspectives* (New York: Berghan Books, 1998), pp. 71-95.

る懲罰の脅しが存在していないことを認めており，全員が裏切りのインセンティブを持っている[14]．最近の「ソーシャル・キャピタル」に関する文献は，道具主義的説明が社会秩序の説得力ある説明の提供にもっとも近づいている経済的領域においてさえ，そのような信頼関係が重要であることに対する注意を喚起してきた[15]．参加者たち自身が自分たちのインタラクションの真の構造について体系的に混乱していると想像することはとても信じがたいだけではない．事実は，参加者たちがサンクションが存在していると気づいていないならば，実際には何もサンクションがないということになる．結局のところ，サンクションが機能するのは，それが信憑性ある脅しを構成するときだけであり，信憑性を持つためには，参加者たちが少なくともサンクションを意識していなければならないのである．

　しかしながら，これらのモデルのもっとも重要な限界は，ゲームの終了時点がわかるや否や，協力のインセンティブがなくなるということ（したがって，「フォーク定理」の結果は無限回繰り返しゲームにおいてのみ成立するということ）である．将来に協力がないことを所与とすれば，有限回繰り返しゲームの最終回には協力のインセンティブがないので，全員が最後から2番目のゲームで裏切るだろうことを全員が予測することができる．何をしようとも最終回では「罰を受ける」だろうからである．このことは，最後から3番目のゲームにおいても協力のインセンティブがないことを意味している．というのは，何をしようとも最後から2番目のゲームで「罰を受ける」だろうからである等々．後方帰納法（あるいは「逐次的合理性」）によって，最初の回に至るまで協力が崩壊することになる．同様に，諸個人が将来をあまりに大きく割り引いたり，諸個人がインタラクトするパートナーを頻繁に変化させたり，あるいはインタラクションが終了する確率が高いならば，協力するインセンティブはなくなるだろう．

　最後に注意すべきことは，互恵性のこれらのモデルが，2人ゲームの結果が容易にn人ゲームの場合に一般化されないケースの格好の例となってい

---

14) Jon Elster, *The Cement of Society: A Study of Social Order* (Cambridge: Cambridge University Press. 1989), p.131.
15) Francis Fukuyama, *Trust: The Social Virtue and the Creation of Prosperity* (London: Penguin, 1995), Robert Putnam, *Bowling Alone: The Collapse and Revival of American Community* (New York: Simon and Schuster, 2000) を見よ．

ることである[16]．協力のとりやめは，協力を実効化する道具としては非常に切れ味が悪いものである．それは，諸個人が1人の裏切り者にターゲットを定めて懲罰を実施することを許さないからである（通常はそうすることを可能にする報復的懲罰とは異なっている）．したがって，大規模な集合行為問題の繰り返しでは，懲罰を実行する唯一の方法は，全員が全体的な協力計画から離脱すること——それは，裏切った者だけでなく，関与している全員にダメージを与える反応である——だけである．したがって，理想的に合理的な主体間で協力を維持することが可能であったとしても，ほんの小さな確率で不合理な行為や間違いが発生するだけで，大規模な協力的計画が崩壊する確率が非常に高くなってしまう[17]．（「間接的互恵性」のシステムを維持するために）コミュニケーション・システムや評判メカニズムを追加することは，この根本的な問題を何ら変えることにはならない[18]．

　こうして，社会秩序を理解する際の鍵として，協力的取り決めの実効化に焦点を当てる中核的な道具主義的戦略はうまくいかないのである．ホッブズ的戦略は，選び出された説明項（explanans, 懲罰）が被説明項（explanandum, 協力）とまったく同じように謎に満ちているという事実によってうまくいかない．また，より洗練された戦略は，仮定されているメカニズム——協力をとりやめるという脅しと組み合わせられた互恵的協力——が，社会秩序の安定性と諸個人が容易に協力的取り決めに入りうることを説明するのに十分頑健なメカニズムでないという事実によってうまくいかないのである．このテーマには膨大な文献が存在し，ハイエク的「自生的秩序」の構想に刺激を受けた理論家たちは，ホッブズ的自然状態の「底辺への競争」を競争的市場の「頂上への競争」に転換するような，純粋に戦略的考察の追求を継続している．（これからも間違いなく登場してくるだろう試みはいうまでもなく）ここでこれらの試みのすべてをサーベイすることは不可能であろう．私

---

16) Samuel Bowles and Herbert Gintis, "Origins of Human Cooperation," in Peter Hammerstein. ed., *Genetic and Cultural Evolution of Cooperation* (Cambridge. Mass.: MIT Press, 2003), p.432.
17) Robert Boyd and Peter Richerson, "The Evolution of Reciprocity in Sizable Groups," *Journal of Theoretical Biology* 132 (1988): 337-56.
18) Rosaria Conte and Mario Paolucci, *Reputation in Artificial Societies: Social Beliefs for Social Order* (Dordrecht: Kluwer, 2002), pp. 38-48.

の目標は，なぜこの一般的な研究プログラムが広く瀕死状態にあるとみなされているのかを示すために，中心にある概念的な困難を明示的に述べることであった[19]．社会理論家たちの間では，合理性に基づくモデル化のテクニックから離れて，進化ゲーム理論のモデルに関心を移行するという大きな動きが存在している．これは後者がこうした困難の多くを免れているとみなされているからにほかならない．このことについてはさらに第6章で議論することにしよう．当面のところ合理的行為の道具的諸理論に焦点を当て続けることにしよう．

2.2 顕示選好理論

道具主義者には他にも説明戦略があるが，いずれも懲罰モデルほどの直観的もっともらしさを持っていない．たとえば単に，社会的インタラクションの表面的分析がわれわれに思わせるほど，集合行為問題がありふれたものでないと考えることは可能である．道具的モデルの内部には，主体にどのような種類の選好を帰属させるかに関する制約は何もない．したがって，たとえば人々が立ち往生状況の創出を控えるのは，彼らが他のドライバーたちをブロックすることについて悪く思うからであると考えることは十分に可能である．集合行為問題の見掛けが創出されるのは，単に結果が不適切に特定化されているからである——人々は早く帰宅することに関心を持つだけでなく，自分の行為が他人に対して持つ帰結の種類についても気にかけているのである．人々がフリー・ライダーのインセンティブを持つという仮定が生じるのは，道具的モデルが必然的に要請する以上に狭い意味で，彼らの欲求が自己利益に基づくという仮定のためなのである．

人々が，裏切り行為が他者にもたらす帰結を回避するために，ときおり協力的に行為するということ（すなわち，彼らが利他的動機から行為しているということ）には疑問の余地がない．問題は，このメカニズムが社会秩序の一般的説明を提供するだけの十分な頑健性を持っているかどうかということ

---

19) David Braybrooke, "The Insoluble Problem of the Social Contract," in Richmond Campbell and Lanning Sowden, eds., *Paradoxes of Rationality and Cooperation: Prisoner's Dilemma and Newcomb's Problem* (Vancouver: University of British Columbia Press, 1985), pp. 277–305 を見よ．

である．ここでは，議論は十分な注意を持って取り扱われる必要がある．第1に，道具主義者は，諸個人がどのようにして自分の選好——彼らが持つことになるかもしれない「協力的」選好も含めて——を最終的に形成することになるのかに関しては，特定の理論にコミットする必要がないということである．これは実際のところ，個人の欲求がどこから来るのかということに関する問題であり，厳密に理解された実践的合理性の理論には属さない．したがって，選好の内容は特定化されないままに残されているので，単に，社会的インタラクションが実際に示しているような水準の「秩序性」をまさに生成するような仕方で選好を例示することによって，秩序の問題を「解決」することを妨げるものは何もない．道具主義者は，主体たちがこうした種類の協力的選好を社会化を通して獲得すると想定する自由を持っている．（ただし，なぜわれわれが人々をこのように社会化することを選択し，それを遂行するためにどのように自分たちを律するのかに関する，何らかの道具的説明は必要となるだろうが．）また，サンクションが実効化されるのは，人々が——あるいは少なくとも十分な人々が——（おそらくは，違反を観察すると腹を立て，悪人を罰することから快楽を得るという理由で）サンクションを実効化する選好を持っているからだと仮定することもよいだろう[20]．

　ここで危険なのは，この理論によって必要とされる選好の説明が「お話作り（just-so story）」——合理性の道具的把握にとって困るような結果を避けるように急仕立てされた——になってしまうことである．そのような選好の説明はまた，ゲーム理論家たちと哲学者たちが人々の持つ選好の種類に関してまったく勘違いしてきたということだけでなく，諸個人もまた日常的な社会的インタラクションに従事する中で，一貫して間違っているということを示唆している[21]．たとえば，ある程度の怠惰は，すべての人間のほとんど生まれつきの特徴である．ある仕事（たとえば夕食を作ったり，家を掃除するというような）をすることと他の誰かにしてもらうこととの間の選択に直面

---

20) サンクションのレベルでの集合行為問題は，協力の1階のレベルにおけるそれと比較してそれほど問題ではないという考え方は，しばらくの間，政治学者たちの間で広く支持されていた．サンクションを課すことは協力よりもコストがかからないからである．しかしもちろん，問題はコストが高いか低いかということではない．サンクションを課すことに対して純コストが存在する限り，集合行為問題が存在する．この問題は，諸個人が他者をサンクションすることに対して積極的な選好を持つときにのみ解決される．

すれば，他の条件を一定として，ほとんどの人々は誰か他の人にしてもらうことを選好するだろう．こうした種類の選好を持った2人の人が互いにインタラクトするとき，ブラブラしながら少し待って相手が仕事をやってくれるかどうかを確かめるだろうから，それはほとんど自動的に集合行為問題を生成することになるだろう．こうして，われわれはこうした種類の社会的インタラクションにおいて，集合行為問題が広がることを予想すべきである．このことから，人々の選好がたまたまこうした構造におけるインタラクションを回避することができるようになっていると仮定することはあまりにも都合がよいものになってしまう．さらに，そこに関わっている諸個人はしばしばそのようなインタラクションを集合行為問題の構造を持っているものとして認識する．彼らが行為する仕方はこうした認識によって決定されるので，この説明によって仮定された認識と行動の体系的な齟齬に対する何らかの説明が提供される必要があるのである．

　ここにおいて，多くの理論家たちは道具的モデルを事実上誤りえないものにするような仕方で再定式化する誘惑にかられてきた．「人々が偶然にも，非最適な結果を回避することを可能にするような種類の選好を持って，これらのインタラクションに入るだけだとするならば，奇跡的なことのように思えるかもしれないが，明らかに人々はそうしているのである．彼らが協力するという事実は，インタラクションが間違った仕方でモデル化されたのだということ，そしてそれは実際には囚人のジレンマではなかったのだということを示している」と彼らはいう．これは，経済学者の一部で人気のある，効用理論の「顕示選好」バージョンを述べる1つの方法である．この見解によれば，主体たちは常に彼らのフォン・ノイマン＝モルゲンシュテルン効用関数に従って行為するだろう．この効用関数は彼らが実際に行為する仕方を表現するために用いられる数学的な縮約表現にすぎないからである．選好は主体の行動から「読み取られる」——したがって，選好は選択を通じて顕示さ

---

21) Bruno Verbeek, *Instrumental Rationality and Moral Philosophy: An Essay on the Virtues of Cooperation* (Dordrecht: Kluwer, 2002) は言う．「通常の環境においては，ほとんどの人々は少ないお金よりも多いお金を好み，多くの税金よりも少ない税金を好む等々．さらに，ほとんどの人々は，他人がこうした環境においてこうした選好を持つことを期待している．従前の反論に暗黙の前提とされている示唆とは反対に，私はわれわれがこうした利益についてそれほど間違っていると信じていない．」(p.86).

れるというアイディアである.「このとき,合理的な人が囚人のジレンマで協力しないことは本質的にトートロジーになる」とケン・ビンモアは書いている[22].もし彼らが協力するのなら,それは彼らの選好が間違って表現されたからであって,彼らは実際には何か他のゲームをプレーしているのだということになる.

残念ながら,この見解に惹かれるほとんどの理論家たちは,その重大な欠点を十分に理解していない.たとえばビンモアは,ゲーム理論家は単に「トートロジーと遊んでいる」にすぎないと主張する.彼はゲーム理論の結果を数学的定理になぞらえるが,数学的定理もまた彼によればトートロジーである.「それらは何も実質的なことを言っていないのだから,偽ではありえない」[23].もちろんこれが真実なら,数学者にとっても論理学者にとっても,それが驚きとなることは確実である[24].したがってゲーム理論家たちは本当に自分たちの学問が内容のないものであると主張したいのでなければ,ビンモアの数学との誤ったアナロジーから慰めを得る(あるいは希望を「新論理主義(neologicism)」の成功に負わせる)べきではない.トリビアルに真である言明は単に トリビアルに 真であるにすぎない.そのような理論は説明上の,あるいは予測上の価値を持たないだけでなく,説明や予測を定式化するために用いることすらできないだろう.これとは対照的に,合理的選択理論は社会科学における非常に実り多い研究仮説の源泉となってきたのである.それが生み出す多くのアノマリーを直接的な仕方で扱うことを回避することだけのために,理論をトリビアル化することは,この領域であげられた成果に対してひどい仕打ちをすることなのである.

いずれにせよ顕示選好のドクトリンにはずっと深刻な問題が存在する.もっとも根本的なことは,選好が非社会的文脈においてすら,実際には選択を通して顕示されないということである.道具的見解は行為を信念と選好で説

---

22) Ken Binmore, *Playing Fair: Game Theory and the Social Contract*, vol. 1 (Cambridge, Mass.: MIT Press, 1994), 1:104 を見よ.
23) Binmore, *Playing Fair*. p. 95.
24) ゲーデルの不完全性定理の主要な意義は,それがフレーゲの論理主義的プログラムを阻止したことであり,それゆえに算術が論理学に還元できないことを示したことである.概観についてはStephen Kleene. "The Work of Kurt Gödel," in Stuart Shanker. ed. *Godel's Theorem in Focus* (London: Routledge, 1988), pp. 48-73 を見よ.

明するので，どのように特定の志向的状態を帰属させようとも，それは常に利用可能な証拠によっては過少決定されることになる．ドナルド・デイヴィドソンが観察したように，どのような行為も，主体に帰属される信念を変更することだけで，どのような選好順序とも整合的にすることができるのである[25]．（私がコーヒーを飲むのは，コーヒーが好きだからかもしれないし，私は紅茶が好きで，それが紅茶だと思っているからかもしれない．）信念を固定されていると考えるならば，選好は選択を通して顕示され，選好が固定されると考えるならば，信念は選択を通して顕示される．しかし，それら両方が同時に顕示されることは不可能である．顕示選好の理論家たちがこのことに気づかないのは，彼らが主体の信念を当然視しているからである．こうして，観察された行動に基礎づけられる行為の唯一の理論は，主体が a を選択したということを，a をするという選好の結果として説明するというものとなる．理論家がそのような理論を展開することを妨げるものは何もないが，この場合，説明的価値や予測的価値の欠如がさらに表面化することになる．しかし，a に対するこの選好をより複雑な志向的状態の組で説明しようとする限り，われわれは理論がそのような直接的な経験的基礎を持ちうるという希望を諦めなければならないのである[26]．

最後に，効用最大化理論に表現されている熟慮的合理性の高度に理想化された把握の代わりに，人々が実際どのようにして意思決定しているのかに関するより現実的な説明を採用すれば，道具的見解が社会秩序をもっと簡単に説明できるということがときおり示唆されている．主体が自分の選択肢のすべてを考慮し，自分の戦略のどれが真に最善のものであるかを考えるための

---

25) Donald Davidson, "The Structure and Content of Truth," *Journal of Philosophy* 87 (1990): 279-328. Daniel M. Hausman, "Revealed Preference, Belief, and Game Theory," *Economics and Philosophy* 16 (2000): 99-115 も見よ．
26) また，道具的モデルの背後にある選好把握をもっともらしくしている重要な要因として，そうした選好がわれわれが内省的にアクセスできるような種類の欲求に大まかに対応していることがあるのも事実である．このことは，われわれが主体の報告に対して一人称特権（first-person authority）を認めているという事実によっても証拠づけられている．顕示選好のドクトリンは，主体たちが，自分自身の行動を観察し，事後的に自分が x か y を欲求していたと推論することによってのみ，自分の欲求を確かめることができることを主張している．デイヴィド・ゴティエはこの主張をばかげていると述べ，顕示選好が「話し言葉（speech）」で表現される「態度的選好（attitudinal preferences）」と比較考量されるような枠組みを提案している．*Morals by Agreement* (Oxford: Clarendon, 1986), pp.27-28.

時間やエネルギーを持つことはまれである．通常，彼らはかなりラフな基準によって，「十分良い」解決策を探しているにすぎない．これは実践的合理性の「限定された」把握の背後にあるアイディアである[27]．この種の見解によれば，主体たちは囚人のジレンマにおいて協力することを要求する非常に一般的な方策を採用することを選択し，あらゆる環境においてそれが真に最善かどうかを計算することなく，この方策に固執しているだけなのかもしれない．

残念ながら，このような展開は実際には役に立たない．ひとたび完全合理的な主体が理想的な条件のもとでどのように熟慮するのかに関する満足のゆく説明がなされるならば，人々が実生活の条件のもとで実際に推論する方法を捉えるために，その小型バージョンを作らなければならないだろうことに疑いの余地はない．しかし，限定合理性を正しく概念化するためには，理想的合理性の正しい理論から始める必要があり，合理性の道具的把握がそのようなものとみなされうるかどうかということこそ，まさに秩序の問題が提起していることなのである．いずれにせよ，限定合理性を導入することは秩序の問題の解決には役立たない．認識や計算のうえで制約を受けた主体たちでも，囚人のジレンマで協力することを選択しないだろうからである．強く支配された戦略をプレーすることは決して主体の利益とならないので，それは特定のゲームの戦略としても経験則としても魅力的になるということはない．主体の合理性がいかに限定的なものであろうとも，彼らが考えるだろう最初の事柄の1つは，囚人のジレンマにおいて裏切ることが常に利益となるということなのである．

2.3　ルール道具主義

広い意味で道具的信条を持つ理論家たちの間における，秩序の問題に対するもう少しラディカルな反応は，意思決定理論からゲーム理論へと至った一般化のプロセスを振り返り，再検討することであった．合理性の道具的把握の問題が現われ始めるのが，参照枠組みの中に第2の合理的行為者が導入さ

---

27) Herbert Simon, *Models of Bounded Rationality*, 2 vols. (Cambridge. Mass.: MIT Press, 1982).

れるときだけであったことを思い出そう．非社会的文脈において取られた効用最大化の行為は決して非最適な結果へと至ることがなく，熟慮のプロセスは決して非決定的なものでもない．困難が始まるのは，意思決定理論的推論が社会的インタラクションに適用されてからである．このことによって何人かの理論家たちは，意思決定理論からゲーム理論への移行の背後にあるオーソドックスなアイディアのいくつかを再考することになった．とりわけ多くの理論家たちは，ルールに従うことが，戦略的推論の構造の概念再構築と，それに伴う均衡解概念の集合によって説明可能となることを示唆してきた．この見解によれば，意思決定理論は非社会的文脈における道具的選択の正確な特徴づけとして保持しうることになる．社会的選択の説明だけが修正を要することになろう[28]．

　これらの理論のほとんどは，現在では「計画理論」と呼ばれる立場に収束している[29]．そのアイディアをラフにいうと，主体たちは特定の行為を選択しているのではないということになる．彼らは計画（それは基本的に時間的に順序づけられた行為の集合である）を選択しているのだ．選択は，計画の価値がそれが達成する結果あるいは諸結果の関数である限りにおいて，道具的であり続ける．相違する点は，標準的なゲーム理論に欠けている一種のコミットメントないし決意の固さを計画の選択が含意することにある．計画を選択する主体たちは，そうしないことの非常に特別な理由が与えられでもしない限り，それを固守しもするのである．このような見解によれば，このことこそが社会的インタラクションの安定性と秩序性とを説明するのである[30]．

　次の例がこのアプローチを特徴づける直観の例証として役立つだろう．図2.2のゲームを考えてみよう[31]．このゲームの唯一の均衡は，プレーヤー1が直ちに下（down）をプレーすることであり，(2, 2) という結果を得るこ

---

28) デイヴィド・ゴティエはこの戦略を "Reason and Maximization," *Canadian Journal of Philosophy* 4 (1975): 411-33 においてもっとも明晰に述べている．
29) デイヴィド・ゴティエによる彼の見解の再説は，"Assure and Threaten," *Ethics*, 104 (1994): 690-721 を見よ．また Edward McClennen, *Rationality and Dynamic Choice: Foundational Exploration* (Cambridge: Cambridge University Press, 1990), John Broome, "Are Intentions Reasons? And How Should We Cope with Incommensurable Values?" in Christopher Morris and Arthur Ripstein, eds., *Practical Rationality and Preference: Essays for David Gauthier* (Cambridge:Cambridge University Press, 2001), pp.98-120 も見よ．
30) Verbeek, *Instrumental Rationality and Moral Philosophy*, pp.255-63.

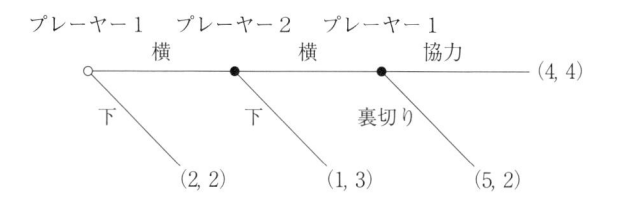

```
プレーヤー1   プレーヤー2   プレーヤー1
    横            横          協力
    ○────────●───────────●──────── (4, 4)
    │            │            │
    下           下          裏切り
    │            │            │
   (2, 2)       (1, 3)       (5, 2)
```

図2.2　いも虫ゲーム

とになる．この結果は明らかにパレート劣位にある（すなわち両方のプレーヤーにとってより悪いものである）．もしプレーヤー1が横（across）を選択し，プレーヤー2が横を選択し，プレーヤー1が協力を選択したならば，彼らは (4, 4) を得ることになるからである．問題は，プレーヤー1が最後の段階で裏切りをプレーする明白なインセンティブを持っていることである．プレーヤー2はこのことを容易に予想できるので，下を選択すると期待できる．これによって，プレーヤー1は (1, 3) と (2, 2) の選択に直面することになる．したがってここでなすべき最善のことは単に下をプレーすることであり，ゲームがそもそも開始される前にそれを終了することである．

しかしプレーヤー1にとって，下をプレーすることはきわめて悔しいことであるに違いない．結局のところ，この行為が協力の機会をすべて消去しているのである．さらに，問題はプレーヤー2にあるのではない．プレーヤー1が最終段階で協力するとプレーヤー2が信じていれば，プレーヤー2は喜んで横を選択することだろう．問題は，プレーヤー2にはプレーヤー1が実際にそうすると信じる理由が存在しない点にある．このように，協力を不可能にし，したがってプレーヤー1がゲームの最初に非協力的な選択をするよう導いているのは，プレーヤー1が自分自身が将来裏切ることを予期していることなのである．問題は，プレーヤー1がプレーヤー2を信頼できないということではなく，プレーヤー1自身が信頼できないことである．

この種のインタラクションを考えることにより，多くの理論家たちは，プレーヤー1が［下］ではなく，［横，協力］を選択するための何らかの道具

31）このバージョンは Edward McClennen, "Rationalité et Règles," in Jean-Pierre Dupuy and Pierre Livet eds., *Les Limites de la Rationalité* (Paris: La Découverte, 1997), p.100 から引いたものである．

的な理由づけがなければならないという結論へと導かれた[32]．結局のところ，4の利得を生み出す行為を選択することが自分の手段の範囲内にあるときに，2の利得をもたらす結果を選択することが，どのようにして合理的となりうるのだろうかということである．こうして，オーソドックスなゲーム理論が唯一の合理的戦略として最初に下を選ぶことをアドバイスするならば，オーソドックスなゲーム理論に何かおかしいところがなければならない．

　プレーヤー1をして非協力的に行為させる推論プロセスは後方帰納法と呼ばれている（これは，有限回繰り返し囚人のジレンマでいたるところ裏切りという結果を導いたのと同じプロセスである）．展開形ゲームの解を求める際には，ゲームの終わりから出発し，最後のプレーヤーが何をするかを決定する．そして，この選択の結果を受け取り，最後から2番目に手番を持つプレーヤーが何をすべきかを決定するために，その結果をそのプレーヤーの選択ノードに代入する．図2.2においては，このプロセスによって，プレーヤー2の選択は，(1, 3)を与える下と(5, 2)を与える横の間の選択として特徴づけることができる．こうして，このプロセスをゲームが解かれるまで繰り返すのである．（この手続きの精神は「逐次的合理性」の原則として体系化される．それは単に，合理的戦略が，プレーされるべき時点で効用を最大化するような行為のみを含まなければならないことを述べているものである．言い換えれば，プレーヤーは自分自身の戦略から逸脱するインセンティブを決して持ってはならないということである．）

　この例で協力を不可能にしているのは，（道具的合理性それ自体でなく）逐次的合理性の原理であるように思われる．したがって，おそらく協力問題の「解決策」は，意思決定理論を非社会的選択の説明として保存するが，戦略的推論に対する制約としての逐次的合理性を考え直すこととなるだろう．プレーヤー1が行為を「パッケージ」として選択することができるならば，彼は［横，協力］をプレーする計画を立てることができただろうし，それはプレーヤー2にとっても横を選択することを有利なものにする．こうして，誰も真に非道具的に行為することなしに，協力が維持されうると考えられて

---

[32] Edward McClennen, "The Rationality of Being Guided by Rules," in Alfred R. Mele and Piers Rawling, *The Oxford Handbook of Rationality* (Oxford: Oxford University Press, 2004). pp. 234-35.

いる．このモデルと標準的ゲーム理論との主要な相違は，時間の扱い方だけにあるように見える．逐次合理性は，主体たちが自分の戦略を再考できる機会に直面したときにはいつでも，自分の戦略を再度最適化しなければならないことを含意している．計画アプローチでは，主体たちは何か新たな情報が到来したときや，ある不測の事象が発生したときにのみ，戦略を再度最適化する必要があるとする．そのようなことが起こらなければ，主体たちにとって，単に自分の計画から離れないことが合理的である．プレーヤー1が［横，協力］を計画として採用し，最終の選択ノードにおいて協力する意図を計画するならば，行為する時間が近づくときにこの意図を再考する理由はない．結局，彼が最後の選択ノードに辿りついたときには，何も新たなことや予想外のことは起きなかったことになる．計画はまさに予想された通りに展開しているのである[33]．

このように，この種の計画理論の目標は，合理性の道具的把握に根本的な見直しをすることでも，あるいは意思決定理論のレベルで効用が定義される仕方を変更することでもなく，均衡選択に対する制約としての逐次合理性を消去することだけである．残念ながら計画理論家たちは，この原則の消去がゲーム理論に対して，どのような帰結を広くもたらすことになるのかについてほんの少しのことしか語っていない．彼らは協力を合理化することにエネルギーのすべてを注いできたのである．しかし，主体たちがいわゆる均衡経路外に導くような計画を私的に採用することができるとするならば，これは非決定性問題を悪化させる運命にある．それは均衡を多くするだけでなく，どの主体にとっても，他の人が何をしようと意図しているかを予想することをいっそう難しくするだろう．ゲーム理論的均衡は，諸個人が互いの推論を「鏡写しにする」ことができる能力に決定的に依存している．計画の導入は，このプロセスに対する重要な障害を創出する．時点 t において，プレーヤー x が最適化するか，または単に以前採用した計画を遂行するかをどうやって知ることができると考えられているのだろうか．計画理論はコミュニケーションの説明をしていないこと，したがって，その計画に乗り出す前に，主体たちが自分たちの計画をアナウンスできると仮定できないことに留意してお

---

33) Gauthier, "Assure and Threaten," p.716．また Richard Holton, "Rational Resolve," *Philosophical Review* 113 (2004): 507–35 も見よ．

くべきである．そのようなアナウンスはゲームのプレー前の部分としてモデル化される必要があるだろうし，言語的意味の説明が与えられる必要がある．また，どのようなときにこれらのアナウンスメントが信憑性を持つかを決定するという複雑な問題に取り組む必要があるだろう．残念ながら，計画理論家たちは非常に狭いクラスのゲーム——主として囚人のジレンマ——に注目を絞ってきたので，これらの重要な問題のどれにも取り組んでいない．

しかしながら，上の信頼ゲーム（assurance game）のようにかなり研究されてきたインタラクションにおいてさえ，この議論にはまだ障害がある．われわれの日常的な経験によれば，主体たちは自由に自分の合理的選択の能力を停止することができないように思われるからである．たとえば，誘拐犯に対し身代金を絶対に支払わないと誓うことはできるだろうが，自分の子供が誘拐された段になると，このコミットメントを再考すること（それを再び明言するためだけだとしても）は避けられないことである．したがって囚人のジレンマにおいて，プレーヤー1は，裏切りを選択する能力を文字通りに放棄することからゲームを始めることができないと仮定すべきなのである．彼の選択のすべては選択肢として生き続けている．問題は，選択する時間が来たときに，プレーヤー1がまだ協力を選択する理由を持っているかどうかである．こうしてすべては，協力を選択することを支持する議論の完全性に帰着するのである．

プレーヤー1は彼の2番目のノードにおいて「計画を守る」べきであるというアイディアは，何も新たなことや不測のことが起きていない限り，彼には自分の意図を改訂する理由がないという観察に依存している．しかし，彼の最初の選択ノードと2番目の選択ノードの間に重要なことが起きていることは明らかである．彼が2番目の選択ノードに達したときまでに，プレーヤー2は引き返せないところに来てしまっている．プレーヤー2の協力は，最初に戦略の選択がなされたときにおけるように条件つきのものではもはやなくなっている．このことは戦略的状況の重大な変化を示すものである．今やプレーヤー1は処罰を受けずに裏切る機会を与えられているからである．実際，ある行為へのコミットメントを自分の相手に対して強制し，すぐに再度最適化することはきわめてありふれたことであり，多くの戦略的インタラクションの重要な特徴でもある．テニス，ホッケー，バスケットボールのように，この能力がしばしば成功への鍵となる（実際の）ゲームの数について考

えるだけでよい．誰でも，協力的企てにおいて自分の役割を果たしたのに，それが報われずに終わったという多くのケースを思い起こすことができるだろう．「おめでたいやつ，じゃあね」という言葉が日常表現になっているのは，まさにこうした重要な瞬間を際立たせる方法としてなのだ．

　したがって，主体たちが明らかに再最適化する能力を持っていることを所与とするならば，彼らがそうすることを控えるということは，再最適化の選択肢が現われる時点においてそうしないことを選択したからに違いないことになる．しかし再最適化しないという選択は，仮定によって (ex hypothesi) 効用最大化でない[34]．したがってプレーヤー2にとって，ひとたび罰を受けずに裏切る選択肢が生じたときに，プレーヤー1が道具的に合理的な主体として協力を選択するだろうと信じること（効用関数が選好の正確な表現を構成していると考える限りにおいて）は単純に合理的でないのである．その結果，プレーヤー1にとってプレーヤー2が協力すると信じることは不合理であり，プレーヤー1が横を選択することは不合理である．こうして，彼が［横，協力］という計画を選択し，自分が2番目のノードにいることを見いだすならば，彼はプレーヤー2もまた不合理に行為したことを推論することができる．しかし，彼のもとの計画はここでも不合理であり，最初にそれを選択する理由がなかったのと同様に，現在それを遂行する理由は存在しない．とりわけその計画が効用を最大化しない行為へと導こうとしているときには，不合理な計画を放棄することは常に合理的なのである．

　ここでの基本的な問題は，マイケル・ブラットマンが指摘しているように，ルール功利主義のさまざまなバージョンを悩ませ続けているのと同様のものである[35]．実際，ルール功利主義と計画理論との間には非常に密接な類似点が存在する（後者は一種の「ルール道具主義」とみなすことができよう）．簡単にいうと問題は次のようなことにある．すなわち，ある純粋に帰結主義的基準が最初に特定のルールの正当化に用いられる場合，そのルールがそれを正当化した当初の目的に役立たなくなったときには，そのルールにこだわ

---

34) この議論のより注意深い展開については，Claire Finkelstein, "Rational Temptation," in Chrisopher W. Morris and Arthur Ripstein, eds., *Practical Rationality and Preference: Essays for David Gauthier* (Cambridge: Cambridge University Press. 2001), p. 69 を見よ．
35) Michael Bratman, *Faces of Intention: Selected Essays on Intention and Agency* (Cambridge: Cambridge University Press, 1999), p.55n.

り続ける理由がないように思えることである．たとえば，「優先通行権」を指定する道路のルールは純粋に帰結主義的正当化を有している——交通衝突の回避，交通の流れをよくすること等々．しかし，ルールがこの目的を妨げるような状況が発生するかもしれない．その例は環状交差点で発生する．右側の自動車に優先権を譲ることで，環に入ってくる自動車に対して，すでに中にいる自動車よりも高い優先権を与えることになる．その結果，優先権ルールは環状交差点の中にいるドライバーたちに無視される（ほとんどの国々で）．これは自然な行為であるように思われる．もっと劇的な例をあげると，1台の自動車が高速道路の間違った車線をすごい勢いで突進してくるとき，「全体的にみると」自分の車線に留まることが事故を減らすということに基づいて，これまでと同じように運転し続けることには意味がない．ルールが明らかに意図された目的に役立たないときにルールを守り続けることは，空疎な「ルール崇拝」となるであろう．このように「それがルールだから」ということは，適切な正当化にはならないのである．同様に，ここで扱っているケースでは「それが計画だから」は適切ではない．とりわけ，その計画が純粋に帰結主義的な正当化によっていると考えられているときには．

　最後の点は，計画理論アプローチが過剰に証明するリスクを冒していることである．囚人のジレンマにおける合理的な行為が単に協力することであることが示されたならば，この構造を持つインタラクションで諸個人が協力しないような，非常に広範なケースを説明することが難しくなるだろう．デイヴィド・ゴティエは自分の税金についてごまかしている人々は実際にはただ乗りしているのではなく——それは彼の見解では不合理的であろうから——，彼らの税金が使われている仕方に抗議しているのだという，意図したわけではないがユーモラスな示唆をしている[36]．もっと劇的な例としては，計画理論が正しいとするならば，市場経済はあまりうまく機能しなくなるだろうことがあげられる．企業間の価格競争は集合行為問題である——すべてのサプライヤーたちが，各自自分の価格を引き下げることを控えることでより良い状態になるだろうことと，買い手たちが互いに競って指値を入れることを控えることで，より良い状態になることとはまったく同じである．しかしながら，この領域において「協力」を達成することは，通常，何らかの形態の明

---

[36] Gauthier, *Morals by Agreement*, p.180.

示的な共謀と実効化を必要とする．反トラスト法は，まさに企業がそのようなメカニズムを導入するのを防ぐためにデザインされている．しかし，計画理論が正しいならば，企業がそのような競争に従事することは不合理となるであろうし，反トラスト法は実効化不可能となるであろう．合理的経営者たちは，自分の企業の生産に非効率性を課さないのと同様に，単に価格競争に従事しなくなるだろう[37]．

　こうして秩序の問題へのどの解決策も微妙な綱渡りを遂行しなければならないことになる．われわれは，なぜ主体たちがときおり協力的に行為するのかだけでなく，なぜそうしないのかも説明する必要があるのだ．外的サンクション・アプローチは少なくとも原理的には，このことを説明できるという長所を持っている——主体たちは裏切りに結びついた罰を恐れるときに協力するが，そうでないときには協力しないということになるからである．他方，頑なな計画理論は，バランスを「社交性」の方向に大きく傾けすぎており，非対称情報や信頼問題（assurance problem）がない場合ですら，協力の失敗がなぜこれほどにありふれたものなのかを理解することを難しくしてしまうのである．

　しかしながら計画理論は，人間行動を規制する協力的規範，社会的インタラクションにおいて諸個人が採用するコミットメント，彼らが熟慮する際に用いる志向的状態の間にある非常に重要な内的関係を同定している．この理論の説明力は，これら3つすべてが規範的構造を持ち，ある意味で主体を拘束できるという観察を利用することから得られる．計画理論が提案しているのは，志向的状態の規範性を採用された意図の力の説明に用いることができ，それはまたコミットメントの力の説明に用いることができ，最終的には社会規範の力を説明できるという説明順序である．この説明順序の一貫性が究極的に依存しているのは，志向的状態の説明と，主体の信念と欲求が主体を——このケースでは自分自身の計画に——束縛するこのような能力をどのように獲得すると考えられるかの説明である．これはずっと深い問題であり，第4章でもっと詳細に議論することになる．そこでは私は，計画理論が重要

---

37) 同様に，競技者たちは，みんながトレーニングするか，全員がのんきにやっているかにかかわらず，もっとも自然の能力が高い人が勝つと知っていれば，わざわざトレーニングしないだろう．Joseph Heath, *The Efficient Society: Why Canada is as Close to Utopia as it Gets* (Toronto: Penguin, 2001), pp. 95-97 を見よ．価格競争については同書 105 ページを参照．

な概念的関係を同定してはいるものの，正しい順序とは真逆の説明順序を提案しているのだということを示そうと試みる．

2.4 黙約

これまでの議論では，秩序の問題の1つの側面だけに触れてきた．すなわち協力を確保するという問題である．コーディネーションについては，これまで何も触れてこなかった．この問題に関しては，状況は道具主義者にとって少し明るいものとなる．というのも，この問題には一般に受容されている1つの解決策が存在しているからだ．トマス・シェリングによって展開され，デイヴィド・ルイスによって精緻化された黙約の理論である[38]．しかしながら私は，この理論がいくつかの点で正しいことに疑いの余地はないものの，まだかなりの部分を説明せずに残していることを示すことにしたい．黙約の理論はコーディネーション問題を解決するために用いることのできるメカニズムを提供してはいるものの，このメカニズムが標準的意思決定理論によって仮定されている志向的状態とどのように相互作用するのかを説明していないのである．それはまた，協力を説明することになるとまったく力を持たない．

シェリングの分析は，諸個人が真に非決定なインタラクションの状況におかれるときに，何らかの仕方で「目立つ」あるいは「フォーカルな」戦略を選択することによってコーディネートすることがしばしば可能であるという観察を出発点とする[39]．シェリングは，人々がコーディネーション問題に直面し，戦略を選択するような一連の実験結果を報告している．たとえば，2人が，ある日に時間と場所を特定されないままニューヨークで会うように言われる．このとき，驚くほど多くの人が12時にグランド・セントラル・ステーションで会うことを選択した．他の実験では，人々が地図を示されて，降下の間に離れ離れになった落下傘兵であると言われる．彼らはどこで出会うだろうか．このときには，多くの人が川にかかる1つの橋を選択した[40]．

---

38) Schelling, *The Strategy of Conflict* と David Lewis, *Convention* (Cambridge, Mass.:Harvard University Press, 1969).
39) Schelling, *The Strategy of Conflict*, pp.54-57.
40) Schelling, *The Strategy of Conflict*, p.55.

きりのいい数字，平等な分け前，明るい色，その他の美的な性質には注意を引き，したがってそのような性質を示している結果がコーディネーション問題の解として役立つことを可能にするような何かが存在するように思われる．同様に，ルイスが述べたように，以前にプレーされたことがあるという歴史もまた，特定の結果を「フォーカル」にする可能性がある．このように，コーディネーション問題に直面した場合，主体たちは最初は少し四苦八苦し，相手が何をするだろうかと推測しなければならないかもしれないが，ひとたび特定の解決策を思いつくと，彼らの期待がその結果に集中するようになり，それをプレーし続けるのである．このような仕方で維持されるようなコーディネーション問題の均衡は，ルイスにより黙約と呼ばれている[41]．

　ほとんどの人々はこうした種類の例がわかるので，この理論は広範な人気を博してきた．しかしながら，これまでこの分析がほとんど何も説明していないという事実を見過ごす傾向があったといえる——それは謎を解決しているというよりも，むしろそれを単に名づけているだけなのである．シェリングは特定の均衡がどのようにしてフォーカルとなるのかについて何も言っていない——彼はそのような理論を展開する仕事は「心理学者」に委ねられるべきだと論じているのである．しかしながら，さらに重要なことは，彼が提示する理論は，主体に対していかなる志向的状態を帰属させることも認めていないという事実である．あるいは，仮に認めていたとしても，これらの状態の本性と内容は特定化されないままに残されている．シェリングは，フォーカル・ポイントの推論がどのような種類の信念を生成するかに関して，あるいはそれがどのような推論を保証するのかに関して何も述べていないのである．その結果，この理論が合理的行為の理論にどのようにして統合されるのかを理解することは困難である．（実際，この理論は統合されずに残る限りにおいてのみ，もっともらしくあり続けるのではないかと思われる．フォーカル・ポイントによって生成される志向的状態がひとたび特定化されるならば，意思決定問題を再定式化する必要があるだろうし，おそらく，この再定式化された問題は高階の非決定性を抱えることになるだろう．）

　最後に，黙約の理論がせいぜい，コーディネーション問題に対する解しか提供しないということに触れておくべきである[42]．フォーカル・ポイント解，

---

41) フォーマルな定義については，Lewis, Convention, p.58 を見よ．

少なくともシェリングとルイスが考察したタイプのそれは、協力問題を解決するということになるとまったく役に立たない。集合行為問題に関する問題は、主体たちがしばしば均衡外にあるように見える結果をうまく達成するのはどのようにしてなのかということである。フォーカル・ポイントのメカニズムは均衡選択のメカニズムでしかなく、こうした状況においては役に立たないのである。このことは自明に見えるかもしれないが、驚くほど多くの文献が、この黙約の分析を法規範あるいは社会規範の分析を提供するために適用しようと試みている——この試みは、こうした規範がしばしば均衡外の行動を支えているという事実を完全に無視している。人々が道路のどちらの側をドライブすべきかを特定化する法律のように、ある種の法的規範は明らかに黙約を実効化するものである。しかし、法の大部分は——たとえば、財産権のシステムや刑法のほとんどのように——人々が明らかに違反するインセンティブを持つようなルールを実効化するようデザインされているのである[43]。

　こうした混乱の責任は疑いなく、デイヴィド・ヒュームに求められなければならない。「人為的徳 (artificial virtue)」に関する分析において、ヒュームは断固として、集合行為問題はあたかも単なるコーディネーション問題であるかのように扱われるべきであると主張するのである。たとえば財産に関しては、ヒュームはそこでのインタラクションを以下のように特徴づけている。「他者が私に対して同様の仕方で行為するだろうと仮定するならば、彼に自分の財を所有させておくことが私の利益になるだろうと、私は観察する。彼は彼の行為を規制する際に同様の利益を感じている。利益に対するこの共通感覚が相互に表明され、両者に知られるとき、それは適切な決意と行動を生み出すのである」[44]。ヒュームは事実上、彼らのインタラクションが囚人のジレンマの構造を持つという認識が2人の個人の間に存在するだけで、実

---

42) この議論については、Verbeek, *Instrmental Rationality and Moral Philosophy*, pp.9–75 を見よ。
43) Govert den Hartogh, *Mutual Expectations: A Conventionalist Theory of Law* (The Hague: Kluwer, 2002) はこの点についてクリアであるが、それが社会秩序の「黙約主義的 (conventionalist)」説明に課する限界を回避しようと非常な努力を払っている。
44) David Hume, *A Treatise of Human Nature*, 2nd ed., ed. L. A. Selby-Bigge (Oxford: Clarendon, 1978), p.490.

効化を必要とすることなく，それを解決するのに十分であると主張しているのである．共通利益の「表明」だけで関連する信頼を生成すると考えられている．このとき唯一残された問題は，さまざまな協力的結果のどれを選択すべきかというコーディネーションの問題となる．

彼は約束を守ることについても同様の議論を展開する[45]．しかしながら，そこで彼は信頼問題をより真剣に扱うことを余儀なくされる．というのは，ここで彼は，一方の当事者が先に約束を遂行し，2番目の人が約束を守ると信じなければならないようなインタラクションを想像しているからである．彼は「一度限りの」ゲームを繰り返しゲームに暗黙のうちに変換することで，この問題を扱っている．「私は，彼に対していかなる真の好意も持つことなしに，他人に対して奉仕することを学ぶ．というのは，彼が同様の種類の他の奉仕を期待し，私あるいは他者との間で好誼の同様のやりとりを維持するために，私の奉仕にお返しをするだろうと予測するからである」[46]．このように，それはもはや「適切な決意と行動」を生み出す，一度限りのインタラクションにおいて最適な結果を生み出すことに対する利益の共通感覚ではなく，将来において「好誼」を維持したいという欲求なのである．このことは，将来の協力の取り止めを予想することが事実上，裏切りの重要な抑止であると示唆することによって，暗黙のうちに，分析を2.2節で議論した類いの道具主義的説明へと変換しているのである．しかしながら，互恵性は協力を維持するにはきわめて弱いメカニズムであり，協力の取り止めは懲罰を与えるには同様に切れ味の悪い道具である．

ヒュームの見解は，人々の「自己利益」が集合行為問題において彼らを協力へと導くだろうというものである．この結果，正義のルールは，彼らの共同努力の正確な様式を固定することに役立つ黙約の集合にすぎないものになる．したがって諸個人がときどき裏切る理由は，彼らが合理的に行為しているということではありえない．ヒュームの見解によれば，それは人々がしばしば自分の長期利益よりも短期利益に優先順位を割り当てるからである．こうしてヒュームの見解では，政府の機能は集合行為問題をコントロールすることではなく，単にコミットメント・メカニズムとして機能することとなる．

---

45) Hume, *A Treatise of Human Nature* p. 521.
46) Hume, *A Treatise of Human Nature* p. 521.

われわれは自分たちが誘惑に悩まされることを知っているので、われわれの長期的自己利益にかなう行為を遂行することを強制することができる権力を創出するのである。この見解によれば、ただ乗りというものは現実には存在せず、近視眼だけが存在することになる。

これらの議論はすべて合成の誤謬に基づいている。ヒュームはほとんど、何かがグループの「共通利益」にかなうならば、それはグループの各メンバーの「自己利益」にもかなうものであるに違いないと仮定しているのである。しかし、嘘、窃盗や、その他のフリー・ライダー戦略が決して誰の利益にもならないと主張することは明らかに間違っている。残念ながら、ヒュームの議論はこのような基本的混乱に依存している事実にもかかわらず、影響力をふるい続けている。こうして多くの理論家たちは、黙約の理論が何ら協力の可能性を説明するものではないことに気づいていない。そして彼らがこの問題に気づき、協力を維持するメカニズムとして互恵性のシステムに訴えるとき、彼らは暗黙のうちに「黙約主義」をフォーク定理に対する均衡選択メカニズムと大差ないものに変換しているわけである（協力を説明することに関しては、フォーク定理がすべての仕事をしてくれるとして）[47]。

2.5 実験ゲーム理論

最後に注意しておくべきは、社会秩序の道具主義的説明が――それが合理的選択モデルの反証可能なバージョンに基づく程度に応じて――圧倒的な経験的反証にさらされてきたことである。実験ゲーム理論家たちは、標準的な合理的選択モデルによる予測からの顕著な逸脱がある多くのインタラクションだけでなく、どの1人も予測されたように行動しないインタラクションも発見してきた[48]。あるコメンテーターが言っているように「実験の証拠は不

---

47) Robert Sugden, *The Economics of Rights, Co-operation and Welfare* (Oxford:Blackwell, 1986), pp. 172–73 を見よ。ケン・ビンモアは次のように書くところで、この見解を賞賛すべき明晰さで述べている。「道徳ゲーム（Game of Morals）は人生ゲーム（Game of Life）の複数均衡の1つを選択するためのコーディネーション・デバイスにすぎない。」*Just Playing: Game Theory and the Social Contract*, vol.2, (Cambridge, Mass.: MIT Press, 1998), p.424 を見よ。
48) 概観については Elinor Ostrom, "Behavioral Approach to the Rational Choice Theory of Collective Action," *American Political Science Review* 92 (1998): 1–22 を見よ。

可解である」．「結果は，合理性に基づいた予測だけでなく，簡単な心理学的理論から得られる妥当な期待をも体系的に反証している」[49]．

たとえば，実験被験者が集合行為問題において，標準的な合理的選択理論が予測するよりもずっと大きな協力を示すことはよく知られている．もっとも広く研究されたインタラクションは「公共財ゲーム」である[50]．このタイプの典型的な実験では，4人の個人が厳密な匿名性の条件のもとで集団を構成させられる．各ラウンドの最初に，彼らの一人ひとりは20ポイントを割り当てられ，これを彼らは「公共的」アカウントか「私的」アカウントのいずれかに入れる．私的アカウントのポイントは単にその個人によって保持されるだけである．公共的アカウントは，すべてのプレーヤーによって公共的アカウントに寄付されたポイント合計の40パーセントに等しい額を各プレーヤーの私的アカウントに「支払う」．ゲームはある一定数のラウンドの間続けられ，その後にプレーヤーたちは自分の私的アカウントに蓄積されたすべてのポイントを現金に換金することができる．

このゲームは古典的な集合行為問題である．もし4人のプレーヤーたち全員が自分のポイントのすべてを公共アカウントに入れたならば，彼らは毎回自分の私的アカウントに32ポイント受け取ることになるだろう．しかしながら，自分の私的アカウントに20ポイントすべてを入れることで，こうした取り決めを「裏切った」プレーヤーは，その回に44の利得を受け取ることになるだろう．一般に，公共アカウントに差し出した各1点は，それをそこに投資したプレーヤーにとって0.4にしかならないが，他のプレーヤーたちには1.2ポイントになる．それは私的アカウントに入れれば1の価値を持つので，公共アカウントに投資することは厳密に支配されているのである．こうして合理的選択理論はこのゲームの唯一の均衡として，公共アカウントにまったく寄付しないことを予測する．実際に起こることは，個人は通常，

---

49) Conte and Paolucci, *Reputation in Artificial Societies*, p. 63.
50) 不完全な例だが，以下を見よ．Friedrich Schneider and Werner W. Pommerehne, "Free Riding and Collective Action: An Experiment in Public Microeconomics," *Quarterly Journal of Economics* 96 (1981): 689-704; Oliver Kim and Mark Walker, "The Free Rider Problem: Experimental Evidence," *Public Choice* 43 (1984): 3-24; Mark Isaac, Kenneth F. McCue, and Charles R. Plott, "Public Goods Provision in an Experimental Environment," *Journal of Public Economics* 26 (1985): 51-74.

自分の手持ちの40から60パーセントを公共アカウントに寄付するということである[51]．

均衡からのこうした逸脱は孤立したアノマリーでもない．40から60パーセントの範囲の寄付率はいろいろな条件のもとで安定的である——さまざまな異なる文化で，初めてプレーする被験者の間で，以前に経験がある被験者同士で，4人から80人の範囲の人数からなるグループで，さまざまな異なる金銭報酬のもとで[52]．北アメリカで報告された唯一の顕著な例外は，ゲームが経済学大学院の大学院生の間でプレーされたときの報告であった．そこでは，寄付率はたったの20パーセントに落ちたのである[53]．この発見は冗談のネタになったと同時に，示唆に富む結果でもある．経済学の専門家集団へと応募する際にある種の逆選択が作用している可能性はある．より可能性の高い仮説は，経済学の学生たちが，熟慮の際に非道具的考慮を放棄する傾向にあったということである．それはまさに，彼らがそのような関心を不合理的として分類するような実践的合理性の把握に（彼らの専門の規範に合わせて）コミットしているからである．したがってこのアノマリーは，協力が特別な選好を持っている諸個人の産物ではなく，むしろこの選択問題に異なる種類の規範を持ちこんだことの結果であることを示唆している．

これらの公共財ゲームの「一度限りの」匿名的なバージョンにおいて，懲罰や報酬，互恵性の可能性がないと完全にわかっているときにも諸個人が協力するということは重要である．合理的選択理論家の期待に反して，繰り返しのプレーの機会を導入することは，協力水準を増加させるより，むしろ減少させる傾向があったのだった[54]．このことは協力の「互恵性」的な説明の決定的な反証となっている．一方，標準的な合理的選択モデルによれば協力水準にまったくインパクトを与えないはずのあらゆる種類の物事——たとえば，参加者が「チープ・トーク」（すなわち利得に関係しないコミュニケー

---

51) Herbert Gintis, "Strong Reciprocity and Human Sociality," *Journal of Theoretical Biology* 206 (2000): 169–79.
52) Robyn M. Dawes and Richard H. Thaler, "Anomalies: Cooperation," *Journal of Economic Perspectives* 2 (1988): 187–97.
53) Gerald Marwell and Ruth E. Ames, "Economists Free Ride, Does Anyone Else?" *Journal of Public Economics* 15 (1981): 295–310.
54) David Sally. "Conversation and Cooperation in Social Dilemmas: A Meta-Analysis of Experiments from 1958 to 1972," *Rationality and Society* 7 (1995): 58–92.

ション)に従事する機会——が劇的な効果を示したのである.(ある例では,公共財ゲームを「ウォール・ストリート・ゲーム」と呼ぶのではなく「共同体ゲーム」と呼ぶことが,協力水準を2倍にした.)[55]

　実験状況において広範に研究されてきたもう1つのゲームは,「最後通牒ゲーム」である.このゲームでは,最初のプレーヤーが固定された合計の貨幣額を与えられ,2番目のプレーヤーと貨幣をどのように分け合うかを提案しなければならない.2番目のプレーヤーはこのオファーを受諾するか——この場合,貨幣はオファー通りに分けられる——あるいは拒否するか——この場合には,両プレーヤーは何も得ることができない——を選択することができる.もちろん,第2のプレーヤーにはどのようなオファーでもそれを拒否する積極的なインセンティブは何もない.何も得ないことよりも悪いような分割の提案はないからである.したがってオファーを拒否することは懲罰的な行為である——そして,それを実行するという脅しは信じられないはずである(図2.1のように).その結果,標準的な合理的選択理論は,提案者たる最初のプレーヤーが,第2のプレーヤーに対してできるだけ少ない分け前を与えるような分割を選択するはずであり,この提案が常に受諾されるはずだと示唆するのである.

　実際には,プレーヤーたちは合理的選択理論が予測するよりもずっと多くのオファーをする傾向があるだけでなく,提案もまた低すぎるときには拒否される傾向にある.工業化社会においては,平均のオファーはおよそ44パーセントになる傾向があり,20パーセントを下回るオファーはおよそ半数で拒否される.非工業社会の実験的証拠はより大きな変動性を示している——そこには,平均のオファーが50パーセントを超え,そのようなオファーを頻繁に拒否するような例も含まれる.しかし一般的に,どの実験も「基準となる」合理的選択理論の期待からはかなり離れている.

　このゲームに関する重要な国際的に行われた研究の著者たちは,こうした発見を次のように説明している.「実験被験者によって示された協力,分け前,そして懲罰の度合いは,被験者たちの日常生活におけるこうした行動の

---

55) Varda Liberman, Steven M. Samuels. and Lee Ross, "The Name of the Game: Predictive Power of Reputations versus Situational Labels in Determining Prisoner's Dilemma Game Moves," *Persollality and Social Psychology Bulletin* 30 (2004):1175-85.

テンプレートに密接に対応している.」言い換えれば,「新奇な状況（実験）に直面するとき,彼らは『このゲームは馴染みのあるどのような状況と似ているのか』と問い掛けつつ,彼らの日常生活における類似物を探索し,類似する状況において適切な仕方で行為する」[56].西洋社会では,最後通牒ゲームは通常,（ケーキの切り分けのようなタイプの）分割問題として解釈されるので,公平性の規範によって支配されているものと考えられている.オファーの最頻値は,正確に金額を半々にするというものであるが,それはおそらく,このケースでは規範がこの分割を指定しているからである.（平均値は,オファーする人の方に偏っている.その人の明らかな優位に控えめな譲歩をしているのである.）[57] より少ないオファーをする,すなわち公平性の規範に違反する諸個人は,しばしばオファーの拒否によって懲罰を受けることになる.

ニューギニアのさまざまな場所では事情はまったく異なる.そこでは50パーセントを超えるオファーがしばしば提出され,しかも通常拒否されたのである.ここでは贈与に関連する非常に強い規範が存在している.「これらのグループでは,ニューギニアの多くのグループと同様に,頼んでいないものであったとしても,贈与を受けることによって,贈与した者が決定する将来のある時点でお返しをすることにコミットさせられることになる.大きな贈り物を受け取ることは,自分を下位のポジションに定めることにもなる.したがって,過度に大きな贈り物,とりわけ頼んでいないものはそれがひも付きであることに関する心配から頻繁に拒否されることになるだろう」[58].提案者のオファーは贈与として解釈されたので,贈与の規範が実験の状況に適用され,大きなオファーと高い率での拒否が見られることになったのである.

同様に公共財ゲームにおける行動も,被験者たちによるこのインタラクシ

---

56) Joseph Henrich, Robert Boyd, Samuel Bowles. Colin Camerer, Ernst Fehr, Herbert Gintis, and Richard McElreath, "In Search of Homo Economicus: Behavioral Experiments in 15 Small-Scale Societies," *American Economic Review* 91 (2001): 73-77.

57) Alvin E. Roth, "Bargaining Experiments," in John H. Kagel and Alvin E. Roth, eds., *Handbook of Experimental Economics* (Princeton: Princeton University Press, 1995). pp.253-348.

58) Henrich *et al.*, "In Search of Homo Economicus," p.76.

ョンの解釈にしばしば依存する．たとえば，「オルマの被験者たちはすぐに公共財ゲームに頑張ろう（harambee）ゲームという別名をつけた．これは，学校や道路のような公共財プロジェクトに対する村レベルでの自発的寄付という広く見られる制度を意味している．彼らが気前よく寄付した（賭け金の58 パーセント）ことは驚くべきことでもない．この値は，同様の実験でのほとんどのアメリカの被験者たちの寄付よりもいくぶん高いものであった」[59]．

実験状況の性質——とりわけインタラクションの厳密な匿名性——によって，被験者たちは意思決定の結果の責任を負わなくてもよくなっているということは，このことをいっそう重要なものにしている．人々に対して「文化的テンプレート」に目を向けさせている指針は，単純に，起こりうる帰結に関する信念ではありえないのである．それどころか，他者が協力してきたか裏切ってきたかという示唆だけで，被験者たちが容易に協力か裏切りに向けたバイアスを持つようになることを実験は示してきた[60]．もっともありそうに思える仮説は，どのような行為がその状況で適切かを決定するために，人々が文化規範か行動の規則性のどちらかに関心を向けているというものである．彼らは支配的になっている規範の集合に同調しようとしているのである．公共財ゲームにおける「チープ・トーク」や約束が協力率を上昇させることが示されてきたという事実もまた，規範的に目立ったものを創出することを目的とした行為が重要な帰結を持ちうることを示唆している[61]．

実験ゲーム理論は，こうしたインタラクションにおいて，義務的制約を受けているという記述がもっとも当てはまるような選択パターンを暴露している．ルールによって指定された行為が帰結主義的に定義された自分の利益に反するときですら，主体は規範を守るのである．これは 2 つの主要な仕方で

---

59) Henrich *et al.*, "In Search of Homo Economicus," p.76.
60) David A. Schroeder, Thomas D. Jensen, Andrew J. Reed, Debra K. Sullivan, and Michael Schwab, "The Actions of Others as Determinants of Behavior in Social Trap Situations," *Journal of Experimental Social Psychology* 19 (1983): 532.
61) 規範的な顕著さについては，Cristina Bicchieri, *The Grammar of Society: The Nature and Dynamics of Social Norms* (Cambridge: Cambridge University Press, 2006), pp. 70–76 を見よ．コミュニケーションについては，John M. Orbell, Alphons J. C. van de Kragt, and Robyn M. Dawes, "Explaining Discussion-Induced Cooperation," *Journal of Persollarity and Social Psychology* 54 (1988): 811–19. また Sally, "Conversation and Cooperation in Social Dilemmas," p.69 も参照．

示されている．第1に，規範に従うことが他人につけ込まれるすきを与えたり，有利な裏切りの機会の利用を差し控えることを要請するときでさえ，主体たちは，しばしば喜んで規範に従うということである．第2に，それが利益の逸失を意味していたとしても，主体たちが規範を破った人々に対して，進んでサンクションを課すことである．さらに，自分の選択の説明を求められると，実験の被験者たちはまさにこのような言葉で，関連する規範の集合を参照しながら説明する．彼らの思考において，誤った信念や事後的な合理化が役割を果たすという証拠は何もない．こうして，規範同調性が合理的行為のパターンを表わしているという意見が広く受け入れられつつある．しかしながら，そのような制約を合理的行為のフォーマルなモデルに組み込むための戦略となると，いまだに何のコンセンサスもないのである．

2.6　結論

前節で詳しく見た発見のどれも，オーソドックスな合理的選択モデルの決定的な再定式化を構成するものではない．それは単に，モデルそのものは理想型にすぎないからである．したがって，関与した被験者たちが不合理に行為したとか，彼らの選好が実験デザインの部分として彼らに帰せられたものとは異なっていたのだと考えることで，実験ゲーム理論の発見を退けることも可能である．明白にルール遵守行動に見えるものの背後にある「隠された」道具的インセンティブを表に出すために，ますます手の込んだモデルを作るという選択肢も残されている．それにもかかわらず，この種の反対主義（あるいは素朴な皮肉）が専門家の間で報われるような時代が終わったと期待できる理由が存在している[62]．社会科学のための行為の「統一」理論の発展を呼び掛ける論文の中で，ハーバート・ギンタスのようなゲーム理論家が，規範同調性——それは「おそらく人間の心のもっとも独特な特徴であり，人間社会における協力と対立の理解に中心的な意味を持つ」——が社会科学全

---

[62]　1990年の時点で，Jane Allyn Piliavin and Hong-Wen Charng は，「利他的に見える行動は，より綿密に調べると，利己的な動機を反映していることが暴露されるに違いないという以前の立場からの『パラダイム・シフト』」という記述をしている．"Altruism: A Review of Recent Theory and Research," *Annual Review of Sociology* 16 (1990): 27. これはおそらく時期尚早であったが，彼らが描写している傾向はそれ以来かなり勢いを増している．

体を通して(「人類学と社会心理学」を例外として)「無視されるか,間違って表現されてきた」ことを考えて「驚き」を表明できるということは,知的雰囲気におけるこうした広範な変化の兆候なのだろう[63]. この文脈で,合理的選択理論の線にそって実践的合理性のフォーマルなモデルを展開するという元来の目的を思い起こすことにも意味があるだろう. このプロジェクト全体は,しばしば「素朴心理学」——すなわち,われわれが日常生活においてお互いの行為の理由を記述するために用いている類いの心理学理論——と呼ばれているものから出発している[64]. 誰かが「なぜ彼女は早く寝たの?」と聞くとき,われわれは「彼女は明日の面接に備えて十分休みたかったんだよ」と言い,誰かが「なぜ彼はその穴を掘っているの?」と聞くとき,われわれは「彼はそこに宝物が埋められていると信じているからだよ」と言う.言い換えれば,われわれは日常的に,人々の行為を理解し説明する方法として,その人の欲求と信念を指摘するのである. 同様に,熟慮するときには,自分の信念と欲求によって熟慮するのである. 人々がアドバイスを求めるとき,われわれは「本当はどうしたいの?」とか「君がそう言ったら彼はどう反応すると思う?」と言う. 合理的選択理論はこの種の素朴心理学的枠組みの組・織・化(regimentation)として考えるのがもっともよく理解できる. それは,どの志向的状態が熟慮に関連しているのかをより正確に述べるだけのものであり,どのようにしてそれらの志向的状態を不確実性の条件下の選択にかかわらせるべきかをより注意深く解明しようとしているのである.

こうして合理的選択理論は何よりもまず表出的役割に寄与している[65]. それは,われわれがある信念と欲求を選択問題にかかわらせるとき,暗黙のうちに引き受けているコミットメントとともに,実践的熟慮の構造をよりクリアに述べることを可能にするのである. 究極的にはこれこそが,理論が責任をもたなければならないことである. 問題は表出的適切性にある——理論が,

---

63) Herbert Gintis. "A Framework of the Unification of the Behavioral Sciences," *Behavioral Brain Sciences* 30 (2007): 2.
64) よりフォーマルには,それはマックス・ウェーバーが理解するような方法論的個人主義に対するコミットメントから生じている. Joseph Heath, "Methodological Individualism," in Edward N. Zalta ed., *Stanford Encyclopedia of Philosophy* (2005), http://plato.stanford.edu/entries/ methodological-individualism/ を見よ.
65) Robert Brandom. *Articulating Reasons: An Introduction to Inferentialism* (Cambridge, Mass.: Harvard University Press, 2000).

これらの暗黙のコミットメントの多かれ少なかれ明示的な表現を可能にするのだろうかという問題である．すでに見てきたように，合理的選択理論が，非社会的文脈においては，意思決定の構造を明示的に述べることに関して非常に大きな洞察力を可能にするが，社会的インタラクションを分析することとなると同様の明快さを提供しないと考える十分な理由が存在する．事実，実験ゲーム理論家たちによって発見されてきたアノマリーに対し，合理的選択理論を防御するために用いられてきた多くの議論は，社会的インタラクションの志向的構造を解明するというよりも，むしろ曖昧にする効果を持っているのである．

　素朴心理学では，主体たちは手段と目的を区別するのが通常である．すなわち，彼らが持つ目標とそれを達成するために用いようと備えているような手段の間の区別である．非社会的選択においてはこの区別はそれほど重要ではなく，ほとんどの人々は純粋に道具的な推論様式を進んで支持している．たとえば，岩や木を扱うときに，われわれのほとんどは「目的が手段を正当化する」という原則を喜んで支持するのである．他方，社会的インタラクションにおいては事情はまったく異なっている．ここでは手段と目的の区別がきわめて明白となる．われわれの素朴心理学的な語彙においては，それは主として，われわれが追求する目標とわれわれの行為を支配する原理（principle）との間にしばしば引かれる区別に反映されている．主体たちは自分の選択肢に関連してこの区別に依存するだけではなく，他者に対しても，彼らのとりそうな行為を決定するためにもそれを適用するので，この区別はインタラクションの志向的構造の中に組み込まれる．もし実践的合理性のモデルを展開する目的がより大きな表出的適切性にあるとするならば，社会的インタラクションのいかなる理論も，関連する志向的状態の集合を，主体たちがこれらの状態を相互に帰属させるときに展開する期待の集合と合わせて，モデル化できるということが必須となる．

第3章
義務的制約

Deontic Constraint

　同居者と一緒に生活したことのある人であれば誰でも，ホッブズ的な自然状態を暗黙のうちに理解している．住居をともにする人々はすぐに，食料品を買うこと，食器を洗うこと，床を掃除すること，その他多くの家事のすべてが，これから発生する囚人のジレンマであることを見いだすことになる．たとえば共同で食料を買う場合，すべての人に過剰消費のインセンティブが生じる（誰が何を食べようと，そのコストの大半は他人が負担することになるからである）．個々人は他人が欲しがりそうにない高価なものを購入するインセンティブも持つ．その結果，全員の食費は各人が各自買い物をするときよりも高くつくことになるだろう．家計組織の他の側面でも事情はそれほどよくならない．片づけはよくある問題である．1つの家に一定数の人々が暮らすことになるや否や，きれいさが準公共財となる．全員が片づけに「一生懸命になる」ならば，みんなもっと楽しく暮らせるだろうが，フリー・ライダーのインセンティブが存在している．片づけをする前に少しぶらぶらとして，ほかの誰かが片づけるかどうかを見ることが最善となるからである．この結果，シンクにお皿が積み上がり，カーペットは掃除機をかけられないことになるだろう等々．誰もが望むような頻度で物事が片づけられないことになり，全員にとって非最適（suboptimal）な結果となる．

　しかし，同居人と一緒に生活した人は誰でも「自然状態」から脱出することがさほど難しくないことも知っている．人々は，非最適なインタラクションのパターンに陥る傾向に対して，さまざまな方法で対抗することができるからである．もっともよく見られるのはルールを作ることである．こうして

同居の問題に対する通常の解決策は，家事のリストを作成し，さまざまな仕事の責任を個々人に割り当てることである．ルールの設定によって，人々はどのような結果を達成したいのかを決めることができるし，各人にそれを実現するのに必要な行為を遂行するよう指示することができる．もちろん，人に対してある事をするように言うことだけで，それが自動的に彼らのやる気に転換されるわけではないということも全員が知っている．インセンティブの問題が解決されるべき問題として残っているのである．

 現代の行為理論のもっとも重要な難問が生じるのはここにおいてである．この問題はルール遵守の動機心理学と合理性の道具的把握との間にある緊張関係から生じている．ルールは行為を指定するもので，結果を指定するものではない．しかし，「近代の規範的意思決定理論のほとんど疑われたことのない仮説は，行為はその帰結によって評価されるというものである」[1]．それでは，ルールはどのようにして行為に価値を与えることができるのだろうか．この一見して自明な緊張関係に直面して，多くの理論家たちはルールに対する間接的な道具的正当化または隠された道具的正当化を発見することを期待して，ますます熱心に研究してきた．彼らは実際のところ，ルールに対する関心が，間違って記述された帰結に対する関心の部分集合にすぎないことを示そうと試みてきたのであった．こうした努力を主として動機づけたのは，行為に対する非道具的理由を含めるように実践的合理性の概念を拡張することに，ある種の不可解な（数学的に扱い不可能なことはいうまでもない）心的状態を導入することが伴うという広く流布した感覚であった．この章において私は，共有されたルールから導出された行為の理由はこうした不都合な帰結を何らもたらすことなく，実践的熟慮のフォーマル・モデルに直接統合できることを示すつもりである．そうするためのメカニズムが見過ごされてきたのは，通常行われているフォン・ノイマン＝モルゲンシュテルン的な効用関数の導出が，合理性の道具的把握の背後にある動機心理学をきわめてみえにくいものにしているからであると私は論じる．この心理学の基本構造を視野に入れるならば，ルール遵守に対する考慮がどのようにして，怪しげな志向的状態をまったく仮定することなく，熟慮のモデルに導入されう

---

1) Peter Hammond, "Consequentialist Foundations for Expected Utility," *Theory and Decision* 25 (1988): 25.

るかが容易に理解できるのである．

3.1 社会規範

　道具主義者たちが，ルールが社会的インタラクションを規制するうえで果たしている役割を説明するために苦しんできた主な理由は，ほとんどの社会規範が明らかに義務的構造を持っているということである．これらのルールは，主体たちに特定の義務を課すことによって主体たちを制約する．ルールは通常，行為を許容できるものか，許容できないものかに分類するが，どの結果がより望ましいとか，より望ましくないとかは特定しない．その形態は「xをしなければならない」というものであり，「yを欲するならばxをせよ」とか「yを欲するべきだ」というものではない[2]．たとえば，子供たちはどんなに嫌であっても，おもちゃを共有しなければならないとか，どんなに食べたくても，お客さんに出されたケーキの最後の一切れをもらうことに甘んじなくてはならないとかと教えられる．これらのルールはすべて，少なくとも表面的には非帰結主義的構造を持っている．これらはカントが定言命法と呼んだ形態を持つものであり，仮言命法の形態ではない．この種の義務的構造を道具的枠組みで説明することは困難である．結局，道具的見解によれば，すべての行為は，あるさらなる目的の実現のための手段としてのみ選択されると考えられているのである．ルールはこうしたさらなる目的に言及することなく，行為を遂行する理由を主体に直接的に与えているようにみえる．このために道具主義者たちはある種の道具的正当化を求めて，ルール遵守の下流方向の帰結に目を向ける傾向を持ってきたのである．懲罰と報酬が有望なものに見えるのは，まさにそれらがルール遵守の諸帰結を構成しているからであり，したがってルールに従うことの道具的理由を提供するかもしれないからである．

　懲罰と報酬に焦点を当てる理論が説明していないのは，タルコット・パーソンズが社会秩序の「主意主義的」性格と呼んだ現象——諸個人が自分の置

---

[2] Jon Elster, *The Cement of Society: A Study of Social Order* (Cambridge: Cambridge University Press, 1989), p. 98 を見よ．また Jon Elster, "Rationality, Morality and Collective Action," *Ethics* 96 (1985): 136-55．ここで彼は「プロセス指向」の便益と「結果指向」の便益を区別しており，前者は「行為それ自身への参加」から得られるとしている (p.145)．

かれた環境に適応するだけではなくて，支配的な社会規範の集合に強制されずに従うことをしばしば選ぶという事実——である[3]．もし外的サンクションがすべてをやってくれるのなら，他人が見ていないときにはもっとずっと多くのルールの違反を見ることが予想される．しかしながら，われわれがいつも目にしているのは，容易に裏切って逃げ切ることができるときでも主体たちがルールに従うということである[4]．「合理的選択」の犯罪学者を見つけることがほとんど不可能に近いのはこのことによる[5]．もちろん，外的サンクションが主体たちに動機を与え続けるうえで一定の役割を果たしていることに疑いの余地はない．しかし社会秩序の生成には多くの自発的な協力がかかわっているように思えるのであり，それが唯一のメカニズムたりえないと考えるだけの十分な理由が存在しているのである．

この種の観察を，多くの社会理論家たちは，われわれが毎日見ているルール遵守の多くにおいてある種の内的コントロール・メカニズムが作用している証拠として受け取ってきた．もっとも一般的な見方は，人々が社会化され，社会的期待に従う性向を獲得したり，集団行動の支配的様式に同調するよう導かれるというものである[6]．このような理論のもっとも単純なバージョン

---

3) Talcott Parsons, *The Structure of Social Action*, 2 vols. (New York: McGraw Hill,1937). pp. 439-40.
4) Philip Pettit. "Institutional Design and Rational Choice," in Robert E. Goodin, ed., *The Theory of Institutional Design* (Cambridge: Cambridge University Press, 1996), pp. 54-89.
5) ジョン・ブレイスウェイトは *Crime, Shame and Reintegration* (New York: Cambridge University Press, 1989) においてコンセンサスとなっている見解を要約している．「道徳的内容を取り除いた社会的コントロールが機能すると期待することはできない．法に道徳性がなく，それが合理的・経済的なトレードオフのゲームにすぎないならば，不正行為がはびこることになろう」(p.142)．これはおそらく，自分のことを「合理的選択」の犯罪学者だと宣言する人々が通常，もっとよく見てみるとそうでないことが判明することの理由となっている．たとえば，ロナルド・L・エイカーズの "Rational Choice, Deterrence, and Social Learning Theory in Criminology: The Path Not Taken," *Journal of Criminal Law and Criminology* 81 (1990): 655 はすぐに，効用最大化仮説を，もっと広い「社会的学習理論」の特別な例として再定式化する．後者は「合理的に計算されていようがいまいが，行動の抑制と促進のすべての範囲を包括するものである．報酬／コスト，過去／現在，予測される強化要因／懲罰要因，公式サンクション／非公式サンクション，法的懲罰／法外在的懲罰，直接的懲罰／間接的懲罰，ポジティブな強化／ネガティブな強化」．
6) Justin Aronfreed, *Conduct and Conscience: The Socialization of Internalized Control over Behavior* (New York: Academic Press. 1968).

は，文献においてしばしばデュルケム＝パーソンズの社会的行為の理論と呼ばれるものである[7]．これは，諸個人が社会化するなかで支配的な社会規範の集合を内面化するようになるという，よく知られたアイディアである[8]．そのもっとも粗い形態では，この理論は行動主義的な定式化を与えられる．この見解によると，主体たちに対して条件づけの効果を持っているという事実を除けば，外的サンクションは社会秩序を維持するのには不十分である．サンクションの内面化を通して，主体たちは否定的にサンクションされる行為に消極的なカセクシスを結びつけ，肯定的にサンクションされる行為には積極的なカセクシスを結びつけ始める．このことにより，彼らはうまくルールに同調するような行為に向けた性向を持つようになり，ルールに違反する行為を避けるようになる．こうしてヴィクター・ヴァンバークがいうように，ルールに従うことは「一種の事前にプログラムされた行動」を含むものとなる[9]．

　この見解は，サンクションがまれにしか適用されないのはなぜか，そしてサンクションがしばしば象徴的な意義しか持たないのはなぜかを説明するのに役立つ．何回かサンクションされた後は，主体は自分の意思によって規範に同調し始めるだろう．そうしなければ，罪，恥，あるいは自責の念の引き金となるからである．この結果，完全に社会化した主体が規範的秩序を尊重

---

[7] Viktor Vanberg, *Rules and Choice in Economics* (London: Routledge, 1994), pp. 13-14 を見よ．これは少し間違ったネーミングである．ここで問題になっている見解は，エミール・デュルケムやタルコット・パーソンズが抱いていたものではないからである（しかしながら，それはパーソンズがデュルケムに帰属した見解ときわめて類似している）．Parsons, *The Structure of Social Action*, pp. 380-88 を見よ．

[8] ハーバート・ギンタスは，「したがって文化は，自然をコントロールする新技術の形態をとるだけでなく，社会化として知られる社会学的メカニズムや規範の内面化として知られる心理学的メカニズムを通して，個人の選好関数に組み込まれる規範と価値の形態をも取っている」と書いている．"A Framework for the Unification of the Behavioral Sciences," *Behavior and Brain Sciences* 30 (2007): 2.

[9] Vanberg, *Rules and Choice in Economics*, p.15. 彼は，行動は事前にプログラムされているので，ルール遵守にとっては「ある意味で，選択の不在こそが構成的であるように思える」とまで言う．これはよくある推論であるが正当なものではない．私は母によってジャンク・フードではなく健康的なスナックを食べるように事前にプログラムされてきたかもしれないが，このことはお腹がすいて健康食品店に歩いていくとき，選択していないということを意味していない．このケースとルール遵守の唯一の差は，後者においては，社会化を通して育まれたものが結果というよりも，行為に対する直接的選好であることである．

しないときに彼らに対して適用されるサンクションは概して，事実上象徴的なものになりうるのである．サンクションはこれらの背景的な感じを活性化するためだけに使用されるからである．この見解によれば，サンクションは最初は懲罰のために存在するが，懲罰はわれわれの内面化の能力（あるいは単なる条件学習）のおかげで社会化の効果を持つのである．この結果，社会秩序は内的・外的コントロールの複雑な組み合わせを通して維持されることになる．（このとき「社会規範」という言葉は，このタイプの混成的な動機を通して維持されるルールを指示するために使用される．）[10]

この理論に関して重要なこと——それを道具的説明から区別するもの——は，社会化のプロセスが単に状態に対する選好の形成を結果としてもたらすものではないことである．それは主体に対して，帰結にかかわらず特定のタイプの行為を遂行する具体的性向を与えるのである．こうしてこの理論はルール遵守を独自の（sui generis）現象——事実上，文化的パターンとして伝播可能な，特定のタイプの行為に対する直接的な選好——として扱うことになる．このことによって，行為の標準的な道具的理論において表現可能なものを超えた考察が導入される．この把握によれば，社会化は（ゲーム理論的な意味で）黙約を再生産することができる一方で，主体たちが帰結を考慮せずに行うよう訓練されたことをただ行う限りで，均衡外の行動を生成することもできる．

詳細がどのように仕上げられるかにかかわらず，この線に沿った行動主義的理論がどのように秩序の問題を解くために用いられるかを理解することは容易である．おもちゃをめぐって互いに譲らない2人の兄弟のケースを考えてみよう．この争いがおもちゃや子供たちにダメージを与えることになれば，このインタラクションは古典的な囚人のジレンマの構造を持つことになる．これはどのように解決されるのか．親が介入し，2人が共有しないならば，おもちゃを完全に取り上げると脅す．この脅しが2, 3回行われると，子供たちはおもちゃがないことに嫌な感じを持ち，それをおもちゃを取り合ったという行為に結びつけ始める．彼らは争うことについて嫌な感じを持ち始

---

10) この用法はデュルケムによるものである．最近の説明については，Chandra Sripada and Stephen Stich, "A Framework for the Psychology of Norms," in Peter Carruthers, Stephen Laurence, and Stephen Stich, eds., *The Innate Mind: Culture and Cognition* (Oxford: Oxford University Press, 2006), pp.281-82 を見よ．

る．こうして彼らは親の否定的サンクションを内面化することで，おもちゃを共有する性向を獲得する．各人はいまだにすべてのおもちゃを自分だけのものにすることをより好むが，この結果を確保するために用いられなければならない手段を単純に嫌うようになる．

　この種の理論に何か正しいものが存在することを否定する人はほとんどいないだろう．しかしながら，この粗い定式化には問題がある．行動主義的バージョンは，主体が社会化を通して獲得するような能力に関する観察の一部に明らかに矛盾する．主要な困難は，この理論が関連性のある行為性向の種類を極端に特別なものにしてしまうことにある．行動主義的見解によると，主体が社会化を通して獲得するのは非常に特定的なタイプの行動へのコミットメントである．この結果，彼らがある新しい社会規範――以前に遭遇したことのない社会規範や，それを守るための社会化がされなかった社会規範――に遭遇するならば，彼らはそれに同調する性向をまったく持たないことになるだろう．しかしわれわれが通常観察していることは，それとはまったく異なるものである．主体たちは規範同調性となると，もっとずっと柔軟な性向を持っているのである．人々はある新しいやり方に出会うと，通常，服従を叩き込まれる必要もないままに（あるいは，もう少し大げさでない言い方をすると，完全に新たな社会化プロセスを経験するような必要もなしに）素早く共同歩調をとる．主体たちが新たな社会的文脈に統合する仕方には，重要な認知的要素が存在しているようである．彼らは他者の行為や反応を積極的に観察し，それに従って彼らの日常を適応させる．これは，心理学者と社会学者が通常，1次的社会化（主体たちが社会規範に同調するために必要な基本的性向を獲得あるいは発達させる）と2次的社会化（主体たちが特定の文化的環境の特定的規範を学習する）を区別することの理由となっている．一般的な要点は，1次的社会化が1回しか起こらないのに対して，2次的社会化は主体が新たな社会的環境で十分長い時間を過ごすときはいつでも発生しうるということにある[11]．

　社会理論家たちはこれら2つの社会化の「レベル」を，パーソンズによって正統的形態で導入された価値と規範の区別によって把握しようと試みてき

---

11) Parsons, *The Social System* (New York: Free Press, 1951), pp.236-40における議論を参照せよ．

た．この見解によれば，主体たちが社会化を通して獲得するのは特定タイプの行為を遂行するための特定的な性向ではなく，社会規範の集合の背景にある「価値」を支持する，もっと一般的な性向である．一般的な主張は，子供たちは当初，規範の違反に関連づけられたサンクションを単なる懲罰と報酬として経験するのだが，徐々に感情的カセクシスを特定のサンクションから，サンクションをしている人のより一般的な態度へと移行させるというものである．このことは正しい種類の行為を遂行するインセンティブだけでなく，文化的親の是認を獲得しようとするインセンティブをも生み出す．

　一般化のこのプロセスは1次的社会化の過程を通して継続し，子供たちはますます広範な「価値指向」の集合を獲得する．たとえば，「良い男の子」や「すてきな女の子」になりたいという欲求や，「他人とうまくやっていきたい」とか「馴染みたい」という欲求等々である．もちろん，これらの性向がより一般的になるにつれて，それは関連する社会的文脈における特定の期待に関する知識によって補われなければならない．これにより2つのレベルが生成される．主体の特定的な文化的知識と，社会化を通して発達するより抽象的な規範同調的性向との相違である．

　この理論は，これよりも粗い行動主義的な理論に対して，2つの主要な利点を持っている．第1に，われわれが人間の幼児の心理学的発達と社会化に関して知っているものに対して，より正当な取り扱いをしていることである．とりわけ，子供たちが彼らの最初の文化的両親に対して強く安定的な感情的愛着を形成することがどうして重要なのか，そしてなぜこれらの両親と協力的で愛情のある関係を築かない子供たちが社会化の一般的失敗に苦しむのかをパーソンズは説明することができるのである．子供の発達においてこうした関係が果たす決定的役割を説明するのは，まさに，こうした関係が規範同調性に関係するカセクシスを一般化する——カセクシスを行為から態度へと移行させる——うえで果たす役割なのである．

　パーソンズのアプローチのもう1つの大きな魅力は，それが主体の規範同調的行為において主体が示す反射性（reflexivity）を説明することができることである[12]．ルールに従っているときであっても，人々は一般的に，何か

---

12) John Heritage, *Garfinkel and Ethnomethodology* (Cambridge: Polity Press, 1984), pp.30–32による．

をしている間，自分が何をしているのかを知っている[13]．もっとも単純な形態の行動主義的理論は，規範同調性を条件反射と大差ないものとして取り扱っている．それは，主体たちがそうするように訓練されてきたという理由で同調するような行動パターンであるとされる．この観点の影響は，「規範の作用はかなりの程度，盲目的，強迫観念的，機械的，あるいは無意識的ですらある」というヤン・エルスターの主張にもみてとることができる[14]．（このことはもちろん，規範同調性は後ろ向きの「ルール崇拝」あるいは不合理性にすぎないという告発を後押しすることになる．）しかし，ルールに従う主体たちがある種の帰結に対する無関心さを持って行為しているかもしれないとしても，このことは彼らが自分のしていることに気づかないということを意味しているのではない．まず第1に，主体たちは他者が報いると信じないならば規範に同調することを拒否するかもしれない．また，そうすることがお返しの確率を改善するだろうと感じるならば，同調する可能性がより高くなるかもしれない．このことは，社会規範が協力の維持において果たす役割に関して，注目に値する経験的業績をあげてきた2人の科学者たち，エルネスト・フェールとジョセフ・ヘンリッヒが下志向的（subintentional）要

---

[13] ハロルド・ガーフィンケルは社会秩序のこの側面をとりわけ強調していた．独自の比類のないスタイルで彼は次のように書いている．「それ〔社会秩序〕は，ある状況が組織化されるまさにその様態のうちに，メンバーたちが当該諸状況の様態を合理的連結として明らかにする方法論から構成されている．ここで合理的連結とは，明晰で，一貫性を持ち，計画的で，整合的で，選択され，知ることができ，一様で，再現可能な連結を指している．諸個人が組織立った事柄（affairs）の成員である，まさにその様態のうちに，彼らは，彼らのインタラクションの日常的な機会における表現（display）を通して，整理された様相を探知し，例証し，説得するという真剣で実践的な営為に従事している．その整理された様相は，整合的で，一貫性があり，明晰で，選択されたものであり，また計画的なものでもある．ある状況が組織化されるまさにその様態のうちに，そのメンバーが当該状況の説明を説明可能な事象として受け取る方法から，それは構成されている．説明可能であるというのはすなわち，数えることができ，物語ることができ，おなじみで，比較可能で，心に描くことができ，表象できるということである．」 *Studies in Ethnomethodology* (Cambridge: Polity Press, 1984), p.34.
[14] Elster, *Cement of Society*, p.100．エルスターが次に続く文の中でこの主張をヘッジしているという事実も，彼が根本的に規範的コントロールの現象を間違って特徴づけている感じをほとんど払拭することにならない．クリスティナ・ビッキエーリも同様に，規範を「正しい環境で活性化される」無意識的なスクリプト〔型どおりの状況において行動を指定する心的ルール〕とみなす傾向がある．*The Grammar of Society: The Nature and Dynamics of Social Norms* (Cambridge: Cambridge University Press, 2006), p.148.

因による説明を断固として拒否している理由である．

　もし本当に無意識のメカニズムが援助や懲罰という反応の理由ならば，どうして被験者たちは援助や懲罰のコストの変化に対して，こんなにすばやく反応するのだろうか．同様に，なぜ被験者たちはインタラクションの繰り返しや評判形成の可能性が導入されると，瞬時に行動を変化させるのか．これらのすばやい行動変化が，利用可能な異なる行為の持つコストと便益の洗練された評価によって媒介されていることはほとんど確実である．われわれはトリートメント〔実験計画における条件の設定〕の変化に対する被験者たちのすばやい反応——それはほとんど確実に洗練された，意識的で認知的な行為によって媒介されている——を，認知的にアクセス不可能なメカニズムが互恵的反応パターンのベースラインを駆動しているという見解と調停することは難しいと思っている[15]．

　ルールに従っているときですら，主体の動機は期待の構造と明らかに結びついている．さらに，多くの規範同調的行為が成功するのは，まさにこうした期待のおかげである．主体たちがルールに従うときに何をしているのかを知っているということだけでなく，彼らが何をしているかという知識が，関連するすべての人の間で共通知識になっているということもしばしば重要である．たとえば，儀礼的挨拶が行われるのは，そうしている人がそうしたいからというだけではなく，誰もが「やあ，こんにちは」という意味を持つものとしてそれを認識するだろうとこの人が期待しているからでもある．

　さらに，ある行為が意図的な規範からの逸脱として他人から理解され解釈されるだろうと知ったうえで，主体たちが選択的に社会規範に違反するということもきわめて一般的である．たとえば，廊下を通っているときに「こんにちは」と言わないことのように，礼節に関する小さな規範に違反することによって，互いに不満をコミュニケーションしあうことがしばしばある[16]．

---

15) Ernst Fehr and Joseph Henrich, "Is Strong Reciprocity a Maladaptation? On the Evolutionary Foundation of Human Altruism," in Peter Hammerstein, ed., *Genetic and Cultural Evolution of Cooperation* (Cambridge, Mass: MIT Press, 2003), p.68.
16) この議論は，Heritage, *Garfinkel and Ethnomethodology*, pp.106-7 のすばらしい分析から引いたものである．

これが機能するのは,規範が共通知識だからである.つまり,サンクションをした人が自分が「こんにちは」と言うと思・わ・れ・て・い・る・ということを知っているということを,サンクションを受けた人が知っているからである.このことすべてにはもちろん戦略的次元が存在しているが,全部がそうだというわけではない.このインタラクションの重要な諸側面は,関連する社会規範の集合がある種の志向的メカニズムを通して表現されているのでなければ曖昧にされてしまう.社会規範がこの志向的メカニズムを通して表現されるとき,このメカニズムは,行為の戦略的側面をモデル化するために用いられる信念・欲求の状態と統合することが可能になる.規範を性向(あるいは他のタイプの下志向的状態)だけに根差すものとして扱うことはうまくいかないのである.

パーソンズの理論の大きな問題は,「価値」という言葉の彼の使用方法にある.まず第1にこの理論は,主体たちがある価値を達成するための手段として規範に同調することを示唆している(したがって規範同調的行為は,「象徴的」結果を達成することを目的とした,道具的行為のより抽象的形態にすぎないことになる)[17].もしこれが正しいならば,象徴的価値を道具的価値に統合しない理由は何もなくなるだろう.そこでは,これら両方の価値を,主体の「すべてのことを考慮した」結果に対する選好順序の単に異なる決定要因として扱えばよいのである.第2の問題は,価値が具体的すぎることである.哲学者たちは「価値」という言葉を2階の選好や「善の概念」を意味するものとして使用することに慣れている.また,言葉のこの意味において,価値は多元的自由社会において広く共有されていないことがよく知られている.キリスト教徒と仏教徒は,非常に異なる価値を持っているかもしれないが,それでも彼らは完全に秩序ある仕方で互いにインタラクトすることができる.したがって1次的社会化が育んでいるものは,規範同調性に向けた,もっとずっと一般的な性向なのである.

1次的社会化は,「規範的コントロール・システム」を植えつけるプロセスとして考えた方が有用である[18].パーソンズ理論の限界は,多くの社会理論家たちに新たな社会化の理論を発展させるよう導いてきた.それによれば,

---

17) このタイプの理論は Robert Nozick, *The Nature of Rationality*, (Princeton: Princeton University Press, 1993) に見ることができる.

主体たちは特定の行為を遂行するための特定の性向の集合や，特定の価値に対するより一般的なコミットメントを獲得するのではなくて，規範的制約に一定の熟慮的重みを割り当てる働きをする，完全に形式的な性向を獲得するという．この見解によれば，主体たちは特定の行動パターンそれ自体に同調しそこなったことに対して罰せられるのではなく，社会規範に十分な熟慮的重みを割り当てそこなったことを行為が反映する限りにおいてのみ，罰を受けるのである．社会化は，これらのサンクションが内面化されるプロセスを決定している．主体が不適切な「行為指向」（たとえば規範に同調すべきときに道具的に行為するなど）を採用するケースを意味するために，パーソンズは専門用語として「逸脱（deviance）」という言葉を使用した[19]．したがって，このパーソンズ的概念化によれば，サンクションが社会秩序を保つのは単純なルール違反に懲罰を課すことによってではなく，動機づけられたルール違反（すなわち単なる非同調性でなく逸脱）を罰することによってなのである．このことが意味していることは，サンクションが主体たちにルールに従う道具的理由を提供していると同時に，ルールが内面化されたときには，自分の欲求に比べて，より大きな熟慮的重みを社会規範に割り当てる性向を育むことを促しているということである．

　この見解によれば，社会秩序は少なくとも，社会規範に対して熟慮上の優先順位を割り当てる性向を持った主体たちと，そのような性向を持たない主体たちに対して，規範的パターンに同調する道具的理由を与えるための効果的なサンクション・システムを必要としている．これらのサンクションは，規範同調的な方向づけで遂行されるときには，同時に社会化のメカニズムと社会的コントロールのメカニズムとして機能しているのである．社会的コントロールはサンクションの道具的な意義——サンクションが逸脱を道具的観点から魅力的にする——を意味している．また，社会化はサンクションの心理学的効果——非難の表現と内面化メカニズムを通して，サンクションは行為の規範的理由に対して，より大きな熟慮的重みを割り当てる性向を生成す

---

18) このフレーズは Allan Gibbard, *Wise Choices, Apt Feelings: A Theory of Normative Judgement* (Cambridge, Mass: Harvard University Press, 1990), p.56 に由来する．しかし，ギバードが規範的コントロール・システムを考えていた仕方とそれがここで分析される仕方には，ほとんど類似性がない．

19) Parsons, *The Social System*, p.206.

る——を意味している．内的インセンティブと外的インセンティブが適切に
揃えられたとき，それはパーソンズが規範の制度化と呼んでいるものを生み
出すことになる．

3.2 原理

　社会化と規範同調的行為に関するこの理論に特に不可解なことはないし，
合理的行為のフォーマル・モデルに包摂することが不可能だと考える理由も
ない．ある人が特定の仕方で行為する理由をたずねるということは，ある形
態での説明——すなわち，背景に存在する一定の志向的状態の集合を用いた
当該行為の説明——を求めることである．合理性の道具的把握もまた，2つ
の状態——信念と欲求——への言及を通して行為を説明するものである．社
会規範の還元的説明はルール遵守をこれら2つの状態で説明することを試み
るが，非還元的説明は，ある新しいタイプの状態を措定することによってルー
ル遵守の説明を試みるものである．われわれは前章において，還元的説明
が重大な困難に遭遇することを見た．今や問題は，合理的選択理論によって
設定された概念的明晰性の基準を満たすような仕方で，非還元的なルール遵
守の説明が構築可能か否かということである．

　ルールを道具的観点から説明することをこれほどまでに難しくしているの
は，ルールのどのような側面なのだろうか．すでに見てきたように，鍵とな
る特徴は，ルールが直接的に行為と結びついていることである．この観察は
社会規範を意思決定の枠組みに統合するための非常に単純な方法を示唆する
ものである．欲求は結果に結びついた志向的状態であり，信念は状態に結び
ついた志向的状態である．規範あるいはより一般的にルール遵守の考慮は単
純に，行為に直接結びついた志向的状態を措定することで包摂することがで
きる．

　行為を指定する志向的状態を指すのに，「格率（maxim）」というカント
的用語を用いる誘惑にかられるかもしれない．しかし，この理論を追求する
素朴心理学的な動機をできるだけ表面化させるためには，おそらく「原理
（principle）」という用語を用いた方がよいであろう．この文脈で，信念と欲
求が現在の哲学的な意味を獲得してきたのが素朴心理学の厳密化を展開する
試みを通してであったことを思い起こすことが有用である．行為に関する日

常的な語りにおいて，われわれは日頃，その主体が何を達成することを望んだのかと，自分の行為がどのようにしてその目的をもたらすと主体が考えていたのかという観点から行動を説明している．しかし一方でわれわれは日常的に，そのような結果を追求する際に制限を行っているものとして主体を特徴づけてもいる．われわれはある個人がある結果を望んでいるものの「原理の問題として (as a matter of principle)」，あるいはそれをもたらすのに必要な手段に関する「原理に基づく (principled)」保留の観点からその結果を追求していないと記述することがある．われわれは通常このような仕方で，嘘やまやかしで昇進を達成することができるだろう従業員や，他のドライバーの進行を邪魔する誘惑にかられたせっかちなドライバーについて語るのである．この種の語りを欲求と結果に関する遠回しな形式の語りに還元することは失敗してきたのである．つまり，明快に組織化された素朴心理学であれば，熟慮のプロセスにおける独立した考慮として，この種の原理に対する言及を保持するだろうと考えることには十分な理由があることになる．この示唆に従うならば，欲求を結果に対する選好の集合として，原理を行為に対する選好の集合として考えることは自然なことである．

以上のことは明らかな展開のように思えるかもしれないが，この線に沿った推論に誘われてきても，ほとんどの理論家たちはそれを追求してこなかった．反対に，「時期尚早の具体化の誤り」とも呼ぶべきものを犯す傾向が広く存在しているのである．彼らは，信念と欲求という既存の構造と形式的に並立する仕方で——すなわち，意思決定理論家が選好を所与とするのと同じように原理を所与とする仕方で——規範を導入するというよりも，特定の規範の集合を列挙し，主体の効用関数の内容的な修正を通して，それらの規範を直接的に行為の理論に組み込もうとするのである．この結果，彼らは，実際には，主体の志向的状態の起源と内容を説明する理論にまかせるべき構造的な要素を，実践的合理性の理論に背負わせることに終始している．

たとえばクリスティナ・ビッキエーリは，規範を単純に主体の結果ベースの効用関数に包摂されえないが，選択される行為に対する独自の (sui generis) 制約を表現するものと認識している．こうして彼女は，「規範に基づく一般的効用関数」の表現システムを展開することを企図するのである[20]．し

---

20) Bicchieri, *The Grammar of Society*, p.52.

かし,彼女が最終的に提案しているものは明らかに一般性を欠いている.囚人のジレンマに関して彼女は,各人の利得から,協力規範からの逸脱による他のプレーヤーの効用の損失に対する一定の(適切に重みづけられた)関心を控除するように効用関数を変換するべきことを提案している.この修正された効用関数が,ある人々が集合行為問題でどのように熟慮するかを正確に表現している可能性はあるかもしれないが,それは非常に特別な種類の規範的関心だけを捉えるものである(というのは,それは主体の「規範に対する関心」を「規範を尊重しないことの最悪の帰結——失われた効用で測られた——に対する関心」に翻訳しているからである).しかし,これは普遍的に共有されていないかもしれないし,あるいは広範に共有されてすらいないかもしれない.同様に,マシュー・ラビンは,「ゲーム理論に公平性(fairness)を組み込む」試みの中で,各人の効用関数の中に,公平性の規範に対する直接的な関心を組み込んでいる.彼はこのことを行う際に,諸個人が報われた「親切」によって満足の増加を経験し,報われない親切によって満足の減少を経験するとしている[21].エルネスト・フェールとクラウス・シュミットも似たようなことを行っており,「不平等回避」を——自分と他者との満足レベルの差を反映した,不満足に関するある測度を個人の満足から差し引くことで——個人の効用関数に組み込んでいる[22].ブルーノ・フェルベークは,効用関数が「協力的徳」の集合を組み込むように修正されるべきであると主張する[23].この「協力的徳」は協力に対するプロセス指向的な選好を生成するものである.彼はこうした選好を「広い意味での自己利益に向けられた1階の理性に関する,傾向的な性格の2階の理性」,あるいはより口語的にいうならば「自分自身の利益に対する態度」として記述する[24].ここで

---

[21] Matthew Rabin, "Incorporating Fairness into Game Theory and Economics," *American Economic Review* 83 (1993): 1287. ラビンのモデルには,それよりもずっと独特の特徴がある.それは,彼が単純な遵守に対して何らプラスの価値を与えず,義務以上の(supererogatory)行為と規範破りだけを利得に影響するものとして扱っていることである.このように,彼のモデルは集合行為問題において,対称的な協力の状況を対称的な裏切りの状況に対して,特権化するものとなっていない(p.1288を見よ).
[22] Ernst Fehr and Klaus M. Schmidt, "A Theory of Fairness, Competition and Cooperation," *The Quarterly Journal of Economics*, 114 (1999): 817-68.
[23] Bruno Verbeek, *Instrumental Rationality and Moral Philosophy: An Essay on the Virtues of Cooperation* (Dordrecht: Kluwer, 2002), pp.102-3.

も，「規範に対する関心」は一般的な遵守や違反の帰結——利得で表現された——に対する関心の関数として表現されている[25]。

これら4つのケースすべてにおいて，「規範に対する関心」をある種の「インタラクションにかかわるさまざまな当事者の利得に対する関心」に解消する試みが行われている．しかし，このことは高度に厚生主義的なこだわり——それは広い範囲の文化的文脈において重要でなく，多数の規範に関しても無関係である——を反映したものである．高度に儀式的な宗教的義務のケースを考えてみれば十分である．ニューギニアにおいて，非常に興味深い最後通牒ゲームの結果をもたらした贈与規範のようにわかりやすいものであったとしても，どの修正された効用関数を用いた表現も受けつけない．たとえば，ラビンが増加した満足の源泉として扱うような種類の「親切」は，通常，贈与規範が公平性規範とまったく異なっているという理由だけで（多すぎるものを与えることは，義務以上のものとみなされるのではなく高慢とみなされる），ニューギニアにおいて罰せられていた．

規範に対する関心を，単にそのものとして，すなわち規範に対する関心として表現してみらどうだろう．人々がルールに従うのは，人々がルールに従いたいと思うからである．真に一般的な行為の理論を生み出すための最良のアプローチは，（「選好」が主体の欲求の内容に関しては空疎な仕方で効用関数に導入されるのと同様に），規範をその内容に関しては完全に空疎な仕方で効用関数に導入することである．言い換えれば，必要とされているのは，ハーバート・ギンタスが行為の「信念，選好，制約」モデルと呼んでいるようなものである[26]．第1章においては，主体の意思決定の木の刈り込みを通

---

24) Verbeek, *Instrumental Rationality and Moral Philosophy*, p.157.
25) ビッキエーリ，ラビン，フェルベークは，彼らのモデルの一般性をさらに制限するようなことをしている．すなわち，主体が規範に従う意欲が持つ条件依存性（すなわち，遵守の意欲が他者たちが遵守するという期待の影響を受けるという事実）を，インタラクションの戦略的次元の帰結として扱うのではなく，直接的に各主体の効用関数に組み込んでいるのである．このことは私には，十分な理由がないもののように思われる．なぜ，個々の社会的インタラクションから独立して完全に特定化できるような効用を保持しないのだろうか．主体が利得に対する関心を保持する限り（すなわち，規範同調性が辞書的優先順位を与えられていない限り），「だまされる」ことに対する忌避は，他者が裏切っているときに自分が規範を遵守することの帰結を主体が考えるなかで，インタラクションから生じることになるだろう．
26) Gintis, "A Framework for the Unification of the Behavioral Sciences," pp. 2–3.

じて信念と欲求が導入された．認識的確実性の条件のもとでは，意思決定の木を1つの枝が残るまで刈り込むためにそれらを用いることができた．規範的制約もまた，しばしば非常に類似した仕方で特徴づけられてきた[27]．したがって原理は，信念（doxastic）や欲求（desiderative）といった，その従兄弟たちときわめて類似した仕方で課せられる義務的制約として考えることができる．われわれは，実際に実行可能な選択肢をみることから始めることができよう．このことは，信念による意思決定の木の刈り込みとでもいうべきものである．それから，これらの選択肢のうちどれが規範的に許されるものなのかを考える，すなわち，支配的な社会規範の集合に違反するすべての選択肢を消去するのである．このことは，意思決定の木の義務的刈り込みというべきものである．これが終了したら，われわれはもっとも望ましい結果をもたらす行為を選択することができる（これは欲求による木の刈り込みである）．

信念的制約と義務的制約とのアナロジーは，以下のように詳細に説明することができる．認識上の確実性と厳密な義務という条件のもとで，われわれは，主体が一組の様相に従って命題の集合を限定していると考えることができる[28]．

信念的様相	義務的様相
M＝可能な	P＝許されている
N＝必然的な	O＝義務的である
I ＝不可能な	F＝禁止されている

これらの様相間のアナロジーは文献において広く注目されてきた．たとえば，これらの信念的様相と義務的様相は，まったく同じ方法で互いに定義可能である．すなわち，$Mp =_{df} \sim N \sim p =_{df} \sim Ip$ かつ $Pp =_{df} \sim O \sim p =_{df} \sim Fp$ である．（言葉でいうと，「p が可能であるということは，p でないことが必

---

[27] たとえば，ロバート・ノージックは熟慮において権利が機能する仕方を記述するために「付随制約（side constraints）」という用語を用いている．Nozick, "Moral Constraints and Moral Goals," in Stephen Darwall, ed., *Deontology* (London: Blackwell, 2002), pp. 83–89 を見よ.
[28] Georg Henrik von Wright, *An Essay on Deotic Logic and the General Theory of Action* (Amsterdam: North Holland, 1968), p.14.

然的でないということ，および p であることが不可能でないということを意味する」．同様に，「p することが許されているということは，p をしないことが義務的でないということ，および p することが禁じられていないということを意味する」）．実践的熟慮において主体は，自分のどの行為が望ましい結果を達成する方法として可能なものかを決定することから始めるかもしれない．そして自分のどの行為が，同じ結果を達成するための許された方法を表現しているかを決定する[29]．さらに，どれがもっとも望ましいかを見ながら，（残されたものがあるならば）残された選択肢の間で意思決定を行う．この手続きは，実践的推論が展開すべきだとカントが考えた方法にきわめて密接に対応している．もちろんこれは単純化されている（また，ここで特定化された順序で進む必要はない）．この手続きは状態が確実に知られており，行為が完全に禁止されていると仮定している．しかし状態がさまざまな確率で知ることができるのとまったく同じように，行為が嫌われる程度もさまざまである．たとえば，約束を破ることは義務に反しているが，この規範は多くの環境のもとで覆されうる．この理由によって，可能な状態がより確からしいとか，より確からしくないとかランクづけされるのと同様に，許される行為はより適切であるとか，より適切でないとランクづけされうる．この見解によれば，禁じられる行為とはたとえばゼロの適宜性（appropriateness）を持つものとして表現されるだろうし，義務的行為は正の大きな値を持っているものとして表現されうる[30]．他のすべての行為には他の行為と相対的に，その適宜性を特定化する中間的な値を割り当てることが可能である（当面，主体が帰結の望ましさと相対的に，これらの制約に割り当てる重要性を反映するスケールを使用して）．こうしてこれらの値は主体の効用関数に統合することができ，より適切なものと比較して，規範的に不適切な行為の値を削減する一種の「フィルター」として作用することになる．こうした規範的考慮は図3.1に示された仕方で，意思決定の木に付加することができる．（適宜性のファクターは，0と10の間のスケールで，かぎ括弧［と］で

---

29) Von Wright, *An Essay on Deotic Logic and the General Theory of Action*, pp. 64–68.
30) ここで用いられるスケールが正確にどのようなものであるかは重要でない．われわれは禁止された行為を負の適宜性を持つものとして表現する誘惑にかられるかもしれない．同様に，結果を負の効用を持つものとして表現することもしばしばである．しかし，これらの関数はすべて，任意の正の線形変換を受けても一意であり続けるのである．

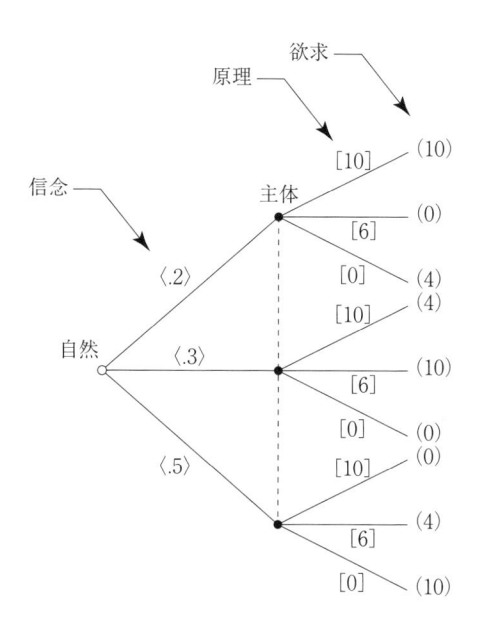

図 3.1 規範を伴う意思決定の木

くくられて示されている.)

　われわれは今や完全な意思決定の木を持っている．状態に結びついた信念，行為に結びついた原理，結果に結びついた欲求である．実践的合理性の観点からは，これらの志向的状態のそれぞれは「主観的」なものとして扱われうる．こうして，信念は事実に対し，原理が規範に対し，おそらくは欲求が善に対する．これらの諸関係の本性は後に探求されるだろう．さしあたっての目標は，目標遂行に対する原理による制約がどのようにして主体の意思決定関数に統合されうるのかを示すことでしかない．それを行うもっとも簡単な方法は，各行為の規範的適宜性 $n(a)$ を，その行為の期待効用（これはその行為の諸帰結の関数である）に単純に加えることである．混乱を回避するために，義務的制約を導入した結果としてできた効用関数を $v(a)$ で表わし，これを価値関数と呼ぶことができよう．

$$v(a) = n(a) + \sum_{O} p(o|a)u(o) \tag{3.1}$$

図 3.1 の例では，

$$v(a_1) = 10 + [(0.2 \cdot 10) + (0.3 \cdot 4) + (0.5 \cdot 0)] = 13.2$$
$$v(a_2) = 6 + [(0.2 \cdot 0) + (0.3 \cdot 10) + (0.5 \cdot 4)] = 11$$
$$v(a_3) = 0 + [(0.2 \cdot 4) + (0.3 \cdot 0) + (0.5 \cdot 10)] = 5.8$$

となる．こうしてa_3は効用最大化するものであるにもかかわらず，義務的制約の導入によって落とされることになる．この例では，原理の適宜性と欲求の優先水準がどちらも0と10の間のスケールで表現されていることに注意しておこう．欲求のケースと同様に，適宜性を表現するために用いられる正確なスケールは単に記法上のものである．重要なのは，この数字が主体の原理の重要性を行為同士の間で，また主体の欲求との比較において，反映しているということだけである．適宜性のファクターが0から100の範囲で，欲求が0から10の範囲にあるならば，このことは主体が「正しいことを行うこと」が「最善の結果を得ること」の10倍重要だと考えていることを示しているのである．

　主体の原理と欲求を表現するために用いられるスケールの通約可能性は，原理的には，フォン・ノイマン＝モルゲンシュテルン効用関数が通常構成される仕方と同じ方法で確立することができる．欲求の相対的強さを決定するためには，特定の結果と，極端な結果上のくじとの間での仮説的な選択を主体に対して提供すればよかった．行為の場合にも，同様のことを行うことができる．主体に対して仮説的な選択を提供し，主体がある特定の行為と，たとえば，より適切でないが高い効用利得をもたらす他の行為との間で無差別になる点を探せばいいのである．適宜性の一定の減少量を補償するためにどれだけの効用が追加されなければならないのかを決定することで，主体が適宜性との比較で効用をどれほど重視しているかを決定することが可能となるだろう．

　この手続きはお馴染みのもののはずである．誰かのコミットメントのレベルを確かめる方法は，その人に何か誘惑となるものを提供し，決意を弱まらせるのにどれほどが必要となるかを見ることである．もちろん，行為の不正が結果の望ましさを完全に見えなくさせてしまうほどに，規範的義務に対して無限の（あるいは「辞書的順序の」）優先順位を割り当てる人々もいるかもしれない．これは実際には問題ではない．結果に対して「辞書的選好」を持った主体と同じように扱うことができるからである[31]．ある学派の人々は，

道徳的制約は常に絶対的禁止を構成すべきであり，道徳的制約はそれらの違反に結びついたどのような効用をも「消し去る」はずであると主張する．これは私には狂信的に響くが，この問題をここで解決する必要はない．適宜性ファクターは，帰結が重大であるときには正当に無効にされうるような，エチケットのルール等々を含む任意の社会規範が熟慮において果たす役割を表現するために用いられているので，主体は適宜性と効用の間のトレードオフを認めるのにやぶさかでないであろう．絶対的禁止が正当化されるかどうか，いかなるときに正当化されるかという問題は，原理合理性の理論に属することになり，厳密に理解された実践的合理性の理論には属さないのである．

　最後に，式（3.1）において表現された実践的合理性の把握は，ジーン・ハンプトンが重み帰結主義（weight consequentialism）と呼ぶもの——「人が自分の意思決定に，行為の帰結に関してどのように感じるのかと，行為それ自身についてどのように感じるのかの両方を取り入れることを許す見解」——の1つのバージョンである[32]．しかしながら，誰も（カントですら），合理性がおしなべて帰結全般の考慮を排除するだろうと正気で主張したことはなかったのであるから，なぜ彼女がこれを非帰結主義に対立するものとしての帰結主義の一形態とみなしているのかは明らかでない．帰結主義の批判者たちは，帰結がまったく重要でないことを示そうと努力してきたのでは決してない．彼らは，帰結が唯一の重要なものではないことを示そうとしてきたのである．

3.3　世界ベイズ主義

　上で素描した提案は，理論を素朴心理学におけるその起源にできるだけ近いものに留めようとする努力によって導かれたものである．原理，欲求，信念の区別は，行為，結果，状態の間の常識的な区別——それはレオナルド・サヴェッジによって，標準的な形態の意思決定理論に導入された区別である——に対応している．義務的制約は単純に，行為の集合上の直接的な選好を，

31）　辞書的選好の簡潔な説明については，Peter Ordeshook, *Game Theory and Political Theory: An Introduction* (Cambridge: Cambridge University Press, 1986), pp. 17-18 を見よ．
32）　Jean Hampton, *The Authority of Reason* (Cambridge: Cambridge University Press, 1998), p.282.

予想された結果から派生する期待効用に統合することで包摂されている．

しかし，ひとたび行為に対する選好がこのような仕方で導入されるならば，そもそも行為と結果を区別することの主要な理由の1つが消去されることになる．たとえば，フォン・ノイマン＝モルゲンシュテルンの手続きは，行為を単に可能な結果上のくじとして取り扱い，それに固有の評価を与えていない（したがって「複合的くじの還元」公理が存在していた）．主体がこれらの行為について，あれやこれやの仕方で注意を払うことをひとたび認めると，行為はずっと結果に近いものに見え始める．だとしたら，この区別をどのように再発見することができるだろうか．またそもそもそうすべきなのだろうか．これまでの議論は，あたかも行為と結果が異なる事象であるかのようにして進められてきた（これらの事象を表現する命題は，それらに結びついた志向的状態の内容を形成するものとして）．しかし，どのような事象の列であっても1つの大きな事象として扱うことは容易にできるのだから，行為がどこで終わり，結果がどこで始まるのかという問題が存在することになる．私がゴルフ・ボールを打つとき，私がボールを打つことが行為であり，ボールがどこに着地するかが結果であるというのが普通である．しかし，どこで行為が終わるのだろうか．私がどのようにボールを打つかについて心を決めたときだろうか．あるいは，スイングを始めたときだろうか．あるいはクラブがボールに接するときだろうか．ボールが空中に飛んだどこかの時点だろうか．

この問題に対する常識的な解答は，行為は事象の列のうち，主体の直接的コントロールのもとにある部分であるということであろう．ある時点の後には，事象が展開する仕方は運まかせとなる．ゴルフ・ボールは一陣の風にまかれるかもしれず，ある特定の仕方で打つことだけではボールが着地すると考えられていたところに着地することは保証されないだろう．したがって行為と結果を区別する1つの方法は，両者の間に何らかのランダムな事象の介入を想像することである．この事象は結果を主体の直接的コントロールの外側におき，何らかの自然の「くじ」の結果に依存させるのである．このくじの重要性は，このくじの存在によって，主体はさまざまな代替的行為の望ましさの計算に際して，確率的信念を取り入れることを強いられるという点にある．この見解によれば，行為は主体がもたらすことができることが確実と考える事象であるのに対して，結果はその生起が不確実性に影響されている

事象の集合を表わしている．

しかし，行為に関するこうした考え方はまだ具体的すぎる．アイザック・レヴィが指摘するように，行為と結果は異なる記述のもとに置かれた同一事象でありうるのである．たとえば，ポールかジェーンにお金を借りているが，どちらだったかを思い出せない個人のケースを考えてみよう．彼は2つの実行可能な行為——「ポールに100ドル送る」または「ジェーンに100ドル送る」——を持っており，それとともに2つの可能な結果——「負債を返済する」と「負債を返済しそこなう」——が生み出される．彼がポールに100ドルを送り，実際ポールに負債を負っていたことがわかるならば，彼は自分の負債の返済に成功することになるだろう．しかし，ポールに送金するという行為は負債の返済を構成するものである——結果は異なる記述のもとにおかれた行為にすぎないのである．唯一の違いは，主体は決定するならばその行為をもたらすことができることを確信しているが，どちらか一方の結果をもたらす能力については不確実である（どちらに負債を負っているのかが彼には不確かであるため）ということである．こうして行為と結果の区別は，純粋に認識的なものとなる——行為は主体が1という「信念上の確率（credal probability）」を割り当てるような命題である[33]．この結果，主体の選好が結果だけをその範囲とすると主張することは明らかに恣意的に思われる（とりわけ，主体の信念の変化が行為を帰結に変換できるのであるから）．レヴィの例では，債務者はたまたまジェーンよりもポールを好きで，ポールに送金することに対して固有の選好を持っているかもしれない．行為に対する選好が負債を返済する欲求だけに基づくべきだと主張する理由はないのである．選好に関する主観主義を所与としているために，意思決定理論は実践的合理性のモデルとして形式的すぎるものであり，帰結主義のように制約的なドクトリンに対するコミットメントをもたらすことができないのである．

行為と結果の間に原理的区別がないという認識は，哲学者たちが，ジョルダン・ハワード・ソーベルが意思決定理論の「世界ベイズ主義的」定式化と呼んでいるものへの関心を持つことを動機づけた1つの要因となっている[34]．

---

[33] この用語は，Isaac Levi, *The Covenant of Reason: Rationality and the Commitments of Thought* (Cambridge: Cambridge University Press, 1997), p.74による．Richard Jeffrey, *The Logic of Decision*, 2nd ed. (Chicago: University of Chicago Press, 1983), pp. 83-84も見よ．

行為と結果をそれぞれ特定の事象として定義する代わりに,「帰結（a consequence)」を可能世界の枠組みで定義することができる（ここで1つの可能世界は，世界のすべての状態を記述する文の集合と同一視されている).非常にラフにいうと,「そのガラスが割れる」というような帰結は，(適切なインデックスをつけて)「そのガラスが割れる」という文が真であるような,可能世界の全体集合の部分集合として定義することができる．このとき，主体の選好は，可能世界全体の集合の弱順序として簡単に表現することが可能である[†]．これによって意思決定理論のいくぶんエレガントな数学的定式化が可能となる．状態というものをなくし，主体の信念を可能世界全体のこの集合上の条件つき確率の組として定義することができるからである．

　世界ベイズ主義のもう1つの主要な利点は，それが行為と結果の区別に関する議論全体を解消することである．それが，帰結というものを本質的に十分広く定義し，それをもたらした行為を含むことを可能にするからである．行為 a が時点 t において可能世界 w を現実世界にし，w が t において真である文の完備集合であるならば，w はおそらく，行為 a が遂行されたことを特定する文を含むであろう．行為 a_1 が遂行された可能世界は明らかに，a_2 が遂行された可能世界とは異なり，この見解では選好は可能世界のランキングとみなされるのだから，主体の効用関数は，主体が自分の行為に関してどのような選好を持ったとしても，それを自動的に組み込むことになろう．こうして，a を行為とし，w をある可能世界，$p(w|a)$ を a を所与としたときに w が現実となる確率とするならば，行為 a の望ましさ（あるいは期待効用）は，それがもたらしうる可能世界に結びつけられた効用を確率で重みづけて合計したものとなるだろう[35]．

$$des(a) = \sum_w p(w|a)u(w) \qquad (3.2)$$

a は w において真である命題の1つであるから，$u(w)$ は主体がこの行為に関して持つことになった感情をも組み込むことになるだろう．レヴィたちが観察したように，これによって本質的に帰結主義――「行為は帰結によっ

---

34) Jordan Howard Sobel, *Taking Chances: Essays on Rational Choice* (Cambridge: Cambridge University Press, 1994), p.13.
[†] この文脈での弱順序は弱い選好である．37頁の注17を参照．
35) ジェフリーの望ましさの概念に従っている．*The Logic of Decision*, p.78.

てのみ評価される」という主張として理解される——はトートロジーのようなものとなる．行為がその帰結によってのみ評価されることになるのは，単純に，その行為に依存し，その行為自身を含むような，行為の結果としての全体世界として帰結が定義されているからである．（あるいはソーベルがいうように，「特定の主体にとっての帰結あるいは世界となるものがそこまでの経路から論理的に独立しているのは，彼がこれらの経路に関して無差別である限りにおいてだけである」．）[36)] レヴィは，それが「カントやバーナード・ウィリアムズさえも含む」すべての人を帰結主義者として分類することになるという事実を認識し，この定式化を「弱い帰結主義」と呼ぶべきだと主張する．こうして，彼の観察によれば，道具的合理性の批判者たちは「弱い帰結主義に対してけちをつけることができない．なぜならばそれは十分柔軟で，彼らが考慮したい非帰結主義的評価のどのような様式をも包摂するからである」[37)]．

しかし，レヴィが提示しているものは，帰結主義の正当化であるどころか，その放棄にずっと近いものである．彼自身の分析は，世界ベイズ主義が「非帰結主義的」意思決定理論の一形態とみなされるべきであることを示唆している．それは，主体が行為をその帰結によってというよりもむしろ，その行為の内在的評価——それが何であれ——を基礎として選択することを許しているからである．ここでも再び言うと，行為理論における帰結主義の批判者たちは，行為だけが重要であり，帰結が重要でないとは決して主張してこなかった——彼らは，行為の性質とその帰結の価値の両方が合理的意思決定に入る要因であり，前者は必ずしも後者から派生するだけのものではないということを主張してきたのである[38)]．

したがって3.2節において展開した価値関数と同様に，世界ベイズ主義は，個人が自分の行為の結果だけを見るのではなく，これらの結果がどのように達成されるのかについてもしばしば注意を払うという事実を認識し，意思決定理論を修正する1つの方法を表現するものである．実際，「望ましさ」の関数（3.2）を図3.1におけるような意思決定問題に適用することは，評価

---

36) Jordan Howard Sobel, "World Bayesianism: Comments on the Hammond/McLennan Debate," in Bertrand R. Munier, ed., *Risk, Decision and Rationality* (Dordrecht: Reidel, 1988), p.539.
37) Levi, *The Covenant of Reason*, p.85.

関数 (3.1) とまったく同じ数字を生成することになるだろう．したがって，両者の相違は純粋に記法上のものである——価値関数が確率的重みづけの範囲から行為を除いているのに対して，望ましさの関数は行為を確率的重みづけの範囲に保持しているが，暗黙裏にそれに確率1を割り当てているのである．後者の戦略は，何人かの理論家たちによってテクニカルな側面から挑戦を受けてきた．それは，熟慮のダイナミクスを表現することになると，いくつかの非常にまずい性質を持っているからである（ラフにいうと，主体は，a を遂行するかどうかを熟慮しているときに，彼が行為 a を遂行する確率に関する信念を持っているものとして表現されなければならず，主体が熟慮するにつれて，望ましさの関数が変化するという事実から問題が生ずる）[39]．しかし，こうした困難を別としても，行為を帰結に同化することを回避すべき十分な理由が存在している．これはとりわけ，社会的インタラクションを表現するという段になると明らかになる．このことについて，世界ベイズ主義者たちは通常関心を持っていないのであるが．

3.4 社会的インタラクション

世界ベイズ主義のモデルは，規範に対する直接的な関心がどのようにして主体の効用関数に表現されうるのかに関する一例を提供するものである．それを標準的な道具的モデルから区別するものは，厳密な形式で帰結主義的仮説を拒否していることである．上で提示された「望ましさ」の関数は，主体が行為を，それが促進するその先の結果のためだけでなく，それ自身として評価するかもしれないことを認めている．こうしたことが達成されるのは，それが行為と結果の両者を束ね，グローバルな「帰結」——主体が注意を払

---

[38] 道徳理論における「義務論者（deontologist）」の中には，われわれが日々の実践において尊重するルールの道徳的評価に対して，帰結が無関係であると議論するものが存在するという事実から混乱が生じるかもしれない．たとえば，カントは特定の義務が定言命法から導出されることを正当化する際に，帰結は重要でないと論じている．しかし彼も，行為理論的なレベルでは，合理的主体は熟慮において帰結を考慮に入れるだろうと考えていたのである．もっとも明白な例をあげると，定言命法によってある行動の集合が許されることになったときには，主体は自分自身の幸福を促進するものを選択する自由を持つことになる．

[39] Levi, *The Covenant of Reason*, pp.76-77. François Lepage, "Qu'est-ce qu'un acte jugé faisable?" *Philosophiques* 28 (2001): 369-80 も見よ．

うすべてを完備した可能世界——として扱うからである．しかし，この種の世界ベイズ主義的見解は哲学者の間で人気がある一方で，ゲーム理論家たちには広く採用されていない．その理由を見てとることは難しくない．3.2節において素描された価値関数はこうした関心を扱い，社会的インタラクションのモデル化に用いるのにより適した，意思決定理論の非帰結主義的バージョンを提供するようデザインされているのである．

　世界ベイズ主義は，意思決定理論において行為と結果の区別がいくぶん恣意的になされうるという事実を利用している．しかし，ゲーム理論においては，両者を分ける点として役立つ不確実性の介入は未知の自然状態の存在（確率的信念に対応する）によって引き起こされているのではなく，むしろ他のプレーヤーの意思決定によって引き起こされている．このようにゲーム理論家たちは行為と結果との区別を，ある効果が達成されうることに主体がどれほど自信を持っているかを述べる方法としてだけではなく，選択問題の非戦略的要素から戦略的要素を区別する仕方としても使用しているのである．この結果，ゲーム理論には，結果に関する推論と行為に関する推論の間の重要な構造的相違が存在することになる．さらに，手番が遂行される順番がゲームの均衡にとって決定的となりうるので，どのように行為と結果が分類されるかは，ゲーム理論家にとっては無差別な事柄ではないのである．

　こうした理由によって，ゲーム理論家たちは社会的インタラクションをモデル化する際に，一般的に行為，状態，結果という「サヴェッジの3分法」を前提とし，通常，行為と結果の両方を具体的事象だとみなすのである．このことはまた彼らが，グローバルな結果ではなく，結果の空間上に期待効用を定義し続ける理由ともなっている．しかしこのために，彼らは暗黙のうちに厳密（かつ疑わしい）形態の帰結主義にコミットしたままなのである．彼らは，主体が行為の上に持つ唯一の選好は，結果上の選好から派生した選好だけだと仮定している．しかし彼らは行為を，時間的列の中で生起し，しばしば他のプレーヤーたちによって観察される具体的事象としても取り扱っている．こうして，意思決定理論的な文脈において導入されるときには比較的自明である帰結主義的仮説は，意思決定理論からゲーム理論への移行が行われるときに，図らずも実質的で論争の余地のある，本質的には十分動機づけられていない主張へと変換されてしまうのである．（このことは，数学的ゲーム理論から実験ゲーム理論への移行が行われ，諸個人は自分が行う選択の

すべての特徴に関して無差別であるべきで，貨幣的利得にのみ関心を持つべきだという推論が導出されるときに，よりいっそう明らかになる．）このことは，かなりの混乱の源泉となってきた．

たとえば，標準的な「公共財」ゲームを考えてみよう．主体の欲求の観点からは，私的アカウントに投資するというフリー・ライダー戦略が，公共的アカウントに投資する協力的戦略を強く支配している．しかし，ほとんどの被験者たちは自分の所得の半分しかそこに投資しない．この発見を分析するもっとも自然な方法は，単純に，諸個人は貨幣を欲しいにもかかわらず，利己的ないし非協力的行動に従事することをいくぶん嫌ってもいると考えることである．それは，彼らが少ない貨幣を好むということではなく，彼らが貨幣が獲得される手段に関して無差別でないということである．このように彼らの推論は非帰結主義的要素を組み込んでいる．このことを表現するもっとも自然な方法は，この忌避がどれほど強いかを決定し，それを行為に直接結びつけるような仕方でゲームに書き入れることである．

残念ながら，このような状況に直面したときにゲーム理論家たちの間にある支配的衝動は正反対の道をとり，行為を帰結の部分とするような仕方で記法を書き換えるというものであった．（そうすることで，デイヴィド・マクノートンとピアズ・ローリングがいうように，「疑わしい価値を帰結主義的電気掃除機とでも呼ぶべきものに吸い込んでいる」のである．）[40] したがって 10 ドル稼ぎたいが，他人を出し抜きたくないとも思っている主体がいる場合，われわれは単に，「ただ乗りで 10 ドル稼いだ」を「協力によって 10 ドル稼いだ」とは異なる結果として扱うことができる．このとき主体たちが皆同様には裏切らないという事実は，ある人々は協力を 10 ドル以上に評価していることを示すことになる[41]．

しかしながら，この戦略はゲーム理論家たちの間に存在するサヴェッジの 3 分法に対するコミットメントと衝突し，さらに推し進めると多くの混乱を生み出すことになる．行為と結果の区別はインタラクションの非戦略的要素を戦略的要素から区別する役割をも果たしているので，行為の価値を帰結に

---

40) David McNaughton and Piers Rawling, "Agent-Relativity and the Doing-Happening Distinction," *Philosophical Studies* 63 (1991): 168.
41) こうした反応の例としては，Brian Skyrms, *Evolution of the Social Contract*, (Cambridge: Cambridge University Press, 1996), p.28 を見よ．

書き込むことによって，主体にとって重要なことのすべてが，そうでないときにも，他のプレーヤーの選択に依存するかのように見えてしまうことになる[42]。このことによってどちらの主体も，問題の戦略的次元を構成している予想の後退を最初に解決することなしに，行為の評価を計算することができないようにされてしまう．これは明らかに，行為は主体が1の「信念的確率（credal probability）」を割り当てる結果であるという考えのテクニカルな違反を生み出すことになる．もっと面倒なことは，他のプレーヤーたちの行為に結びつけられた確率を確定することができない，複数均衡を持つゲームにおける選択状況の明らかに誤った表現をそれが生み出してしまうという事実である．一意の均衡が存在しないことが，実際にはその一部だけが問題含みであるときに，全体の選択問題を非決定なものにしてしまうのである．こうして行為を帰結に書き込むことは，そうでないときでも，すべてのことがインタラクションの戦略的要素にかかるかのように見せてしまうのである．

　図3.2に示された簡単なコーディネーション・ゲームを考えてみよう．2人の人がカフェで会いたいと思っているが，どちらの人もどっちに行くことに合意したかを思い出すことができないでいる．ここでは，予想の後退は解決不可能である．プレーヤー2がカフェxを選択しようとしているならば，プレーヤー1はxを選択したいだろうが，プレーヤー2がyを選択しようとしているならば，プレーヤー1はyを選択したいだろうし，その逆も真である．（両プレーヤーがどちらのカフェにも確率0.5で行くという混合戦略均衡も存在する．）この非決定問題の重大さを過小評価しないことが重要である．カフェxに行くこととカフェyに行くことの期待効用は，両プレーヤーにとって非決定なままである．すなわち効用最大化行動というものは存在していない．どちらのプレーヤーも相手の行為に対して，どんな確率も割り当てることができないからである．彼らはラプラスの理由不十分の原理（そうしない理由が与えられていないならば，すべての事象を等確率に扱うこと）に頼ることすらできない．この原理を用いることは，相手プレーヤーに対して混合戦略を帰属させることになるからである．この戦略は，均衡戦略プロファイルの1つの部分であるか（この場合，それを特権化することが循

---

[42] 非戦略的な不確実性は通常，「自然」を「プレーヤー0」としてゲームに追加することで表現される．このプレーヤーは固定した確率で手番を行う．

	プレーヤー2	
	カフェ x	カフェ y
カフェ x	出会う (2, 2)	すれ違う (0, 0)
カフェ y	すれ違う (0, 0)	出会う (2, 2)

プレーヤー1

図3.2 コーディネーション問題

環論法になる），あるいはどの均衡戦略プロファイルの部分でもない（この場合には，相手プレーヤーがそれを選択すると信じることが不合理であることが明らかである）．こうして，厳密に道具的観点からはプレーヤーたちが一方の行為を他方よりも支持する根拠は何もないことになる．

しかし，この問題にプレーヤー1がカフェ x をカフェ y よりもずっと好きだという情報を追加することを考えてみよう．これを表現する自然な方法——図3.2において採用されている選択問題の表現とともに，サヴェッジの3分法に忠実でもある——は，プレーヤー1が今や一方の行為を他方の行為よりも好むということであろう（カフェ x に行くことは，プレーヤー2の意思決定に明らかに依存する，プレーヤー2と会うということとは異なり，プレーヤー1が自分だけで行うことができることだからである）．このことは直観的に思われる．残念ながら，ほとんどの合理的選択理論の理論家たちは，カフェ x に対するこの選好を結果に書き入れ，「カフェ x で会うこと」を「カフェ y で会うこと」とは別個のより好ましい結果として扱うことで，この種の状況を扱う誘惑にかられてきたのである[43]．この戦略——ジーン・ハンプトンが「帰結に詰め込む」と呼んだもの[44]——は，図3.3のような利得行列の再定式化を生み出すことになる．

われわれはここで，この種のドグマティックな帰結主義の問題を理解することができる．1つの均衡が今や他方の均衡に対してパレート優位である一方で，両プレーヤーの行為の期待効用はいまだに非決定であるということで

---

[43] こうしたアドバイスは，Binmore, *Just Playing.: Game Theory and the Social Contract* vol.2 (Cambridge, Mass.: MIT Press, 1998), p.108 において明示的になされているのを見ることができる．

[44] Hampton, *The Authority of Reason*, p.264.

	プレーヤー2	
	カフェ x	カフェ y
カフェ x	出会う (3, 2)	すれ違う (1, 0)
カフェ y	すれ違う (0, 0)	出会う (2, 2)

プレーヤー1

図 3.3　非対称なコーディネーション問題

ある．プレーヤー1がどちらのカフェを好むのかに関する情報を追加することは，問題を扱いやすいものにすることに対して何の貢献もしない．それはいまだに2つの純粋戦略ナッシュ均衡を持つゲームであり，他方ではなく一方を選択する根拠は存在していない．混合戦略均衡は（$[0.5x, 0.5y]$，$[0.25x, 0.75y]$）にシフトするが，これはまったく重要なことではない（プレーヤー2が何をすべきかを決めるために公正なコイン投げをするかもしれないとプレーヤー1が信じることを，単に恣意的なものにするだけではなく，積極的に不合理的なものにするという奇妙な事実を除いては）．

　この新たな情報が選択問題を非決定なままにしておくという事実は，理屈に合わないように思える．プレーヤー1が「プレーヤー2がどちらに行くのかまったくわからないから，プレーヤー2に会うことに成功するかどうかは単なる運の問題だろう．それに，カフェにひとりで座っているならば，自分の好きなカフェの方がましだ．だからカフェ x に行くことにしよう」と考えることは容易に想像することができる．また，プレーヤー2がこの行為に対するプレーヤー1の選好を知っているならば，プレーヤー1がコーディネートすることを諦めるときには，そこに行くだろうと知っているので，プレーヤー2もまたカフェ x に行くだろうと想像することもできる．3.2節において導入したタイプの価値関数を用いれば，この線に沿った推論を表現することが容易になる．$u(x)$ と $u(y)$ は未知なので，それらはある変数 ζ として表わすことができる．こうして，プレーヤー1は $v(x) = 1 + \zeta$ と $v(y) = \zeta$ との選択に直面することになる．したがって，x が明らかに支配戦略である．すなわち，このケースにおいて，コーディネーション問題を表現するよりよい方法は，行為に結びつけられた利得を結果行列の外側に置いておくことである．図3.4は，このカフェ問題が展開形と正規形の両方でどのように表現

されるかを示している.各行為はそれに結びつけられた適宜性ファクターを持っているが,それはかぎ括弧の中に示されている.結果はいつものように効用利得のベクトルとして示されている(プレーヤー1がその結果をどの程度望むのか,プレーヤー2がそれをどの程度望むのか等々).

こうして,プレーヤー1が(選択問題の非決定性のために)道具的推論を諦めるときに,なぜ彼が完全に途方に暮れないのかを理解することができる.彼の動機の道具的要素は脱落して,彼には行為に対する直接的選好が残される.このことが可能となる理由は,彼が関心を払うすべてが相手プレーヤーによってなされる選択に依存しているわけではないことである.行為に対する選好を結果に書き入れることは,彼が関心を払うすべてが相手プレーヤーによってなされる選択に依存しているかのようにみせることによって,選択問題を誤って表現することになる.それは,直接的選好のおかげで,実行可能な行為のうち1つを遂行する理由が彼には残されているという事実を曖昧にしてしまうのである[45].

もちろん,選好の共通知識を仮定しているので,プレーヤー1が推論する仕方はプレーヤー2にとって明らかである.このことにより,2人はより完全な仕方でこのコーディネーションを解決することができる.プレーヤー2は,プレーヤー1がコーディネートする努力を放棄するときには,彼がカフェ x に行くだろうことを合理的に推論することができる.このことによってプレーヤー2は,プレーヤー1がこの行為を選択するだろうという合理的

---

[45] このように主体の効用関数の帰結的要素を「落とす」ことは,不確実な事象に直面するときに多くの主体が示す行動を説明することにも役立つ.実験ゲーム理論家たちは,人々が囚人のジレンマにおいて,相手が何を選択したかを知らないときの方がずっと協力する可能性が高いことを観察してきた.ひとたび情報を与えられると,相手が協力を選択したのか,裏切りを選択したのかにかかわらず,協力率が急激に低下する.Eldar Shafir and Amos Tversky, "Penser dans l'incertain," in Jean Pierre Dupuy and Pierre Livet, eds., *Les Limites de la Rationalité* (Paris: La Découverte, 1997), 1:118-50 は,相手の選択が知られていないときに,被験者の37パーセントが協力した研究結果を報告している.相手方の選択を知らされる場合,相手が裏切ったときに協力を選択したのは3パーセントだけであったが,もっと驚くべきなのは,相手が協力したときに協力を選択したのが16パーセントだけであったことである(pp.125-26).1つの可能な説明は,不確実性の条件下においては,主体たちは支配的な道具的戦略を決定するのに必要な推論プロセスに従事することに気が進まず,選択問題のその部分全体を単純に「切り落とす」というものである.この結果,彼らは,何であれ,社会規範の関連する集合が指示する行為――典型的には協力すること――を単純に遂行する可能性が高くなるのである.

```
                              カフェ x[0]  (2,2)
                  プレーヤー 2 ●
         カフェ x[1] ╱          ╲
                 ╱    カフェ y[0] ╲ (0,0)
   プレーヤー 1 ○          ⋮
                 ╲    カフェ x[0] ╱ (0,0)
         カフェ y[0] ╲          ╱
                  ● 
                              カフェ y[0]  (2,2)
```

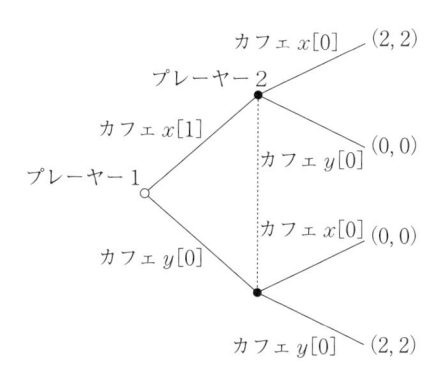

	プレーヤー 2	
	カフェ $x[0]$	カフェ $y[0]$
プレーヤー 1 カフェ $x[1]$	出会う (3, 2)	すれ違う (1, 0)
カフェ $y[0]$	すれ違う (0, 0)	出会う (2, 2)

図 3.4 コーディネーション問題を解決する

信念を持つことになり，このことによってさらに，彼女は効用最大化する行為を計算することができる．そして，もちろんプレーヤー 1 はこのことすべてを考えることが可能なので，プレーヤー 2 が x を選択するだろうと期待する理由を与えられることになり，彼自身の行為の期待効用を計算することが可能となるだろう．こうして，プレーヤー 1 のカフェ x に対する選好は，それがプレーヤー同士で共通知識であるときには，強い戦略的均衡に変換されるのである．プレーヤー 1 のカフェ x に対する選好がこの役割を果たすことができるのは，それが戦略的問題を非決定的なものにする相互依存的期待の循環に巻き込まれていない，行為に対する理由を提供しているからである．
こうして，原理を導入することがコーディネーション問題に対するトマス・シェリングの心理学的解決を生成する非常に単純なメカニズムの基礎を——その解決策を生み出す志向的状態の性質と内容を完全に特定化する仕方で

——提供することになる．（主体の行為に対する直接的選好は，「フォーカル・ポイント」効果を生成していると考えることができる．）

図3.4に提示されたメカニズムは，多くの状況でフォーカルな均衡を生成するのに失敗する限りにおいて，きわめて「力の弱い」ものであることに注意する必要がある．たとえば，プレーヤー2がたまたまカフェyをより好むならば，2人は開始時点に振り戻されることになる．このため，「純粋な」フォーカル・ポイントとなる解を提供するためには，行為の原理は非常に広く共有された心理学的性向から導出されなければならない（シェリングの例の多くが，「進化的適応環境（environment of evolutionary adaptation）」において高度に突出していただろう，事物の特徴に訴えているのはこのためである）[46]．しかしながら，社会規範の導入によって人工的なフォーカル・ポイントを生成することはきわめて容易である．そのような規範は一貫性を持つ限り，補完的な行為の集合を指定するであろう．たとえば，2人の人が同時に出入口に近づくときには，しばしばどちらが先に通るかを決定するというコーディネーション問題が発生する．一方が男で他方が女であるならば，男が女性を先に通すべきであるということを指定した，広く尊重されているジェンダーの規範が存在する．もちろんそのような規範を生成し，すべての人にそれを受け入れさせることは複雑なプロセスであって，このことについてはさらにより詳しく議論することになろう．さしあたっては，多くの社会規範が，インタラクションに関与している主体たちに補完的行為の集合を指定する能力を持つことにより，コーディネーションを実現する役割を持っていることに注目するだけで十分である．

要約するならば，主体たちは（彼らの原理を通して）行為と（彼らの欲求を通して）結果の両方をランクづけるようなグローバルな選好順序を持って実践的熟慮に入るものと理解される．行為と結果の間には揺るぎない形而上学的区別などないので，選択問題を表現する仕方は多数存在する．カフェの例においては，インタラクションを多段階ゲームとしてモデル化する選択も

---

46) なぜ人々がある出会いの場所を他よりも好むという「内在的」選好を持っているのかを理解するには，Gordon H. Orians and Judith H. Heerwagen, "Evolved Responses to Landscapes," in Jerome Barkow, Leda Cosmides, and John Tooby, eds., *The Adapted Mind: Evolutionary Psychology and the Generation of Culture* (New York: Oxford University Press, 1992) を見よ．

できたであろう．すなわち，第1段階は自然を相手とするゲームで，主体たちがカフェを選択し，そのカフェに結びつけられた利得を享受する．第2段階はお互いを相手とするゲームで，カフェを選択した後，コーディネーションに成功したかどうかがわかる（このとき，これら2つのゲームが同時であるという事実は，各段階における両プレーヤーのノードを単一の情報集合にリンクすることで表現されるだろう）．ここでもまた，行為に対する選好の措定を回避することが可能となるだろう（主体の行為を，多段階ゲームの第1段階における帰結として再記述することによって）．他方では，私が示唆したようにすることもできる．グローバルな選好順序をその要素にブレイク・ダウンし，主体の選好順序が実現可能な行為と帰結に割り当てる重み（Weight）をゲームに明示的に表現するというやり方である．これらはすべて記法上の異形にすぎないので，ここでの進み方に唯一正しいものはない．問題は，それらが意思決定の論理と，主体の熟慮の構造をどれだけ明示的に述べることができるかということにすぎない．この表出的観点からは，後者の選択肢の方が優れていることは明らかなように思われる．

3.5 規範的コントロール

　ここで展開された記法はまだきわめて形式的なものであることを認識することが重要である．主体の「原理」の内容はまったく特定化されておらず，主体の「欲求」の内容も同様である．両者は選好にすぎない．さらに，主体が選好のある組を他のものと比較考量する仕方もまた特定化されていない．それは適宜性と望ましさを表現するために用いられたスケールが調整された仕方の中に暗黙に存在していたにすぎない．第3.1節で記述した「規範的コントロール・システム」のようなものを表現するためには，こうした骨組に多少の肉付けをする必要がある．

　この見解において，規範的コントロールは，欲求と相対的に，社会規範から生ずる行為に対する理由に対して一定の熟慮上の重みを割り当てる選好にすぎない．この意味でそれはメタ選好であり，他の1階の選好に対してどれほどの重みが割り当てられるべきかを決定するものである．このようなメタ選好をモデル化することについては，経済学者たちが非常に似た問題——意思決定問題における主体の時間選好を表現することにかかわる問題——を扱

ってきた仕方を考察することが役に立つ．主体が時間選好を持つというアイディアは，どのような欲求が与えられたとしても，欲求が後よりもすぐに満たされることの方を，人々が選好するように思われるという事実に基づいている．通常，この態度のある部分はリスクに対する関心を含んでいるが，他の次元は純粋に将来の満足に対する現在の満足への選好（あるいは欲求の満足における遅延に対する忌避）であるように思われる．

　この種のメタ選好は，ハリー・フランクファートが「高階の欲求」と呼ぶもの（世界の状態ではなく，むしろ他の欲求をその対象として受け取る欲求）の亜種であるが，それはフランクファートが心に抱いていたものよりも，構造のうえでもう少し形式的なものである．というのもそれは何らかの特定の選好を対象として受け取るのではなく，むしろすべての選好に等しく適用されるからである[47]．しかしながら，それでもそれは個人間で変わるものなので（たとえばあるものは非常に性急であり，他の人はそれほど性急でないというように，異なる人々は遅延に対して異なる態度を持つ），実践的理性の構造的特徴ではなく，選好とみなされる必要がある．仮説的なくじに対する主体の態度を用いて効用関数が構成されるとき，その結果として得られるのは完全に非時間的な代替的選択肢のランキングである．それは主体が100ドルを50ドルよりも好むということや，どれほどの差があるのかを教えてくれるだろう．しかし，ある主体が待つことを嫌うならば，その主体は後の100ドルよりも今の50ドルをより好むかもしれない．したがって，意思決定の時点において，可能な結果に対して，すべてのことを考慮したランキングを生み出すということになると，こうした選好同士がインタラクトし，結果的に100ドルに対する欲求により低い優先水準が割り当てられることになるだろう．このことを明確に述べる標準的方法は，主体が将来の満足を割り引くと述べることである．

　経済学者がプレーヤーの割引率を彼らのモデルに最初に導入し始めたとき，彼らがアナロジーを求めて目を向けたのは，貯蓄やローンに対して利子を支払うという慣行であった[48]．貯蓄は消費を延期するための一方法であり，一般的にいって人々が消費を延期するのは，そうすることで補償されるときの

---

47) Harry Frankfurt, "Freedom of the Will and the Concept of a Person," in Frankfurt, *The Importance of What We Care About* (Cambridge: Cambridge University Press. 1987).

みであろう．彼らは，待つならば今消費するよりも・より・多くを消費することができると信じる何がしかの理由を持っているに違いない．私は明日ではなく今日100ドルを受け取ることを選択するだろうが，その代わりに明日の105ドルをオファーされたならば待つことを選択するかもしれない．利子率は，消費の延期を説得するために（現在の消費の機会費用とともに）人々に与えられる必要がある超過量を反映しているので，これらの率は通常，根底にある時間選好を反映しているものと理解されている．

割引率（r）は，ある欲求を現在満足させることと，現在から1期間後に満足させることとの間で，主体を無差別にするために必要とされる利得の超過部分として定義することができる．割引率は割引因子 $\delta = 1/(1+r)$ を定義するために用いることができる．割引因子は，将来の満足の・現在・価値を示すものである[49]．もし私が1000ドルを貯蓄し，年利子率7パーセントであったとすると，このことは，1年間これだけの消費を延期する困難に対して補償されるために，私は70ドル余計に支払われる必要があることを意味している．こうして，1年後に1000ドルを持つことの私に対する現在価値は935ドルにしかならないのである（この額は，70ドルの利子支払いの・現在・価値を加えると，大体1000ドルになる）．

もちろん，同様の分析はさらに遠い将来の時点をも網羅するように一般化することができる．現在から2年後に1000ドル持つことは1年後の935ドルに値し，したがって現在の875ドルに値する．こうして，$u_k(a)$ が時点 k において私が受け取る利得を表わすならば，将来利得の流列は，私にとって現在時点で以下のような価値を持つことになる．

$$u(a) = u_1(a) + \delta u_2(a) + \delta^2 u_3(a) + \cdots + \delta^{n-1} u_n(a) \qquad (3.3)$$

あるいは n を時点の総数とするときには，より一般的に以下のようになる．

$$u(a) = \sum_{k=1}^{n} \delta^{k-1} u_k(a) \qquad (3.4)$$

---

48) Eugen von Böhm-Bawerk, *Capital and Interest*, trans. William A. Smart（London: Macmillan, 1890）．また，Irving Fisher, *The Theory of Interest: As Determined by Impatience to Spend Income and Opportunity to Invest It*（New York: MacMillan, 1930）．
49) Eric Rasmusen, *Games and Information: An Introduction to Game Theory*, 2nd ed.（Oxford: Blackwell, 1989）, p.108 を見よ．

繰り返しゲームを扱うとき，経済学者とゲーム理論家はほとんど自動的にプレーヤーの効用関数に割引因子を付け加える．このことの理由の一部は，それが無限の利得流列を比較するのにもっとも簡単な方法を提供するという技術的なものである．10パーセントの利子率で1000ドルを投資すると，永遠に年間100ドルの収入の流列が生み出されるが，それは5パーセントの利子率でそれを投資すると永遠に年間50ドルの収入の流列が生み出されるのとまったく同じことである．残念ながら，これら2つの収入の流列を合計で比較しようとすると，両者に対して同額（∞）となってしまい，ばかげたことに，10パーセントの収益を5パーセントの収益よりも好む理由がなくなってしまう．このことを回避するもっとも簡単な方法は，両方のケースで潜在的な収入の流列は無限に大きいものの，(3.4) 式の何らかの変化型を用いて，個人が将来の効用を割り引くと考えることである．

　もちろんここで用いられている仮定は，結果に対する主体の選好が時間を通じて比較的独立しており，安定的であるということである[50]．たとえば，ゲームの繰り返しプレーをモデル化する際，通常はゲームが毎回プレーされるときに利得行列が同じままであり，利得の価値が割り引かれることが仮定される．簡単な例をあげよう．ある主体が3日間入院する際に，どの食事を出してもらいたいのかを選択するようにいわれたとしよう．3つの食事 p, q, r が提供されており，主体の選好はこの順序であり，$p \succ q \succ r$ であるとしよう．主体の効用関数を決定するための標準的手続きでは，p に1の値を割り当て，r に0の値を割り当てる．そして主体の q に対する欲求の優先度を決定するのは，p と r 上のくじの集合を構成し，その主体が q との間で無差別になるようなくじを探せばよい．この主体が p を確率60パーセントでもたらすくじと q との間で無差別ならば，q に0.6の効用を割り当てることになる．以上は主体の食事に対する非時間的な選好を表現するものである．次のステップは主体の割引率を決定することである．例示のためにここではそれが1日当たり0.5であると考えてみよう†．これらすべての情報が得られたならば，それぞれの日に出されるそれぞれの食事の現在価値を計算すること

---

50) この仮定は，それなしには完備性や推移性が現実世界で破られたということを識別することは不可能だという理由から思われるほど，無害なものとはいえない．Paul Anand, "Are the Preference Axioms Really Rational?" *Theory and Decision* 23 (1987): 189–214 を見よ．

† この例でヒースは割引率ではなく，割引因子を0.5としている．

食事	各時点での価値		
	t_1	t_2	t_3
p	1	0.5	0.25
q	0.6	0.3	0.15
r	0	0	0

表3.1　3つの食事の割引価値

ができる．表3.1にはこのケースにおける価値が示されている．こうして任意の食事計画の期待効用はこれら3つの価値を合計するだけで計算できる．たとえば，$[p, q, p]$ は（1＋0.3＋0.25）あるいは1.55の価値を持つ．

　以上のことは，意思決定をモデル化するきわめて自然な方法のように思われる．ただし，それは，すべての文脈においては必ずしも満されないような実質的仮定を含んでいる．たとえば，繰り返しゲームにおける割引率の使用は，「意思決定時間」，すなわち選択ノードが生じる時間列が，実際の時間と一定の線形の関係を持っていることを仮定している．同様に，それは1階の欲求が各時点で同じであり続けること，さらに，時点t_1の食事pと時点t_2の食事pは，主体の1階の選好を引き出す際に，異なる時間における「同じ食事」として扱えるということを仮定している．しかしこうした限界にもかかわらず，このモデル化戦略は明らかな利点を有している．たとえば，この主体が $[p, q, r]$ と $[q, q, p]$ という2つの食事計画の間での選択を提供されたとしよう．非時間的な観点からは第2の計画が最善であるという事実にもかかわらず，この主体は第1の計画を選択するだろう．このことを説明する簡単な方法は，この主体が性急であるということである．3日目の夜に食事pを得るまで待つよりも，この主体はそれをすぐに得ることを選択するのである．このことが後の方で少し望ましくない食事を受容することを意味しているにもかかわらずである．

　残念ながら哲学者たちは，割引率ないし時間選好を主体の効用関数に組み込むというアイディアに対していくぶん抵抗を感じてきた．このことが実践的合理性の文献において，多くの疑似問題を生じさせている（これは第8章で議論される）．このことはまた，表出的に貧弱な選択モデルに対する選好をも生み出してきた．たとえば世界ベイズ主義者たちは，時間的に広がりを持った結果の列を単一の可能世界に吸収する傾向を持っている．たとえば

「食事の選択」問題に関していうと，このケースを主体が同じ選択を3度行うものとして扱うのではなく，世界ベイズ主義者は，1つの全体的結果を生み出す単一の選択とみなすのである．こうして，$[p, p, p]$ はすべての可能世界の集合の1つの部分集合（これら3つの食事がこの順に消費されたということが真である可能世界の非常に大きな集合を取り出したもの）を表現しており，$[q, p, r]$ は別のものを表現している．主体に対して27個のグローバルな帰結上のくじを提供することで，効用関数が構成できる．こうして表3.2のような効用関数が生成されるかもしれない．

この効用関数それ自体について，悪い点はまったくない．実際，それは食事の可能な順列のそれぞれをとり，表3.1にある各食事の価値をみて，それらを加えることで構成することができる効用関数の「正規化された」バージョンにほかならない[†]．しかしながら，表3.2の効用関数は表3.1から容易に導出できる一方で，その逆は真でない．主体の食事に関する選好が不変であると仮定するならば，効用関数に暗黙に含まれる割引率が存在する．しかし，それを抽出することは決して容易な作業ではない．しかしながら，この例から明らかなことは，世界ベイズ主義的説明のどこにも，主体が自分の将来の満足を割り引く可能性を排除するものがないということである．世界ベイズ主義者には，主体の割引率に関する情報はすべて，選好形成の理論に属しており，実践的合理性のモデルには属さないと議論する可能性が広がっている．たとえば，表3.2の効用関数は実践的合理性が「インプット」として受け取るものにすぎないと主張することもできよう．しかし，それはまさに表3.1のように見える選好の組と時間選好から導出されているのである．そうであるならば，合理的選好形成のルールの1つは，ある全体「世界」の効用は時点 t_1 のある世界の価値，時点 t_2 のある世界の価値等々の割り引きの合計であると特定化するルールであるかもしれない．

こうして問題は，2つの異なる記法のどちらを選択するかという問題となる．主体の割引率は，実践的合理性の理論の部分として表現する方がよいのか，あるいは，それは行為の全体的「結果」の部分としてまとめられるべきであり，どの帰結がより望ましいのかを主体がどのように決定するかを特定

[†] 毎期同じ効用を得るとしたらいくらになるかで割引現在価値（合計）を表現したもので，現在の文脈ではそれを $1 + 0.5 + 0.25 = 1.75$ で割ったものとなる．

世界	効用
p, p, p	1
p, p, q	0.94
p, p, r	0.85
p, q, p	0.88
p, q, q	0.82
p, q, r	0.74
p, r, p	0.71
p, r, q	0.65
p, r, r	0.57
q, p, p	0.77
q, p, q	0.71
q, p, r	0.62
q, q, p	0.65
q, q, q	0.6
q, q, r	0.51
q, r, p	0.48
q, r, q	0.42
q, r, r	0.34
r, p, p	0.42
r, p, q	0.37
r, p, r	0.28
r, q, p	0.31
r, q, q	0.25
r, q, r	0.17
r, r, p	0.14
r, r, q	0.08
r, r, r	0

表3.2　27個の帰結の効用

化する理論の部分に請け負わせるべきなのか．純粋に形式的な観点からは，これらに何らの違いもない．この問題を決定する唯一の方法は，それを表出的観点から見ることである．

原理に対する主体の関心が「価値関数」に明示的に表現されるべきか，帰結の部分として包摂されるべきかという問題もまた，まったく同じ構造を持っている．規範的コントロール・システムの明示的表現を与えるため，主体が，効用との比較で，原理に割り当てる重みを明示的に表現するものとして，ある因子 γ を導入する選択を行うこともできるだろう[51]．われわれはこれを主体の「根本的選択性向」と呼ぶことができよう[52]．これらすべてをまとめて，主体の価値関数は以下のように表現することができる．$n(a)$ で主体の原理を表わし，$u_t(a)$ で時点 t で行為 a から得られる期待効用を表わすと，主体の価値関数は以下のように表現できる．

$$v(a) = \gamma n(a) + \sum_{k=1}^{n} \delta^{k-1} u_k(a) \qquad (3.5)$$

ここでもまた，この記法は一定の実質的な仮定と慣習的要素を含んでいる．割引因子が純粋な時間選好以上のものを表現するために用いることができるのと同様に（たとえば，それは不確実性や繰り返しゲームが終了する確率を表現するためにも用いることができる），根本的選択性向は規範的コントロール・システム以上のものを表現するために用いることができる．したがって，これら2つのものは等価とみなされるべきではない．根本的選択性向の方がずっと形式的なものである．さらに，割引率と根本的選択性向との両者の背後にある仮定は論争の余地のあるものであり続けるかもしれない．主体は時間で割り引かれた期待効用の合計を最大化するはずだというアイディアを，すべてのゲーム理論家が受け入れているわけではないのである[53]．重要な点は，規範的コントロール・システムが，すでに標準的ゲーム理論で使用されていないようなテクニカルな道具を一切必要とすることなく，主体の価

---

51) ビッキエーリも似たような記法上の規約を採用している．*The Grammar of Society*, p.52.
52) このアイディアは Henry Allison, *Kant's Theory of Freedom* (Cambridge: Cambridge University Press, 1990), pp.126-27 の議論によって着想を得たものである（ただし，アリソンは行為の理由のタイプに対して辞書的順序を前提としている）．
53) さまざまに異なる提案の概観については，Roger Myerson, *Game Theory: Analysis of Conflict* (Cambridge, Mass.: Harvard University Press, 1991), pp.310-16 を見よ．

値関数の表現に導入されうるということ，また，期待効用に適宜性を加えるという提案に論争の余地があるのは，繰り返しゲームを扱うための既存のゲーム理論的戦略に論争の余地があるのと同じであるということだけである．記法の価値はその表出的役割——それが，個々の実践的熟慮のもっとも重要な構造的特徴に対して，直観的に説得力のあるフォーマルな表現を提供している仕方——にあるのである．

　意思決定理論の文脈では，割引率がどのように扱われるか——実践的合理性の理論の部分としてか，あるいは選好形成の理論の部分としてか——は，実際にはたいした違いがない．それは，社会的インタラクションをモデル化する試みがなされるときに初めて重要なものとなる．とりわけ主体たちのグループが時間を通じて繰り返される一連のインタラクションに直面するとき，1つひとつの順列が別個の結果として扱われ，プレーの全体的な列に対する全体的な選好しか持たないことはまったく役に立たない．たとえば，10回プレーされる2人囚人のジレンマを考えてみよう．このタイプのゲームでは，プレーヤーたちの割引率は協力が維持されるかどうかを決定する際にきわめて重要かもしれない．しかし，もし割引率が選好形成の理論で扱われるならば，このゲームは各プレーヤーが1,048,576個の異なる結果上に選好を持つような，1つの非常に大きなゲームとしてモデル化されなければならなくなるだろう．それを4つの結果を持つゲームが10回プレーされるもの——そこでは戦略を過去のプレーに条件づけることが可能となる——とみなす方がずっと理にかなっている．こうして割引率を実践的合理性の理論に明示的に組み込むことにより，表出的により適切な，われわれの素朴心理学の組織化が与えられるのである．

　主体の根本的選択性向の明示的表現を支持する議論は，割引率の明示的表現を支持するそれと類似した論理に従っている．性急さは選択の現象学において馴染み深い要素である．同様のことが規範的コントロールについてもいえる．主体自身がしばしば自分自身の選択を義務的制約と望ましい結果との緊張関係の中で考えるだけでなく，インタラクションに関与する相手もまた，これらの行為を解釈し予想するために類似の枠組みを用いている可能性が高い．このことはとりわけ，主体たちがお互いを信頼することができるかどうかに関する問題が存在するようなケースにおいて明らかである．選好形成の理論に原理／欲求の区別を帰属させ，主体を（たとえば，行為と将来の帰結

の両方を含む完備な可能世界上の）グローバルな選好の組を持っているものとして表現するだけというのも可能である．しかし，それによって得られる形式的優雅さという利点は，表出的適切性の損失によって相殺されることになる．

3.6 社会的統合

　主体の根本的選択性向を明示的にする記法の表出力を見るために，（第2章で記述された）最後通牒ゲームのケースを考えてみよう．世界中のどこに行こうとも，現実の人間行動は常に道具的合理性の標準モデルから逸脱しており，しかも，多くの非常に型通りの仕方で逸脱している．すでに見たように，何人かのゲーム理論家たちは「物的利得 (material payoff)」と「公平関数」のような，効用の複数の源泉を含む複雑な効用関数を発展させることで，こうした変則的な結果を説明しようと試みてきた[54]．「時期尚早の具体化の誤り」を犯していることは別としても，これらの理論家たちもまた，公平性に対する関心をひとまとめにして利得に組み込むという疑わしい選択をしており，主体の動機の義務的要素を曖昧にしてしまっている．この結果，彼らはインタラクションの1つの重要な特徴を明晰に説明することができなくなっている．北米の典型的な実験において不可解なのは，実際には拒否のパターンだけである．オファーは，拒否のパターンを所与とするならば概して効用最大化と整合的である．言い換えれば，オファーをする個人は通常できるだけ多くの貨幣を確保しようとするが，「低めの」オファーが拒否される可能性が高いことを知っている．こうして，このプレーヤーにとっての通常の戦略は低いが低すぎないような提案をすることである．オファーをするプレーヤーの側の最大化行動と，受諾するか否かを決定するプレーヤーの側の非最大化行動との特異な組み合わせに直面し，多くの理論家たちはこのことをいくぶん奇妙なことだと感じてきた[55]．（これとは対照的に，一方のプ

---

54) Matthew Rabin, "Incorporating Fairness into Game Theory and Economics," *American Economic Review* 83 (1993): 1281-1302, または Gary E. Bolton, "A Comparative Model of Bargaining: Theory and Evidence," *American Economic Review* 81 (1991): 1096-1136 を見よ．これらのモデルのどちらも，公平性に対する関心を直接的に主体の効用関数に組み込んでいるという意味で具体的すぎる．

レーヤーにお金が与えられ，その人が分割の仕方を特定化するだけの「独裁者ゲーム」においては，オファーは最後通牒ゲームよりもずっと低く，典型的には平均して 20 パーセントくらいである．すべての戦略的考慮が取り除かれた場合に，公平な分割という規範が持つインパクトの大きさをここに見ることができる．)

これらすべてのことを明らかにする最善の方法は，意思決定問題の義務的な特徴を帰結に関する特徴から区別し，両者がどのように再統合されうるのかを示すことである．最初に，相手にどれだけのオファーをするかという選択に直面する個人の状況を考えよう．彼はできるだけ多くを保持したいと考えている．しかし，彼はこの状況に公平の規範が適用されること，したがって適切な行為はお金を 50：50 で分けることであることを知っている．こうしたことすべてはどのように表現できるだろうか．(3.1) 式に提示されたタイプの構造化された価値関数は，各主体が貨幣についてどのように感じ，公平性規範についてどのように感じるかを別々にしながら表現する方法を見いだすべきだということを示唆している．簡単化のために，両方の主体がリスク中立的であり，彼らの効用は貨幣利得の線形関数であると仮定しよう．こうすれば，われわれは 100 ドルの効用を 1 に，50 ドルのそれを 0.5 に等々と設定することができる．ここまではきわめて標準的である．ここで，規範に対するプレーヤーたちの態度がどのように表現されるべきかを考えよう．プレーヤー 1 にとり，規範に完全に同調することは 1 の適宜性を持ち，規範を完全に破ることは 0 となると仮定しよう．さらに，オファーは等しい分割の理想に近ければ近いほどより良いものとみなされ，「より公平」であることは「より公平でない」ことよりも線形な仕方でより良いものと仮定する．したがって，50 ドルのオファーは 1 の価値を持ち，30 ドルは 0.6，10 ドルは 0.2 等々となる．(50 ドルを超えるオファーは，「義務以上（supererogatory)」のことの評価の可能性とともに，ここでは考えないことにしよう．)

プレーヤー 2 については，プラスに評価されるのは不公平なオファーを拒否するという行為であることを除き，完全に対称的なスケールを想像することができる（そして主体はどちらも，この状況の規範的次元を貨幣的賞金額

---

55) Colin Camerer and Richard H. Thaler, "Ultimatums, Dictators and Manners," *Journal of Economic Perspectives*, 9 (1995): 209–19 の 212 ページ．

の約半分程度の重要性を持つと考えている）．こうして，0ドルのオファーを拒否することは1に値し，10ドルのオファーを拒否することは0.8，40ドルのオファーを拒否することは0.2等々となる．最後に$\gamma_1 = \gamma_2 = 0.4$と仮定する．

このモデルがこのインタラクションの適切な表現を提供していることを認めるならば，個々人がなぜ観察されたようなタイプの行為を選択するのかが容易に理解できる．以上の環境のもとで，オファーを行うプレーヤーは不公平なオファーをすることで一定の価値の損失を被ることになるが，これは容易に貨幣的利益によって凌がれるものである．この結果，われわれはこのプレーヤーの行為が効用最大化仮説に一致すること（すなわち，彼が他方のプレーヤーに対してできるだけ少なくオファーするということ）を期待することができる．しかしながらプレーヤー2は異なる状況にある．オファーをする人にとっては，儲けが大きければ大きいほどオファーは不公平である．しかし，プレーヤー2にとっては，儲けが少ないほどオファーは不公平となる．この結果，プレーヤー2にはほんの少しだけ不公平なオファーを受け入れる金銭的インセンティブがある一方で，低いオファーを行った相手を罰する欲求が受諾する欲求を凌ぐ点が存在することになるだろう．言い換えれば，不公平なオファーを罰するコストは，オファーが不公平になればなるほど減少する．こうして，価値最大化のために，プレーヤー2は非効用最大化行動に従事することになる．プレーヤー2の選択肢の価値は図3.5に示されている．拒否が受諾を上回るのは，大体22ドルあたりである．この点で，規範を実効化することからプレーヤーが得られる満足が，貨幣を得る欲求を上回り始めるのである．

このことを予想し，プレーヤー1はプレーヤー2が拒否しないだけの高さのオファーを行うことで自分の価値を最大化しようと努力する．この問題に対するこの分析は，2人のプレーヤーの行動にある非対称性――一方が利得を最大化している一方，他方がそうしていないという事実――を明確に説明するものである．それは，このインタラクションの構造的特徴から発生するものであり，プレーヤーたちの社会規範や貨幣に対する指向性が非対称的であることから発生しているのではないことが見てとれる．このことは，2人のプレーヤーの役割が逆転したときでも，なぜ同様の行動パターンが持続するのかを説明するのに役立つ．

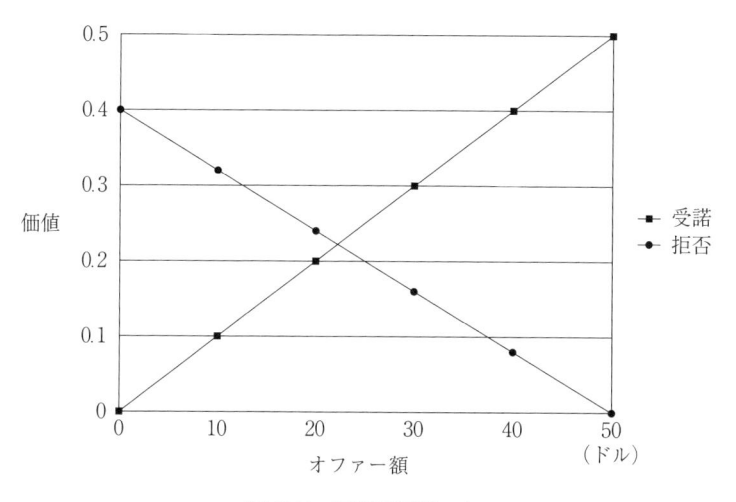

図3.5 最後通牒ゲーム

　実際の実験では，平均オファーはずっと高く，50：50の分割にもっと近いものである．単純なモデル化やカリブレーションの問題を別としても，図3.5によって示唆されたよりも高い平均オファーが観察されることに関しては，多くの他の要因を想像することが可能である．第1に，オファーをする個人の中には公平性の規範を強く感じ，相手が何をしそうかに関する計算を一切しないで，直ちに50：50の分割を選択したものもいるであろう．実際の実験にはかなりの不確実性も存在しているので，根本的選択性向は共通知識ではない．このゲームにおいて「安全にプレーする」ことは，より高いオファーをすることであるから，実際の実験においては，完全情報下におけるよりもずっと高い平均が観察されると予想できる．

　同じタイプの表現は，公共財ゲームにおける協力のモデル化にも用いることができる．図3.6は古典的な囚人のジレンマを示しているが，ここではそれが裏切りを禁止する規範を受け入れている行為者同士の間でプレーされている．（例示として，裏切りには−2の適宜性が割り当てられている．）

　意思決定問題を解決するためには，各プレーヤーは実行可能な行為それぞれの期待価値を計算しなければならない．しかし，このケースでは，各主体の原理が欲求と対立しているので，これらがどのように互いに対して比較考量されているかに注意を払うことが重要である．実際，裏切りを禁止する社

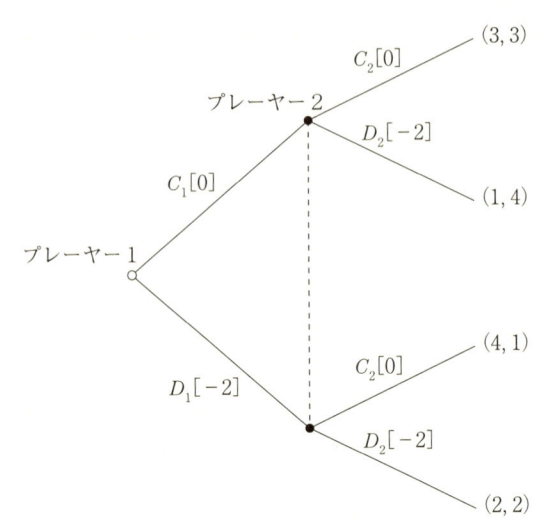

図3.6 協力的規範

会規範に対して，2人のプレーヤーたちがどのような重みを割り当てているかによって，解は異なったものになる．両プレーヤーが規範に対して，相対的に小さな熟慮上の重みしか割り当てておらず，$\gamma_1=\gamma_2=0.25$であると仮定してみよう．この場合には，両プレーヤーにとってDがCを強く支配しており，規範は囚人のジレンマの解決に対して何もできないことになる．

プレーヤーたちが規範的制約に対してより大きな重みを割り当てるならば，状況は変化する．$\gamma_1=\gamma_2=1$ならば，支配関係の推論が異なる均衡を生み出すことになる．今や裏切りの不適宜性がそれに結びついた結果の望ましさを上回るので，両プレーヤーにとって，相手が何をしようとも協力することの方がよくなる[56]．ここにおいても，このことによって彼らのそれぞれは相手がCを選択するだろうと信じる根拠を与えられることになり，自分の行為

---

56) フェルベークやビッキエーリのような理論家たちは，モデルが，個々人が規範に同調することから受ける満足を，他のプレーヤーたちの遵守に対して条件つきにすることを重視している．私には，このことはこれからの問題として残るべきもののように思われる．たとえば，競争相手がずるをしたとわかることは，フェアにプレーしたことから得られる満足を完全に損なうものだろうか．たとえば，人々は，多くの人がそうしてないと知っているとしても，自発的に環境フットプリントを減少させることから満足を獲得しないだろうか．

の期待価値を計算する根拠も与えられることになる．こうして各自はCを選択して，その結果，両プレーヤーは3の利得を伴う結果に到達する．（もちろん，プレーヤーたちはγに対して同じ値を持つ必要はない．実際，もし$\gamma_1 = 0.25$で$\gamma_2 = 1$ならば，プレーヤー1は罰を受けることなく，プレーヤー2につけ込むことができるだろう．予想されるプレーヤー1の裏切りにかかわらず，プレーヤー2は協力するだろうが，それは単に，プレーヤー2が「相手と同じレベルになる」ことを潔しとしないからである．もちろんそれでも，将来において懲罰的な行為をとるかもしれない．）

　この例は，囚人のジレンマに対して，規範的制約がどのように「道徳的」解を提供しうるのかを示している．もちろんこの時点で，ケン・ビンモアのような理論家たちが，そのような「解」はインタラクションがそもそも実際には囚人のジレンマでないことを示しているだけだと言うことは正しい．それは，顕著な要因，すなわち自分の行為に対する主体たちの選好を脱落させることによって間違った仕方でモデル化されたインタラクションであったにすぎないのである．このことはテクニカルには正しいが，子供じみている．重要な点は，この「解」によって，両プレーヤーが裏切りたいという強い欲求を持っており，そうすることが彼らの個人的利益にかなうという明確な意味が存在しているという直観を保持することができることである．（さらにそれによって，われわれはモデルの中で，個々人が自分たち自身でこのようなインタラクションを典型的に解釈する仕方を表現することができる．）義務的制約が自分の行為の帰結に対する関心を上回る場合，個々人は自身の自己利益（少なくとも，この言葉の1つの重要な意味において）に反して行為するのである．これが社会的統合が達成される仕方なのである——個人的利益の前もって定められた調和を通してではなく，さまざまな文脈において個人的利益を覆す規範を通して．

　このようにして協力を確保する規範の例は，日常生活の中に多数存在している．行列の割り込みを禁止する規範は典型的な例である．食料品店のレジや非常口を通り抜けるために待つことは，古典的な多人数囚人のジレンマである——全員が最前線に殺到したいと思っているが，もし全員がそうすれば，無秩序の結果として全員が通り抜けるのが遅くなってしまうだろう．行列の規範は，自分の前に到着した人々に先んじて通り抜けることを禁止するだけでこのことを正すのである．この規範は，人々が燃えている建物からどれほ

ど逃がれたいか，人々が食料品店から帰宅したいとどれほど切に望んでいるのかを変更しない．それは，こうした結果を達成するために人々が進んで遂行したいと思う行為の範囲に制約を課しているだけである．

　ここで展開している分析はこのように，行為のフォーマル・モデルを提供することで，主体たちがどのようにしてルールを用いて「自然状態」から脱却することができるのかを原理的に示すものである．しかしながら，実際には事情はもう少し複雑である．ここで素描したような種類の均衡解がうまく機能するためには，プレーヤーたちはお互いに対する多くの知識から出発しなければならない．標準的ゲーム理論では，ゲームの開始時点で，すべてのプレーヤーたちの信念と欲求が共通知識であると仮定されている（そして，繰り返しゲームでは，すべてのプレーヤーの割引因子が共通知識であることも仮定される）．これに原理に関する共通知識と根本的性向に関する共通知識を加えるだけで，価値関数を伴うインタラクションは標準的なゲーム理論的解概念（ナッシュ均衡，部分ゲーム完全，等々）のバリエーションを用いて扱うことができる．これらの志向的状態や性向のいずれかに関する不確実性があるケースは，ゲームの標準的な「ベイズ」変換を用いて取り扱うことができる[57]．そのようなゲームにおいては，非対称情報は，最初に自然というプレーヤーにランダムな手番を行わせて，それによってプレーヤー2の「タイプ」を決定することで表現される．たとえば，プレーヤー1が囚人のジレンマ・タイプのインタラクションの状況で，0.25か1のどちらかのγ_2を持つことだけが知られている主体とインタラクトすると仮定しよう（$\gamma_1=1$である）．プレーヤー1はγ_2の各値に対して事前分布を割り当てることから始めることができる（おそらく，人口の中で0.25と1というγの値を持つ主体の数に基づいて）．こうしてこのインタラクションは，最初に自然が手番をもち，この事前確率に基づいてγ_2が0.25に等しいか，1に等しいかを「決定する」ようなインタラクションとしてモデル化することができる（多少の記法の乱用とともに図3.7に示されている）．したがって自然が「左」に行くならば，プレーヤー2は0.25だけの根本的選択性向しか持たず，自然が「右」をプレーするならば$\gamma_2=1$である．（図を単純化するために，

---

[57] Eric Rasmusen, *Games and Information*, 2nd ed. (Oxford: Blackwell, 1989), pp.48-57. また，Bicchieri, *The Grammar of Society*, p.27 も見よ．

```
                          プレーヤー0（自然）
                          ・
                    ⟨.5⟩     ⟨.5⟩
                  ╱             ╲
         プレーヤー2                   プレーヤー2
         C₂[0]  D₂[−0.5]            C₂[0]  D₂[−2]
      ┌──────┬──────┐           ┌──────┬──────┐
 C₁[0]│(3, 3)│(1, 4)│      C₁[0]│(3, 3)│(1, 4)│
プレーヤー1├──────┼──────┤  プレーヤー1├──────┼──────┤
D₁[−2]│(4, 1)│(2, 2)│    D₁[−2]│(4, 1)│(2, 2)│
      └──────┴──────┘           └──────┴──────┘
```

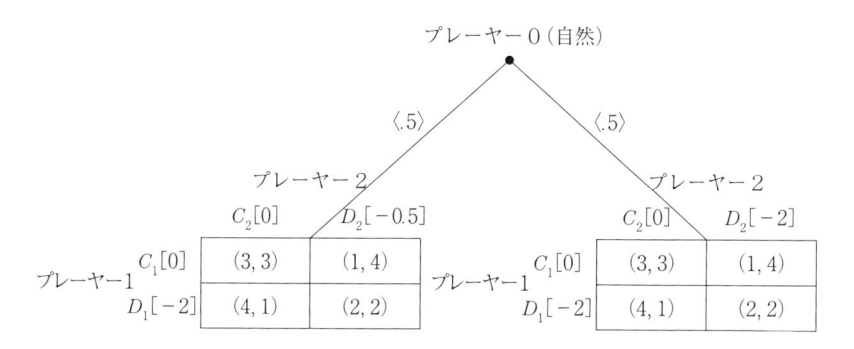

図3.7 不完備情報ゲーム

行為の価値は，主体の根本的選択性向で重みづけした適宜性として示されている．）プレーヤー2はこの手番を観察する（すなわち，自分自身の性向を知っている）が，プレーヤー1はそれを観察しない．したがってプレーヤー1が選択するときに，彼は裏切るという行為に−0.5という重みを割り当てている個人とプレーしているのか，−2という重みを割り当てている個人とプレーしているのかを知らない．しかしながら，プレーヤー2がそれぞれのタイプとなる確率に関する信念によって，プレーヤー1は自分の行為のそれぞれの期待価値を計算することができる．たとえば，確率0.5で$\gamma_2 = 1$であるならば，このことはプレーヤー2がDを選択する確率が0.5であり，Cを選択する確率が0.5であることを示唆している．これによりプレーヤー1にとって，協力は2の期待価値をもたらし，裏切りは1の期待価値しかもたらさないことになる．こうして，プレーヤー1はプレーヤー2が協力する確率が50パーセントしかないと信じていたとしても協力することになるだろう．

　プレーヤーたちが一連のインタラクション（すなわち多段階ゲーム）にかかわっているならば，この枠組みは信頼の発展をモデル化するために用いることができる．信頼は簡単に，全員が広く規範遵守的な性向を持っている（すなわち，彼らの規範的制約が彼らの欲求を上回るのに十分なだけ高いγの値を割り当てている）と全員が信じているような状態として定義することができる[58]．当事者たちが何らかの仕方で，自分がそのような性向を持っていることをお互いに明らかにすることができるならば，それはこの状態を達成する最善の方法となろう．たとえばプレーヤー2がCを選択するならば，プレーヤー1は「自分の事前分布を改訂する」理由を与えられることになる．

すなわち，この新たな情報のもとで，$\gamma_2=1$の確率が0.5であるという自分の信念を再評価するのである．したがって，お互いの根本的性向に関する知識なしに始める主体たちは，特定の仮説に対する証拠を提供する行為を遂行することによって，お互いに根本的性向を明らかにすることができるかもしれないのである．

このような分析は，信頼を「構築する」互恵関係の中で練習（exercise）を用いるという通常の慣行を説明するのにも役立つ．人々はしばしば，お互いに信頼できるかどうかを見るために小さな実験を行うことから開始するだろう．こうした実験は，相手がどのように反応するかを見るために裏切りの機会を創出するが，そこでだまされることのコストは比較的小さい．全員がこの最初のテストをパスするならば，実験は第2の協力的プロジェクトへと移行するが，今度はより大きな利害がかかっている．いずれこうした実験が積み重なり，人々は，出し抜かれることのリスクが非常に大きいため，かかわっている諸個人とのインタラクションの歴史を持たないかぎり，誰もそのリスクを引き受けないだろうような協力的プロジェクトに従事するに至るのである．

もちろん，こうした文脈で信頼の発展を導くような推論は，厳密に道具的な観点からは一般的にわかりにくいだろう[59]．インタラクションが漸増的な構造を持っている限り，戦略的に行為している人は誰でも，後の段階でのより有利な裏切りの機会を確保するためだけに，最初の段階で協力するだろうことは明らかなはずである．こうして，道具的に合理的な主体は最初の段階でも決して協力しないことになろう．しかし，信頼を構築するという広く行き渡った慣行を単に誤った帰納法の結果として診断するよりも，それが合理的基礎を持つ可能性を考えることの方が望ましい．正直や信頼のおける行動という規範が共通知識（あるいは少なくとも，関係する個人の集合の間で共

---

58) ここで私は「信頼」という言葉を，それが社会学理論（とりわけソーシャル・キャピタルの文献において）用いられている非常に一般的な意味で用いている．フランシス・フクヤマの「信頼とは共同体内部で発生し，共有された規範に基づいて共同体の他のメンバーに対して抱く，規則的で，正直で，協力的な行動に対する期待である」を見よ．*Trust* (London: Penguin, 1995), p.26. もちろん，個人たちが受容する特定の規範について，主体たちがより多くの知識を獲得するにつれて，より特定的な信頼関係が発展しうる．

59) Joyce Berg, John Dickhaut and Kevin McCabe, "Trust, Reciprocity, and Social History," *Games and Economic Behavior* 10 (1995): 122-42 における興味深い実験と議論を見よ．

有されている)ならば,そして主体たちがこれらの規範的考慮に対して一定の重みを割り当てる根本的性向を備えているならば,全体の練習はずっとよく理解できるものとなる.互恵性はしばしば重要であるが,その理由は互恵性が創出するインセンティブ構造によるものではなく,互恵性によって諸個人がお互いに対して「自分のタイプを明らかにする」ことが可能となるからである.

　この分析は,社会的統合が内的コントロールだけで達成されるのは,情報に関する特定の条件のもとにおいてだけであるということを示唆している.すなわち,お互いによく知り合っているか,「高信頼」の社会環境でインタラクトする主体同士ということである.このことはさらに,外的コントロール——サンクション——が協力的インタラクションを安定化する際に果たす役割に関する説明をも提供してくれる.信頼がない状況においては,人々は裏切った場合に罰を受けることに合意することによって,自分たちが支配的な規範の集合を遵守するだろうという確信を生み出すことができるのである.これはホッブズの見解における中心的な洞察である.人々は,集合行為問題を回避することによって利益を受けることができるので,お互いを信頼できることを望んでいる.これによって,不履行の場合に彼らをサンクションする何らかの権力に服従することが彼らの利益となるのである.ホッブズの誤りは,単純に,この種のサンクション・システムが信頼を余分なものにすると考えたことであった.しかし,信頼は懲罰メカニズムの完全性を維持するためにも必要とされているのである.したがって,もし2人の個人がお互いに信頼していないが,ある第三者を信頼しているならば,彼らは第三者がサンクションを課するような取り決めをするかもしれない.このように,サンクションは,それがなければ「だまされる」ことを恐れて避けていたかもしれないような協力的取り決めに入る自信を諸個人に与えることによって,協力行動をお互いを信頼する人々の身近な輪を超えて拡張するために用いることができるのである.

　この観察は,社会的インタラクションにおいてサンクションが果たす役割をより明確に特定化することを可能にする.典型的なケースでは,人々は不正な行為を遂行したから罰を受けるのではなく,他者の信頼を破ったから罰を受けるのである.この信頼は,実践的熟慮の際に,欲求的制約に対抗して義務的制約に一定の重みづけをする根本的性向を主体たちが持つという期待

に根差しているものである．彼らの行為を規制するルールの採用を根本において可能にしているのはこの性向であり，それはさらに，非最適なインタラクションのパターンを回避することを可能にする．義務的，信念的，欲求的制約の間の区別が鮮明になされるときには，これらのルールが主体の熟慮に統合される仕方は，内的・外的コントロールが社会的統合に果たす役割とともに明確に特定化することができる．この結果として出てくる理論は，道具主義的説明が社会秩序の鍵として同定したのと同じ現象——サンクションと互恵性——に注意を向けるのだが，これらに対して異なる解釈を提供する．道具主義的説明を規範的コントロールの概念で補うことにより，社会的統合のより頑健な説明が生み出される．それは，人々が根本的に対立する利益の状況におかれているにもかかわらず，どのようにしてお互いに協力的関係に入ることができるのかを説明するものである．

　この分析は，なぜ多くの理論家たちが当初，道具的理論を，後に判明する以上に非常に説得的なものとみなしてきたのかということの説明にも役立つ．ピーター・リチャーソン，ロバート・ボイドとジョセフ・ヘンリッヒが観察しているように，「チープ・トーク，象徴的報酬，そしてよくできた制度がそれだけで，人間の協力を説明するのに十分であるという直観はおそらく，協力のためにこうした手段を用いる方が簡単であることに人々が気づくという共通の経験から来ているのである」[60]．しかしながら，人々がこうした「道具的」手段が効果的であると気づくのは，彼らがそれらを，信頼が一般的に推定できるという事実を補足するためだけに使用しているからなのである[61]．この事実は日常の社会的インタラクションの背景として役立つ．われわれが一般的に配備しているような弱い外的インセンティブのシステムで社会秩序を維持するのに成功しているのは，ほとんどの人々がほとんどの時間，ルールに自発的に従っているからなのである．

---

60) Peter J. Richerson, Robert T. Boyd, and Joseph Henrich, "Cultural Evolution of Human Cooperation," in Hammerstein, ed. *Genetic and Cultural Evolution of Cooperation* (Cambridge, Mass.: MIT Press, 2003), p.379.

61) Harold Garfinkel, "A Conception of, and Experiments with, 'Trust' as a Condition of Slable, Concerted Actions," in O.J. Harvey, ed., *Motivation and Social Interaction: Cognitive Determinants* (New York: Ronald, 1963), pp. 187-238.

3.7 結論

　道具的に合理的な主体がコミットメントや特別な選択性向を採用できるということ，あるいは集合行為問題から脱すること（より一般的には秩序の問題の解決）を可能にするその他のメカニズムを採用できるということを示すために，これまで何年にもわたって，すさまじい量の努力が費されてきた．その背後にある動機は，合理性の単純な道具的理論が一貫して予測してきた非協力的行動の窮境をどのようにして回避することができるのかを説明することであった．年を追うごとに，提示される議論はますます過度に複雑な（baroque）ものになってきた[62]．ここで提示されたモデルは比較的単純なものである．それは，裏切りによってより望ましい結果が達成できるときですら，主体たちがお互いに協力することができるのはどうしてかを示すものである．行為に対する選好と結果に対する選好の区別を曖昧にすることなく，行為に対する選好を主体の全体的な効用関数に統合することで，このモデルは，規範が社会的な選択において義務的制約として機能する方法のきわめてわかりやすい表現を提供することができる．このモデルが「フォーカル・ポイント」——コーディネーション問題に対する流行りの解決策——の熟慮によるミクロ的基礎をも提供することができるという事実は予期しないボーナスである．しかしながら，このことは，「秩序の問題」に対する解決策は協力とコーディネーションの両方の説明を必要するだろうという社会学理論家たちの間にある伝統的期待を満たす限りにおいて，提案された分析に対する間接的支持として機能する．

　より一般的には，ここで提案されたモデルは，一方における意思決定理論とゲーム理論，他方における帰結主義的理論ないし道具的理論との間の，かつては自然なものと想定されていた同盟関係が概して混乱の結果であったことを示している．サヴェッジの3分法を守り，行為，状態，結果を3つの分析的に別個の事象のクラスとして取り扱うことを望む際に，行為に対する選好を禁止することには十分な理由が存在しない．行為に対する関心を主体の選好順序に組み込むために，帰結をより広く読むことによって反応するなら

---

[62] David Gauthier, *Morals by Agreement* (Oxford: Clarendon Press, 1986) を David Gauthier, "Assure and Threaten," *Ethics* 104 (1994): 690–721 と比較せよ．

ば，暗黙のうちに，実践的合理性の理論に非帰結主義的要素を導入していることになる．しかし，それは同時にわれわれの社会的インタラクションの日常的取り扱いを構造化している重要な概念的区別の多くを曖昧にしてしまうことになる．私が提案したモデルは，非帰結主義的要素（すなわち原理）を明示的に選択問題の表現に導入しながら，（ゲーム理論家たちがそうすることを常としてきたように）サヴェッジの3分法を維持することで，表出的により頑健な記法を提供することをその狙いとするものである．その結果は，実践的熟慮における義務的制約の独自の（sui generis）力を数学的に取り扱うことを可能にするような行為の理論である．

第 4 章
志向的状態

Intentional States

　これまでの議論は，意思決定に関係するさまざまな志向的状態がどのように結合されて，特定の実践的アドバイスをもたらしうるのかという問題にきわめて狭く焦点を当てるものであった．それはなぜ人々がルールに従うのかを説明しているが，人々がなぜルールに関心を持つのかを説明するものではない．このことは信念が偽であることや，選好が妥当なものでないことが判明したり，原理が空疎な「ルール崇拝」であることが判明したときでも合理的に行為することが可能であるという一般的直観を反映している．狭く理解するならば，実践的合理性の理論は単に，信念，欲求，原理を所与とするときに，何をすることが合理的なのかを特定するものにすぎない．もちろんこの分野をこのように狭く限定すれば，多くの伝統的な哲学的問題が触れられないままに残されることになる．実践的熟慮のもっと頑健な理論を展開するためには，カーテンをさらに少し開けて，主体の信念，欲求，原理がどこから来たのかという問題を考えることが必要である．

　しかしこの企てには，合理性の道具的把握の初期の主唱者たちの多くが想像してきたよりもずっと多くの繊細さが必要とされることがわかる．その理由は，前世紀における哲学思想の主要な潮流，とりわけいわゆる言語論的転回の発展と深くかかわっている．最初のうちは単純に，主体たちが社会的インタラクションに先立って，信念と欲求の完全なセットを備えて登場すると（とりわけホッブズなどによって）仮定されていた．この点を方法論的に表現するならば，社会的行為の理論を解く前に，主体の完全な心理学を解くことができると仮定されていたわけである．しかし，よりきちんと調べてみる

ならば，われわれが抱く信念と欲求の多くは言語を習得することによってのみ持つことができるようなものであることが明白となる．そして，われわれの言語理解が社会的インタラクションの説明に先立って説明することができるということはそれほど自明ではないのである．

　標準的な意思決定理論とゲーム理論は信念を「主観的確率」として扱い，選好を「外生的に決定される」ものとして扱うことにより，こうした問題をすべて脇に置いている[1]．こうして意思決定理論は，主体がすべての状態に対して確率を割り当てていると仮定する一方，これらの確率が客観的確率または利用可能な証拠に対してどのように関係しているかに関するいかなる特定の説明も支持することから身を引いている．同様に，意思決定理論は主体の選好順序を所与として受け取っており，これらの選好の起源や本質に関するいかなるコミットメントも押しつけることはしない（ただし，実際には，選好が「所与」であるという考え方はしばしば，選好が任意あるいは合理的熟慮の範囲を超えたものであることを意味するものと解釈されてきた）．

　この回避の戦略は，行為理論を社会科学モデルの発展のための道具として用いることだけを目標とするならば適当である．しかしこの戦略は，行為理論的関心によって構築されてきた道徳哲学に対する探求にとっては明らかに不適切である．これまで見てきたように，ホッブズの道具主義には2つの要素がある．第1は彼の帰結主義——行為は手段としてのみ価値を持つという見解——であり，第2は彼の欲求に関する非認知主義——目的に関する熟慮は存在しないという主張——である．これまでわれわれは，この2つの見解のうち第1のものを推す理由がほとんどないことを見てきた．第2の見解を評価するためには，より詳細に欲求の理論を展開することが必要である．そしてこの作業を行うためには，志向的状態とは何かに関するより一般的な理論が必要となる．

4.1　言語論的転回

　いわゆる言語論的転回の核心部分にあるコア概念の革命は非常に単純なも

---

[1] 前者は，Leonard J. Savage, *The Foundations of Statistics*, 2nd ed. (New York: Dover, 1972) の最重要の革新である．

のである.信念,欲求,そして原理はすべて志向的状態である.「志向的」という言葉の使用で目指しているのは,それらすべてが共有する中心的な特徴——それらはすべて何かに「関する」ものであり,「内容」を持つという特徴——を同定することである.この「アバウトネス(aboutness)」は思考を単なる感覚(sensation)から区別するような特徴としてしばしば考えられている.言い換えれば,事象の特定の列をたとえば神経の興奮のようなものではなく,推論のプロセスとするものはまさに,関連する状態がこの種の内容を持つということなのである.この見解はエドムント・フッサールの哲学的業績の礎石をなすものだが,現代哲学のほとんどを通して非常に容易に辿ることができる.

また,この種のアバウトネスは2つの種類の存在物(entity)によって共有されているということが広く認められてきた[2].われわれの思考は明らかに志向的構造を持っている——考えることとは何かについて考えることである.思考は常に対象を持つ.しかし,言語も同じ構造を持っている.何かを言うこととは必ず何かについて何かを言うことである.これだけならわれわれの文の主語-述語構造によって課されていることがわかるが,問題は心的志向性と意味論的志向性との間にどのような関係が成立するのかということである[3].19世紀の終わり頃までは,ほとんど普遍的に,われわれの思考が持つ志向性に対して説明上の優先順位が与えられるべきであると仮定されていた.この見解によれば,心的志向性は意識の持つ基本的構造を反映するものである.われわれは目覚め,環境の中に対象を見て,それらの知覚を経験する.われわれの思考のアバウトネスは,われわれの感覚を通して世界からわれわれに情報が伝達される仕方を反映しているのである.こうして意味論的志向性は派生的なものとして取り扱われる.言語はわれわれが人から人へと思考をコミュニケートするために使用する「コード」とみなされる.そこでは思考は,言語的明示化に先立って完全に形成されていることになる[4].

一見したところ,こうしたことはすべてきわめてもっともらしく思える.しかし世界に対するこうした見解は,きわめて重要な一連の謎を引き起こす.

---

[2] Michael Dummett, *Origins of Analytical Philosophy* (London: Duckworth, 1993).
[3] Michael Dummett, "Language and Communication," in Dummett, *The Seas of Language* (Oxford: Clarendon, 1993), pp.166-87.
[4] Dummett, "Language and Communication," p.166.

デカルト的懐疑と独我論がそのもっともよく知られた例である．中心的な問題はすべて，われわれの思考の志向性を循環や退行に陥ることなしに説明できるような意識の原初的構造を見いだそうとして哲学者たちが直面してきた困難にまつわるものである．視覚はもっとも有望に思える基礎を提供するので，われわれの思考は世界の像であるという，よくある哲学的観念が登場した．しかしこれは悪名高い困難にさらされることになる．フッサールの業績——とりわけ彼の『デカルト的省察』の第5省察——は，この概念的戦略の背理法として広く認められている（ヴィトゲンシュタインの『論理哲学論考』もまた，しばしばこのような仕方で引用される）[5]．この問題は，ラフに言うならば，いかにしてわれわれがわれわれの心の外部にあるものと確実な結びつきを確保するかについて理解することが難しいということである．われわれの思考が，世界に関するわれわれの知覚のようなより身近なものとではなく，世界とかかわりを持っていることをどのようにして知ることができるのだろうか．

　言語論的転回はこの伝統とのラディカルな断絶を表現している．基本的なアイディアは簡単である．哲学者たちは意識の志向性を始原的なものと扱うのではなく，意味論的志向性がより基本的（あるいは同程度に始原的）である可能性を考え始めたのである．どのみち，われわれの思考が内容を持つ限り，それには言語的表現を与えることもできる．このように志向的状態の集合は命題的内容を持つ状態の集合でもある．言語的パースペクティブの根幹にあるのは，心的状態の志向性がそれに内容を与える命題から派生したかもしれないという示唆なのである．こうすればマイケル・ダメットが言うように，「思考は余すところなくコミュニケートされうる」のはなぜかを説明することになるだろう[6]．

　このような説明順序を正当化するメカニズムを想像することは難しいことではない．ある問題を解こうとして独り言を言う人々のことを，しばしば「声に出して考える（thinking out loud）」という．それとは反対に，考える

---

[5] Edmund Husserl, *Cartesian Meditations: An Introduction to Phenomenology*, trans. Dorion Cairns (The Hague: Martinus Nijhoff, 1977). Ludwig Wittgenstein, *Tractatus Logico-Philosophicus*, trams. D. F. Pears and B. F. McGuinness (London: Routledge, 1974).

[6] Michael Dummett, "Frege's Distinction between Sense and Reference," *Truth and Other Enigmas* (Cambridge, Mass.: Harvard University Press, 1978), p.117.

こと(合理的・分析的な思考という意味での)が実際には黙って話すことの1つの形態であるというのが正しい可能性もある[7]．われわれが声に出して読むことを最初に学び，徐々にこの実践を内面化し，声を出さないで読む能力を獲得するのと同様に，われわれは最初に話す能力を獲得し，次にこの実践を内面化することで考える能力を獲得したのだと哲学者たち(と心理学者たち)は示唆してきたのである．このプロセスの中で言語は縮約され，簡約化されることになる．他のさまざまな認知的能力に関しても同様の現象が観察可能である．たとえば中国では，やや年のいった商人や会計士たちが指を少し動かしながら「頭の中で」非常に複雑な算数の計算をするのを見ることができる．その理由は，彼らが算盤を使う訓練を受けてきたからである．ある一定期間を経ると，算盤を使う人々は珠の感覚に慣れてしまい，もはや計算結果を得るために道具を見る必要がなくなってしまうのである．彼らは頭の中で完全に算盤を可視化することができる．しばらくすれば，もっと経験を積んだ人々は道具をまったく必要としなくなってしまう．指が少し動くというのは，彼らがその認知的技術を獲得するために使用した外的道具の痕跡である．完全に「仮想的な」算盤を使うことができ，その痕跡すら消し去った人たちが多数存在することも疑いない．算盤は彼らに平均的な個人をはるかに上回る暗算能力を付与したわけである．

　もちろんこのタイプの完全に内面化された道具を使用するためには，高いレベルの注意力が必要とされる．たとえばベテランのチェス・プレーヤーはチェス盤でプレーする必要がなく，自分の手を叫ぶだけで済む．それにもかかわらず彼らの集中力が損なわれれば，記憶力の助けとしてある時点でチェス盤を持ち出し，ゲームのお膳立てを設定するかもしれない．読むことと話すことの場合にも同様の現象を見ることができる．多くの人はある部分を読んでいて理解するのが難しくなってきたことに気づくと，声に出してその部分を読むだろう．同様に，複雑な指示書に従うことを余儀なくされた人や，高い集中力を喚起しようとする人は，しばしば大声を出して独り言を始める

---

[7] これは，Lev Vygotsky, *Mind in Society: The Development of Higher Psychological Process* (Cambridge, Mass.: Harvard University Press, 1978) によって最初に提出された有名な仮説である．Stephen Toulmin, "The Inwardness of Mental Life," *Critical Inquiry* 6 (1979): 1-16 も見よ．このテーゼの注意深い定式化については，Peter Carruthers, "Conscious Thinking: Language or Elimination?" *Mind and Language* 13 (1998): 457-76 を見よ．

だろう．5歳から10歳の子供に関するある研究の発見によれば，「子供の私的な発話（他の誰かに向けて発せられたものではない発話）のほとんどが，その子自身の行為の方向づけやコントロールのために向けられているように見え，そのような発話の発生率は子供が1人で難しい仕事を遂行しようとしているときに増加する」[8]．

　この「外在主義的」見解によれば，言語は算盤のように，われわれの環境の1要素として出発する道具である．諸個人は世界に介入する方法として，最初にこうした外的形式で道具をマスターする．言語の場合には，他人とインタラクトしたり，複雑な行為を計画するための道具ということになる．彼らはその後，その道具を内面化し仮想的な操作を遂行できるようになる．言語の場合，複雑な介入を計画するための道具として言語的標識（markers）を用いるわけである．こうして彼らは志向的計画システムを獲得する．（そしてもちろん，言語学習が人間の生存にとってますます重要になるにつれ，進化的適応において，こうした学習や内面化プロセスを促進するような学習バイアスやヒューリスティックスを持つことが子供にとって有利となり始める．）[9] このことは，なぜ人間の信念（belief）が主張（assertion）と顕著な類似性を持ち，推論（reasoning）が論証（argumentation）と顕著な類似性を持つのかを説明してくれるだろう．信念や推論は，外部における（in foro externo）実践に対応する内部における（in foro interno）バージョンだからである[10]．

　これは，通常の説明順序の根本的逆転である．そして明らかに，本書のテーマの範囲をはるかに超えるような哲学的考察によって動機づけられている．

---

8) Andy Clark, *Being There: Putting Brain, Body, and World Together Again* (Cambridge, Mass.: MIT Press, 1997), p.195 が Laura Berk and Ruth Garvin, "Development and Private Speech among Low-Income Appalachian Children," *Developmental Psychology* 20 (1984): 271–86 について議論している．Laura E. Berk, "Why Children Talk to Themselves," *Scientific American* (November 1994): 78–83 も見よ．

9) 先天性の問題は外在主義の問題とは分離される必要がある．人間が文法を非常に速く学ぶという事実は，言語が「組み込まれている」ことを意味しない．人間はより素早く環境から学ぶように適応しているかもしれない．この点については，第6章においてより広範に論じられるだろう．

10) Michael Dummett, *Frege: Philosophy of Language*, 2nd ed. (Cambridge, Mass.: Harvard University Press, 1981), pp.298–99.

しかしある論点は直接的な関連性を持つものである．言語論的転回は，心的なものの自律性とでもいうべきものに関して重大な疑義を呈することになる．意識の哲学の観点からは，個々人は自己充足的な推論機械とみなされ，自分や仲間たちからのインプットが完全にない状態で信念を形成したり，推論をしたり，合理的に行為する能力を持つとされる．しかし，もし心的状態がその内容を決定的に言語に依存するならば，そして言語が社会的実践から生じるならば，個人の志向的計画能力——それこそ実践的合理性のさまざまな概念化がモデル化しようとしてきた能力である——は非常に重要な仕方で主体の社会的環境に依存するようにみえることになろう．

初期の道具主義者たちは皆，志向的状態は意識の状態であると仮定していた．このことは，ホッブズやヒュームに見られるようなタイプの心に関する機械論的見解の中に非常にはっきりとしている．これらの理論家たちは，そのような状態を非常に具体的な仕方で与えられるものと考えた（とりわけ欲求については，彼らは「行為のバネ（springs of action）」とか「生の運動（vital motion）」といった言葉で表現している）．しかし，こうした状態が少なくとも部分的に社会的インタラクションの産物であるとみなす選択をするならば，いかなる社会的インタラクションにも先立ってこうした状態を備えている人々を想像することはできないだろう．より具体的には，ホッブズのアドバイスにしたがって，「人々を，あたかもたった今地上に湧き出し，互いにいかなる約束もすることなく，突然（キノコのように）完全に成熟するかのように考える」ことはできないだろう[11]．志向的状態を，実践的合理性の包括的理論に対する「インプット」とみなすことはできない．社会的インタラクションの特徴の1つは，それがまさにそのような状態を備えた主体を創出する機能を果たすことにあるからである．したがって実践的合理性の理論の精緻化にはもっと注意深く進むことが必要であり，当然視する部分をもっと少なくしなければならない．しかし，そうすることの潜在的な報酬は大きなものである．デカルト的懐疑論という伝統の問題に関して，言語論的転回がゴルディウスの結び目を一挙に解決する望みを抱かせてくれるのと同様に，そうすることもまた20世紀西洋哲学を支配してきた道徳的非認知主義

---

11) Thomas Hobbes, *On the Citizen*, ed. Richard Tuck and Michael Silverthorne (Cambridge: Cambridge University Press, 1998), pp.102–3 (8:1 節).

の不毛な行き詰まりからの出口を約束してくれるのである．

4.2　言語と意識の優先順位

　言語論的転回の根底にあって中心をなす概念的革命——ダメットが「思考の心からの押し出し（the extrusion of thoughts from the mind）」と呼ぶもの——は，いまだに多くの人々に，もっともらしくないとの印象を与えている[12]．そこで，われわれの持つ志向的状態の本質に関するより真剣な探求を開始するに先立って，デカルトからフッサールに至るまで西洋哲学の暗黙の仮定であった，古い「意識の哲学」の考え方が問題視されるようになったいくつかの理由を考察することが必要であろう．

　この議論全体に構造を与えるものとして2つの重要な区別がある．第1に，志向的状態を考える際に異なる仕方が存在することである．より古い考え方は信念を世界の画像または像として扱っており，しばしば心理学的心象主義（psychological imagism）と呼ばれるものである．これは，たとえばホッブズ，デカルト，ロック，ヒュームに見られる心の理論である．他方，現代哲学で支配的な見方は心理学的文主義（psychological sententialism）として知られている[13]．この見方によれば，信念は根本的に文のような構造を持っており，自然言語のような統語論と意味論によって支配されている．信念の内容は命題であり，画像ではない．

　第2の主要な区別は，理論家たちが自然言語に付与する身分に関するものである．すでにみたように，近代初期の哲学者たちは信念が完全に自律的な仕方で個人の中に発展し，言語は単にこれらの信念を他者に対してコミュニケートするために使用されるコードの1つのタイプであると考えていた．このような見方によれば，コミュニケートする能力をまったく持たない主体が完全に発達した認知的システムを持つことも考えられることになる．このコミュニケーション的見解と対照的に，多くの哲学者たちは自然言語が認知において構成的役割を果たすと論じてきた．言語はわれわれがコミュニケート

---

12) Dummett, *Origins of Analytical Philosophy*, p.22.
13) Mark Richards, "Propositional Attitudes," in Bob Hale and Crispin Wright, eds., *Blackwell Companion to Philosophy of Language* (Oxford: Blackwell, 1997), p.208

するために用いる単なる道具とみなされるのではなく，むしろ，われわれが考えるために用いる道具とみなされる．言語は，ダメットが言うように「思考の乗り物（vehicle of thought）」なのである．この見解に従えば，信念と欲求は外的言語行為の内的相関物（internal correlate）なので，言語のような構造を持つことになる．

　心理学的文主義と自然言語の構成的見解は，きれいに適合する面がある．しかし，われわれの志向的状態は自然言語の習得に先立って存在する「思考の言語（language of thought）」によって定式化されていると論じて，文主義と自然言語のコミュニケーション的把握を擁護するものも多い[14]．したがって，文がどこから来たのかという問題を考察する前に，文主義のためにこれまでなされてきた議論を振り返ることから始めるのがいいだろう．

　心象主義の問題点は十分に明らかなので，どうしてその問題点が長い間無視されてきたのかを理解することはしばしば困難である．非常に初歩的な事実言明的な文の場合を除けば，われわれの信念のほとんどにはそれに対応するような心象が存在しない．たとえば，本書に表われる文のうち少数の文を除くほとんどの文について，その説明をどう始めたらよいかを理解することすら難しい．時制が入ったり，様相が入ったり，否定されたりしている初歩的な記述的文のように，より簡単なケースですら，根本的な問題が発生する．画像の中のどの要素が「次の木曜に雨が降るだろう」に対して「明日雨が降るだろう」という事実を表現するのだろうか．「雨が降ったかもしれない（It *might* have rained）」とか「雨は降っていない（It *has not* rained）」とかについてはどうだろうか．また，次のような問題もよく知られている．人々はどんな特定のタイプの三角形をも考えることなしに，「三角形」について考えることができたり，特定の数の斑点を持った雌鶏を考えることなしに「斑点のついた雌鶏」を考えることができるように思われる，等々[15]．

　信念を持つことが画像を想像することと大きく異なる側面は，他にもたく

---

14) Jerry Fodor, *The Language of Thought* (New York: Crowell, 1975) によって創られた言葉である．

15) Roderick Chisholm, "The Problem of the Speckled Hen," *Mind* 51 (1942): 368-73. これらの問題はすべて，『省察』の第6省察におけるデカルトの「千角形」論証の流れをくむのである．René Descartes, *Meditations on First Philosophy*, trans. John Cottingham (Cambridge: Cambridge University Press, 1986), pp.50-51 を見よ．

さん存在する．われわれの日常的な信念話法（belief-talk）の論理の多くは，非言語的なものとして信念を考えることを不可能にしている．第1に，われわれがある信念を個人に帰属させるときには，一般的にその信念の論理的帰結に対する信念をもその個人に帰属させる権利をわれわれは持っている．あるボールが赤いと信じている人は，それが青くないとも信じていなければならない．このことは，信念が推論（inference）の前提または結論の役割を果たすことができるような種類のものであることを意味している．しかし，そのような役割を果たせるのは，文または文のような対象だけであると思われる理由が存在する（たとえば多くの人は，妥当な推論が真理関数的に定義されなければならず，文だけが真または偽であることができると考えている）．

このほかにも多くの考慮しなければならないことが，われわれが信念を個別化する仕方から発生している．たとえば，信念内部における同一指示的（coreferential）表現の置換は，その同一性を保存しない．「ビルが犯罪現場に指紋を残した」は，「窃盗犯が犯罪現場に指紋を残した」ということと同じではない．たとえビルと「窃盗犯」が同じであったとしても，また，たとえこの信念を持っている個人がビルが窃盗犯であると信じていたとしてもである．何よりも，この2つの信念は異なる反事実的推論を正当なものにする．同義的表現の置換が信念の同一性を保存しないようなケースさえ存在する[16]．このことは，ある信念を表現する言語的形式がその信念の同一性を強く決定していることを示唆するものである．

最後に，個人が異なる2つの仕方で信念を抱くこと——一方の信念が他方の信念よりも，世界との強い結びつきを含意するように思われるような仕方で——が可能であるという観察も存在する．われわれは，ジョンは窃盗犯が逃げたと信じている（John believes that the thief escaped）とか，ジョンは窃盗犯に関して，逃げたと信じている（John believes, of the thief, that he escaped）とか言うことができる．後者（事象［de re］信念として知られている）の方が，前者（言表［de dicto］信念）よりも認識論的に強い．後者が実際に窃盗犯がいたことを含意しているのに対して，前者はそうではないからである[17]．しかし，この種の区別は，信念が文的な構造を持ってい

---

16) Saul Kripke, "A Puzzle about Belief," in Avishai Margalit, ed., *Meaning and Use* (Dordrecht: Reidel, 1979), pp.239-83.

ると仮定することなしには説明することが非常に難しい．たとえば，犬（彼）と飼い主（彼女）がいたとしよう．この場合，犬に対して，自分の飼い主が彼に餌をくれると信じているかどうかを尋ねたり，自分の飼い主に関して，彼女が餌をくれると信じているかどうかを尋ねたりすることは，あまり意味をなさない．

　これらの観察は，いくつかの直接的な帰結をもたらしてくれる．第1に，心的画像は，信念の適切なモデルを提供することができないということである．信念は画像にはないような内的構造を持ち，画像には不可能な仕方で推論的に明示的に述べられている（inferentially articulated）．「そのボールは赤い」という信念がどのように画像となりうるかに関しては，多少の感覚を持っているとしても，「そのボールは青くない」の画像はどのように見えるのだろうか．あるいは，ある犯罪のセキュリティ・カメラの1コマを見ている2人の人を想像してみよう．彼らのうち1人は，その窃盗犯をビルだと認識し，もう1人はそのように認識していない．彼らはこの出来事の同じ画像を心の中に持っているのだが，彼らの信念は根本的に異なる内容を持っている．

　このように，現代の議論では信念が言語的構造を持つということは大方，当然視されている．もちろんある形式の思考が心の中での心象の操作を含むことは疑いえない（われわれが物体を他の視点から分析しようとして，「心の目」の中で回してみたりするときのように）．さらに，認知的・言語的システムがこの知覚システムと統合されていることを疑うものも誰もいない．たとえば，われわれは記憶のために名前と顔を結びつけることができるし，概念同士の関係をよく把握しようとして，概念に心象を結びつけることができる．要点は，この知覚的想像システムが，信念やその他の内容を持った志向的状態を説明するのに十分なほどの説明的原基（explanatory primitives）の集合を提供してくれないということである．思考の志向性は，われわれの知覚の「アバウトネス」に還元されない．したがって，われわれが信念や欲求，その他，われわれの実践的推論に表われる志向的状態を説明しようとするならば，われわれは認知における言語の役割を理解する必要があるのである．

---

17) Richards, "Propositional Attitudes," pp.213–16.

こうした考察は，多くの哲学者たちが動物に信念を帰属させることに嫌悪感を抱く理由をも説明してくれる．人間の信念と機能的に類似したある種の原信念（protobelief）を犬や猫が持っていることは，ほとんど誰でも認めようとするだろうから，これはある程度は用語上の論争である[18]．問題は，生物が信念の推論的帰結を受容したり，拒否したりすることができない場合や，われわれが信念を個別化するために用いる標準的な基準のほとんどが適用できない状況で，その生物に信念を帰属させることに実際どれほどの意味があるのかということである．言い換えれば，「xはpであると信じる」という主張から帰結する大多数の結論は，xが人間ではなく犬であるときには導かれないのだから，この文脈で「信念」という言葉を用いることは非常にミスリーディングであるということである[19]．

動物に信念を帰属させることが，ある種の誤謬を犯すきっかけになるという事実がなかったならば，このことは単なる用語上のあら探しとなるだろう．動物界が組織されている様子を，アリストテレスが考えたのとほぼ同様の仕方で想像する傾向はいまだに存在する．この見解によれば，魂はさまざまな部分を持っており，すべての生き物はこれらの部分の所有によって構造化されたヒエラルキーとして組織化されている．こうして，植物は栄養に関する部分だけを含む魂を持ち，動物は栄養に関する部分と欲求に関する部分を持つのに対して，人間は栄養に関する部分，欲求に関する部分，そして合理的部分を持っているとされる．この見解は，人間を「動物以上のもの」，すなわち，より低い形態によって所有されたすべての部分にプ・ラ・ス・し・て・，言語を使用したり推論したりする能力を合わせ持った被造物とみなす傾向を生じさ

---

[18] Fred Dretske, *Explaining Behavior: Reasons in a World of Causes* (Cambridge, Mass.: MIT Press, 1988), pp.120-21 を見よ．

[19] Crispin Wright, "How Can the Theory of Meaning Be a Philosophical Project?" *Mind and Language* 1 (1986): 33. ダニエル・デネットの観察によれば，われわれは，広範囲にわたる異なる複雑系の振舞いを，彼のいう「志向的態度（intentional stance）」をそれに対して採用することで——すなわちそれの振舞いを信念と欲求という言葉で説明することで——説明できるという．多くの場合，われわれはこの言語が文字通りに受け取られるべきでないことを知っているにもかかわらず，そのようにするものである．われわれは，チェスをプレーするコンピュータの意思決定を信念と欲求の組の枠組みで記述することができる．同様に，われわれは中枢神経の処理が関与していないと知っている場合でも，しばしば昆虫の行動を志向的用語で記述するものである．こうしてわれわれは，明らかに「実際には」それを意図していないケースでも，しばしば信念と欲求を持っているように物事について語るものである．

せる．こう考えることは，以下のような誤った推論を招くことになる．「人間が言語なしに信念を持つことは可能であるに違いない．なぜならば，犬は信念を持っているし，犬が話せないことは皆知っているのだから」と．

ここでの問題は，人間は追加的な能力を組み込まれた犬ではないということである．犬と人間は5億年以上前に共通の祖先から分かれた異なる2つの種である．さらに，人間は言語依存的種として独特の進化を遂げてきた．言い換えれば，われわれの生態（biology）は，われわれが言語を使用し始めたとき以来，顕著な適応を経てきているわけである．われわれの咽頭は話すために適応し，われわれの脳は言語的処理に適応している（つまり，言語使用者のコミュニティで発達する状況では，言語をより速く学習できる脳を持つ人の適応度は高くなる）．チンパンジーは言語なしで完全に機能的な認知システムを持っているので，彼らにとって手話を教えられるということはある種の認知的贈り物を受け取ることである．人間はそれとは異なる．われわれの認知的システムは，言語的資源を用いて作動するよう適応しており，それなしに完全に機能的となることはない．つまり，多くの人が概念的混乱に基づいてそのような主張を肯定するわけだから，動物が信念を持つかどうかという問題は単に用語上のものではないのである．

したがって，心理学的文主義に対するより強力な反論は，動物の観察から生じるものではなくて，人間の幼児の認知的パフォーマンスについての考察から生じるものである．ここでは，人間との同型論（anthromorphism）に陥る危険性は存在しない．この反論では，人間の幼児は明らかに言語の習得に先立ち，さまざまな認知的課題を遂行する能力を持っているとされる．幼児は目標志向的な活動に従事したり，行動を計画したり，道具を使用したり，運動する物体の軌道を予想したり等々のことができる．したがって，信念や欲求を含む実践的合理性の基本的機構が言語の習得以前に存在していなければならないと論じられるのである．この議論は，とりわけジェリー・フォーダーによって展開されたものだが，彼は思考が「メンタリーズ（mentalese）」の中で起こると主張している．これは，自然言語に先立つ生得的な「思考の言語」である．言語は，メンタリーズで生じたアイディアを表現する方法として発展するとされる[20]．

---

20) Fodor, *The Language of Thought*.

もちろん，幼児がある種の認知的機構を備えており，それによって目標指向的な課題ができるということに疑いを持つ人はいない．より具体的に言えば，幼児は，進化的に適応した生得的なメカニズムのセット全体を備えている．このメカニズムのそれぞれは特定の処理課題に特化している．キース・スタノヴィッチはこれらのメカニズムを「諸システムの自律的セット (TASS: The Autonomous Set of Systems)」と名づけている[21]．これによって，幼児は（そしてもちろん大人も），軌道の計算，顔の記憶，他者のジェンダーを見分けることといったような，さまざまな洗練された計算的課題を行うことができる．これらのシステムは非常に明確な特徴を持つ．すなわち，処理が非常に速く，計算論的な要求が少なく，無意識的でヒューリスティックを使用し，領域特定的 (domain-specific) で機能的に融通が利かない[22]．さらに，これらのメカニズムは典型的には，進化的適応の特質を持っている．われわれが示す能力のタイプは，進化的適応環境のもとで発生したであろう諸問題の解決のために非常によく調整されているように思われるからである．（たとえば，物の軌道を直観的に把握できるわれわれの能力は，空中では正しい予測を生み出すものの，水中では間違った予測を生み出す．）こうした理由から，ティモシー・ウィルソンはこのレベルでの処理を「適応的無意識」と呼んで[23]，より明確に言語依存的な志向的計画システム（あるいは，スタノヴィッチが「分析的システム」と呼んでいるもの）から区別している．後者は遅く，計算論的な要求が高く，ルール・ベースで，非常に柔軟であり，通常は意識的である[24]．

　問題は，言語が適応的無意識のレベルで「モジュール」であるかどうか，あるいはより一般的に言えば，そのレベルで提供される資源が自然言語で定

---

21) Keith Stanovich, *The Robot's Rebellion* (Chicago: University of Chicago Press, 2004).
22) あるいは，「機能的に専門化し，内容依存的，内容反応的，領域特定的，文脈反応的，特殊用途で，適応的に専門化している」．John Tooby and Leda Cosmides, "The Psychological Foundations of Culture," in Jerome Barkow, Leda Cosmides, and John Tooby, eds., *The Adapted Mind* (New York: Oxford University Press, 1992), p.93.
23) Timothy D. Wilson, *Stranger to Ourselves: Discovering the Adaptive Unconscious* (Cambridge, Mass.: Harvard University Press, 2002), pp.17-41.
24) Stanovich, *The Robot's Rebellion*, pp.35-36. 意識的 vs. 無意識的という問題については，Peter Carruthers, *Language, Thought and Consciousness: An Essay Philosophical Psychology* (Cambridge: Cambridge University Press, 1996) を見よ．

式化された表現の内容を説明するのに十分なものかどうかということである[25]．言い換えれば，問題は，メンタリーズ（あるいは，適応的無意識がその上で動くような計算「言語」やシステムであれば何でもいい）が自然言語のような統語論と意味論によって規制されているのかということである．子供が茶色い犬を見るとき，この経験が，子供に「犬」と「茶色」を指す言葉を含むようなメンタリーズでの思考を引き起こすとフォーダーは主張する[26]．したがって子供は，「茶色い犬がいる」という内容を持つ，自立したメンタリーズの信念を定式化しているかもしれない．この子供はその後，この思考をあれやこれやの自然言語に翻訳することを学習し，それを英語，中国語等々で表現できるようになる．

　ついでに言えば，この主張は，文法は適応的無意識のレベルにある生得的な構造であるというチョムスキー的仮説と混同されるべきではない．「言語本能」とか言語の「生得性」といったことについて語る場合には，この区別が曖昧になることがある[27]．フォーダーは，最大生得性の主張（maximal innateness claim）と考えられるもの——人々は言葉の意味と文法ルールの両方をビルトインされて生まれてくるという主張——を主張しているのである．この見解は，諸個人は生得的な文法ルールを持って生まれてくるが，意味のある言葉の語彙目録を（自然言語の）言語的環境から学んでゆくという，より穏健な見解とは区別されるべきである．最後に，諸個人は彼らの言語の統語論と意味論の両方を環境から学習すると考えるのだが，生得的な言語習得メカニズムを（適応的無意識のレベルで）持っているとし，このことが，言語学習の容易さと速さ，どんな人間言語の文法も尊重するような特徴的な構造的制約を説明すると考える最小主義的見解がある．

　もし上記の後二者の考え方うちのいずれかが正しいならば，意思決定理論の理論家たちが信念と欲求を，実践的熟慮や社会的インタラクションに先立

---

25) この問題の概観については，Peter Carruthers, "Modularity, Language, and the Flexibility of Thought," *Behavioral and Brain Sciences* 25 (2002): 657-719 を見よ．
26) Jerry Fodor, *Psychosemantics: The Problem of Meaning in the Philosophy of Mind* (Cambridge, Mass.: MIT Press, 1987), p.99. また，Jerry Fodor, *A Theory of Content and Other Essays* (Cambridge, Mass.: MIT Press, 1982), p.55.
27) たとえば, Steven Pinker, *The Language Instinct: How the Mind Creates Language* (New York: Morrow, 1994), pp.18-21.

って与えられると考えることは明らかに正当でないことになろう．基本的なホッブズ的説明戦略——まず個人の心理学を特徴づけ，それからその説明を社会的インタラクションをカバーするものに一般化するという戦略——は，「最大」生得性の主張が正しいことに依存している．もちろんホッブズはこのような主張が正しいと考えていた．彼は信念を心象として取り扱い，したがって個人の意識とは独立した状態とみなしていた（われわれの世界に関する知覚が，意識とは独立した状態であるのと同様な仕方で）のだから．この見解によれば，他に人間が存在したことがなかったとしても，われわれは目の前の木を見ることができるだろうというのとまったく同じ理由によって，われわれは，他に人間が存在したことがなかったとしても，自分たちの目の前に木が存在するという信念を持つことができるだろうということになる．

　信念が画像のようなものではなく，文的な形態を持たなければならないというという示唆は，この独立性を覆す恐れがある．言語が（あるいは意味論的内容だけでもよい），社会的インタラクションを通して学習されるものであり，信念が言語的に定式化されるものならば，信念は実践的合理性の理論における説明の原初的要素とはなりえない．信念の本質の説明は，社会的インタラクションに関する説明から派生しなければならなくなるだろう．したがって，フォーダーの説明はホッブズ的説明戦略を救い出そうとしているわけである．信念は言語的なものであるにもかかわらず，それでも純粋に個人主義的な仕方で説明されうると示唆しているからである．信念は，社会的インタラクションを通して学習される言語で定式化されるのではなく，生得的なメンタリーズで定式化される．事実，社会的インタラクションを通して言語が学習されることは，その背景でメンタリーズを把握しているという事情によってのみ説明がつくとフォーダーは考える．したがって，われわれは信念を表現する手段や機会を持っていなかったとしても，目の前に木が存在するというメンタリーズの信念を持ちうるだろう．

　そうすると問題は，このメンタリーズという概念がもっともらしいかどうかということになる．残念ながら，言語の生得性に関する論争のほとんどが，この点に関しては混乱している．たとえば，スティーブン・ピンカーは「言語」は生得的であると言っているにもかかわらず，実際には，自然言語の統語論の根底に存在する，ある構造が生得的であることを示す証拠を並べ立てているだけである[28]．メンタリーズの概念は，自然言語の根底に生得的な統

語論が存在するという主張だけではなく，生得的な意味論が存在するという主張をも含むものである．この主張を信じるべき経験的理由は存在しない．したがってこの主張は，その科学的功績よりもむしろ哲学的な真価によって評価される必要があるのである．ここで重要な哲学的問題は，このタイプの純粋に個人主義的な言語が内容を持つことができ，それがわれわれの信念と欲求の志向性を説明しうると考えることが一貫性を持ちうるのかどうかということである．ここに，それは不可能であるとする大きな影響力をもつ議論——後期ルートヴィヒ・ヴィトゲンシュタインの仕事を嚆矢とする——が存在する．これはもちろん有名な「私的言語論」のことである[29]．それ以後の世代の哲学者たちには，この議論を自分が意味したいと思っていることを意味していると解釈する傾向があるのだが，それにもかかわらず，フォーダーの仮説に対するより強力な反論は，すべてこの基本的な思想の流れの変奏曲にすぎないことがわかるだろう．

4.3　私的言語論

　ここで信念と欲求に対して関心を寄せるのは，それらが実践的推論（practical reasoning）において中心的役割を果たすことによるものである．推論（reasoning）の重要な特徴の1つは，まさにその本性によって，それが正しくなされたり，誤ってなされたりしうるようなものであるということである．そのことこそが，たまたま到達したにすぎない結論から合理的な結論を区別するものである．理性（reason）は本質的に規範的な概念である．この規範性は，与えられた推論の列に入り込むすべての要素によって共有されている．推論（reasoning）は，妥当か非妥当かのどちらかになりうる〔狭義の〕推論（inference）を含んでいる．これらの〔狭義の〕推論は信念に作用するが，信念は事態を表現しようとしており，真または偽でありうる．これらの信念はさらに概念から形成されるものであるが，概念はある対象や性質

28）　Pinker, *The Language Instinct*, pp.148–49. また，Michael Tomasello, "Language is Not an Instinct," *Cognitive Development*, 10 (1995):135–36を見よ．
29）　これは一般に，彼の *Philosophical Investigations*, trans. G.E.M. Anscombe (Oxford: Blackwell, 1953) の244–71節で行われているものと考えられている．しかし，これさえも論争の的である．

を指示しようとしており,それに成功するか失敗するかのどちらかである.したがって意味値(semantic value)には3つの階層が存在する.指示,真理,そして妥当性である.これらは部分文的(subsentential),文的(sentential),文間的(intersentential)作用を評価する際に用いる規範的基準を明示化するものである[30].概念を理解することは,たとえば,「犬」という言葉を犬に対して,そして犬に対してのみ適用するように,それを正しく適用することを意味している.文を理解することは,それを正しく用いることを意味している.たとえば,雨が降り出しそうなときにのみ,「雨が降り出しそうだ」と言うという具合である.〔狭義の〕推論を理解することは,正しい前提から正しい結論を引き出すことを意味している.たとえば,誰かが「散歩に出かける」と言うときに,彼が出かけようとしているということを結論づけるように.

ここで重要なことは,規範性のこれら3つの形態すべてが相互依存的なことである.したがって,理性の「規範性」はわれわれが信念から引き出す結論だけを含むものではなく,われわれが使用する概念のレベルにまで拡張される.単語の意味を理解することは,それを正しく使用する仕方を理解することを意味している.したがって,言語とその意味を理解しようとするならば,われわれはこの規範性の説明を与える必要がある.フォーダーのメンタリーズの説明,そして言語のコミュニケーション的把握が困難に陥るのはこの点においてである[31].ヴィトゲンシュタインの私的言語論の要点はまさに,規範性を個人と世界の間の純粋に私的な関係として説明することができないということにある.このことから,適応的無意識がそれだけで名辞(terms)に意味論的内容を付与する資源を持っていないことが帰結する[32].なぜならば,名辞の正しい使用を誤った使用から区別するための資源をどんな個人も

---

30) 分析をこのように構造化することは Robert Brandom, *Making It Explicit* (Cambridge, Mass.: Harvard University Press, 1994) に負っている.
31) Tim Thornton, *John McDowell* (Montreal: McGill-Queen's University Press, 2004), p.60. もちろん「思考の言語」仮説の支持者たちもこのことを意識している.この理論の主要な魅力は,それがより複雑な記号の意味論的内容を,組み合わせ的統語論とより基本的な原子的記号の集合の意味値を通して説明できるということにあった.原子的記号がどのようにその意味を獲得するかという問題は,通常,約束手形か未解決の問題という状態に追いやられている.
32) Crispin Wright, *Realism, Meaning and Truth*, 2nd ed. (Oxford: Blackwell, 1993), pp. 23-29.

自分だけでは持っていないからである．

ヴィトゲンシュタインは自らの探求を，ルールに従うとは何を意味するのかということの中に枠組みづけている．彼は，純粋に私的にルールに従うということが一貫性を持たないことを論証する．人がルールに従っているというためには，その人がルールに従っていると思っていることと，実際にルールに従っていることとが違わなければならない．しかし，個人は自分だけではこの区別をすることが不可能である．ヴィトゲンシュタインが言うように，もし「私に正しく見えることがすべて正しい」ならば，「このことは，われわれはここで『正しい』について語ることができないことを意味しているだけである」[33]．

この議論を少し噛み砕いて，次のようなシナリオを考えてみよう[34]．ある男が難破し無人島に漂着したとしよう．彼はこの島に何日間滞在しているのかを記録しようと決心し，毎朝起きたときに木に刻みを入れることにした．しかし彼は遅くなってから，自分がその日の分の刻みを入れたかどうかを明確に思い出せないことがしばしばあることに気づく．そこで彼は，自分が忘れていないことを確かめるためのチェックを可能にするような第2のメカニズムを実行しようと決心する．その日のチェックを行ったことを示すために，彼は甕の中に小石を置くことを決定するかもしれない．しかしこれも同じ問題を生じさせるから，明らかにこれはうまくいかない．当日遅くなって，彼は刻みを入れたかどうか，小石を追加したかどうかを思い出せないことに気づくかもしれないからである[35]．計画で毎日小石を置くことになっていたか，2日に1回置くことになっていたかも思い出せなくなるかもしれない[36]．

難破船の生存者が自分の行為をルールによって規制することができないと

---

33) Wittgenstein, *Philosophical Investigations* (Oxford: Blackwell, 1958), p. 92e (sec.258). この論点は John McDowell, "Wittgenstein on Following a Rule," *Synthese* 58 (1984): 325–64 によって強調されている．
34) 「噛み砕く」はちょとした控え目な表現である．私的言語論は膨大な2次文献を生み出してきたし，その中にはヴィトゲンシュタインの主張の正しい解釈に関する真剣な論争もある．私はここで，ある解釈を他の解釈に対して擁護しようとしているのではない．私はこの議論において，志向的状態に対する理解の仕方で，多くの哲学者たちを伝統的な「個人主義的」説明順序に幻滅させるに至った思考の系列を拾い出そうとしているにすぎない．
35) これが，ヴィトゲンシュタインの *Philosophical Investigations*, p.94e (sec. 265) の要点である．

いうことの意味はここにある．それは単に，彼がルールに従って行っていると考えていることが何であれ，単にそれをするだけということと，彼がルールに従っていると考えることとの間に違いがないからである．最初のルールに対するチェックとして作用する第2のルールを考え出すことは，ヴィトゲンシュタインの別のアナロジーを用いるならば，朝刊の見出しを信じられないと思った人が外に出て，同じ新聞をもう1部買うようなものである．過ぎた日数を記録するという実践がルールの性格を獲得するようになるのは，2人以上の人がそれを行い，互いにチェックすることができるときだけである．(したがって生存者が日数を記録するという実践に対して，ルールのような性格を付与することができるのは，救出の可能性だけだということになる．)ルールは諸個人が自分たち同士の間で行動をコーディネートする方法である．つまり，誤りという規範的概念を意味あるものにするのは，まさにこの個人間（interpersonal）の次元なのである．

　この議論が私的言語のケースにどのように適用されうるかは，容易に理解できるだろう．「思考の言語」が存在するかもしれないというアイディアが伝統的に困難に陥ってきたのは，ある人の心の中にある概念とそれが指し示す世界の中の実際の対象との間に存在する指示関係を特徴づけようとするときである．単なる因果的関連（あるいは「法則的共変動［nomic covariance］」）は，間違いの可能性を説明できないので十分ではない[37]．犬に反応して子供が「犬」を考えることは可能だが，このことはオオカミやコヨーテが原因となって引き起こされるかもしれないし，下に置かれた洗濯物の可能性もある．しかしそれにもかかわらず，「犬」という言葉は犬だけを指示している[38]．私的な感覚もまた十分ではない．たとえば，われわれが網膜照射の犬らしきパターンのような内的感覚に対して名前を適用していると考えるならば，われわれはどのようにしてそれを正しく行っていると知ることが

---

36) このようなルールの「逸脱的」解釈の可能性が，*Wittgenstein on Rules and Private Language: An Elementary Exposition* (Cambridge, Mass.: Harvard University Press, 1982) におけるソール・クリプキの関心である．

37) Jerry Fodor, *Psychosemantics*, p. 101.

38) もっと困難な問題が，選言的性質を指示する名辞と，1つの性質を指示しているが，他のものによって引き起こされていると間違って受け取られうるような名辞とを区別することで生じる．Fodor, *A Theory of Content and Other Essays*, pp. 59–60 を見よ．これには，多くの解決策が提案されてきたが，どれもコンセンサスを得ているとはいえない．

できるだろうか．ある人が別の犬を見るときに，どのようにしてその人はこの感覚が前の感覚と同じタイプのものであると知ることができるだろうか．言い換えれば，単語を規則的に使用しているか，不規則に使用しているかを，われわれはどのようにして知ることができるだろう．

もし私的言語論が正しいならば，その答えは，他の人々がわれわれを理解できるかどうかに依存しなければならない．個人は自分だけで，自分が言うこと（あるいは考えること）が意味をなすかどうかを決定する能力を持たない．言語は，人々がそれを用いて互いに理解しあい，「生活形式における一致」をもたらすときに意味をなす[39]．もちろんひとたび言語を学習し，会話的やりとりの道具を内面化したならば，個人でも主張や議論の正しさをテストするためにバーチャル化した議論を行うことができる．したがって私的言語論は，個人が孤立した状態で言語を保持することができないということを意味しているのではないし，人々が無人島に難破した瞬間から意味のないことを言うということを意味しているのでもない．それは単に，社会的インタラクションに先立って言語を完全に備えている個人というアイディアが一貫性を持たないということを示しているだけである．言語を規制するようなタイプのルール遵守は個人の行為に対する外的チェックなしには不可能なのだから[40]．正すことを可能にするのはこのことであり，それはさらに言語表現が誤った表現となることを可能にするものである．

私的言語論は，志向的状態を説明することに関して，（社会的実践としての）言語が意識よりも高い優先順位を持つことを示唆している．人間の幼児はあらゆる種類の認知能力と行動性向を持っている．私的言語論が示しているのは，この生得的な心理的機構が言語能力の発達に必要なビルディング・ブロックのほとんどを提供しているにもかかわらず，それが信念や欲求のような内容を持つ心的状態の説明に必要とされる資源のすべてを提供してくれないということである．幼児はすべての動物同様，相互作用する環境を持っている．彼らはこの環境のさまざまな状態を区別し，さまざまな仕方で振る舞うことを可能にする非常に豊富な知覚運動システム（perceptual-motor

---

[39] Wittgenstein, *Philosophical Investigations*, p. 88e (sec. 241).
[40] ゆえに，A. J. Ayer, "Can There Be a Private Language?" *Supplementary Proceedings of the Aristotelian Society* 28 (1954): 63-76 によると，「ロビンソン・クルーソーのような子供」は言語を発明することができない．

system）を持っている．間違っているのは，これらの働きを志向的枠組みの部分をなす構造を前提とした枠組みで記述しようとすることにある．たとえば色覚の重要性が，それによって犬や他の色覚を欠く生き物が形成できないような信念（たとえば「これらは赤唐辛子である」とか「これらはピーマンである」というような信念）を幼児が形成することを可能にしていることにあると考えるのは間違いであろう．色覚の重要性は，それによって環境のある特徴と共変動するような仕方で，幼児が差異的に反応（react differentially）することを可能にすることにある（たとえば，ピーマンだけを食べ，赤唐辛子を食べないというように）[41]．したがって，認知について語るときには感覚性（sentience）と知恵（sapience）を区別することが有用である．ここでいう知恵は志向的状態を含んでおり，したがって言語依存的な諸動作を指示している[42]．

　この分析は，十全に展開された合理的行為の理論が非常に複雑なものになることを示唆している．志向的状態を所与のものとすることができないからである．われわれは，志向的状態を前提としないような原行為の理論（proto-action theory）から出発する必要があるだろう．この時点で，人間行動の理論（a theory of human behavior）——おこない（conduct）を志向的状態によって説明しない——と，行為理論（a theory of action）——おこないを志向的状態で説明する——との用語上の区別を導入することが有用かもしれない．したがって，行為理論は行動理論から始まる必要があるだろう．行動理論は，広範囲の認知能力を人間主体に帰属させることができても，言語や合理性に依存する認知能力は人間主体に帰属させることができない．そこからわれわれは，そのような行動的枠組みの内部でどのようにして言語が発生しえたのかを説明し，さらに言語使用の実践がどのようにして志向的状態を発生させたのかを説明する必要があるだろう．このようにして初めて，第3章で素描されたようなタイプの，合理的行為の理論の基礎が与えられることになろう．

---

41) このことはロバート・ブランダムが「差異的反応性向」と呼ぶものを形成することを可能にする．*Making It Explicit*, pp. 88-89. 彼はウィルフリッド・セラーズに従って，「反応的」分類と「概念的」分類とを区別する．これは行動と意図的行為という行為理論的区別に類推的である．
42) Brandom, *Making It Explicit*, p. 5.

この長々しい企ての利益は，それが実践的合理性の理論が持つべき構造をさらに踏み込んで決定することに役立つ点にある．合理的行為の標準的な道具的理論が，ルール遵守を包摂し，社会秩序を説明することに困難を見いだしてきたことは決して偶然ではない．これまで見てきたように，古典的な道具主義的理論の背後にあるような志向的状態の標準的な心象主義的理論もまた，ルール遵守の説明を提供することができない．心理学的なミクロ的基礎からマクロ社会学的モデルに至るまで，そのパラダイム全体が規範性を盲点としているのである[43]．これから見ていくように，解決策は，行為理論の基礎的部分において，主体の志向的状態の特徴づけの中に規範性とルール遵守を直接的に組み込むことである．そうすれば，理論の上層階において，なぜ規範性とルール遵守がそのように展開していくのかを見通すことがずっと容易になるだろう．

4.4　規範性の諸源泉

　言語を理解するためには，行動理論に立脚した規範性の説明が必要である．言い換えるならば，志向性を前提としない仕方で，どのようにしてある行為が正しい（right）とか，他の行動が悪い（wrong）というように（あるいは正しい [correct] とか，誤り [incorrect] というように）なるのかを説明する必要がある．もちろん，そのような説明は最初のうちは，主体がどのようにしてある行為が正しいとか悪いとか言う，あるいは信じることができるのかを説明しない．おこない（conduct）の中で，主体が正しいとか悪いものとして扱うとはどういうことなのかを説明するだけである．これは，ロバート・ブランダムが「実践に内包された規範（norms implicit in practice）」と呼ぶものの説明となろう[44]．

　ブランダムがこの問題を設定する仕方は教訓的である．彼の社会規範に関する議論の構造は，彼が成功していないと考えている2つの説明戦略を回避する試みによって規定されている．この2つの説明戦略のうち，最初のものは規範をルールの明示的定式化と同一視するもので，彼はこれを規則主義

---

43)　Thornton, *John McDowell*, p. 29 を見よ．
44)　Brandom, *Making It Explicit*, pp.18–30.

(regulism) と名づけている．この見解によれば，社会規範はビーチにある「水泳禁止」の標識とのアナロジーで理解されるべきということになる．行為の規範的評価が可能なのは，われわれが特定の行為を取り上げ，どのように行為が遂行されるべきかを特定化するルールとその行為を比較し，行為が正しく（correctly）行われたか，誤って（incorrectly）行われたかを決定できることによる．ブランダムによれば，この見解が失敗しているのは，これに関連する規範性の種類が従属的なものであるか，派生したものにすぎないからである．「明示的なルールによって規制されるパフォーマンスの性質は，規範的地位の自律的な階層，すなわち他のものが存在していなくても存在しうるような階層を形成していない」[45]．この場合，ルールの規範性は，ルールを表現する志向的状態の規範性から導かれたものにすぎないのである．これは明らかにわれわれが求めているものとは異なる．必要とされているのは，ブランダムが言うように，「規範のプラグマティックな概念化——ルールや原理に明示的に定式化されることに先行し，それの前提となるような，パフォーマンスの実践に内包された原初的正しさ（primitive correctness）の概念」なのである[46]．

こうした洞察は，明示的ないし概念的定式化を通してルールを説明しようとするいかなる試みも論点先取りとなることを思い起こさせるものである．しかし，これを思い起こすことは有益であるものの，そのことが含意する反知性主義が行きすぎてしまい，われわれのルールに対する態度を完全に無視する仕方でルールが特定できると考えてしまう可能性がある．そのようなアプローチの1つは，おこない（conduct）における単なる規則性と社会規範とを同一視することであろう．これは，ブランダムが規則性主義（regularism）と呼ぶ，第2のタイプの説明戦略の中核をなすアイディアである．

ブランダムによれば，規則性主義の問題点は，何がなされているかと何がなされるべきかの区別を見失ってしまうことにある．言い換えれば，それは社会規範の固有の規範的次元を見落としてしまうのである．この困難の1つの兆候は恣意的区割り（gerrymandering）であり，それは規則性主義に対する決定的な反論となっている．どのような有限の行動の束に対しても，そ

---

45) Brandom, *Making It Explicit*, p. 20.
46) Brandom, *Making It Explicit*, p. 21.

の行動が例をなすような恣意的なルールをいくらでも考えることが可能である．その結果，ルールから逸脱しているように見える形のルールを提示されたときに，その行動が整合的となるような他のルールを創り出すことが常に可能となる．

　規則性主義の過ちは，規範はわれわれがそれを明示的に定式化することの中に本質を持つのではないという理由だけで，われわれの態度が完全に規範の説明から消去されるべきだと考える点にある．こうして規則性主義は，主体が自分が何をしていると考えているのかという問題を完全に無視し，単に行動上の規則性を見ることだけで，規範の存在を識別しようという望みを持つのである．究極的には，このことが恣意的区割り問題を生み出す要因となる．主体が自分が何をしていると考えているのかに注意を払うことなしには，データに「適合する」ルールが多くなりすぎるだけである．さらに，すべてがあるルールの例となってしまう．こうして，正しいパフォーマンスと正しくないパフォーマンスの間の区別は崩壊する．ブランダムによれば，

　　不適宜性（impropriety）を不規則性と同一視する単純な規則性主義がしっかりするためには，提示されたすべての規則性の中からあるものを選択するための，何らかの仕方で特権化された方法によって補足されなければならない．このように言うことは，ある規則性が遵守されるべき規則性として選択されなければならず，あるパターンが継続されるべきパターンとして選択されなければならないということを意味している．単純な規則性主義的見解は，こうしたことがどのように行われるかに関して，何らの示唆も提供せず，したがって，何がなされるかと何がなされるべきかの規範的区別をどのように理解したらよいかという問題を解決せずに，単に先延ばししているだけである[47]．

したがって要領は，「あることを正しいと考えること」の例として適切に理解することができる——したがって，正しい種類の規範的態度を表現する——が，それ自身は，あれやこれやが正しいというアイディアの明示的な定式化ではないし，そのような定式化を前提としないような形態の行動を探す

---

[47] Brandom, *Making It Explicit*, p. 28.

ことにある．実践に内包された規範を探すためには，まず，実践に内包された行動の規範的評価（assessment）を探さなければならないのである．

規範的評価を表明するような行動としてもっとも自明な候補は，サンクシ・ョンである．われわれは，正しい行為に対して肯定的なサンクションで反応し，正しくない行為に対して否定的なサンクションで反応する．標準的な社会学的意味では，肯定的なサンクションは作用された主体を肯定的に満足させるものとして，したがってその行動を強化するもの——報酬——として理解することができる．否定的サンクションは，満足という点では否定的な意義を持つものであり，主体がその行動を繰り返さないように促すもの——懲罰——である．（言うまでもないことだが，サンクションはこのような強化とか抑制といった効果をもたらす意図をもってなされる必要はない．）論点先取り的に志向的状態を前提とすることなく，そのようなサンクション・システムが実行できると想像することは容易である．

このようなサンクションの概念化から社会規範の説明を創出しようとする，もっとも直接的な方法は，単純に，サンクションされたおこない（conduct）の規則性として規範を定義することだろう．ブランダムはこの種の理論をジョン・ホーグランドに帰属させている[48]．このような考え方によれば，主体が特定のパターンに従うのは，そのパターンが肯定的にサンクションされるからか，そのパターンからのどのような逸脱も否定的にサンクションされるからか，あるいはその両方の理由による．こうして，主体の行動は暗黙的に規範的評価に制約される——行為はそれが肯定的サンクションで返されるときに暗黙的に正しいものとみなされ，それが否定的サンクションで返されるときに暗黙的に正しくないものとみなされる．こうしたサンクションが特定パターンを特権化し，それを単なる規則性のレベル以上に高めるのである．

この説明が魅力的なのは，問題となっているサンクションが他の規範的概念を前提とせずに理解することができ，暗黙的な規範的評価の1つのタイプとみなすことができるからである．しかし，ブランダムはこの説明は不適切だとしている．彼の中心的関心に照らすならば，この説明はまだ規則性主義

---

48) Brandom, *Making It Explicit*, p. 34. ここで議論されているテキストは，John Haugeland, "Heidegger on Being a Person," *Nous* 16 (1982): 15–26 である．

的な理論の1タイプであって,「単に恣意的区割り問題を先延ばしにする」ものにすぎない.サンクションの導入は,行動という基礎レベルで特権化されたパターンを選択することを可能にする.しかし,サンクションすることそれ自体がもう1つ別の行動パターンにすぎず,多数の恣意的行動を「実効化する」ものとして理解できるからである.「実際のおこないによって証明されるようなパフォーマンスの確定的(the)規則性というようなものが存在しないのとまったく同様に……反応に対する反応の一定の集合,さらに言えば反応に対して反応する性向によって強化されている確定的(the)規則性というようなものは存在しない.ある特定の規則性を同様の資格を持つ規則性以上のものとして,どのように特権化するのかという恣意的区割りの問題は,強化する側の規則性のレベルで再び発生する」[49].

この問題を提示する方法の1つは,単純なサンクション的見解において,サンクションを行っている人が「適切な仕事」をしているかどうかを見分ける方法がないということを指摘することである.サンクションをする人の行為は単なる行動パターンであるが,この行動パターンが常にあるルールの例として理解されうるものとなってしまっている.こうして,「何がなされるべきか」と「何がなされているか」の間の区別が,この高階のレベルにおいて姿を隠している.

この問題を解決する1つの方法は,サンクションのもう1つのレベルを追加することである.すなわちサンクションする行動を,それ自身がさらなるサンクションに服するものとして取り扱うことである.このことは,「評価すること,サンクションすることはそれ自身が正しく,あるいは正しくなく行われうる何かである」ことを認めることを意味する[50].しかしながら,この戦略は恣意的区割りの問題を少し先延ばしし,究極的には後退を生成するにすぎないように思われる.どれだけ多くのサンクションのレベルを導入しても,常に最上階のパターンには恣意性が残ることになろう.したがってブランダムによれば,「性向による規則性を現実に強化することだけが,この後退を理解する際に利用可能なもののすべてならば,反応の規則性に対する反応の規則性というこの階層性によって制度化されるものは真に規範的なも

---

49) Brandom, *Making It Explicit*, p. 36.
50) Brandom, *Making It Explicit*, p. 36.

のとみなすべきではないと，まだ主張することが可能かもしれない」[51]．（つ
いでに言えば，この説明は，単に共同体的評価の規則性に目を向けることだ
けで応急処置を施されうるようなものではない[52]．ブランダムの観察によれ
ば，評価に1人の人が関わろうが，集団がかかわろうが，恣意的区割り問題
は生き残るのである．）[53]

　ブランダムは最終的に，こうした困難に対するはっきりした解決策の提供
を断念してしまい，その代わりに，規範的地位の構成 (the constitution of
normative statuses) は「端から端までを貫く規範 (norms all the way
down)」かもしれないと論じている[54]．こうして彼は，「非規範的に特定化
できるような性向」によって規範的地位を説明する方法はないかもしれない
と主張する[55]．（彼には，この明白な困難が彼のプロジェクトにとってダメ
ージとならないと考える理由がある）[56]．しかし彼は，この後退問題を解決
する見込みのある1つの戦略を見すごしている．この後退を消去する最善の
方法は，高階のサンクションの最初の反復の後に環を閉じることである．1
人の人が行為したとしてみよう．この行為が規範同調的であるというために
は，われわれは最初の人をサンクションする第2の人を導入しなければなら
ない．そして，このサンクションが規範同調的であるというためには，われ
われは第2の人をサンクションする第3の人を導入しなければならない，
等々．そうとも思える．しかし，われわれは第3の人を導入する必要がある
だろうか．第2の人をサンクションする第3の人を導入するのでなく，単に
第1の人が第2の人をサンクションすると取り決めることができるかもしれ
ない．第2の主体は，「行動の期待」と呼びうるようなものを持っている

---

51) Brandom, *Making It Explicit*, p. 36. ブランダムはここで奇妙に態度を明確にしないような言い回し，「まだ主張することが可能かもしれない (might still be claimed)」を用いている．このことの意味ははっきりしない．
52) これはクリプキによって，*Wittgenstein on Rules and Private Language* の中で展開された見解である．
53) Brandom, *Making It Explicit*, pp. 37-39.
54) Brandom, *Making It Explicit*, pp. 44.
55) Brandom, *Making It Explicit*, pp. 44. 同様の議論に関しては，Mark Norris Lance and John O'Leary-Hawthorne, *The Grammar of Meaning: Normativity and Semantic Discourse* (Cambridge: Cambridge University Press, 1997), pp. 224-27 を見よ．
56) この点は，Joseph Heath, "Brandom et les sources de la normativité," *Philosophiques* 28 (2001): 27-46 においてさらに検討されている．

——彼女は，第1の人がある仕方で行動すると期待している．もし，第1の人がこれらの期待を予期するならば，彼は「認知の期待」と呼びうるものを発展させるかもしれない——すなわち，彼は彼女に対して，彼の行為に対して正しく反応すること，そうすることが適切なときだけ彼を罰し，彼がそうする権利を持つときには彼に報いることを期待するのである[57]．どちらの期待であれ，それが裏切られたときにはいつでも，サンクションが課される．こうして，第1の人の行為が第2の人のサンクションに服するのとまったく同様に，第2の人のサンクション努力は第1の人のサンクションに服することになる．

　もちろん，こうした互恵的なサンクションと期待の構造は，それに固有の形の後退を生み出してしまう．第2の人がサンクションする努力を第1の人がサンクションする仕方もまた，第2の人によってサンクションされなければならない．しかし，この後退はこうした期待とサンクションがすべて行動の単一のパターンに収束している場合——全員が特定の行動パターンを実効化しており，この行動パターンに関して，サンクションの逸脱したパターンをもサンクションしているとき——には明らかに無害である．そしてこれらはまさに，われわれが実践に内包された規範が存在していると言いたくなるようなケースである．第2の人が第1の人がxをすることを期待し，第1の人は自分がxをすると第2の人から期待されていることを期待しており，第2の人は，第1の人がxをすると，自分が期待していることを，第1の人が期待していると期待している，等々が成立し，かつこれらすべての期待がサンクションによって支持されているとき，唯一xという行為だけがこれらすべての期待を満たしうる．したがってxが正しい行為である．このように，後退は悪性のものとは到底いえず，ゲーム理論において均衡を維持する相互に強化しあう期待の組に非常に近いものを生成しているのである．

　この結果，サンクションすることが互恵的であるときには，2人の主体はそれぞれに相手の行為に対して規範性を付与するような仕方で行為することができ，このことが波及的に彼ら自身の行為に対しても規範性をもたらすのである．このインタラクションには「単なる行動」と見なされるものは何も

---

57) この用語と，この分析の背後にある一般的アイディアはJürgen Habermas, *The Theory of Communicative Action* (Boston: Beacon Press, 1987), 2:19 からのものである．

残されていない．とりわけ，全員が全員の行為の規範的評価に従事しているので，全員が自分自身の行為に対してそのような評価を採用する以外にない（少なくとも暗黙的には）．こうして，「原初的規範性（original normativity）」が，全員が他の全員をサンクションし，サンクションする行為自身がサンクションされうる行為であるような共同体の実践に内在していると示唆することはもっともらしく思われる．さらに，この説明が，言語使用以前の原人の及ばない認知能力を前提していると考える理由はどこにもない．サンクションする行動は，一組の反応性向（responsive disposition）として記述可能である——それはいかなる点においても，相手が何をしたのかとか，しようとしているのかに関して内容のある表象を含んでいる必要はないのである．

4.5　記号論の凋落

　実践に内包された規範に関する以上の説明は，言語と志向性の説明からはまだ非常に遠いところにあると思えるかもしれない．しかし，その距離は一見したところほど大きくない．その理由を理解するためには，このパズルに必要なピースがもう1つだけ残っている．20世紀には，言語理解の主要なアプローチの方法に巨大な概念的革命がもたらされたのであった．過去には，意味の一義的な担い手は個々の記号であると広く思われてきた．したがって言語哲学における主要な説明戦略は，語がいかにして意味を獲得したのかを説明することとされた．ひとたびこの説明がなされたならば，これらの語の結合の仕方を見ることによって，文や論証のような，意味論的に重要な他のあらゆる単位の意味を導出することができると考えられたのである．このアプローチは広く記号論ということができる．記号とその指示関係を意味の理論の説明上の原基とみなしているからである．しかし問題は，個々の語がどのようにして，それが出現する文から独立に意味を獲得できるのかに関して納得できる説明を誰も提供できなかったことである．カントの『純粋理性批判』によって切り拓かれた劇的な概念上の革命は，語と概念は適切な説明上の原基ではないかもしれないという示唆によって始められた．文全体（すなわち判断）が意味の一義的な担い手であり，語の意味は，それが出現する文の意味に対して行う貢献から派生しているかもしれないというのである．こ

のアイディアは後にゴットロープ・フレーゲの「文脈原理」という形で体系化されたが、これによれば「語が意味を持つのは、文の文脈においてのみである」とされる[58]。

　言語学習が言語表現を使用するルールの学習であることは明らかであるように思われる．ここでいう表現を語であると考えるなら，前節で展開したような，ルールに規制された行為の説明はあまり役に立たないように思えるかもしれない．しかし，意味の理論の展開の出発点が，語がどのように意味を獲得するかという問題ではなくて，いかにして文全体が意味を獲得するのかという問題であるとするならば，見通しは劇的に変わることになるだろう．結局のところ文こそが，われわれが言語で何かをする——主張したり，命令したり，質問したりする——ために用いる基本的単位なのである．社会的実践がどのようにして，このような表現使用に対するルールを提供しうるのか（したがって，これらの社会的実践に内包された規範がどのようにして，こうした表現に意味を付与しうるのか）を理解することは難しくない．こうして，文を意味論的重要性を持つ主要な単位とみなされる理由が説明できれば，それは，これまで明示化してきたような規範の行動的説明と，われわれが展開する必要がある言語的意味の説明の間にあるギャップを埋めるうえで大きな役割を果たすことになるだろう．

　自然言語に関して広く受け入れられている単一の「意味の理論」こそないものの，成功する理論が持たなければならない性格の多くに関しては広範な合意が存在する．このうちの第1のものは，合成性（compositionality）である[59]．人々が日常生活で出会う文の大多数は，彼らが以前に聞いたことがないようなものである．したがって人々の言語理解が，単にすべての文のリストの記憶と，それらの文が環境のどの要素とともに共変動したかの記憶から構成されていると考えることは不可能である．そのようなリストは無限に長いものとならざるをえないからである．さらに，自然言語の文法は明らかに，より複雑でない要素からより複雑な文を構築するルールの集合を提供しているから，われわれの言語理解がさまざまな部分文的（subsentential）要

---

58) Dummett, *Frege: Philosophy of Language*, p. 6.
59) Donald Davidson, "Theories of Meaning and Learnable Languages," in *Inquiries into Truth and Interpretation* (Oxford: Clarendon, 1984), pp. 3-16.

素の意味の把握と，より複雑な構築物を生成するためにこれらの要素に適用される組み合わせルールの習得からなると考えるのが自然である．粗雑な言い方をすれば，これは，われわれが文を理解するのは語の意味を知っており，かつそれらが結合されるルールを把握しているからだという考え方である．このことは，外国語を学習したことのある人であれば誰にとっても身近に思えるだろう．外国語の学習には，文法ルールを学ぶことと単語を覚えることというの2つの主要な要素があるからである．

　このような理由から，言語の合成的構造は，意味と思考の理解に対する「ボトム・アップ」のアプローチを奨励してきた．「このテーブルは茶色である」というような簡単な平叙文には，2つの重要な要素が含まれている——特定の対象に対する指示と，その対象に対してある性質を帰属させることである．このことが，古典的な「アリストテレス的」分析——思考の普遍（the universal）と個別（the particular）という2つの要素への分析——を生み出した事情である．この枠組みの中では，知識と思考を理解する秘訣は，まず最初に普遍と個別の本性を説明することである[60]．それがなされれば，これら2つのタイプの概念がどのようにして結合され，完全な判断を形成するようになるのを特定できるようになるはずである．これは範疇論（theory of categories）に割り当てられた課題である．最後に，完全な判断が形成されたならば，これらの判断がどのように結びつけられて推論の連鎖を形成するのかを説明するために，三段論法の理論を導入することができる．このように，古典的な説明体系に従えば，普遍と個別が説明上の原基となり，それらは2段階の「論理的」変換に服することになる．それらはまず判断を生成するための範疇のもとに包含され，さらに推論を生成するために三段論法に組み込まれるのである．

　この由緒ある構成方法の問題点は，普遍がその内容をどこから得るのかを誰も満足な仕方で説明できなかったことにある[61]．個別はしばしば具体的対

---

60) この議論については Pascal Engel, *The Norm of Truth: Introduction to the Philosophy of Logic*, trans. Miriam Kochan and Pascal Engel (Toronto: University of Toronto Press, 1991) を見よ．
61) これは「普遍の問題」の1つの側面である．Gyula Klima, "The Medieval Problem of Universals," in Edward N. Zalta, ed., *Stanford Encyclopedia of Philosophy* (2004), http://plato.stanford.edu/entries/universals-medieval/ を見よ．

象を指示しているので，少なくとも原理的にはいくらか理解しやすいように思える．「このテーブル（the table）」は，それが指示するテーブルから何らかの仕方でその内容を得るだろうと想像することは難しくない．しかし，普遍が同じ仕方でどのようにして分析できるかを理解することは難しい．「茶色の（brown）」は「このテーブル」と同じ仕方である対象を指示しているのではない．こうした理由からプラトンは，もし個別が物的対象との何らかの関係を通してその内容を得るのであれば，普遍はある抽象的対象に対する関係からその内容を得るのでなければならないと推論した．ここから，物理的領域と並行して「知性的な（intelligible）」領域が存在しなければならないという彼の悪名高い主張が出てくるのである．存在論的により倹約的な哲学者たちは　普遍がその内容を個別の特徴――たとえば，それらすべてが共有する性質のようなもの――から得ることを示そうと試みた．「唯名論」的伝統は，まさにこのアイディア――個別だけが実在性を持ち，普遍は「名前」にすぎないかもしれないというアイディア――から発展したのである．しかし，詳細には立ち入らないが，これがどのように機能するかに関して，どのような説明も広範な確信を獲得することはなかった．数百年にわたって，論争は唯名論とプラトン主義との間を揺れ動いてきたのである．（現代哲学において，性質［property］や自然種［natural kind］に関する実在論が人気を博していることは，普遍を存在論的に認めるプラトン主義的衝動の復帰を表現している．）

　しかしながら，「普遍の問題」を解決する劇的な方法が1つ存在する．この研究の基本的な動機は常に，個別と普遍と判断の間の関係を理解するということにあった．古典的戦略は，個別と普遍の内容を説明し，判断の内容を導出するためにそれを用いるというものであった．しかしカントは，個別そして判断の内容を説明し，それを普遍の内容を導出するために用いることで，同じ効果をあげることができると洞察した[62]．哲学者たちが一般的に単に仮定してきたように，普遍が説明上の原基でなければならない理由はないのである．しかし，概念，判断，推論を含む3階層の理論的構造を所与にすれば，任意のレベルにおける内容を原基的なものとして，他の2つのレベルにおけ

---

62) Immanuel Kant, *Critique of Pure Reason*, trans. Norman Kemp Smith (New York:St. Martin's Press, 1929), p. 105 (A68/B93).

る内容をそこから導くことが原理的には可能なはずである.

ここには,謎を謎に置きかえるだけになるリスクが存在している. それを構成している部分から来るのでないとしたら,判断の内容はどこから来るのだろうか. 哲学的プラグマティズムとして知られるようになる思想の流れをカントが開始したのは,この問題に反応してのことである. これまでは,個別とのアナロジーによって,普遍の内容がある種の表象となるだろうということが常に仮定されてきた. この仮定の背後には,心理学的心象主義 (psychological imagism) がある. この表象主義的パラダイムに固執するならば,当然,判断の内容も同様に謎の多いものとなるだろう. 事実というもののありそうもない存在論と,ヴィトゲンシュタインが『論考』の中で述べたようなストーリー——事実を対象の「構成物 (configurations)」として扱う——との二者択一を迫られてしまうことになるだろう[63]. しかしカントは判断が表象とまったく異なることを示唆する. 彼の見解では,判断は行為である. 判断はわれわれがする何かなのである. したがって,カントの見解では,われわれはわれわれの感官 (「直観の器官」) からインプットを受け取るが,それがわれわれに個別を与えることになる. そして判断を行う (さまざまな形態の「総合」と「統一」). 概念あるいは普遍はこうした個別を,関係する判断の集合へと写像する関数にすぎないのである.

もちろん,カントはまだ「意識の哲学」の枠組みの内部で作業をしている. したがって,彼にとって,人間が判断の行為において遂行しうるような行為の種類は非常に限定されている. それは基本的にはすべて,個人の意志と想像による行為——精神の行為——なのである. 判断が意識の行為にすぎないとすれば,この種の判断の要点が何なのか,なぜこの行為が遂行されるのかがまったくわからなくなる. カントは最終的に,継起的な総合と統一という作用が個人の自我の統一をもたらすものであると主張する. したがって,判断は自己構築の行為なのである. 根本的にはプラグマティックなものであったカントの洞察をドイツ観念論へと至る道へと方向づけたのは,このアイディアであった. その含意は,ショーペンハウアーの作品のタイトル『意志と表象としての世界』が完全に捉えるところとなった[64]. 判断は意志の行為であり,知覚は表象の形式である. 世界はこれら2つの交差したところに生じ

---

63) Wittgenstein, *Tractatus Logico-Philosophicus*, p. 8 (sec. 2.0272).

る.したがって,経験論と合理主義の両方とも間違いなのである.

しかしながら,言語論的転回と,心理学的心象主義の拒否が導入されれば,カントの示唆は完全に異なる性格を獲得することになる.カントは判断を意識の内的行為の一種と考えた.この点で,判断という行為によって,認知に対しどのような種類の内容が付加されるのかを理解することは困難であった.しかし,判断を主張(assertion)の内面化されたバージョンとして扱うことを選択するならば,可能性の領野が顕著に拡大することになる.主張によって付加される内容とはまさに,関連する言語ゲームにおける手番としてその言語行為が有するプラグマティックな含意にほかならなくなる.言い換えれば内容は,ある特定の社会的実践(すなわち暗黙的規範によって構造化された行動パターン)の中で,その発話によってすることができるものによって与えられることになる.

したがって,語ではなく文全体を言語的意味の第一義的な担い手とみなすことが,哲学者たちにとってますます普通のこととなってきた.たとえば,ドナルド・デイヴィドソンは,「根源的解釈」†の状況における言語に対する着手点は,まず言語の話者が真であると考えている文を理解することであると主張している[65].十分な(しかし有限の)数の文をそれが使用される状況とともに把握したならば,われわれは部分文的表現にパターンを見いだし,これらの表現がそれが現われる文の真理条件に対してなしている貢献について推測し始めることができる.さまざまな単称名辞とさまざまな対象の間に指示の関係を措定し,さまざまな性質と対象の集合との間に,その性質を満たすという関係を措定するだろう.重要なことは,これらの関係が,ある理論の部分として措定されていることである.この理論は,人々の言語的行動を理解し,必要に応じて「その場で」調整されるために使用される.したがってデイヴィドソンの理論は,語ではなく,文を意味の理論の着手点とすることによって(それはカントの言葉でいうと,概念ではなく判断から始める

---

64) Arthur Schopenhauer, *The World as Will and Representation*, 2 vols., trans. E. F. J. Payne (New York: Dover, 1969).

† まったく知らない言語を話す社会に置かれた人がどのようにその言語を理解しようとするのかという思考実験.

65) Davidson, "Radical Interpretation," in *Inquiries into Truth and Interpretation*, pp. 125-40.

ことと等価である），カントの根本的洞察を自己のものとしているのである．

　このタイプの意味の理論が古い記号論的理論よりも複雑な構造を持つことは避けられない．人々が有限の言語的能力から開始すること，すなわち，一語文的な記号の集合を習得し，単純な合成文を丸暗記するというようなことが示唆される．その後に，合成文に出現するパターンから，個々の語や表現の意味と組み合わせルールとを推測する．人々が新奇な組み合わせを用いて，新しい文の構築に乗り出せるようになるのは，このことが成し遂げられてからでなければならない．こうしたことは，たとえば単語の意味を問われたときに，しばしば人々が文の中でその語が使用されている例を探すのはなぜなのかということを説明する（そして，われわれがしばしばその語の「辞書的」定義を与えることに困ったとしても，その語がある文の中で用いられているときに，単語を理解したと感じることの理由も）．

　もちろん，ひとたび言語を習得し，それを正しく使用できるようになると，人々の理解は原子論的構造を持つように見えることになる．彼らは，語を新しく独創的な仕方で結合することができるからである．しかし，説明順序における文の重要性は，人々がどのようなタイプの間違いを犯すかということにいまだに見いだすことができる．たとえば，人々はしばしば構成要素をなしている語の意味を知らずに表現の使用を理解する．表現，言い回し（figure），発話の内部における間違いはしばしば訂正されないままになる．たとえば，学生がエッセイを書くときに，「for all intents and purposes（どの点から見ても）」と言おうとして，「for all intensive purposes」と書いてしまうことがよくある．このことは，この表現の意味に対する彼らの理解が，それを構成する語の把握から「積み上げられた」ものではなく，それの文に対する貢献から「遡及的に推測される」ものであることを示唆している[66]．これらの語はこの言い回しの中で常に一緒に出現し，両方のバージョンが同じように聞こえるために，書き表わされるときまで間違いが決して表面化しないのである．われわれがその語をどのように用いるべきで，用いるべきでないのかを学習するのは，真の文を偽の文に変えてしまうほど重要な誤りを犯すときだけである[67]．

　意味の理論において文が語に対して持つ第一義性は，考えを持っていてもそれを表現する正しい語を思いつくことができないという現象に対しても簡単説明を提供している．これは，思考の言語仮説に有利な論証として頻繁

に持ち出されるものである．この場合，話者は全体としての文によって行いたい「手番（move）」を知っているが，正しい構成要素を組み立てることに困難を感じているだけなのである．このことはまた，思考の言語の存在が内省を通して立証できると考える人々によってよく持ち出される他の事実とともに，なぜ語が複数の意味を持ちうるのか（これもまた，語が出現する文の推論的［inferential］な性質に関係している）をも説明する[68]．

　私は以上の考察を，意味が規範的なものであるということの観察から始め，したがって，意味も志向性も前提としないような規範の源泉の説明を提供しようとすることから始めてきた．そうすることでわれわれは，実践に内包された規範という概念化，すなわち行動がいかにして規範的地位（normative status）を獲得できるか——行動がどのようにして正または不正となりうるのか——を理解できる説明を手にした．さらに意味に関連した規範性が言語行為にも根源的に内在するかもしれないことも見てきた．しかし，これら2つの洞察を結びつけるには，どのような種類の実践が言語行動のパターンに対して意味を付与しうるのかを決定する必要がある．もちろん，ヴィトゲンシュタインの言語ゲームの概念がここでのテンプレートを提供することになろう．しかし，この理論は合成性を考慮した理論が必要とするような体系性

66）「Intents and purposes」はおそらく，20世紀に「spit and image（生き写し）」が「spitting image（生き写し）」に変化したのと同様のプロセスを経ているのだろう．英語にはこのような内的に冗長な表現が多くある．このように話す習慣が生じたのはおそらく，話し手たちの間で，ラテン語起源の借用語を理解してくれると期待できずに，理解を確実にするためにアングロ・サクソンの用語も用いていた（たとえば，「ways and means（手段）」，「various and sundry（さまざまな）」，「straight and narrow（正しい生き方）」，「lo and behold（驚いたことに）」）時期のことである．このように，これらの表現の多くは，文字通りの意味で理解されることを意図した言い回しとしてその生を開始したのである．それらが文字通り以外の意味の言い回し（figure of speech）となったときに，意味が「固定」された．したがって，「sundry」は意味を変え，「sundry items」は今や洗面道具を意味するが，それは「items various and sundry」という言い回しの中で用いられるときに，数世紀前に意味していたことをいまだに意味しているのである．
67）この例としては，私が10年以上もの間，「nonplussed（途方に暮れて）」という単語を間違って理解していたことがあげられる．それが「perplexed」でなく「unimpressed（感動しない）」を意味していると考えていたのである．間違いというものが続くのは，単に，それが決して訂正を要するほど重大な誤解へと至らないにすぎない．私がようやく正しい意味を発見したのは，ある日，sが1つか2つかとスペルを辞書で調べていたときのことであった．
68）たとえば，Pinker, *The Language Instinct*, pp. 57-58, 78-82 を見よ．

を提供することに失敗している[69]．より有望な示唆に関しては，ウィルフリッド・セラーズの言うことに耳を傾けなければならない．

4.6 理由を与えたり求めたりするゲーム

　言語使用はゲームとのアナロジーを通して理解されるべきであるというアイディアは，現代哲学において非常に大きな影響力を持ってきた．たとえば，チェスというゲームにおいて，駒は何ら内在的意義を持っていない．駒は，一般的に木材，石またはプラスチックの一片にすぎない．駒にその重要性を与えるのは，それがどのようにして動かされうるのかを特定化するゲームのルールの集合である．この点において，駒はわれわれがコミュニケーションに用いる音声と似ている．音声もまたそれ自身では何ら固有の意味を持たないが，適切な使用を特定化するルールによって規制されているからである．

　チェスにおける各ポジションは，ある種の規範的地位として考えることができる．どのようなときに所与のポジションを占める権利が付与されるのか，そのようなポジションにあることで，他のどのようなポジションへと動く権利を付与されるのかを，ルールが決定している．たとえば，QN4にビショップを持っているという「地位」を考えてみよう．そのような地位を獲得する権利を与えた，先行するビショップのポジションに関する有限集合が存在する．たとえば，QB2からそこにビショップを動かす権利が与えられている．ひとたび地位が獲得されると，そのことがさらに他のポジションの集合に対する権利の集合を生成する．今や，QB6に動くことが許される．各駒のアイデンティティは，それを規制する諸権利の集合とみなすことができる．ビショップであることが「意味している」ことは，QB7とQ5を攻撃できるナイトとは異なり，QN4からQB6を攻撃できる駒であることにほかならない．そしてもちろん，ゲームの理解とは駒の動かし方を実践的に習得すること，すなわち駒を用いて何ができ，できないのかを知ることを意味している．

　これらすべてに関して，ある種の言語的交換と驚くほどの類似点が存在している．論証（argument），推論（inference），正当化（justification）とい

---

[69] Michael Dummett, "Can Analytical Philosophy Be Systematic, and Ought It to Be?" in *Truth and Other Enigmas*, pp. 437-58.

う実践は似たような仕方で構造化されているのである．この場合には，われわれは主張（assertion）をするが，これはある種の規範的地位に対応している．われわれはそうした主張をする権利を付与されていなければならないし，翻ってこうした主張がさらなるポジションを取る資格を与えてくれるのである．このように推論は，チェスの手番と似たものとして考えることができる．推論はわわわれが，主張という言語ゲームのあるポジションから他のポジションへと動くことを可能にするのである．（この構造はとりわけ，推論のモデル化に用いられる論理学の「自然演繹」システムに明らかである）[70]．

　チェスと主張ゲームの主要な差異は，主張を行う権利を，それ自身はゲームの部分でないような状況によって獲得できることである．したがって，言語ゲームは，セラーズが言語参入（language-entry）と言語退出（language-exit）の手番と呼ぶものを含んでいる[71]．単純化のために，一語文的記号からなる言語（すなわち，合成的構造を持たない言語）を想像しよう．「煙」というようなことを言うことがこのゲームにおける手番となるが，このことがさらに，他の多くのゲーム内手番に対する資格を与えるだろう．たとえば，「火」と言うことなどである．しかし，「煙」と言う権利がこのゲームの他の状態から生じている必要はない．ある人にそのように言う権利を付与するのは，周囲に煙が存在することであってもよい（したがって，このことは環境の特徴に対して差異的に反応する能力を反映している）．同様に，「火」はゲームにとって外的な一連の手番の資格を与えるかもしれない．たとえば，手を引っ込めるという行為や逃げ出すという行為である．

　主張ゲームのもう1つの独特な特徴は，あるポジションがある人によって取られると，他の誰もがそれに対する権利を付与されるということである．主張的な保証（assertoric warrant）は個人間で移転可能なのである．したがって，もし私の隣人が「煙」というならば，このことによって私に「火」と言う権利が付与され，このことが他の誰かに対して逃げる権利を付与することになるかもしれない．われわれは「火」という発話の共有使用を規制す

---

70) Dummett, *Frege: Philosophy of Language*, pp. 308–11.
71) Wilfrid Sellars, "Some Reflections on Language Games," in *Science, Perception and Reality* (London: Routledge and Kegan Paul, 1963), p. 327. 実際にはセラーズはそれらを「参入と離脱の移行（entry and departure transitions）」と呼んでいる．こうした用語は，そのときから，セラーズの仕事に影響を受けた人々の間で少し変化してきたのである

るルール全体の集合を持っているのである．それらのあるものは観察的なものであり，そのように言う権利を付与される非言語的条件を特定化している．他のものは推論的（inferential）なものであり，そのように言う権利を付与する他の発話を特定化している．さらに，他の多くは行動的なもので，火が存在するときにわれわれが何をする権利を持つのか，あるいは何をすると思われているのかを特定化している．誰かがこうしたルールを把握しそこねるとき，たとえば煙が存在しているときに火を疑わなかったり，警告に注意を払わずに焼かれてしまうなどするとき，われわれは彼がその言葉の意味を理解していなかったと疑うかもしれない．さらに，発話同士の結びつきを規制するルールを含め，これらすべてのルールを習得していることが示されているときに，表現の意味の把握というものがほかの何にあるのかを想像することは困難である．

　こうした根拠によってブランダムは，表現の意味に関するわれわれの根源的理解は，主張という言語ゲームにおいてその表現が果たす役割の把握からなっていると主張する．このことが表現に意味論的内容を付与するのである（これは，表現の個々の構成要素と世界の間に成立する指示関係ではない．この関係は後から生じるものであり，派生的関係である）．主張はこの分析において特権化されている．なぜならそれは，発話が推論で使用されるときにとる形態だからである．そして，人は一定の表現で言語内部の言語ゲーム的手番を行う権利を付与されているが，そうした手番を構成しているのは推論なのである．ブランダムはいう．

　　主張は根本的に推論の素材である．文を主張的な力あるいは主張的意義とともに発話するということは，潜在的な理由としてそれを提出することである．主張することは理由を与えることである．その理由は，必ずしもある特定の問題や事柄，特定の個人に向けられたものではないが，理由として他者に利用可能な主張（claim）を行うことは，主張が主張的力を持つことにとって本質的である．主張は理由であることに関して本質的に適合的である．主張の機能は，推論における前提としての使用に供される文を作ることである．パフォーマンスがこうした役割を果たしたり，こうした意義を持つために必要とされることは，主張的コミットメントとそうしたコミットメントに対する権利が引き継ぎ可能である仕方の中に，それら

の本質があることである．それらの引き継ぎ可能性は，推論的明示化（inferential articulation）がとる形式であり，そのおかげで主張が意味論的に内容を持つものとみなされるのである[72]．

この分析では，部分文的要素の意味は，それが表われる文の推論的性質に対してなす貢献を通して決定される（推論でなく真理を特権化するような意味の理論において，部分文的表現の意味が，それの文の真理条件に対する貢献によって決定されるのとほぼ同様に）．普遍と個別の中核的区別は，関連する文の要素を規制する代入関係のタイプから発生する．たとえば，「フィドは犬である」という文を例にとってみよう．われわれは部分文的要素に代入をすることで，この文からさまざまな他の文を推論する権利を付与される．こうして，われわれは「フィドは哺乳類である」と推論する権利を付与される．われわれはまた，「私のペットは犬である」と推論する権利も付与される．ここでの違いは，後者の推論が逆転可能（reversible）なのに対して，前者がそうでないことにある．「フィドは哺乳類である」から，われわれは「フィドは犬である」と推論する権利を付与されていないが，「私のペットは犬である」からは「フィドは犬である」と推論することができる（指示語の適切な例示を所与として）．言い換えれば，個別は対称的な代入関係を持つような文の部分であり，普遍はそうでないような文の部分である．異なる個別が「同一指示的」であるという概念をもたらすものはこの対称性であり，そこからまさに，単称名辞が指示する対象が存在するという観念がもたらされる．

したがって，世界が個別と普遍，あるいは対象と対象の性質を含んでいるという観念は，われわれの言語の内的構造の結果として課された区別である．（もしわれわれが一語文的記号だけを使用し続けていたならば，そのような区別を持つことはなかったろうし，また，性質を持った対象の世界ではなくて，単に「環境」とインタラクトしていると考えていただろう．）ブランダムによれば，われわれの言語がこれら2つの異なる部分文的役割を持っているのは，これら両者の組み合わせによってもたらされる表現力のおかげである．1つの対称的な要素と1つの非対称的な要素を持っていることは本質的

---

[72] Brandom, *Making It Explicit*, p. 168.

に，部分文的要素の推論的性質の理解から「新しい」文の推論的振舞いを予測することを可能にしておきながら，われわれの言語を推論的に生産的にしている要因となっている[73]．

　この分析の意図は，言語のプラグマティズム的説明がどのように自然言語の合成的意味論を提供し，単称名辞が対象を指示するという考え方に潜在している表象という概念を説明しうるのかを示すことにある．カントの『純粋理性批判』によって立ち上げられた概念的革命以前には，心的内容のいかなる理論的説明においても，表象が原基的なものと（あるいは少なくとも説明項と）みなされなければならないことが仮定されていた．このことが，知覚がしばしば信念の説明のためのモデルとみなされてきたことの主要であるし，そしてそれはさらに，哲学者たちに信念が脳の生得的な計算資源の要素であると考えさせた主要な理由でもある（単純に，われわれの視覚的プロセスの多くが適応的無意識のレベルで行われるからである）[74]．この分析は，主体がすでに信念と欲求の完全な集合を備えて社会的インタラクションに入るという考え方を促してきたし，これが翻って，ホッブズ的原子論と合理性の道具的把握の両方に対して，支持を提供してきたのである．こうして，言語哲学のプラグマティズム的転回は，言語を，そして波及的に志向的計画システムを，その起源において第一義的に社会的なものとして扱うことで，われわれの行為理論に対するアプローチを根本的に変化させる．

4.7　志向的状態

　プラグマティズムの観点からは，言語は私秘的に形成された思考をコミュニケートするための道具として発展するのではなく，外的な社会的実践として発展するものである．そのような実践はいくつかの明らかに有用な機能を

---

73)　Brandom, *Making It Explicit*, pp. 378–81.
74)　このように知覚を強調することが，多くの興味深い副作用をもたらしてきた．1つを特にあげると，このことが欲求あるいは選好の概念をやや理解しがたいものにしていることである．これはまさに，このタイプの志向的状態が表象的であること，あるいは少なくとも信念がそうであるのと同じ意味において表象的であることが自明でないからである．このために，欲求を「生の運動」のようなまったく異なる心的状態と考えたり，心よりも身体に同一視する傾向があるのである．

持っているが，その第1のものは，主体が社会的インタラクションをコーディネートする際に役立ちうるということである．言語はそのもっとも基本的な形態においてさえ，（言語参入サイドで）参加者たちが互いにシグナルを送り，したがって情報をコミュニケートし，（言語退出サイドで）意図をアナウンスし，命令を発することを可能にする[75]．しかしながら，言語のもっとも重要な貢献は，こうした個人間における機能にあるのではなく，むしろ個々の言語使用者の認知能力を増幅する能力にある．算盤が外的な人工物としてわれわれの生物学的脳の計算能力を顕著に増幅するのと同様に，言語は，外的記号や表示物のシステムとして，われわれの認知能力をいくつかの異なる次元において増大させるのである．

アンディ・クラークがいうように，公共言語は「外的な人工物の1つの種であり，それが持つ広範な適応的価値の一部は，あるタイプの問題を解決したり，ある複雑なプロジェクトを遂行する際に，われわれの生物学的脳が扱わなければならないような種類の計算的空間を形成し直すという役割によって構成されている」[76]．もっとも明らかな例は，言語は書かれていない形ですら，それを使用することで記憶力を増加させることである．クラークはまた，他に少なくとも5つの仕方で言語が計算力を改善することも主張している．環境の単純化，事前の計画（したがって「同時処理的」熟考の軽減），学習の経路依存性の削減，注意力と資源配分の改善，データ操作の増強である[77]．われわれの脳がコンピュータであるならば，言語は「究極のアップグレード」といってよいだろう[78]．

この種のプラグマティズム的な説明順序に説得力を与えている1つの観察は，人間が抽象的な論理的推論のテストでは非常にまずいパフォーマンスを示すのに，同じ問題が実践的あるいは義務的な言葉で再定式化されるときにはずっとよいパフォーマンスを示すという事実である．人々が特定の問題を

---

75) David Lewis, *Convention* (Cambridge, Mass.: Harvard University Press, 1969), p. 144. さらに Joseph Heath, *Communicative Action and Rational Choice* (Cambridge, Mass.: MIT Press, 2001), p. 30 を見よ．
76) Andy Clark, "Magic Words: How Language Augments Computation," in Peter Carruthers and Jill Boucher, eds., *Language and Thought* (Cambridge: Cambridge University Press, 1998), p. 162.
77) Clark, "Magic Words," pp. 169–73.
78) Clark, "Magic Words," p. 182.

解決しているときに,「形式論理学における推論規則に相当する,内容から独立した構文論的な推論規則」を適用していないという証拠は十分存在している[79]。人々はその代わりに,パトリシア・チェンとキース・ホルヨークが「プラグマティックな推論シェーマ」と呼ぶものを適用しているが,これは日常的に解かれているような特殊な種類の問題から抽象化された,一般化された推論パターンを構成しているものである。このことによって,たとえば人々が $p \rightarrow q$ のような制限のない実質的条件法の言葉で定式化されたルールの適用よりも,$O(p \rightarrow q)$ のような義務論的用語で定式化されたルールの適用の方がずっと得意であるという直観に反する発見が説明される[80]。人々は,こうした問題を「許可のシェーマ (permission schema)」——「ある特定の行為をとることが,ある前提条件を満足することを必要とするというタイプの規制」——を適用して解決しているのである[81]。この結果人々は,前件が偽であることが条件法の命題を真とするという事実に混乱することがないのである(すなわち,その行為が取られなければそのルールは破られていない)。実際,多くの心理学者たちを(いくぶん猛烈な仕方で),脳の中に生得的な「義務論的推論」または「嘘つき探知モジュール」が存在しているという結論に導いたのは,人々が直接法的な推論よりも,義務論的推論に関して優れた能力を示すことであった[82]。しかし,こうしたパフォーマンス——すなわち,「直接法的な推論課題によっては,わずかな推論戦略しか(あるいはまったく)喚起されないのとは対照的に,義務論的推論課題が洗練された,概念的に豊富な戦略を喚起する」ということ[83]——は,プラグマティズム的な説明順序によって要請される認知アーキテクチャの帰結であるとした方

---

79) Patricia W. Cheng and Keith J. Holyoak, "Pragmatic Reasoning Schemas," *Cognitive Psychology* 17 (1985): 391–416.
80) Paul Harris and Maria Nunez, "Understanding of Permission Rules by Preschool Children," *Child Developmen* 67 (1996): 233–59 を見よ。また,Denise Dellarossa Cummins, "Evidence of Deontic Reasoning in 3- and 4-Year-Old Children," *Memory and Cognition* 24 (1996): 823–29. 議論については,Shaun Nichols, *Sentimental Rules: On the Natural Foundations of Moral Judgment* (New York: Oxford University Press, 2004), pp. 101–3 を見よ。
81) Cheng and Holyoak, "Pragmatic Reasoning Schemas," p. 396.
82) Denise Dellarossa Cummins, "Evidence for the Innateness of Deontic Reasoning," *Mind and Language* 11 (1996): 160–90. さらに Cosmides and Tooby, "Cognitive Adaptations for Social Exchange," pp. 181–84 を見よ。

がよさそうである．人々がこうした用語で定式化された問題を解く方が得意であるのはまさに，推論の技法を最初に社会的実践として習得したからなのである．

　言語が外的起源を持っていることは，明示的な概念的思考の推論スタイルが適応的無意識と違うことの説明にも役立つ．ダニエル・デネットはこのアイディアを次のような示唆によってうまく要約している．すなわち，言語は直列的な仮想マシーンの実行を「進化がわれわれに与えた並列的ハードウェアの上で非効率的に」行うことを許すものなのである[84]．これは，心の「二重プロセス」理論として知られている見解である．この理論の特徴は，適応的無意識の並列処理的スタイルと，意識的・志向的な思考の直列的ないし線形的なスタイルとを区別することである[85]．単一の持続的な推論の流れにフォーカスできるわれわれの能力は，主張の列を繋ぎあわせて，他の認知システムによって生み出される「ノイズ」をふるいにかけるという，本質的に言語的な能力から生み出されている．さらに言語は任意の長さの推論の連鎖を生み出すことを可能にしている[86]．主張が内容に関して中立的であるという事実は，それが適用される問題の領域もまたオープンであることを意味している．最後に，部分文の要素に意味を付与する代入操作——それは自然言語に特徴的な階層的句構造を発生させるものである——は多くの人々によって，再帰的関数を処理する人間の能力にとって不可欠であると信じられている（このことはさらに数学的推論の基礎となるかもしれない）[87]．

　始めのうちはこの計算システムのあり方は純粋に外的なもので，語は「標

---

83) Cummins, "Evidence for the Innateness of Deontic Reasoning," *Mind and Language* 11: p. 174.
84) Daniel Dennett, *Consciousness Explained* (Boston: Little, Brown, 1991), p. 218. スタノヴィッチが「分析的システム」と呼ぶものの動作に関連する，注意や計算的資源という側面での多大な要求を説明するのは，この「直列的機械」が実行される際の非効率性である．ついでにいえば，私はここでこの「直列的な仮想機械」と意識との関係という論争の余地の大きい問題を脇においている．それはここで展開されている議論にとって重要ではないからである．
85) Stanovich, *Robot's Rebellion*, pp. 34–36.
86) Monica Bucciarelli, Sangeet Khemlani, and Philip N. Johnson-Laird, "The Psychology of Moral Reasoning," *Judgment and Decision Making* 3 (2008): 121–39, at 124.
87) Elizabeth S. Spelke and Sanna Tsivkin, "Language and Number: A Bilingual Training Study," *Cognition* 78 (2001): 81–82.

識 (marker)」として使用される．人々は文字通り声に出して推論する．内面化が進むプロセスを通して，発話は次第に脳の生得的アーキテクチャときわめて異なるスタイルの認知的プロセスに対する「乗り物 (vehicle)」となる．そして言語が提供する利益によって，言語がますますわれわれの計画プロセスに統合され，われわれの行動がますます言語的に定式化された計画のコントロールにおかれるようになることは自然である．言語がそのような役割を果たしていることの十分な証拠はもちろん存在する[88]．たとえば認知心理学者たちは，個人が計画された行為を遂行する前に，何をすべきかを記述した一連の文を通して稽古しながら，リハーサルする仕方についての広範な研究をしてきた．手順を言語的にリハーサルする能力は行動に対して非常に直接的な影響を与え，多くの場合に課題の遂行を劇的に改善することが示されてきた[89]．

さらに言語は，意識に直接的に現われない状況に対して，より効果的に対処することを可能にする．こうして，言語はわれわれの予見と記憶を改善し，われわれが長期の計画や戦略を発展させることを可能にするのである．言語はまた，より効果的に計算することも可能にし，われわれの「自然なヒューリスティック」を危険にさらすバイアスの多くを修正することも可能にする．ダニエル・カーネマンとエイモス・トゥヴァースキーのような心理学者たちの仕事は，適応的無意識から生じる直観と熟慮のうえでの判断との間に存在しうるギャップを示している[90]．われわれがこうした熟慮のうえでの判断に到達するのが，選択問題の明示的・記号的表現を通してであることは決して

---

88) Peter Carruthers, "Practical Reasoning in a Modular Mind," *Mind and Language* 19 (2004): 259-278. カラザースの見解がここで提示されている見解と異なることに注意せよ．彼は言語それ自身をモジュールとみなすことが有用だと考えている．

89) このことが示唆しているのは，この能力が指示に従うという実践の内面化として発達するということである．Clark, "Magic Words," p. 168. デネットは，言語がある神経経路の欠如を補償するための外的な代替手段を提供しつつ，「自己刺激」を通して自己コントロールと計画を増幅するというアイディアが好きである．*Consciousness Explained*, p. 196. このアイディアには長い歴史があり，その標準的定式化を与えたのは George Herbert Mead, *Mind, Self and Society: from the Standpoint of a Social Behaviorist* (Chicago: University of Chicago Press, 1934) である．彼は記号を生み出すことが，「他の機会に呼び出す反応を呼び出す」力を個人に与えると主張している．p. 108.

90) Daniel Kahneman, Paul Slovic, and Amos Tversky, eds., *Judgment under Uncertainty: Heuristics and Biases* (Cambridge: Cambridge University Press, 1982) を見よ．

偶然ではない．仮説的または反事実的な状況や，非常に発生確率の低い事象，非常に長期にわたって生じる事象に関する推論となると，適応的無意識が気まぐれであることはよく知られている（そうしたシナリオに対して計画する能力は進化的適応環境において特に顕著ではなかったのだから，このことは驚くにあたらない）．したがって，われわれがそのようなシナリオを考慮にいれた計画を展開できるのは「言語アップグレード」を備えていることを通してだけなのである[91]．

ドナルド・ノーマンとティム・シャリスによって提案された古典的な心理学モデルの中では，「監督注意システム（supervisory attention system）」——これはこの文脈では「言語アップグレード」の産物として解釈可能である——は5つの主要な機能を持っている．計画と意思決定，トラブル解決，新奇あるいはあまり学習されていない行為系列，危険あるいは技術的に困難な行為，強い習慣的反応の克服である[92]．これらの種類の能力を見るとき，もちろん，これらがまさに意思決定理論がモデル化しようとしている認知プロセスであることを理解できる．言い換えれば，期待効用の最大化は言語使用者に独自な種類の能力なのであり，より特定的に言えば，われわれの言語処理能力の行使なのである．効用最大化のために必要な能力と，顔の認知に必要な能力のようなものとを比べてみれば，この対照が非常にはっきりとわかるだろう．われわれには，以前に見たことのある人々を，しばしば容貌が非常に変化しているにもかかわらず，認知する能力がある．この能力は明らかに生物学的遺伝の一部である．この能力は進化的に適応した認知メカニズム（適応的無意識の部分）の特徴をすべて持っており，おそらく多くの他の動物種が共有しているものである．このことは，われわれがしていることをどのようにしているのかを本当は誰も知らないという事実に反映されている．何年も会っていない人を認知するとき，その人の容貌の何がこの識別の引き金を引いたのかについて，われわれのほとんどは正確に言うことができないであろう．同様に，われわれのほとんどは，人の顔を見て性別を決定する際にそれを可能にする特徴を言い表わすことができない．

---

91) Stanovich, *Robot's Rebellion*, pp. 142-46 にすばらしい議論がある．
92) Donald A. Norman and Tim Shallice, "Attention to Action: Willed and Automatic Control of Behaviour," in Richard J. Davidson, Gary Schwartz, and David Shapiro, eds., *Consciousness and Self-Regulation* (New York: Plenum, 1986), 4: 1-18.

これを効用最大化のケースと比較してみよう．この場合には，われわれが効用最大化する意思決定を行っているとき，自分がしていることをたまたまいうことができるというのではなく，それを言い表されることが不可欠である．もし最大化している選好を明示的に述べることができなければ，われわれが合理的に行為していると主張する根拠がないであろう（もちろん，顕示選好の理論が誤りであると仮定してのことである）．さらに，カーネマンとトゥヴァースキーが十分立証したように，人々は直観的な仕方で推論しているときには，効用最大化をあまりうまく行わない．とりわけ戦略的推論には，反事実的な事柄，仮説的な事柄，確率的判断の使用と，中間的結論の長い連鎖をワーキング・メモリに保持する能力が必要とされる．これらの認知的操作のすべては適応的無意識ではなく，「分析的システム」の特徴を有している（だから，効用を最大化するコンピュータ・プログラムを開発することは容易だが，原初的な顔の認知以上のパフォーマンスを示せるプログラムを開発することはこれまで不可能であるとされてきたのである）[93]．このプロセスは非常に遅く，線形的で，認知的資源を集中的に使用し（つまり集中力を要し），機能的に柔軟である†．したがって，意思決定理論でモデル化されている推論のスタイル，すなわち配備されている認知的スキルの種類は，われわれが社会的インタラクションから獲得する言語「アップグレード」の部

---

93) Dennett, *Consciousness Explained*, p. 215. これは，伝統的コンピュータのフォン・ノイマン的アーキテクチャに対するインスピレーションが，内省的にアクセス可能な，われわれ自身の分析的システムによってもたらされたからである．「この歴史的事実は，とりわけ説得的な化石の痕跡を残してきた．コンピュータ・プログラマは，現在開発されているパラレル・コンピュータをプログラムすることがひどく難しく，直列的なフォン・ノイマン型の機械をプログラムすることが比較的易しいと言うだろう．伝統的なフォン・ノイマン型の機械をプログラムするときには，扱いやすい松葉杖を持っている．仕事の進行状況が難しくなるときには，事実上，自分自身に対して，「もし自分が機械だとしたら，この問題を解決しようとしてどうするだろうか」と問い，これによって「まず最初にこれをやり，それからあれをしなければならないだろう」という形の解答へと導かれるのである．しかし，「私が1000個のチャンネルを持つ並列プロセッサだったら，この状況で何をするだろうか」と自問するときには何も得られない．たとえそれが自分の脳の中で生じていることだとしても，1000個のチャンネルで同時に起こっているプロセスに対しては個人的な馴染み——そして「直接的アクセス」——がないからである．自分の脳で生じていることに対する唯一のアクセスは，驚くほどフォン・ノイマン的アーキテクチャと似た直列的「フォーマット」で得られる．このように述べることは歴史的に逆なのだが．」p. 215.
† この文脈では，適応の副産物が現在何らかの機能を担っていること．

分であって，われわれの生得的な心理学的機構の部分ではないと信じる十分な理由がある．それは外適応（exaptation）である．あるいはデネットがいうように，「非常に最近の，急いで付加されたアドオンであり，間違いなく初期の配列回路の利用」なのである[94]．

この見解にとっては，言語（あるいは志向的計画システム）がすでにあるものに追加された「もう1つのモジュール」にすぎないものとみなされていないことが不可欠である．そしてその導入を，われわれが他の霊長類ばかりでなく，他の多くの動物と共有している認知能力を植民地化し，「異なる目的のため使用する（repurposing）」こととして理解することが不可欠なのである．分析的システムの理解に対する「もう1つのモジュール」アプローチの主要な提唱者であるレダ・コスミデスとジョン・トゥービーは，脳を「それぞれが異なる種類の内容や問題によって活性化される，機能的に特化された複数のコンピュータの込み入ったネットワークであり，そのアーキテクチャに，より汎用的な（複数の）コンピュータが埋め込まれているもの」として描写している[95]．彼らの仮説の問題点は，この文章の最後の節から感じとられる追加的な感覚に明らかである．モジュラリティが説明上の概念として魅力的であるのはその内省的なもっともらしさからではなく，それ（あるいはより一般的に，多くの領域特定的で，カプセル化した，速い問題解決ヒューリスティクスに依存する並列処理のシステム）が，自然選択が追加的変更を通して生み出すことができる種類の構造であるように思えるからである．しかし自然選択はなぜ，アフリカのサバンナで発生する非常に特殊な課題を解決することを目的とした，専門的コンピュータに加えて，「汎用的なコンピュータ」（ひとつは言語のためで，ひとつは数学のためで，ひとつは「心を読む」ため等々というように）も生み出すのだろうか．しかも1つの種だけに限って．この説明は，「進化心理学」というラベルをつけられているに

---

94) Dennett, *Consciousness Explained*, p. 190. 外適応については，Stephen J. Gould and Elisabeth S. Vrba, "Exaptation—: A Missing Term in the Science of Form," *Paleobiology* 8 (1982): 4-15 を見よ．外適応テーゼをより詳細に述べたものとしては，Derek Bickerton, "How Protolanguage Became Language," in Chris Knight, Michael Studdert-Kennedy, and James R. Hurford, eds., *The Evolutionary Emergence of Language* (Cambridge:Cambridge Univeristy Press, 2000), pp. 266-70 を見よ．
95) Tooby and Cosmides, "The Psychological Foundations of Culture," p. 94.

もかかわらず，実際のところ進化論的な説得力に欠けている．デレク・ビッカートンは次のように書いている．

　人間特殊的な特徴のすべてを説明する単一の発達が存在しないのなら，これらの特徴すべての一つひとつに対して別々の進化的歴史が発見されなければならない．言語に対して，われわれの特別な種類の意識に対して，事前に計画する能力に対して，数学的・芸術的能力に対して等々といったように．さらに，化石に残された記録の性質は……これらすべての特徴に関して，われわれの祖先の種はすべて，現代の人間よりも現代のサルに近かったことを示唆しているのだから，これらの人間特殊的な特徴のそれぞれはせいぜい20から30万年の間に独立に進化したものでなければならなくなる．このような発達の進化論的もっともらしさはゼロに近い．唯一の代替的アプローチは……ヒト科の既存の能力を非常に短期間のうちにどうにか転換することができた単一の多機能的なメカニズムを想定することである[96]．

　たとえば，人間の幼児は数を扱うための2つの基本的なヒューリスティクスを他の霊長類（そして動物たち）と共有しているように思われる．第1は，非常に少数の対象に関する判断をするための「即座に認知する」システムであり，第2は多数の対象に関して近似的な判断（「あてずっぽう」）を行うための「大数の」システムである．驚くべきことだが，ひょっとしたら人間の幼児は，これらのヒューリスティックな判断に関しては，他の霊長類に比べてそれほどうまくできないかもれない[97]．しかし，言語的資源を用いることで，人間は（大体4歳で）50や100まででなく，好きなだけ多くの数を数える能力を獲得する．他方，数を学んだチンパンジーは「もういくらでも続けられる」という瞬間に到達することが決してない．チンパンジーは2を「1より大きい」を意味すると解釈するので，彼らに3と2の違いを教えるのは

---

96) Derek Bickerton, "Resolving Discontinuity: A Minimalist Distinction between Human and Non-human Minds," *American Zoologist* 40 (2000): 862-73.
97) Marc D. Hauser and Elizabeth Spelke, "Evolutionary and Developmental Foundations of Human Knowledge: A Case Study of Mathematics," in Michael Gazzaniga, *The Cognitive Neurosciences III*, (Cambridge, Mass.: MIT Press, 2004), 853-64.

時間がかかる困難な仕事である．しかし，彼らが学ぶことは3は「2より大きい」ということであり，4を導入するときには全プロセスが繰り返されなければならないのである．したがって人間の幼児には，パフォーマンスの量的ではなく，質的な改善がみられるのであり，このことは完全に異なるスタイルの認知的プロセスを示唆している[98]．この相違を適応や他のタイプの新しい認知モジュールとして説明することも非常に難しい（結局その目的は何なのかが問題である）．われわれの脳が言語使用の社会的実践から受けた「アップグレード」の副産物としてそれを説明することの方がずっと易しいのである．

　信念と欲求（あるいは選好）は，この言語アップグレードの一部分として理解されるべきである．心理学的文主義が正しいならば，それらは脳の生得的アーキテクチャの部分ではない（事実，それらは脳の中に完全に存在することすらない）．この見解によれば，志向的状態が発生するのは，われわれがわれわれ自身の言語的パフォーマンスについて話すという能力を持っているからである．言語が，思考のための外的標識を導入することで，反射性の発展を促すということはしばしば注目されてきた．言い換えれば，言語はわれわれが自分自身の思考や概念をさらなる思考の対象とみなすことをより容易にするのである．このことはチンパンジーの間にすら見ることができる[99]．サインの使用を教えられたことがないチンパンジーでも，対象が示す類似性に従って対象をグループに分類することができる．しかし，彼らは似ていないもののペアから，似ている対象のペアを仕分けることができない．言い換えれば，彼らは赤い対象や青い対象を一緒にまとめることができるが，対象物のすべての「似た」ペアのグループを形成することができない．したがって，彼らは対象を仕分けするために，対象同士の「類似性」の関係を視覚的に探知することができるが，「類似性」という関係それ自体を分類の対象とみなすという高階の課題を遂行することができないのである．しかし，サインの使用を教えられたチンパンジーはこの課題を遂行することができる．「同じ」とか「違う」ということのためのサインを教えるために，1階の分

---

98) Spelke and Tsivkin, "Language and Number," 81-82.
99) Roger Thompson and David Oden, "A Profound Disparity Re-visited: Perception and Judgment of Abstract Identity Relations by Chimpanzees, Human Infants and Monkeys," *Behavioural Processes* 35 (1995): 149-61. また Clark, "Magic Words," p. 175.

類が用いられるのである．ひとたびこのことがなされると，「同じ」というサインがグループ内のすべてのペアに対して識別され，チンパンジーはこの基準を用いてそれらを分類することができるのである．

　意味論的語彙が発展するとともに，似たような現象が人間の言語においても発生する．思考が言語的に表現されるとき，この思考をさらなる思考の対象とみなすことがずっと容易になる．そのもっとも単純な形はおそらく，観察した言語的行動に関して語る言語的報告であろう．「ビルはお店に行くといった（Bill said that he is going to the store）.」意味論的語彙の主要な特徴は，それが不透明な文脈をつくりだすことである——同一指示的表現はもはや真実を損なうことなく（salva veritate）代入することができなくなる．ここでのお店がセブン・イレブンであったとしても，「ビルはセブン・イレブンに行くと言った」と言うことは正しくない．それは彼が言ったことではないからである．このことは，報告文の対象が言語の一部であって，世界の一部ではないという事実を反映している．

　意味論的語彙の発展以前には，言語使用者にとって，実践における義務的地位を引き受けるということだけが可能であった．意味論的語彙の発展とともに，言語使用者はそのような地位を引き受けることができるばかりでなく，自分がそのような地位を引き受けたということを言うこともできるのである．同様に，彼らはそのような地位を他者に帰属させることもできる．

　これまでみてきたように，発話することは規範的含意を有している．ブランダムの例を用いるならば，人間もオウムも環境の中の赤い対象物に反応して「これは赤い」ということができる．人間の反応が判断と見なされる，すなわち概念の適用とみなされる理由は，この発話がほかの発話——たとえば「これは青くない」——に対する一連のコミットメントを生成することにある．一つひとつの発話は一組のコミットメントと（他の発話に対する，また観察および行為に対する）権利とともにある．これらのコミットメントと権利は，ブランダムが義務的スコアづけ（deontic scorekeeping）と呼ぶ実践の部分として記録される．人々は自分自身の地位について経過を辿ろうとするのとまったく同様に，お互いの地位についてずっと注視している．このことは，チェスのプレーヤーが相手の駒のポジションを辿り続けること——そしてこのことは彼らが自分の場所から攻撃することができるという事実に一致する——と類比的である．

ルールが明らかで全員の記憶に間違いがないような完全な世界では，ゲームの状況に関して，実践に参加している人々の間に意見の相違は決して存在しないだろう．しかし，しばしばそうでないことが起こる．その結果，義務的地位に関して，「内的」観点と「外的」観点とが生じることになる．たとえば，ある主体が置かれていると他者が考えているコミットメントや権利について，その主体が気づかない状況である．（私の経験であるが，チェス盤なしにチェスをプレーしているとき，自分が打った手に対して相手が異議を申し立ててきたことがある．「その手はすばらしい．そこにルークがないことを除いては．」この状況はわれわれが会話においてしばしば遭遇する状況と似ている．「それはすばらしい論証だよ．前提が間違っていることを除いては」．）意味論的語彙がなければ，このような場合にできることは多くない．しかし意味論的語彙があれば，すべての関係者は，各人が考えているコミットメントや権利について述べることが可能となり，意見の相違の源泉を見いだすために，推論的結合を前にも後にも辿ることができるようになる．

　意味論的語彙の中心的なものの1つが信念である．「言った」とか「主張した」という表現は，主張に関する実際の発話を，それに関連したコミットメントとともに主体に帰属させるが，これとは異なり，「信じる」とか「考える」という表現はコミットメントだけを主体に帰属させる（実際にその主張が発話されたかどうかという問題については脇に置いて）．このことはとりわけ，ある言語行為や行為に先立つ権利の系列を明らかにすることに役立つ．人々は「火」と叫んで逃げることもあるが，単に逃げるだけのときもあるだろう．このような状況では，傍観者にとって，人々が逃げているのは彼らが火があると信じているからだろうと知ることが役立つかもしれない．この種の説明は，主体たちと傍観者たちとの間に「スコア」に関して不一致があるとき（すなわち，誤りが発生したとき）にとりわけ役立つ．そのような不一致が決して発生しないような世界では，「～と信じる」という言い回しはほとんど役に立たないだろう．

　これと非常に似たことが欲求の場合にもいえる．人はどのような行為をとるべきかを意思決定しようとするときに，自分の目標を明示的に言い表わすことがしばしばある．このタイプのアナウンスメントは，これまでみてきたように，個人同士のコーディネーションだけでなく，個々人の計画立案においても重要な役割を果たしている．しばしば述べてきたように，こうしたア

ナウンスメントは，選択されている行為が純粋に道具的な根拠に基づいて選択されているような弱いケースにおいてすらコミットメントを生成する．このことは，行為を信念と欲求の結合として説明するための一般的なテンプレートを提供する．このような説明は，もちろん試みが失敗した場合にも有用である．それによって，その人が何をしようと試みていたかを説明することが可能となるからである．

信念と欲求に関するスコアづけという話の主要な利点の1つは，それが志向的状態を物化する（reify）傾向に抵抗することである[100]．われわれが素朴心理学的語彙を用いる仕方は，主体が実際に「信念」と「欲求」の集合を頭の中に持って歩いているような想像を促している．このことが多くのよく知られた問題点を生み出している．もっとも自明な問題点は，われわれが素朴に，信念と欲求の無限に大きな集合とわかるものを個人に対して帰属させていることである．デネットが洞察したように，われわれは尋ねられれば，7,000,002が7,000,001よりも大きいと信じているとか，野生のシマウマがコートを着たり，シェイクスピアを読んだりしない等々と宣言することに躊躇しないだろう．同時に，これらの質問はどれも，デネットを読む以前には考えたことがないようなものだろう．したがって，このときの信念はわれわれの頭の中には存在しえないのである．それらはわれわれが信じている他の事柄の帰結にすぎない．このことは，「信念話法（belief-talk）」がわれわれのコミットメントを明確に述べる1つの方法であるという見解と一致している．

信念が心理学的リアリティを持つと考える理論家たちは，こうした反対意見に対して一般的に次のように応答する．主体の脳の中には実際に「中核的な」信念の集合があり，さらに「性向」の有限集合があると仮定する．後者が前者の中核的信念の明らかな推論的帰結であるような主張に対する同意を生み出すと．しかし，このような区別に心理学的リアリティがあると考えることは難しい．いずれにせよ，私的言語の困難に抵触しないようにしつつ信念を説明する方法として性向に訴えることは，別の様相的主張（その主体が何に同意する「べき」か）と対立するものとして，あるタイプの様相的主張

---

[100] このような物化は，マイケル・ウィリアムズが「認識論的実在論」（すなわち，認識論において措定される対象に関する実在論）と呼ぶものを生み出すことになる．この傾向に対する包括的批判については，彼の *Unnatural Doubts: Epistemological Realism and the Basis of Skepticism* (Oxford: Blackwell, 1992) を見よ．

(その主体が何に同意する「だろう（would）」に訴えることを余儀なくされることになる．後者の真理様相が前者の義務論的様相よりも透明であるとか，自然主義的に尊重されるべきであるといったことは明らかではない（とりわけ，第4.4節で見た実践に内包された規範の純粋に行動的説明を所与とするときには）[101]．

　性向による説明の心理学的にもっともらしくない点を理解するために，信念のケースを顔の認知のケースと比較してみよう．われわれが誰かを見るときに，そのイメージが心的なデータバンクに格納され，後にサーチしたり，読み出されたりすると考えることには十分な理由がある．その人を見れば見るほど，そのイメージは顕著なものになり，認知がより容易になる．顔の認知には，こうしたイメージが実際に脳に「格納」されているという考えを導くいくつかの特徴がある．第1は，この種の認知のためのわれわれの能力は明らかに有限であることである．このことは明らかに思えるかもしれないが，強調しておく必要がある．われわれは会ったことがない人々を認知することができない．さらに，こうした有限の構造とともに，われわれの顔の認知の能力は明らかに格納庫の制約に服している．われわれは会ったことがある人々の大多数を覚えていないし，時間とともに人を忘れる傾向にある．

　しかし，このようにアナロジーの明白な破綻があるにもかかわらず，哲学者たちは長い間，信念を視覚的認知と同じモデルで説明しようとしてきた．彼らは，信念を記憶であるかのように扱ってきたのである．このアナロジーが働いている様子は，信念は単に「生き生きとした観念」にすぎないとしたヒュームの見解にもっとも明白に見いだすことができる．しかし，われわれが信じていることを決定する際の認知的プロセスはこれとはまったく異なる

---

101) この議論は，ロバート・ブランダムの "Modality, Normativity, and Intentionality," *Philosophy and Phenomenological Research* 63 (2001): 587-610 の中で，かなりの力を込めて展開されている．ブランダムはとりわけ，自然主義的傾向を持つ哲学者たちがしばしば，因果性の概念を自由に利用していることを指摘する．しかも，因果性にかかわるすべての判断が内包している道徳的判断（たとえば反事実的主張のような）に対して，いかなる自然主義的説明も提供していないと言う．こうして，彼らはこの因果性の概念を表象のような規範的観点の説明に用いるのである．これに対して，プラグマティズムの観点は，社会的実践の枠組みで説明された義務的様相を原基的なものとみなす．そして真理様相（あるいは信念様相）は，義務的様相から導出される（このことによって，第3章第2節で注意しておいた構造的な並列関係が説明される．）

ものである．祖父がどのような顔をしているかを覚えているかと聞かれたときには，私は心の中で少しばかりサーチを行い，かつて見た写真のイメージを思い出せるかどうかを考えなければならない．しかし，10年前に書いたことをまだ信じているかどうかを尋ねられたときには，私は，その信念がまだ格納庫のどこかにあるかどうかを見るために，心のサーチをすることはないだろう．信念が明示的に定式化されたものであるという事実，またそのようにして私の確信の「中核」に属しているはずであるという事実にもかかわらず，それを読み出す際に用いる私のアプローチは完全に推論的なものである．私が書いたものに対するコミットメントが，そのとき以来，私が理論的コミットメントに対して行った変更によって排除されているかどうかをチェックするのである．

　また，信念ということになると，限られた一人称特権（first-person authority）しか個人に対して付与しないという事実がある．ある人が他のある人のことをわからないと主張するならば，ほとんどこの主張を受け入れる以外にない（この人がその人のことを覚えているべきだと思われたとしてもである）．ある人が何かを信じていると主張しているときには，疑わしい点を好意的に解釈しがちである．しかし，その人が正しいと主張している信念がその人が抱いている他の多くの信念と明らかに整合的でないならば，その人は本当はそのことを信じていないのだと言ったり，その人は単にそれを信じていると思っているだけなのだと言ったりしたくなる．もし信念が実際にその人の脳の中にあるのならば，こうした一人称権限に対する限定は謎となるだろう．しかし，義務的スコアづけの観点を採用すれば，これはまさに予想されることなのである．われわれは，自分自身のコミットメントに関する主張をしている人は，そうするのにもっとも良いポジションにいると仮定する．通常の環境では，その人こそ，自分自身のコミットメントをもっとも良く把握している人である確率がもっとも高いからである．同様に，スポーツ関係者たちは，プレーをもっとも間近で見ていた審判の判断に従う傾向を持っている．しかし，他の誰もが判定が違っているべきだったと考えているならば，この想定は無効にされうるのである．

　したがって何よりもまず重要なことは，志向的状態は心的状態でないということである．志向的状態は，理由を与えたり求めたりするゲームにおいて書き留められる「標識」なのである．このゲームは最初のうち，われわれが

習得する公的実践である．内面化を通して，このゲームにおいて「仮想的な」手番のシミュレーションを行う能力を獲得するのは，すなわちこのゲームを用いて自分自身の計画能力を増幅する能力を習得するのは後になってからのことである．したがって「計画理論家」たちが，われわれの志向的状態が持つ暗黙的な規範性を指摘しているのは正しい（第2章第3節）．彼らが犯している誤りは，こうした志向的状態の規範性を，われわれのコミットメントする能力や社会的実践のルールを尊重する能力を説明するために用いることができると信じている点である．実際には，志向的状態の規範性を理解するために，コミットメントする能力や社会的実践のルールを尊重する能力が用いられなければならないのである．

4.8 結論

ここでの論証の提示はきわめて複雑なものであった．しかし，最終的に姿を現わす説明は明確である．説明が込み入ったものであったのは，最近まで哲学的思考を支配し，いまだに他の人々の間で広く受け入れられている間違ったアイディアや誤りに導きやすいイメージを振り払うことが必要だったからである．それらのほとんどは，志向的状態を心的画像の1タイプとして説明しようとする試みから生じている．原初的なヒト科の動物（protohominid）がこのタイプの認知的資源を用いて，自分たちの行為を計画していた時代もあったかもしれない．しかし，言語の発展がすべてを変えてしまう．言語はわれわれが自分たちの行為を計画する際に用いる道具——われわれの計算能力を大幅に増幅させるだけでなく，長期目標を定義したり，仮説的シナリオを熟考したり，確率を計算したり，計画をリハーサルしたりするのに必要な認知的スキルの多くを提供する道具——を与えてくれているのである．言語は，クラークが「生物学的脳」と呼ぶものの生得的な能力を大幅にアップグレードする志向的計画システムを主体に対して提供していると考えることができよう[102]．

意思決定理論がモデル化しようとしているのは，まさにわれわれの言語的能力によってもたらされたスキルの集合である．信念と欲求という用語で意

---

102) Clark, *Being There*, p. 191.

思決定について語ることは，義務的地位，あるいは理由を与えたり求めたりするゲームにおいて引き受けられるポジションを記述する方法としては「心理主義的（psychologistic）」である．意思決定理論は，こうした義務的地位に内包されたコミットメントを明示的にするようデザインされた語彙なのである．それは，雨が降るだろうと信じていて濡れたくないと思っている人は，職場に傘を持っていくべきだと，われわれが言うことを可能にする．合理的選択理論の理論家たちが，人々が実際に心の中に確率分布を持っているとか，可能世界の集合の上に完備な選好順序を持っているとか，ある状況で一連の合理的行為を決定するために必要な計算を遂行しているなどと主張したことは決してない．これがばかげていることは自明であろう[103]．重要な点は，特定の信念と欲求の組を所与とすれば，こうしたコミットメントと整合的な行為の仕方が1つしかないということだけである．意思決定理論は，こうしたコミットメントの含意を明示的に述べることを可能にしてくれるのである．

実践的文脈においては，主体たちは自分の信念と欲求を明示的に明確に述べることを，自分の行為を計画する方法として用いている．この計画が内的場所（foro interno）において行われるときに，信念と欲求はわれわれの実践的熟慮のための枠組みを提供しているのである．信念と欲求が他者に帰属されるときには，それらは行為を志向的状態の用語で説明するための枠組みを提供してくれる．われわれの行為を合理的なものとして認証するのは，この認知的構造の使用である．もちろん，われわれが「言語アップグレード」の獲得に先立ち，われわれの進化的歴史の初期段階で獲得した行動性向を非常に多く持っていることに疑いの余地はない．しかし，行動レベルに属する概念（感覚［sentience］）を行為理論のレベルに属する概念（知恵［sapience］）と混同しないことが重要である．後者は，前者にはまったく欠けている規範性と志向性という形態によって特徴づけられる．これら2つのレベルの混同については，多くの異なる哲学的誤りに責任がある．本章で述べた信念に関する心理学的実在論だけでなく，欲求に関する非認知主義もそうした誤りの1つであるが，次にそのことを示したいと思う．

---

103) Gilbert Harman, *Change in View: Principles of Reasoning* (Cambridge, Mass.: MIT Press, 1986) を見よ．

第5章
選好の非認知主義

Preference Noncognitivism

　西洋哲学には，人間の欲求を何らかの意味で合理的コントロールの領域外にあるものとして取り扱う長い伝統がある．もちろん，空腹や喉の乾きが簡単に意志の力で追い払えると考える人はほとんどいない．この論争が発生するのは，こうした基本的な身体的機能がわれわれのすべての動機的状態（選好，欲求，情動［emotion］，感情［sentiment］など）のモデルとして理解されるべきであるという主張に関してのみである．この見解によれば，われわれが行為を通して獲得しようと努める目標を規定するのはこうした動機的状態であるから，すべての人間の目標や欲望はわれわれにとって本質的に所与となる．それらは選択されないのである．われわれの合理的熟慮は，せいぜい背後にある衝動を流すことができるだけであり，根本的にそれを改訂したり，変更したりすることはできない．そしてどのような状況でも，欲求が合理的熟慮のプロセスを通して新たに生じることはありえない．ヒュームがいうように，「当然のことだが，われわれは天体の運動を変更できないのと同じように，われわれ自身の感情を変えることもできない」[1]．哲学者たちが伝統的に欲求よりも信念に関してより多くのことを述べてきたのは，この広く行き渡った欲求に関する非認知主義のためである．

　意思決定の理論家たちの「選好を所与として扱う」という方法論的禁止令は，それ自体では，厳密に理解された実践的合理性の理論にとって外生的な

---

1) David Hume, *A Treatise of Human Nature*, 2nd ed., ed. L. A. Selby-Bigge (Oxford: Clarendon, 1978), p. 517.

ものとして選好の生成を取り扱うことができるようにするために，問題の集合を分割する無害な試みにすぎない．しかし実際には，選好は「所与である」にすぎないという見解はしばしば，選好は「恣意的」ないし「不合理的」であることを意味するものと理解されてきた．言い換えれば，意思決定理論家たちは，しばしば古くから言われてきた「趣味については論じられるべきことはない（de gustibus non disputandum est）」を受け入れ，それをすべての選好に適用しているのである．このことには十分な理由が存在しない（unmotivated）──とりわけ，選好順序を命題的内容を持った志向的状態の集合という観点から理解するときには（そして，こうした志向的状態を理由を与えたり求めたりするゲームにおけるポジションにすぎないと解釈する場合にはなおさらである）．しかし，選好の非認知主義的見解は十分広く行き渡っているので，この見解に対して長年にわたり支持を与えてきた心の習慣を一掃するためにも，この考えをより詳細に検討する価値がある．

　欲求は合理的な熟慮とコントロールの領域の完全に外側にあるという主張は，日常的な直観と明白に矛盾している．この問題に関するより常識的な見解は，われわれが自分の動機と格闘しているというものである．この対立は，われわれがなしたいことと，われわれが最善と知っていることとの間の衝突としてしばしば経験されている．あるときにはこの対立が一方向に流れ，他の場合には他の方向に流れる．ある種の衝動は意志にとって極端に御しがたいものであり，われわれは結局それに屈服する．他のケースでは，われわれは招かれざる衝動を最小限の手間で抑えることができる．（実際，この種の自制をある程度持っていることは，通常大人を子供と区別するために用いる特徴のひとつである．）したがって，われわれの感情（sentiment）が完全に合理的な熟慮とコントロールの範囲の外側にあるというのは一見してもっともらしくない．

　しかし歴史的には，欲求に直面したときにどうすることもできないという感覚がどこから来たのかを理解するのは難しくない．キリスト教の伝統は常に，身体と魂との間の強力な二元論で特徴づけられてきたが，そこでは通常，欲求は身体と，信念は魂と結びつけられてきた．アウグスティヌス以来，身体に対するコントロールを失うことは，性的興奮のケースを範例として，原罪の主要な帰結と現われとみなされてきた[2]．しかしこうした歴史的背景は，なぜ欲求の非認知主義的把握がこのように広範に受け入れられ続けているの

かということを説明するものではない．とりわけそれは，一元論的な心の理論を支持している——したがって信念と欲求が類似の存在論的地位を持っていると考えている——理論家たちがなぜ，欲求を合理的熟慮の領域の外側に置き続けているのかを説明しないのである．欲求がときおり非自発的であるという事実はとるに足らないものである．われわれの信念もまた非自発的だからである[3]．非認知主義のテーゼは，ひとたび欲求が命題的内容を持っているということを認めるならばずっと問題含みとなる．初期の唯物論的な心の理論では，信念は一種の画像のようなものとして考えられたのに対して，欲求は力（あるいはバネや水力）と考えられた．これらの力学的なメタファーは，欲求も信念と同じく表象的内容を持っているという事実を曖昧にする役割を果たした．しかし，表象，概念使用，合理性の間にある内的関係を考えると，非認知主義のテーゼはますます維持することが難しくなるのである．

　現代の哲学的用語では，欲求が表面的認知主義を示すことがしばしば認められている[4]．言い換えれば，信念と同じ仕方で，欲求も互いに推論的関係に立つのである．われわれはまた，信念に対してそうするように，欲求に対しても論理的な整合性を課している．たとえば，意思決定理論において選好関係が推移的であると仮定されていることはよく知られている．人々の実際の選好がしばしばこの原則に反するということもまたよく知られている[5]．しかし，個人が非推移的な選好を持つことを示している多くの心理学的研究において，人々はそのことが指摘されるや否や，非推移性をなくすためにすぐに自分の選好を改訂するということは同じ程度に知られていない．彼らは，通常の推論をする人々が不整合的な信念に対して反応するのとほぼ同じ仕方で，非推移的な選好に反応するのである[6]．

---

2) St. Augustine, *The City of God against the Pagans*, ed. and trans. R. W. Dyson (Cambridge: Cambridge University Press, 1998), pp. 615-16 (bk. 14, chap. 17).
3) Philip Pettit and Michael Smith, "Freedom in Belief and Desire," *Journal of Philosophy* 93 (1996): 429-49 を見よ．
4) この用語は，道徳的論議を描写するために Peter Railton, "Moral Realism:Prospects and Problems," in Walter Sinnott-Armstrong and Mark Timmins, eds., *Moral Knowledge?* (New York: Oxford University Press, 1996), pp. 59-60 によって用いられている．
5) Amos Tversky, "Intransitivity of Preferences," *Psychological Review* 76 (1969): 31.
6) Leonard J. Savage, *The Foundations of Statistics*, 2nd ed. (New York: Dover, 1972), pp. 19-21.

このように欲求は，われわれの日常的な論証や熟慮の実践の中で信念と非常に似ているように見えるし，振る舞うのである．したがって，非認知主義のテーゼを維持する唯一の方法は，欲求が認知的に欠陥を持つもっと深いレベルが存在し，したがって信念よりも何らかの仕方で合理的でないと論証することであった．この立場は，いわゆるヒューム主義的動機理論の主唱者たちによってもっとも積極的に擁護されてきた立場である．

5.1　実践理性に関する懐疑主義

欲求に関する非認知主義的テーゼの定式化には，さまざまに異なる方法がある．その多くは，志向的状態や合理性の性質に関する問題のある理論にきわめて密接に結びついている．たとえば，欲求は認知的状態でないという主張はしばしば，欲求は真でも偽でもないとする主張として表現されている．しかし，これはあまり役に立たない．それが本当に意味を持つためには，真理の理論と，真理が妥当性や正当化のような他の認識論的に重要な概念とどのように関連しているのかに関する説明とによって補足されなければならないからである．これらの補足的理論は問題となっている欲求の概念化と同じくらいにしばしば問題含みなのである．

これらの種類の理論はまた，この論争を実際に駆り立てているものから関心をそらす傾向にある[7]．それは合理的討議（rational argumentation）に対する関心である．認知主義者と非認知主義者との間にある論点は，われわれがある人に対して彼が x をすべきだと説得しようと努め，彼がそうしたくないと言って反応する場合に，われわれに何ができるのかということに関するものである．どんな論証的資源がわれわれの手元にあるのだろうか．これで議論は終わるのだろうか，あるいは彼がたまたましたいことに関係なく，この人に x を行うべきだと確信させることは可能なのだろうか．x が何かの道徳的義務であり，主体が自分の自己利益と対立するためにその行為を遂行したくないという場合に，この問題は明らかにもっとも重要となる．

非認知主義的立場は多くの場合，その出発点として，こうした議論がどこ

---

7) Stephen Toulmin, *An Examination of the Place of Reason in Ethics* (Cambridge: Cambridge University Press, 1950), pp. 63-64 を見よ．

にも行きつかないように思えるという観察から始める．くたくたになるまで論じることができるが，それでもバニラが好きな人に対して，チョコレートをより選好すべきだと説得できないだろう．非認知主義者はこの観察を拡張して，原則的にすべての選好をそこに含めようとする．意思決定理論の言葉で言うならば，各主体は（行為と帰結の両方を含む）すべての可能世界の集合を最善のものから最悪のものまでランクづける選好順序を持つのである．もっとも厳しい形の非認知主義的立場によれば，これらの選好はどのような推論プロセスの結論でもない．それはありのままのデータなのである．したがって，ある人が本当にある行為を遂行したくないならば，合理性の観点からそれに対してできることは何もない．

　しかし，この描像には少し仕掛けがある．欲求に関する非認知主義的見解は一般的には，道具的熟慮が存在することや，この形式の熟慮が「新たな」欲求を生成する潜在的可能性を持っていることを否定しない．その主張は，何を欲求するべきかに関する熟慮のようにみえるものはすべて，実際には，先行して与えられたある欲求を満足するためにどうするのがベストなのかに関する熟慮にすぎないというものである．したがってヒュームは，理性はわれわれに対して目的を設定せず，それはすでに存在している欲求を流す（channel）だけであると論じたのである．このことは，次の２つのうちのどちらかの仕方で行われる．「理性が情念の適切な対象である何かの存在をわれわれに知らせることによって情念を呼び起こす場合か，理性が原因と結果の結合を発見し，情念を発揮する手段を与える場合か」である[8]．前者の例は，私が信頼できる自動車を購入したいときに，友人がどのモデルがもっともよい記録を持っているかを教えてくれる場合である．後者の例は，私がある自動車ディーラーに行きたいときに，友人がどのバスに乗ればいいかを教えてくれる場合である．もちろん両者に明確な区別は存在しない．重要なことは，どちらのケースでも「理性」によってなされる貢献が純粋に事実に関するものであることである．どちらの形のアドバイスも，それが機能するのは，私に自分の欲求を満足させることを可能にする信念を提供することによってである．したがって，誰かに対してxをするように説得しようと努力していて，彼女がそうしたくないとき，われわれはしばらくの間，合理的議論

---

[8] Hume, *A Treatise of Human Nature*, p. 459.

に従事することができるかもしれない.しかし,もしこの人が誤った信念を持って苦労しているわけではないということと,その信念を彼女の欲求に結びつける際にどんな間違いも犯していないことが明らかになったならば,議論のネタがなくなってしまうだろう.

広く議論された論文の中で,バーナード・ウィリアムズはこの主張を以下のような仕方で述べている[9].彼は,各個人があるコアとなる選好の集合 S を持っていると論じた(彼はこれを,これらの選好の内容はまったく特定されないものであることを強調するために,「主観的動機集合(subjective motivational set)」と呼んでいる).この人に対して x を行う理由があると説得しようとするならば,われわれは,行為 x の遂行がどのようにして S のある要素の満足に導くのかを示さなければならない. x をその主体の主観的動機集合に何らかの仕方で関わらせることができないときでも,われわれはその人に対して心理学的ないし社会的圧力をかけることができるだろう.しかし実際のところ,われわれはそれ以上その人と議論することができないのである.

この見解は現在では,ウィリアムズに多少とも従いつつ,動機のヒューム主義的理論と呼ばれている.ウィリアムズの論文の出版に続いた論争の結果,論争点がある程度明確化された.とりわけ,ヒューム主義的理論には2つの要素があることが明らかになったのである.第1のものは,すべての行為はある欲求または選好に対する言及を通して正当化される必要がある——信念だけでは主体が行為するよう動機づけるには決して十分ではない——という主張である.この結論を確立することを目的とする論証は,「目的論的論証」と呼ばれる.第2のテーゼは,欲求それ自身はさらなる欲求に対する言及を通してのみ正当化できるというものである.これは,「欲求イン・欲求アウト」(desire-in desire-out)の原理と呼ばれている.欲求に関する非認知主義的テーゼを確立するには,これら2つの論証だけで十分であるということが示唆されてきた.

目的論的論証が意図しているのは,われわれが誰かに x をするよう説得しようとするときに,その人の欲求を単に無視して, x をするというコミット

---

9) Bernard Williams, "Internal and external reasons," in *Moral Luck: Philosophical Papers 1973-1980* (Cambridge: Cambridge University Press, 1981), pp. 101-13.

メントがその人の信念から導かれるのだと主張できるかもしれないという立場に反論することである．目的論的論証は，原則的に，われわれがある行為を遂行する理由は常に信念と欲求を含まなければならないことを示そうとする．もちろん，通̇常̇はわれわれの行為のための理由が両者を含むことにほとんど疑いの余地はない．しかし，重要な例外があるように思われる．具体的に言うと，トマス・ネーゲルは，われわれがしばしば現在の欲求に基づいてではなく，将来の欲求の予想に基づいて行為することを洞察した[10]．ある主体は現在空腹でないかもしれないが，すぐに空腹になるだろうと信̇じ̇る̇ために夕食の用意を始めるかもしれない．さらに，慎慮のある主体は，将来の欲求の予想に基づく信念に対して，現在の欲求よりも高い動機的な優先順位を与えるかもしれないと思われる．その人は食糧を探すために，現在の眠りたいという欲求を抑えるかもしれない．どちらの場合でも，その人が欲求に基づいて行為したと言うことはミスリーディングである．その行為を慎慮あるものにしているのはまさに，食べたいという現在の欲求がないことだからである．

もちろんこれらのケースについて，何らかの欲求を含むような説明を仕立てあげることは常に可能である．たとえば，この主体は将来の欲求を満たす欲求を持っているのだと論じることができよう[11]．こうしてこの欲求は，その人がすぐに食べたくなるだろうという信念と結びつけられて，夕食を用意する欲求を生成することになる．この戦略に関してもっとも自明な問題点は次のような点にある．われわれはこのような「欲求」に欠けた主体を合理的と呼ぶことに躊躇するだろうが，しかしその一方で，われわれが，このように実質的な欲求を持つことに対して実践的合理性を結びつけたいかどうかはまったく自明でないことである．しかしもっと深刻な問題は，この応答においてそのような欲求が措定されるアドホックな仕方である．この応答は背景に存在する欲求の存在を立証する方向に向かうのではなく，われわれがこのケースで欲求について語ることが自明なことだと主張する傾向を持つ．

目的論的論証は，目標や目的を持つという観念には何か内在的なものがあり，そのことが，主体の行為の説明に欲求を措定することをわれわれに要請

---

10) Thomas Nagel, *The Possibility of Altruism* (Oxford: Charendon Press, 1970), p. 28.
11) Michael Smith, *The Moral Problem* (Oxford: Blackwell, 1994), p. 99.

しているのだと示すことで，こうした困難を修正しようとする．この論証は最初の明快な定式化がマイケル・スミスによって与えられたものだが，それ以前の多くの議論の背景にも潜んでいることがわかる．この論証は以下のようになされる．

1. 意図的行為は，主体がもたらそうとする目標の観点から目的論的に説明される．
2. このタイプの志向的説明は，主体の目標志向的な心理学的状態によって組み立てられていなければならない．
3. 信念は世界を表象することを目的とする心理学的状態であり，目標志向的なものとしての資格を持たない．
4. 欲求は目標志向的な心理学的状態である．
5. したがって，志向的説明は厳密に信念の観点で組み立てることができない．それは欲求に対する言及をも含まなければならない．

　しかし，この論証が行為のどのような説明にも欲求が必要とされることを立証するのにどのように成功していたとしても，現在では，目的論的論証はそれ自身では非認知主義的含意を持たないことが一般的に受け入れられている．それは，ここで喚起された欲求の概念が純粋に形式的なものだからである．スミスがいうように，欲求は単に目標志向的な志向的状態として定義されているのだから，「目標を持つことが欲求することであると結論づけられる」[12]．このことは，言明（4）を欲求の定義として扱っているということに行きつく．したがって目的論的論証は，行為が，たとえば空腹や喉の渇きのような，ある実質的な欲求の観点から説明される必要があるということを示していない．それは単に，説明がそのどこかに欲求を特徴づけなければならないということを意味するにすぎない．追求されている目標の遠回しの再記述となるような欲求を単にでっち上げることを妨げるものは何もないのである．
　このことからとりわけネーゲルは，目的論的論証が，純粋に認知的な動機理論と完全に両立可能であることを論じてきた．彼は，「x は善である」と

---

12) Michael Smith, "The Humean Theory of Motivation," *Mind* 96 (1987): 54.

いうタイプの評価に関する信念が，なぜxへと導く行為の遂行に主体が努めるのかを説明するのに十分であると考えたがっている．しかし，動機のヒューム主義的理論の主唱者がやってきて，「その説明には欠陥がある．君はその主体がなぜxを欲しているかをまだ語っていない」と言うならば，認知主義者にとっては本当の問題は何もないことになる．ネーゲルには次のような応答することができる．「君が説明に欲求を含めることを主張するなら，xが善であるというその主体の信念が彼にxであるようにする欲求を与えているのだと言うことができる．そしてこの欲求が彼に必要な「動機」を与えるのだと．」重要な点は，この説明において欲求は余分なギアであるということである．それは回転しているものの機能していない．

こうしたことは，ヒューム主義的見解の実質的内容がどのように行為が計画され，実行され，説明されるかに関する理論にあるのではなく，われわれの欲求の源に関する理論にあるのだということを明白にする．目的論的論証はとるに足らないものなのである．ウィリアムズの立場にとってのキーポイントは，「欲求イン・欲求アウト」の原理である．この見解によれば，欲求をアウトプットとして生み出すどのような熟慮のプロセスであっても，（信念だけでなく）他の欲求をインプットとして持たなければならない[13]．これこそがネーゲルのような合理主義的理論の可能性を排除するものである．さらに，すべての熟慮はある欲求を「インプット」として受け取らなければならないので，すべての欲求が熟慮の生産物であることはありえない．単に与えられているだけのものが存在し，他のすべてのものの生産の基礎として役立たなければならないのである．

したがって，ヒューム主義的見解はしばしば「実践的理性に関する懐疑論」の1タイプとして記述されるのにもかかわらず，これはきわめてミスリーディングであることがわかるのである[14]．ヒューム主義者は，実践理性に欠陥があると主張したり，実践理性が適切に正当化されたアドバイスを行う

---

13) ネーゲルはこのことに気づいている．「欲求の中に動機づけられた欲求があることは，疑いなく一般的に認められるだろうが，問題は，動機づけられた欲求の背後に常に他の欲求が存在するか，あるいは，最初の欲求の動機に他の欲求に対する言及を含まないことがあるのか，つまり動機づけられない欲求があるのかということである．」*Possibility of Altruism*, p. 29.
14) Christine M. Korsgaard, "Skepticism about Practical Reason," in *Creating the Kingdom of Ends* (Cambridge: Cambridge University Press, 1996), pp. 311-34.

ことができないと主張しているのではない．その主張は，実際には，われわれの欲求の起源に関するものなのである（すなわち，それらのあるものは単に与えられなければならず，したがって合理的ないし認知的評価に対して開かれていてはならないということである）．ジェイ・ウォーレスによれば，この洞察は論争に対して重要な再方向づけを行う結果をもたらす．「ヒューム主義者が実際に立証責任を負っているのは，欲求を合理化する説明に関する主張，私が欲求イン・欲求アウトの原理と呼ぶ主張である．目的論的論証がヒューム主義者と合理主義者の論争を解決することに失敗したのは，目的論的論証それ自体はこの重要な原理を支持しないからである」[15]．

スミスは当初，欲求イン・欲求アウトのテーゼは彼のような目的論的論証の単純な繰り返しによって確立できるものと考えていた[16]．行為が欲求（あるいは信念と欲求）の観点から説明される最初の適用の後に，この欲求を説明するような試みがなされる．この欲求もまた目標志向的な心理学的状態であるから，それはさらなる目標志向的状態の観点から説明されなければならない等々．ヒューム主義的見解に対する多くの批判者たちがこの論証に焦点を当てて，欲求が何らかの他のプロセス（たとえば，評価に関する信念の適用や純粋実践理性の行使）を通して生じうることを示そうと試みてきた[17]．しかし，こうした論証はヒューム主義者にとっての問題を創出するとはいえ，それもまた根本的に間違った方向に向かっている．批判者たちは皆，欲求イン・欲求アウトのテーゼの適切な擁護が伝統的なヒューム主義的非認知主義の擁護を構成するだろうということを受け入れているのである．私は，欲求イン・欲求アウトのテーゼもまた，目的論的論証と同様に決定的ではないことを示唆したい．それだけで受け取るならば，欲求イン・欲求アウトのテーゼは懐疑主義的な含意をまったく持たないのであり，合理主義者や認知主義者にすぐさま受け入れられるものである．このテーゼが問題を生み出し始

---

15) R. Jay Wallace, "How to Argue about Practical Reason," *Mind* 99 (1990): 371.
16) Smith, "Humean Theory of Motivation," p. 59. 興味深いことに，スミスは *The Moral Problem* に再録されている論文の書き換えの際に，欲求イン・欲求アウトのテーゼに対するこの反復的な擁護を引っ込めている．残念ながら，彼は「導出されない」欲求について言及を続けているが，そのようなものが存在することを示す論証をもはや提示していない．
17) 前者については，Wallace, "How to Argue about Practical Reason" を，後者については Korsgaard, "Skepticism about Practical Reason" を見よ．

るのは,それが正当化の基礎づけ主義的概念化と結びつけられるときだけである.

5.2 欲求イン・欲求アウトの原理

　欲求イン・欲求アウトの原理が欲求に関する非認知主義を支持する論証として不十分であることを示すためには,多くの哲学者たちが信念に関して似たようなテーゼを支持しており,それが懐疑主義的な含意をまったく持っていないことに気づくだけで十分である[18].多くの人が,信念を正当化できる唯一のものは別の信念であると考えている.このことは,ヒューム主義者が欲求に対して欲求イン・欲求アウトの原理があるというのとまったく同様に,われわれの信念の導出を規制するものとして「信念イン・信念アウト」の原理が存在するということを意味している.しかし,このことは驚くにあたらない.正当化は推論的関係だからである.推論において「前提の位置」に差し込める唯一のものは,ある種の文ないし主張である.したがって,正当化の関係が志向的状態同士の間にのみ存在することに気づくことは驚くに値しないだろう.

　正当化の関係のこうした特徴は,よく知られた懐疑主義的論証,「認識の後退問題」を発生させる.そして,この論証を欲求に関する非認知主義の擁護に用いることは可能である.しかし,この論証をそのように用いたところで,なぜ同様な直接的帰結として信念に関する非認知主義が帰結しないのかを理解することが非常に難しくなる.残念ながら,多くのヒューム主義者たちは,一般的な懐疑論を特殊な理論的立場を支持するために用いようと努めながら,この罠にはまってしまっている.彼らは相手の見解を攻撃するために,懐疑的論証に行きつくものを用いながら,これらの論証が自らのよって立つ基盤を掘り崩していることに気づかないのである.

　後退論証とは何か.ある主体 a が p という信念を持っていると仮定しよう.a がこの信念を持っていることが正当化されるか否かを決定するために,わ

---

18) Donald Davidson, "A Coherence Theory of Truth and Knowledge," in Ernest LePore, ed., *Truth and Interpretation: Perspectives on the Philosophy of Donald Davidson* (Blackwell: Oxford, 1986), pp. 307-19 を見よ.

れわれは a に p を信じる理由を提供するよう求めるかもしれない．懐疑主義者はここで，原理的に，その主体はこの要請に満足いく応答を提供できないだろうと考える．もしその人が p を信じる根拠として新たな信念 q を提示するならば，その人は問題を先送りすることに成功しているにすぎないのである．q が p の十分な根拠として役立つためには，さらに q であると信じる根拠がなければならない．しかし，q と信じる根拠を説明することを求められたときに，この主体はトリレンマに直面することになる．もしこの人が今度は q の根拠として新たな信念を導入する戦略を継続するならば，その人は明らかに無限後退に乗り出していることになる．しかし，残された他の選択肢は，すでに言及された信念に戻ってくることか，単にさらなる理由を提供することをやめてしまうことだけであるように思われる．これら3つの選択肢のどれも信念が正当化されたという主張を回復することができる一連の行為を提供しないので，この主体はいかなる正当化された信念も持つことができないように思われる．いかなる信念もそれを支持する推論の連鎖は無限でなければならないか，あるいは循環的か，恣意的な停止点を持つことになる．

　この論証の構造は馴染み深いものだろう．この論証は，アリストテレス以来，宇宙の起源と神の存在に関する哲学的思弁を活気づけてきた因果に関する後退論証と似ているからである[19]．そのもっとも影響力のあるバージョンによれば，対象におけるすべての運動は，すでに運動しているある対象から転移されなければならないので，この運動すべてがどこから来ることができるのかを説明するという問題が生じる．この連鎖が無限ならば，最初に動くものは何もないことになり，運動というものはまったくありえないことになる．したがって，どこかに動かされないが動くもの〔「不動の動者」とも訳される〕がなければならず，それが全プロセスを進行させていることになる．

　類似の推論構造を用いて，人々は信念の領域に「動かされないが動くもの」がなければならないと論じた．懐疑論者と一緒になって，推論の連鎖は循環的であるべきではないし，無限であることもできないと仮定すると，すべての正当化はいずれある点で停止しなければならないという結論だけが残される．こうした「基礎的」信念は認識論的領域の動かされないが動くもの

---

[19] Aristotle, *Physics*, trans. Robin Waterfield (New York: Oxford University Press, 1996), pp. 207-11 (VIII 6: 258b10-259b20).

となるだろう．欲求の場合にもまったく同様の論証がなされうる．したがって，ウィリアムズが主体の「主観的動機集合」について語ったり，スミスが主体の「動機づけられない欲求」について語るとき，彼らが実際に語っていたのは実践的領域の動かされないが動くものなのである[20]．両者とも，暗黙のうちに，そのような実体の存在を確立するために後退論証に依拠している．主体aが行為pを遂行する十分な理由を持つかどうかを決定するためには，われわれはaに対して説明を求めなければならない．目的論的論証によれば，これはpに対する欲求の形式をとるだろう．われわれがさらにこの主体がpを欲求するのはなぜかを探求するならば，欲求イン・欲求アウトのテーゼによると，合理化の説明はpの根拠として，ある先行する欲求を引き合いに出さなければならない．たとえばqに対する欲求である（pを所与としたときのqの確率に関する信念とともに）．しかしながら，qに対する欲求がpに対する十分な理由として役立つためには，さらにqを欲求する何らかの理由がなければならない．同じトリレンマが発生する．合理化する欲求の無限の連鎖が繰り出されなければならないか，理由の連鎖がそれ自身へと循環して戻らなければならないか，それとも単に，さらなる合理化の説明に服さない欲求で終わらなければならないかである．

　額面通りに受け取るならば，懐疑論的な後退論証は，これらの動かされないが動くものは任意のものであるという非常にラディカルな結論を示唆している[21]．そのような見解は，真の意味で欲求に対する非認知主義的姿勢を含意することになろう．たとえば，自分の欲求に対してわれわれが提供する正当化は，語のフロイト的な意味で，単なる合理化にすぎないと示唆されるかもしれない．このような見解によれば，われわれの欲求は純粋に不合理的なプロセスの産物である．しかし，われわれはそれがどこから来たのか，何がそれに資格を与えているのか，それらがどのように関係しあうのかということに関する「正当化」のストーリーを語ることが非常にうまくなったということになる．こうしたストーリーは決して満足のいくものではなく，原理的に満足のいくものになりえない．正当化の連鎖は，ある恣意的な点で止める

---

20) 「動機づけられていない」欲求と「動機づけられた」欲求との区別はネーゲルによる．*Possibility of Altruism*, p. 29.
21) 後退論証に基づくこの見解の例としては，Paul Anand, "Are the Preference Axioms Really Rational?" *Theory and Decision* 23 (1987): 189-214 を見よ．

ことを選択しないならば，永遠に続いてしまうだろうからである．

上記の見解は，ほとんどのヒューム主義者たちが抱いている考えよりもかなり極端なものである．後退論証の通常の使用の仕方は，徹底的に懐疑論的結論を確立するのではなく，ある形の主観主義を示唆することである．たとえば，ヒュームがそれをどのように用いたかを見てみよう．

> いずれにせよ，人間の行為の究極の目標が，理性によっては決して説明されえないということ，知的能力にまったく依存することなく，もっぱら人類の心情（sentiment）と感情（affection）に対して委ねられるということは明らかに思われる．ある人になぜ運動をするのかを尋ねれば，彼は健康を維持したいからだと答えるであろう．そこでもしなぜ健康を欲求するのかをさらに尋ねれば，彼はすぐさまなぜならば病気は苦痛だからだと回答するだろう．この探求をさらに進め，なぜ彼が苦痛を嫌うのかという理由を望むならば，彼は何らの回答をすることもできなくなる．これが究極の目的であり，決して他の対象に差し向けられないのである．[22]

ヒュームがここで示唆しているのは，後退がある恣意的な点で終わらなければならないということではなく，むしろ非常に特定の点，すなわち苦痛を回避する欲求のような，「所与の」欲求で終わらなければならないということである．したがって，後退論証は懐疑論的立場を確立するために用いられているのではなく，基礎づけ主義的な立場のために用いられているのである（つまりヒューム主義的立場は「実践理性に関する懐疑主義」というよりむしろ，「実践理性に関する基礎づけ主義」と称される方がふさわしい．）後退論証に反応するための基礎づけ主義的な戦略は，2つの主要な点で懐疑論者と合意している[23]．第1に，基礎づけ主義者は，正当化の無限の連鎖は受け入れがたいこと，そして，信念を支持する無限の連鎖を主体に帰属させることは間違いであるか，意味がないということに同意する．第2に，基礎づけ主義者は，循環的推論が受け入れがたいこと，そして主体の信念システムが合

---

22) David Hume, *Enquiries Concerning Human Understanding and Concerning the Principles of Morals*, 3rd ed., ed. L. A. Selby-Bigge (Oxford: Clarendon, 1975), p. 293.
23) William Alston, *Epistemic Justification: Essays in the Theory of Knowledge* (Ithaca, N.Y.: Cornell University Press, 1989), p. 54.

理的である限り，循環的構造を示すことがないことに関して懐疑論者に同意する．その結果，基礎づけ主義者は，トリレンマの第3の角をつかみ，正当化がある点で単に尽きてしまうということを受け入れるのである．

　基礎づけ主義者が懐疑論者と意見を異にするのは，最後の点の意味に関してである．認識論的な基礎づけ主義者は，ある種の信念が持つある性質——他の信念に推論的に依存するということ以外の——のおかげで，主体がそれを抱くことが正当化されると論じるのである．たとえば，ある種の信念は，その内容を理由として内在的に正当化されたり，因果的に物事の経験的な状態に結合されていたり，主体の経験のある性質を通して知られたりするかもしれない．こうして基礎づけ主義者は，主体の信念を2つのタイプに分割する．推論的に正当化されるものと直接知られるものである．後者はしばしば「基礎的信念」と呼ばれるものである．後退論証は，主体の持つ推論的信念が基礎的信念のある集合で停止するような正当化の連鎖の中で生じる限りにおいて，主体が正当化された信念を持つという主張を脅かさない．

　この見解によれば，後退論証が重要なのは，それが主体の信念システムの構造に関して何かを教えてくれるからである．懐疑論的結論は明白に受け入れられないものだから，後退論証が示すことは，すべての合理的信念は最終的に，それ自身はさらに正当化しえない基礎的信念によって正当化されなければならないということなのである．このことは，1つの信念のいかなる合理化の説明も，ある点で基礎的信念で終わらなければならないこと，基礎的信念はある意味で，主体がそれに関連する推論連鎖の中で他の諸信念を持つことの「究極的な」説明を提供することを意味している．経験主義的伝統では，これらの「基礎的信念」が単純な観察文であると想像することが通常である．この見解によれば，「そのテーブルは茶色である」は推論的に正当化されえず，経験と直接的に向き合うこと——テーブルを見ること——を通してのみ確かめられうるのだから基礎的信念である．

　したがって基礎づけ主義的な見解は，信念が2つのクラスに階層化される——基礎的信念と理論的信念——という主張によって特徴づけられるだけでなく，こうした基礎的信念のすべてが共有し，それのおかげで基礎的信念がその地位を占めているような性質が存在するというアイディアによっても特徴づけられるという傾向を持つ．標準的な経験主義的見解は，基礎的信念の集合はわれわれの感覚（sense）の行使を通して直接的に形成される信念で

あるというものである．（中世におけるより一般的な見解は，神の啓示が必須な前提の集合を与えてくれ，そこからわれわれが作業することができるというものであった．）

　上に引用した部分でヒュームがしていることは，この論証を欲求に合わせて改訂することであった．この見解では，われわれの欲求は2つのクラスに階層化される——動機づけられるものと動機づけられていないものである．動機づけられない欲求の共通点は何だろうか．ここで，主観主義者は，動機づけられていない欲求は外的感覚を通して表われるのではなく，内的感覚を通してであると論じる．それらは，われわれ自身の身体的状態——渇き，空腹，怒り，より還元的バージョンでは単に快と苦痛とされる——の直接的経験から来るのである．ヒュームはこれらを「情念」という一般的カテゴリーにまとめている．これらの情念はすべての内在的欲求の集合を構成しており，すべての他の動機はこれらの原基的な情念の1つから，ある仕方で派生する．

　この種の主観主義が哲学的な動機づけをまだ必要としていることは，ときおり見逃されている．ヒュームは実際のところ，説明の連鎖が（他の何かではなく）われわれの身体的状態の1つで終わらなければならないということを示すいかなる論証も提供していない．この説明に共感するすべての人が，ヒュームのように，動機づけられない欲求を「情念」に同定することに同意しているわけではない[24]．これらの理論家たちがこの論証から抽出しているのは，各主体の行為が最終的には，それ自身では熟慮の産物ではなく，したがって合理的改訂に対して開かれていないような欲求の中核的集合によって動機づけられているという結論である[25]．しかし，それらがさらなる熟慮に対して開かれていないという事実は，それらが主観的であることを意味しない．アリストテレスは単一の「至高善（best good）」の存在を立証しようとして，ほとんど同一の後退論証を『ニコマコス倫理学』で用いている．トマス・アクィナスはこの論証をほんの少しだけ修正し，実践的領域における「動かされないが動くもの」が物理的領域の「動かされないが動くもの」と

---

24) たとえばスミスは，彼が「欲求の現象学的把握」と呼ぶものから距離をおいている．*Moral Problem*, pp. 104-11.
25) したがって，バーナード・ウィリアムズによれば，すでに正しい動機を持っているわけでない主体と道徳性について議論するとき，道徳的当為をその主体に貼りつける「糊」は「社会的で心理学的なものである」．*Moral Luck*, p. 122.

同じ——すなわち神——でなければならないことを示そうとしている[26]．実際，実践的正当化の基礎づけ主義的把握は，キリスト教神学者たちの間で非常な人気を博し続けているが，その理由はまさにそれが人間のすべての目的の依存性（contingency）を示しているからである．これは，人間理性の行使は常に神の権威によって補足されなければならないという教義の哲学的基礎である．

現代哲学では，クリスティーン・コースガードのような基礎づけ主義者は，客観主義的なメタ倫理学的見解を擁護するために，同じ種類の後退論証を用い続けている．コースガードは以下のように論じている．

　正当化は，説明のように無限後退を生じさせるように思われる．どのような理由が提供されても，われわれは常になぜと問うことができる．もし，ある目的の完全な正当化が可能であるならば，何かがこの後退を停止しなければならない．それについてなぜと問うことが不可能か不必要であるような何かが存在しなければならないのである．これは無条件に善なるものであろう．無条件に善であるものは，他の善い物の価値の条件として役立つだろうから，それは価値の源泉となるだろう．実践理性はここで，何が無条件に善であるのかを確立するという非道具主義的な課題を持つことになる[27]．

このスタイルの論証は驚くほど広く見られる．ネーゲルは同じような推論を用いて，どのような特定の正当化をも超越するような，主体性の究極的「解釈」の中に，実践的推論を基礎づける必要性を確立しようとしている．

　というのは，われわれがある要請（requirement）を正当化するとき，

---

26) St. Thomas Aquinas, *Summa Theologica*, trans. Fathers of the English Dominican Province (New York: Benzinger, 1947), p. 586 (Ia IIae, qu. 1, art. 4).
27) Christine Korsgaard, "Aristotle and Kant on the Source of Value," in *Creating the Kingdom of Ends*, 227. この後退論証はまた，Korsgaard, *The Sources of Normativity* (Cambridge: Cambridge University Press, 1996) における議論の多くをも構造化している．そこで彼女は，「満足いく仕方で正当化の後退を終わらせる……本質的に規範的な存在物」の必要性を措定している．p. 111.

それは，さらなる諸条件の助力を伴うかもしれないが，そこからその要請が導出されるような原理を用いたものである．しかし，その原理はそれ自体で，1つの要請を表現しなければならない．さもなければ，正当化のためにその原理が提示されたものは要請でなくなるであろう．したがってわれわれが正当化しようと試みるどのような要請も究極のものでないだろう．正当化を超えた何かが必要とされるのである[28]．

したがって，実践的領域において動かされないが動くものの集合がなければならないという事実だけでは，それらが生理学的基礎を持たなければならないことを意味しない．ヒューム主義者たちは，基礎的動機の集合が人ごとに，あるいは時間ごとに変化しうると信じている限り，主観主義者である．他方，ネーゲルとコースガードは，正当化が尽きる点はすべての人にとって同じ点であり，したがって実践的判断の収束を命じることになるだろうと考える限りにおいて客観主義者である．客観主義者たちの間では，次のように論じることが通常の戦略となった．すなわち，主観主義者たちが用いるタイプの動かされないが動くもの（たとえば空腹のような身体的状態）は，行為の真の「理由」を提供することに失敗している．なぜなら，人があれやこれやと感じるという事実はそれだけでは，他の仕方ではなく，ある一定の仕方で行為する根拠を与えてくれるものではないからである．同じ種類の後退を追求することができる．「なぜ君は空腹を満たす欲求を持つべきなのか」とか「なぜ君は快を経験する欲求を持つべきなのか」とか，よりラディカルには，「なぜ君は君の欲求を満たしたいと欲すべきなのか」という具合である[29]．ここでの主張は，本質的に主観主義的立場はラディカルな懐疑論的立場へと崩壊するというものであり，したがってこの概念化では，われわれは何に対しても，それをするいかなる理由も持たないで終わってしまうということである．このことが，人々を客観主義の方向に追い立てたと考えられる（ただし，結局のところそれは，ある特別な哲学的立場を反駁するための戦略として一般的懐疑主義を用いる，もう1つの試みを表現しているにすぎないのだが）．いずれにせよ，目的論的論証，欲求イン・欲求アウトの原理，後退論証に対する基礎づけ主義的応答の中には，この論争の仲裁に役立つも

---

28) Nagel, *Possibility of Altruism*, p. 4.

のは何もないのである.

この論争のすべての当事者たちが正当化の基礎づけ主義的把握を共有しているという事実は, ヒューム主義的見解に有利な推定を生み出しがちである（したがって, それは客観主義者の側の戦術的誤りを表現しているかもしれない）. その理由は単に, 情念, 感情, その他の身体的状態がひとたび背景から取り除かれると,「動かされないが動くもの」の残された候補がすべて極端に難解だからである. ネーゲルとコースガードは, すべてのわれわれの動機は究極的には, ある種のわれわれ自身の主体性に対する概念化から出てくることを主張することで終わっている. それを文字通りに受け取れば, このことはある種の非常識な知性主義を生み出す. すべての人によって共有されるほど一般的な目的は過度に抽象的となることが運命づけられているからである. われわれの行為の究極の動機は, n 階の欲求（あるいは他には, 大学で高度な学位を有している人々だけが抱くと考えられるような概念的内容を持った欲求）となる傾向がある. しかもこの理論は, どれほど規範的であるにせよ, それでもまだ, 現実の熟慮プロセスの認識できる再構成のようなものを提供するものと考えられている. したがってこれらの理論家たちは, 究極的には, われわれが朝にコーヒーを飲むのは, もっと頭を働かせたいと思うからではなく, われわれの合理的主体性の統合性を維持したいと思うからであるという主張にコミットすることになるのである.「情念」に関するヒュームの説明とこの種の知性主義との選択が与えられたとき, ほとんどの人々が動かされないが動くものの最善の候補として, 情念を受け入れることに傾くだろうことは確実だと私は思う.

しかし, これは誤ったジレンマである. 動かされないが動くもののさまざ

---

29) Warren Quinn, "Putting Rationality in Its Place," in *Morality and Action* (Cambridge: Cambridge University Press, 1993), p. 244 を見よ. 欲求が行為に対する理由を提供できるためには, 何か高階の原理や動機による補足を必要とするというアイディアに惹かれた他の理論家たちには, Jean Hampton, *The Authority of Reason* (Cambridge: Cambridge University Press, 1998), pp. 127–28, Korsgaard, *The Sources of Normativity*, p. 97, Barbara Herman, *The Practice of Moral Judgment* (Cambridge, Mass.: Harvard University Press, 1993), pp. 194–95, 229 などがいる. 欲求を非志向的な身体状態とみなしている限りにおいては, この議論もよいだろう. しかし,「欲求」という言葉を一種の義務的地位として理解された志向的状態を指すものとして使用しているならば, これは魅力的な戦略ではないと, 私は論じることになろう.

まな候補はすべて純粋に理論的な措定物であることを思い出すことが重要である．「動機づけられない欲求」や「主観的動機集合」の存在が，どこかの実験室の心理学者によってなされた経験的発見であるわけでもあるまい．これらの存在は哲学者たちによって，後退問題への基礎づけ主義的な応答を提出するために措定されたのである．それらを必要とする理論は，認識論に基礎的信念を措定することを必要とするのと同じような理論である．しかし，道徳哲学の論争の文脈の外側では，基礎づけ主義は深いところで困難を抱える哲学的学説であるとみなされている．この問題は主に，基礎的信念という観念をいかにしても理解することができないことに起因している．（実際，「動機づけられない欲求」と「基礎的信念」の両方とも，ウィルフリッド・セラーズが「所与の神話」について語っているときに，「所与」と名づけたものの明らかな事例である．）正当化の整合性主義（coherentism）的モデルと文脈主義（contextualism）的モデルに対する最近の関心の回帰は，基礎づけ主義的プロジェクトが失敗したと思われていることに直接的に起因している[30]．したがって，このまま動機の主観主義的理論と客観主義的理論の長所の評価へと向かう前に，正当化の基礎づけ主義的理論をより詳細に検討し，それが後退問題に対する適切な回答の提供にどのように失敗しているのかをみておくことは価値があるだろう．

5.3　基礎づけ主義の問題点

　簡潔に要約しておこう．近代初期の心の哲学を支配した，欲求に関するラディカルな非認知主義は，現代哲学の議論の中ではほぼ傍らに追いやられている．主体が認知的内容を欠いた広範囲の行動性向（behavioral disposition）を持っていることに疑いの余地がないとしても，われわれが選好または欲求について語っているときには，志向的状態を扱っているのである．欲求が志向的状態とみなされるとき，非認知主義的テーゼを維持することは非常に難しい．欲求もまた，信念が推論的文脈で振る舞うのとほぼ同様の仕方で振る舞うからである．その結果，主観主義が非認知主義よりも説得力を持

30） Wilfrid Sellars, *Empiricism and the Philosophy of Mind* (Cambridge, Mass.: Harvard University Press, 1997), p. 33.

つ欲求の理論になった．主観主義者が論じているのは，ある種の類似性があるにもかかわらず，信念と欲求には根本的な非対称性があるということである．信念は収束を思いのままにすることが期待できるのに対して，欲求の問題となると合意を期待することができない[31]．後退論証に依拠するのは，ある種の非推論的に根拠づけられた「基礎的信念」と「動機づけられない欲求」がその他のものの基礎として役立つべく存在していなければならないことを示すためであった．非対称性の理由は，信念が「究極的に」われわれの外部世界の経験に基礎づけられるのに対して，欲求は究極的にわれわれの身体的状態の経験に基礎づけられるからである．主体は，ボールが赤いと信じる権利を，赤いボールの単純な観察から引き出すのとまったく同様に，飲み物に対する欲求への権利を喉が渇いていると感じる直接的経験から引き出す．しかし，世界は共有されているが感覚はそうでないので，前者の場合には人々の間での合意を期待できる理由があるが，後者についてはそうでない．

　これらの理論はどちらも，魅力ある代替案がないことによって，一定のもっともらしさを獲得している．もし，基礎的信念の集合がその他の信念に対する基礎として役立つことが必要であることを受け入れるならば，単純な経験的観察報告が最善の候補であるように思われる．同様に，もし動機づけられない欲求の集合が必要であることを受け入れるならば，われわれの基本的な身体的衝動が条件にかなうように思われる．もし欲求がすべて究極的には身体的状態の直接的経験に基づくのであれば，あるレベルで趣味（taste）に関して議論することができなくなるということは真実である．問題はわれわれの志向的状態がこの種の固定した階層的構造を持っているか否かである．結局のところ，基礎づけ主義的な描像が正しいとしたならば，信念に関するいかなる種類の生産的議論を持つことも難しくなるだろう．すべての欲求がわれわれの身体的状態に基づいているのとまったく同様に，われわれのすべての信念も究極的になまの事実の直接的経験に根拠づけられることになるだろう．意見の不一致の場合，異なる結論へと導いた推論の文を，エラーをチェックしながら調べることができるかもしれない．しかし明らかな不備がなければ，できることは何もない．自分の結論へと導いたなまの事実をもって，

---

31) この問題をこうした仕方で定式化することは Crispin Wright, *Truth and Objectivity* (Cambridge, Mass.: Harvard University Press, 1992) によるものである．

相手と対決することを除いては．

　しかし現実の議論が，われわれの信念を経験の法廷の前に提出するだけで解決することは滅多にない（これは，誰よりも哲学者が知っているはずのことである）．W・V・O・クワインの「経験主義の2つのドグマ」以来，われわれの信念の経験による確認はきちんとしたもの (punctual) ではなくて，少なくとも適度に全体論的であるということが当たり前の観察になってきた[32]．言い換えれば，単一の信念をそれの真偽を検討するために取り上げて，直接世界と比較することができないのである．経験によって信念が確認されるのは，多数の補完的な信念の集合と結びつけられたときに限られる．赤いボールを見ることが，われわれが「そのボールは赤い」と主張する権利を付与してくれるのは，それが標準的な照明状況のもとで，要求にかなった観察者によって観察される……等々が成立するときだけである．言い換えれば，その信念はその経験と「適合」するだけでなく，他の信念の集合全体とも「適合」しなければならないのである．もし，後者のタイプの適合が存在しなければ，われわれはその経験の完全性 (integrity) を疑う傾向がある．さらに，取り扱いが難しい経験があったとしても，信念システムの他のところで十分な調整を行おうとするならば，特定の信念を保持することが可能である．

　スーザン・ハークは信念システムが持つ性質について考える有用な方法を導入した．それは，信念システムをクロスワード・パズルにたとえるものである[33]．クロスワードの与えられた解答を支える要素は2つある．特定の言葉の正しさに関するきちんとした証拠を与えるヒント，そして，入れられた言葉の「交差」である．これは，言葉の集合に対して全体論的で増分的な支持をもたらす．良いクロスワードは，ヒントだけでは解答が決定されない傾向を持つ．多くの場合，いくつもの言葉がヒントを同じ程度に良く満たすだろう．他の言葉の文字を入れてみることで，これらの選択肢のうちのどれが正しいかを考えなければならない．入れた文字が他の言葉と「適合」しないので，もとに戻ってそれを取り消さなければならないこともときおり生じる．

---

32) W. V. O. Quine, *From a Logical Point of View: Nine Logico-Philosophical Essays*, 2nd ed. (Cambridge, Mass.: Harvard University Press, 1961).
33) Susan Haack, *Evidence and Inquiry: Toward Reconstruction in Epistemology* (Oxford: Blackwell, 1993).

ヒントの意味がわからないまま，他の入れた文字の結果だけで，言葉が入ってしまうこともある．したがって，「この言葉はどうしてここにあるのか」と誰かがが尋ねるときに，回答はヒントに言及することもあれば，他の言葉との適合性に言及することもあれば，その両方のこともある．

このアナロジーの重要性は，それが基礎的信念という観念がどうして問題含みとなるのかをきわめて明白に述べることに役立つことにある．入らなければならないすべての言葉に対してヒントがあるにもかかわらず，一般的にはヒントのリストを見るだけではクロスワードを解くことができない．われわれがよくすることは，十分決定的に思えるヒントを取り上げ，それを用いて，他に入る言葉に対する推論的支持を構築していくことである．しかし，すでに入力した言葉も，それが他の制約に適合しないことがわかるならば，その後の改訂を免れない．簡単なヒントに対するもっとも自明にみえる解答ですら，正しくないことがわかるかもしれない．このように，解答の「基礎」であるとみなされる言葉と，「導かれた」とみなされる言葉の間の区別は非常にアドホックで変化しやすいのである．

さらに，あるクロスワード・パズルの解を提案する人が，後退的な論証に対してどのように反応するかを考えてみよう．ある特定の言葉が入ることを正当化するよう求められたときに，その人はおそらくヒントに言及することから始めるだろう．しかし，質問する人はこのヒントが決定的であると思わずに，同じ長さの別の言葉を提案するかもしれない．この時点で，最初の解答を出した人は，その言葉にクロスする他の言葉の正しさに訴えるという推論的な動きを起こさなければならなくなるだろう．さらに，その言葉が入ることを正当化するよう求められると，再びヒントに言及するかもしれない．しかし，質問をする人はそのヒントも決定的でないと思うかもしれないので，最初に解答を出した人は再び，他のクロスしている言葉と第3の推論に訴えることを余儀なくされる．このプロセスはずっと続きうるし，そのうちそれ自身の上に循環して戻ってこざるをえないだろう．後退を停止させる1つの究極的なものが存在すべきだと考える理由は何もない．ただ1つの解だけを認めるようなヒントがどこかにある可能性は常にあるが，そうである必然性はない．さらに，そのような決定的なヒントがないことは，特定の解答が全体的に正しいと言うことを妨げないだろう．

われわれの信念システムは，ほぼ同じ構造を持っているように思われる．

クロスワード・パズルのヒントは，信念を支える経験的観察のようなものである．もちろん，われわれの信念システムはこれよりずっと非決定的なものである．すべての言葉にヒントがあるクロスワードとは異なり，信念はどの実際の経験とも非常に弱い結合しか持たないからである．しかし，経験と直接に関係している信念ですら，固定した役割を持たない．それらは，他の信念に対する証拠として役立ちうるだけでなく，正当化を必要とされる可能性もあるからである．この区別はアドホックであり，文脈ごとに変化するかもしれない．マイケル・ウィリアムズは次のように観察している．

　ヴィトゲンシュタインの「私が2本の手を持っていることは，通常の環境では，そのことに対する証拠として私が提示できることの中でもっとも確実である」という発言を考えよう．正しい状況でなされるならば，2本の手を持っているという主張は，証拠や正当化に対する要求を停止する場所を提供して，基礎づけ主義者の基礎的言明のように機能するかもしれない．……しかし，他の環境においてはまさに同じ主張は争われうるし，証拠による支持を必要とするかもしれない．何が主張されているかという内容はその主張に特別な認識論的位置を保証しないのである[34]．

　理由を与えたり求めたりするゲームの一般的特徴は，それが言語参入手番（language-entry move）の集合を含んでいることである．たとえば，ある人が赤いボールを見たときには，「そのボールは赤い」と言う権利が付与される．これは，ロバート・ブランダムがコミットメントに付加された「デフォルトの権利」と呼ぶもので，そのコミットメントがトークンづけされた（tokened）状況を理由として，すなわちそれが「信頼できる差異化された反応報告の性向（a reliable differential responsive reporting disposition）の行使を通して引き出された」という事実によって，このコミットメントに付加されるものである[35]．しかし，この内容はまだ個人間で利用可能なものではない．私が赤いボールを見たことは，それ自体としては，それを見ていない人

---

34) Michael Williams, *Unnatural Doubts* (Oxford: Blackwell, 1992), pp. 117-18, Wittgenstein *On Certainty* (Oxford: Blackwell, 1969), p. 33 (sec. 250)からの引用．
35) Robert Brandom, *Making It Explicit: Reasoning, Representing, and Discursive Commitment* (Cambridge, Mass.: Harvard University Press, 1994), p. 222.

に，近くに赤いボールがあると主張する権利を付与しない．この主張に対する彼らの権利は推論的なものであり，通常の場合には，（ブランダムが観察したような）信頼性の推論に依存する[36]．第2の人は，私が赤いボールの能力ある観察者であるという事実，私が英語を正しく話せるという事実，また，私が赤いボールを見たと主張しているという事実から，赤いボールの存在を推論するかもしれない．この信頼性の推論は，話し手にとっても利用可能である．たとえば，そのボールが本当に赤いことを示すように私が求められた場合である．有能な観察者である私がその対象を赤いボールとして記述する傾向を持つという事実が，それが実際に赤いボールであるという明白な証拠を構成するのである．したがって，クロスワードの場合のように，私は直接的な正当化を試みることもできるし（「ほら，そこにあるよ！」），私自身の信頼性に訴える推論的正当化を試みることもできるのである（「若い頃，沢山の赤いボールを見たことがあるんだよ」）[37]．

　観察レポートと経験対象との「間の」理論的ステップについては，もう少し緻密に述べることが可能である．ブランダムが洞察するように，言語参入の手番を行使する権利は，その人の観察と推論の両方の能力に依存しており，人によって異なる．クワインに従って，彼はミュー中間子の存在を探知しようとして霧箱を使用する物理学者たちの例をあげている[38]．最初われわれは，彼らがミュー中間子が箱の中に残す曲がった蒸気の軌跡から，その存在を推論していると言いたくなるだろう．しかし観察のプロセスがよりルーティン化するにつれ，そして，すべての人がミュー中間子だけがこの特別の軌跡を残すのはなぜかを説明する理論を完全にマスターしたならば，われわれは，科学者たちが霧箱でミュー中間子を「見ている」と言うことに躊躇しないはずである．結局のところ，われわれは通常の物理的対象も実際に「見て」いるのではなく，それらに反射した光だけを見ているわけである．しかも，それすらも本当は見ておらず，その光の網膜イメージを見ているにすぎない．ここでの後退問題は明らかだろう．われわれが何を見ることができ，見るこ

---

36) Brandom, *Making It Explicit*, pp. 218–20.
37) Ludwig Wittgenstein, *Philosophical Investigations* (Oxford: Blackwell, 1958), 117e (sec. 381).
38) Brandom, *Making It Explicit*, p. 223; W. V. O. Quine, "Epistemology Naturalized," in *Ontological Relativity and Other Essays* (New York: Columbia University Press, 1969).

とができないのかは，われわれの知覚システムによって決定されているのではなく，言語ゲームに参入するときに，われわれが行うことを権利付与されている参入手番によって決定されているのである．したがって，「何が観察可能なのかはコミュニティによって変化する」[39]．何を見ることができるかという問題は，ある環境状態を基礎にして，われわれが取ることが権利付与されている言語ゲームの中のポジションによって決定されるのである．ある環境にある人々はゲームの「深い」ところのポジションを取ることが権利付与されている．他者にとっては，このポジションは推論を通して到達することが権利付与されているのである．

このことは，特定の観察に対するわれわれの権利が挑戦を受けるとき，われわれは常にそれを支持する推論——より広い権利条件を持つある言語参入の手番をその前提（premise）とする推論——を見つけだすことができるということを意味している．われわれはある条件のもとで，常に明示化する必要があるかもしれないいくつものステップをジャンプしているのである．もし科学者が「ミュー中間子があるって，どうやってわかるの？」と訊かれたとすると，その科学者は「その箱の過熱状態の液体のおかげで，ミュー中間子は曲がった蒸気の軌跡を残すから」と言うことができる．同様に，ボールを観察した人は，「この赤いものが通り過ぎていくのを見たんだよ．そして，それがそこの子供たちが遊んでいたボールだと考えたんだ」と言うことができよう．観察レポートは常に，原理的にはこのような仕方で「追求（unpack）」することができるが，通常のケースではそうする必要がないのである．さらに，こうしたレポートをさらに追求することができるという事実は，こうした込み入った推論が「実際に」（実在論者の言葉の意味で），われわれの観察能力や観察レポートに対する権利の背後にあることを意味しない．

われわれの正当化の実践に関するこうしたすべての特徴が示唆しているのは，ある特定の信念が正当化されているか否かという問題に対する単純な解答はないということである．われわれは基礎づけ主義によって，「正当化されていること」は，推論的文脈（discursive context）と独立に，信念に帰属する性質であるというアイディアに慣らされてしまっている．しかし，そのような問いを提出するときにわれわれが本当に求めているのは，ある特定

---

[39] Brandom, *Making It Explicit*, p. 223.

の主体がある特定の主張を行う権利を付与されているかどうかということである．権利付与は社会的実践であり，理由を与えたり求めたりするゲームによって決定される．したがって権利を確保することは，この実践に参加する人たちの規範的評価を満たすという問題である（このことは，主体は，自分にその主張をする権利が付与されていることを知らなくても，その主張をする権利を付与されうるという「外在主義」の観察を説明するものでもある）[40]．したがって，ある特定の権利を擁護するよう求められたとき，この議論は何ら自然な終結点を持たないことになる．クロスワード・パズルの場合のように，すべての関係者にとって決定的な判断に到達したときに説明は終了するのである．

5.4　基礎づけなしの実践的推論

　以上のすべてのことが真実だとすると，それは欲求に対するわれわれの理解に対して何を含意していることになるのだろうか．もっとも明白なのは，後退論証にはかなりの注意をもってアプローチする必要があるということである．この論証を用いれば，実際は明らかにそうでない場合でも，クロスワード・パズルが解けないと示すことが容易となる．したがって，実践理性の文献で見いだされるような類いの，後退論証の安易な使用は受け入れることができない．そもそも基礎づけ主義に対して懐疑的な人であれば誰でも，主体が「動機づけられない欲求」の単一の集合や「主観的動機集合」を備えているという主張に対して直ちに疑いの目を向けるべきである．われわれがあらゆる種類の欲求を持っていること，そしてこれらの欲求は互いに推論的関係の蜘蛛の巣に埋め込まれていることについては疑いの余地はない．しかし，これらの欲求が「究極的に」ある原基的状態の集合に根拠づけられていなければならないというアイディアは大いに異論の余地がある哲学的主張である．
　このように言っても，欲求の場合に利用可能な，単純な言語参入手番の集合（a set of simple language-entry moves）があることを否定しているわけではない．それらは，ある場合には，観察報告文を規制する言語参入手番と

---

[40]　古典的な説明に関しては，Alvin Goldman, *Epistemology and Cognition* (Cambridge, Mass.: Harvard University Press, 1986) を見よ．

非常に似ている．標準的な環境のもとでは，空腹の感覚は，個人に対して「私は食べたい」と主張すること，あるいは食欲を獲得することの権利を付与するものである．重要な点は，ヒューム主義者が情念の説明で用いるタイプの身体的状態がそれ自身として欲求ではないことと，網膜照射のパターンが信念でないこととがまったく同じことだということにある．身体的状態は，信頼できる反応性向（reliable responsive disposition）の基礎を形成する刺激を構成し，したがって，正当な言語参入手番の根拠として——このケースでは欲求の獲得である——役立つだけである．したがって，ヒューム主義的な情念の説明は，彼の印象の説明が誤りである理由とまったく同じ理由で誤りである[41]．それは，「所与の神話」の1つのバージョンなのである[42]．

　ヒューム主義的理論は，われわれの身体的必要性を直接満たすことにかかわるような非常に基礎的な欲求に適用されるときに，（われわれ自身に何の関係もない世界状態に関する抽象的選好と比較して）明らかに非常にもっともらしく響く．しかし，この非常に限られた欲求の集合が与えられたとしても，非基礎づけ主義的説明の方が概念的にも経験的にも説得力あるものである．それぞれの基礎的な身体的欲求がその背景にある身体的条件に「几帳面に」関係していると考えるよりも，むしろその集合全体が，主体によって構築された彼自身の身体的必要性のモデルのようなものだと考えるべきである．非常に強力で明確に方向づけられた身体的必要性とみなされるものを経験しているときでも，ほとんどの場合にわれわれが実際にしていることは，生理学的刺激の非常に散漫で非決定的な状態の解釈の提供である．この点で，ヒューム主義者たちは，「情念」の特定性と，情念に対する内省による接近レベルの両方を過大評価しすぎている[43]．心理学者たちは，経験している身体的刺激の原因を人々が間違って同定するよう促す環境を作ることで，人々が非常にたやすく騙されて「間違った」欲求を形成することを示してきた．特によくできた実験の1つでは，被験者たちは高所恐怖を性的興奮と間違うように騙された（性的欲求さえもが簡単に同定されないことを証明したのである）[44]．人々は自分が何を欲しているのかを理解する方法を学習しなければ

---

41)　印象の説明については，Hume, *A Treatise of Human Nature*, pp.86-94 を見よ．
42)　Sellars, *Empiricism and the Philosophy of Mind*, p.33
43)　Timothy Wilson, *Stranger to Ourselves* (Camgbridge, Mass: Harvard University Press, 2002), pp.97-98 を見よ．

ならない——そしてそうするために，人々は文化的知識や環境的な手掛りに大きく依存する．さらに，人々が用いる文化的知識の多くは頼りにならないものである．これは心理学者が「誤欲求（miswanting）」と名づける広く見られる現象に寄与している[45]．このことはダイナミックな文脈においてとりわけよく当てはまる．そこでは人々は，「可もなく不可もない程度の正確さ」を示すにすぎない，ダニエル・カーネマンが「快楽変化の素人理論」と呼ぶものに依拠しているのである[46]．

　ヒューム主義的説明では，このようなタイプの，人々の公式の「欲求（wants）」とその背後にある感情的・身体的状態との間の体系的な不一致を組み込むことは非常に難しい．この説明では，根本的なレベルで両者の直接的同一性を仮定しているからである．したがって主体の欲求について考えるよりよい方法は——われわれが生理学的基礎を持つと通常考えているような欲求ですら——それを理論に基づいた（theoretically informed）モデル，志向的計画システムのレベルで構築されたその人自身の必要の明示的表現（自分の身体をどのように気づかうべきかという概念を含む）とみなすことである[47]．この観点からは，ある人が特定の欲求を「経験する」かどうかは，その人が特定の対象を「見る」かどうかということと，まったく類比的なものである．たとえば，われわれはほとんどの人々が喉の渇きを直接的に経験することを当然視している．われわれはこの身体的状態に対して内的に直接アクセスすることができ，したがってそれを理由を与えたり求めたりするゲームにおけるポジションをとること——それは水を飲む欲求を構成している

44）Wilson, *Stranger to Ourselves*, pp.100-102.
45）Daniel, T. Gilbert and Timothy, D. Wilson, "Miswanting: Some Problems in the Forecasting of Future Affective State," in Sarah Lichtenstein and Paul Slovic, eds., *The Construction of Preference* (Cambridge: Cambridge University Press, 2006), p.562
46）Daniel Kahneman, "New Challenges to the Rationality Assumption," in Lichtenstein and Slovic, eds., *Construction of Preference*, 495.
47）欲求を信念と異なるものとして取り扱うことに意味があるだろうかとすら思える．なぜ単に，欲求はわれわれが何を欲しているかに関する信念であるといえないのだろうか．唯一の問題は，そうすることでは，これら2つの志向的状態の「適合の方向（direction of fit）」の違いを把握することができないということにある．つまり，それは，われわれの素朴心理学的な語彙において重要な役割を果たしている区別（それはさらに，理由を与えたり求めたりするゲームにおいてポジションを記述する方法として導入されている）を曖昧にしてしまい，表出的適切性のテストに失敗してしまうのである．

――の根拠として用いることができる．このため，喉の渇きを感じ，何かを飲む欲求を獲得することは言語参入手番なのである．それは，経験と信念のケースのように，信頼できる反応性向――すなわち，環境の異なる状態に反応して，あれやこれやの仕方で行為することができる能力――の行使なのである[48]．もちろんどのような言語参入手番も，それ自身で資格が与えられたり（self-licensing），争う余地のないようなものであるのではない．とりわけ，われわれが液体の必要性を探知する能力は完全に信頼できるものとはいえない．だからわれわれは適応的無意識のレベルで利用可能な生得的能力のすべてを補強するために明示的推論を用いることができる．たとえばわれわれは，灼熱の太陽のもとで頭痛を感じることを，水を飲むことが必要な状態として自然には同一視しないかもしれない．しかし，われわれが熱中症の兆候の識別を学習するときには，それを喉の渇きの証拠とみなすことができるようになる．要するに言語的な推論的能力を用いて，水に対する生理的必要をよりうまく探知できるように，自分自身を訓練することができる．この場合，われわれは本当に喉の渇きを感じているのではなく，喉の渇きの感じ以外の兆候に基づいて，身体が水を必要としていることを推論しているだけなのである．しかし，喉が渇いたと感じる仕方がただ1つしかないと誰にわかるのだろうか．しかも，身体が水を必要としていることを，口の渇きのような他の

---

48) したがって，クインのような客観主義者――喉の渇きという身体的状態から，行為を「合理化」できるような欲求に移行するためには，「欲求された対象の善としての評価」を取り入れなければならないと論じている――は，認識論における内在主義者のようなものである．内在主義者は，赤いボールを見ることから，赤いボールが存在すると信じることに移行するためには，自分の知覚的能力に関して，信頼できる推論を実行できなければならないと主張する（たとえば，Lawrence Bonjour, *The Structure of Empirical Knowledge* (Cambridge, Mass: Harvard University Press, 1985), pp. 118-19)．こうした考えはいずれも，知覚的経験と志向的状態の間には，後者が規範的地位であるのに対して，前者はそうでないことから「ギャップ」が存在するという堅固な哲学的直観に反応して生じたものである．しかし，知覚的経験に洗礼を施し，それを規範的地位を持ったものとして生まれ変わらせるために第3の原則を導入することは，問題を孕んだ後退を始めることにすぎない．「言語参入」手番という概念は，手番が理由を与えたり求めたりするゲームの外部のポジションから内部のポジションへと直接的になされうると指定することによって，この困難を回避している．後者の規範的地位は，手番がルールに支配されているという事実によっており，取消可能（defeasible）なものである．ロバート・ブランダムの "Non-inferential Knowledge, Perceptual Experience, and Secondary Qualities: Placing McDowell's Empiricism," in Nicholas H. Smith, ed., *Reading McDowell* (London: Routledge, 2002), pp.95-97 を参照．

兆候から推論するように子供のときに教えられていないとどうやって知ることができるだろうか．信念のケースでも欲求のケースでも，われわれにはここで唯一の「正しい」解答を主張する必要がないということを，ブランダムの霧箱とミュー中間子の例が示唆している．

　このアナロジーを拡張するために，ときおりインシュリンを打つ必要がある糖尿病患者を考えよう．明らかに，われわれにはインシュリンの必要性を感じる生得的な能力はない．当初，われわれには一組の症状とそれらすべてをつなぎあわせる科学理論があるだけである．言い換えれば，糖尿病患者は自分の身体が必要としているものの純粋に認知的モデル——すなわち表象——からスタートする．しかし，何年もインシュリンを注射した後には，その患者が単純にインシュリンに対する必要性として症状を経験するのではないと，誰が言うことができるだろう．また，ぜんそく患者は少々の喘鳴を，気管支拡張薬の吸入を増加する必要性として経験しないだろうか．こうしたことと，科学者たちが実験室でミュー中間子を見ることを学習することには何も違いがない．こうした医学的なアナロジーは，われわれの身体をケアすることが何かしら自動的にやってくるものではないことを示している．それは，われわれがすることを学習するものである．われわれが表象——信念と欲求——を形成する能力はこの能力を大幅に拡張する．しかし，学習の多くは子供時代に行われ，学習したことをはっきりと覚えていられるものではないので，基礎的欲求の標準的集合が単に与えられていると想像しがちなのである．

　「なまの感じ」によっては，なぜ欲求に対して取消可能な資格しか与えられないかのということの理由や，「どうして喉が渇いているかどうかを気にしなければならないのか」というような，さらなる問いを問うことが常に可能であることの理由はここにある．しかしこのことで，喉の渇きを感じることが通常の場合に，何かを飲む理由を与えないと考えるとしたら，それは誤りである．さらなる質問を投げかけて後退を開始することができるという事実は，われわれの通常の判断が十分基礎づけられていないということを意味するものではないし，欲求が，高階の原理によるさらなる補足なしにはそれ自身として行為の理由を提供しないということを意味するものでもない[49]．欲求は信念と同様に義務的な地位であって，われわれは欲求に従って行為するのに理由を必要としない．それどころか，欲求話法（desire-talk）は，行為

第5章　選好の非認知主義　251

の理由について語る遠回しの方法にすぎないのである．反ヒューム主義的論点を定式化するための正しい方法は，身体的状態の単なる経験だけでは，それに対応する欲求を採用することに対して取消可能でないような根拠が与えられないということに着目することである．

　自分自身の必要性についてわれわれが構築するモデルが，顕著に理論的な側面を持っていることを認識しておくことも非常に重要である[50]．また，われわれがそれを構築する際に用いる資源は，ほとんどが周囲の環境から獲得されたものである．そうでなければ，人々が自分の内的状態について考える仕方に非常に大きな文化的相違がみられることを説明することができなくなってしまうだろう．感情（emotion）の経験は，非常に明快な例である．恐れ，怒り，驚き，笑い等々のように，非常に基礎的な興奮状態は文化的に普遍的である．しかし，これらの場合ですら，感情の状態によって生成された「なまの感じ」は非常に非決定的であって，個人は，自分がどのような感情を経験しているのかを内省によって信頼できる仕方で決定することができない[51]．これまでみてきたように，内省は一般的に，環境内のどの対象がその興奮状態を喚起したのかを決定できる能力を人々に与えない．したがって，誰かが x を恐れているという場合のように，感情が志向的構造を示すときには，その状態が x によって喚起されたという観念は通常はその個人によってなされた解釈上の注解なのである（そして完全な作り話であるかもしれない）[52]．

---

49)　ハーマンが「熟慮フィールド」と呼んでいるものの分析にはかなりいい点がある．とりわけ「われわれは主体の熟慮フィールドを，実践的主体性の原理に対して，さまざまな程度に『正規化された』主体の関心，予想，コミットメントの表象を含むものとみなす」（*Practice of Moral Judgment*, pp.198）という提案である．しかし，私自身は，熟慮フィールドをこれまで私が志向的計画システムと呼んできたものと同一視し，欲求を含むすべての選好をこのフィールド内の要素として扱いたいと考えている．
50)　心理学の文献の非常に興味深いサーベイとして，Michael Ross, "Relation of Implicit Theories to the Construction of Personal Histories," *Psychological Review*, 96 (1989): 341-57 を見よ．また，Timothy D. Wilson, *Strangers to Ourselves* (Cambridge, Mass: Harvard University Press, 2002), pp.86-91 も見よ．
51)　James R. Averill, "A Constructivist View of Emotion," in Robert Plutchik and Henry Kellerman, eds., *Emotion: Theory, Research, and Experience*, Vol. 1 (New York: Academic, 1980), 305-39.
52)　Timothy D. Wilson, *Strangers to Ourselves*, pp.107-8.

より注目すべきことは，個人が経験すると考えられている感情の状態の範囲に，非常に大きな文化的差異が存在することである[53]．措定されている状態の多くは，人間の人格に関するきわめて抽象的な理論によって強力に構造化されている．人間には，自分が落ち着きのない状態で不幸に感じていることを発見しながら，この不幸の原因が何なのかをまったく思いつくことができないことがしばしばあるが，そうした場合に彼らがこの問題を診断しようとする試みは，こうした理論的構築物に大きく依存しているのである．もちろん，われわれの欲求がわれわれ自身の必要性のモデルであると主張することは，その欲求が単なるでっち上げであるということを意味しない（あるいは，この領域で「思考がそうさせているのだ」ということを意味しない）．信念の場合に，哲学者たちが当たり前のように，証拠による理論の過少決定（underdetermination）について語っているのと同様に，「感じ（feel）」による欲求の過少決定が存在しているということができるかもしれない．ほとんどの状況では，われわれが経験し感じていることに対してあらゆる可能な解釈が存在している．しかしこのことは，より良い理論やより悪い理論といったものがないということを意味しているのでもない．ある人たちが他の人たちよりも自分の必要性についてより良いモデルを持っていることはきわめて明白である．このことは部分的には，彼らが自分の身体や行動性向に対してより多くの注意を払うことによっているだろう．（行動に関していうならば，内省が大きな限界を持っていることを所与として，心理学者ティモシー・ウィルソンは，人々が自分の行為のバイアスを観察し，それを「最初の衝動」と結びつけて考えることで，自分が何を欲しているかをよりよく解き明かせることを示唆している[54]）．多くの場合，人々が抱く「公式の」欲求と態度は下志向的な行動性向（subintentional behavioral dispositions）とまったく不整合的である．下志向的な行動性向は，心理学者たちによって，典型的には，処理速度がより遅い志向的計画システムの処理を許さないような，非常に速い反応を要求する課題を課すなどのさまざまな方法で引き出されるものである[55]．

---

53) Rom Harré, ed., *The Social Construction of Emotion* (Oxford: Blackwell, 1986) の中の論文を見よ．
54) Timothy D. Wilson, *Strangers to Ourselves*, pp.130–34.

信念の場合と同様に，個人の欲求システムに問題が生じたときには，それを構成する欲求は整合的なものでなくなる傾向がある．通常は，ある主体が「自分はpを欲求している」と考えているのに，「実際には」その主体がqを欲求しているということはない．欲求が正しいことの確認と間違っていることの確認は，どちらも全体論的に行われる．自分のニーズに関して悪いモデルを持っている個人は，はっきりしない不安，後悔や，その他の非常に散漫な状態を経験する傾向を持つ．こうした緊張状態から解放されるために何が必要なのかを確定するのに，しばしば長い試行錯誤プロセスが必要となる．また，欲求レベルで悪いモデルを持っていることの帰結は，身体がしゃしゃり出てきて他の欲求を課すというのではなくて，個人がより一般的な志向的コントロールの喪失状態に陥るということであり（フラストレーション，怒り，不安から衝動的に行為する），自分の「公式的な」計画と緊張関係にあるような自発的行動傾向を長期にわたって示すことである（したがって自滅的な仕方で行動する）．

　ヒューム主義者たちによって通常無視されているもう1つの複雑な事態は，われわれがそれに基づいて行為する欲求のほとんどが，熟慮の時点でそれを「経験」していないという意味で，現在生じているものではないということである（すなわち，それと関係する現象学的な事実がないということである）．われわれの現在の欲求のほとんどは，重要な仕方で，われわれの将来の欲求に関する推測に依存している（「感情予測（affective forecasting）」として知られている）．結局のところ，われわれのほとんどはこの種の予測がそれほど上手というわけではない[56]．多くの場合，完全な他人によってな

---

55) David C. McLelland, Richard Koestner, and Joel Weinberger, "How Do Self-Attributed and Implicit Motives Differ?", *Psychological Review* 86 (1989): 690–702 を見よ．彼らは，「隠された動機は時間を通じた自発的な行動傾向を予測し，自己帰属的動機は特定の状況に対する直接的・特定的な反応ないし選択行動を予測する」（p.691）というところで，この区別をうまく要約している．

56) サーベイに関しては，Timothy Wilson and Daniel Gilbert, "Affective Forecasting," in Mark P. Zanna, ed., *Advances in Experimental Social Psychology*, Vol.35 (San Diego: Academic Press, 2003), pp.345–411 を見よ．くじの勝者に関する古典的研究に関しては，Philip Brickman, Dan Coates, and Ronnie Janoff-Bulman, "Lottery Winners and Accident Victims: Is Happiness Relative?" *Journal of Personality and Social Psychology* 25 (1979): 917–27 を参照．

される予測は，個人による「自己予測」と同様に信頼できるものである[57]．このことは，内省が個人の欲求システムを決定するうえでどれほど大きな役割を果たしているのかに関して深刻な疑問を提起する．このことはさらにヒューム主義的見解に疑いを投げかけるものである．つまり，もし欲求に関するヒューム主義的説明が正しいとするならば，自分が満足できるような経験をどのように生み出したらよいかを発見する際に，個人は他人に対してある種の優位性を持つはずではないだろうか．

　この文献はわれわれの欲求システムに関して，重要だがこれまでしばしば見過ごされてきた側面を指し示している．すなわち，これらの欲求の満足に関して，個人がスケジューリングや優先順位づけで積極的な役割を果たすことである．身体的刺激が非常に散漫であるように，その強度のレベルもまた非常に不確定である．一般的にいうならば，志向的計画システムは刺激の欠乏に悩まされていない．その反対に，適応的無意識のレベルにおいて，いつの時点でも，何十もの異なるシステムが注意を向けてもらうために強く要求している．苦痛でさえ自動的な優先権を持っておらず，注意をめぐって他のシステムと競わなければならない（このことが，怪我を負った人々も非常に集中した活動に従事している間は，それをやめるときまで苦痛を感じない理由である）．したがって，志向的計画システムの主要な活動には，さまざまな衝動のこうした不協和音を欲求の秩序あるシステムへと手なずけ，それらを逐次的計画へとスケジュールすることが含まれる（たとえば，「最初に朝食を食べて，次にソファに行き，新聞を読む等々」）．これは，どの必要性がもっとも容易に「延期」できるか，どのくらい延期できるかに関する一般的感覚――それは経験を通して発達する――による情報を受けて行われる．xを時間 t において行いたいという欲求を形成することは，常に何十もの他の衝動の満足を退けることを含んでいるのである（そのうちのいくつかは単純に無視されるだろうし，他のものは後にスケジュールされる）．個人が将来の満足を割り引く仕方は，部分的には，何をどれくらい延期できるかというその人の見積りに基づいているとみなすことができる．この課題を効果的に遂行できなければ，志向的コントロールの喪失か，さもなければある身体的

---

57) Timothy D. Wilson, *Strangers to Ourselves*, pp.110-12．また Kahnemann, "New Challenges to the Rationality Assumption," p.495.

刺激の予想外の持続や強度に反応して，自分の計画を練り直す必要に見舞われる．

　このことは，心理学者たち（心を経験的に研究する人々）が通常，志向的計画システムの中心的機能の1つに「抑制制御（inhibitory control）」を含めることの理由にもなっている．次のような，志向的計画の「実行機能」に関する（非常に標準的な）言明を考えてみよう．「この構築物の内部に包含される認知的能力には，注意のコントロール，予見，戦略的目標計画，時間的な反応の順序づけ，自己モニタリングと社会的モニタリング，抽象的推論，認知的柔軟性，仮説生成，そしてワーキング・メモリに含まれる情報を組織化し，適応的に用いる能力が含まれる．」[58] この種のモニタリングとコントロールは，単純にある欲求を他の欲求に対して重みづけること以上のものを含んでいる．すなわち，それは行動上の衝動に対するかなり体系的な「拒否権発動」を含んでいるのである．しかし，ヒューム主義的心理学（ないしは感情主義的道徳理論［sentimentalist moral theories］一般）には，この種の機能に対応する物——これはとりわけ攻撃性のコントロールに完全に不可欠である——がない．

　志向的計画システムが一般的な実行コントロールを行使しているという事実は，われわれの選好システムにおいて価値やその他の文化的影響が重要であることを説明してくれる．身体的状態は，世界における可能な結果の順序づけを提供してくれるにはあまりにも散漫なものである．とりわけ，われわれの志向的計画システムが処理できるような，可能な結果の集合のきめ細かな分割を前提すればそうである．ホッブズは，想像の器官が行為の前に主体の意識に対して利用可能な選択肢の集合を提示してくれると考えていた．こうして主体はどの状態がもっとも魅力的なのか，あるいはもっとも回避すべきなのかということを，自分内部の情念に相談するとした．しかしこのモデルは，非常に直接的な身体的必要性の場合にすら現実的でない．また，われわれがより抽象的な選好を考えるときには——たとえば，会ったことのない人々の行為に対する態度，政党や公共政策構想に対する選好，あるいは将来世代の厚生に対する関心を考えるとき——空想的なものでしかない[59]．諸個

---

58) Peter R. Giancola, "Executive Functioning: A Conceptual Framework for Alcohol-Related Aggresion," *Experimental and Clinical Psychopharmacology* 8 (2000): 576-97 の582ページ．

人が何を欲するべきかを知るために文化的テンプレートに注意を向けるのは，この非決定性のためである．価値は，文化的に伝達された，世界状態の集合に対する相対的なランクづけであると考えられる．言い換えるならば，それらは文化的に伝達された選好順序である．この伝達が行われる主要な媒体（vehicle）は，ロールモデル化と劇の語り（dramatic narrative）である．そこで，われわれは家族が重要であり，人生が貴重であり，残酷が悪徳であり，苦痛に気高さが存在しうること等々を学ぶのである．これらの価値が既存の行動性向を再確認してくれることもときおりあるが，その反対であることもきわめて頻繁である（たとえば，性を支配する価値の多くはわれわれの性向の気性に逆らうものであるが，それはときに不必要にそうであるし，他のときにはきわめて有用である）．ほとんどの物語は根本的に，これらのランクづけを再確認することか，さまざまな基準間の対立にかかわっている．

　これらの価値はしばしば，救い難いほど主観的なものとみなされている．このことに関して広く受け入れられている見解によれば，価値はすべてその権威を背後の「究極的価値」の集合から獲得しており，「究極的価値」の集合それ自身はさらなる正当化を超えたところにあるとされる．究極的価値は，マックス・ウェーバーの有名な言葉を用いれば「争い合う神々と悪魔（rival gods and demons）」のようなものであり，それら同士の論争は合理的に調停されうるものではなく，争われるだけである．この議論の問題点は，それが動機づけられない欲求というものをヒューム主義者に措定させるに至ったのと同じタイプの認識論的後退論証に依拠していることである（実際，この概念化によれば，「究極的価値」は単に動機づけられない欲求の集まりにすぎない）．しかしながら，究極的価値の集合を措定することから始めて他の価値の導出へと進むような，倫理的説得力を持つシステムはほとんどない．われわれの行為（conduct）に反映されているような種類の日常的価値は，われわれの内的経験と社会生活における経験の双方に意味を与えるためにデ

---

59) 「熟慮の効率性が低い」人々が複雑な意思決定を行う際に，さまざまな感情的ヒューリスティクスを用いるという証拠が存在している．しかし，これらの感情的ヒューリスティクスは合理的熟慮によってクラウド・アウトされる，つまり，それらの感情的ヒューリスティクスは合理的熟慮の背景にはないのである．Ellen Peters, "The Functions of Affect in the Construction of Preferences," in Lichtenstein and Slovic, eds., *The Construction of Preference*, p.457 を見よ．

ザインされていてわれわれが採用する理論の一部である．根本的な措定物ないし究極的価値が存在するときには，これらは，実際に作用しているより具体的な選好パターンの抽象化を通して，事後的に導入される傾向にあった．たとえば，さまざまな形の幸福主義的（eudaemonistic）倫理学ないし徳倫理学において幸福が果たしている役割は，効用が意思決定理論で果たしている役割と同様である．それは背景にある状態ではなく，実践的理性について高階で語るために導入された表出語彙の1つなのである．したがって，「幸福」が究極的価値であり，他のすべては構成的かつ道具的推論を通じて導出されると言うことは逆転している．

　価値が主観的で不合理的であるというアイディアは，残念ながら，「素朴社会学（folk sociology）」の支配的要素になっている．素朴社会学は価値を主に，幼児期早期における社会化やその他の非認知的プロセスを通して植えつけられたものとして扱う．こうしたことは実際，ときおり起こっている．しかし個人はまた，純粋に認知的なプロセスを通して，新しい価値を自分の欲求システムに統合することも行っている．高度に仕上げられた価値システムがさまざまに存在し出回っている．人々がそのうちの1つだけにしか触れず，習慣の力やより良い代替案がないことからそれを忠実に守ることもときおりある．しかし，多くの人々は，あれやこれやの価値システムが自分とより効果的に「調和」することを見いだし，したがってそれを部分的に採用したり，あるいは全体的に採用したりするかもしれない．あるいは，どちら寄りの決定もすることができずに「意味の危機」を経験するかもしれない．いずれにしても，認知がどれほどこのプロセス全体に関与しているか，個人が結果に対してどれほどのコントロールと思慮を行使しているかについて，強い印象を受けないことはほとんどありえない．

5.5　規範に関する認知主義

　これまでの議論は，欲求は従来しばしば考えられてきたよりもずっと認知的であり，信念と似ていることを示すためのものである．われわれがときおり「ただそう感じるだけ」ということで自分の欲求の正当化に対する要請を退けるという事実は，われわれの欲求のすべてが弁解不能なコミットメントに基づいているとか，「究極的には」合理的批判や改訂から免れているとい

うことを示すものではない．このことが示しているのは単に，評価に関する話法において，ある種の議論上の手番が存在し（とりわけ，標準的な言語参入手番から生じる主張），それが通常，後退停止の機能を果たしているということにすぎない．現に生じている「感じ」の報告は通常，さらなる正当化を必要とすることなく，欲求に資格を付与するものと受け取られているが，それは「見ること」が通常，さらなる正当化を必要とせずに，信念に資格を付与するものと受け取られているのと同様である．しかしこのことは「感じ」がさらなる疑問に付されえないということを意味しているのではない——とりわけ，通常の条件が成立していないと信じる十分な理由が存在するときにはそうである．

　これまでの議論は，欲求に焦点を当てることで，行為のさまざまな「目的」の適宜性について主体が熟慮する仕方に限定されてきた．しかしすでに見たように，主体は日常的に，これらの目的を追求する上で使用しようとしている手段に対する制約を採用し尊重してもいる．主体の選好は，特定の目的が達成されるのを見たいという欲求だけでなく，その帰結とは独立に，行為を直接処方したり，禁止する原理の形をも取る．したがって主体の全体的な選好順序は，行為と帰結の両方に対する選好を組み込んだものである．

　原理がわれわれの行為の選択を制約するという事実は，社会的インタラクションのあまりにも普遍的な特徴であるためにしばしば見逃されている．ゲーム理論家たちは普通，物理的には可能であっても，単に主体が「決して考えることがない」という理由で決して遂行されない選択肢すべてを選択問題の表現から取り除くことで，この事実を自分たちのモデルに組み込んでいる．われわれが真剣に熟慮するのに先立って，こうした仕方で自分の意思決定の木の枝を取り除くことは，非常にありふれたことである．たとえばほとんどの人々は，バスに乗っているときに座りたいと思うだろう．空いた座席がまったくないときでも，床に座ったり，誰かの膝の上に座ったりすることは可能である．誰かに対して立つように命令したり，移動するようお願いしたり，あるいは座っている人を物理的につかんで立たせることもできるだろう．ほとんどの人々が決してこうした選択肢を考慮すらしないのは，単にそのような行動が文脈的に不適宜だからである[60]．その反対に彼らはしばしば，必要としている人のために自分の座席を放棄する．また，新たに席が空いたときには，他人の必要を十分考慮しているように思われるため，他の誰かが座ろ

うとして動いていないかを見ようとして,すぐに座ることを躊躇するだろう.自分の目的の追求に対するこれらすべての制約は,混んだバス内での社会的インタラクションを規制する（年齢,性別,身体の弱さ等々によって差別化された）社会規範の集合の帰結である.

伝統的にこの種の規範同調性は,社会学者たちの間でさえ,非認知的,非合理的 (nonrational) なもので,しばしば非志向的 (nonintentional) なものとみなされてきた[61].この立場を保持する動機には,洗練されたものと洗練されていないものがある.洗練されていない方の動機は,これらの行為の理由が明示的に道具的形式を持っていないという事実に対する困惑から生じている.こうして,ルールがわれわれの社会的インタラクションすべてを構造化する仕方に強い印象を受ける一方で,その同調性が個人の明確な目的に何ら役立つものではないという事実に混乱して,理論家たちの多くはこの規範同調性が習慣や条件反応 (conditional response) のような何らかの下志向的 (subintentional) メカニズムを通して生成されたに違いないと考えてきた.したがってたとえば主体たちは,帰結にかかわらず,ある文脈ではある仕方で行為することを社会化を通して訓練されてきたのだと考えられてきた.これらの主体たちが立ち止まって,自分たちが何をしてきたのかを反省するならば,彼らは今までしてきたように行為し続ける理由がほとんどないことを見いだすだろうと考えられてきたのである.

これまで見てきたように,この理論の問題点は,主体たちが規範に規制されたインタラクションの中で示す反射性を説明することに失敗していることである[62].この理論は,規範同調性を説明するために下志向的メカニズムを措定することによって,主体たちを,自分の行動動機に関する洞察やコントロールを剥奪され,単に社会化を通して植えつけられた台本どおりに行為す

---

60) ニューヨークの地下鉄で知らない人に席を譲るよう求める,スタンリー・ミルグラムの実験に参加した,ミルグラムの学生だった人への興味深いインタビューが,"Excuse Me. May I Have Your Seat," *New York Times* (Sept. 14, 2004) に見られる.

61) たとえば,Talcott Parsons, *The Structure of Social Action*, 2 vols. (New York: McGraw Hill, 1937), pp. 456-58 を見よ.上に引用したヤン・エルスターの「規範の作用はかなりの程度,盲目的,強迫観念的,機械的,あるいは無意識的ですらある」という主張も思い起こそう.*The Cement of Society* (Cambridge: Cambridge University Press, 1989), p. 100.

62) John Heritage, *Garfinkel and Ethnomethodology* (Cambridge: Polity Press, 1984), pp. 106-10.

るだけの「文化的まぬけ」として取り扱うことに終始してしまう．しかし，規範に規制されたインタラクションの中で通常観察されることは，すべての主体が疑義を呈されたときに示す高度の自己意識と，インタラクションに関与している他の主体に「メッセージ」を送るために，故意にルールを破ろうとする意欲との結合である．混んだバスの中で足を広げて座り，2つの座席にまたがっている若い男性は，自分がより快適に座れるように他人の必要性を無視しているだけではない．彼は，明白な社会的逸脱行動の誇示を行っているのであって，自分が他人の必要性に対して関心を持っていないということを他の乗客に対してコミュニケートするため，意図的にルールを破っているのである．そうすることで，彼は社会規範――自分がそれに違反していることを彼自身が知っていることを，他の乗客たちが知っている，その社会規範――を実効化しようとする他の乗客たちに敢えて立ち向かってもいる．このことが彼の行動を，単により快適に座る仕方ではなくて威嚇的な戦略にしている．

　こうして，規範同調性に関する非認知的分析の洗練されていない方のバージョンはすぐに困難に陥ってしまう．その理由は単に，人々のルールに対する尊重が示す表面的特徴が，他の形態の合理的行為が示す表面的特徴と同じようなものだからである．人々は何かをしているときに自分が何をしているかを意識しており，その性向は反省的に安定的であり，彼らは自分が何をしているのかに関する説明を提供することができる．その説明は，しばしば関連するルールに対する明示的言及を含んでいる．社会秩序はわれわれにかけられた「呪文」ではなく，社会学者の客観化する態度や経済学者の訓練されたシニシズムを採用した瞬間に消失し始めるようなものではない．それは非常に頑健である．このように，ある種の深い哲学的議論がない状態では，原理を基礎として選択された行為が，欲求を満足させる手段として選択された行為よりも合理的でないと考える経験的根拠は単純に何もない．

　しかし，原理の合理性についてはどうだろうか．ある人がルールに従うことが重要だと考えるならば，その人にとって，そのルールに従うことが合理的となるかもしれない．しかし，ルールに従うことが重要だという合理的結論にどうやって到達するのだろうか．現代哲学において影響力のある推論の道筋の1つによれば，それは不可能である．ルールにコミットすることは，それがあるレベルで欲求を含まないならば不合理的である．こうした論証の

とりわけ明快な例は，ジョン・マッキーの仕事に見いだすことができる．しかし，より詳細に調べてみると，この論証は，古くからの基礎づけ主義的主張——実践的領域において，動かされないが動くものの集合が存在する——の1つのバリエーションにすぎないことがわかるのである．

マッキーは，主体たちがしばしば「制度的理由」に訴えて自分たちの行為を説明すること，また，これらの理由は定言的形態を持つこと——「もし y を欲するならば，x をせよ」ではなく「x をせよ」と主体たちが言うこと——を認めることから始める．しかし彼は，どの制度的理由もその制度を受容した人々にとってだけの理由であると論じる[63]．しかしその制度の理由は何なのかと彼は問うのである．それは他の制度に対する言及を通して正当化されなければならない．ではその制度を正当化するものは何なのか．この推論の連鎖はいずれ終了しなければならない．そうするとわれわれは，その主体の何らかの欲求——ひょっとすると，それは単にゴタゴタに巻き込まれたくないという欲求かもしれない——がその行為を説明していることを見いだす以外なくなるだろう．そうすると，すべての中間的理由はこの欲求に依存しているので，それらはすべて仮言命法に還元されることになる．こうしてマッキーは，すべての「定言命法」はいずれ「仮言命法」に依存しなければならないということを，すなわち，すべての原理による行為の理由は「究極的には」欲求に依存するということを結論づける[64]．

この論証のもう1つのバリエーションは，主体が何をなすべきかを特定する限り，行為の制度的理由は「指示的（prescriptive）」なものであるという観察を出発点とするものである．しかし，自然主義的誤謬を犯すことの苦痛に直面して，指示的結論を持つ論証はどれもその前提の中に何らかの指示的言明を持たなければならないことになる[65]．その指示的前提は次に，さらなる指示的言明によって資格を付与されなければならない．そして，正当化の連鎖を十分遠くまで辿るならば指示的前提の列は尽きてしまい，擁護されない仮定で終了しなければならないと主張される．（記述的言明の地位は同様の問題によっては覆されないと仮定される．それらを支持する正当化の連鎖

---

63) J. L. Mackie, *Ethics: Inventing Right and Wrong* (London: Penguin, 1977), p. 79.
64) Mackie, *Ethics*, p. 44.
65) Richard M. Hare, *The Language of Morals* (Oxford: Oxford University Press, 1963), pp. 28–30 を見よ．

は，直接「現実」に対応するなまの事実で終了することができるからである．）これは，規範に関する非認知主義の論証として提示された基礎づけ主義にすぎない．

　もちろん日常生活では，行為の規範的理由は完全に受け入れ可能なものとみなされており，しばしば議論の中止点として役立っている．事実，レストランを出る人が「みんなチップを出すものと思われていることは知っているけど，どうして実際にみんなそうしてきたのだろう」と言ったとしたら，われわれはそれを非常に奇妙だと思うだろう．誰かがこの規範に挑戦したとしても，人々はしばしばそれを正当化するために別の規範に訴えるが，そのことがさらにもう1ラウンドの探求の引き金を引くことはない（たとえば，「チップを受け取る人々の最低賃金は低いので，彼らにチップをあげないのは不公平だ」等々）．実際，自分が従う気にならないとか，関連する社会的義務が「単に制度的なものだ」という理由だけで，社会制度から脱退する権利を持つと感じている哲学者には，かすかに反抗的なものがある．研究室の中で1人のときにこの立場を主張する方が，外の世界におけるよりもずっと簡単である．外の世界では，これらの諸制度から生じた非常に稠密なネットワークがもっとも些細な社会的インタラクションすら完全に構造化しているのである．

　マッキーの後退論証の背景には，自分の生活形態を構成する規範の集合全体に対して仮説的態度をとることができ，したがって社会的制度のシステム全体が何らかの基礎づけ的正当化を与えられることを要求できるような，合理的個人に対するイメージが存在している．このイメージは，穏かな言い方をすると社会学的にナイーブである．このイメージのタイプは，研究室で1人になり，信念の全体系に対して仮説的態度を採用しているデカルトのイメージと何ら変わらない．より適切なイメージは，われわれの原理とわれわれの社会的世界を構成する制度に対して適用されたノイラートの船†のイメージであろう．このイメージは，われわれが自分たちの信念システム系に対する挑戦にとりかからなければならない有様を表現するためにしばしば用いられてきた．すべての行為は，社会規範の巨大な背景——それはわれわれのイ

---

† 航海中に船を修理しなければならないことに，知識の改訂のあり方を例えたノイラート（ウィーン学団の哲学者）の表現．

ンタラクションを構造化するだけでなく，これらの行為の了解しやすさのマトリックスをも構成している——のもとで行われている．（子供を社会化しているときの親は，物理的世界に関する事実を教えることよりも，物事を行う上での正しい仕方や間違った仕方を教えることにより多くの時間を費している．）われわれは特定の規範に対しては仮説的態度をとることができるかもしれないが，それが行われるのは，それ自身は当然視されたままの，さらなる諸規範の巨大な背景を前提にしてのことである．これらのことが，社会生活の組織化に関する論争の大半において，「後退停止者（regress-stoppers）」を構成している．したがって，ここで提示されている分析は，欲求や信念に訴えるタイプの行為の理由と同程度に十分な行為の理由として，制度的理由が額面通りに受け取られるべきであることを示唆している．

　もちろん，さらに以下のような議論もありうるだろう．制度的理由は定言的形態をとっているので，主体の観点からは「外的理由」を表現している．したがって，制度的理由は，原理という形態で主体が採用することに必然的にコミットしているような理由ではないとする議論である．礼儀正しさという特定の規範が社会の中で遵守されるものの，それを尊重する特定の理由は何もないことを観察することができる．この問題については後でより多くのことを論じるつもりだが，ここでは次のことを観察しておくだけで十分である．すなわちこの論証が，主体たちが制度的規範を尊重するインセンティブ——通常の言葉の意味での——を提供する必要性をまったく立証していないということである．ある外的規範を自分自身の行為を支配する原理として採用する理由は，私が持つ特定の欲求の帰結である必要も，それを尊重することの帰結に対する関心である必要もない．私が規範を原理として受け入れるのは，単にそれが，私が固守する他の原理から導かれるからかもしれないし，それと非常に整合的であるからかもしれないのである．後退論証以外にはこれが問題含みであると考える理由は何もない．

　しかし，ある特定の原理を採用するより通常の理由は単に，他の人々が規範に同調しているという観察から発生しているにすぎない．これは，同調したいという欲求の帰結ではないと私は主張する（空腹の苦痛に反応して食べたいという欲求を獲得することが，自分の身体的必要性を満たす欲求から生じるのではないのと同様に）．それは信頼できる反応性向の行使ともいうべきものであり，それが原理に関する基礎的な言語参入手番を提供しているの

である．個人がある反応性向を発達させ，このことが観察の場合には適切な信念を発達させ，身体的刺激の場合には欲求を発達させるのと同様に，人々は自分たちの行為を規制するルールもまた，直近の社会的環境において観察される行動の規則性を模倣(imitating)することによって獲得するのである．この点で，模倣はアプ・ダイクステルハウスとジョン・バーグが「デフォルトの社会行動」と呼ぶものを確立する[66]．関連する心理学的文献を要約しつつ，ダイクステルハウスは模倣が非常に遍在的なものであり，われわれが通常想像するよりもずっと影響力の強いものであることを観察している．

われわれは運動行動や，人助けや攻撃のようなさまざまな個人間行動を調整している．模倣は心的パフォーマンスに異なる仕方で影響し，われわれの態度に影響する．より具体的に言うと，関連研究がこれまでに示したことによれば，われわれは模倣の結果，遅くなったり，速くなったりし，賢くなったり，愚鈍になったりし，数学が得意になったり，苦手になったりし，人助けをするようになったり，人に対して粗っぽくなったりし，礼儀正しくなったり，くどくなったり，敵対的になったり，協力的になったり，攻撃的になったり，競争的になったり，同調的になったり，非同調的になったり，保守的になったり，忘れやすくなったり，注意深くなったり，そそっかしくなったり，小綺麗になったり，だらしなくなったりする[67]．

支配的な社会規範の集合に同調することは，支配的な規範的期待の集合とともに，われわれの社会的行為のデフォルト・モードとなっており，したがって，（それに対応する志向的状態として理解された）関連する原理はデフォルトの権利を構成している．しかし，欲求の場合とまったく同じように，これらのデフォルトの権利は他の考慮に（たとえば支配的規範と，個人がよ

---

66) Ap Dijksterhuis and John A. Bargh, "The Perceptual-Behavior Expressway: Automatic Effects of Social Perception and Social Behavior," in M. Zanna, ed., *Advances in Experimental Social Psychology*, vol. 33 (New York: Academic Press, 2001), pp. 1-40. 次も参照せよ．John A. Bargh and Tanya L. Chartrand, "The Unbearable Automaticity of Being," *American Psychologist* 54 (1999): 467-468.
67) Ap Dijksterhuis, "Why We Are Social Animals: The High Road to Imitation as Social Glue," in Susan Hurley and Nick Chater, eds., *Perspectives on Imitation: From Neuroscience to Social Science*, vol.2 (Cambridge, Mass.: MIT Press, 2005), 2:217.

り長期間にわたって固守している原理との対立など）打ち負かされる可能性がある．にもかかわらず，模倣は個人が自分の行為を規制する原理を獲得する主要なメカニズムである（このことは，人々がなぜ彼らが従っているルールに従うのかに関する説明を強く求められたときに，「鋤が反りかえる (spade turns)」ことが迅速に起こる理由である[†]）[68]．

　それならば，なぜこの見方が規範に関する認知主義の一種となるのだろうか．われわれは，主体の志向的計画システムによって生成された目標のシステムを，可能世界の大域的な選好順序として表現することができる．実践的文脈，とりわけ社会的インタラクションの文脈においては，この選好順序は2つの分析的に分離可能な内容を含むことになるだろう．1つはさまざまな結果に関連する欲求であり，もう1つは利用可能な行為を規制する原理の集合である．これらの欲求と原理の多くはその起源を，理由を与えたり求めたりするゲームの外部に持っている．そして，身体的状態に反応して，または社会的行動パターンに反応して性向が行使されることを通して，非反省的に獲得される．しかし，これらの「現に生じている (occurrent)」欲求と原理は，志向的計画システムのレベルにおいて，主体の目標，プロジェクト，計画，原理のより包括的な（そして非時間的な）集合へと統合されなければならない．重要な点は，これらはすべてこのレベルでは「取消可能である」（すなわち，それらは基礎的でない）ということである．したがって主体は，それが自分のいつものコミットメントと衝突することがわかるならば，身体的刺激を無視したり，特定の社会的実践を拒否したりすることを選択するかもしれないのである．主体たちは，志向的計画のレベルにおいて，幅広いが無制限ではない裁量権を行使する（禁欲主義の歴史に関する研究が示唆しているように）．さらに，その主体が同意している目標や原理のタイプは，対応する文化的テンプレート——欲求の場合には価値，原理の場合には社会規範（これらは大体，文化的に伝達された善と正しさの概念化にそれぞれ対応

[†]　ヴィトゲンシュタイン『哲学探求』217節に同様の表現がある．「わたくしが根拠づけの委細をつくしたのであれば，わたくしは確固たる基盤に達しているのであり，わたくしの鋤はそりかえってしまう．そのときわたくしは「自分はまさにこのように行動するのだ」と言いたくなる．」（邦訳，170頁）

68) Shaun Nichols, *Sentimental Rules* (New York: Oxford University Press, 2004), pp. 20–21n9.

している)——によって強く構造化されるだろう．したがってどの志向的状態も完全に改訂を免れておらず，どのレベルでも主体同士の間に生産的な議論の余地が存在している．このことは，人が何を欲すべきかということだけでなく，人がどのように行動すべきかに関しても，人々が非常に深い反省や論争に従事することができ，また現に従事していることの理由となっている．

動機の非認知的理論が正しい点は，心の中で生じているもののうち，「カプセル化」され，意識にのぼらずに，あるいは志向的計画システムの権限外で発生していることの量に注意を向けたことにある．人間行動に関していうならば，「理性」はしばしば運転席に座っていない．しかし，理性が運転席に座っていると考えるように自分自身を騙すことは容易であることがわかるのである[69]．この点で，非認知主義者たちは心の重要な特徴を指摘している（そして，合理主義者たちが簡単に屈服してしまうかもしれない自己欺瞞の一形態を暴露している）．非認知主義者たちの誤りは，この「不合理的」要素が志向的計画システムの中にまで到達していると考えていること——合理的熟慮とコントロールの範囲外にあるような志向的状態（すなわち欲求）の特別なクラスが存在すると考えていること——にある．このことは，適応的無意識の特徴を，志向的計画システムの状態に帰属させるというカテゴリー・エラーを含んでいる．目標が言語的に定式化され，明示的な認知的表象に服する限り，それらは「理性の領域」に入り，他のどんな志向的状態とも同様に合理性の規範に服しているのである．

5.6 実践的合理性に関するブランダムの見解

ここで展開されてきた実践的合理性の理論は，ブランダムの意味の理論と彼の志向的状態の分析に強い影響を受けている．しかし，ブランダムは実践的合理性の理論を展開するという段になると，非常に異なるコースを取っている．彼は，以下のことがすべて完全にきちんとした「質料的推論（material inference）」（すなわち，理由を与えたり求めたりするゲームにおいて主体に利用可能な手番）であることに注意することから始める[†]．「傘をさす

---

69) Andy Clark, "Epilogue: A Brain Speaks," in *Being There* (Cambridge, Mass.: MIT Press, 1997)を見よ．

ことだけが私を乾いたままにするだろう．したがって私は傘を開こう．」「私は仕事に出かける銀行員である．だからネクタイをしよう．」[70] これらの例はすべて，前提としての信念から始まり，行為（あるいは，ブランダムの見解では言語退出手番を資格づける意図）を結論として持っている．目的論的論証（第5.1節）に強い印象を受けた人は誰でも当然のことながら，これらの推論のどれにも隠された（あるいは述べられていない）前提があると主張するだろう．ブランダムも言っているように，この前提は，最初のケースではたとえば乾いたままでいたいという「欲求」の形をとり，第2のケースではたとえば銀行員を規制する服装規定のようなルールの形をとる．ブランダムは，これらは両方とも単に選好ないし「賛成的態度（pro-attitude）」として表現することが可能であり，それらの間に原理的には何らの違いもないと正しく注意している[71]．彼が提起する中心的な問題は，これらの賛成的態度の地位に関するものであり，ここにブランダムの提案の独自性が存在している．

彼が論じていることの趣旨は，質料的推論を補足するために導入されたこれらの賛成的態度は志向的状態ではないということにある．つまり，理由を与えたり求めたりするゲームにおいて取ることができるポジションでなく，このゲームの中で主体が利用可能な手番を明示的に述べるために導入された表出語彙の産物であるということである．それらの賛成的態度は，ブランダムの言うように，「実践的推論の質料的（material）性質」を明示的に述べるものである．主体が自分の傘をさすことが乾いたままでいる唯一の方法であるという主張から，それを開くという行為へと動く権利を付与されるのは，理由を与えたり求めたりするゲームが，そのような主体がそのような信念からその行為へと動くことを許すルールを含んでいるからである．賛成的態度は，単に「推論のパターンの保証（endorsement）を命題形式」にしているだけである[72]．このような帰属の正確さを問題視するとき，「その問題は，前提

---

† 訳注：ブランダムの質料的推論は，「その正しさが推論の前提や結論の概念的内容に本質的に依存するような推論」のことである．
70) Brandom, *Making It Explicit*, p. 245. また次も参照．Brandom, *Articulating Reasons* (Cambridge, Mass.: Harvard University Press, 2000), p. 84.
71) この用語は Donald Davidson, "Actions, Reasons and Causes," in *Essays on Actions and Events* (Oxford: Oxford University Press, 1980) によるものである．

として機能している信念的コミットメント（doxastic commitment）に対する権利が，結論として機能する実践的コミットメントによって推論的に継承可能かどうかという問題である．そうであると受け取ることは，特定の対話者にとって，乾いたままでいたいという欲求ないし選好を暗黙的に帰属させることなのである」[73]．

　これは直観に反する理論であるが，かなりの長所を持った理論でもある．それはまず最初に，欲求が規範的権威（とりわけコースガードが追究した捉えがたい「規範の源泉」）を持つという事実に対して，簡単で非後退的な説明を提供する．欲求（あるいはより一般に賛成的態度）が権威を持つのは欲求の本質によるのではなく，実践に内包された規範の内容を明示的に述べるという目的のために特にデザインされた表出語彙の要素であるからである．したがって，それらが規範的であるのは，論理が規範的であるのとまったく同じ理由からである——それらはわれわれの規範的義務について語るための表出的省略法だからである[74]．ブランダムの説明の第2の魅力的な特徴は，欲求が何らかの仕方で主体を行為へと喚起することができるのに対して，なぜ信念が動機に対して不活性なものに見えるのかを説明することができることである．（前者の欲求の動機的側面はもちろん，選好の非認知主義をつき動かしている主要な直観である．）この非対称性は，欲求が，個人が理由を与えたり求めたりするゲームで行える手番としての推論を明示的に述べるために導入された表出語彙である，という事実にもっぱら依存している．他方，信念は手番ではなく，ゲームにおける地位を明示的に述べるものであり，このことによって信念は不活性なものに見えることになる．したがって，欲求が志向的状態として信念よりもダイナミックであるという観念は，文法的幻想（命題が，信念的地位［doxastic status］というより，むしろ推論パターンを記述するために用いられているという事実）の帰結として生じるのである．

　ブランダムの立場を直観的に理解する——そしてそれが抱える困難を理解する——もっとも容易な方法は，それがカントによる道具的推論の分析を単

---

72)　Brandom, *Making it Explicit*, pp. 248-49.
73)　Brandom, *Making it Explicit*, p. 249.
74)　Brandom, *Making it Explicit*, pp. 97-102.

純に逆転したものを表現していることを理解することである．カントの見解とその後の合理性の道具的把握の定式化との主要な相違は，カントが信念と欲求について語るのではなく，仮言命法とインセンティブについて語っていることである．仮言命法は推論の構造を持っている．「もしあなたが x を欲するならば，あなたは y をすべきである．」この構造により，x に対する欲求の基礎に立って，y を行うという実践的コミットメントを推論することが可能となる．もちろん，仮言命法を表現するもう1つの方法は，y を行うことが帰結 x をもたらすというように，ある状態が実現するという信念の形式を用いることである．これはまさに，現代の意思決定理論家が信念を状態上の確率分布として取り扱うときにしていることである．しかし，カント的観点を採用するならば，意思決定理論家が信念と呼んでいるものは，実際には，欲求から行為へと動くことを可能にする推論を明示的に述べるために導入された表出語彙の1つにすぎないのである．ブランダムが彼の理論の中でしていることは，これをひっくり返すことである．彼は，信念から行為への推論を明示的に述べる要素として欲求を取り扱うのである．

もちろん，質料的推論を「本当に」表現するのは信念なのか，あるいは欲求なのかをわれわれが決定することを可能にするような単純な事実は存在しない．この問題は表出的適切性の問題である．この点において，ブランダムの提案がカントの提案を悩ませたのと同じ困難に逢着することに注目しておく価値がある．それは，意思決定理論家たちに「目的」と「手段」という語彙を完全に放棄させるに至った困難である．問題は，選択問題に不確実性を認めるや否や，信念と欲求のどちらかを推論資格の遠回しな再記述として扱うことが，大きな困難を生み出してしまうということにある．ひとたび信念に対して確率を割り当てると，主体はもはや単純に可能な結果の序数的ランクづけで合理的意思決定を行うことができなくなる．主体は自分の欲求（ないしはより一般的に選好）のそれぞれに対しても優先度の水準を割り当てなければならなくなるのである．しかし，仮言命法は確率的信念を明示的に述べるためには非常に貧しい枠組みしか提供してくれない．もし信念を信念的地位（doxastic status）として扱うならば，それに確率や信頼水準を割り当てることが容易となる．他方，信念を推論として扱うことはより難しくなる．同様に，賛成的態度を「実践的推論の質料的性質」として分析するブランダムの方法は，優先度の水準をもった欲求を明示的に述べることにまったく適

していない．したがって，実践的合理性を効用最大化（あるいはより一般的に価値最大化）として扱う必要性は，信念と欲求の両方を，理由を与えたり求めたりするゲームにおける地位の別々のタイプとして扱う必要性を課すのである．

　簡単にいえば，問題は，ブランダムが記述しているようなタイプの推論が真理関数的（ないしブール的）論理であることにある．欲求にその強度を割り当てることは，ベイズ的論理を必要とするだろう．そこにおいて推論規則は，前提に結びつけられた確率の一部だけが結論に付与されることを許すフィルターのように振る舞う．したがって主体が，傘をさすことが乾いたままでいることの唯一の方法であるということに対して0.8の信頼度を持っており，乾いたままでいるという中程度の（たとえば0.6の）欲求を持っているならば，ベイズ的論理は，「傘をさすことが乾いたままでいることの唯一の方法である」と「私は傘をさすであろう」ということのあいだに，弱い質料的推論しか成立しない——前提に対する0.8のコミットメントが結論に対する0.48のコミットメントしか生成しない——と言うことで表現されなければならないだろう．他方，信念と欲求の両方を推論の前提として扱うことの利点は，推論のモデル化に際して伝統的なブール的論理を保持し，確率／優先度を主体が採用した地位に「内的な」ものとして扱うことができるのである．

　同様にして，ひとたび選好に優先度の水準が付与されるならば，意思決定を行う際に，主体が単純に「トップにランクづけられた」1つの帰結を決定するということはもはや適切でなくなる．欲求と原理のそれぞれは，可能世界の集合の特定のランクづけを支持することの相応の（pro tanto）理由を生成するが，最終的な選好順序を決定するには，これらすべての考慮を重みづけすることが必要となる．ブランダムの分析が示唆しているのは，推論パターンを表現するために導入される「欲求」という表出語彙がない場合，どの世界状態を選好するかに関する熟慮に従事する唯一の方法が，「もし私がこのように考えるならば，次のことをしたいと欲するだろうが，他方私は何か違うことをも信じているので，私はこれをすることにより傾くだろう」等々というような形の，信念から行為への一連の推論を仮説的に辿ることになるだろうということである．これは，われわれが自分の欲求について熟慮する仕方の再構成としては，あまりに説得力のないものである．したがって，

信念と欲求の間にそのような非対称性が存在しうるというアイディアは，ブランダムの理論に反論をすることになる．

5.7　意図に関するノート

　現代の分析哲学における行為理論の議論の多くが意図の地位に焦点を当てているという事実にもかかわらず，これまでの議論はまったく意図というものに関して真剣に語ることなしに行われてきた．分析哲学者たちの間で意図が強調されてきた理由は，部分的には，この状態をより注意深く検討することが，たとえば囚人のジレンマで人々がなぜ協力するのかというような，ゲーム理論における古典的ジレンマのいくつかに対して解決策を提供するだろうという希望からであった．その基本的アイディアは以下のようなものである．主体たちは信念と欲求から開始する．これら2つの状態は，実践的熟慮を通して結合される．しかし，実践的熟慮の結果は行為ではなく，行為しようとする意図である．行為の近接的原因として機能するのは意図である．囚人のジレンマに関していえば，主体は事前の意図のおかげで——再度の最適化が裏切りに対する選好を与えるという事実にもかかわらず——協力するのかもしれないと主張されてきた．

　実践的熟慮が意図を生むというアイディアは，実践的推論の結論は行為であるという，アリストテレスまで遡る見解と正反対である．意図は，行為と欲求の間に置かれた奇妙な種類の志向的状態として措定される．意図を欲求と異なるものにしているのは，それが行為に対する独立の理由を提供しないことである．意図は，主体の欲求の水路として作用するだけである．したがって，主体がある欲求を持たないときに，「立ち往生した」意図がその行為を遂行する別の理由をそれ自身で提供したりはしない[75]．しかし，意図が行為を説明する独立した仕事をしないのならば，そもそもどうして意図というものを措定するのだろうか．一見してオッカムの剃刀（「存在物（entity）は，必然性がないときには増やされてはならない」）の違反とわかるこの事態の

---

75)　意図に対してそうすることを可能にすることは，マイケル・ブラットマンが「ブートストラッピング問題」と呼ぶものを創り出す．Bratman, *Intentions, Plans and Practical Reason* (Cambridge, Mass.: Harvard University Press, 1987), pp. 24–27.

根拠は，失敗した試みを説明することが必要だからである[76]．個人はしばしばある特定の行為を遂行するという意思決定をしながら，それを実行することができない．このような場合にわれわれは，彼らはそうすることを意図じたのだが，それを妨げられたか，できなかったのだと言う．したがって，意図に対する関心は，意志の弱さに興味を持つ人々の間でもっとも高かった――このタイプの弱さは，まさに意図と行為が分離するような場合を特徴づけるように思われるからである．われわれの推論が行為へと直接導くならば，われわれが何が最善かを知りつつ，それを行わないということがどうして可能なのだろうか．

以上のことは，もしこの理論にもう1つの側面がなかったならば，若干弱い根拠でしかなかっただろう．意図のもっとも興味深い特徴は，それがきわめて明白にコミットメントの構造を組み込んでいるように思えることである．xを行うことを意図する主体は，xを欲求する主体がしていない仕方で，xをすることにコミットしているように思われる．したがって，信念と欲求を個人の意識の規範的に不活性な状態とみる理論家たちは，容易に，意図が規範性の源泉を表現していると誤って考えてしまう可能性がある．個人が完全に孤立して信念と欲求を持つことができると考えるならば，個人は孤立して意図を採用することもできると考えることももっともらしく思える．そして個人が意図を持つならば，彼らはコミットすることができるように思われる[77]．そうすると規範は，社会的文脈において採用された，ある種の共同的コミットメント（あるいは共有された意図）として説明できるかもしれない[78]．こうして，社会規範の純粋に還元主義的説明を提供できるようになるだろう．それは長い間，道具主義的理論の手を逃れてきたものであった．このような説明順序に賛成する意見の中でもっとも影響力のあるものは，マイケル・ブラットマンによって展開されてきた．

いくらかの批判的注意が，この最後のステップに向けられてきた．われわ

---

76) Jonathan Dancy, "The Argument from Illusion," *Philosophical Quarterly* 45 (1995): 421-38 を見よ．
77) Michael Bratman, "Robinson Crusoe," in *Faces of Intention* (Cambridge:Cambridge University Press, 1999), p. 2.
78) Bratman, "Shared Intention," in *Faces of Intention*. さらに次を見よ．David Gauthier, "Assure and Threaten," *Ethics* 104 (1994): 690-721.

れは，主体がそれに先立つ意図を形成する余裕がまったくないような多くの文脈でも，協力的で断固とした行動を期待するからである——選択が降って湧いてくることがときおりある[79]．しかも，その前の2つのステップは明らかに私的言語論タイプの論証によって攻撃を受けやすい（本章で展開されてきた観点からは，意図が持つとされる規範性は，意図の欲求に対する関係から引き継がれるだけだろう）．しかしより根本的な問題は，行為理論によって措定されている志向的状態の集合に意図を含めることが，われわれの実践的熟慮に対する理解を深めるかどうかということである．主体が計画を練っていること，そしてあれやこれやの計画の一部として主体が何をしようと意図しているかに言及するような，役に立つ語り方があることに疑問の余地はない．また，ドナルド・デイヴィドソンに従って，主体の「無条件（unconditional）」あるいは「全面的（all-out）」な実践的判断について，主体の意図として語ることもできるかもしれない[80]．しかし，これらの語り方のどちらも，信念や欲求と異なるタイプの志向的状態がこれらの帰属の背後にあることを示唆しないのである．

われわれが意図について語ることに関して神経をとがらせざるをえなくするもう1つの事情は，意図という状態が持つ独特な混合的性格である．哲学者たちがそのような存在物（entity）を措定する必要性を感じたのは，今回が初めてではない．実際，意図に関する議論全体は，哲学史の初期のエピソード，感覚印象あるいはクオリアをめぐる論争と奇妙な類似性を持っている[81]．構造的にいうならば，意図は，センス・データが言語参入サイドにおいて信念に関して果たすと考えられているのと同じ機能を，言語退出サイドにおいて，欲求に関して遂行している．したがって，なぜ理論家たちがセンス・データを措定することが必要と考えたのか，なぜこの種の現象主義が最終的に放棄されたのかを思い出しておくことが有益である．

---

79) Claire Finkelstein, "Rational Temptation," in Chrisopher W. Morris and Arthur Ripstein, eds., *Practical Rationality and Preference* (Cambridge: Cambridge University Press, 2001), p. 61.
80) Donald Davidson, "How Is Weakness of the Will Possible?" in *Essays on Actions and Events* (Oxford: Oxford University Press, 1980).
81) Wilfrid Sellars, "Phenomenalism," in *Science, Perception and Reality* (London:Routledge and Kegan Paul, 1963), pp. 60-105 を見よ．

主体がある状態を観察し，正しい信念を形成するとき，その観察とその志向的状態の間には，何ら明白な「ギャップ」は存在しない．主体が赤いボールを見て，「赤いボールがある」という信念を形成するとき，何の問題もない．われわれが対象と志向的状態の間に何かが位置していると疑い始めるのは，主体が誤った信念を形成するときだけである．主体が白いボールを見て，「赤いボールがある」という信念を形成するとき，われわれはその信念とその対象の間に直接的結合が何もないと考え始めるのである．われわれは，ボールは赤く見えたが，そうでないことがわかったと言う．このことはまったく無害である．しかし，哲学者たちがこの観察から，われわれが本当に見ているのは対象ではなく，たとえば「仮象（appearance）」あるいは「センス・データ」のような，対象を表象する何らかの内的状態なのだという結論に至るときに問題が発生する．問題は内的エピソードのアイディアにあるのではなく，これらの内的エピソードが命題的内容（すなわち，それらが何かを「表象」しているということ）を持つというアイディアに問題があるのである．内的エピソードのこのような地位は，それを信念に対して推論的に関係することを可能にし，また世界の状態と因果的に結合されることを可能にする．

　現象主義的見解によれば，根本的なのはわれわれの「仮象」に対する知識である．われわれの世界に対する知識は，こうした「仮象」との接触から推論される．このような理論を展開する理由は，それが正当化の基礎づけ主義的説明に対する支持を提供するように思われるからである．「赤いボールがある」という信念が，赤いボールの存在によって正当化されるということは難しい．なぜならば，この結合は無謬ではないからである．主体はしばしば間違った知覚を持つ．仮象の利点は，それが「本格的な」志向的状態と訂正できない（incorrigible）関係に立つということにある．信念は常に仮象と正しく関係している．対象を適切に写し出すことに失敗するかもしれないのは仮象なのである．言い換えれば，機能停止はこの関係の原因の側にあることになろう．そのボールは白いかもしれないが，赤く見えるのである．しかしボールが赤く見えるならば，主体は必然的にそれが赤いという信念を形成するだろう．したがって，仮象を措定することによって，われわれは，信念の規範性をわれわれの知覚の頼りなさから遮断することが可能となる[82]．

　意図に関する最近の仕事にも，類似の思考パターンを見いだすことができ

第5章　選好の非認知主義　275

る．通常のケースでは，実践的推論は直接的に行為へと導く．しかし，ある
ケースでは，主体が採用された計画を遂行することに失敗する．このことは，
われわれの志向的状態とわれわれの行為との間にギャップがあることを示唆
している．したがって，理性と世界との間に，混合的な心理学的状態——意
図——を措定するのである．実践的理性は，推論的メカニズムを通して，必
然的かつ無謬的に意図を生成する．そして意図は，主体が世界の中で行為す
る原因となる．意志の弱さは，この関係の原因の側——意図と行為との間
——での機能停止を通して発生することになるだろう．したがって，意図を
措定することによって，われわれは意思決定の規範性をわれわれの行為の頼
りなさから遮断することが可能となる．

　根本的な問題は，信念とセンス・データとの関係が，信念と世界との関係
よりも根本的でありうるのかということにある．あるいは，セラーズの言葉
を借りれば，問題は「赤く見える」が「赤い」よりも概念的に先行しうるか
どうかということである[83]．意図のケースにおける類比的な問題は，xを行
うことを意図することが，xを行うことよりも根本的かどうかということで
ある．この点でわれわれの直観をテストする1つの方法は，体系的失敗の可
能性を考えることである．もし，われわれの信念が何よりもまず，仮象に関
係しているならば，われわれの信念は体系的に偽であることが可能である．
同様に，「意図の先行性」という見解は，主体が体系的にさまざまな物事を
意図しながら，それらを何も行わないことが可能であることを示唆している．
一方，セラーズはこれらどちらの見解も不整合的であると論じる．もし，
人々が体系的に「赤」という言葉の使用を誤るならば，このことは単に
「赤」という言葉の意味を変更するだけとなろう．同様の理由により，「人々

---

82) もちろん，哲学者たちの多くは，仮象がこうした機能を解放してくれないと論じてきた．
デイヴィドソンは次のように書いている．「因果的連鎖に媒介的段階や存在物を導入すること
は，感覚や観察のように，認識論的問題をより自明にすることに役立つだけである．というの
も，媒介的なものが単なる原因でしかないのならば，それが引き起こす信念を正当化しないし，
情報をもたらすのならば，嘘をついているかもしれない．このことの教訓は明らかである．わ
れわれは媒介的なものに真実を誓わせることができないのだから，われわれの信念と世界の中
のその対象との間にいかなる媒介物をも認めるべきでないということである．もちろん，因果
的媒介物は存在する．われわれが用心しなければならないのは，認識論的媒介物である．」"Coherence Theory of Truth and Knowledge," p. 312.

83) Sellars, *Empiricism and the Philosophy of Mind*, p. 36.

が自分がすべきだと思っていることをする傾向にあるというのは必然的真理である．というのは，私は今Ａを行うべきであるを意味する言語的ポジションを占める人々がＡを行う傾向にあるということは，必然的真理であるからである．もしそうでないならば，その人たちが占めているポジションは，私は今Ａを行うべきであるを意味しえないことだろう」[84]．

　セラーズの批判の詳細に入り込む代わりに，彼の代替的分析の概要を述べたいと思う（私の見解では，こちらの方がより説得的だと思うからである）．セラーズの基本的議論は，仮象と意図に関するいかなる心理学的実在論にも反対し，プラグマティズム的分析に好意的なものである．観察と報告に関するわれわれの力は，環境に対するある種の反応性向の育成を含んでいる．われわれに言語参入手番の基本集合を与えてくれるのは，こうした反応性向である．われわれは，近くにある赤いボールに反応して「赤いボールがある」と言ったり，考えたりする．しかし，われわれが行う主張は，それ自身とともに，コミットメントのすべての系列を伴っているものである．これらのコミットメントの1つは，われわれ自身の信頼性に対するものである——このことが，他の人々が自分自身の推論の連鎖の中で，その主張を前提として用いることを可能にしているのである．しかし誤りの経験はわれわれに，われわれがいつも信頼できるとは限らないことを教えてくれる．われわれは，自分たちが赤い対象を報告する傾向を持つことと同時に，この性向が赤く光るもの等々の存在によって誤って誘発されるかもしれないことにも気づいているのである．だからわれわれは，われわれの性向によって報告したいと思いつつ，その報告の信頼性にコミットしたくないということがときおりあるのである．これは，「見える」という語り方が行っていることである．言い換えれば，「xであるように見える」の正しい分析は，「私はxと判断するが，それを完全には信じていない」ということである．

　今度は，言語退出サイドで何が起こるかを考えてみよう．何をすべきかについての意思決定をすることは，何を信じるべきかについての意思決定とそれほど違わない．どちらの場合でも，人はあるコミットメントをしているのである．相違点は，行為の場合には熟慮のプロセスの結論が行為であり，主

---

[84] Sellars, "Some Reflections on Language Games," in *Science, Perception and Reality*, p. 350.

張ではないということである．言い換えれば，それは人を理由を与えたり求めたりするゲームから退出させる手番である．このような手番もまたそれとともにコミットメントを伴っている．「そのボールは赤い」と言うことが，他者に対して，そのボールが赤いという期待を抱く権利を付与するのと同様に，「そのお店に行く」と言うことは，他者に対して，その人がそのお店に行くだろうと期待し，その人がある時刻にそこにいるだろうと推論する等々の権利を付与するのである．しかしながら，観察の場合と同様に，この推論にコミットしたくない場合もあるかもしれない．たとえば，そのお店に行く道での交通量がどうかがわからないならば，自分がそこにいると人々が仮定することに対して注意しておきたいと思うかもしれない．ここで，意図の話法（intention-talk）が出てくるのである．「私はxをするつもりです」あるいは「私はxをしようとするでしょう」は，「私はxをします」と宣言し，「しかし私は成功しないかもしれません」と追加していることと同値である．だからこそ意図が，われわれが将来の計画について語る際に，これほど重要な要素となっているのである．予想される行為がより遠いほど，それを遂行することができるかどうかについてより不確かになり，したがって，それが生じると主張することにコミットする意欲は弱くなるはずである．われわれが遠い将来について意図の言葉を用いて語るのは，われわれが遠い過去について（出来事ではなく）回想の言葉を用いて語るのと同じ理由に基づいている．

　意図と観察の両方の場合に，主体が理由を与えたり求めたりするゲームにおける特異な手番を行っている——単純に信念を獲得したり，行為を遂行したりするのとは異なる——ことに疑いの余地はない．したがって，私が提案しているのは，意図を欲求に還元したり，「意図」という言葉をわれわれの語彙から消去することではない．重要な点は単に，仮象ないし意図に対応するような，世界と特別な因果的結合を持つ独自の心理学的状態はないということを示唆することである．仮象と信念との間の，あるいは実践的熟慮と意図との間の関係の訂正不可能性は，これらの状態の特別な性格によるものではない．仮象と意図は，日常的な言語参入手番と言語退出手番に典型的なコミットメントの一部を主体が差し控えるという，特別なタイプの義務的地位なのである．それらを「十全な（full-blown）」バージョンよりも修正可能でないものにしているのは，こうしたコミットメントの不在である．それらが，

デカルト的懐疑の問題や意志の弱さの問題に対して特別な手掛りを与えてくれるという観念は，われわれが義務的地位を明示的に述べるために導入した表出語彙によって生成された文法的錯覚なのである．

　意図を志向的状態の特別な種類としてではなく，一種の義務的地位とみなすことは，この概念をとりまく多くの混乱を解消することに役立つ．たとえば，このことはグレゴリー・カフカの毒素のパズルで何が起きているのかを理解するのに役立てることができる．カフカは以下のような提案を考えるよう促している．

　　あなたに風変わりな億万長者が近づいてきて，以下のような提案をもちかけたばかりである．彼は，あなたの前に毒の入った小瓶を置く．この毒は，飲むと1日だけ苦しい病気を生じさせるが，あなたの生命を脅かすことはないし，継続した効果も持たない．……億万長者は，もしあなたが明日の午後にこの毒を飲むことを，今日の深夜に意図したならば，明日の朝，あなたに100万ドルを支払うという．彼は，お金を受け取るのに毒を飲む必要がないことを強調する．実際，もしあなたが成功するならば，飲む時間が来る数時間前に，あなたの銀行口座にお金があるだろう．……意図があるかないかは，偉大なドクターXによってデザインされた，最新の「心を読む（mind-reading）」脳スキャナと計算機器によって決定されるだろう[85]．

このパズルに対する多くの人々の反応は，毒を飲むことは不合理的であり（毒を飲むように言われている時間には，お金はすでに銀行にあるのだから），したがってそれを飲む意図を形成できないという直観によって支配されている．しかしながら，意図に関する「実在主義的」見解によれば，これは謎である．標準的見解によれば，主体はある行為の遂行を，それが期待効用を最大化するという根拠によって選択している．意図に関する実在主義者は，その主体は文字通りにその行為を遂行することは決定せず，単に意図を形成することを決定すると主張する．そして，その意図はその行為を引き起こす．しかし，もしそうならば，このことは，われわれが意図を形成することを意

---

[85] Gregory Kavka, "The Toxin Puzzle," *Analysis* 43 (1983): 33–34.

思決定するのは，まさにそうすることが効用最大化するときであるということを示唆している．この毒素のパズルは，意図を形成することが効用最大化となるが，行為を遂行することは効用最大化とならない場合を提示することで，意図と行為の間に楔を打ち込むものである．しかし，その主体はそうすることが効用最大化であったとしても，こうした意図を形成できないという直観を持つ．これは謎のように思える．

　ここで展開された義務的スコアづけの観点からの意図の分析によれば，この意図を形成することは心理学的には不可能ではないが，論理的に不可能であるということが示唆される．この主体がどれほど努力するかは関係ない．それは，論証の妥当性を受容し，そして前提を信じながら，結論を信じないようにしようとするようなものである．さらに，主体が特定の意図を持っているか否かに関する事実（あるいは，もちろん「脳スキャナ」の使用を通して決定されうるような種類の事実も）は存在しない．誰がどのような意図を持っているのかは，義務的スコアづけ——帰属され，かつ認められたコミットメントと権利——によって決定される．主体が「このボールは赤い」というとき，われわれはその主体に「このボールは赤く見える」ということを帰属するかもしれない．「このボールは赤く見える」は「このボールは赤い」の，信念として（doxastically）より弱いバージョンにすぎない．「このボールは赤く見える」が「このボールは赤い」よりも弱いコミットメントを生成するので，この信念が何らかの仕方で仮象に基づいており，その対象に基づいているのではないと想像することに誤りがある．同様に，主体が x をすることを決定するとき，われわれはその主体が x をすることを意図していると推論することができる．このことは，その主体が実際にしようと決定したのは意図を採用することだったということを意味するのではなく，その行為はその意図から出てくるということを意味している．

　毒素のパズルは，意図がセラーズがいくぶん軽蔑的に「雑種的」概念と呼んだものであることを示している．そのような概念を心理学的実在に割り当て，行為理論における場所をそれに与えることは，説明上・正当化上の説明順序を混乱させることになる．ゴティエとかブラットマンのような理論家たちが，意図は規範性の源泉を提供してくれる可能性を秘めていると考えたという事実は，まさにこの概念の「雑種的」性格の兆候にほかならない．行為の説明において，これに関連した言い回しの集合を用いることが役立つ状況

も存在するが，こうした概念を心理学的措定物として行為理論に含めることは混乱を生み出すレシピでしかない．

第6章
自然主義的パースペクティブ

A Naturalistic Perspective

　合理的行為の経済人（homo economicus）モデルが困難な状況にあることを知ったとしても，多くの人々は驚かないだろう．標準的な合理的選択理論は，ホッブズの道具主義の2つの中心的な前提条件を厳格に固守している．すなわち，実践的推論が帰結主義的であることと，選好が非認知的であることである．これまでみてきたように，前者の主張には十分な理由がなく（unmotivated），後者の擁護は不可能である．だから，このモデルを現実の人々に適用してみると，彼らが合理的選択理論の予測よりもずっとうまく集団的でコーディネートした行為に携わることができることがわかるのである．これは，彼らが義務的制約を尊重することができるからだけではなく，協議（joint deliberation）や選好（欲求と規範の両方）の改訂に携わることができるからである．だから，合理的選択理論の他の学問領域への拡張に伴う「経済学帝国主義」の呼び声にかかわらず，長期的にはまったく正反対の傾向が観察されてきたのであった．伝統的でない主題（たとえば犯罪や家族構成）についての論争の試みは，経済学的モデルの限界を顕わにする豊富な例を提供してきた．こうして帝国主義者たちの多数が「現地人化」しただけでなく，外国の習慣を本国に持ち帰る人々も現われたのである．

　しかし経済人モデルが困難に陥っているとしても，何がそれの代わりとなるのかはいまだ明らかでない．多くの経済学者たちがこの問いに対する解答を求めて実験ゲーム理論へと向かうことになった[1]．古典的な実験のいくつかは，主体が社会的インタラクションに対して近視眼的にアプローチしていないことや，他者の行為を，自分の選好する結果が実現する確率に影響を及

ぼす単なる変数とみなしているわけではないことを非常に明確に示している．人々の選択は，社会的インタラクションの構造に関連したメタ選好のようなものによって規制される．標準的な合理的選択理論によれば，人々にとって，最後通牒ゲームで提案をしているプレーヤーが別の人間なのか，それとも乱数を生成しているコンピュータであるのかはどうでもよいはずである．しかし明らかに，彼らはそのことを問題にするのである．

道徳哲学者たちは，こうした観察結果を見逃さなかった．囚人のジレンマはしばしば，自己利益と道徳性との間に生じる不一致のわかりやすい例とみなされている．このタイプのインタラクションにおいて，2人の個人は相互の利益となる協力に携わることができるにもかかわらず，相手の協力したいと思う心につけ込んで自己利益とすることができるような状況におかれている．両者が協力することに合意するならば，通常彼らはその合意を尊重する道徳的義務のもとにあると考えられるが，裏切ることが彼らの自己利益にかなっている．経済人モデルが示唆するところでは，囚人のジレンマ的状況においては裏切りが唯一の合理的な行為となる．これに対して，道徳哲学者たちは長い間，協力することが合理的であると主張してきた．問題は，道徳哲学者たちが，なぜ協力することが合理的なのかに関して，誰でも納得するような説明を提供できなかったことにある．

実験ゲーム理論は，こうした文脈において人々がしばしば道徳的に行為すること，したがって協力的結果を確保することができることを示してきた．経験的な観察としてはこれはとるに足らないものではある．しかし，実験ゲーム理論の結果を重要なものにしているのは，実験上のインタラクションを注意深く設計することが，実践的合理性の構造に関する興味深い事柄を明らかにする潜在力を持っているという事実である．言い換えれば，これらの実験は，なぜ人々が協力しているのかに関する証拠を提供してくれる可能性がある．長年にわたり，道徳哲学者たちはあらゆる種類の異なる説明を提供し

---

1) 残念ながら，このことは「行動経済学」へのシフトをも伴うことになった．これは，「合理的行為者」モデルを完全に放棄して，観察された規則性だけに依拠して行動を予測しようとするものである．こうしたことは暗黙裏に，道具的合理性の伝統的モデルに対し「合理性」概念の独占力を付与することになる．より魅力的な戦略——それはここで追求されている戦略である——は，これらの実験結果を伝統的な合理性の経済人モデルを改訂する基礎として使用することである．

てきた．たとえば，人々は互いに共感を感じているのだとか，人々は善の共有概念にコミットしているのだとか，人々は原理に従っているといった具合である．しかし，これらの説明のほとんどはアドホックな観察や個人的直観に基づくものであった．こうした協力的性向は正当化できるのか，またどのように正当化できるのかという規範的問題を考察するに先立って，厳密に自然主義的なパースペクティブを採用し，人間すべてが共有しているように思われる現存する協力的性向の集合を記述し，こうした協力的性向がどのようにして発生してきたのかを考察することが有用であろう．

6.1 利他主義の謎

　最初のとっかかりとしてもっとも有益なのは，進化生物学の観点から始めることである．実験ゲーム理論家たちが余すところなく詳細に探求してきた，人間同士に見られるような種類の自発的協力は，実際には自然においては非常に珍しいものである．人間は群体的な無脊椎動物（colonial invertebrate）や社会的昆虫と並んで，進化生物学者たちが超社会的種と呼ぶものに属している[2]．われわれは異常なほど広範囲で複雑な協力システムを通して，生命を維持し再生産している．事実，近年人間は（個体数，社会の複雑性の度合いなどにおいて）アリ，シロアリ，ハチといった生物を追い抜き，地球上でもっとも社会的な種となり始めている[3]．この種の協力はまれである．自然に見られるパターンでずっと典型的なのは，われわれにもっとも近い霊長類の仲間たちが示すようなレベルの社会性であるが，それらは100を超えない個体からなる部族に集結する傾向を持ち，非常に限定的な形態の利他行動に携わるだけである．

　まれであるだけではなく，人間社会の超社会性が呈している特定の形態に関する謎も存在する．群体的な無脊椎動物と社会的昆虫のどちらのケースで

---

[2] E. O. Wilson, *The Insect Societies* (Cambridge, Mass.: Harvard University Press, 1971). また Donald T. Campbell, "On the Conflicts between Biological and Social Evolution and between Psychology and Moral Tradition," *American Psychology* 30 (1975): 1103-26.

[3] Peter Richerson and Robert Boyd, "The Evolution of Human Ultrasociality," in Irenaus Eibl-Eibesfeldt and Frank Kemp Salter, eds., *Indoctrinability, Ideology, and Warfare: Evolutionary Perspectives* (New York: Berghahn, 1998), pp. 71-95.

も，彼らが示す異常に高いレベルの社会性に関しては非常に明白な生物学的・遺伝的基礎が存在する．たとえば，社会的昆虫（アリ，シロアリ，ミツバチ，スズメバチ）に関していうならば，その社会性はハチの巣やコロニーにおけるメンバー間の近縁性を増大させる「半数性単為生殖」と呼ばれる生殖パターンのおかげである．人間の生殖生態（reproductive biology）においては，これと似たようなもので，われわれの超社会性の説明として役立つようなものは存在しないように思われる．生殖に関しては，他の多くの側面と同様，われわれは類人猿とそれほど違わないのである．このことは，ピーター・リチャーソンとロバート・ボイドがいう「進化論的謎」を創出する[4]．

もちろん人間に独自の特徴は多数存在するので，人間の超社会性を説明する段になると，あらゆる種類の説明の候補が存在している．人間は優れた知能と計画能力を持ち，道具を広範に使用し，言語を通じたコミュニケーションを行い，文化的伝達に大きく依存して社会的学習を行い，より幅広い社会化を可能にするために長い子供時代を経験する．また，これらの特徴は，互いに無関係ではない．超社会性の基礎に対して，これらのうちのどれがより説得力のある，あるいは説得力のない説明を提供しうるのかに関して感触を得るためには，まずもって進化理論がそのような説明にどのような制約を課しているのかを理解することが必要となる．

われわれは「利他主義」という言葉を，厳密に自然主義的な意味で用いるよう取り決めをすることから始めることができよう．すなわち利他主義は，それを行う生命体（organism）にとって不利益となる一方で，他の生命体にとっては利益となる任意の行動を意味すると取り決めるのである．ここにおいて，利益と不利益は繁殖適応度で定義される[5]．（適応度で定義される人間の利他主義と，自己利益との関係で定義される人間の協力との関係については後に議論する．両者は重なるところがあるが完全には一致しない．）動物の世界には利他的行動の例が多数存在する．捕食者を巣から遠ざけるた

---

[4] Robert Boyd and Peter Richerson, "Solving the Puzzle of Human Cooperation," in Stephen Levinson and Pierre Jaisson, eds., *Evolution and Culture* (Cambridge, Mass.: MIT Press, 2005).

[5] W. D. Hamilton, "The Evolution of Altruistic Behavior," *American Naturalist* 97 (1963): 354–56 の精神による．また，Robert Trivers, "The Evolution of Reciprocal Altruism," *Quarterly Review of Biology* 46 (1971): 35–57.

めに自分を犠牲にする母親，コロニーに食事を供給するために自分を犠牲にする働きアリ，互いに危険を警告しあうために警戒音声を発するヴェルヴェット・モンキー等々．利他主義がポジティブな形態とネガティブな形態の両方をとりうることも注目に値する．われわれは通常，利他主義を「助ける」行動を含むものとして考えているが，それは同様に，攻撃，食料をめぐる競争，幼児殺害などのような，危害を加える行動に携わることを･控･え･るという形態も取りうるのである．

　利他主義が進化論上の謎とみなされるようになったのはごく最近のことである．20世紀前半，進化生物学者たちの間には，個体レベルの選択（selection）がその発達にとって不利に作用しがちであることが広く認められている特徴ですら，それが「種にとって良い」という理由だけで，適応的であるとみなされるような傾向が広く見られた[6]．たとえば捕食者を発見して警戒音声を発する個体（ジリスやヴェルヴェット・モンキーなど）は，その捕食者の注意を引きつけ，他者に比べて自分自身の適応度を引き下げることになるだろう[7]．それにもかかわらず，利他的な特徴を示す個体を含む集団はそのような個体の存在しない集団よりずっとうまくやるという理由によって，自然選択は利他主義の発達を促す傾向があるだろうと考えられたのである．この確信は一部には，進化的システムがもたらす結果が最適なものと程遠くなる可能性を容認したくないということによっていたのであった．

　ジョージ・ウィリアムズが1966年に，集団レベルの選択の効果はほとんどの場合，個体レベルで発生している選択の効果よりも弱いと主張したことで，こうした確信は打ち破られた[8]．利他主義者たちを含む集団はそうでない集団よりもうまくやるかもしれないが，その利益は集団内の利他主義者たちのものとはならず，不釣り合いに非利他主義者たちに配分されることとなるだろう．したがって集団レベルの選択が優遇してくれるのは「利他主義者になること」ではなく，むしろ「利他主義者と近い付き合いを持つこと」な

6）　たとえば，Vero Copner Wynne-Edwards, *Animal Dispersion in Relation to Social Behavior* (Edinburgh: Oliver and Boyd, 1962) を見よ．
7）　Lee Dugatkin, *Cheating Monkeys and Citizen Bees: The Nature of Cooperation in Animals and Humans* (New York: Free Press, 1998), pp. 17-18.
8）　George C. Williams, *Adaptation and Natural Selection: A Critique of Some Current Evolutionary Thought* (Princeton: Princeton University Press, 1966).

のである．これは進化論的囚人のジレンマの構造となっている．個体にとって有利な特徴は，たとえ種全体にとって極度に不利であったとしても，システマティックに恩恵を受けるようになるからである．したがって，利他主義はきわめて例外的とみなされなければならず，通常の基準とみなされてはならないのである．

声を出さないサルが警戒音声を発するサルの努力にうまくただ乗りすることができるならば，当然，前者が徐々に後者に置き換わり，ゆくゆくは個体群（population）全体が完全に前者のみから構成されることになるだろう．このことは，種の平均適応度を低下させるだろうが，このような適応度の低下は自然の文脈ではいつでも起こっていることである．クジャクの尾は特に明白な例だが，この現象はどこでも見られるものである．一般的に，低木は喬木よりも頑強である．喬木は栄養分と水とを葉まで汲み上げるのに要するエネルギーが絶対的適応度を減少させるからである（木が風や雷などの被害を受けやすくなることはいうまでもない）．しかし問題は，木々が日光を求めて互いに競争してもいることである．周りの木よりも少し高ければ，周りの木に対するその木の相対的適応度は改善されることになる．木々はこうして進化的競争に徹底的にはまり込む．より高くなることによる相対的適応度の上昇が絶対的適応度の減少よりも小さくなるまで，平均的な高さは高くなる傾向を示すだろう．その結果は，種全体の観点からは（たとえば，他の種との競争において）非最適な進化的均衡である．

性比は，進化的なただ乗りによって誘導される非最適な均衡の非常にわかりやすいもう1つの例を提供してくれる[9]．繁殖力の観点からは，重要なのはメスのコーホートの規模である．精子は安いが（実際，定義によってそうである），卵子は高くつくからである．したがって生殖適応度に関していえば，種の観点から見て最善の性比は，メス99：オス1となるだろう．これとは対照的に1：1の性比は，種の観点からは非常に浪費的である．そこでは，ほとんどが種の再生産にとって必要とされない——多くの種では，ほとんどが使用されもしない——「余分な」オスが多数発生している．また，こうしたオスたちは，彼らが消費しなければ個体群のうち生殖に関与するメン

---

[9] この観察は，Ronald Fisher, *The Genetical Theory of Natural Selection* (Oxford: Clarendon Press, 1930) による．ただし，彼はこうした用語を用いていない．

バーたちが利用することができただろう資源を消費する．したがって，もっとメスに傾斜した性比に比べて，1：1の性比は，種のメンバーの平均適応度の水準をずっと低くするという意味で非最適なのである．どうしてこのようなことが起こりうるのだろうか．

　答えは，自然選択は平均適応度を促進するのではなく，個体の適応度を促進するだけであるという事実の中に見いだされる．99：1の性比は，進化的に安定ではない．この性比は平均適応度を高くするものの，そこからの逸脱の発生に対しては脆弱である．Y染色体を持つ精子を100個あたり1つではなく，100個あたり2つ生産する傾向を持って生まれた最初のオスは，原理上2倍の数の孫を持つことを期待できる（したがってこの特徴を持つ子孫の数もそうである）．しかし，これは行きつくところまで行きつく競争である．より多くの個体がこの特徴を持つようになるにつれて，繁殖力は減少し，平均適応度は低下する．したがってこれらの個体はより多くのオスの子孫を生み出すものの，同時にそれは，その子孫である各個体が生殖に成功する確率を漸減させることになる．このプロセスは生まれてくるオスがメスの数を上回るまで続くが，そこではより多くのメスの子孫を生むことが個体にとって有利となる．結局，事態は1：1の周辺で落ち着くのである．

　性比の例が有用なのは，それがひどく非最適であるのにあらゆるところで見られるからである．このことはまた，利他的特徴の発展に立ちはだかるさまざまな進化的諸力のパワーをも示している．さらにこのことは，どんなに深い生物学的レベルでも人間はこうした一般的制限を免れないことをも示している．もしわれわれがそうした制限を免れているならば，ずっと多くの女性が存在していることだろう．したがって利他主義は1つの例外——それは遺伝的に利己的ないし「反社会的」行動をシステマティックに優遇するような背景のもとで創発している——と理解される必要がある．

　もちろん，多くの異なる動物種における利他的行動パターンの明白な事例の数々が物語るように，利他主義者たちが遭遇する問題は克服不可能なものではない．しかし，有性生殖を行う種の内部における自然選択はデフォルトでは利他主義を除去する傾向を持つのだから，利他主義者たちが流れに抗して泳いでいることは明確である．したがって利他主義が存続する場合には，利他主義を維持する非常に特定的なメカニズムが必要なのである．自然において寄生生物や「ベーツ」擬態がいたるところで観察されることを見ること

で，フリー・ライダー問題がいかに深刻かを感じとることができるだろう．カッコウやコウウチョウは「托卵」する．すなわち他種の鳥の巣に卵を生むことで，他の種の親鳥の投資にただ乗りする．カバイロイチモンジ（チョウ）は，羽の見掛けを模倣して，毒を持つオオカバマダラとそっくりになる（このことはまた，捕食者に対する抑止力としてのこの模様の価値を低下させる）．このリストを長くすることは容易である．したがって，利他主義がただ乗りによってその基盤を掘り崩されるだろうという問題関心は単なる抽象的な可能性にとどまらない．その全体的な生き残り戦略が他者にただ乗りすることを含むような生物の例は枚挙に暇がないのである．残念なことだが，哲学者たちの間にはいまだに，人間がたとえば「道徳的感覚」や「道徳推論モジュール」のような，何らかの特定の適応を遂げているかもしれないと考える傾向が存在している．その理由は，まさにそれが存在することが協力を促進するからというものである．これは進化システムで発生するフリー・ライダー問題の深刻さを十分に理解しないことから生じる誤った推論である．

6.2 包括適応度

基準点として，動物世界において利他的行動を生み出し維持することが知られている，もっとも異論の少ない2つのメカニズムを考えることから始めるのが有用である．理論家たちの多くは，これらのメカニズムが人間の利他主義を説明する上でも適切なものと考えてきたが，後にみるように，それらはまったく目標に到達していない．第1の，もっとも良く知られたメカニズムは，W・D・ハミルトンが「包括適応度（inclusive fitness）」と呼んだもの，あるいは「血縁選択（kin selection）」である[10]．皮肉なことかもしれないが，これはいわゆる利己的な遺伝子の理論のきわめて直接的な帰結である[11]．個体の「利益」が集団の「利益」と必ずしも一致しないだけなく，遺伝子の「利益」もまた個体の「利益」と必ずしも一致しない[12]．すべての遺伝子は，同じ遺伝子の複数のコピーを含む環境の中で再生産される——それ

---

10) W. D. Hamilton, "The Evolution of Altruistic Behavior." また，J. Maynard Smith, "Group Selection and Kin Selection," *Nature* 201 (1964): 1145-47.

11) Richard Dawkins, *The Selfish Gene*, 2nd ed. (Oxford: Oxford University Press, 1989).

らのコピーは他の個体の中にも存在しているからである．遺伝子にとっては，自分自身を再生産するのも，他の個体の中にある自分のコピーを再生産するのも，根本的にどちらでもよい．したがって1つの個体の適応度を減少させるものの，その特徴を持っている他の個体の適応度を大きく増加させる（あるいはそのような個体の多数に対して，その適応度を少しずつ増加させる）ような特徴は自然選択の恩恵を受けることになるだろう．言い換えれば，利己的な遺伝子は必ずしも生命体の利己的な行動から利益を受けないのである．(もしわれわれの身体が，リチャード・ドーキンスがいうように，われわれの遺伝子の利益を促進するために構築された「ぎこちなく動くロボット (lumbering robot)」であるとしたら，事実は，われわれの遺伝子は，このロボットを自己犠牲するようにプログラムすることで，自分の利益とする可能性がときどき生ずるということである．)[13] 利己的な遺伝子はこうして，生命体レベルでの利他的行動を生み出すことが可能である．

　このもっとも明らかな事例は，子孫に対する親の投資である．若鳥に餌を与えたり，世話をしたりする傾向を持たず，単に卵を生んで放置するような鳥の種を想像してみよう．若鳥の近くに留まり，餌を与える傾向をより多く持つ親を生み出すような突然変異が発生すれば，この突然変異は個体群の中できわめて迅速に広がるはずである．この遺伝子の存在が（自分の食料摂取を減少させつつ，エネルギー消費を増加させることで）親の適応度を減少させるとしても，各子供がその遺伝子を持つ確率は50パーセントであり，それぞれは親の努力によって劇的に適応度を増加させることになるので，その遺伝子は栄えることになるだろう．ある意味，遺伝子は親の中の自分のコピーを犠牲にして，自分の多数のコピーが子孫に見いだされることを促進しているのである．「個体適応度」の概念がこうした間接効果を考慮に入れて拡張されたものが「包括適応度」の概念となる．

　この点について，ドーキンスの『利己的な遺伝子』はレトリック的に誤解を生む文だらけである．この本のタイトルはしばしば「利己性のための遺伝

---

12) この議論を通して，私は「遺伝子」とは正確には何かという問題については不可知論者であり続けている．Lenny Moss, *What Genes Can't Do* (Cambridge, Mass.: MIT Press, 2003) を見よ．私の気づいている限りでは，私の議論の重要な点は何もこの問題に依存していない．
13) Dawkins, *The Selfish Gene*, p. 19.

子」が存在していることを意味していると誤読されている。その本当の意味は，自然選択が利己性を促進するのは遺伝子レベルであって，個体レベルではない（あるいは，個体レベルにおいては間接的にのみである）ということである。遺伝子の「利益」が通常は自分自身の利益を追求する個体によって促進されるという事実は経験的な一般化にすぎず，進化システムの内的ダイナミズムに関する主張ではない。ドーキンスはこのことをさまざまな仕方で述べているが，以下のような文章を誤解なしに読むには大変な心的努力を要することだろう。「成功しているシカゴのギャングのように，われわれの遺伝子はきわめて競争的な世界を，ある場合には数百万年もの間生き残ってきた。成功する遺伝子に期待される一般的性質は，仮借なき利己性であると私は主張するであろう。この遺伝子の利己性は通常は個体の行動における利己性を生じさせる。」[14] 困難が生じるのは，母親が子供を世話するときの優しさや思いやりが，遺伝子のレベルにおける「仮借なき利己性」の例とみなされることを思い出すときである（そこでは母親は，自分が生み出した寄生的な子どもたちの適応度を促進するために，本質的に使用済みで無価値なものとして見捨てられている）。このように，ドーキンスの「利己的」という言葉の使用法は，通常の英語での意味とはわずかな関連しか持たないのである。

　包括適応度は，さまざまな種でなぜ兄弟姉妹（sibling）や親類が互いに助けあうのかも説明することができる。ある個体が特定の遺伝子を自分の子供と共有する確率は50パーセントであり，自分の兄弟や姉妹と共有する確率もまた50パーセントである。したがって，自分の甥や姪と共有する確率は25パーセントである。このため，包括適応度の観点からは，自分の兄弟の子供を4人救うことは自分の子供を2人救うことと等価であり，それはまた自分自身を救うことと等価である。もちろん，このような仕方で維持できる種類の利他主義は限られている。一般に，適応度で測って，利他的行為を受ける側に発生する利益は，それを遂行する個体にとってのコストの少なくとも2倍はなければならない。さらに，個体に血縁と非血縁とを区別する方法がなければ，このパターンは維持可能でないかもしれない。（したがってカササギはマダラカンムリカッコウから自らを守るために，自分のものと認識できない卵を破壊してしまう。彼らが卵を区別する能力は限られているので，

---

14) Dawkins, *The Selfish Gene*, p. 2.

そうする必要性が適応度の減少という結果をもたらすことになるが，カッコウに搾取されるよりはましである．)[15]

したがって一般に血縁選択は超社会性を促進するには十分ではない．血縁選択はときに，直接的な身内でないものに利益を与える結果となる「開かれた」性向をつくりだすが，こうした性向を除去したり妨げたりするように作用する非常に強力な進化的諸力が存在する．たとえば，チンパンジーは血縁に対してはさまざまな利他的行動を行うが，ほとんど「集団内の親類でないメンバーの厚生に関しては無関心」であり[16]，したがって非常に限定的な協力にしか携わらない．そうではない行動をとる種が存在するのは通常，彼らの生殖生態が身内の人たちの規模か血縁度を増加させているからである．

こうした観点から見ると，有性生殖が利他主義の発達の主要な障害となっていることになる．それは特定の遺伝子がもっとも近い血縁関係にある個体と共有される確率を50パーセントに減少させるからである．クローンの社会であれば，自然選択は無制限の利他主義と個体の無制限の自己犠牲を有利にするだろう．このことを確認するには，1つの身体の中の細胞同士の協力のレベルのことを考えるだけでよい（多細胞生物は本質的にクローンの社会だからである）．1つの身体の中の体細胞（あるいは非生殖細胞系列の細胞）はどれも配偶子のために自分自身を犠牲にしている．体内の分業——たとえば肝細胞とニューロンの間の——を取り上げ，それを典型的な哺乳類の社会レベルでの差別化と比べてみると，有性生殖が利他主義の進化に対して大変厄介な障害をつくりだしていることがわかるのである．この観点からは，包括適応度はこうした障害の部分的な緩和をもたらしているにすぎないのである．

平凡な生殖生態を持つ人間の場合，血縁選択はおそらく社会的協力の広がりを説明することができない．そうはいってもなお，人間の社会行動におい

---

15) M. Soler, J. J. Soler, J. G. Martínez, T. Pérez-Contreras, and A. P. Moller, "Microevolutionary Change and Population Dynamics of a Brood Parasite and Its Primary Host:The Intermittent Arms Race Hypothesis," *Oecologia* 117 (1998): 381-90.

16) Joan B. Silk, Sarah F. Brosnan, Jennifer Vonk, Joseph Henrich, Daniel J. Povinelli, Amanda S. Richardson, Susan P. Lambeth, Jenny Mascaro, and Steven J. Schapiro, "Chimpanzees Are Indifferent to the Welfare of Unrelated Group Members," *Nature* 437 (2005): 1357-59.

ても血縁選択の効果がきわめて明瞭に見いだされることは注目すべきである。そのためには，子供がいるときに人々がどのように行動するかを観察するだけでよい。多くの異なる動物に対して，注目すべき「幼生的な (neotenous)」あるいは幼少的な特徴の集合が存在している。その中には，異なる色の毛皮や，独特の釣り合いを持った顔や身体の特徴（たとえば，大きな眼，小さな鼻，頭が身体に対して大きいこと）や「「子供っぽい」よちよち歩き」などが含まれる[17]。くだけた言葉で言うと，子供は「かわいらしい」のである。こうした特徴は翻って，大人の間に独特の反応を生み出す。たとえば世話をする行動や保護，攻撃的行動を停止すること，社会的インタラクションにおける不適切な行動（たとえば個人空間や優勢順位の侵害）に対してずっと寛容となることなどである[18]。人間の間でも，「かわいい」と見なされる特徴のほとんどが文化を超えて普遍的であるだけでなく，それらが引き起こす行動の多くもそうである。たとえば，「赤ちゃん言葉」はほとんどの大人が子供の前で自発的にするもので，世界中で似たようなイントネーションのパターンを持っている[19]。したがって，それは言語を子供にとってより学習しやすくする——あるいは少なくとも話し言葉のコミュニケーションをより理解可能なものにする——ために設計された利他的適応であると広く信じられている。

　こうした例は，大人がネオテニーを識別し，そうした特徴に反応する性向を持つ仕方が，包括適応度を理由として選択された認知メカニズムの適応的集合の結果としてもたらされたことを示唆している。もちろん「かわいい」ことに対する反応はきわめて一般的であり，ほとんどの人間の子供によって引き起こされるだけでなく，他の多くの哺乳類の種の子供によっても引き起こされる。したがって，どうしてこのように無差別的なメカニズムが血縁メカニズムを通して進化しうるのかに関しては疑問があるかもしれない。いく

---

17) Sarah Hall Sternglanz, James L. Gray, and Melvin Murakami, "Adult Preferences for Infantile Facial Features: An Ethological Approach," *Animal Behavior* 25 (1977): 108–15.
18) この仮説は，コンラート・ローレンツによって最初に提出された。C. F. Zachariah Boukydis, "Adult Perception of Infant Appearance: A Review," *Child Psychiatry and Human Development* 11 (1981): 245 を見よ。
19) Anne Fernald, "Human Maternal Vocalizations to Infants as Biologically Relevant Signals: An Evolutionary Perspective," in Jerome Barkow, Leda Cosmides, and John Tooby, eds., *The Adapted Mind* (New York: Oxford University Press, 1992), pp. 398–401.

つかの可能な応答は以下のようなものである．第1に，他の種にもそれが共有されている程度を見ると，このメカニズムが非常に古いものであって，もっと洗練された区別能力の発達より以前に形成されたものであったことが示唆される．第2に，個体は自分自身の子供と一緒にいる可能性がずっと大きいので，より一般的な性向から利益を受けるのは本当の子供である可能性がもっとも高いことである（血縁関係のない誰でも警戒音声を聞くことができるが，多くの種において，警戒音声は血縁選択を通して進化したと考えられているのと同じである）[20]．最後に，親は自分自身の子供を他者の子供よりも魅力的だと考える傾向があり，「家族の類似（family resemblance）」は両親の絆の重要な側面であるという証拠がある[21]．このことは，血縁差別の何らかの要素がこのメカニズムに組み込まれているかもしれないことを示唆している．

　人間がおそらくは血縁選択に起源を持つ利他的衝動にいまだに強力に影響されていることを認めるためには，社会生物学者になる必要はない（人間行動が生殖のための衝動に強く影響されているという主張に結びつけられるような社会生物学的コミットメントが存在しないのと同様である）．実際，困苦の状況におかれた他人を見るときに人々が感じるような自発的共感が血縁選択の産物であると考える十分な理由が存在する．何よりもまず第1に，それは概して非自発的で無意識の反応であり，通常は範囲が狭く限定されていて，視覚的類似性のような同一化のメカニズムに媒介されているという事実がある[22]．第2に，血縁選択の基盤は，それが非常に古い心理学的構造に依存しているかもしれないということを示唆しており，このことは，なぜ非常に幼い子供でも，道具的推論や役割の引き受けなどのより高度な認知的技能の発達以前に，自発的な共感（empathy）や世話をする行動を示すのかを説明することができる[23]．最後に，そのことはなぜこうしたインタラクションの質と強さに性差（小さいけれども，統計的に有意な）が存在するのか——

20）　Dugatkin, *Cheating Monkeys and Citizen Bees*, p. 18.
21）　Boukydis, "Adult Perception of Infant Appearance: A Review," p. 242.
22）　Lisa M. Debruine, "Facial Resemblance Enhances Trust," *Proceedings of the Royal Society: Biological Sciences*, 269 (2002): 1307-12.
23）　Frans de Waal, *Primates and Philosophers: How Morality Evolved* (Princeton: Princeton University Press, 2006), pp. 24-25.

親としての投資の最適な水準が男と女で同じになることがありそうにないということを所与として——を説明している[24]。

しかし，これらすべてが適応的無意識のレベルで生じる理由が存在している．新たな行動形態を学習するのに必要な洗練を獲得するとき，生命体は，自分を犠牲にして自分の「利己的な遺伝子」の利益となる行動パターンのすべてを「捨てさる（unlearn）」インセンティブを持つ．たとえばチンパンジーは食料源を発見するときに特定の声を発声する．この行動の結果，食料を発見した個体が優勢順位で上位に立つ他の個体によって食料へのアクセスを禁じられる結果になることがしばしばあるので，この行動は利他的である．チンパンジーは賢いのでこのことを理解しているが，こうした発声を直接にコントロールするのに必要な脳の皮質構造を持っていない．こうして，ジェーン・グドールが観察したところによれば，ゴンベ保護区でバナナの隠し場所を偶然見つけて，食料発見に伴う通常の発声を行ったチンパンジーは，同時に自分が叫ぶ声を隠そうとして手で口を覆ったのであった[25]．ここに，キース・スタノヴィッチが利己的な遺伝子に対する「ロボットの反乱」と呼んだもののもっとも原始的な段階をみることができるだろう[26]．

このように血縁選択が，子供の示す原初的な利他的反応の多くや，大人に見られるある範囲の行動性向を説明してくれるとの期待を抱くことができるかもしれない．しかし，洗練された認知的資源が発達した後も，血縁選択が直接的に作用して協力の安定的パターンを創り出すということは非常に考えにくいことである．認知的反省や計算は，このタイプの利他的行動を促進する可能性があるのとまったく同じくらい，それを「拒否（veto）」する可能性があるように思われるからである．したがって，血縁選択の影響は，（人々が子犬に対して反応する仕方のように）無意識または自発的反応においての

---

24) Martin L. Hoffman, "Sex Differences in Empathy and Related Behaviors," *Psychological Bulletin* 84 (1977): 712-22; Mark H. Davis, *Empathy: A Social Psychological Approach* (Boulder, Colo.: Westview Press, 1994). 驚くべきことではないが，赤ちゃんや幼児に対し，女性がより強い反応を示すという証拠も存在する．Katherine A. Hildebrandt and Hiram E. Fitzgerald, "Adults' Response to Infants Varying in Perceived Cuteness," *Behavioral Processes* 3 (1978): 169 を見よ．
25) Terrence Deacon, *The Symbolic Species: The Co-evolution of Language and the Brain* (New York: Norton, 1998), p. 244.
26) Keith Stanovich, *The Robot's Rebellion* (Chicago: University of Chicago Press, 2004).

み見いだされる可能性が高い――（共感的同一化（empathic identification）のようなメカニズムを通した）選好の形成や，（たとえば，義理の親がパートナーの子供に対してもたらす虐待の高リスクのように）非常に間接的なバイアスを通して．

6.3 互恵的利他主義

　利他的行動を促進するものとして知られている第2の主要なメカニズムは，ロバート・トリヴァースにならい互恵的利他主義（reciprocal altruism）と呼ばれている[27]．この形態の利他主義は，「私の背中を掻いてくれれば，私もお返しをしよう」という構造をしている．利他主義者が自分の行為から利益を受ける者を誘発して，同様の姿勢や他の種類の利益を返してくれるようにすることができれば，ネットの効果は適応度の改善となることだろう．互恵的利他主義が包括適応度と異なるのは，後者で利益を受けるのが，受益者の中に存在しているその個体の遺伝子のコピーであるのに対して，前者では，当該個体自身の持つコピーが，最初の行為の受益者の行為を通して利益を受けることである．しかし受益者は必ずしも同じ遺伝子を持つ必要がない．このことがもっとも明白なのは，利他的な種間共生のケースである（「掃除魚」の一種であるハゼがハタのえらから外部寄生虫を除去し，お返しにハタがハゼを食べないように）．利他的行動が他の種に属する個体を利するときには，遺伝子が自分のコピーに利益を与えることは不可能である．その行動の利益は，何らかの仕方でそれを遂行した個体に跳ね返ってくる（したがって，その行動の背後にある遺伝子のコピーが自分自身の再生産の確率を高める）のでなければならない．

　したがって，互恵的利他主義のシステムが適応的である可能性があるのは，個体が適応度を増加させる仕方で協力することを可能にする限りのことである．しかし，利他主義と協力のこの関係は混乱を生む可能性がある．煎じ詰めれば，包括適応度においては，個体は他者を利するために自分を真に犠牲

---

27) Trivers, "Evolution of Reciprocal Altruism." 役に立つ最近のサーベイについてはRajiv Sethi and E. Somanathan, "Understanding Reciprocity," *Journal of Economic Behavior and Organization* 50 (2003): 1-27 を見よ．

にしている．これに対して互恵的利他主義では，その行為を遂行する個体が究極的にそこから利益を受けることになる（このことによって，この戦略は真の利他主義よりも「賢い利己性」に似ているようにみえる）．それを利他的にしているものは，ただ乗り戦略が利用可能なのにそれを個体が放棄することである．ハタは，ハゼが外部寄生虫を除去し終わるのを待って食べることもできたはずだが，そうすることを差し控えているのである．したがって，協力は他者の犠牲において自分自身の適応度を増加させることをしないことを含むものであり，このことがそれを利他的にしているのである．

互恵性は，よく知られている進化ゲーム理論における「しっぺ返し（tit-for-tat）」戦略の背後にある利他主義の形態である[28]．すでにみたように，「しっぺ返し」は，1人の相手との間で繰り返し囚人のジレンマの状況に直面しているプレーヤーに対して，最初の回に協力的に行為するよう指示し，その後は毎回，相手が前回行った通りに行う（相手が協力したならば協力し，相手が裏切ったならば裏切る）よう指示するものである．したがって，2人のしっぺ返しプレーヤーがお互いに遭遇すれば，協力を維持することが可能となり，それはかなりの利益をもたらすことになる．他方，フリー・ライダーたちは「1回限りの」裏切りの利益を得るだろうが，将来相手が裏切ってくることで，その報いを受けなければならなくなる．したがって，彼らがただ乗りから受ける利益は限定的であり，協力の果実へのアクセスを拒否されていることになる．ロバート・アクセルロッドが発見したように，しっぺ返しは裏切りよりも成功する戦略であるだけでなく，もっと複雑な条件依存的な戦略よりも優れている．

食料の分け合い，相互的な毛づくろい，ある種の警戒音声など，動物たちに見られる一定の範囲の利他的行動の背後に，この種の条件依存的な互恵性があることが広く信じられている[29]．たとえば，人間以外の霊長類は，自分や他者の毛づくろいにかなりの時間（最大1日の20パーセント）とエネルギーを費す．その多くは血縁間で行われるが，血縁関係にない個体同士もまた毛づくろいの関係を確立しており，それは長期間にわたって維持される．霊長類はかなりの程度，血縁と非血縁の区別をすることができるので，この行動の原因は互恵的利他主義であって，血縁選択ではないと広く考えられて

---

[28] Robert Axelrod, *The Evolution of Cooperation* (New York: Basic Books, 1984).

いる．ある個体は血縁関係にない個体を「実験的に」毛づくろいすることに従事するかもしれない．このジェスチャーのお返しが，再びその個体のもとに戻って，毛づくろいしてあげる性向を強化することになる．

互恵性に基づく利他的性向が維持可能なものとなるためには，それが過去に自分を助けた人を助ける性向だけでなく，過去に自分を助けなかった人を助け̇ない̇性向をも含まなければならないことに注意すべきである．利他主義者たちは他の利他主義者たちと関係を持ちたがらなければならないだけでなく，利己的な主体から遠ざかりたがらなければならない．言い換えれば，利他主義者たちは他の利他主義者たちとインタラクトする可能性がより高くなり，利己的な主体は他の利己的な主体とインタラクトする可能性がより高くなるように，インタラクションの生じ方のうちに戦略の相̇関̇が存在しなければならないのである[30]．無条件の利他的戦略は，たとえそれがお返しを受ける確率を高めるようなメカニズムがあったとしても，進化的に頑健とならない．というのも，そのような無条件の協力者が人口内に存在することは，他の利他主義者たちの適応度を高める以上に，フリー・ライダーたちの適応度を高めることになるからである．フリー・ライダーたちからこうした利益を剥奪する何らかのメカニズムがなければ，フリー・ライダーたちは，利他主義者たちの犠牲において，自分たちの人口比率を着実に増加させることになるだろう．（これは，集̇団̇選̇択̇が利他主義を促進するのが，利他主義者だけを含む集団がいくつか存在するケースに限られる主要な理由となっている．

---

29) 最近，互恵性に基づく協力の範囲に関して，懐疑論が高まってもいる．これは，真の互恵性，疑似互恵性，副産物的相互主義（byproduct mutualism）の間の区別に対して，より慎重な注意を払っていることに基づくものである．ここで，副産物的相互主義とは，個体レベルで有利な特徴だが，それが他のものに対してスピルオーバー効果を持ち，それを受けたものがスピルオーバーの便益を生成する特徴を発展させるような場合である．1つの例はアリに「餌̇を̇与̇え̇る̇」チョウの幼虫である．ここでアリはお返しに，幼虫を捕食者から保護する．しかしながら，アリの行動は，ど̇ん̇な̇食料源に関しても見られるものである．したがって，ここには真の互恵性は存在していない．アリの行動は，幼虫がしていることに対して，進化的関係を持たず，その特徴は幼虫が消えたとしても変化しないからである．Olaf Leimar and Richard C. Connor, "By-product Benefits, Reciprocity, and Pseudoreciprocity in Mutualism," in Peter Hammerstein, ed., *Genetic and Cultural Evolution of Cooperation* (Cambridge, Mass.: MIT Press, 2003), pp. 203–22 を見よ．

30) Scott Woodcock and Joseph Heath, "The Robustness of Altruism as an Evolutionary Strategy," *Biology and Philosophy* 17 (2002): 567–90 を見よ．

もし，すべての集団が利他主義者以外を含むならば，フリー・ライダーたちが常にもっともうまくやることになるのである．）[31]

ついでに言えば，互恵的利他主義が一定期間にわたり互いにインタラクトし続ける同じ個体たちを必要とする理由はない．必要とされるのは戦略の相関だけなので，パートナーが各回の終わりに「入れ替えられる」繰り返しゲームにおいても，相手が誰とプレーしていたとしても，しっぺ返しのプレーヤーたちが「相手が前回したことをする」限り，利他主義を維持することができる．もしゲームの各回の終わりに，各プレーヤーが選択した戦略に関して十分な情報が伝達されるならば，各人は協力者としての「評判」を発展させ，他者からより大きな協力を引き出すことができるだろう．このことは，合理性に基づくゲーム理論家たちによって，広く自明なことと考えられていたが，進化理論家たちによって発見のようなものとして受け取られることになった[32]．進化理論家たちは，リチャード・アレキサンダーにならい，これに「間接的互恵性」という特別の名前を与えた[33]．しかし，間接的互恵性が協力を維持するメカニズムに関して何ら根本的な変化を含むものでないことを肝に銘じておくことは重要である．それは基本的に，ゲームにおける情報伝達に関して置かれた仮定を変化させるものにすぎない．

人々はときおり互恵的利他主義は真の利他主義ではないという感じを抱くことがある．これは，問題となる行動が究極的にはその個体自身の適応度を増加させるので，より広い意味で，あるいはより長期の時間軸で理解された利己主義にすぎないという理由による．こうした互恵的利他主義と利己主義との同一化は混乱によるものである．もちろん，利他的行為を遂行している

---

31) Woodcock and Heath, "The Robustness of Altruism as an Evolutionary Strategy" を見よ．また，Robert Boyd and Peter Richerson, "The Evolution of Reciprocity in Sizable Groups," in *The Origin and Evolution of Cultures* (Oxford: Oxford University Press, 2005), pp. 152–58 も見よ．
32) 前者については，Drew Fudenberg and Jean Tirole, *Game Theory* (Cambridge, Mass.: MIT Press, 1991), pp. 172–74 を見よ．このタイプの具体的モデルについては Joseph Heath, "A Multi-stage Game Model of Morals by Agreement," *Dialogue* 35 (1996): 529–52 を見よ．
33) Richard Alexander, *Darwinism and Human Affairs* (Seattle: University of Washington Press, 1979). また，Richard Alexander, *The Biology of Moral Systems* (New York: de Gruyter, 1987), Martin A. Nowak and Karl Sigmund, "The Dynamics of Indirect Reciprocity," *Journal of Theoretical Biology* 134 (1998): 561–74.

生命体は,一般的かつ長期的にそうすることで利益を得るだろう(そうでなければ,選択(selection)がそうした仕方で行動するいかなる性向をも必然的に除去することになるだろう).重要なポイントは,生命体がこのタイプの利他的行動に従事するとき,その行動それ自体はその個体の利益とならないという点にある.その行動それ自身は適応度を低下させるのである.その行動が利益をもたらすことがわかるのは,その行動が他の誰かによって報いられるときである.このことはしっぺ返し戦略の2つの側面に見ることができる.第1に,しっぺ返し戦略は,最初のラウンドで無条件に協力することで,常に「ナイスに」プレーを始める.このために,この戦略はフリー・ライダーたちによるつけ込みに対して脆弱である.フリー・ライダーたちはプレーヤーからプレーヤーへと渡り歩き,しっぺ返し戦略が最初に協力しようとすることを利用するかもしれないのである.したがって,進化的に安定的であるためには,しっぺ返し戦略を採用する主体は,協力の維持による利益が多数の1回ごとの裏切りによる潜在的利益を凌ぐように,同一の個体との繰り返されたインタラクションに従事しなければならない.第2に,しっぺ返し戦略を採用する主体は「機械的に(blindly)」プレーする.彼らは相手の人が将来の回にどうプレーするかを考慮せず,単純に前回に見た結果を模倣するだけだからである.このことは,たとえ繰り返しのインタラクションの最後のラウンドで裏切ることにより利益が得られたとしても,彼らが協力し続けるだろうことを意味している.

　この「機械性(blindness)」は,しっぺ返し戦略が偶然有している特徴ではない.主体たちが相手の将来のプレーに関して抱く信念に基づいて行為するような,合理性に基づく繰り返し囚人のジレンマ・ゲームでは,しっぺ返し戦略をプレーする人たち同士の協力は部分ゲーム完全均衡ではない(裏切った人を罰することが信憑性を持たないからである).したがって,利他主義者がフリー・ライダーを認識し,彼らとのインタラクションを断つことができなければならない限りで,互恵的利他主義は血縁選択より高いレベルの認知的洗練や行動上の柔軟性を必要とする一方,認知的に洗練しすぎることは最終的に利他的な衝動の基盤を掘り崩すことになるかもしれないのである.1回限りのインタラクションと繰り返しのインタラクションを区別する能力を獲得した主体や,インタラクションの最終ラウンドの同定を学習した主体は裏切り始めることになるだろう.さらに,「一度失恋したら,二度目以降

は臆病になる」という教訓を学んだ個体は，互恵性のシステムを軌道にのせるために必要な最初の利他的行動をやめてしまうかもしれない．したがって，自己利益を計算したり，長期の計画を採用する能力の向上が必ず互恵的利他主義の現行水準を高めることになると考えるべきではないのである（それが血縁選択の水準を高めることにならないのと同様に）．互恵的利他主義の構造から発生する行動性向のタイプは，容易にその個体の自己利益の計算と衝突しうる．また，インタラクトする相手の予想された動きを理解しない主体をモデル化している進化ゲーム理論のモデルを，そのようなハンディキャップを一切持たない人間主体に一般化すべきでもない[34]．

　残念なことに，この種の一般化は文献ではきわめてありふれている．たとえば，トリヴァースは彼の最初の論文で，毛づくろいの共生関係，鳥の警戒音声と「人間の利他主義の基底にある心理学的システム」を互恵的利他主義の3つの主要な例として用いている．フィリップ・キッチャーも「人間的利他主義の進化」[35]の中で非常に似たようなことをやっている（後に彼はこれが「過度の単純化」であることを認めている）[36]．ブライアン・スカームズは，彼の著書『社会契約の進化』の中で，ケーキ・カット問題において50：50の分割を求めることが進化的安定戦略の1つであるという事実を，公平（fairness）と公正（justice）の概念の起源に関する憶測の根拠として用いている．その際，彼は進化ゲームの均衡となる戦略ではあるが，明らかにそれと同等の合理性ベースのゲームの均衡ではない戦略を取り上げ，それを人間の社会的行動の特定パターンの起源に対する説明として提示している[37]．進化的文脈における戦略の成功はしばしばプレーヤーたちが将来のインタラクションに関する予見をしない事実に依存しているのだから，このや

---

34) たとえば，Brian Skyrms, *The Evolution of the Social Contract* (Cambridge:Cambridge University Press, 1996), pp. 102-3 を見よ．彼は，デイヴィド・ルイス式のシグナリング・ゲームにおける複数均衡問題を除くために（本書の第1章第3節を見よ），進化的枠組みに転換し，このことが人間の言語的黙約について考えるための有用な出発点だと示唆している．
35) Philip Kitcher, "The Evolution of Human Altruism," *Journal of Philosophy* 90 (1993): 497-516.
36) Philip Kitcher, "Games Social Animals Play: Commentary on Brian Skyrms's Evolution of the Social Contract," *Philosophy and Phenomenological Research* 59 (1999): 225.
37) Skyrms, *The Evolution of the Social Contract*, p. 21. Justin D'Arms, "Sex, Fairness, and the Theory of Games," *Journal of Philosophy* 93 (1996): 615-27 を見よ．

り方は妥当でない．

　もちろん上記の著者たちは皆，人間の社会的インタラクションのケースが，われわれの行動性向の可塑性だけでなく，多くの異なる要因によって複雑化していることを認識している．しかし彼らは皆，こうした他の要因が互恵的利他主義の範囲を制限するよりも拡張するものであると仮定している．このことによって，彼らはきわめて自然に互恵的利他主義が人間社会における超社会性の存在に対する説明として役立ちうると考えることになるのである．しかしこれは非常に怪しい．現在の文脈で，おそらく観察に値するのは，互恵的利他主義を維持するのに必要とされる能力のほとんどが，人間だけでなく，われわれにもっとも近い霊長類の仲間にも見られることである．しかし，こうした資源を用いてもチンパンジー，ボノボ，ゴリラは非常に限られた協力形態しか維持することができない．実際，われわれにもっとも近い霊長類の仲間における互恵的利他主義の主要な機能は，友情，連携，同盟関係の形成をサポートすることだけであるように思われる[38]．リチャーソン，ボイド，ジョセフ・ヘンリッヒが観察するように，

　　間接互恵性のようなメカニズムが機能するのならば，どうして多くの社会的種はそれを用いて協力の範囲を拡張してこなかったのだろうか．コーディネーション・ゲームに対する自己強化的解決策を発見することが，人間社会の本質のほとんどであるのならば，どうして他の動物は大規模なコーディネーション・ベースの社会システムを持っていないのだろうか．組になって協力する者に対する評判が容易に観察でき，シグナルできる（しかし騙す裏切り者によって悪用できない）ならば，どうしてわれわれはこの原理に基づいた他の複雑な動物社会を見つけられなかったのだろうか．これとは対照的に，包括適応度の原理の上に築かれた複雑な動物社会については多数見つけることができる[39]．

　互恵的利他主義は，2者間関係のネットワークを維持するメカニズムとし

---

[38]　Kitcher, "Games Social Animals Play," p. 225.
[39]　Peter J. Richerson, Robert T. Boyd, and Joseph Henrich, "Cultural Evolution of Human Cooperation," in Hammerstein, ed., *Genetic and Cultural Evolution of Cooperation*, p. 379.

ては適切だが,集団内の利他主義を維持する基盤としてはまったく不適当であるように思われる.その理由を見つけることは難しくない.多数の個人を含む協力活動は解決が難しい.集団が大きくなるにつれて,少なくとも1人の人が裏切る確率は,それがエラーによるものとしても,極端に高くなるからである.罰を与える唯一のメカニズムは協力を停止することなので,大規模の集団では,こうした協力システムはほとんど開始されるやいなや崩壊することになる[40].だから,チンパンジーは互恵性が非常に得意なのにもかかわらず,協力が非常に下手なのである.

したがって,互恵的利他主義は人間の協力の謎に対してはほとんど役に立たない.人間の社会性の中心的な特徴は,われわれが協力関係を時間を通じて発展させる能力を持っていることではなく,将来の協力の可能性がないことがわかっている「1度限りの」匿名的インタラクションにおいても協力する独特の傾向を持っていることである[41].したがってより可能性のある仮説は互恵的利他主義も包括適応度と同様,人間社会のさまざまな「古い」側面の原因をなしているということである.(それはなぜ「チンパンジーの政治」が人間の政治に似ているかを説明するが,人間がこうした派閥傾向に̇も̇か̇か̇わ̇ら̇ず̇大規模社会をどのように維持しているかを説明してくれはしないのである.)[42] とりわけ互恵的利他主義は,われわれ人間が会った個人を「友人」と「敵」に分類する(あるいはわれわれが「好き」な人と「嫌い」な人に分類する)という一見して普遍的な性向や,協力的作業において人々が通常示すような「内集団」バイアスを説明してくれるものかもしれない[43].

チンパンジー,ボノボ,そしてヒヒのある種では,ある「動物が食料を確保する機会,世話や保護を受ける機会,配偶者選択を行う機会や,その他の適応度の重要な決定要因は,群れのどのメンバーが助けに来てくれるかに依

---

40) Robert T. Boyd and Peter J. Richerson, "The Evolution of Reciprocity in Sizable Groups," *Journal of Theoretical Biology* 132 (1988): 337-56. また, Robert Boyd and Peter Richerson, "Punishment Allows the Evolution of Cooperation (or Anything Else) in Sizable Groups," *Ethology and Sociobiology* 13 (1992): 174.
41) Ernst Fehr and Joseph Henrich, "Is Strong Reciprocity a Maladaptation? On the Evolutionary Foundations of Human Altruism," in Hammersteined., *Genetic and Cultural Evolution of Cooperation*, pp. 55-82.
42) Franz de Waal, *Chimpanzee Politics*, rev. ed. (Baltimore: Johns Hopkins University Press, 1998).

存する」[44]．さらに，チンパンジーを含む，いくつかの種では，1つの利他的「関係」の存在が他の利他主義的関係が確立される可能性を高め，ある形態の利他的サービスが他の形態の利他的サービスと交換される可能性すらも高めるという証拠が存在する[45]．このことは，毛づくろいサービスの交換にときおり存在する非対称性を説明してくれる．たとえば，チンパンジーは過去に毛づくろいしてくれた者との方が食料を分け合う可能性が高い．実験研究によれば，ヴェルヴェット・モンキーやマカクは，敵対的インタラクションの際，過去に毛づくろいしてくれた個体を支持して介入する可能性の方が高いことも示唆されている[46]．言い換えれば，互恵的利他主義を通して発展するタイプの関係は，われわれが「友情」と呼ぶものに非常に似ているということができる．この文脈で明確にしておくことが重要なのは，合理的戦略としての条件つき協力と，進化が作り出すタイプの性向との間の区別である．後者は真正の無条件の利他主義を生み出す可能性がある．互恵性の機能は，単にこの性向を自然選択の諸力によって除去されることから防御することである．したがって，過去に助けてくれた人々に対して友情の感情を発達させることは，たとえ志向的レベルにおいてこの行為は報われないだろうと予測するようになったとしても，彼らに対して利他的に行為する真の性向を（おそらくは彼らのことを考えるときに持つ「暖い」感情に基づいて）創出しているのかもしれない．実際，他者がしてくれた「好意」を明示的に記録することは，友好的な感情の発生の土台を壊すことが観察されている[47]．しかし，このことは友情が互恵的利他主義の産物でないことを示唆しているのではな

---

43) トリヴァースはこの友人仮説を"The Evolution of Reciprocal Altruism," p. 48 で取り上げている．また Michael Argyle and Monika Henderson, "The Rules of Friendship," *Journal of Social and Personal Relationships* 1 (1984): 211-37 も見よ．集団バイアスについては Henri Tajfel, *Differentiation between Social Groups: Studies in the Social Psychology of Intergroup Relations* (London: Academic Press, 1978) および Henri Tajfel, *Human Groups and Social Categories: Studies in Social Psychology* (Cambridge: Cambridge University Press, 1981) を見よ．
44) Kitcher, "Games Social Animals Play," p. 225.
45) John C. Mitani, "Reciprocal Exchange in Chimpanzees and Other Primates," in Peter M. Kappeler and Carel P. van Schaik, eds., *Cooperation in Primates and Humans: Mechanisms and Evolution* (Berlin: Springer, 2005), pp. 113-14; De Waal, *Primates and Philosophers*, p. 43.
46) Joan Silk, "The Evolution of Cooperation in Primate Groups," in Herbert Gintis, Samuel Bowles, Robert Boyd, and Ernst Fehr, eds., *Moral Sentiments and Material Interests: The Foundations of Cooperation in Economic Life* (Cambridge, Mass.: MIT Press, 2003), p. 17.

い．このことが示唆しているのは，友情関係が志向的計画システムのレベルではなく，適応的無意識のレベルで発生しているということである．フランス＝ドゥ・ヴァールは以下のように書いている．

　好意のお返しであろうが，復讐の追求であろうが，その原理が交換の原理であることにかわりはない．そして，もっとも重要なことは，この原理が社会的インタラクションが記憶されていることを必要とすることである．このプロセスは大抵，潜在意識の中で生じているかもしれないが，われわれは皆，経験によって，コストと便益の差が大きすぎるときに，状況が表面化することを知っている．われわれが自分の感情を表明するのはこのときである．しかし概して，互恵性は沈黙のうちに生じるものである[48]．

　したがって互恵的利他主義は，少人数による継続的友情の形成という，人間が持つ普遍的性向を（広い意味で）説明するのによく適しているように思われる．しかしそれは，大規模な協力を説明するために必要とされることにはほど遠い．互恵性は一義的には関係を維持するのであって，大規模な協力的プロジェクトを維持するものではないので，説得力ある形でこのメカニズムに帰着できるような傾向の多くは非常に偏狭であり，協力の範囲を制限する役割を果たす．もっとも明白な例として挙げられるのは，「内集団」バイアスが，大規模な協力的プロジェクトに従事する人々が常に警戒しなければならない傾向であることである．したがって，こうした本能の存在は人間の超社会性を説明するどころか，人間をそのもっとも近い霊長類の仲間から分かつものが何なのかという謎を多くの点で深くするだけなのである．

6.4　怪しい仮説のいくつか

　血縁選択と互恵的利他主義の効果は，人間の社会的インタラクションにおいて非常に明確に認めることができるし，どちらのメカニズムもある環境の

---

47) Joan Silk, "Cooperation without Counting: The Puzzle of Friendship," in Hammerstein, ed. *Genetic and Cultural Evolution of Cooperation*, pp. 50–51.
48) De Waal, *Chimpanzee Politics*, p. 201.

もとでは明白な説明力を持っている．それらは，なぜ人々が自分の家族や友人について関心を抱く自然な性向を持つのかを理解するのに役立つのである．しかしながら，そのどちらも，なぜ人間が大規模社会を維持することができるのか，あるいはなぜわれわれが他の霊長類よりもずっと協力的なのかを説明することができない．チンパンジーは血縁に対する利他主義を示すし，互恵的利他主義に基づいて関係を管理することにかけて非常に知的である．したがって，彼らが100以上の個体からなる「社会」を維持できないという事実は，人間の社会的組織が何らかの他のメカニズムを通して達成されなければならないという示唆に信憑性を与えるものである．しかし，進化理論家たちはこのことを認めることを極端にしぶってきた[49]．進化理論家たちの多くはいまだに，彼らが科学の敵とみなす人々に対してレトリカルなポイントをあげることができる場合には，人間と他の動物の連続性を強調することを好むのである．その結果，彼らはしばしば人間の社会組織の独自性を軽視することになる[50]．

　よりバランスのとれた見方は，人間社会においては他の何らかのメカニズムが作用していることを認める一方で，われわれとわれわれにもっとも近い霊長類の仲間の間には進化論的にはほんの小さな距離しかないという事実に対しても適切な注意を払うというものであろう．言い換えれば，良い理論とは，われわれが異なるという事実を認識しつつ，われわれがそれほど異ならないことを肝に銘じるようなものだろう．ボイドとリチャーソンはこうした競合的な考慮を以下のように記述している．

　　人間が動物の協力の自然史における新たな1ページをなしていることは，ほぼ間違いない．われわれの生殖生態は他の社会的哺乳類と似たものである．われわれに近い仲間である類人猿とサルの間では，遺伝的近親性と互

---

49) たとえば，Dugatkin, *Cheating Monkeys and Citizen Bees* を見よ．哲学者たちもまた，互恵性の拡張が作用しているはずであると考えがちであった．Richard Joyce, *The Evolution of Morality* (Cambridge, Mass.: MIT Press, 2006), pp. 140–41 を見よ．
50) これは，タナー・レクチャー（*Primates and Philosophers*）におけるドゥ・ヴァールの議論が有している重大な問題である．彼は社会的行動における，人間と他の霊長類の連続性を強調しようと骨折っているので，不連続性――とりわけ，人間だけが血縁関係のない諸個人間で大規模協力に従事しているという事実――を説明できないような説明を提供している．

恵的利他主義が多様な小規模社会をサポートしているものの，目を見張らせるような社会をサポートしているとはいえない．人間は，他に知られている高度に社会的な種のどれとも異なるメカニズム（単数ないし複数の）によって極度に複雑な社会を構築してきた．それと同時に，人間と類人猿の社会行動や物質文化にも顕著な類似点が存在しており，人間と，他の社会的で道具を使用する種との間に多くの一致点があることはいうまでもない．古典的比較解剖学や現代の分子生物学的研究と整合的に，人間行動が類人猿の行動から最近になって派生したものであることは明らかである．チンパンジーと人間の共通祖先の行動に対しては，比較的少ない修正の余地が残されているだけなのである[51]．

理論家たちの多くは，われわれを他の霊長類から区別する社会性における質的相違点を十分に理解してこなかった．こうして彼らは，人間の超社会性に関して，他の種においてうまく行くことが知られているメカニズムのほんの少しの拡張を表現するような説明を提供してきたのである．たとえば，エリオット・ソーバーとデイヴィド・スローン・ウィルソンは，正しく理解された集団選択を用いれば，人間の利他主義の背後にある心理学的システムを説明することができると主張してきた[52]．しかし，彼らの仮説の問題点は，集団選択のメカニズムは現実的であったとしても，特に頑健なものではないということである．個体群が集団に分割され，再結合する前に，互いに繰り返しインタラクトしなければならないとき，利他的主体を含む集団は利己的主体を含む集団よりもずっと高い率で拡大する可能性がある．しかし，集団選択の効果が発生するためには，集団内の変異の水準は，集団間の変異の水準よりもずっと低くなくてはならない．ソーバーとウィルソンは，やや楽観的な仮定の組を彼らのモデルに組み入れている[53]．すなわち，利他主義者たちが他の利他主義者たちと集団を形成する可能性がより高くなるように，集団形成の仕方にバイアスを仮定しているのである．このことは，相関と集団選択との区別を曖昧にしてしまっており，利他主義の促進と維持ということ

---

51) Richerson and Boyd, "Evolution of Human Ultra-sociality," p. 72.
52) Elliot Sober and David Wilson, *Unto Others: The Evolution and Psychology of Unselfish Behavior* (Cambridge, Mass.: Harvard University Press, 1998).
53) Sober and Wilson, *Unto Others*, pp. 135–42.

に関して,集団選択の効果の頑健性を過大評価するという結果をもたらしている.

しかしながら,集団選択の効果に対するもっとも手厳しい批判は,人間の社会的インタラクションがどのように他の種のそれと異なるのかを説明していないという指摘である.その効果が存在しているためには,人口は集団に分割されて,再結合の前に,何世代もの間,同族結婚で繁殖しなければならない.しかし,このパターンは人間よりも人間以外の霊長類でずっとよく見られるものである.人間については,同族結婚よりも異族結婚の方がずっと頻繁であり,ボイドとリチャーソンが指摘するように,「妻の略奪」とレイプは人間同士の部族戦争の通常の結果なのである[54].このことはすべて,人間の利他主義の背後に遺伝的な集団選択が存在しているという仮説と整合的でない.それは単純に,人間の生殖行動と部族的社会組織に関してわれわれが知っていることに適合的でないのである.

人間の社会性が単にわれわれの優れた知性の産物であることも,しばしば示唆されてきた[55].多くの場合,このような議論は社会的インタラクションの持つホッブズ的構造(すなわち社会的組織がコーディネーション問題や約束ゲーム [assurance game] だけではなく,フリー・ライダー問題への解決を必要としていること)への無理解に基づいている.

その結果,理論家たちは計算や予測の能力(すなわち,道具的推論に従事する能力)という形態での知性だけでは,われわれを「ナイス」にするのとまったく同様に「ナスティ」にもしそうだという事実を無視している[56].利他的行動の多くの形態が非自発的反応に基づいていることは偶然ではない.自分の発声を抑えようと努力するチンパンジーについてのグドールの話はすばらしい例となる.このチンパンジーは自分の利他的衝動が自己利益と一致しないことに気づくだけの賢さを持っていた.したがって,知性は利他的行動を増幅するどころか,しばしばそれを覆すのである.同様に,道具の使用は協力を促進するのとまったく同様に利害対立をも促進しがちである.順位制(dominance hierarchy)での自分の立場を高くするために,新たに発見

---

54) Richerson and Boyd, "Evolution of Human Ultra-Sociality," p. 80.
55) Richard Bryne and Andrew Whitten, eds., *Machiavellian Intelligence: Social Expertise and the Evolution of Intelect in Monkeys, Apes, and Humans* (Oxford:Oxford University Press, 1998).

した道具を用いるチンパンジーに関しては，多くの記録された例が存在している．人間の兵器や戦争の歴史には，われわれがこの点で非常に異なると考える理由をみいだすことはできない．

ロビン・ダンバーは，霊長類の大脳新皮質の大きさが，個人が把握することのできる社会的関係の数を決定し，それにより協力的集団の規模を限界づけるというより巧妙な仮説を提出している[57]．複雑な社会関係が認知的洗練の度合いをさらに高める刺激を与え，認知的洗練の高まりがまた社会的組織のより複雑な形態を可能にする．人間の超社会性の説明として見た場合の，この仮説の問題点は，社会的関係を管理するのに必要とされる処理の数が集団規模の増大とともに指数的に増加するという点にある．自分と他のそれぞれの人との関係の経過を追うだけでなく，他者同士の関係のすべてについての経過も追うことが必要だからである．したがって，処理能力そのものの増大が人間の社会的協力の範囲を説明できるかどうかは非常に疑わしい．社会的知性の増大は，なぜ社会関係をインフォーマルに管理するわれわれの能力が（チンパンジーに見られるものよりも大きい）約150名ほどの部族の形成を可能とするのかを説明するかもしれないが，少なくとも，互恵的利他主義が親族以外の個人間の協力を説明するものとして提案されている唯一のメカニズムである限り，大規模社会の形成を説明することはできない．人々がどれだけ賢くなるかは重要ではない．互恵的利他主義は大規模な協力を運営するための正しい種類の道具を提供しないのである．

最後に，人間は特定の感情反応の組（set）を発達させてきたのであり，

---

56) この問題を認識していない特に顕著な例は Peter Singer, *The Expanding Circle: Ethics and Sociobiology* (New York: Farrar, Straus and Giroux, 1981), pp. 100–101 に見いだされる．合理性の直接的帰結の1つが，個人を，自分の厚生と他の血縁関係のない人の厚生に関して無差別にすることであったとしたならば，どうして「合理性」が進化するのだろうか．キム・ステレルニーが観察しているように，「社会的知性仮説のマキアヴェリ的バージョン」には十分な理由がある．「認知的洗練の増大は，騙しや騙しへの対抗，徒党形成などの改善した戦略をもたらす」ので，個人に対して明白な便益を提供するものである．Kim Sterelny "Social Intelligence, Human Intelligence and Niche Construction," *Philosophical Transactions of the Royal Society: Biology*, 362 (2007): 719–30 の721ページ．他方，認知的洗練の増大と協力性の増大との関連はまったく明らかでない．

57) Robin Dunbar, "Neocortical Size as a Constraint on Group Size in Primates," *Journal of Human Evolution* 22 (1992): 469–93.

それによって，協力的関係の中で自分の役割を果たす可能性が高まるだけでなく，協力の意欲を他者にシグナルする可能性を高めることになっているのかもしれないということが（ロバート・フランクやその他の人々によって）[58] 示唆されてきた．実際，われわれ人間は「自分の心を表に出して」，協力する意志を表出するものである．この仮説の問題点は，この仮説もまたフリー・ライダー問題の難しさを過小評価している点にある．そのような感情を経験して表出することに利益があるならば，そのような感情を表出しつつも，実際にはそれを経験し̇ないで，その後の利他的行動を行わないことによって得られる利益はずっと大きくなることになる．フランクは，これらの感情はフリをすることが難しいと明記しているが，これは論点先取りである．こうした感情がわ̇れ̇わ̇れ̇に̇と̇りフリをすることが難しいという事実は——もしそれが事実ならば——なぜわれわれがフリをすることを容易に感じる突然変異の仲間によってつけ込まれていないのかを説明していない．したがってこの提案は利他的な社会行動を，本質的には利他的性向であるような第2の性向によって説明しようとしていることになるが，この第2の性向は第1の性向とまったく同様に，フリー・ライダーたちによって容易に突き崩されるものなのである．

　これらの仮説に関するより一般的な問題点は，これらの仮説が人間が他の霊長類と共有している能力や性向に関する量的拡張しか提案していないということである．したがってこれらの仮説は，提案されている個人における変化の大きさが人間社会のレベルで生じている効果の大きさを説明できないという簡単な理由だけで，もっともらしくないものになっている．それらは，人間の向社会的行動の範囲を説明することに失敗しているか，または他の霊長類において反社会的行動が支配的であることの説明に失敗しているかのいずれかである．もちろん，あるメカニズムの質的特徴を大規模協力の創発を許容するような仕方で変化させるような「ひねり（tweak）」の可能性は存在する．社会的昆虫の半数性単為生殖がここでのモデルを提供してくれる．半数性単為生殖は，個体の器官のレベルでの比較的小さな変化が社会的組織

---

58) Robert H. Frank, "If Homo-Economicus Could Choose His Own Utility Function, Would He Want One with a Conscience?" *American Economic Review* 77 (1987): 593-604. Robert H. Frank, *Passions within Reason: The Strategic Role of the Emotions* (New York: Norton, 1988). さらにRichard Joyce, *The Evolution of Morality* (Cambridge, Mass.: MIT Press, 2006).

のレベルにおいて大きな効果を持つことを表わしているからである．しかしながら半数性単為生殖のひねりは，血縁的利他主義の効果を増幅するものであり，人間の超社会性のケースに関しては明らかに関連性を持つものではない．こうして，多くの理論家たちが互恵的利他主義の効果を増幅する可能性のある同様のひねりを探し求める努力をしてきた．もちろん，互恵的利他主義の単純な拡張ではない他のメカニズムが存在する可能性はまだ存在する．私は次の節でこの可能性を考えるつもりである．今は，人間の超社会性が互恵的利他主義の強化された形態に基づくと主張する，いわゆる強い互恵性 (strong reciprocity) モデルに焦点を当てることにしよう．

　強い互恵性モデルは，懲罰が人間の社会的インタラクションにおいて独自の役割を果たすということから出発する．人間以外の霊長類は自分の意志を強制したり，順位制を維持するために，攻撃的で懲罰的な行動を用いる．しかし，そのような懲罰的行動と，互恵的利他主義のシステムに関連した行為との間に何らかの関係が存在するという証拠はほとんど，あるいはまったく存在していない．たとえば，チンパンジーは，過去に自分の利他的行動に対してお返しをしなかった個体に利益をもたらすような利他的行動に従事することを差し控えるかもしれないが，わざわざその個体を罰しようとはしない[59]．これに対して，人間はしばしば利他的ジェスチャーにお返ししなかった人々を罰するためにコストを負担する．もっとずっと特異な事実は，人間においては，非協力的に行為した人々を罰するために関係のない第三者がしばしば介入するということである．

　サミュエル・ボウルズとハーバート・ギンタスは，懲罰と互恵性との間のこの連結こそ，人間の超社会性を説明する「ひねり」であると主張してきた[60]．しっぺ返しのような戦略は弱い互恵性に基づいている．懲罰のメカニズムとしては協力を停止することだけにもっぱら頼っているからである．そこでの個人は協力的に行為しなかった人を将来の裏切りで「罰する」が，この罰を遂行するためにコストを負担することはない．非協力的なベースラインに戻るだけなのである．これに対して，人間は裏切りに対してずっと強力

---

59) Silk, "The Evolution of Cooperation in Primate Groups."
60) Samuel Bowles and Herbert Gintis, "The Evolution of Strong Reciprocity," *Theoretical Population Biology* 65 (2004): 17-28.

な反応を示す．ギンタスが言うように，人間は「協力する性向をもって新たな社会的状況に入り，他者の向社会的行動に対しては協力のレベルを維持したり，高めたりして反応する．そして他者の利己的でただ乗り的な行動に対しては，たとえそれが彼自身のコストとなり，そのような報復から個人的な将来利益を合理的に期待できないときでも，違反者に報復することで反応する」[61]．強い互恵性の性向を際立たせるものは，裏切り者を罰するためにはコストを進んで負担するこの意欲である．

もちろんある意味では，囚人のジレンマで信頼できないとわかった人との協力を拒否するような弱い互恵性を示す人 (weak reciprocator) もコストを負担しているということができる．可能な協力によって得られる利益を相手の人に与えないために，自分自身放棄しているからである．しかし囚人のジレンマで協力を拒否することは，実際にコストを負担していることにはならず，ベースラインに回帰しているにすぎないという見方も存在する．そうすることは非最適かもしれないが，それにもかかわらず個人的な最大化行動なのである．これとは対照的に，人々に罰を与える際に，罰する人の側に具体的な犠牲を伴うようなやり方が存在する（図2.1および約束と脅しとの対称性を想起せよ）．溺れている人がいたときに，自らの死を賭して飛び込んで助けようとはせずに無視することは，非協力的行動の一例である．飛び込んで彼の頭を水面下に押し下げようとすることは，真に懲罰的な行動である．

この相違はきわめて重要であるが，明確に述べられることが滅多にない．協力的性向を定式化する１つの仕方として，相互に利益のある協力の機会が出現するときに，弱い互恵性性向の「スイッチがまず入る (clicks in)」が，裏切りに出会うときに「スイッチが切れる (clicks out)」ということができるだろう．ここでは，個人は協力の失敗に際して利己的な行動に復帰するだけである．これに対して強い互恵性性向は，協力的状況に遭遇するときに「スイッチが入り」，協力と裏切りのどちらのケースでも支配し続け，どちらのケースでも，潜在的に適応度を低下させるような行動をとるように指示するような性向である．こうした理由から，理論家たちは強い互恵性を示す人が与えるタイプの懲罰を「利他的懲罰」(altruistic punishment) と呼ぶ．

利他的懲罰は，人間行動の独自性の多くのことを説明するのに役立つ．も

---

61) Herbert Gintis, "Why Do We Cooperate?" *Boston Review*, February/March 1998, p. 38.

っとも重要なのは，人々が互恵性を通じた将来利益の機会がないことを明確に理解しているにもかかわらず，1回限りの囚人のジレンマにおいてもごく普通に協力するという事実である．かなりの時間とエネルギーが，このことが不適応（maladaptation）であることを示す作業に注ぎ込まれてきた．すなわち，互恵性が成立する条件下で協力を促進するために進化した性向が，1回限りのインタラクションという異なる環境に行動を適応させることに失敗した個人によって，盲目的に適用されているというわけである．たとえば，しっぺ返しのルールは，すべてのインタラクションにおける最初の一手として協力することを推奨する．ひょっとしたら，1回限りのゲームにおける協力は，このルールの間違った適用にすぎないのではないだろうか．しかし，この主張にはそれを裏づける証拠がほとんど存在していない．他のどの動物の種も，このような互恵的利他主義の誤った適用に陥りやすいとは思われないという事実を別としても，将来の協力の見込みが人間同士の協力的性向に対して，目に見えるしかも明確に異なる影響を与えているという事実がある[62]．

強い互恵性モデルの主唱者たちは，人々が1回限りの囚人のジレンマで協力するのはそうする性向を持っているからだと主張する．彼らは勘違いして罰を恐れるから協力するのではなく，むしろ無制約の（open-ended）協力的性向を持っているために協力するのである．モデルにおける懲罰の役割はより間接的である――人口の中に利他的に懲罰を行う人が存在することは，より無制約な協力的性向を自然選択から保護し，それをただ乗りよりも魅力的にしている．（つけ込まれた人々がつけ込んだ人々に対する仕返しを追求するということは，概して，将来のインタラクションのチャンスが小さいときでも，裏切るよりも協力することの方が良いことを意味する．）もちろんこの説明は進化論的謎を1歩先送りするにすぎない．この形態の懲罰が利他的である――あるいは少なくともあるケースでは明らかに適応度を上昇させない――としても，問題はこのことがどのようにして，なぜ進化するのかということである．この問題に対するもっともありふれた示唆は，この性向が発達したのは，まさに可能な協力の範囲を拡張するからであるというものであった．もちろん，「種にとって良い」という誤謬を回避するためには，何

---

[62] Fehr and Henrich, "Is Strong Reciprocity a Maladaptation?" pp. 61–62.

らかの追加的メカニズムが必要となるだろう．こうして，ギンタスとボウルズは，集団選択がこのような性向を発生させた可能性を示すモデルを提示した[63]．

　一見したところ，強い互恵性の仮説にはそれを推奨する多くの利点がある．それは，すべての霊長類が見せるものの，人間においてのみ見られる行動上の複雑性へと融合したように思われる2つの行動形態——互恵的利他主義と報復——から出発している．裏切り者に対する報復は，互恵的利他主義のシステムに対する比較的マイナーな「ひねり」の表現であるが，そのシステム上の効果は非常に強力なものとなりうるものである．もっとも重要なことは，それが1回限りのインタラクションにおける協力を可能にすることである．このことは，見知らぬ人同士の協力を可能にするということと等価であるし，それはまた，人間の社会性の境界線を無限に拡張するということと等価でもある．したがって，強い互恵性は，文献において提案されてきた他のほとんどのメカニズムとは異なり，人間の超社会性を説明するための，少なくとも1つの候補となるものである．それは，大規模な協力がどのようにして発展するかを説明する潜在力をも有している．これにより，人々は将来の協力を停止することだけに留まらず，目標を定めた懲罰のために裏切りものを選び出すことで，裏切りに反応することができるようになるからである．したがって，強い互恵性仮説は，力の使用から，違反者の孤立化，集団からの追放に至る懲罰の使用を説明することができる．

　この仮説の弱点は，その起源を説明するために展開されてきた進化的モデルにあるのではなく，性向の記述的適切性それ自体にある．ギンタスとボウルズは，強い互恵性の定義において，強い互恵性を示す人は「協力と分かち合いの性向」を持つことに言及している．彼らが分かち合いに特に言及しているのは，このモデルが展開されたのが，なぜかなり多くの実験ゲーム理論の被験者たちが公共財ゲームで協力するのかを説明するためだけでなく，なぜかなり多くの人々が最後通牒ゲームで自分に対する低いオファーを拒否するのかをも説明するためである．理論的な観点からの問題点は，最後通牒ゲームが集合行為の問題ではないことである．いくらのオファーがなされたと

---

63) Herbert Gintis and Samuel Bowles, "Strong Reciprocity and Human Sociality," *Journal of Theoretical Biology* 206 (2000): 169-79.

しても，そのオファーを受諾することが両方のプレーヤーをパレート最適な戦略的均衡へと導くからである．したがって，協力と利他主義は問題ではなく，問題は単にプレーヤー2が故意に妨害するかどうかということである．オファーが拒否されているケースでは，プレーヤー1はただ乗りのためではなく，単に利己的な仕方で行為しているために罰されている．ギンタスとボウルズはこの問題を，強い互恵性性向は「利己的で，ただ乗り的行動」に従事する人々——最後通牒ゲームで低いオファーをする人はただ乗りしているわけではないから，このケースでは利己的またはただ乗り的行動と解釈しなければならない——に罰を与える性向であると規定することで，巧みに解決している．しかし懲罰性向を，個人がゼロ・サム的インタラクションにおいて自己利益を追求するときに常に誘発される性向であると真剣に考えるならば，それは調和的な協力よりも，非生産的な反目を生じさせる可能性が高くなるだろう．

　この状況のもっとも自然な解釈は，最後通牒ゲームの場合に人々が実効化しているのは協力の規範というよりむしろ公平性の規範であり，懲罰を与える性向は，実際には，内容にかかわらず社会規範を破った人々に懲罰を与える性向だと考えることである．このような解釈は，ギンタスとボウルズがまだ互恵的利他主義のモデルに強く影響されすぎており，彼らお好みの選択性向を定式化する際の抽象度のレベルが低すぎるのだということを示唆している．彼らは，人々がその文脈において協力することを指示する社会規範を尊重しないということではなく，協力しないことに対して罰を受けていると示唆することで，進化論的バージョンの「時期尚早の具体性の誤り」を犯しているのである．その結果，他の多くの環境で懲罰が引き起こされる事実を説明する段になると，彼らは強い互恵性性向の定式化に選言肢（disjunct）を追加し始めることを余儀なくされるのである．しかし，ひとたびこのプロセスが始まると，それがいつ終わるのかを知ることは難しくなる．たとえば，実験の証拠が示唆するところによれば，北米人が最後通牒ゲームで不公平なオファーを罰するのは，このインタラクションをケーキ・カッティングにおける分割問題として解釈し，「公平性」をこの場合の顕著な規範とみなすからである．このパターンは，プレーヤー1には何らかの理由で全額をとる「権利を付与されている（entitled）」という示唆がひとたびなされると完全に変化してしまう[64]．こうしたことが起こるときには，北米人の行動は，こ

のインタラクションが最初から贈与の例であると解釈されるニューギニアで観察されるものにもっと似たものとなる．さらに，人類学的観点からすれば，贈与の関係はしばしば公平性の規範を通して組織化される関係よりずっと重要なのである．だとすれば，強い互恵性性向は，「協力または公平性または贈与」に対する関心を含むように再規定されるべきなのだろうか[65]．食物の禁忌を尊重することについてはどうなのだろうか．挨拶の儀式や葬礼はどうなのか．

　これらのケースにおいて，実効化されているのが規範への同調性であって，協力でないことは明らかなように思われる．実際，多くのケースでは，人々は協力それ自体に関して大きな関心を持っていないように思われる．われわれの社会には，解決されていないが，人々が除去する義務をまったく感じていないような囚人のジレンマが非常に多く存在している．具体的な例をあげると，多くの人々は水道水を浪費するが，これはメーターの計算で支払うのではなく，一定額の税金を支払っているからである．同様に，多くの北米人は多大な時間を電話での会話に浪費するが，これは市内電話を分単位で支払わなくてよいからである．これらのどちらも，すべての人が水や市内通話に対してより多く支払う結果になるので集合行為の問題である．人々が個々人の水消費量を削減すべきだと考え始めたのは，自然保護団体によって喚起された一致した公共意識の結果を通してのことであった．そして今までのところ，われわれが電話での会話に多大の時間を費すことをやめるべきだと示唆する人は誰も出ていない．もちろん誰もそうする人々を罰せざるをえないと感じることはないし，反対に，そうした人々に対するサンクションそれ自体がサンクションすべき違反となることだろう．

　違いがもっと劇的に現われるのは，集合行為の問題がそれ自身規範的に実効化されているときである．たとえば，競争の基本構造は囚人のジレンマで

---

64) Cristina Bicchieri, "Local Fairness," *Philosophy and Phenomenological Research* 59 (1999): 231.
65) 後にギンタスは贈与を規制する規範を「公平性」に対する関心の1タイプとして微妙に分類しなおしている．Herbert Gintis, "Solving the Puzzle of Prosociality," *Rationality and Society* 15 (2003): 170. このことは，「公平性」という言葉を本質的に空虚なものにし，主体たちは「公平性の規範」(p. 170) というよりもむしろ，単に規範を尊重すると述べることを望ましくする．

第6章　自然主義的パースペクティブ

ある．映画『炎のランナー』のランナーたちはこのことに気づいていた[66]．運動競技では，自然な能力をもっとも多く持つ人が一般的に勝者となる．しかし，能力の低い人々がトレーニングによって勝利のチャンスを高めることは可能である．したがって，1人がトレーニングを始めるや否や，他のすべての人々は自分の順位を維持するためだけに同じことをするようになる．しかし，彼らがそうすると，すべての人は最初の地点に戻ることになる．つまり，自然な能力をもっとも多く持つ人が勝つことになるだろう．最初の時点との違いは，全員がこの結果を達成するためにずっと多くの時間とエネルギーを費していることである．さらに，このことは他者に対してもっと多くトレーニングするインセンティブを与えることになり，他の誰もがもっとトレーニングすることを余儀なくされ…等々．これは古典的な底辺への競争である[67]．

『炎のランナー』のランナーたちがトレーニングしないという非公式の合意を発展させたのはこうした理由によるものであった．これは強い互恵性のスタイルの協力的合意であった．「新入り」がやってきて，この協定を尊重することを拒否するまではすべてが順調だった．新入りはトレーニングするというフリー・ライダー戦略を採用した．こうした互恵性の失敗により，すべての「怠け者の」ランナーたちも後に続くことを余儀なくされ，その結果，協力は通常の仕方で解体したのだった．しかしながら，この映画ではこの新参者の行為は称えられている．彼はこの物語の「善玉」であった．彼の非協力的行動に対して懲罰的態度を採るのではなく，聴衆は彼をヒーローとして賞賛したのであった．このことは強い互恵性の観点からは説明することが難しいが，社会規範における懲罰として解釈すれば，完全に理解可能となる．運動競技は枠組みをなす社会規範の集合によって規制されており，それらの規範の多くは背景にある集合行為問題に対する解決策を妨げるように設計されている．言い換えれば，われわれはスポーツマンは互いに競争すべきであり，この期待を破る共謀があるときには，それを破る人こそ正しいことをし

---

66) この議論は，Robert Frank and Philip J. Cook, *The Winner-Take-All Society: Why the Few at the Top Get So Much More Than the Rest of Us* (New York: Penguin, 1995), p. 172 から引いたものである．
67) さらなる議論については，Joseph Heath, *The Efficient Society* (Toronto: Penguin, 2001), p. 96 を見よ．

ていると考えているのである．(すでに述べたように，同種の推論が反トラスト法の背景をなしている．価格競争は企業間の囚人のジレンマだからである．) こうした種類のケースでは，われわれは非協力的行動を指示する規範を持っており，それは他の文脈においては協力をサポートするのと同じタイプのサンクションを通して実効化されているのである．したがって，人々がインタラクションにおいて協力とか公平性に対する直接的関心を持っていると結論づけることは誤りである．人々は何よりも社会規範に関心を抱いているように思われるからである．協力と公平性に対する関心はこの規範の内容から発生するのであって，協力や公平への同調性を動機づける性向から発生するのではない．したがってわれわれが問うべき問題は，人間がどのようにして協力的性向を持つようになったかを問うことではなく，どのようにして規範同調者となったのかという問題である．ひとたび問題がこうした仕方で再設定されると，興味深い探求の方途が開けてくる．

6.5　規範同調性

強い互恵性の議論の出発点は，人間が，協力的取り決めにおいて自分の役割を果たさない個人に対し，コストのかかる懲罰的処置を進んでとるように思われる唯一の社会的動物だという観察である．しかしこのことは人間の社会的インタラクションに関する唯一の特徴ではない．近年，人間のもう1つの特徴的な性質に対し多大な注目が払われてきた．それは，人間の子供が模倣的学習（imitative learning）に対して，異常なまでに大きく依存しているということである．この模倣性は学習された行動の文化的伝達の基礎とみなされている．文化的伝達はさらに人間行動を自然選択によって課せられた狭隘な制約から解放する．それは，宗教的理由による独身などのように，遺伝的に不適応な行動の存続，そして繁栄さえも可能にするものである．文化依存性から得られる個人にとっての利益がこうした不適応な行動によって課せられる損失を上回る限り，そうした行動が存続すると期待することができる．

もしこの分析が正しいならば，人間の超社会性の背後にある利他主義は，遺伝的に不適応で，文化的に伝達されたこうした行動パターンの1つであることが判明するかもしれない．また，文化依存性は利他的行為を維持するための真に新しいメカニズムを表わすことになるだろう．互恵性に基づくシス

テムでは，利他的行動はそれを遂行する個人の適応度を平均的にかつ長期的に高めるが，これとは異なり，文化に基づく利他主義ではそのような便益はないかもしれない．この方法で伝達される他のもっと直接的に有利な行動パターンの効果が平均的に上回っている限り，文化依存性を通して維持されるようなこの利他的行動パターンは真に不適応的である可能性もある[68]．例として人間の喉頭を考えてみよう．進化理論家たちの間には，人間の喉頭が低い位置にあることは，それが発語を促進したために有利となった進化的適応であるという一般的コンセンサスが存在している．同時にそれにより，人間は食べているときに非常に容易に息を詰まらせるようになる．後者は真の不適応（生物進化の経路依存性によって，実際には非常によくある種類の）を表わしている[69]．それが存続するのは，それが全体的に適応度を高める適応の不適応な副作用だからである．

このパースペクティブによれば，利他的行為を可能とするわれわれの能力は，避妊具を発明・使用したり，自殺する能力のように，利己的な遺伝子の観点からは間違いなのかもしれない．これらはすべて，われわれの遺伝的適応度を低下させるかもしれない文化的に伝達された行動パターンを表わしている．それらが存続するのは，文化依存性が単一の適応であって，その結果，これらの「ネガティブな」副作用が遺伝的適応度を高める多くの文化的に伝達された行動パターン——農業や畜産から始まり，現代の医学や工業生産まで拡張している——と束になって生じるからである．

しかしながら，この議論は十分な注意をしてアプローチしなければならないものである．社会科学の多くの学者たちは「文化」を「刑務所から釈放される」カードとして，すなわち利他主義に対する彼らの説明をヒト生物学やダーウィン的進化が課する制約と折衷しなければならないという任務を瞬時に解消するものとして扱っているからである．実際には，文化，生物，そし

---

68) 私はここと本書全体を通して，「不適応的」という用語を，遺伝的ないし生物学的に不適応ということを意味するために使用する．私は文化的進化の文脈において「不適応的」という用語を使用しない．それは，ミームが再生産に成功するとはどういうことなのかに関する曖昧さが一般的に存在するからである．
69) 後者の有名な例は人間の目の「盲点」である．Richard Dawkins, *The Blind Watchmaker: Why the Evidence of Evolution Reveals A Univers Without Design* (London: Penguin, 1990), p. 93 を見よ．

て自然選択の関係はもっとずっと複雑であり，人間の利他主義が文化的に維持されているというアイディアは，それが解答するのと同じくらい多くの疑問をも発生させることになる．文化依存性には，文化的領域における利他主義の発生に有利に作用する実質的バイアスがあるのだろうか，あるいは単にそれを自然選択の諸力から防護するのにすぎないのだろうか．そして，もしそれが単に利他主義を防護するにすぎないのならば，どのようにして利他主義は文化的領域において開始されたのだろうか．また生物学的領域から利他主義を消去したのと同様の選択諸力が，文化的に伝達された行動パターンのレパートリーの中から利他主義を除去することを妨げているのは何なのか．文化的伝達は利他的行動パターンの発展にとって，遺伝的伝達よりも何らかの仕方で有利に作用したのだろうか．

　これらの問いに対する解答への第一歩は，人間の文化的伝達が発生するためにどのようなタイプの生物学的構造が存在していなければならないかに関する検討と，それがどのように発生したのかに関する考察である．（実際，文化依存性が独立の選択圧に服しており，相互に緩い関連しか持たない「諸モジュール」の集合というよりむしろ単一の適応を表わしているという提案は，論争の余地が大きい主張であり，擁護されなければならない．）生物学的な基底が特定化されたときに初めて，文化とは何であるか，その伝達パターンは遺伝的領域で発生する伝達パターンとどのように異なるのか，選択の諸力はどの程度文化的パターンに作用するのかに関して明確に述べることができるようになるだろう．

　もちろん文化が人間に固有のものかどうかという問題に関しては，かなりの論争が存在する．ある種の動物（たとえば鳴き鳥のような）では，「伝統」が発展するという，よく知られた例がいくつか存在する．集団に入れられた血縁関係のない個体が行動パターンを身につけるのである．このことは驚くに値しない．文化的伝達は，多数のかなり自明なイノベーション——自然界を通して見つけることができる——に基づくからである．人間に独特なことは，累積的な文化的伝達が存在し，文化がそれ自身の継承システムを構成しているということである[70]．われわれはまた，領域一般的（domain-gen-

---

70) Robert Boyd and Peter J. Richerson, "Why Culture Is Common, but Cultural Evolution Is Rare," in *The Origin and Evolution of Cultures*, pp. 52–65.

eral）な（すなわちどのような種類の行動に関しても）文化的伝達を示す唯一の種でもあるようである．

この方向での最初の一歩は，単純な発達上の可塑性である．生命体の環境が安定的である場合，自然選択は「方向づけられた（canalized）」発達軌道に対して有利に作用する傾向を持ち，したがってその環境に対する最善の（局所的な）適応となるような特徴を常にもたらす．状態 x と y の間で環境が変動する場合には，選択は「可塑的な」発達軌道，すなわち条件 x のもとでは特徴 a となり，条件 y のもとでは特徴 b となるような発達軌道に対して有利に作用するだろう（ここで，それぞれの特徴はこれらの条件に対する最善の適応を表わしている）．このことのもっとも劇的な例の1つは，サバクワタリバッタである．これは，地域の条件が生殖にとって都合のよいときには，孤立した，羽がない茶色のバッタとして発達するが，条件が悪いときには，群生的な（すなわち「群れをなす」），羽を持った，黄色い移住性のバッタとして発達する．これらが同じ遺伝的基底を共有していること（すなわち，同一種に属していること）は，1921年になって初めて発見されることになった[71]．

第2の主要なステップは学習である．これは，もっとも原始的形態では単なる環境と発達プロセスとのフィードバック関係——うまくやる特徴や行動は強化され，そうでないものは消えさるような——にすぎない．これのかなり自明な拡張は試行錯誤の学習であり，そこでは個体が最善の形態を発見するためにバリエーションを持った行動に従事する．最後に社会的学習がある．そこでは，どの変異が最善であるかに関する手掛かりを求めて，個体は同種の行動を模倣する．これもまた，個体が学習コストを顕著に節約することを可能にするものだから，かなり自明な適応である．それは実際，フリー・ライダー戦略である．試行錯誤の学習における失敗した試みに伴う代償を他の個体が払う一方で，それをコピーする個体は他の個体が獲得した成功に伴う利益のすべてを引き出すからである．

人間はこれら2つの特徴——発達的可塑性と社会的学習——を持つが，そ

---

71) よく記録されている別の例は，オスのムクロジ虫（soapberry bug）に見られる配偶者ガードである．これは個体群の性比によって決定されている．Robert Boyd and Joan B. Silk, *How Humans Evolved*, 3rd ed. (New York: Norton, 2002), p. 69 を見よ．

の程度は例外的なものである．人間の子供の幼年期は，われわれにもっとも近い霊長類の仲間たちと比較しても極端に長い．スティーブン・ジェイ・グールドは次のように書いている．

　人間の進化は，この霊長類の共有遺産のうち1つの特徴――特に遅い成熟と長い子供時代に表現される発達の遅れ――を強調してきた．この遅れは，ヒト化における他の顕著な特徴――知性や社会化――とシナジー効果を持ちながら反応してきた（知性との間では，胎児の成長の長期化の傾向を通して脳を大きくすることや，子供時代の学習をより長くすることによって，社会化との間では，ゆっくり発達する子供に対する親の世話が増大することにより，家族単位の結合を強化することによって）．発達の遅れという文脈を外れては，人間的特徴の独自のひと揃いがどのように発生しうるのかを想像することが困難である．これは，著名な哲学者であり歴史家でもあるモーリス・コーヘンが，長引いた幼児期は「ひょっとすると，ホモ・サピエンスを動物界の残りすべてから区別するどのような解剖学的事実よりも重要である」と書いたときに彼の胸中にあったことである[72]．

　このことは，（ボイドとリチャーソンがいうように）「われわれの社会的学習のシステムは，社会的学習の単純なシステムと個別的学習との間のシナジーに実質的基礎をおく哺乳類共通のシステムの異常発達したバージョンにすぎない」ことを示唆している[73]．しかし，重要な違いが1つ存在している．人間の子供は，他のどの種のメンバーよりもずっと深く模倣的学習に依存しているのである[74]．社会的環境を有用な示唆の源泉として使用し，自分自身の知性を問題解決に用いる（しばしば「社会的に促進された［socially facilitated］」学習と呼ばれるプロセス）というよりむしろ，人間は互いの行動

---

[72] Stephen Jay Gould, *Ontogeny and Phylogeny* (Cambridge, Mass.: Belknap Press, 1977), p. 400. グールドによる引用は，Morris Cohen, *The Meaning of Human History* (LaSalle, Ill.: Open Court, 1947), p. 174 からのものである．
[73] Robert Boyd and Peter J. Richerson, "Climate, Culture and the Evolution of Cognition," in *The Origin and Evolution of Cultures*, p. 77.
[74] Bennett G. Galef Jr., "Imitation in Animals: History, Definition and Interpretation of Data from the Psychological Laboratory," in Bennett G. Galef Jr. and Thomas R. Zentall, eds., *Social Learning* (Hillsdale, N.J.: Erlbaum, 1988), pp. 3-28 を見よ．

を直接的にコピーする。そこには、目的論的思考の能力をずっと大きな程度で停止することが含まれている。たとえば、マイケル・トマセロはチンパンジーの社会的学習は、彼が「エミュレーション学習（emulative learning）」と呼ぶ形態——それは真の模倣とは異なる——をとると主張している。彼と彼の同僚たちは実験の中で、チンパンジーと人間の子供の両方に対して、手の届かないところにある物体を獲得するために道具を使用する方法を実演してみせた[75]。その道具は2つの仕方で用いることができたが、1つの方法は明らかに他の方法よりも有効であった。彼らは、チンパンジーが、どちらの方法が実演されたかにかかわりなく、これらのうちどちらかの方法で道具を使用する傾向があることを発見した。他方、人間の子供は正確に実演された仕方で道具を使用した（劣った方法が用いられたときでも）。したがって、チンパンジーが実演から学習したのは、単に道具を食料の獲得に用いることができるということであった。彼らは自分自身の知性を用いて、その道具をどのように使用するかを決定したのである（この意味で、1から再発明をしたのである）。他方、人間の子供はその道具が使用できるということだけでなく、どのようにそれが使用されたかということも学習したのである。そして、たとえ自分自身の知性がより良い解決策をもたらすかもしれなくても、それを模倣したのである。この証拠を振り返った上でトマセロは主張する。「したがって全般的な結論は、1歳から3歳までの期間、幼児たちは実質的な「模倣機械」であり、彼らの社会的集団の成熟したメンバーの文化的技能や行動を盗もうとする。」[76]

---

75) Kathy Nagell, Kelly Olguin, and Michael Tomasello, "Processes of Social Learning in the Tool Use of Chimpanzees (Pan troglodytes) and Human Children (Homo Sapiens)," *Journal of Comparative Psychology* 107 (1993): 174-86. Michael Tomasello, *The Cultural Origins of Human Cognition* (Cambridge, Mass.: Harvard University Press, 1999), pp. 29-30 も見よ。
76) Tomasello, *The Cultural Origins of Human Cognition*, p. 159. もう1つの重要な実験で、アンドリュー・メルツォフは、人間の幼児が普通でない、非効率的な行動を模倣することを示している。実験者たちは生後14ヵ月の幼児たちのグループに対して、身体をかがめ、額で触ることで、光パネルのボタンを作動させる方法を示した。これを見ていた幼児たちの3分の2はこの行動を再生産しようと試みた。これに対して、対照群では誰もそうしなかった。"Infant Imitation after a 1-Week Delay: Long-Term Memory for Novel Acts and Multiple Stimuli," *Developmental Psychology* 24 (1988): 470-76 を見よ。（この論文のタイトルにある1週間の遅延は、模倣が重要な学習戦略であり、単なる一時的反射でないことを示すためのものである。）

真の模倣は，伝達されるべき行動パターンに対して，個々の生命体自身の知性（と目的）が課する「フィルター」を取り除くことになるので，累積的な文化的伝達の可能性を創出する．したがって，人間はボイドとリチャーソンが「二重継承」システムと呼ぶものを有しており，そこでは子供たちは遺伝的に有利な行動パターンと文化的に伝達された行動パターンの両方の蓄積から利益を得ることができる．しかし，このタイプの文化的継承システムが生じるという事実だけでは，文化と生物学との間に乖離が生じることにはならないこと（したがって遺伝的に不適応な行動の文化的伝達の余地が生じるわけではないこと）を理解しておくことが非常に重要である．このことはすべて，どのように文化的特徴が継承されるかに依存している．もし子供たちが世話をしてくれる人たちからの模倣的学習に従事しており，包括的適応度の理由から親と親類だけが世話を焼く人として行為をするならば，文化は必然的に生物学と歩調を合わせて進化することになるだろう．学習した行動の特定パターンが伝承されるのは，それによって，子供に対して「ロール・モデル」や「文化的親」となる個々人のチャンスが高くなるときのみである．生物学的親のみが文化的親となる状況では，特定の形態の学習された行動の広がりは，その行動を学習した個人の生殖的適応度に対する貢献によって完全に決定されるだろう．そのような環境のもとでは，文化と生物学の差は無きに等しいものとなるだろう．（したがって，このタイプの文化は利他主義に関するストーリーに何ら新しいものを追加しないだろう．）

　いくぶん驚くべきことは，子供たちが人口の中からランダムに（すなわち，バイアスのない標本抽出の手続きによって）文化的親を選択したとしても，生物学的進化と文化的進化の間には何ら違いが生じないということである．この点は，社会生物学の批判者がしばしば見逃してきた点である．バイアスのない伝達のもとでは，学習された行動パターンが伝播しうるのはそれが人口におけるその代表（representation）を増加させるとき，すなわち，それを採用する個体の寿命や子供の数を増加させるときだけである．文化的進化はそのラマルク的構造のおかげで生物学的進化よりもっと早いとはいえ，純粋に生物学的システムの均衡としても維持することができないような行動プロフィールは，人口において文化的に維持されることはないだろう．すなわち，生物学的領域において自然選択が利他的行動に対して課する制約のすべては，文化的領域においても同じ力を持って適用されることになるだろう．

文化と生物学が興味深い仕方で乖離するためには，文化的変異が獲得される仕方に，ある種のバイアスが存在しなければならない．たとえば，もし個々人の注目パターンの構造によって，彼らが特にあるタイプの行動に対して注目するようになり，したがって採用するようになるならば，ある行動パターンの文化的適応度は，その行動がその個人の生物学的適応度に対してなす貢献から乖離するかもしれない．そしてこのことが生じるとき，文化的選択と生物学的選択が相反する目的で作用し始めることが可能になる．ドーキンスが記しているように，この古典的例はわれわれが殉教と呼ぶ行動パターンである[77]．人間社会における威信のヒエラルキーはバイアスの1つの要因として役立つ——高い威信を持つ人々は低い威信の人々に比べて，より模倣される可能性が高いだろう．ある大義のために自分の生命や自由を犠牲にすることが威信の源泉として役立つならば，この行動パターンは，それを模倣することを選択した人々の生殖機会を減じるものだとしても，文化的伝達によって人口の中に伝播する傾向を持つだろう．より一般的には，もし利他的行為を遂行することが威信の源泉として役立つのであれば——そしてそうなる状況を考えることは難しくない——，利他主義は遺伝的適応度を低下させるにもかかわらず，高い水準の文化的適応度を持つことになるだろう（もちろん，どのようにして，なぜ威信によってバイアスを受ける学習システムがバイアスのないものと比べて，適応的となるのかに関する進化論的ストーリーをさらに語る必要があるだろう）．

　社会心理学者たちは，文化的伝達が人間同士で発生する仕方について，多数の非常に興味深いバイアスを記録してきた．たとえば，人間が行動を模倣する仕方には重要な同調バイアスが存在している．複数の選択肢に直面するとき，個々人は人口の中でもっとも広く見られる行動的変異を選択するだろう．このバイアスが言語習得において作用していることは，きわめてはっきりと見ることができる．子供たちは当初，両親が使用している方言や発音を採用するが，ある年齢においてほとんど常に自分の仲間集団が好むものにスイッチするだろう[78]．さらに仲間集団の中から1人の個人を選択して自分の

---

77) Richard Dawkins, *The Extended Phenotype* (Oxford: Freeman, 1982), p. 111. Daniel Dennett, *Darwin's Dangerous Idea: Evolution and the Meanings of Life* (New York: Simon and Schuster, 1995), p. 363 も見よ．

モデルとするのではない．彼らが採用するのは，集団の大多数の行動を表現しているものである．この領域や他の多くの領域において，人間の学習は「郷に入っては郷に従え」バイアスを持っている．このことがどのようにして適応的でありうるのかを理解することは難しくない[79]．

このバイアスは文化的伝達の特徴に対して，重要な帰結を持っている．全員が文化的親をランダムに選択するならば，大多数の行動が大多数の模倣者によって採用されることになるだろう．しかし十分強い同調バイアスが存在するならば，大多数の行動は全員によって採用されることになるだろう．このことは，文化的伝達が，生物学的進化に見られるものよりもずっと極端な転換点効果（tipping point effect）に服するだろうということを意味している．このことはどの特定の文化的パターンの再生産にも直接的に有利に作用しないものの，ダイナミクスを変化させることになる．たとえばボイドとリチャーソンが観察するように，それは文化の領域において集団選択をより強力なものにする潜在力を有している．このことはさらに，利他的行動を文化的パターンとしてずっと頑健なものにする．先に述べたように，生物学的進化においては，集団選択は利他主義の維持可能性に対して非常に限られたインパクトしか持たない．集団が利己的な個人によって「汚染される」可能性が，集団規模と移住率の両方とともに増加するからである．さらに，その集団に利己的な個人が存在しているならば，集団選択効果は利他主義者以上に利己的個人に対してより大きな便益をもたらすだろう．こうして，集団選択が利他主義に有利に働くのは集団が非常に小さく，集団の組み換えが頻繁でないときだけである．他方，同調バイアスがある場合，文化的伝達においては，集団が利他的に行為する性向を持つ諸個人だけから構成されている必要はない．メンバーの十分多数が利他的に行為するような性向を持っているところから始める限り，残りのメンバーを利他主義に改宗させるのに十分となるだろう．彼らは大多数を模倣しようとするからである．こうして，集団内の変異の水準は，集団間の変異の水準よりもずっと低くなるだろう．この集団に導き入れられた新たな個人もまた，適合するために自分の行動を変化さ

---

78) Peter J. Richerson and Robert Boyd, *Not by Genes Alone* (Chicago: University of Chicago Press, 2004), pp. 37–38.

79) Robert Boyd and Peter J. Richerson, "Social Learning as an Adaptation," in *The Origin and Evolution of Cultures*, pp. 19–34.

せる傾向を持っているだろうから,移住が持つ破壊的効果を中和することになる．したがって,ボイドとリチャーソンは文化的進化を「効果増強的な (potentiating)」集団選択として記述する．この結果,生物学的モデルとして定式化されるときには説得力に欠けていた人間の超社会性に対する説明のいくらかが,文化的進化の枠組みで定式化されるときには,ずっと説得的なものになるのである．

　同様の議論は,協力しないことに対する利他的懲罰が集団選択により,文化的パターンとして維持可能であることを示すためにも用いられてきた[80]．しかしこうした主張は,ボウルズとギンタスの強い互恵性向の定式化に対して向けられてきたのと同様の反論に対して脆弱である．懲罰は社会的実践を尊重し損なうことに関係すべきで,協力し損なうことに対してではないということが重要である．ボイドとリチャーソンは「道徳的懲罰 (moralistic punishment)」——それ自身が利他的な仕方で実効化される利他的懲罰——が同調的模倣に対するわれわれの性向に結びつけられるようになり,主体たちが大多数が行うことをし,そうしない人々を罰する性向を持つようになると示唆している．ここで彼らはずっと説得力のある主張をしているのである．ボイドとリチャーソンは,このタイプの道徳的懲罰が生じたのは,それが同調的模倣の効果を増幅する(そして集団選択を文化伝達における強力な力とする転換点効果をも増幅する)ものだったからだろうと推測している[81]．

　協力の文化的進化の説明に対して説得力ある基盤を提供する進化的モデルには,多くの異なるものがある．しかし,究極的な説明がどのようなものになるにせよ,ボイドとリチャーソンの説明から発生する性向——「道徳的な規範の実効化 (moralistic enforcement of norms)」と結びついた「同調的社会学習」——こそが,まさに社会理論家たちが数十年にわたって,人間の社会性の核心にある「規範同調的 (norm-conformative)」性向として措定してきたものであるということに注意することが重要である．このように,ボイドとリチャーソンのモデルは進化生物学と社会学理論との間の特筆すべき収束点を提供するものである．それは,人間社会においてなぜ文化的伝達が

---

80)　Robert Boyd, Herbert Gintis, Samuel Bowles, and Peter J. Richerson, "The Evolution of Altruistic Punishment," in Gintis *et al.*, *Moral Sentiments and Material Interests*, pp. 215–27.
81)　Richerson and Boyd, *Not by Genes Alone*, pp. 203–6.

共有された行為（conduct）のルール，あるいは社会規範という形態をとるのかということを説明するのである．

　ボイドとリチャーソンが人間の超社会性に対して提供する説明は，最終的にきわめて微妙なものである．最初に認識しておくべきは，血縁選択や互恵的利他主義を通して生じる利他的傾向とは異なり，ここでは利他的行為を遂行する，遺伝的基盤を持った性向が何もないということである．生物学的進化が提供するのは規範同調的性向——それ自身としては利他的行動や利己的行動に関して中立的であるような性向——にすぎないのである．ボイドとリチャーソンが（論文のタイトルで）いうように，「懲罰はかなり大きな集団において協力（あるいは他の何でも）の進化を可能にする」．個々人は単に，集団の支配的行動パターンに同調する性向を持っているにすぎず，この性向は非同調的行動に対する懲罰を通して強化されるのである．この性向が獲得されるのは，主に学習能力の向上という形態で，それが個人に与える非常に大きな利点のためである．しかし，それはあらゆる種類の不適応的行動の発達をも許すことになる．その中には，ボイドとリチャーソンが指摘しているように，職場でネクタイをすることを指示する規範のようにばかげたものすら含まれる[82]．これは皆が知っているように，職場でネクタイをすることがわれわれの社会で非常に長い間規範で・あ・っ・た・からなのである．

　したがって規範同調的性向が利他主義に有利に作用する理由は，この性向が利他主義を有利にするような直接的バイアスを植えつけるからではない．それが利他主義を促すのは間接的でしかなく，文化的進化の開始に対するプラットフォームとして機能することによってである．このプラットフォームはさらに，利他主義の発生に対してより好都合な進化的環境と選択メカニズムの両方を提供する．こうして，規範同調的性向が利他主義に有利に作用するのは，生物学的なパターンとしてよりも文化的パターンとしての方が，利他主義が発生し繁栄することがより容易になるからにすぎない．規範同調的性向は，利他的表現型を生物学的選択圧力から遮断するためだけに役立つの

---

82) このことはもちろん，彼らのモデルの大きな説明上の利点である．すべての文化はこのタイプの規範に服しているからである．自己利益による行動からのすべての逸脱が，協力的利益を達成しようとする試みを含んでいるということはありそうにない．（ブロニスラフ・マリノフスキー流の）機能主義的人類学に対する何十年にもわたる批判は，文化が最適化するような構造を持っていないことを明確に証明してきた．

である.そうでなければ,生物学的選択圧力はそれの消去に有利に働いていたことであろう.(このことはまた,なぜ超社会性がようやく最近になって,ここ1万年の間に発生してきたのかということも説明する.)

彼らはこの議論を以下のように要約している.

　理論モデルは,同調的伝達のような,文化的システムの特定の構造的特徴が通常の適応的利点を有していることを示している.こうした適応的利点が,特に協力的ではなかった祖先の中で,環境変動に素早く柔軟に反応するシステムに対する能力に有利に作用したとわれわれは想像する.その副産物として,文化的進化がたまたま大規模な協力に有利に作用したのである[83]).

この仮説の最初の要素は,第2の要素から概念的に区別されるべきである.この第2の要素は,ボイドとリチャーソンが文化的領域においてなぜ利他主義がうまくやるのかを説明するために措定した特定的なメカニズムを含むものである.彼らは,その理由を規範同調性が集団選択の効果を増幅したからだと主張している(集団選択の利益はさらに規範同調的性向を強化する).しかしながら,この仮説には排他的な点がまったくない.たとえば,文化的進化が互恵的利他主義にとっても有利に作用したことが判明するかもしれないのである.

この文脈で,規範同調的性向の基本的構造がまさにロバート・ブランダムが「実践に内包された規範」と呼んでいるものの展開にとって必要とされる「ビルディング・ブロック」を提供していることは注目に値する(サ・ン・ク・シ・ョ・ン・が,ルールに従うことに関するこの説明の中で果たした重要な役割を思い出せば)[84]).このことはさらに,第4章第6節で記述した「理由を与えたり求めたりするゲーム」のような社会的実践の創出を可能にする.こうして,規範同調的性向の発達は,人間が単純なシグナリング・システムから十分に発達した合成的言語の発生へと移行することを可能にする決定的に重要な進

---

83) Richerson, Boyd, and Henrich, "Cultural Evolution of Human Cooperation," p. 378.
84) Robert Brandom, *Making It Explicit* (Cambridge, Mass.: Harvard University Press, 1994), pp. 18-30.

化的ステップとみなせるのである．言語――したがって志向的計画システム――の発生は，個人に対して明確な利点（「言語アップグレード」に結びついた利点）を提供する．このことは，われわれが人間について観察するような，同調的社会学習と道徳的懲罰の特殊な組み合わせの適応的価値の説明に役立つかもしれない．

言語の発生は，なぜ利他的行動が他の文化的パターンよりも頑健なのかの説明にも役立つかもしれない．合成的言語の資源が存在するようになると，文化的進化のプロセスに意識的誘導の要素を導入することが可能となる（たとえば個々人が，非最適な行動パターンを制度化している規範に対して，言葉によって異議を唱えることを可能にしたり，文化的パターンにおける「突然変異」の生産におけるバイアスの源泉として機能することなどによって）．言い換えれば，言語は潜在的規範の望ましさに関する合理的熟慮を可能にする．このことは，原理的にはどのような行動も文化的パターンとして維持可能であるにもかかわらず，協力的行動が非協力的行動よりもずっと頻繁に発生するのはなぜか（そして集団選択の効果が存在しないことはないにしても，それが非常に弱くなっている現代社会においても，協力行動が有利なのか）の説明に役立つかもしれない．

6.6 社会生物学に抗して

今から振り返るならば，ここで提示された説明に従って，われわれの道徳的性向の自然主義的・進化的説明を受け入れるのに，なぜ社会生物学的見解を支持する必要がないのかが容易にわかるはずである．このことに関する鍵は，ここで仮定されている生物学的進化と文化的進化の「二重継承」モデルと，心の「二重プロセス」理論との結合である．しかしながら，このモデルがどのようにして社会生物学主義という誇りを免れることを可能にするのかを見るためには，哲学者がこれまで行ってきた社会生物学に対する無効な議論のいくつかについて検討しておくことが必要である．

哲学者の間でもっともよく見られる誤りは，特定の特徴に対する生物学的説明は，遺伝的なものはすべて「ハードに組み込まれたもの（hardwired）」（あるいは方向づけられたもの [canalized]）であり，いかなる変異も受けつけないと仮定しなければならないと考えていることである．この結果，哲

学者たちはしばしば，ある人間集団と他の人間集団との単純な行動上の相違を，特定の形態の行動が「文化的」で「生物学的」でない証拠としてあげることになるだろう[85]（言い換えれば，彼らは遺伝的変異のないところでの表現型の変異が社会生物学的仮説を無効にしていると主張しているのである）．この主張は，ある特徴に関する可塑性が生物学的説明と整合的であるばかりでなく，そのような可塑性自体が生物学的特徴であり，その存在は進化的説明に従わなければならないという事実を無視するものである．E・O・ウィルソンがいうように，このケースにおける社会生物学的仮説は「社会的行動の柔軟性を促進する遺伝子が個体レベルで強く選択されているということである」[86]．

たとえば，サバクワタリバッタがときどき，茶色のバッタになったり，黄色の羽根を持つイナゴになったりする事実は，何ら生物学的説明に対する障害となるものではない．それどころか，ああなったり，こうなったりするのに必要な発達上の可塑性はそれ自体としてそのような説明の対象なのである．（結局のところ，非常に説得的な適応的説明が存在している．個体が定住性のバッタでなく移住性のバッタに変わることの引き金となるのは密度効果［crowding］である．事実上この種は，個体に対して移動することがいいアイディアであるかどうかを知らせるメカニズムを持っているのである．）同様に，生命体が学習する能力を持つという単純な事実によって非常に多くの変異が説明されるのである．生物学的観点からは，このことに関して何も曖昧なことがない．学習は発達の過程における，生命体と環境とのフィードバック関係以上のものを含むものではないからである．社会生物学者は，行動を固定しておくことよりも，どの行動が最善なのかを学習することがどうして個体にとって適応的なのかを示す何らかの説明を提供するだけでよいのである．

このような説明が利用可能であることは，表現型が，生命体の遺伝子型とその環境（「パラメトリック」な物理的環境だけでなく，生命体内部の他の

---

85) この妥当でない議論の最重要な源泉はMarshall Sahlins, *The Use and Abuse of Biology: An Anthropological Critique of Sociobiology* (Ann Arbor: University of Michigan Press, 1976) である．
86) E. O. Wilson, *Sociobiology: The New Synthesis* (Cambridge, Mass.: Belknap Press, 1975), p. 549.

細胞，同種の他のメンバーを含むような環境）との間の複雑な発達的インタラクションの結合生産物であるという広く共有されている仮定の中にすでに暗黙のうちに含まれている．このことは，社会生物学者が人間集団間の相違に関する説明を提供することを容易にするものである．それは単に，異なる行動や特徴――それらのすべてが個々人にとっての潜在的可能性である――の引き金となる（社会的・非社会的双方の）異なる環境の1ケースにすぎないのである．ウィルソンがいうように，「文化――儀式や宗教のきらびやかな発見を含む――は，環境追跡装置からなる階層システムとして解釈することが可能である」[87]．したがって，われわれが「なぜ誰それがしかじかのことをするのか」と問うとしても，われわれが説明上使用する近因が，その行動の適応的特徴に言及している必要はない．（実際，行動がきわめて不適応である可能性もある――個体群における不適応な表現型の獲得が，この領域における可塑性を不適応にする水準にまで，全体として適応度を減少させない限り．）社会生物学者は，説明の連鎖を十分訴求しようとするならば，適応的な遺伝的説明によってのみ説明可能なある要因にいずれ行きつくだろうという主張にコミットしているにすぎないのである．

問題なのは，このような仕方で定式化されるときに社会生物学的仮説が自明なものとなる危険性があるということである．このことはウィルソンの著作において非常にはっきりと認めることができる．彼は以下のように主張する．

> 人間の心的発達の経路は遠回りで可変的である．人間の遺伝子は単一の特徴を特定するのではなく，むしろ特徴の一定の配列を発達させる能力を規定している．あるカテゴリーの行動の場合には，この配列は限定的であり，その結果は変化可能であったとしても多大な努力を要する訓練によってのみ変更されうる．他のカテゴリーにおいては配列は広大であり，結果は容易に影響を受ける[88]．

---

87) Wilson, *Sociobiology*, p. 560.
88) E. O. Wilson, *On Human Nature* (Cambridge, Mass.: Harvard University Press, 1978), pp. 56–57.

こうして問題は次のようになる．人間が示す非常に高水準の可塑性を所与とし，この可塑性が1つの特徴として進化的説明に服することを認めたとして，進化的考察が，人間文化の特定領域の内部で発達可能な特徴の「配列」に何らかの興味深い制約を課すのだろうかということである．たとえば食料の選好の例をとろう．われわれはすべて，進化的枠組みで容易に説明できるような自然な食物忌避を備えている．われわれが腐った肉の匂い，変質したミルクの味，かびの生えた食べ物の見掛けに「本能的に」強い嫌悪を感じることはもちろん偶然ではない．しかしこれらの反応はすべて，十分努力すれば捨て去ることができる（われわれが「獲得した好み」としてブルー・チーズのような食物について話したりできる理由はここにある）．したがって進化的説明が人間の食生活に対するわれわれの理解にどのような貢献をしているのかは，正確にははっきりしないことになる．われわれの初期の祖先たちは異なる気候や地域に移動したので，彼らにとってはより柔軟になることが適応的となり，以前は非常に忌避的な反応を引き起こした食事に対する好みを獲得することができたのだと（たとえば，ほとんどの保存食品），容易に想像することはできる．しかしそうだとしたら，進化的説明が実際に説明している唯一のことはわれわれが食べるという事実だけだというリスクを冒していることになる．われわれがなぜ，われわれが食べているものを食べているのかを説明するためには，完全に異なる要因の集合へと目を向けなければならなくなるのである．さらに，行動が適応的でなければならないというアイディアはこの2次的説明にほとんどまったく制約を課さない．それは，われわれが獲得するすべての悪い食習慣の不適応な帰結が，好みを獲得するわれわれの能力に結びつけられた全般的な利点を平均的・一般的に上回ってはならないということを要請するにすぎないのである．

　この観点から，規範同調的性向を仮定することが社会生物学的な形式による説明に対してもたらす問題点を理解することができる．この性向は模倣に基礎をおくものなので，本質的にすべての形態の行動に対して開かれている（このことは，すべての形態の行動が同様の確からしさで再生産されると言っているわけではない）．さらに，それは表現型の文化的伝達（そして「集団レベルの効果 [population-level effects]」）に対する基礎を据えるものである．ある表現型について，それが遺伝的に適応的でないにもかかわらず，文化的に適応的（すなわちそれ自身を再生産するうえで成功している）こと

がわかるかもしれない．こうして，食物禁忌のような特定の形態の行動を説明する段になると，結局は文化的説明がすべての仕事をしてしまうかもしれない．なぜユダヤ人が豚を食べず，ヒンドゥー教徒が牛を食べず，アメリカ人が犬を食べないのかと尋ねるならば，遺伝的適応度の問題が興味深い仕方でこの説明に入る必要はない．われわれが聞き慣れているようなタイプの「そのように作られた」(just so) 社会生物学的説明（たとえば，豚に対する禁忌は，旋毛虫病に対する防御として「進化」したという推測のような）は明らかに妥当でない．遺伝的進化は明らかに肉の消費の領域で可塑性を支持してきたからである．したがって，これらの食物禁忌がどのように生じ，なぜ他の文化的変異ではなくてそれらが再生産に成功してきたのかに関して問われるべき興味深い疑問が存在している一方で，進化生物学的観点は可能な説明の範囲に関して，自明な制約しか課さないのである．さらに，文化的説明が遺伝的に適応的なものであると期待する理由もない．それは単に，文化的進化が異なる選択メカニズムによって支配されているからである．実際，多くの食事制限が遺伝的レベルで不適応なことは実に印象的である（インドにおける多数の餓死は，人々が牛を喜んで食べていたならば避けられていたことだろう）．問題は，ウィルソンが認めているように，「文化的行動は……巨大な一歩で，脳に授けられたか，授けられなかったかという心理学的全体であるように思われる」[89] ことである．文化的伝達を単一の社会的学習ヒューリスティック，すなわち模倣的同調性の性向の産物として見るならば，このことは理解できる．しかしこれが正しいならば，人間の文化は，文化的に決定された行動に対するわれわれの能力それ自身を適応度を減少するようなものにすることなしに，非常に多くの遺伝的に不適応な行動を支持することができるだろう．この結果，文化的変異に服する人間的特徴の「配列」に入るような形態の行動に関する限り，「適者生存」的説明を支持する理由が何もなくなってしまう．キム・ステレルニーが注意しているように，社会生物学者たちは「行動の選択的説明（selective explanation)」と「行動に対する能力の選択的説明」の区別を巧みに用いる傾向を持ち，ほとんどのケースで前者ではなく後者を提供できるだけだという事実を覆い隠してきた[90]．

　こうした考察と，二重継承モデルの方向での譲歩とが組み合わさり，ウィ

---

89) Wilson, *On Human Nature*, p. 41.

ルソン自身がもはや社会生物学者として分類できなくなっている。このことによって，多くの社会生物学者たちの想定とは反対に，この教義の批判者たちは人間の心が「白紙状態」であるとか，ある種の文化獲得のための領域一般的な（domain-general）学習メカニズムであるというアイディアにコミットしていないことが浮き彫りにされる[91]。それどころか，二重継承を仮定するということは，人間認知のさまざまな特徴が進化的に適応的な認知モジュールの産物であり，これらのモジュールのいくつかは文化的システムの特定要素の獲得に特化してさえいるという認識と完全に整合的なのである。問題は，「遺伝子‐環境」という枠組みが，これらさまざまな領域において伝播されることになるような行動のタイプを説明する上で，もっとも明快な枠組みなのかどうかということである。厳密にいうと，文化を環境の部分にすぎないものとして記述することは間違いでないが，環境のその部分が第2の継承システムを構成しているときにそうすることは確実にミスリーディングである。こうして，現在残っている唯一の真の社会生物学者は，文化が継承システムを形成していることを否定するか，遺伝的進化と文化的進化のシステム同士には対応が存在しないと考える人々だけとなった。これらの主張の根拠は非常に弱いので，私の見解では，ここでこれ以上の議論を展開するに値しない（他の人々がこうした主張を詳細に扱っている）[92]。

　こうした状況を所与とするとき，われわれの生物学的遺産を，文化的再生産の領域における・・・・バイアスのきわめて豊富な源泉とみなすことの方が有益となる。人々はどのような行動パターンにも社会化されうると考えるべきだとしても，人々にあることをするように社会化することの方が，他のことをするように社会化するよりもずっと・・容易・であ・るという事実は残る。木を好きな仕方で切ることができたとしても，木目に沿って切った方がずっと易しいのと同じである。われわれの生物学的遺産はここでいう「木目」を構成してお

---

90) Kim Sterelny, "Evolutionary Explanations of Human Behavior," *Australasian Journal of Philosophy* 70 (1992): 168.
91) 「白紙状態」の想定という非難の1つの変種に関しては，ジョン・トゥービーとレダ・コスミデスによる「標準社会科学モデル」の特徴づけを見よ。これは "The Psychological Foundations of Culture," in Jerome H. Barkow, Leda Cosmides, and John Tooby, eds., *The Adapted Mind* (New York: Oxford University Press, 1992), pp. 19–136 に見られる。
92) より完全な議論については，Boyd and Richerson, *Not by Genes Alone*, pp. 18–57 を見よ。

り，所与のパターンを安定化し再生産するのに必要となる（さまざまな形態の）努力の量に影響することで，文化の領域で自己主張している．たとえば，われわれが 10 本の指を持つという事実に対する適応的説明は疑いなく存在する．そしてわれわれが 10 本の指を持つという事実は，疑いなく，われわれが 10 進法で数えるという事実の説明を提供している．しかしこのことは，われわれが 10 進法で数えるという事実に対する社会生物学的説明にはつながらない．それどころか，異なる文化は多様な異なる底（base）を使用してきたのである．ヨーロッパ人たちが中央アメリカに到着したとき，20 進法と 8 進法の両方が使用されていることを発見した．これらのシステムのどちらも，文化的領域で互いに「競いあう」（メートル法が大英帝国の単位系と競い合うのと同じである）．しかし，われわれが 10 本の指を持つという事実は，10 進法に有利な仕方で競争にバイアスをもたらす．このように，10 進法の成功に対する説明は文化的進化によっている．ヒト生物学は，文化的進化が起きる環境の一部を提供し，そうすることで異なる「ミーム」の適応度に影響を与えるが，それは選択の直接的力としては作用しない．8 進法が使用されなくなったのは，8 進法で数える人々がより少ない子供しか持たなかったからではなく，彼らが 10 進法のライバルほど多くの模倣者を惹きつけることができなかったからなのである．

　このように，適応的無意識（とりわけ進化心理学者たちによって記述されてきたモジュール化された要素）について考える最善の方法は，文化的選択が生じる環境とみなすことである．文化的パターンのあるものは，まさにこれらの進化した性向を強化ないし増幅するという理由によって，うまくやることになるだろう．セクシュアリティのケースを考えよう．ここでは異なる時代と異なる文化で非常に多様な慣行を見いだすことになる．ピーター・バーガーとトマス・ルックマンは次のように観察している．

　　人間は他の高等哺乳類のそれと似た性的動因を持っているが，人間のセクシュアリティは非常に高度な柔軟性によって特徴づけられる．それは，相対的に時間的リズムから独立しているだけでなく，それが向けられる対象と表現様式の両方において柔軟である．民族的証拠は，性的事柄について人がほとんど何でもできることを示している．性的想像力を熱狂的な情欲のレベルにまで刺激するかもしれない．しかし他のどこかの文化で規範

として確立していることか，あるいは少なくとも容易に行われているものに一致していないようなイメージを思い浮かべることができるというのはありそうにないことである[93]．

とりわけ似たような環境における人間の性的実践の「計り知れない多様性とあり余るほどの創作力」を認識することは，より興味深い説明が生物学的であるよりもむしろ文化的なものであろうということを示唆している．しかしこのことは，生物学的要因が無視されるべきことを意味しない．多様性からの議論が示していることは，生物学が表に出るような「特徴の配列」（すなわち再生産されうる社会的実践の範囲）に対して重要な制約を課していないということである．同時に，性的実践のうちあるものは他のものよりも通常に見られるものである．たとえば，適度の一夫多妻は非常にありふれたものであるが一妻多夫はそうでない．同性愛の強制は前代未聞というわけではないが，異性愛の強制よりもずっと珍しいものである．これらの現象に対する「生物学的」説明を定式化する最善の方法は，そうした実践の適応性によるのではなくて，文化的再生産に対してあれやこれやの実践の方向へとバイアスを与える，無意識的な認知構造や身体的反応の集合によることである（これらの根底にある構造は，もちろん直接的な適応的説明に服している）．

配偶者選好にかかわる関連した例を考えてみよう．オスが親として何らかの投資をする種において，オスが「配偶者ガード」行動に従事する確率がメスより高くなりがちであるのはなぜかということには明らかな生物学的理由が存在する．確かに，多くの哺乳類の種においてこのような行動を発見することができる．このことが性的な嫉妬や独占欲のように，男性間でより顕著にみえるさまざまな人間の特徴と関係があると考えることもおかしなことではあるまい．実際，37の異なる文化からのサンプルを用いた国際的研究においてデイヴィド・バスは，男性の方が女性よりも一貫して「以前に性的交渉がないこと」を潜在的配偶者の重要な特徴とみなす可能性が高いことを発見した．37個のサンプルのうち23個において，男性はこの点に関して，女性よりも強い選好を表明したのである．他方，他の14個のサンプルでは「有

---

93) Peter L. Berger and Thomas Luckmann, *The Social Construction of Reality: A Treatise in the Sociology of Knowledge* (New York: Anchor, 1966), p. 49.

意な性差は見いだされなかった」[94]。これは，ときおり社会生物学者たちの格好のめしの種と考えられているような類いの発見である．このパターンの「進化的」説明を作り出すことは容易に思われるからである．しかしこの研究は，この選好の全般的な強さがもっとずっと劇的に変動するということも発見している――中国では男女両方がほとんど一様に純潔を「不可欠」とみなした（3ポイントのスケールで2.5ポイント以上）一方で，スウェーデンでは，両性ともそれを実際上「無関係」とみなした（同様のスケールで0.25程度）．しかしながら，中国とスウェーデンどちらの文化においても，男性は女性よりもこの問題に関心を示す確率が高かったのである．しかし，その差は両方のケースで約0.1にすぎなかった．このことが示しているのは，文化的差の方が性差よりも1桁大きいということである．このことは，女性よりもずっと純潔を気にしないように男性を社会化することが可能である（おそらく容易ですらある）ことを証明している――男性をスウェーデンで育て，女性を中国（あるいはアメリカでもいい）で育てればいいのである．このように，文化はこの選好に関する唯一の正しい説明ではないにしても，各社会における純潔の規範の相対的強さに対するもっとも興味深い説明を提供しているのである．親としての投資という生物学的論理が説明するのは，特定の個人が持っているような特定の選好ではなく，文化的再生産の領域の内部において見られる，男性の方が性的貞節に対してより大きな関心を持っているという一般的バイアスなのである．（この規範は，女性よりも男性に対して，少しだけ大きな「感情的共鳴［affective resonance］」を持っている）[95]．

　文化的領域におけるバイアスの源泉として生物学を理解すべきであるというアイディアは，文化と生物学の間の論争を長いこと特徴づけてきた両極の対立を多くの仕方で覆すものである．社会生物学者が受け継がれた特徴を「ハードに組み込まれたもの」とみなす必要がないのと同様に，社会生物学を批判する者も心を白紙状態とみなすことに決してコミットしているわけで

94） David M. Buss, "Sex Differences in Human Mate Selection: Evolutionary Hypothesis Tested in 37 Cultures," *Behavioral and Brain Science* 12 (1989): 1-49. また David M. Buss, "Mate Preference Mechanisms: Consequences for Partner Choice and Intrasexual Competition," in Barkow *et al.*, *The Adapted Mind*, pp. 254-55.
95） Shaun Nichols, *Sentimental Rules: On the Natural Foundations of Moral Judgment* (New York: Oxford University Press, 2006), pp. 118-19.

はない[96]．さまざまな特徴の「生得性」に関する論争の多くは，この点に関する混乱に基づいている．一般に，人間の認知的発達は非常に複雑であり，われわれには何が生得的で，何が学習されたものかと言うことができない——あるいは何らかの意味のある仕方で区別をすることさえできない．さらに，認知的領域においては「ボールドウィン的進化」といわれるものに関する，はっきりとした証拠が存在する[97]．その証拠が示すことによれば，人間の脳は文化的継承システムの発展以来，生物学的進化を経験してきた．したがって，生物学的進化と文化的進化の間にはフィードバックの関係が発展してきた．とりわけ文化的学習を加速する，あるいは支配的な文化的特徴に対して有利な仕方で結果にバイアスを与える生物学的適応は，遺伝的に適応的となる傾向を持つだろう．（標準的な例はラクトース耐性である．この生物学的適応は，日光が十分なビタミンDを提供しない北の気候区分への移住とととともに，畜産という文化的実践に対する反応であったと一般に考えられている．）

　こうしたことにもかかわらず，社会生物学者たちは特定の能力を獲得するスピードや容易さを，その能力が遺伝的基礎を持つことを示す指標としてしばしば用いている．たとえば彼らは，人間の幼児が言語を獲得するスピード（そして刺激や指示が驚くほど少ないこと）を，われわれのほとんどが代数や微積分を学習するときの難しさと対照する[98]．しかし，これが重要な現象であることに疑いの余地はないものの，このことは意味論的内容という意味において，あるいは単なる文法という意味においてさえ，言語それ自身が生得的なものであるということを示すものではない[99]．公共的言語が人間にとっての進化的適応環境の一部分として機能してきた——言語をより速く学ぶ

---

96) Tooby and Cosmides, "The Psychological Foundations of Culture" と Steven Pinker, *The Blank Slate: The Modern Denial of Human Nature* (New York: Penguin, 2002) による．Boyd and Richerson, "Climate, Culture and the Evolution of Cognition," pp. 69–70. を見よ．
97) Deacon, *The Symbolic Species*, p. 322.
98) Steven Pinker, *The Language Instinct* (New York: HarperPerennial, 1995). 優れた批判的議論に関しては，Michael Tomasello, "Language Is Not an Instinct," *Cognitive Development* 10 (1995): 131–56 を見よ．
99) 「素朴な外適応主義」と「表面的適応主義」の両方に対する有用な注意に関しては，Anne Fernald, "Human Maternal Vocalizations to Infants as Biologically Relevant Signals: An Evolutionary Perspective," in Barkow et al., *The Adapted Mind*, pp. 394–95 を見よ．

ことを可能にする生得的ヒューリスティックを持った幼児は有利な立場に置かれただろう——だけでなく，言語それ自身もまた，文化的人工物として人間の幼児の認知的機構に適応していることを思い起こすことが重要である．言い換えれば，より速く学習されうる言語——たとえば，人間幼児が持つ生得的な学習ヒューリスティクスを利用することによって——は，そうでないものに対して競争上の優位に立つことになる．こうして，アンディ・クラークが主張するように，われわれが言語学習に器用であることを説明するために，生得的な言語モジュールとか，その他の「われわれと他の動物の間にある，広範囲におよぶ計算力や神経系の大きな相違」を仮定する必要はない．

そうではなく，比較的小さな神経の変化がわわわれの祖先に基本的な言語学習を可能にしたのかもしれない．その後，逆方向の適応プロセスが，それ以前から存在している，言語と独立した認知バイアス（とりわけ若い人間の）をより完全に利用するような言語形態へと導いたのである．このモデルでは人間の脳は高等動物の脳と大きく異なっている必要がない．そうではなく，普通の人間は何らかの小さな神経学的イノベーションから利益を受けているのである．このイノベーションは，ますます逆適応した公共言語という，とてつもない力を賦与する環境と組になり，人間の科学，文化，学習という認知爆発へと導いたのである[100]．

もしこれが正しければ，「全世界に対しては，あたかもわれわれの脳がとりわけ自然言語の獲得に適応しているかのようにみえるだろうが，実際には，認知的な長所も短所もあるありのままのわれわれに獲得されるように，特別に適応したのは自然言語なのであろう」[101]．生得主義的な仮説を考慮するときに心にとめておくべきことは，とりわけ地球上に相互に理解できない多くの言語が存在しているということにより，言語が文化的人工物としてのあらゆる様相を呈しているということである[102]．トマセロが指摘しているように，「人間という種における『言語』には，数千もの異なる変異があり，それら

---

100) Andy Clark, *Being There* (Cambridge, Mass.: MIT Press, 1997), p. 212.
101) Clark, *Being There*, p. 212.
102) Richerson, Boyd, and Henrich, "Cultural Evolution of Human Cooperation," p. 380.

は統語的規約も含めて，互いに根本的に異なっている．個々の人間は，数年間特定タイプの言語的経験を他の人間と共有するという文脈においてのみ，特定言語を獲得することができるのである」[103]．この共適応という説明——われわれが言語を速く学習するように適応していると同時に，言語もわれわれによって速く学習されるように適応しているという説明——は，なぜ言語が人間の幼児によってこれほど速く，容易に獲得されるのかを説明するだけでなく，なぜ言語が語彙や（「表層」）文法の両方で，人間集団間でこれほどまでに大きく異なるのかも説明することができるのである．

6.7 結論

　人間の社会性について考えるとき，自然界において利他主義がきわめて珍しいということを心にとめておくことが重要である．この対照がどれほど劇的なものであるかをみるには，われわれ自身の身体の中で細胞同士が互いに協力する仕方——そして，この協力水準が可能にしている複雑な内的分業——と，たとえば飼い猫同士の協力水準が低く，その結果として社会構造が完全に欠如していることとを比較してみるだけでよい．この相違は，われわれの身体の中の細胞は100パーセントの血縁度を持っており，ただ乗りすることの利益が何もないということによる．多細胞の生命体は，完全な協力を示すクローンの社会とみなすことができ，驚くべき高水準の内的複雑さと相互依存を示す「社会構造」（たとえば，生命体の生命を維持するために，互いに協力しあう器官に分化することのように）を持っている．この文脈における協力の失敗は非常にまれなので，われわれはそれに対する特別な言葉を持っている——癌である．対極にあるのが典型的な2倍体の種であり，そこでは非血縁者同士の血縁度が非常に低く，社会構造と協力の点ではほとんど何もない．もちろんわれわれは，純粋にダーウィン的自然選択が，アリが行っている畜産や飼育のような実践を生み出すことができるという事実に驚くべきではない．すでに自然選択が，肝臓や免疫システムのような，もっと信

---

103) Tomasello, "Language Is Not an Instinct," p. 133. 彼はさらに，生得主義者の誰も実際には「言語」が生得的であると信じていないという，役に立つ指摘をしている．それは「普遍文法」や「思考の言語」のように，彼らが生得的とみなす理論的措定物なのである．

じられないような複雑なものを生み出すことができることを知っているからである．アリが通常と異なるのは，複雑性が個々の生命体に対して内的なもの（そこでは協力が当然視される）ではなく，社会的なものであるという事実だけである．そしてこのことは，遺伝的に関係のない個体間で組織化や相互依存を達成することがどれほど難しいかということを反映しているにすぎない．

　こうしたことが，人間の超社会性の問題に取り組む背景となっている．人間同士に見られる高水準の協力を別としても，われわれを種として際立たせている特徴が他に3つ存在する．優れた知性，コミュニケートするための命題的に差異化された言語，そして文化依存性である．われわれと，われわれにもっとも近い霊長類との間の生物学的差異が小さいことを所与とするとき，これらの相違点が無関係であることは非常に考えにくい．もっとも可能性が高いのは，それらが単一の複合体の部分であるか，または少なくとも，すべてが単一の適応によって促進されているということであろう．文献で支配的な傾向は，動力としての優れた知性に焦点を当てることであった．ここで提示された分析は，文化依存がより根本的なものであるということを示唆している．規範同調的性向（道徳的懲罰と組になった模倣的同調性）という形態で文化依存性が確立されるならば，（ブランダムのプラグマティックな意味の理論が示しているように）命題的に差異化された言葉の発生を説明することができ，さらにそれを用いて，心的内容，志向的状態，そして最後に，われわれの優れた実践的知性の根本にある志向的計画システムの起源を説明することができる．最後に，利他主義（そして究極的には協力）がどのようにして文化的に伝達された行動パターンとして持続しうるのか（この詳細はさらなる分析に値するので，最終章で取り上げられることになるだろう）を理解することはずっと易しい．このように，規範同調性がすべてのロックされたドアを開ける鍵であるように思われる．われわれはルールに従うことがたまたま好きになった知的生物であるだけではない．ルールに従うことこそ，われわれを，現在あるような知的生物にしたものなのである．

第7章
超越論的必然性

Transcendental Necessity

　ここで少し，ミクロ社会学的な素人談義をすることにしよう．私が若い頃には，スーパーマーケットの駐車場はひどく散らかっていた．人々は購入した食料雑貨品を車まで運んでゆき，トランクに入れると，ショッピングカートを車の脇に置き去りにするのが常だった．誰もがそのようにしていたし，そのことを深く考えていなかった．店は地元のティーンエイジャーたちを雇って駐車場を歩き回らせ，使われていないカートを正面玄関の近くに整然と並べさせていた．これは明らかに頭を悩ませる支出であった．店はカートをコントロールするさまざまな方法を常に探していた．ある店では人々がカートを駐車場に持ち出せないようなバリアを設けたが，これは顧客にとっては甚だ不便であった．ついに，ある人が恐しく賢い（そして今ではどこでも見られる）アイディアを思いついた．それは，カートのハンドルにとりつけた簡単な止め具とチェーンのメカニズムである．1クォーターのコインを入れてチェーンを解けば，好きなようにカートを持って動き回ることができる．しかし，1クォーターを取り戻すには，他のカートの止め具にチェーンを挿入しなければならないのである．この簡単で小さなアイディアにより，店は顧客たちに正面玄関にカートを返却させるだけでなく，カートを綺麗に並べさせることにも成功した．列を作るには，正面玄関に止め具を1つ取りつけるだけでいいのである．ひとたびこれがスタートすると，誰もが1クォーターを取り戻すには，その場所にカートを運んでゆき，そこにカートを重ねなければならなくなるのである．

　この簡単で小さなアイディアのおかげで，スーパーマーケットの駐車場は

置き去りのショッピングカートの手に負えない障害物コースから，コーディネーションと効率の小さな奇跡へと一夜にして一変した．しかも，これらすべては怒鳴ったり，脅したり，道徳的説得に訴えたりすることなく実現したのである．私の近所のスーパーマーケットでは，「カートを返却してください」という表示板もない．経済的インセンティブで十分のように思われる．人々はクォーターを取り戻したいので，そのためにショッピングカートを少し長く押していくことを厭わないのである．あるいは，そのように見えるだけかもしれない．ある日，少し奇妙な現象が観察される可能性もある．1人のホームレスが駐車場に出入りし，お客さんのカートを戻しましょうかと申し出て，支払われたクォーター・コインをもらうのである．ほとんどすべての人が承諾するし，多くの人たちは感謝さえするだろう（その多くは路上の物乞いにはお金を渡さない人々だろう）．このことは，多くの人たちがショッピングカートを元の位置に戻す労を省くためには1クォーターを喜んで支払うことを示唆している．ならばどうして彼らは単にカートを放置しないのだろうか．このことでいろいろと考えさせられた．次にその店に行き，カートを正面玄関に戻そうと歩き出したとき，私は「これは本当に意味のあることだろうか」と考えた．そのときは返却場所から離れていたし，駐車場は3インチほど雪が積もっていたのでカートの車輪はほとんど回転しなかった．「忘れてしまえ」と私は考えた．「ここにカートを置いておこう．1クォーターはいいや」．

　原理的には，この意思決定に何も間違ったことはなかった．カート返却システムは顧客とお店の間の純粋に経済的な取引である．もし1クォーターを取り戻したいのならカートを戻さなければならないし，そうでないならばお店が1クォーターを獲得することになる．しかし私は，自分が駐車場のど真ん中にショッピングカートを放置するという考えで罪悪感に襲われたことに驚いた．私は，他の買い物客たちが駐車場をこそこそ出ていく私を非難するような目で見ている状況を想像した．カートを放置することが，ひどく反社会的なことのように感じられたのである．結局，私はカートを押して元に戻した．

　何が私に起こったのだろうか．買い物客の行動の単なる規則性が私の規範的コントロール・システムの引き金を引いていたのである．このケースで注目すべきなのは，この規則性の背後にはテクニカルには社会規範がなかった

ことである.それは単にインセンティブによって引き起こされた行動のパターンであった.しかし時間の経過とともに,明らかに模倣的同調性がこの単なる規則性を社会規範に変えていたのであった.私の近所のスーパーマーケットのカート返却システムはほとんど100パーセントの遵守を実現している.しかし明らかに,それがうまく機能しているのは,このシステムが皆にカートを返却する直接的なインセンティブを提供しているからではない.それは十分な数の人々がカートを返却するだけのインセンティブを提供し,全面的なカート返却という「規範的期待均衡」へと買い物客を追いやっているのである.

このことは道徳哲学とどのような関係があるのだろうか.広く議論されている論文の中で,クリスティーン・コースガードは実践的理性に関する2つの異なる形の懐疑主義の間に非常に有用な区別を導入した[1].最初のものは「内容懐疑主義(content skepticism)」である.これは道徳的判断の内容が十分正当化できるという可能性に関する懐疑主義のことをいう.内容懐疑主義者とは,われわれがある特定の行為が正しいとか間違いだと主張したり,ある状況が良いとか悪いとかと主張したりするときに,われわれの判断に関する説得力ある擁護が提供可能であることを疑う人のことである.これに対して「動機的懐疑主義」は,仮に正当化可能な道徳的判断を見つけだすことが可能だとしても,なぜ主体がこれらの判断に基づいて行為するよう動機づけられるべきなのかは明らかではないと示唆することで,新たな層の困難を追加する.したがって,動機的懐疑主義者とは,誰かがある特定の行為が正しいと判断するが,それを遂行する動機を持たないということ(あるいは誰かがある状況を良いと判断するが,その状況をもたらす動機を持たないこと)を完全に整合的であるとみなす人のことである.動機的懐疑主義は通常,「なぜ道徳的でなければならないのか(Why be moral?)」という問いで要約される(たとえ道徳的な行為の仕方が何であるかを知っていたとしても,われわれは依然として「なぜその道徳的な行為の仕方を追求し,他の行為の仕方を追求しないのか」という問いを問うことができるのである).

第5章における文脈主義(contextualism)の議論は,内容懐疑主義の問

---

[1] Christine M. Korsgaard, "Skepticism about Practical Reason," in *Creating the Kingdom of Ends* (Cambridge: Cambridge University Press, 1996), pp. 311-34.

題に対してどのように回答を開始したらよいかを示していた．しかし，より完全な議論については第9章を待たなければならない．ここにおけるとりあえずの私の目標は，動機的懐疑主義の問題を扱うことである．ショッピングカート返却システムにおいて作用している義務的制約の形態に関する注意深い分析は，前章で明示的に述べた規範同調性の理論のもとで理解するときに，道徳性に関する動機的懐疑主義に対して哲学的に説得力ある回答を与えるための礎石となるというのが，私の主張となるであろう．

7.1 懐疑論的解決

ヒュームが「自分の指を掻くことよりも全世界の破壊の方を好むことは理性に反しない」と宣言したことは有名である[2]．彼が常識的な道徳性に対して行った挑戦は直接的で説得的でもある．しかし，この挑戦の正確な意味に関してはいくぶん曖昧な点がある．ヒュームは「あることが他のことより良いことを示すのにどのような議論の仕方があるのか」と言っていたのかもしれないし，「たまたまそうでないのに，私の好みをあれやこれやの仕方へとかき立てることがどうやって可能なのか」と尋ねていたかもしれないからである．もちろん，実践的合理性に関するヒューム主義的理論は，このうちの第2の問いに解答するものである．すなわち，それは，どんな説得的議論も主体がすでに関心を持っている何かを前提として扱わなければならないことを明確に述べているのである．このことは，なぜ主体が結論に関心を持つかを理解することをより容易にするが，動機的懐疑論の問題を1ステップ逆戻りさせるだけである．この議論は，もし主体がすでにたまたま道徳的関心の標準的範囲に関する関心を持っていないならば，彼がそうし始めるよう説得することは不可能となるだろうことを示唆している．単純に言って，道徳的議論が，すでに道徳性に関心を持っているのではないような人に対する足掛りを得る方法はなくなるだろう．

しかしヒューム自身は，認識論におけるのと同様，倫理学においても懐疑論者でなかったことを思い起こすことが重要である．彼が懐疑論的議論を提

---

2) David Hume, *A Treatise of Human Nature*, 2nd ed., ed. L. A. Selby-Bigge (Oxford: Clarendon, 1978), p. 416.

示したのは，彼自身のポジティブな見方を導入するための地ならしの方法としてであった．彼は自身の全体的戦略を，提起された問題に対して「懐疑論的解決」を提供するものとして描写している．一般的なアイディアは，ある問題含みの種類の判断に関して，たとえわれわれがしている仕方で物事をしていることに対する強力な正当化を持っていないとしても，このことは必ずしもわれわれをひどく困らせないということを示すというものである．ほとんどの人々はわれわれが期待する仕方で物事を行うのである．さらに，人々は非常に確固とした性向を持った，習慣の被造物である．したがって，われわれは彼らがただちに針路を反転すると心配する必要がない．ヒュームにとって，哲学的懐疑主義は要するに不必要な思弁である．一度探求をやめて人々の輪の中に身を投じれば，これらの疑いはすべて消えてなくなるのである．

　ヒュームがこれを「懐疑論的解決」と呼ぶのは，この議論が基本的な懐疑論的議論の受諾を出発点としたからである．それは懐疑論者の主張を否定するのではなく，単に，その主張を受け入れることが，生活上の帰結に関して最初の見掛けほど悲惨ではないことを示そうと努める．道徳性のケースにおいては，ヒュームは以下のことを示すことによって懐疑論的解決を主張しようとする．すなわち事実の問題として，有徳な性向が非常に広く共有されていること，そしてある人が「自然な徳」を通して利他的に行為する性向を備えていないケースでは，自然の共感が最大幸福を促進する行為の是認を生み出す傾向を持つということである．

　ジョン・スチュアート・ミルも，効用原理の「究極的強制力（ultimate sanction）」について考えていたとき，同様の議論の筋道を採用している．抽象的には，単純に道徳的感情を欠いた人を想像することができる（「彼らに対しては，外的サンクションを通さなければ，どのような種類の道徳性も支配することができない」）．しかし経験的には，これは極端にありえないことである．さらに，他者の厚生に対する関心のことになると，

　　ある人が持っているこの感情がどれほどのものだとしても，彼は利益と共感から，それを実証し，力の及ぶ限りでそれを他者に奨励しようとする最強の動機によって駆り立てられることになる．彼が自分自身ではまったくそれを持たないとしても，他者がそれを持つべきであるという関心を他

の誰とも同じように強く抱くのである.その結果,この感情のもっとも小さな芽生えが,共感の感染と教育の影響によって入手され育まれることになる.そしてその周りには,外的サンクションという強力な作用によって,これを補強する繋がりの完全な蜘蛛の巣が張り巡らされる[3].

したがって,人々は一定レベルの自然的・利他的感情をもって人生をスタートする.これらの諸感情は,子供の発達の過程を通じて涵養され,「拡張される」結果,適切に社会化された大人は他者の厚生に対するかなりの感受性を持つとともに,協力的な活動において自分の役割をより広く喜んで果たすようになるのである.このシステム全体は安定的均衡である.なぜならミルが示唆しているように,ほとんど自然な共感を持たない人々でさえも,それが他者の中に奨励されることに関心を持つからである.

ここで少しの間立ち止まって,このような「懐疑論的解決」について洞察し,正確にいえば,その議論のどこに誤りがあるのかを問うことは意味のあることである.結局のところ,前章で展開した進化的パースペクティブを用いることで,ずっと洗練されたバージョンを作り上げることが可能である.ヒュームもミルも道徳性を,単一の原始的性向から発生した統一的な現象として取り扱う傾向を持っていた.このことは道徳性に関する彼らの思考に強力な非認知主義的バイアスをもたらしただけでなく,道徳的推論のもっとも重要な構造的特徴のいくつかを取り入れることに失敗する理論を展開させることになった.とりわけ,どちらもわれわれの道徳的直観の多くが持つ義務的性格を説明することができなかったのである.しかし,現代の発達心理学者たちは,人間の「向社会的」行動が複数の起源を持つという見解の方に傾いている[4].言語を使用する前の幼児は自発的・共感的な反応を示す(たとえば,近くの誰かが悲しんでいるのを聞くと悲しくなるかもしれない).非常に幼い子でも,泣いている赤ちゃんが注目を必要としていることを理解して,大人の注目を引こうとしたり,赤ちゃんを助けようとしたりするかもし

---

3) John Stuart Mill, "Utilitarianism," in *Collected Works of John Stuart Mill*, vol. 10, ed. J. M. Robson (Toronto: University of Toronto Press, 1969), pp. 231-32.
4) Judith G. Smentan, Diane L. Bridgeman, and Elliot Turiel, "Differentiation of Domains and Prosocial Behavior," in Diane L. Bridgeman, ed., *The Nature of Prosocial Development* (New York: Academic Press, 1983), pp. 173-83.

れない[5]. しかしこの他にも，発達のずっと後の段階で漸く現われ始める，より洗練された形態の利他主義がある．それらの多くは役割を演じる能力（他者の観点からインタラクションを見ることができる能力）と，行為が一般化された期待の枠組みの中で行われることを理解する能力に依存したものである[6].

進化的なパースペクティブからは，われわれが「道徳性」と呼ぶものが複雑な内的構造を持つことは驚くに値しない．実際，利他主義を維持することができる3つの進化的メカニズム（血縁選択，互恵性，規範同調性）のそれぞれが，異なる性向の集合と関連づけられており，そのそれぞれが主体を異なる形態の「向社会的」行動へと仕向ける力を持っているはずだと期待すべきである．たとえば，しばしば注目されてきたのは，自然な共感はその範囲が極端に限られており，困っている人が何らかの仕方でわれわれと似ていたり，幼生的な（neotenous）特徴を示したりしているときに，より容易に助長される傾向があることである．このことは，明らかに血縁選択の遺産であるように思われる．ヒュームは，「人は，他の事情の等しき限り，自分の子供を甥より，甥を従兄弟より，従兄弟を見知らぬ人より，自然に愛するものである」と記している[7]. これはもちろん，包括適応度の計算に関するほとんど正確な言明となっている．しかし，ヒュームとミルはどちらも，人間の道徳性がこれらの共感の上に立ち，これらの共感を拡張することで構築されるものであり，したがって，社会化の仕事は，人々がより多くの人に対してより多くの共感をより頻繁に感じるようにさせることであると考えていた．進化的なパースペクティブからは，これはありそうにないことである．人間の超社会性を維持するためには明らかに異なるタイプのメカニズムが必要である．

血縁選択とは異なり，互恵的利他主義はその発達のためにずっと高いレベ

---

5) Dale F. Hay and Harriet L. Rheingold, "The Early Appearance of Some Valued Social Behaviors," in Bridgeman, ed., *The Nature of Prosocial Development*, pp. 81-82. と Harriet L. Rheingold and Dale F. Hay, "Prosocial Behavior of the Very Young," in Gunther S. Stent, ed., *Morality as a Biological Phenomenon*, rev. ed. (Berkeley: University of California Press, 1980), pp. 93-108 も見よ.

6) Elliot Turiel, "The Development of Moral Concepts," in *Morality as a Biological Phenomenon*: 109-23 を見よ.

7) Hume, *A Treatise of Human Nature*, pp. 483-84.

ルの認知的洗練が必要となるメカニズムである．とりわけ，それは過去に協力した人々をそうしなかった人々から区別する能力と，多くのケースでは協力の交換がどれだけ釣り合いが取れているかに関する「現在の勘定」を把握する能力とを必要とする．したがって，この形態の利他主義が発生するのが，発達過程のより後の段階で，より洗練された社会的推論の技能が子供に発生した後であるのは驚くに値しない．すでに述べたように，人々が社会的インタラクションの中で持つ「敵／味方」という方向づけがこの形態の利他主義に関連した心理的性向の1つだというのは，もっともらしい示唆である．実際，徳倫理の基本概念はすべて，互恵的利他主義によって構造化された社会的インタラクションのシステムの中にその行動上の相関物（behavioral correlate）を見いだすことができる．このレベルでは，向社会的行動は本質的に特定の諸個人と協力する性向——それは交換の繰り返しを通して時間をかけて構築されたものである——に支えられている．徳と悪徳の概念は本質的には，これらの交換の経過を追うための「得点表」として生じたものだと想像することができるのである．他人が遂行した利他的行為から便益を得れば，その個人に対して少しポジティブなカセクシスが生成される（彼を好きになり始めたり，「有徳な」性格を帰属させ始めたりする）．他人の利己的あるいは攻撃的な行為によって困らせられれば，それはネガティブなカセクシスを生成することになる（彼を嫌いになり始めたり，「悪徳な」性格を帰属させ始めたりする）．このようにして，われわれは自分が受けている便益の記録を受動的に記録している．さらに，ある人を好きになることは，その人に対して利他的に行為する非常に一般的な性向を生み出すことになる．

　最後に，学習された行動の文化的伝達に必要となる性向は，われわれの道徳的推論においてルールが果たす役割を説明する．上で議論した2つの性向はともに，それらが特定のタイプの道徳的義務（たとえば，困苦の状況にある人々の苦痛を和らげたり，友人の手助けをしたりするなど）を特権化しているという意味において内容的（substantive）である．しかしカント以来の哲学的議論を支配してきた道徳性の特徴の1つはまさに，われわれの道徳的義務が持つ形式的な性格なのである．すべての主要な文化や宗教で見いだされる黄金律のような原理は，ある特定のタイプの行為の遂行を課するものではない．それらが主張していることは，行為のそれぞれは，一般的ルールとしての採用に値する可能な候補の1つとして評価されるべきであるという

ことだけである．このことは，われわれの規範的コントロール・システムが根本的に同調的模倣（conformist imitation）の性向であり，内容に関しては完全に空虚であるという事実の反映として理解することが可能である．われわれの義務の内容がどのように決定されるべきかという問題を脇に置くことで，われわれは，道徳的ルールを尊重する性向が動機の面において，いかにしてそれ自身のために義務を遂行するインセンティブとして理解可能となるかを理解することができる．

　もちろん，これらの仮説は示唆的なものとしてのみ意図されている．しかし，数世紀にわたり道徳心理学を支配してきた3つの概念——共感，徳，義務——が，利他的行動を説明するために提出されてきた3つの進化論的メカニズムにきわめてうまく対応していることは注目に値することである．したがって動機的懐疑主義の問題に「懐疑論的解決」を提供しようと思うならば，多くの強力な資源が利用可能である．「手に入れて育む」ことができる自然的感情に関する限り，自然は「共感」だけでなく，他にもずっと多くのものを提供してくれるからである．

　さらに言えば，この説明では自然主義的誤謬を犯す危険もなくなっている．懐疑論的解決の目標は，ヒト生物学や進化に関する諸事実を理由として，道徳性を重視すべきであると議論することではない．懐疑論的解決の目標は，単に事実の問題として社会化された大人は道徳性を重視するということ，そしてこの状態が安定的な進化的均衡を構成しているので，すぐに事情が変化すると期待されるべきではないことを示すことで，懐疑主義的疑いを通して生成された不安を和らげることなのである．言い換えるならば，この解決方法は人々に対して道徳を重視する理由を与えるものではない．それは，単に，人々が道徳性を重視する特別の理由を持たないという事実に関して，哲学者が心配することをやめる理由を提供しているのにすぎないのである．

　たとえば，ショーン・ニコルズによって彫琢された「感情ルール（sentimental rule）」の枠組みを用いて，この線に沿った最先端の「懐疑論的解決」がどのように展開されるかを考えてみよう[8]．ニコルズは多くのケースで道徳的行為が動機に関して過剰決定されているという観察から始める．人々は「規範理論」——その社会における社会的インタラクションを規制す

---

8) Shaun Nichols, *Sentimental Rules* (New York: Oxford University Press, 2006).

る支配的なルールの集合に関する内的表象——を持っている（これは私が主体の「原理」の集合と呼んできたものと等価である）[9]．しかし，他者に対して害を及ぼすことを禁止する場合には，これらのルールは，個人のルール遵守をさらに強化するような強い感情反応（affective response）と組み合わされている．ニコルズの見解では，これらのルールは文化的に伝達された社会規範の集合であり，それは多かれ少なかれ遺伝子と文化の共進化（gene-culture coevolution）に関する「二重継承」モデルによって示唆されている線に沿ったものである[10]．他方，感情反応は，適応的無意識のレベルにおいて（おそらく包括適応度という理由によって）自然選択が直接的に生み出したメカニズムによって生成されたものである（ニコルズはたとえば，ジェームズ・ブレアによって提出された仮説，人々は「苦痛の印（distress cue）」への反応として攻撃的行動に対する衝動のスイッチを切る「暴力抑制メカニズム」を持っているという仮説のことを考えている）[11]．主体が（自発的あるいは非反省的にではなく）志向的に行為している場合には，このモジュールが個人の行動を直接的に決定することはない．逆に，その行為を動機づけるのは，志向的計画システムのレベルにおける明示的に表象された「規範理論」である．背後にある感情的構造の意義は，第1に，危害を禁じる規範が暴力を奨励する規範よりも再生産される可能性が高くなる仕方で文化的進化にバイアスを与えることにあり，第2に，規範からの逸脱を個人にとってより魅力のないものにして，個人が志向的コントロールに失敗したときでも規範が尊重される可能性を高めることにある．このようにして，適応的無意識のレベルにおいて生物学的に進化してきた構造が，文化的進化のダイナミクスにおける特定の規範の「適応度」を高めているとともに，日々の社会的実践のレベルにおいては規範の遵守と実効化をより容易にしているのである．適応的無意識のレベルにおいて養われた利他的性向は，ここでいくぶん間接的に，志向的計画システムのレベルにおける道徳的義務へと転換されるのである．

　この分析にはかなり優れた点がある．第1に，それが特定の志向的状態を

---

9) Nichols, *Sentimental Rules*, pp. 16-18.
10) Nichols, *Sentimental Rules*, pp. 121-24.
11) Nichols, *Sentimental Rules*, pp. 11-16.

持つことに対する,遺伝子の適応度という観点からの適応的説明を提供しようとしているのではない点である.それはまた利他主義と道徳性の関係をいかなる還元主義にも陥ることなく説明している.この点は,ニコルズの説明を,たとえばデイヴィド・スローン・ウィルソンとエリオット・ソーバーのような論者の説明よりも好ましいものにしている.彼らは,個人 x が状況 y において協力的に行為する欲求を持っているという事実を進化論的に説明しようとするのである.このことは,道徳性を利他主義に吸収するとともに,彼らを志向的状態に関するありそうにない形の社会生物学にコミットさせている.すでに見たように,生物学だけが人々の欲求の領域における可塑性を好むのではなく,文化もそうなのである——非協力的な行動を実効化するあらゆる種類の規範が存在しているのだ.したがって生物学的な分析を文化的再生産の領域におけるバイアスという観点において組み立てることの方が明らかに好ましい.人々が協力を指向するような選好を持つ場合,それは協力を実効化する規範が他の領域よりも文化的領域においてより大きな再生産上の成功を収めてきたからなのである.

　ニコルズの説明のもう1つの重要な魅力は,われわれの根底にある「道徳的」性向が多かれ少なかれ相互に無関係なさまざまな進化的理由によって作られた異なる構造のごちゃまぜであるという事実にかかわらず,われわれが皆,かなりの程度似たパターンの道徳的推論や判断を示すのはなぜかを説明することができる点である.これとは対照的に心理学者マーク・ハウザーは,文法を生成する役割を果たす器官があると考えているのと同様に,個人が生成的な「道徳器官」を持っていることについて語っている[12].しかし,彼はこの「器官」によって生成された道徳的ルールのリストに,統一的な進化プロセスの結果としては考えられないような,あらゆる種類の性向を含めてしまっている.たとえば,近親相姦をタブーとするルールは進化的基礎を持つと考えられる道徳的ルールのほとんどすべてのリストに現われるものである.しかし,近親相姦をタブーとするルールは,非常に明確な領域特定的(domain-specific)な心理学的現象,すなわち互いに近くで育てられた子供は互いの性的関係を考えることに対して忌避的な反応を発達させる傾向があるというウェスターマーク効果と関係している(したがって,生れたときに別々

---

12) Marc D. Hauser, *Moral Minds* (New York: HarperCollins, 2006), p. xviii.

にされた生物学的な兄弟はしばしば互いに魅力を感じる一方で，キブツで一緒に育てられた子供たちは同世代間の性的関係という観念を不快に感じる）．これに対しては，完全にわかりやすい進化論的説明が存在するが，もちろんそれは互恵的利他主義や集団選択や，その他の「利他主義の謎」を解決するために提案された特別なメカニズムとは何の関係もない．だったら，なぜそれが「道徳性」モジュールの一部となるのだろうか．実際，進化心理学のパースペクティブからは，なぜそれが道徳的規範とみなされるべきなのかは明らかでないのである．しかしそれは，道徳的という言葉に対して非常に限定的な定義を採用する人々によってさえ，普遍的に道徳的規範と見なされている．

　ニコルズの分析は単純でエレガントな説明を提供する．道徳的推論の統一した枠組みは，われわれが志向的計画システムのレベルで承認した「規範理論」の基礎の上に立って行為するという事実の帰結である．ウェスターマーク効果は適応的無意識のレベルで機能するものである．社会規範によって兄弟間の結婚を許可したり，奨励したりさえした歴史上のさまざまな社会の例が示しているように，それは行動を「厳格に方向づける（canalize）」ものではない．あなたが誰と性的関係を持つことを許されるのかとか，誰と結婚することが許されるのかとかは，究極的には社会規範によって決定される．しかしながら，ウェスターマーク効果によれば，近親結婚を禁止する規範はポジティブな感情的共鳴（affective resonance）を有することになる．他方，それを許可する規範は，「神経を逆なでする」ことになる（したがって，文化的再生産の領域で競争上不利な立場に立たされる）．近親相姦の禁止は多くの規範のただ1つにすぎないので，人々はこの問題を道徳的なものとみなしており，道徳的推論の通常の構造的要素を適用する（たとえば，「彼らに責任感はあるのか．彼らは自分たちが兄弟であることを知っていたのか」など）．この規範が人間社会で実際上普遍的であることは，単にウェスターマーク効果と，それが生み出す「ゲッ」という反応の強さとの経験的帰結にすぎないのである．

　このモデルは似たような仕方で適用することで，上に概要を示した道徳性の3つの進化的な先行要因を組み込むことが可能である．ロバート・ボイドとピーター・リチャーソンのように，ニコルズは原則的にどんな種類のルールも文化的継承のシステムを通じて再生産可能であると信じている．したが

って,「気持ちのよい」規範とまったく同様に,「不快な」規範も再生産されうるのである．このことは，われわれ自身の社会も含むほとんどの社会が人間の歴史を通して，今では完全に不当な苦悩とみなしていることを人々に課すのが義務だと考えてきたことが証言している．しかし，ヒューム主義者は，「心配することはない．『不快な』規範は『気持ちのよい』規範と同じようにうまくやる可能性はあるけれども，事実の問題として，不快な規範はうまくやれない傾向にあるのだ」と言う．包括適応度のおかげで，われわれは家族や近親者に関心を持つ．互恵的利他主義のおかげで，われわれは徳に報い，悪徳を罰することを信じている．そして模倣的同調性のおかげで，われわれは義務がそれ自身の報いであり，「自分たちを例外視する」ことを差し控えるべきだと信じているのである．より一般的に文化的進化は，歴史的慣習のバイアスが時間とともにますます重要になるにつれて，「歴史的慣習の軟化 (softening of mores)」の方向性を示している．もちろん，これに関する哲学的必然性は何もない．それは，われわれの本性の成り立ちに関する幸福な事実でしかないのである．したがって，「気持ちのよい」規範に向けたバイアスはいずれにせよ志向的計画システムのレベルで展開されているのではないので，懐疑論的議論に対する回答がないとしても，それはたいした問題ではない．この議論に勝てないにしても，それはわれわれの社会における道徳的改善の全般的プロセスに対していかなるインパクトももたらしそうにないのである．

7.2 懐疑論的解決の問題点

ニコルズの理論がそれ以上のことを主張していないことを認識したとしても，この線に沿って構築された「懐疑論的解決」が解決していない重要な問題が残されている[13]．何よりも，われわれが感情反応のあるものについてはそれが規範システムによって反映され，増幅されることに満足を感じる一方で，他のケースにおいては，われわれの持つ自然な感情反応を消し去ろうと

---

13) ニコルズは次のように書いている．「感情的共鳴による説明は，われわれが現に持っているような危害に関する規範を，われわれがなぜ持っているのかに対する説明としてのみ意図されている．この説明は，われわれがその規範を持っていることに対する正当化を与えているかのような装いを一切持っていない．」*Sentimental Rules*, p. 165.

懸命に努力するのはなぜかという問題が説明されていない．たとえば，幼児を目前にする際に広範囲の優しい行動を喚起する「ネオテニー」反応の裏側で，この同じシステムは子供の異常——それは親の投資が低い収益率しか生まないことを意味する——を探知するためにかなり細かく調整されているようでもあるのだ．このことは，ダウン症や頭蓋顔面異常の場合にもっとも明らかだが，人々はもっとずっと微妙な（無意識の）区別をも行うのである．「正常」な幼生的（neotenous）外見からのこれらの乖離はいずれも，両親に対しても無関係の人に対しても，その幼児の魅力度の認識を弱めてしまうのである．このことはさらに，母親の注意，愛情，反応性，言葉によるインタラクションなどの水準の低下にも関連する[14]．言い換えれば，母親は，異常と感知された子供に対する親としての投資の水準を自動的かつ無意識に削減する傾向を持っているということである．数多くの文化においてさまざまな時代に広く行きわたっていた幼児殺害（infanticide）の慣行の背後に，このような感情反応があった可能性は容易に理解できる[15]．

われわれ皆が持っているこの種の「不快な」感情的性向の例は，簡単にいくらでも挙げることができるだろう．たとえば，人々はいつも他人が拷問されているところを見物することを楽しんできた．「娯楽としての拷問」はわれわれの文化でも過去同様に支配的である．われわれは単に実物を賢いシミュレーションで置き換えているだけなのだ．したがって，数多くの「不快な」規範もまた感情的共鳴を持っているのであり，「気持ちのよい」規範が感情的共鳴を持つという事実だけでは，その規範が文化において再生産上の成功を収めることを説明しないのである．しかし，ニコルズは競争を「気持ちのよい」規範と感情的に中立的な規範だけを含んでいるかのように扱っているので，「不快な」規範の問題を扱う段になると多くの安心を保証することができないのである．したがって，彼の枠組みは「文明化のプロセス」あるいは歴史的慣習の軟化に対する十分な説明を提供していない．

さらに，しばしばわれわれが持つ性向が，意図された通りに作用しない傾

---

14) Judith H. Langlois, Jean M. Ritter, Rita J. Casey, and Douglas B. Sawin, "Infant Attractiveness Predicts Maternal Behaviors and Attitudes," *Developmental Psychology* 31 (1995): 464-72.

15) Katherine A. Hildebrandt and Hiram E. Fitzgerald, "The Infant's Physical Attractiveness: Its Effects on Attachment and Bonding," *Infant Mental Health Journal* 4 (1983): 10.

向を持つ非常に粗雑なヒューリスティックスを用いているという事実もある．こうしたヒューリスティックスの中には，それが行うと想定されていることを進化的適応環境においてすら，遺伝的適応度の向上という観点から見て，あまりうまく行えないものもある．たとえばネオテニー反応は他の生物種の子供によって簡単に発動されてしまう．これにより，人間のこの傾向を利用するいくつかの（間違いなく寄生的な）種が登場することになった．たとえば，犬は本質的には若年段階で発達を凍結するような適応を発達させたオオカミであり，見掛けと行動にネオテニーの様相（吠えること，遊び好きなこと，従順性など）を保存している．人々が犬をどのような仕方で利用するかにかかわらず，われわれの利己的な遺伝子の観点からは，他の種のメンバーに対して「世話をしたい」という方向づけの発達が，進化で獲得した性向が意図通りに作用していない状況を表わしているという事実は残るのである．

　もう1つの事実は，われわれはもはや進化的適応環境に生きていないので，かつてはうまく作動していたかもしれない，あらゆる種類のヒューリスティックスがもはやうまく作動するとは想定できなくなっているということである[16]．生命倫理学は，人々に対して「ゲッ」という要因の先を見通して，ある特定の実践に賛成あるいは反対の理由を考えるように常に強く求めている．その理由は，われわれが持つ自発的な感情反応が現代の技術社会の文脈では完全に場違いになっているからである．たとえば，麻酔の発明は完全に医療の実践を変えてしまった．外科医たちは，普通の人々が躊躇するようなケースにおいて強力かつ決定的な介入を行うことができるようになるために（たとえば，開胸マッサージを行うために電気のこぎりで誰かの胸骨を切り開くことなど），長期間にわたる再社会化のプロセスを経験しなければならない．このことは，われわれの原始的な感情反応がもはや適切でないという事実を反映して，その個人が自分の自発的な感情反応をオーバーライドしなければならないことだけでなく，規範もまた変化しなければならないことを要請する．

　おそらくより重要なのは，これらのヒューリスティックスがわれわれの遺伝子の「利益」ではなく，われわれの利益に奉仕すると考える理由がまったく

---

16) Keith Stanovich, *The Robot's Rebellion* (Chicago: University of Chicago Press, 2004), pp. 131-39.

ないということである．キース・スタノヴィッチはいう．「人間は誰しも遺伝的適応度を最適化することを明示的な目標とはしていない．（中略）したがって，人間という生存機械の反乱——ロボットの反乱——は，遺伝子によって構築されている人間が，自分の創造者の再生産確率と自分自身の効用が利益相反を起こす状況において，前者よりも後者を最大化することからなるのである」[17]．たとえば美容やライフスタイル上の理由から，子供を母乳で育てないことを決めた母親のことを考えてみよう[18]．この意思決定をした後で子供を抱くときに彼女が感じる後悔の念は，（彼女が定義する限りでの）彼女自身の利益を犠牲にして，彼女の遺伝子が自身の影響力を主張しようとしている状況として考えることができる．しかし進化心理学者たちは，道具的合理性と進化的適応の潜在的乖離を軽視することで，しばしば「遺伝子との暗黙の共謀」をしてきたのである[19]．

　もちろん，われわれの利他的性向が青い食べ物よりも緑の食べ物をより好むという選好と似ているならば，あまり心配することはないだろう．食べ物に着色する時代においては，青い食べ物に対する嫌悪を保存するためのとりわけ良い議論もなければ，それを変えるべきだというとりわけ良い議論もない．残念なことに利他主義に関しては，われわれが持つ自然的性向を取り除くべきという自明な議論が存在する．ある日覚醒し，食物を見つけるたびに皆に知らせることが自分の利益にならないことに気づいたジェーン・グドールのチンパンジーのように，われわれもまた自分の利他的性向と自己利益の間に利益相反が発生しうることに気づく立場にある．あなたは，子供たちがあなたの綺麗なマンションを散らかすことを本当に喜ぶだろうか．あなたは本当に，友人たちがいつもあなたの好意を求めてうるさく言うことを望むだろうか．本当にあなたは，あなたがした約束が自分のキャリアの発展の足枷になることを欲するだろうか．

　ここにおいて，「懐疑論的解決」に対する疑いが生じてくる．問題は「なぜ道徳的になるのか」ではなく，むしろ「なぜ不道徳にならないのか」ということである[20]．なぜ，自分が持っている利他的性向をすべて忘れ去ったり，

---

17) Stanovich, *Robot's Rebellion*, p. 84.
18) Rebecca Eckler, *Knocked Up: Confessions of a Hip Mother-to-Be* (New York: Villard, 2005).
19) Stanovich, *Robot's Rebellion*, p. 131.

抑圧したりして,ある種の規範によって享受されている「感情的共鳴」を無視することをわれわれは学習しないのだろうか.生物学は宿命ではない.とりわけ,それが文化的領域におけるバイアスの源泉として役立っているだけのときにはそうである.倫理的ベジタリアンや動物権利の活動家たちは彼らの大義を宣伝する際,われわれの道徳的関心の輪を広げようとして,頻繁に他の種のとりわけ幼い赤ちゃん(たとえば,タテゴトアザラシ)の写真を用いている.中絶反対の活動家たちは同様の効果をもたらそうとして,同様の仕方で,妊娠後期の胎児の写真(たとえば指をしゃぶっているところなど)を用いている.動物権利の活動家たちと中絶反対の活動家たちの積集合がほとんど空集合であることは,ほとんど誰もがある場合には,適応的無意識のレベルで発生する利他的衝動を捨てることができることを示している.なぜもう一歩進んで,これらの反応を完全に取り除かない(または無視しない)のだろうか.とりわけ,なぜ大抵の人が持っているように思われる無制約の協力的性向(これによって人々は1回限りの囚人のジレンマでも協力する)を除去して厳密に道具的姿勢を採用し,外的サンクションや潜在的互恵関係が協力を分別のあるものとするときにのみ協力するというようにしないのだろうか.自己利益の立場からなされる自明な議論で,こうした立場に賛成するようなものが存在する.利他主義に賛成する説得力ある反論が存在しないならば,このより広範な性向が単にわれわれの進化的歴史の作り物にすぎないと見え始めることになる.すなわち,われわれの自己利益をより差別化された仕方で追求するのに必要な計算能力・計画能力をわれわれが獲得する以前に,有用な機能を果たした行動ルーティンの集合にすぎないと(これは,将来の満足を割り引くという一見して自然的傾向が,確率計算や将来リスクの測定に必要な能力を獲得する以前には有用な目的に奉仕したかもしれないものの,今は役に立たなくなったのと同じことである).

　私自身は,血縁選択と互恵的利他主義に結びついた性向の場合には,自己利益からなされるこの議論は,反論することが困難だと認める方向に傾いている.唯一ありうる反論は,良い人生に関する通常の決まり言葉——たとえ

---

20) こうした用語によるこの問題の明確な定式化については,Geoffrey Sayre-McCord, "Deception and Reasons to Be Moral," *American Philosophical Quarterly* 26 (1989): 113-22を見よ.

ば他者を思いやることによる満足——を繰り返すことだが，この反論も，すでにそのような倫理的考慮を説得的だと思っている人々に関してのみ力を持つにすぎない．この種の選好を退屈でしかないと考える人は，利用可能なすべての心理学的テクニックを駆使して，合理的にそれを変更することを選択することができるかもしれない．ある人がそうすることを断念させるのに十分な理由をわれわれは持っているかもしれないが（ミルが示唆した線に沿って），強力な議論を作れる保証は何もないのである．しかし，われわれが持つ規範的コントロール・システムの場合には状況は完全に異なっている．われわれの規範同調的性向は，合理的主体が除去することを選択できるようなものではないのである．カント主義者たちが長い間主張してきたように，道徳性と合理性には，「懐疑論的解決」が見すごしている内的関連が存在する．本章の残りの部分では，この結論がどのようにして打ち立てられるのかを示したいと思う．

7.3 超越論的論証

　動機的懐疑主義の問題に対するヒューム主義的解決とは，次のことを承認することである．すなわち，道徳的に行為する動機的性向を持つためになされるべき強力な議論は存在しないが，事実の問題としてほとんどの人々がほとんどの時間，適切な動機を持っているのだから，これは心配するようなことではないと．この回答に関する問題点は，そのような性向をなくすためになされる自己利益からの強力な議論が存在することである．したがって，ほとんどの人々がたまたまそれを持っていたとしても，なぜ彼らがそれを除去する努力をすべきでもないかを理解することが困難である．主体の自己利益を彼の効用関数と同一視するならば，道徳的に行為する性向は本質的にコストのかかる選好として現われることになる．道徳的に行為する性向は，それを満足させることが主体の他の選好に関して大きな犠牲を必要とするという意味で，非常に高い機会費用をもたらす．したがって，それは依存症のように，除去したいという動機を自らに見いだすような選好なのである．

　この困難に直面するときに感じるもっとも直接的な誘惑はおそらく，自己利益からの議論に挑戦し，直接的に反駁しようと試みることであろう．問題となっている選好が実際のところそれほど高くつくものではないことを示す

ことができたならば，主体にその選好を保持する十分な理由を与えることが可能となるかもしれない．これは，遺伝子の再生産を増進するために「ロボット」を犠牲にすることを含むような利他的性向の場合には，追求することが明らかに困難となりそうである．しかし，協力——遺伝子ではなく個人の利益によって定義された——を可能にする利他的傾向のケースでは，成功させる可能性はより大きいように思われる．われわれの規範同調的な性向は，さまざまな社会的学習戦略の遺伝的適応度——それは個人としてのわれわれには現在の利益や関心とならない事柄である——を含むあらゆる種類の理由によって進化してきたのかもしれない．しかし，われわれがそのような性向を持ち，それが顕著な集団の便益をもたらす広範囲の協力システムの維持に役立っていることを所与として，それを保持するためになされる自己利益の立場からの議論は存在するのだろうか．

　残念ながら答えは否である．実際，このような仕方で問いを立てることは，われわれを第2章の最初で出発した地点に引き戻すことになる．もし，協力的な選択性向を採用（または維持）するための厳密な道具的議論を作り出すことが可能ならば，ある種のルール道具主義が正しいことが証明されることになろう．社会秩序の厳密に道具的な説明を提供することが可能となるであろうし，義務的制約にいかなる種類の独自の（sui generis）力を割り当てる必要もないことになるであろう．問題は，われわれの自己利益が，協力することが互恵性を確保するために不可欠なときにのみ協力することを奨励し，罰を受けないで裏切ることができるときには裏切ることを奨励することにある．したがって道具的合理性がわれわれに推奨するのは，単に道具的合理性——いかなる特別な選択性向や制約によっても妨げられない道具的合理性——なのである．

　しかしすべてが失われたわけではない．利他的性向に賛同する議論が効果的となるために，道具的枠組みで考えられた個人の自己利益に訴えなければならないという仮定を再検討することは有益かもしれない．すでに見てきたように，個人が志向的計画システムのレベルで示す類いの合理性はそれよりも複雑である．さらに，規範的コントロール・システムの場合，合理的熟慮のプロセスに従事する際に個人が頼りにする能力のうちのあるものは，まさに考察の対象となっている動機的構造そのものを前提としているように思われる．このことは，自己利益へのアピールよりも，関係する性向を超越論的

に正当化することの方が成功の見込みが高いかもしれないことを示唆している．しかしこのカント主義的な論証形態は，認識論的懐疑主義を打開する試みで広く用いられてきたにもかかわらず，実践的合理性に関する論争においては広く注目を集めて来なかった[21]．

　基本的な超越論的戦略は懐疑論者に直接的に反駁するのではなく，懐疑論的疑いが認知的にアクセス不可能であることを示すことで，懐疑論的疑いを中立化することである．このことは，よく検討してみると，一見もっともらしくみえるこれらの疑いが思考の可能性に関するある条件に違反していることを示すことによって達成される．したがって，われわれにはわれわれがしている仕方で考える特別の理由はないものの，代替的方法はすべて一貫性がないと論証可能であるということである．動機的懐疑主義の場合における等価な論証は少し異なった形態をとることになるであろう．ここでは，懐疑論者は理論的アドバイスではなくプラグマティックなアドバイスを行っているわけだから，規範同調性の超越論的正当化は，懐疑論者のアドバイスがわれわれにとってプラグマティックにアクセス不可能であることを示すことになろう．ルールに従う特別の理由は抽象的には何もないが，われわれがそうする性向を持つことを所与とするとき，われわれはこの性向を捨て去ることを一貫した仕方で選択することができないということである．

　超越論的論証が動機的懐疑主義に対してどのように作用するかを理解するためには，カントが当初この論証形態を切り拓いた状況を想起しておくことが有益である．カントによるこのタイプの論証でもっとも重要なものは，因果連関としての物理世界の把握に関するものである．ヒュームは認識論における業績において，観察だけでは因果に関する豊かな概念化を与えるには不十分であることを指摘した．そもそもわれわれが見るものは一連の離散的な出来事にすぎないとヒュームは言う．それらの出来事の背後に関連

---

21) 認識論における現在の議論は，Barry Stroud, "Transcendental Arguments," *Journal of Philosophy* 65 (1968): 241-56 を出発点としている．Peter Bieri and Rold P. Horstmann, eds., *Transcendental Arguments and Science: Essays in Epistemology* (Dordrecht:Reidel, 1979) も見よ．道徳哲学における超越論的論証の使用については，A. J. Watt, "Transcendental Arguments and Moral Principles," *Philosophical Quarterly* 25 (1975):40-57 を見よ．ワットがサーベイしている論証はすべて失敗しているが，それは実質的内容を持つ（substantive）道徳原理の超越論的正当化を提供しようと試みているからである．私がここで提示する論証は，純粋に形式的な選択性向を正当化しようと試みているという点で，これと異なっている．

(connection）があるとする観念はもとより，将来のインタラクションの結果を予測することが可能であるという観念は，経験だけによって供給されるものではない．彼はこうした根拠に基づいて，われわれが持つ因果的関連という観念は心の何らかの習慣からのみ生じると結論づける．出来事がある列をなして展開することを見たことで，われわれは似たような環境のもとで再び同じ列を期待する傾向を発展させるのだと彼は論じた．これがわれわれが思考する際の性向であるが，他の人々が異なる仕方で思考するはずがないとする理由は何もない．そして，この特定の心の習慣を持たないような誰かに遭遇したとしても，その人に対して，われわれの心の習慣を推奨するためにできることは多くないのである．（ここでも，彼の「懐疑論的解決」は，われわれが会うすべての人はこの習慣を持っているので，実際には心配することは何もないということである．）

カントはこの議論に対して，その「心理主義的」テーゼの核心を認めることから始める．因果関係は厳密に言うならば，われわれが知覚する何かではなく，われわれが経験に「読み込む」何かなのである．しかし，このことはわれわれにそれを恣意的とみなしたり，単なる心の習慣とみなしたりする資格を与えるものではない．なぜならば，われわれは対象の知覚的経験を因果連関に適合するものとして概念化することなしに，それを持つことができないだろうからだ，とカントは主張する．したがって，われわれは「たまたま」対象を因果的に関連しているかのように扱うのではあるが，このことについて恣意的なことは何もないのである．そうしなければ，そもそもわれわれが対象を知覚することが不可能になるだろうからである．

この結論を確立することを目的とする論証は，わかりにくいことで悪名高い超越論的演繹である[22]．この特別の論証方法の詳細はここでは特に重要ではない．ここで関心があるのはその形式である．超越論的演繹は，われわれが出来事に対して因果的秩序を帰着させることを直接的に正当化することを試みないし（すなわち，なぜわれわれがそうすべきかという理由を与えてはくれない），もちろん，こうした心の構造を持たない誰かに対して，それを獲得すべきだと確信させるように設計されてもいない．この点で，超越論的

---

22) Immanuel Kant, *Critique of Pure Reason*, trans. Norman Kemp Smith (New York:St. Martin's Press, 1929), pp. 151–60 (B129.43).

演繹は実のところ因果性に関するわれわれの主張の正当化ではない[23]．カントが超越論的演繹を展開する方法は，ある種類の哲学的不安を武装解除する方法にすぎないのである．彼の主張の趣旨は，われわれは物事のありようを正当化できないとしても，代替的なあり方を一貫性を持って概念化することが不可能であるということ，したがってわれわれはこのことを懸念する必要がないということである．こうして哲学的正当化の仕事は形而上学の批判に取って代えられる．ここでの「形而上学」は，想像不可能な状況のもとで何が起こるかに関して思弁する誘惑のことを意味している．

　カントの論証の結論は，現代の様相意味論の枠組みの中で再構築するとわかりやすくなる．今日では，様相作用子——必然性，可能性，不可能性——を可能世界上の制約的量化子の集合として理解することが普通である．それらは背後にある接近可能性の関係によって制約されている[24]．こうして，p が必然であるということは，p がわれわれの世界にとって接近可能なすべての可能世界において真であるということと同じになる．また，異なる接近可能性関係は，異なる必然性の概念を生み出すことになる．もし，われわれの世界と同じ論理法則を持つすべての世界が接近可能ならば，このことは論理的必然性の概念を提供するものである．もしわれわれの世界と同じ物理法則を持つすべての世界が接近可能と考えられているならば，このことは物理的必然性の概念を提供する．この枠組みの中では，単に新たな接近可能性関係を定義することで超越論的必然性を導入することが可能となる．この見解によれば，ある命題が超越論的に必然であるとは，それがわれわれの世界にとって認知的に接近可能なすべての可能世界において真であることである．

　一貫性を持って概念化できるものに対する限界が論理法則によってのみ決定されている（すなわち，矛盾しないものは何でも考えられる）と考えるならば，この超越論的な接近可能性関係は余分なものとなるだろう．しかし，

---

23) カントは次のように書いている．「われわれの悟性のこの独自性——それが，カテゴリーという手段だけによって，そしてカテゴリーの一定の種類と数とによってのみ統覚のアプリオリな統合を生み出すことができるということ——は，なぜわれわれがこうした判断機能だけを持ち，他の機能を持たないのか，あるいは，なぜ空間と時間がわれわれの可能な直観の唯一の形式であるのかという問いと同様，さらなる説明をほとんど求めることができないのである．」*Critique of Pure Reason*, p. 161 (B146).

24) David Lewis, *Counterfactuals* (Oxford: Blackwell, 1973), p. 5.

カントにとっては、こうした状況は純粋に「推論的 (discursive)」な知性（すなわち神）に対してのみあてはまる。肉体を有した存在として、われわれには知覚できるものが制限されている。このことは、われわれが考えることができるものに対して、広い意味で検証主義的な (verificationist) 制約を課することになるが、このことはさらに、認知的な接近可能性の概念を論理的接近可能性のそれよりもずっと狭くしてしまうことになるのである。したがって、認知的に接近可能な可能世界の集合は、可能な直観の対象となりうる（すなわち知覚可能な）状態を含んだものとなる。超越論的演繹は、出来事の間に何ら因果的連関がないような世界は論理的には可能であっても、（その中の状態は、われわれが持つような種類の心的装備を所与とするとき、知覚できないだろうから）超越論的に可能ではないことを示そうと試みる。われわれの知覚のシステムは、われわれが対象を因果的に結びついたものとして考えることを必要とし、そのような連関はわれわれの世界にとって認知的に接近可能なすべての可能世界において真であるから、したがって因果性は超越論的に必然的である。

　カントにとっての主要な関心は知覚の構造が概念化に課する制約であるが、言語論的転回によって、概念化可能な状態の範囲を制約する言語の役割に注目が集まることになった。ヴィトゲンシュタインとともに、ある状態がわれわれにとって認知的に接近可能であるためには、われわれがその状態が何であるかを言うことができなければならないという認識が生まれた。これが、「言語の限界が私の世界の限界である」という彼の主張の背後にある考え方である[25]。しかし、何でも言うことができるものではない。理解可能な言明を行うためには、ある制約が満たされなければならないのである。その結果、

---

25) Ludwig Wittgenstein, *Tractatus Logico-Philosophicus*, trans. D. F. Pears and B. F. McGuinness (London: Routledge, 1974), p. 57 (sec. 5.62). カントとヴィトゲンシュタインの両者にとって、この区別は形而上学批判の鍵である。両方の理論家にとって、形而上学が始まるのは、われわれの世界にとって認知的にアクセス可能でない可能世界で何が起きているのかに関する主張を行おうと試みるときである。カントにとっては、このことは可想的存在 (noumena) を現象として扱うという形式をとっている。ヴィトゲンシュタインにとっては、それは自らを現わすことしかできないものについて何かを言おうとすることを意味する。どちらのケースでも、鍵は推測を認知的にアクセス可能な可能世界の集合に制約することである（カントにとっては、こうした可能世界は可能な経験の条件を満たすもの、すなわち現象であり、ヴィトゲンシュタインにとっては、命題の内容を形成することができる可能世界である）。

多くの哲学者たちは，どの可能世界がわれわれの世界にとって接近可能であるかという問題は，意味の理論を発展させることによってこそ最善の方法で回答されるだろうと考え始めたのであった．

この見解の1つの直接的な帰結は，言語が正しく機能するために満たされなければならない条件が超越論的に必然的であるということである．1つの例をあげよう．ドナルド・デイヴィドソンは，われわれが互いの言語的行動に与える解釈は，われわれに利用可能な証拠によって著しく過少決定されていると主張してきた[26]．どんな特定の発話も，単純にわれわれが発話者に対して帰する信念を変化させることで，さまざまに異なる仕方で解釈可能である．さらに，これらの信念は命題的態度であるから，これらの信念の内容はわれわれがこれらの文に対して与える解釈を変えることによって変化させられる．その結果，われわれがお互いに理解可能となる唯一の方法は，われわれがこれらの解釈のうち1つを特権化することである．デイヴィドソンは，われわれは意味と信念の帰属の選択を，その個人が抱く真なる信念の数を最大化するように行うことで，こうした作業を行っているのだと議論した．これが有名な「寛容の原理（principle of charity）」である．

信念は本質的に真実（veridical）であるということが，寛容の原理の1つの帰結である．大部分が偽となる信念の集合を個人に帰するためには，この人を非寛容的に解釈しなければならないだろう（なぜなら，その人が発話によって意味していることに関する仮定を変えることで，これらの信念のより多くを真にすることが常に可能だからである）．しかし，ひとたび寛容の法則が廃止されると，もはや解釈を構築する際に残されている手掛りは多くなくなる．人々の発言や信念を何とでも解釈できてしまうのである．これでは，これらの信念の内容が何であるかを思いつくことは不可能になる．その結果，そもそもこれらの信念に内容を帰するいかなる理由もなくなってしまうのである．したがって，人々が大部分偽の信念を持っている世界は，われわれにとって認知的に接近不可能である．

この帰結は，デカルト的懐疑主義に対するデイヴィドソン的な反応の背景をなしている[27]．世界に関してシステマティックに偽であるような信念を発

---

26) Donald Davidson, "Radical Interpretation," in *Inquiries into Truth and Interpretation* (Oxford: Clarendon Press, 1984).

展させるように人々を巧みに誘導する「邪悪な悪魔の（evil-demon）」思考実験は，論理的に矛盾していないが，同時に思考不可能な状態を描写している．そのような環境のもとでは，われわれはこれらの信念が大部分真となるように再解釈せざるをえないであろう．つまり，こうした懐疑論的な思考実験はカント的意味で形而上学的となる．このような思考実験は，われわれの世界にとって認知的に接近可能でない可能世界で起こっている出来事について思弁することを求めているからである．

ここでもまた，信念の本質的真実性（intrinsic veridicality of belief）を擁護するデイヴィドソンの超越論的論証が，信念の本質的真実性に対する積極的正当化を提供していないことに注意することが重要である．彼が言っていることは，「もしそうでないならば，われわれはこの会話をしていないだろう」というようなことにより近い．われわれがお互いに寛容性を持って解釈しあっていることは，われわれに関する剥き出しの事実なのである．しかし，われわれはそうすることなしにはそもそもお互いを解釈することができないのだから，この原理がわれわれの発話の理解可能性の中心的基準を付与することを所与とすれば，それを停止することや他の仕方で物事を行うことに関するいかなる思弁も，認知的に無意味なことになる．そしてわれわれは，寛容性をもって発話を解釈しない人にたまたま会ったとしても，その人に対してそうすべきだと説得することはできないだろう．単純に，われわれはその人がしていることをまったく理解することができないだろうからである．

7.4　論証

そうすると問題は，規範同調性に結びついた動機の構造が単に黙約的なものにすぎないのかどうか，あるいはそれらは超越論的に必然的なのかどうかということになる．社会規範は特定の行為を特定の場合における帰結から独立に指示するものなので，規範的コントロール・システムは，主体が道具的仕方で自身の目的を追求する能力に対する義務的制約という形式として現わ

---

27) Donald Davidson, "A Coherence Theory of Truth and Knowledge," in Ernest LePore, ed., *Truth and Interpretation: Perspectives on the Philosophy of Donald Davidson* (Blackwell, Oxford, 1986), pp. 317–19.

れる．したがって，それはまた，欲求と相対的に，顕著な熟慮上の重みが原理に付与されるという結果をもたらす性向としても考えることができる．しかしながら，理由を与えたり求めたりするゲームの第5章第4節における分析が示唆していることは，行為のための規範的推論に熟慮上の優先順位を与えるというこの性向がすべての合理的思考の前提条件であり，したがってわれわれが一貫性を保持しつつ変更する選択ができるようなものではないということであった．

　その背後にある人間の合理性に関する描像は以下のようなものである．他の霊長類と大差なく，人間がその人生を始めるのは，領域特定的なヒューリスティックの集合によって構成されている大規模並列処理の認知システムに依存することによってである．これは進化的適応環境において一定頻度で現われる特定問題の解決方法として進化してきたものである．すべての霊長類は社会的学習に従事する（そこでは，試行錯誤の学習に従事するのとは異なり，最適戦略に関する手掛りを求めて，同じ種に属するものたちの行動に関心を払うことになる）．しかし，人間は顕著な適応的価値を持つ特別のヒューリスティック——同調バイアスを伴う模倣——を偶然見つけることになった．とりわけ，コピー戦略の信頼性（fidelity）は非常に高く，累積的な文化的変化を可能にし，したがって文化的継承システムを創出するほどのものであった[28]．それは，真にルールに従う行動が発生するための前提条件を創出し，その結果，実践に内包的な規範の発展の前提条件をも創出した．このことは，意味論的志向性の可能性と，命題的に差別化された言語（そこでは，命題の意味はそれらが使用されている直接的文脈から独立するようになった）を創出することになった．こうして当初，言語は外的な社会的実践として発展する．しかし，この「言語アップグレード」に結びついた認知能力の向上の結果，個人は自分の行動を計画しコントロールするための道具としての言語にますます依存するようになる．こうして志向的計画システムが意識的・合理的行為の場として発展する．合理的行為の諸理論（たとえば意思決定理論のような）は，背景にある「行為のバネ（springs of action）」をモデ

---

28) Robert Boyd and Peter J. Richerson, "Why Culture Is Common, but Cultural Evolution Is Rare," in *The Origin and Evolution of Cultures* (Oxford: Oxford University Press, 2005), pp. 52-65.

ル化しようと試みる心理学的理論なのではない．それは本質的には表出的理論（expressive theory）であり，われわれが自分の信念や選好を基礎として行為するときにはいつでも暗黙的に引き受ける規範的コミットメントを明確化しようとする試みなのである．したがって，それは言語アップグレードによってわれわれに与えられるツールキットの一部なのである．

　志向的計画システムは，適応的無意識によって生じる行動衝動をオーバーライドする能力を持っているという意味で，他の認知システムからの一定の自律性を享受している．（このメカニズムは完全にはわかっておらず，かなり論争の余地が大きい．）われわれは，われわれが追求したいと思う目的とともに，自分自身の肉体的必要や感情反応などに対して，言語的に明示的な表象を形成する．そうすることで，われわれは自身の原始的な行動性向を無視したり，引き延ばしたり，昇華させたり，再スケジュールしたり，あるいは弄んだりすることを選択できるのである．もちろん，これらの行動性向の1つとして模倣的同調性に従事する性向があげられる．すでに見たように，人々は「デフォルトの社会行動」を確立するために模倣に頼るのである．アプ・ダイクステルハウスが述べているように，「われわれは遺伝的に模倣するように作られていて，他の心理学的プロセスが抑制するとき以外はいつもそうするのである」[29]．模倣が人間の幼児においてより顕著である理由は単に，幼児が模倣をオーバーライドすることができる高階の心的ないし認知プロセスを発達させていないからにすぎない．志向的計画システムのレベルにおいて，この模倣的「反射」は，行為の帰結に対する関心と比較して，社会規範にどれだけの重み（weight）を付与するかということの中に明示的な表現を獲得する．それは，われわれの「規範同調的性向」となるのである．これは，現在の満足と将来の満足との間で得失評価するために用いる割引率と類似的なものである．

　そうすると問題は以下のようなものとなる．なぜわれわれはひとたび完全に志向的で合理的な行為の能力を発達させたところで，この模倣的性向を取り除こうとしないのだろうかということである．なぜ優先順序づけのシステ

---

[29] Ap Dijksterhuis, "Why We Are Social Animals: The High Road to Imitation as Social Glue," in Susan Hurley and Nick Chater, eds., *Perspectives on Imitation: From Neuroscience to Social Science*, 2 vols. (Cambridge, Mass.: MIT Press, 2005), 2:207-20.

ムにおいて，それを消し去ったり，抑え込んだりしようとするのとは正反対に，それに重みを付与するのだろうか．人間の幼児は「模倣機械」かもしれないが，文化的継承の利益を獲得したならば，なぜ学習メカニズムを停止しないのだろうか．われわれが持つ規範同調的性向に対する超越論的正当化が関わってくるのはここにおいてである．以下のように3つのステップからなる論証を想像することができよう．

1. ・言・語・は・社・会・的・実・践・で・あ・る．言語的表現の意味がその使用によって決定されるということは，後期ヴィトゲンシュタインの業績に感銘を受けた人々の間では当たり前の考えとなっている．われわれの現下の目的に照らしてみるとき，重要なことは，そのような表現の使用が単に黙約によって決定されるのではなく，実践に内包された規範によって決定されるということである．この主張のもっとも明示化されたバージョンは，ロバート・ブランダムの仕事の中にある．彼は，（すでに見たように）言語的表現の意味はその推論的役割（inferential role）によって決定されると主張する．この役割は，主張の言語ゲームにおける一種の義務的地位（deontic status）として理解されるべきである．主張的力（assertoric force）を伴う発話をなすことは，人を一連のさらなる発話に・コ・ミ・ッ・ト・さ・せ・ることになる．その発話は，他の発話の集合を基盤として，発話する権利が付与されたときにのみ許容される．ブランダムにとって，表現の意味を理解するとは，コミットメントと権利（entitlement）のこうした集合を把握することなのである．

この見解の帰結の1つは，意味のある発話，すなわち他者に理解される発話をなす能力は，このようなコミットメントを引き受けたり，逃れたりする能力を必要とするということである．（「散歩に出かける」と言いつつ，この発話の推論上の帰結をまったく認めないか，あるいは，ここで引き受けられたコミットメントと整合的ないかなる行為も遂行しない人のケースを考えてみよう．もし発話者の誠実性を認めるならば，彼が発話したことで何か別のことを意味していたのか，あるいは単に自分が用いた言葉の意味を理解しなかったのかと疑う以外にないだろう．）言語が規範的に規制された社会的実践に根差しているとするならば，義務的制約を作り出し，尊重することができる主体のみが意味のある発話をなすことができるはずだということになる．（先に概略を述べたデイヴィドソン的立場との類似点に注意してほしい．道具的に合理的な主体は，規範的コントロールを実践する主体によってなされ

る発話とまったく同じように聞こえる発話をなすことができるかもしれない．この事態は，われわれがこれらの発話に内容を帰するための根拠を持たなくなるということを意味するにすぎない．)

2. 志向的状態は義務的地位である．すでに述べたように，信念と主張の間には内在的関連が存在している．信念は，主張が外なる場所において達成することを内なる場所（foro interno）において達成するように思われる．主張を信念の表現として説明しようとしている言語哲学の伝統の1つとは対照的に，ここで展開され擁護されている「社会的実践」のパースペクティブでは，信念は一種の義務的地位としてもっとも良く理解されうることが示唆される．「ある人が p であることを信じている」と言うことは，「この人が p という主張にコミットしている」と言うことである（したがって，たとえばこの人の p に対する権利を提示したり，p からさらに帰結するコミットメントのいくつかを認めたりすることを求められる可能性があるのである）．こうした種類の志向的状態を物化する傾向（すなわち，それらを主体の頭の内側にある何かと考えること）に対抗するために，ブランダムは信念の代わりに「信念的コミットメント（doxastic commitment）」という言葉を用いることを提案している[30]．このことから，規範同調的傾向を持つ個人のみが内容のある信念を持つということが帰結する．なぜならば，そのような人だけが自分の義務的地位（その人の信念的コミットメントを含む）に反応することができるからである．ルールに従わない人は，内容のある志向的状態を帰属させるための根拠を一切他者に提供しないのである．

3. 純粋に道具的に推論することを意思決定し，そうすることは，義務的地位に反応することとなり，したがって規範的コントロールの実践となるだろう．この言い方は，物事を少し綺麗にまとめすぎているものの，一般的なアイディアを伝えてくれる．自分の規範同調的性向について合理的に反省するためには，一連の信念的コミットメントを獲得し，それらの諸帰結を辿らなければならない．このプロセスを単なる行動ではなく，推論として認知可能なものにするのはこの点である．しかし，この結果，われわれの規範的コントロール・システムは単にわれわれがたまたま持つようになった選好では

---

30) Robert Brandom, *Making It Explicit* (Cambridge, Mass.: Harvard University Press, 1994), pp. 157-59.

なくなり，合理的反省のプロセスを遂行するために発動しなければならない能力となる．われわれが行為のための規範的理由に対し熟慮上の重みを付与する性向を持つことを疑問視することは，認知的に無意味（cognitively idle）である．この疑問の理解可能性そのものがまさにそのような性向の，背後での発動に依存しているからである．同様に，このプロセスから引き出されるいかなる結論の力も，与えられた推論プロセスに随伴するコミットメントに最後まで従う意欲のある主体によってのみそれは履行されるのだから，認知的に無意味である．言い換えれば，合理性の観点からは，規範的コントロールは超越論的に必然的なのである．規範的コントロールは思考の可能性の条件なので，合理的主体は決してそれを消し去る選択をできないだろう．

われわれが，ある種のラディカルな実存的選択を通して経済人（homo economicus）になる選択をすることは常に可能である．重要な点は，単に，このことが自らを合理的に推奨できるようなものではないということである．同様に，われわれは寛容性を持って人々を解釈することを止めることができるだろう．しかし，そうすることで，われわれはそもそも人々を解釈することを止めることになるだろうし，合理的主体性から抜け出ようとしていることになるだろう．

この論証の鍵となるアイディアは，合理性は言語の使用を含むのだから，また言語を学習することは規範的に規制された社会的実践をマスターすることを必要としているのだから，規範的コントロールは合理的主体性の前提条件となるということである．このことは，人々が社会的逸脱行動という行為に従事できることや，合理的にそうすることを選択できることを否定するものではない．主張の論点は単に，規範的制約と合理性の内在的関連のために，自分自身が規範同調的選択性向を持っていないと議論することが不可能となるということにすぎない．この種の熟慮に従事する能力を持つようになったときには，すでに遅すぎるのである．（コンピュータのメタファーを用いるならば，それは，修正したいOSのファイルが使用されており，再起動する選択肢がないときに，自分のOSにパッチをあてようとしているようなものである．そのようなシステムを見て，なぜ他の仕方ではなく，現在のように構成されたのかを考えることは容易である．しかしこれはプラグマティックな観点からは，ひとたび立ちあがり作動しているならば，無駄な思弁である．）

この文脈では，不道徳性はデイヴィドソンにとっての偽の信念のようなものである．少数の偽の信念を持っていることを自らに説得することは可能であるが，自分の信念が体系的に偽であることを自らに説得することはできない．このことは合理的主体性の前提と不整合的だからである．同様に，誤った特定の行為を遂行するように自分を説得することは可能であるが，もはや規範的制約の力を経験しない状態へと自らを説得することは不可能である．

したがって，われわれが習得する規範的コントロール・システムと利他的行動に関連する他の性向との間には顕著な非対称性が存在している．われわれは共感の感情に抵抗するように訓練することや，徳倫理の背後にある本能の多くを捨て去ることができるかもしれないが，同様の仕方でわれわれの規範的コントロール・システムを消去する選択をすることはできないのである．両者の相違は，規範的コントロールの能力がより洗練された認知的能力の発達において使用されているビルディング・ブロックの1つとして機能しているということにある．「抑制制御」が心理学者たちによって，単に規範的コントロール・システムではなく，志向的計画システム全体のもっとも重要な特徴の1つとみなされているのはこうした理由によるものである[31]．規範的制約と合理性は進化的「包括取引」の部分をなしているのである．

7.5 反論

この論証は，多くのきわめて直接的な反論を生じさせることになる．そのうちの3つが詳細に論じる価値のあるものである．

1. このことがすべて正しいとしても，われわれは言語能力——したがって合理的熟慮の能力——を構成する実践に参加するために必要とされる義務的地位だけを尊重する性向を持つ可能性がないのだろうか．

本書の全体を通じて，われわれは，主体の規範的コントロール・システムが完全に一般的であるということを，すなわち，それが特定の種類の規範ではなく，規範一般に同調する性向を構成しているということを仮定してきた．

---

[31] Stanovich, *Robot's Rebellion*, p. 36.

もちろん，こうした性向の純粋に形式的な性格を説明するための，非常にもっともらしい進化論的なストーリー（この性向が模倣的学習に起源を持つことに基づくような）が存在する．しかし懐疑論者は，超越論的論証に対して以下のようなことを示唆することで反論するかもしれない．すなわち主体はもっと柔軟な性向を採用しており，この性向は「認知的」規範のみを尊重するように主体を導く一方で，他のすべての道徳的規範または社会規範に違反するようなものであると．こうして主体は，理由を与えたり求めたりするゲームにとって構成的な，したがってまた志向的状態の認知的内容にとって構成的な諸規範を尊重する性向を保持する一方で，道徳的に行為する性向を除去するかもしれないと．

　この可能性を考慮するとき，「文化的行動は……巨大な一歩で，脳に授けられたか，授けられなかったかという心理学的全体であるように思われる」というE・O・ウィルソンの観察を心に留めることが重要である[32]．単純に，文化の半分だけに同調する性向を持ちながら，他の半分についてはそうではないというような仕方で社会化した人々を見つけることはできないのである．人々は文化に異議を唱えるかもしれない．また，特定の規範に反対したり，拒否したりするかもしれない．しかし，人々はそれでも一般的に規範に同調する性向を持っているのである．したがって進化が，認知的規範だけを尊重するように動機づけられた被造物や，そのようにデザインされた知的機械の種族を創り出すことを想像することはできたとしても，それらのどちらもわれわれにはあまり似ていないだろう．われわれ自身の持つ文化依存性の特定の様式には進化的な経路依存性の要素があるかもしれないので，ひとたび開かれた（open-ended）模倣的性向が発達すると，それをより選択的な性向に修正することが非常に難しくなるのである（ひとたび複眼が発達すると，水晶体を持った眼を進化させる方向に移ることが難しくなるのと同様に）．もしそうならば，合理的反省がわれわれが持つ道徳的行為の動機の土台を切り崩さないことは，われわれの性質が持つ幸福な偶然にすぎないであろう．

　また，認知的規範だけに従うのに必要とされる線引きの仕方には問題があると考える哲学的理由もある．プラグマティズム的な説明順序の重要な特徴

---

32) E. O. Wilson, *On Human Nature* (Cambridge, Mass.: Harvard University Press, 1978), p. 41.

の1つは,経験的内容が理由を与えたり求めたりするゲームに入ってくるのが,言語参入(language-entry)と言語退出(language-exit)という手番の両方を通してであるという主張にある[33].言語参入の手番は,典型的には観察からなり,言語の意味の表象的次元(representational dimension)を提供する.言語退出の手番は行為からなり,意味のプラグマティックな内容を提供する.表現の習得は,その表現に対する権利を与えるような「上流の」理由と,それを受け入れることの「下流の」帰結の両者に精通することを含むものである[34].理解可能な発話を行うことは,ある仕方で自分の環境に反応することだけでなく,その発話と整合的な仕方で行為することをも含むのである(これは,第5章第7節におけるセラーズの引用の要点である).1つの志向的記述に包摂されるようなどのような種類の行為でも,こうした下流の帰結に含まれる可能性があるので,主張という実践「なるもの」("the" practice of assertion)を構成する規範の孤立した集合は存在しない.言語はすべての社会的インタラクションの織物に織り込まれているので,地位の特定的な集合ではなく,義務的地位に一般的に反応する能力を必要とするのである.言語参入の側で「言語の知識」と「世界の知識」との間に原理的な区別がないのと同様,言語退出の側においても,「言語の知識」と「何をなすべきかの知識」との間に原理的な区別はないのである.

このことは,言語を使用する人は,現在支配的な社会規範の集合を承認しなければならないということを意味しているのではない.このことが意味しているのは,行為のための規範的な理由に対し,少なからぬ熟慮上の重みを割り当てることになるような一般的な性向をその人が持たなければならないということだけである.そのような性向を持つ主体が,より直接的に「認知的な」規範を受容する一方で,現在支配的な社会規範のある大きな集合を拒否することは可能である(ある人が日常的な経験的信念のある重要な部分を受容することを拒否するかもしれないのと同様に).しかし,そのような人は純粋に道具的な主体によって提起されるものとは異なる種類の問題を提起する.ここでの問題は,動機的懐疑主義の問題ではなく,内容的懐疑主義の

---

[33] Wilfrid Sellars, "Some Reflections on Language Games," in *Science, Perception and Reality* (London: Routledge and Kegan Paul, 1963), pp. 321–58.
[34] Michael Dummett, *The Logical Basis of Metaphysics* (Cambridge, Mass.: Harvard University Press, 1991), pp. 282–83.

問題である．純粋に道具的な主体は，自分の義務的地位に単純に反応せず，したがっていかなる道徳的議論の実践的力をも感じることのないような人である．義務的に制約されつつ最大化する人で社会規範の集合のあるものを拒否する人は，そのような議論の力を感じるが，単にそうした議論が正当であることを否定する人たちである．したがって，そのような人は，関連性を持つ社会規範を受容するように説得することさえできれば，規範同調的な仕方で行為するように動機づけられることになるだろう．先に提示された超越論的論証は前者のような種類の人々を排除することだけを意図したものであるから，後者のような種類の人々が存在することはこれに対する反論を構成するものではない．

2．この論証は証明しすぎのリスクを冒していないだろうか．われわれは，規範同調的選択性向を本当に欠いているような合理的人々にときどき会っているということはないのだろうか．実際人々はしばしば自分の義務に違反するものである．

カントやデイヴィド・ゴティエを含むあまりにも多くの哲学者たちが，道徳的主体は行為のための規範的理由に対して辞書順序的な優先順位を割り当てなければならず，その結果，ルールから生じる理由は帰結に関するどのような関心をも単純に上回るものと仮定してきた．私はむしろ，規範的コントロール・システムを，規範的考慮に対して一定の重みを割り当てる性向とみなしたいと思う．欲求が大小の優先順序を持つのとまったく同様に，原理もまた大小の重要性を持つものである．選択性向はこれらの規範的制約に対して，欲求と相対的に重みを割り当てるにすぎない（慎慮という制約が割引因子の形で表現されて，現在の選好と相対的に，将来の選好に対してある重みを割り当てるのとまったく同じ仕方で）．その結果として，背後にある選択性向の攪乱の反映としてではなく，ある誘惑に負けることもありうる．短期の満足が単純に行為の長期的帰結の影を薄くするのとまったく同様に，誘惑がその不適宜性に対する関心を曇らせる可能性もあるのである．

一方における超同調（hyper conformism）から他方における道徳的だらしなさ（moral laxity）に至るまで，人ごとに規範的コントロール・システムの強さが大きく異なるという事態にわれわれが直面していることは疑いな

い[35]。「日常的な不道徳性」のほとんどは，だらしなさの結果であって，根本的に異なる選択性向の結果ではないと私は主張したい．深刻な道徳的だらしなさのケースに対しては，ほとんどの人が討議だけで反応することをしないということもまた注目に値することである．われわれは一般的に道徳的非協力に対して，違反者をサ・ン・ク・シ・ョ・ン・することで対応する．このことが明白な懲罰という形態をとるときがあるものの，しばしばもっと微妙なものにもなる．道徳的性格の弱い人たちを信頼することをやめたり，そうした人々と協力することを拒否したり，そうした人々との関係を断ったり，彼らの行為を象徴的な仕方で非難したりするのである．これは社会化のメカニズムの作用そのものである．道徳的選択性向が強化されるのは，まさにこれらのサンクションの内面化を通してである．したがって，必ずしも人々に対して道徳的考慮により大きな熟慮上の重みを割り当てるよう議論で説得する必要はない．彼らがそうするように社会化することもできるのである．

　規範的考慮に対して本当に何らの重みも割り当てない大人は，特定の感受性を欠く人ではなく，より一般的な社会化に失敗した人である．そのような人が存在することは疑いない．しかし注目すべき点は，規範的制約の力を感じる能力を損なわせる，こうした社会化の欠如は，こうした人々が合理的討議（rational argumentation）に反応する能力をも損なわせることになることである．討議は究極的には道徳的説得の一形態である．完全に合理的な主体として機能するためには，規範的制約の一定の閾値以上のレベルが必要とされる．道徳的コミットメントを正当化するために，それをこの閾値以下の人々に対して正当化する必要があると考えるのは間違いである．この閾値より上の人々だけが理由を与えたり求めたりするゲームにおける完全な参加者として行為することができるからである．

　最後に，われわれが悪と分類したがる多くの行動は実際には合理化されるということに注意すべきである．悪事を働く人々は，その行為（conduct）を道徳的観点から正当化することを目的とする何らかのストーリーを持っているのが通常である．人々が頻繁に行っているのは，現在支配的な社会規範の集合に関して明らかな逸脱を示すというよりもむしろ，原理的に正当な言い訳といえるものを社会的に逸脱した仕方で用いるということである[36]．た

---

35) Talcott Parsons, *The Social System* (New York: Free Press, 1951), pp. 283–86.

とえば，人々はそのことに「他の選択肢がなかった」とか，被害者を他の違反行為のために，おそらくは機先を制して罰していたにすぎないとか，より高次の原理に対する忠誠心からそうしたとか主張したりするだろう．これらの事前的な合理化は，その主体自身が持つ規範的判断の力を中立化し，したがってその主体が「ケーキを取っておき，かつ食べる」ことを可能にする．これは，一方で支配的な規範と価値のシステムに対する忠誠心を保持しながら，他方で，自分の行為を支配的な規範と価値のシステムの命法から免除して，比較的制約のない仕方で自己利益を追求する自由を確保することによって行われる[37]．多くの場合，違反者がより大きな重みを持つ道徳的ないし法的規範（たとえば「盗んではならない」）を遵守していたと主張することを許すような仕方で，認知的規範が破られることになるだろう（たとえば，「盗み」が「拝借」と描写されるなど）．重要な点は，このようなケースにおいて，主体たちが不適宜性の告発に対し規範を否定することで反応するのではなく，自分たちの行為に対して，既存の規範的枠組みの内部で力を持つような理由を提供することによって反応していることである．問題は，彼らが提供する理由があまりにも身勝手なことにある．にもかかわらずこうした人々は，動機的懐疑論者が想像するような仕方で道徳性から真に「脱け出ている」わけではなく，単に悪い振舞いをしているということなのである．

3. サイコパスたちはどうなのか？

「サイコパス（psychopath）」または「ソシオパス（sociopath）」の人物像は，ときおり道徳的懐疑論者の代役として哲学的議論の中に登場し，他の点では正常な推論や社会的技能を示すにもかかわらず，道徳的制約の力を単純に感じない個人がいることの証明とされている．彼らはまったく超道徳的

---

36) Gresham M. Sykes and David Matza, "Techniques of Neutralization: A Theory of Delinquency," *American Sociological Review* 22 (1957): 664-70. 筆者たちは，「多くの非行行為は，その本質が，弁護を承認されていない仕方で犯罪へと拡張することに基づいている．それは，非行者によっては妥当とみなされるが，法システムや社会一般によっては妥当でないとみなされる逸脱に対する正当化という形式をとる」．p. 666.
37) Sykes and Matza, "Techniques of Neutralization," p. 667. 追加的議論については，Joseph Heath, "Business Ethics and Moral Motivation: A Criminological Perspective," *Journal of Business Ethics* (forthcoming) を見よ．

(amoral) だが，高度に知的で人を巧みに操作する．このことはさらに，「道徳性」がわれわれの神経アーキテクチャの中で相対的にモジュール化された要素——認知や志向的計画を損なうことなく除去できるような要素——となっていることを示唆しているようにみえる．しかしながら，サイコパシー (psychopathy) に対するこの高度に様式化された特徴づけは，概して，哲学的目的のために構成されたものである．臨床上の現象はいささか複雑である．「1次的サイコパシー (primary psychopathy)」と呼ばれる症候群を作り出すのは，2つの要素が結合することによる．もっとも重要なのは，ある社会的感情の欠如，とりわけ他者に対する共感の欠如である．言い換えれば，サイコパスに欠けているようにみえるのは道徳性それ自体ではなく，人間の利他的行動のより原始的な基礎の1つ——共感的同一化 (sympathetic identification) の能力 (すなわち，利他的性向のうち血縁選択の結果である可能性がもっとも高いもの) ——なのである．この能力が相対的に「モジュール的」であること，人口の中にこのことに関してばらつきがあること，一般的な認知に影響することなくそれが除去されうることは驚くに値しない (したがって，リンダ・ミーリーが観察しているように，精神病理が遺伝する要素を持ち，1次的サイコパシーの発生が文化間で相対的にばらつきがないこと，そしてそれが女性よりも男性により頻繁に発生することなどは驚くに値しない)[38]．

ある人がこの種の感情的欠陥を持ちながら，支配的な社会規範の集合を尊重するおかげで完全に「道徳的に」行為することもありうる．ニコルズが観察しているように，こうしたサイコパスの中心的な特徴は，彼らが道徳的ルールを尊重するインセンティブが過剰決定されない傾向を持つという点にある．したがって，彼らが他者に危害を与えることを回避する場合，それは危害を与えることがもたらす見通しに対して何らかの嫌悪感を彼らが持つからではなく，単にそうしたことを行われるべき種類の事柄でないとみなすからである[39]．ある意味で，彼らの問題は，彼らがカント的な道徳心理を過剰に持っていることにある．彼らのルール遵守が失敗した場合における二重安全

---

38) Linda Mealey, "The Sociobiology of Sociopathy: An Integrated Evolutionary Model," *Behavioral and Brain Sciences* 18 (1995): 523.
39) Nichols, *Sentimental Rules*, p. 19.

装置は存在していない．いかなる仲間意識や共感によっても制約されないのだから，脱抑制の状態になったときには多大な暴力をふるう可能性があるのである．

サイコパシーの第2の側面は，規範的コントロールの一般的な弱さであり，それは，衝動性，コミットメントを尊重することができないこと，「行動コントロールの弱さ」，「現実的な長期計画の欠如」といった形態で現われる[40]．これは人口全体においてはるかに多く観察されており（「無症候性的反社会的人格（subclinical antisocial personality）」または「2次的ソシオパシー」として知られている），おそらく生物学的基礎を持つものではない[41]．これらの人々は弱い規範的コントロール（または「道徳的だらしなさ」）を持ち，反社会的行動に携わるが，通常の範囲の社会的感情を経験している．しかしながら，この場合，そのような個人が——とりわけ計画のことになると——合理性の欠如に悩まされていることは注目に値する．彼らは単純に道徳性の欠如に悩まされているのではなく，まさに志向的計画システムの一般的な弱さに悩まされているのである．このことは，規範同調性が共感とは異なり，単純に，個人の認知的能力の他の部分を傷つけることなく取り出すことができるようなモジュールではないことを示唆している．2次的ソシオパシーと一般的知性との間には負の相関が存在している．しかし，これらの個人に関してより特筆すべきことは，スタノヴィッチが「合理性障害（dysrationalia）」と呼んでいるものを彼らが示していることである[42]．

これら2つの症候群をある特定の個人の中で結びつけているものは，1次的ソシオパシーに関係した感情的欠陥を持っている子供は，社会的感情の欠

---

40) Robert Hare, "A Research Scale for the Assessment of Psychopathology in Criminal Populations," *Personality and Individual Differences* 1 (1980): 115–16.
41) 信頼できる筋から聞いたところによると，1970年代のサイコパシーに関する初期の研究の中には，比較の対象として看守を用いて行われるものがあった．このやり方は，測定器具がテストされるうちに，サイコパシーは囚人間と同様に，看守間でもありふれていることが判明したときに中止された．そのような研究上の発見の出版によって囚人へのアクセスが禁止されることになることを恐れ，研究者たちは一般的人口から抽出された対照群を用いるようになった．
42) 反社会的行動と知性との関係については，James Blair, Derek Mitchell, and Karina Blair, *The Psychopath* (Oxford: Blackwell, 2005), p. 24 を見よ．「合理性障害」については，Stanovich, *Robot's Rebellion*, pp. 163–67 を見よ．

如のためにあるタイプの報酬や懲罰に対してより非感応的になり，その結果しばしば弱い規範的コントロール・システムしか発達させないという事実である．簡単に言えば，彼らは社会化することがより難しいのである．より危険なサイコパシーの形態を生み出すのは，これら2つの組み合わせである．にもかかわらず2つの症候群は別個のものであり，多くの人はそのうちの1つしか持っていない．メディアが作り出す，冷静で計算するサイコパスの典型的なイメージは，感情を欠くが，規範的コントロールのレベルでは何らの欠陥も持たない個人のイメージである．実際のところ，これはサイコパスの典型的なプロフィールではない．しかしどちらにしても，症候群としてのサイコパスの存在は，ここで提示されている超越論的論証に対する基礎として役立っている経験的主張を脅かすものではない．サイコパスたちは重要な感情的欠陥を持っており，明らかにこのことは彼らが正常な道徳的感受性を持つ妨げとなっているのだが，彼らは合理的な超道徳家（amoralist）などではない．その反対に，彼らは完全に超道徳的でも，完全に合理的でもないのである．

7.6　結論

　本章における超越論的論証の一般的な目的は，われわれには，義務的制約の力を感じない個人に対して，われわれの規範同調的選択性向をどう正当化すべきかについて心配する必要がないことを示すことにある．つまりこの論証は火星人に対して，道徳的になるように説得するものではない．超越論的論証の目的は，われわれ自身の道徳的コミットメントの擁護可能性に関するわれわれの疑いを和らげるために，異星人を説得する必要がないことを示すことである．したがって，直接的な反駁を試みてきた人々は，不必要な立証責任を引き受け，それから逃れることができない状態に陥っているのである．超越論的論証は，「純粋に効用を道具的に最大化する人にするような錠剤を飲んだとしたらどうなるか」と問う人は「あなたの信念がすべて偽ではないことをどのようにして知ることができるか」と問う人と似ているということを示している．われわれはこの主張を排除するような，ステップを追った論証を必要としないのである．この問いは，言葉の軽蔑的な意味で形而上学的な仮定のもとでしか理解することができない．したがって，われわれが義務

的制約を尊重しルールに従う傾向は，いかなる種類の強力な哲学的正当化も与えられない．それは合理的主体にとって逃れることができないということが示されるにすぎない．

　こうした点で，規範同調的選択性向は人間の向社会的行動に貢献する他の2つのメカニズムと異なる．共感の自然な感情や，他者から示された親切に報いようとする傾向を克服しようとすることには何も不合理的なことはない．そうすることは不道徳（vicious）ではあっても，その人の合理的主体としての立場によって形式的に排除されるものではない．しかし，社会規範に同調しようとする傾向を克服しようとする——純粋な帰結主義者になろうとする——いかなる試みも形式的に排除される．そうした試みは道具主義者の合理性の意味において不合理（すなわち，狭く考えられた自己利益に反している）なのではない．それが不合理的なのは，そのような意思決定が合理性そのものの拒否となるからである．われわれが持つ志向的計画システムは，根本的に規範的コントロール・システムに依存している．その結果，われわれは理性の権威を否定することなしに，規範の権威から逃れることができないのである．

第8章
意志の弱さ
Weakness of Will

　規範同調的な選択性向の超越論的必然性を立証することの目的は，道徳的に行為するように主体を動機づけることは，厳密に言えば哲学的問題ではないことを示すことにある．主体は合理的である限り，カントが「法則に対する尊敬の念（Achtung fürs Gesetz）」と呼んだものに概して似ているような性向によって，義務的制約を尊重するように動機づけられるだろう．この性向は内容に関しては完全に中立的である．この性向は，義務がどのようなものであれ，われわれにその遂行を命じる（あるいは，原理がどのようなものであれ，それに一致するように行為することを命じる）[1]．超越論的証明は，単に，理由を与えたり求めたりするゲーム——それは合理的討議の基礎である——に参加するために，この性向が必要とされることを示しているにすぎない．こうして合理的主体性が必要としている能力の集合は，道徳的主体性にとって構成的であるような能力の部分集合であることがわかるのである．その結果，ある特定の規範的制約（たとえば，姦淫・盗み・嘘の禁止など）が正当化されることを他者に説得するために，彼らと議論する必要があるかもしれないが，彼らが図らずも認識した規範を尊重する動機を持つことに価値があるかどうかについては彼らと議論する必要がない．この点に関する事前のコンセンサスは，彼らと議論しているという事実によって安心して仮定することができるのである．

---

[1] もちろん，これらは正確には同じではない（この点については，第9章で論じられる）．ここでの要点は，主体の動機の構造に関するものである．

しかしながら非常に多くの哲学者たちは，人がたとえば姦淫すべきでないという意思決定をなした後ですら，その人がこの信念に基づいて行為するかどうかはまだわからないと確信してきた．人々は決意をしても頻繁にそれを破るのだから，あることをすべきとか，すべきでないとかと決定するだけでは問題解決には明らかに十分でない．そうすると，超越論的論証が道徳的判断と道徳的行為との間のギャップを埋める仕方は，意識的な不道徳的行為は言うに及ばず，誘惑というわれわれの日常的経験に明白に反するように思われる．もちろん規範同調的性向は，特定の社会規範に対して一定の重みを付与するだけなので，十分強力な欲求によって簡単に覆されうる．主体は究極的には社会的逸脱でしかないものを，意見の相違の一形態として合理化するために，非常に複雑な自己正当化のお話を紡ぐ能力も有している．しかしこうした説明は，本質的には，もともとの判断を単にある程度の (pro tanto) ものと考え，それを圧倒するような他のより強い考慮を導入することによって，不道徳的行為の「余地」を作り出していることになる．こうした説明は，すべてを考慮したうえで自分が x を行うべきだと決定し，そうしそこねるような個人のケースを明らかに扱っていない．道徳哲学者はこうした人に対して何か言う必要がないのだろうか．

私の見解では「必要ない」．これは社会的コントロールの問題であって哲学的問題ではない．ついカッとなったり，脱抑制的状態で衝動的に行為するときなど，人々が志向的コントロールを失っているとき，自分の最善の判断に反して行為することがあることには疑いの余地がない．そのような場合，われわれはその人は「考えずに」行為したという．先手を打たれたのは志向的計画システム全体だからである．（人々は作り話をすることもある．したがって自分がそうしているという意識をまったく持たずに，実際には非意思的行為であるものに対して意図的な説明を提供するのである[2]．したがって，彼らが意図的説明を与えることができるという事実だけでは，それが非意思的行動である可能性を排除できない．）人々がコントロールを失った状態のときに，彼らと議論することに意味がないことは明らかである．事態をコントロールできる状態に戻ったときには，「行為する前に考える」べきだとい

---

2) Timothy Wilson, *Strangers to Ourselves* (Cambridge, Mass.: Harvard University Press, 2002), pp. 93–97.

う主張をすることは非常に簡単である．自分の志向的に定式化された計画に反して行為する人々は，自分の道徳的義務だけでなく，自分の自己利益をも（すなわち自分の原理と自分の欲求の両方を）無視するかもしれないからである．したがってわれわれは，個人がそのような状態にできるだけ陥らないようにすることを目的とする社会化の実践に従事しているのである．

　この解答が満足のいかないものに思えるのは，哲学者たちの多くが，人々が日常的に，意図的ではあるものの，自分の選好に反して行為していると考えがちだからにすぎない．言い換えれば，人々が全体的選好の中で他の可能な選択肢よりも低くランクされている状態をもたらすことを，承知のうえで選択することにより，自分の信念，欲求と原理に関して価値最大化しないことを選択しているかもしれないと考えている．このような意図的な反選好的選択に対する傾向が多くの人にもっともらしく思われてきた理由は，それが意志の弱さという現象を唯一説得的に説明する仕方だと思われてきたからである．飲むべきでないと知っていながらビールをもう一杯飲んでしまう人や，早く眠りにつくべきだと知っていながら遅くまで起きている人は，すべてを考慮した上での自分自身の判断に反する仕方で行為することを意図的に選択しているという示唆を，多くの哲学者たちは額面通りに受け取ってきた．この見解によれば，これらの主体は実践的推論の事前の行使によって，節酒や早く床につくことに対する選好を持ってはいるものの，この特定の選好に基づいて自分を行為させることができないだけなのである．哲学的議論においてますます標準的となってきた言葉を用いるならば，彼らは自分の動機を自分自身の状況に対する（欲求による）評価と適切に調和させることができないとされる．

　こうした分析が実践的合理性の理論の中に，再度裏口から非認知主義を引き込むことは容易に理解できる．動機と欲求による評価とのシステマティックな不整合が可能ならば，欲求の内容に関して，ある種の「認知主義的」テーゼを確立することはほとんど何も成し遂げていないことになるからである．背後の動機がまったく影響を受けないならば，欲求が合理的熟慮に感応的であるという事実はあまり重要でなくなるのである．しかしながら，こうした全体像は概念的誤りに基づくものである．この概念的誤りは，意志の弱さを過剰診断する傾向によって助けられている．意志の弱さがありふれた現象かもしれないという考えは，第1に，命題的内容を適応的無意識の状態に帰属

させる傾向，したがって，すべての種類の目的論的行動を意図的行為として描写しようとする傾向に基づいている．それは，第2に，割引あるいは時間選好という現象のほとんど完全な無視に基づくものである．その結果，その主体の非時間的欲求（たとえば，通常の仮説的なくじによる手続きによって引き出されるようなもの）が一定であったとしても，決定の時点におけるすべてを考慮したうえでの選好が，ある時点から別の時点に移るときに変化するかもしれない理由を理解できないのである．

8.1　アクラシア

　ある意味で，意志の弱さを出発点とする反道徳的誘惑 (moral temptation)†に関する懐疑論的論証は，第5章で論じた選好の非認知主義の徹底化を表現するものである．第5章での目標は，単に，われわれの選好が生成されるプロセスに関して，恣意的，不合理的，あるいは救い難いほどに主観的なものがあると考える理由が何もないことを示すことにあった．選好は必ずしも信念以上に不合理的ではない．また，人々があれやこれやの結果の相対的望ましさに関して，完全に説得的な論証をすることができない理由はない．この観点からは，われわれはわれわれの感情 (sentiment) を変更できないというヒュームの主張は概念的混乱を含んでいることになる．われわれの「感情」を欲求と同一視するならば，それが信念以上に変更不可能なものと考える理由はない．他方，「感情」をある欲求の背後にある（すなわち，可能な言語参入手番の基礎として機能するような）身体的状態と同一視するならば，それは行為の理由として機能しないことになるので，意志によってそれを変更できないという事実は，われわれの実践的熟慮に対して何ら特別な制約を課することがないであろう．「感情」という言葉のこれら2つの意味の曖昧性解消と，認識論的な後退論証の拒否とを結びつければ，実践理性に関するヒューム主義的懐疑論の標準的形態を覆すのに十分である．

　しかしながら，もっと極端な懐疑論的立場は，われわれの欲求の内容が何がしか不合理的であるとは主張せず，むしろ，われわれの欲求が寄与したり，しなかったりすることを超えて，われわれの動機的システムに不合理的要素

---

† 文字通り訳せば「道徳的誘惑」だが，その意味は道徳を破るような誘惑である．

が存在すると主張する．このより微妙な形態の懐疑論は，たとえわれわれが自分の欲求に対するコントロールを行使することができ，また合理的にその内容を正当化することができたとしても，欲求だけではわれわれが行為するように動機づけすることはできないと示唆する[3]．何かをなすためには，われわれは欲求と信念の正しい集合を持っているだけではなく，これらの（そして他の集合ではない）特定の欲求に基づいて行為するよう動機づけられなければならないのである．たとえばアルフレッド・メレは，われわれの欲求の一つひとつが2つの優先度に関するレベルを持っていると示唆してきた．第1は，その目標の相対的緊急度に関するわれわれの認知的判断を反映する評価的レベルである．第2は動機的レベルであり，これは当該目標に結びついた本能的カセクシスのレベルのようなものを反映している[4]．前者はわれわれがなすべきだと言ったり，考えたりすることを決定するが，後者はわれわれが実際にエネルギーを結集して遂行することを決定する．

　もちろん，これら2つのスコアが常に整列していれば，より具体的に言うならば，単純に一方が他方によって決定されるのであれば，われわれの心理学理論にこの種の分裂（dédoublement）を導入することに意味はないだろう．しかしながらメレは，評価的システムと動機的システムはしばしばお互いに独立に機能するのであり，したがって2つのスコアはしばしば不整合的となると示唆する．とりわけ，われわれがある目標に対して高い評価的スコアを割り当てるという事実があったとしても，それだけではそれが同じ目標に対する高い動機的スコアに自動的に翻訳されることにならない．実際，メレはわれわれの動機的システムが準非認知的（quasi-noncognitive）仕方で機能すると考えている（それはわれわれの「アニマル・スピリット」のようなものを表現している）．このためわれわれは，われわれの動機的システムを評価的システムと整合的にするために，（たとえば「注目管理（attention management）」のような）あらゆる種類のトリックと間接的戦略を用いなければならないのである．

---

3) サラ・ストラウドはこの見解を，"Weakness of Will and Practical Judgment," in Sarah Stroud and Christine Tappolet, eds., *Weakness of Will and Practical Irrationality* (Oxford: Oxford University Press, 2003), pp. 126–31 において「ヒューム主義的外在主義」と呼んでいる．
4) Alfred Mele, *Irrationality: An Essay on Akrasia, Self-Deception, and Self-Control* (New York: Oxford University Press, 1987).

その論理的な帰結を極端まで推し進めるならば，メレが含意していることは，主体が自分自身の人生における無力な観察者にとどまり，自らしたくないと主張しているあらゆる種類の物事を自分がしているのを常に観察しているというように，主体が言うこととすることとの間に，真にシステマティックな不整合性が存在する可能性がありうるということである[5]．もちろん，これはすでに言及したセラーズの金言に対する明白な違反となっている．「人々が自分がすべきだと思っていることをする傾向にあるというのは必然的真理である．というのは，私は今Aを行うべきであるを意味する言語的ポジションを占める人々がAを行う傾向にあるということは，必然的真理であるからである．もしそうでないならば，その人たちが占めているポジションは，私は今Aを行うべきであるを意味しえないことだろう．」[6] 誰かが自分がしたいと言うことを決してしないならば，われわれはどのような根拠を持って，その人に対してそのことを行うことの真の欲求を帰属させるのだろうか．メレは欲求に関する心理学的実在論者であり，したがって欲求の内容を所与としているので，この問題に取り組んでいない．これは偶然ではない．というのも，メレが措定するような認知システムと動機システムの間にある分岐は，われわれの認知的状態が行為とまったく独立して決定されるときにのみ可能となるからである．

　これらの理論的困難を見ると，読者は，この種の部分冗長性（partial redundancy）を心理学理論に導入することにどんな理由があるのかと訝しく思うかもしれない．私が今日は茶色の靴下を履きたいと意思決定するならば，私は通常は単に，起きて一組の茶色の靴下を履くだけのことである．この意思決定をした後には，私は茶色の靴下を履く動機を自分自身の中に喚起するような，いかなる心理学的操作にも従事する必要がない．そうしたいという欲求がまさに，そうするための動機である．だとしたら，どうしてこの2つをあたかも別々であるかのように扱うのだろうか．もちろん，答えは意志の弱さにある．メレによれば，評価的システムと動機的システムが互いに分離しているという事実は，主体がアクラシア——意思決定をするが，その後に

---

5)　Stroud, "Weakness of Will and Practical Judgment," p. 143.
6)　Wilfrid Sellars, "Some Reflections on Language Games," in *Science, Perception and Reality* (London: Routledge and Kegan Paul, 1963), p. 350.

自身のより良い判断に反して行為する——を示す事例によって暴露される．さらに，こうした事例において「理由」が無効化されてしまうという事実は，動機的システムが非認知的であることを立証している（あるいは，メレのより注意深い定式化では，「欲求の動機的力は通常，欲求の評価的ランクづけがコントロールできる程度にはコントロールできない」ということを立証している）[7]．こうしてヒューム主義的懐疑論が元気を取り戻す[8]．

この分析によれば，翌朝に十分休息をとっているために，早く寝ようと誓いつつも遅くまで起きている人は，「翌朝に十分休息をとっている」ことに結びつけられた評価的スコアと動機的スコアが不整合的になっているわけである．この人は十分休息をとることを全体的な優先度のリストの中で高くランクづけしているのだが，その欲求が彼を動かして，その達成に必要な行為を行わせることに失敗しているだけなのである．（このことは，ひょっとしたら，「深夜テレビを見ること」が，それに対する評価的スコアよりずっと高い動機的スコアを持っているという事実とも組み合わされているかもしれない．）したがって，個人の欲求に関連した評価的スコアだけを一覧して個人の選択を検討するならば，その行動が謎めいたものに見えてしまう．必要なのは，評価的スコアを無視し，動機的スコアに焦点を当てることである．なぜなら動機的スコアこそ，この人をソファから立たせてベッドに向かわせる仕事をするために必要とされるものだからである．

この提案はある種のエレガントな特徴を備えている．もっとも重要な点は，それによって，主体のさまざまな欲求に結びつけられた評価的スコアと動機的スコアの間の全般的な相関度（すなわち2つのシステムの整列の度合い）として，メレが「自己コントロール」の概念を非常にうまく定義することを

---

[7] Mele, *Irrationality*, pp. 38-39.
[8] ドナルド・ヒュービンは "What's Special about Humeanism?" *Nous* 33 (1999):30-45 の中で，評価的判断は適切な動機を伴わないならば無用なものとなるので，善のように動機的力をまったく持たない抽象的概念から始めるよりも，実践的推論に従事する際に存在している動機から始めた方がよいと主張している．こうして彼は，実践理性のヒューム主義的把握は強力だと主張する．それは，われわれが実際にそれに基づいて行為するように動機づけられる欲求を，信頼できる仕方で作り出してくれる唯一の熟慮的手続きだからである．もちろんこの議論は，評価的スコアが伝達されるのと同じ仕方で，動機に結びつけられたエネルギーが，実践的推論を通して伝達されると暗黙に前提している．これは，セラーズが説明順序と正当化順序（あるいは因果的順序と規範的順序）の混同と呼んだものの教科書的な例である．

可能としていることである．生来，非常に自己コントロールの強い人として描写される人は，デフォルト状態で，自分の評価がかなり高いレベルの動機的カセクシスを生み出す人のことである．（したがって私の茶色の靴下を履きたいという欲求が何の問題も引き起こすことなく，私が茶色の靴下を履くように導くという事実は，私の自己コントロールの水準の機能である．）他方，意志の弱い人は，2つのシステムの整列をもたらすためにあらゆる種類の間接的操作に従事しなければならない（そしてしばしばそれに失敗する）人のことである．こうしてメレは非常に明確な仕方で，意志の弱さが自己コントロールの失敗を表現しているという日常的直観を肯定することができるのである．

　問題は，一見して毎日発生しているこうした意志の弱さを説明するために，そこまで——主体の志向的システムの心理学的分岐というところまで——行くべきかどうかということである．私はもっと注意深くあるべきだと思っている．メレが洞察しているように，分岐戦略はいわゆる厳密なアクラシア的行為——それを彼は，主体が意図的に自らのすべてを考慮したうえでの判断に反して行為するときの行為と定義している——を説明するために必要とされるだけである．しかし，主体がそうしているように見えるだけというケースがたくさん存在している．こうしたケースには，厳密でない意味では意志の弱さと呼んでもよいものが含まれているが，そこでの行為は厳密なアクラシアを表現しておらず，したがって分岐戦略をいかなる意味でも支持するものではない．こうしたものの中には以下のようなものが含まれる．

　1. 非意図的行動．人間行動は多くの異なるコントロール・システムによって規制されているが，そのうちの多くは完全にわれわれの自発的コントロール（voluntary control）を超えたところにある．他のものは自発的コントロールのもとにあるが，明らかに志向的計画システムの部分ではない．われわれは莫大な数の行動上のルーティンを持っているが，それらは意識的心に関しては「オートパイロット」で機能している（ボールをキャッチする，運転しているときに方向指示器を操作するなど）．これは適応的無意識の領域である．これらのルーティンの多くはわれわれが思考する機会を持つ前に，環境が直接的に刺激することが可能である．さらにある条件のもとでは，あるいはある刺激が存在しているときには，一方のシステムが他のシステムを無効にしてしまう．誰かが自分に向かってボールを投げてくるときに，ひる

まない，あるいは目を閉じないようにと自分に言い聞かせることはできるが，そのときが来ると，その衝動をコントロールできないということがありうる．悲しい映画を見ている最中に泣かないようにと言い聞かせることができるが（結局，それは映画なのだから），にもかかわらず泣いている自分を発見するということがありうる（等々）．すでに論じたように（第4章第2節），こうした行為を説明する方法として，その主体に「完全な（full-blown）」志向的状態を帰属させることは誤りである．

　その結果，行動が志向的計画システムの産物でない場合，人々がときおり自分自身の欲求に反することを行うという事実には何も不思議なことがないということになる．さらに，問題の行動は衝動的なものでも，単純なものでもある必要はない．標準的な二重プロセスの見解によれば，適応的無意識の認知スタイルは「自動的で，ヒューリスティックスに基づいており，計算能力を比較的要求しない」ようなものである[9]．とりわけ，このことは「注目がどこか他に向けられている間」でも，その動作が遂行されうることを意味している[10]．これは志向的推論については正しくない．志向的推論は通常，明示的な意識と集中を必要とするのである．したがって非意図的行動はしばしば，主体が注意散漫で集中することができず，あるいは単に物事をよく考える時間がないときに喚起される．たとえば長い間，私が職場まで運転していく道の前半部分は，空港までの道に一致していた．このために私は誰かを車に乗せるために空港に行く計画をしているときに，職場へとドライブしていることに気づくことがしばしばあった．これは単に，私がどこに向かうかに注意を払うことをやめてしまったからである．これは，かなり複雑な行動の系列を長時間にわたって含んでいるような非意図的・反選好的な行動のケースである．もちろん私には職場に行く理由がないので，誰かがどこに行こうとしているのかを聞くならば，ただちにコースを引き返して正しいルートに戻るだろう．したがってここでは，メレ流の説明を配置し，私の空港に行くという欲求は評価的優先順位のリストでは高かったが，それに結びつけられた動機が欠けていただけだと示唆する誘惑は働かない．（ただしここでもまた，メレ流の説明を排除するものがまったくないことに注意すべきである．

---

9) Stanovich, *Robot's Rebellion*, p. 34.
10) Stanovich, *Robot's Rebellion*, p. 34.

私がオフィスに行ったのはそうする欲求を持っていたからであり，このことはゼロという評価的スコアを与えられていたにもかかわらず，ある理由から高い動機的スコアを有していたという説明である．このような構造を持った説明として，無意識的な動機に訴える，行為のフロイト的な説明を扱っているのだと想像することもできるだろう．ここにおいて，このような説明が反証不能であるという悪名高い事実はメレの分析を受け入れたいと考えがちな人に対する警告として役立ちうる．）

しかしながら，私がワーカホリックでおそらく仕事に行くことにゼロより少し大きい評価的スコアを付与しているときには，われわれは，空港ではなく職場にドライブして行くことを意志の弱さの事例であるとみなしがちである．このことは，背後にある評価と動機の不整合性の帰結として説明することもできる．しかしメレは，これよりもずっともっともらしく，理論的に保守的な説明が利用可能なのだから，この種のやり方は理論的に無駄であると認識している．

2. **御しがたい刺激**．これまでみてきたように，多くの欲求は何らかの身体的刺激，あるいはそうでなければ，適応的無意識のレベルで発生する行動性向（たとえば共感など）に反応し，「言語参入手番」を通して志向的計画システムに導入される．そのような刺激に個人がどのように反応するかには，志向的計画システムの範囲内で一定量の「遊び（free play）」が存在する．たとえば通常，注目を得ようとして競合する複数の刺激が存在しているので，個人はそれらに対してある種のスケジューリングを課そうとするだろう（これは，各欲求に対して付与された相対的優先度の水準に反映される）．非常に空腹を感じるとき，私は通常の場合，何かを食べる欲求を獲得することによってこれに反応する．忙しくて仕事を中断して食べる時間がないときには，この欲求に対して相対的に低い優先順位を付与するかもしれない．私はそれを完全になくしてしまうことさえ決定するかもしれない．しかし，そうすることは背後にある刺激をなくしてしまうものではない．私は依然として空腹なのである．こうして食べないことを選択したにもかかわらず，私はいずれ方向転換し，中断して食べることで刺激を手なづけようと意思決定するかもしれない．しかしそうしながらも，まだ自分が，本当はそんなことをしているべきでないと考えていることを見いだすかもしれない．しかし，このことは意図的・反選好的選択のケースになることはない．意思決定の時点におけ

る，私のすべてを考慮した上での判断は，仕事を中断して食べるべきというものだからである．欲求を持たなくてもよいということを私が望んでいるという事実は，欲求に基づいて行為することが，この環境のもとでの「より少ない善（lesser good）」を選択することであるということを意味しないのである．

　似たようなケースとして，私が難しい課題に集中しようとしている場合を考えよう．この課題は，私が繰り返し失敗しているもので，挫折感が高まりつつあることを感じているものである．（もちろんこの身体的刺激は，私が時間をかけて挫折として認知することを学んだものにすぎない．このようにして，私は自分がしていることを止めたいというますます強まる欲求を獲得することになる．私の欲求を構造化している，私自身の身体的状態に関する暗黙的モデルによって，私はその活動を停止することが感覚の緩和をもたらすと推測するようになるからである．）最初にこの挫折感を感じ始めるとき，それは非生産的であるとか，私はもっと集中できる人間になるべきだ等々ということを認知しているかもしれない．その結果として，私が挫折感に屈服し，諦めるならば，私はある意味で弱さを示したことになる．しかしこれは，特別の種類の説明を要するような弱さの形態ではない．私はある身体的刺激を経験しないことの方を選好しているが，それを経験してしまうことを所与とすると，志向的計画のレベルにおいて何らかの仕方でそれを処理することが最善なのである．この状況において，私の「より良い判断」は挫折感に屈すべきでないと命じているというような，大雑把な語り方が存在している．しかし，私のより良い判断は，私が空腹に慣れるべき，あるいは高所を恐れないようにすべきだともいうかもしれないのである．

　最後に，私が対立した諸欲求を持ち，そのうちの1つに基づいて行為することが，他のものよりも大きな努力（たとえば注目，集中）を必要とすることを認識しているような場合があるかもしれない．このようなことは，第1の欲求が適応的無意識によって生成された行動性向と一致し，他方がそのような性向の抑制の行使を必要としているようなときにしばしば起こりうる．たとえば，私は気のいい人になるという欲求を持つと同時に，人々をからかうことを楽しむ欲求も持っているかもしれない．前者の欲求に基づいて行為することは，会話における自分の行動を恒常的に監視していなければならないので，当初は，より大きな注意を必要とするだろう（時間とともに気のよ

いことが習慣のようになるだろうと予想するだろうが）．こうして，私は第1の欲求を，条件がもっと良くなるときまで再スケジュールすることを決定するかもしれない．（たとえば，私はこのことを後でやろうと決定するかもしれない．たとえば，仕事のストレスが小さくなったときや，夜にもっと眠れるようになったとき，あるいは年齢とともに柔和になったときに．）物事を非時間的に見るならば，私の「最善の判断」は，私は気がよくなるべきだということである（すなわち，気がよくなりたいという欲求が最高度の優先順位を付与される）．しかしここでも，このことは，意思決定の時点における私のすべてを考慮した上での選好が気がよくなることであるということを意味しない．

　3．選好のダイナミックな不安定性．人々はしばしば自分が欲しいものに関して心変わりするものである．私は事前にパーティで飲まないと決意するかもしれないが，会場に到着したときに簡単に気が変わるかもしれない．次にメレの例を使ってみよう．「周到な熟慮の後に，今ここで傷を負った馬を撃つという意図を形成した人が，その頭に狙いをつけながら，その悲しげな目を見てしまい，意志の弱さによって，結局命を救ってあげるのが最善だろうと決定する．しかし，馬を撃つことを止めたことは，派生的アクラシア的行為である．ここでもまた，われわれの関心は厳密にアクラシア的な行為である．」[11] この行為は，メレの見解では，厳密にアクラシア的な行為ではない．この人は自分の心を変えるからである．もちろん，選好の変化は過去の決意を破ることを含むかもしれない．この人は馬に対する同情の感情に屈しないと誓いを立てたのだから．しかし行為がアクラシア的でありうると思われているのと同じ意味で，選好の変化がアクラシア的でありうるということは自明なことではない．私の信念と欲求は，ある義務的スコアづけの実践によって構造を与えられているとともに，理由を与えたり求めたりするゲームの外部の出来事に対して感応的である．その結果，私はある瞬間に自分の必要性に適合することになった信念と欲求を単純に採用（ないし維持）する選択をすることはできない．私は迷信的な信念を決して採用しないと誓うかもしれないが，何らかの神秘的経験がそれを押しつけることを発見するかもしれない．同様に，私は決して動物に同情しないと誓うかもしれないが，このコミ

---

11) Mele, *Irrationality*, p. 19.

ットメントが特定の状況のもとで打ち負かされるのを見いだすかもしれない（たとえば，感情予測［affective forecasting］の失敗によって）．もちろん私は，この感情がしばらくすると消失し，以前の選好順序に復帰していることを見いだすかもしれない．しかし，このことは意思決定の時点での私の行為をアクラシア的なものにはしない．私は意図的により小さな善を選択したのではない．私は単に状況の圧力のもとで，何がより大きな善を構成するものなのかに関する考えを変えたにすぎないのである．

これらの短いリストは，厳密なアクラシア的行為と推定されるどの事例に対しても，常に代替的な仮説が存在するということを示唆している．さらに，これらの代替的仮説は理論的により保守的なので，すべてのこうした暫定的にアクラシアと思われている事例が，実際，厳密なアクラシア的行為を措定することなしに説明されうるか否かという疑問が当然に発生する．結局のところ，意図的・反選好的選択と一時的な選好逆転（つまり誰かが心変わりし，一瞬の後に再び元の状態に戻ること）との間の相違を見分けることは非常に難しい．たとえば，禁煙しようとしている喫煙者の典型的行動を見るならば，あらゆる証拠が示唆していることは，ついつい煙草に手を出してしまうときに彼らがしていることは心を変えることであり，ひとたび渇望が弱まると以前の選好順序に戻るということである[12]．

しかしながら，哲学者たちはこうした結論を引き出すことを嫌ってきた．主な理由は，彼らが一般的に，なぜ主体がそのような一時的選好逆転を経験するのかに関する十分な理由を理解してこなかったことにある．とりわけ主体の選好を評価のシステムとみなすならば，世界で何も変化していないときに，これらの評価がある瞬間から他の瞬間へと変化する理由は何もないように思われるのである．要するに，喫煙しないことがすることよりも全般的に良いのであれば，なぜそれは各瞬間において良いはずだと言えないのだろうかということである．この結果，人々の欲求はデフォルトでは動学的に安定的であると仮定する（すなわちこのパターンからのいかなる逸脱も，厳密なアクラシアのように特別な説明を要求すると仮定する）傾向が存在してきた．

---

[12] Lennart Sjoberg and Tommy Johnson, "Trying to Give Up Smoking: A Study of Volitional Breakdowns," *Addictive Behaviors* 3 (1978): 149–64. 喫煙することに対してあげられる「理由」は，反社会的行動に対する言い訳のために用いられる「中立化のテクニック」と驚くべき類似性を有している（第7章第5節を見よ）．

この議論に欠けてきたのは，割引という現象と，時間選好が主体のより現実的な選好と相互作用して動学的不安定性を生み出す仕方に関する理解である．これから示すように，割引に対するより洗練された理解は，意図的・反選好的選択を主体に帰属させる衝動を劇的に減少させることになる．このことはさらに，メレが考えていたような仕方で動機が評価から乖離することはありえないということを示唆するものである．

8.2　割引

　今日ある特定量の満足を受けることと，それを明日受けることとの選択に直面したときに，すべての事情が等しい場合，主体が今日受け取ることの方をより好むと考えることは完全に正当であると思われる．より一般的に，主体たちは，不確実性に対するいかなる関心とも独立に，後でよりもすぐに欲求を満たすことの方をより好むかもしれない．しかし，こうした心理学的な性向がわれわれにとってこれほど直観的に馴染み深いという事実にもかかわらず，哲学者たちは長い間，純粋な時間選好に類似するすべてのものに対して疑念を抱いてきたのである[13]．もし，すべてのことが本当に等しいならば，真に合理的な主体は，自分の選好がいつ満たされるかに関して無差別であるべきだと彼らは主張してきた．言い換えれば，そのことが将来に対するある種の不確実性を反映するのでない限り（この場合には，不確実性が信念を通して主体の期待効用に組み入れられるべきであり，予測される利得に対する割引として課されるべきではない），主体たちは意思決定をする際に将来の満足を割り引くべきではないというのである．

　この主張のもっとも厳密な定式化は，ヘンリー・シジウィックによるものである．彼は，合理性は「慎慮の原理（principle of prudence）」を課すのだ

---

13)　哲学的議論については，John Broome, "Discounting the Future," *Philosophy and Public Affairs* 23 (1994): 128-56 を見よ．経済学者たちの中にも割引に対して疑問を持つものがいる．Cecil Pigou, *The Economics of Welfare* (London: Macmillan, 1920), p. 25 を見よ．政治学の領域では，Jon Elster, *Nuts and Bolts for the Social Sciences* (Cambridge: Cambridge University Press, 1989), p. 44 を見よ．この論争はときおり，効用最大化戦略を計算する際に，自分自身の将来の満足を割り引く個人と，功利主義的計算を行う際に，他者の将来の満足を割り引く個人との無益な混同を伴ってきた．前者が問題含みとならない幾つかの点で，後者は問題含みとなる．

と主張している．

　われわれはこれを簡潔に，次のように表現することができるだろう．
「将来そ̇れ̇自̇体̇は，今以上とも以下ともみなされるべきではない」と．も
ちろんこのことは，現在の善が将来のそれよりも大きな確実性があるとい
う理由で正当に選好されてはならないということを意味しない．あるいは，
幸福に対する手段や能力の増加を通して，10年後の1週間は現在の1週間
よりも重要であってはならないということを意味するのではない．この原
理が確認していることは，時間の前後の違いだけでは，ある瞬間での意識
が他の瞬間での意識よりも重んじられる正当な根拠にならないということ
だけである．ほとんどの人に対してそれが実践的に表われる形式は「より
小さな現在の善をより大きな将来の善よりも選好すべきではない」（確実
性の違いを考慮して）というものである．慎慮は一般的に，現在の欲求を
満足させることの遠い帰結を理由として，現在の欲求（われわれは通常，
その対象やそれを満足させることをある程度のものでしかない「善」とみ
なしている）を抑制する中で行使されるからである[14]．

　もちろん，価値に関する客観主義者ならば，このように割引を禁止するこ
とを合理性の概念化に組み入れることは可能かもしれない．しかし，主体に
とって何が最善なのかに関する主体自身の意見を真面目に受け取る観点から
は，どうして実践的合理性の理論から時間選好を排除することができるのか
を理解することは困難である．時間選好が人間の選好の遍在的特徴であると
いう事実（ここから，負債が抵当によって確保されているときでも借りたお
金を利子をつけて返す義務が生じる）は別としても，時間選好がしばしば，
背後にある身体的状態——たとえば我慢できないという感じ——に対する反
応として生じるという事実も存在する．単純に，われわれは待̇つ̇こ̇と̇が̇不快
であることを見いだすのである[15]．同様に，しばしば，欲求に関連する身体
的状態の引き金が引かれるときには，欲求が短期間で強くなっていくことを

---

14) Henry Sidgwick, *The Methods of Ethics*, 7th ed. (London: MacMillan, 1962), p. 381.
15) 通常はそうだが，常にそうというわけではない．個人が負の割引率を示すような，ゆっくり味わうこと（savoring）や恐怖（dreading）という現象もある．

発見し，それに対してより高い優先順序を付与することもしばしばある．「時間選好」は，このことを描写するために通常用いられる言葉であるが，より正確には，それは遅延回避と呼ぶべきなのかもしれない．

　われわれの背後にある身体的状態のダイナミクスがどのようなものであれ，現に有している背景的状態を持つことがわれわれにとっていいことかどうかという問題は，われわれがそれを持つということを所与にしたときに，それに基づいて行為することが合理的かどうかという問題に関しては何も語ってくれない．われわれが我慢強くないということや，将来を大きく割り引くということが賢くないということに疑いの余地はない．実際，現在の文化的文脈において，遅延回避が不適応な進化的遺産の一部であると考える十分な理由が存在する．このことを理解するために，我慢強くないことと，それに密接に関連した現象である挫折感との間にある類似点について考えてみよう．われわれや高等哺乳類が挫折感を経験するという事実に対する非常にもっともらしい生物学的説明が存在する．挫折感は，生命体が無限ループに陥ることを防ぐという重要な機能を果たしている．コンピュータがこうしたループにはまる（すなわちコンピュータが「クラッシュ」する）頻度は，こうしたことに陥らないシステムをデザインすることがいかに難しいことなのかを示している．アリのように認知能力があまり洗練されていない生物は，ときおり無限ループにはまり（こうした無限ループのあるものは人間の実験者によって構築されたものである），死ぬまで何度も何度も成功することのない同じ活動を繰り返す．しかしわれわれの脳は，コンピュータやアリと同じ仕方で「クラッシュ」することが決してない．これは，より洗練された生物は，失敗が繰り返されることを記録し，それが遂行されるたびに失敗した活動に対する抵抗感を蓄積してゆき，それが恒常的に失敗するときにはいずれ諦めるようになるからである．このように，挫折する能力はときおり，ある努力を早めに諦めさせることになるかもしれないとしても，明らかに適応的価値を持っている．（これはゴルフのように，いわゆるときどきの強化活動［occasional reinforcement］を妙にやみつきにするといった奇妙な副作用をも持っている．）[16]

---

16) Howard Rachlin, *The Science of Self-Control* (Cambridge, Mass.: Harvard University Press, 2000), pp. 158-64 を見よ．

もちろんある観点からは，赤ん坊を眠りにつかせようとしたり，針に糸を通したり，バックハンドを完璧にしようとするときには，挫折感を感じる理由は何も存在しない．実際われわれは，赤ん坊はいずれ眠りにつき，糸が針の目を通り，バックハンドが上手になると信じる十分な理由を持っている．言い換えれば，われわれは自分がループに陥っていないこと，あるいは不可能な課題を遂行していないことを知っているのかもしれない．その結果，われわれは高まる挫折感を不適応，すなわち認知的「誤射」(cognitive misfire) であると認知するのかもしれない．しかしこのことを知るだけで，背後にある身体的刺激が追い払われるわけではない．したがって，挫折感に屈してこうした活動を諦めるという意思決定をしたり，後から新鮮な気分で再挑戦するために休みをとることには何も不合理的なことはない．また，先を見越した計画を立て，挫折感を回避するために，反復的活動を中断することを選択したり，他の人々と仕事を交換することを選択することもあるかもしれない．これらはすべて，強まる挫折感を回避するために，われわれが志向的計画システムの一部として学習した日常的な管理のテクニックにすぎない（こうした感じを無視することはいずれ，志向的コントロールを完全に失うことになる──だから赤ん坊をゆさぶったり，テニス・ラケットをつぶしたりする──ことをわれわれは知っているからである）．この種の自己管理は，疲労の兆候が出始めたときに，疲労困憊で倒れるまで仕事のふりを続けるよりもうたた寝することを学ぶことと原理的には何も異なることがない．

　遅延回避による短気の管理もまったく同じである．人間が満足を割り引く仕方と他の動物がそうする仕方には驚くべき類似性がある．少しの時間をおいてより少ない食糧をもらうことと，長い遅延の後により多い食糧をもらうことのどちらかを選択させられるときに，動物はしばしばすぐに少量の食糧という選択肢を選択するだろう．より多い選択肢の量を徐々に増加させると，ある時点で後でより多くという選択肢の選択に転換するだろう[17]．これには明白な進化的理由が存在する．これらの動物が確率の計算をすることができず，リスクを意思決定に組み込むことができないことを所与とすれば，我慢

---

17) Rachlin, *Science of Self-Control*, pp. 41–43; George Ainslie, "Impulse Control in Pigeons," *Journal of Experimental Analysis of Behavior* 21 (1974): 485–89. こうした実験で，暗黙的な割引率を計算することが可能である．

できないという感じと目先を特に重視する傾向は，不確実性に対処するためのよいヒューリスティック・メカニズムである．手元につかまえた1羽の鳥は通常，茂みにいる2羽の鳥よりも良いのである．もちろん，ひとたび人間が現われ，確率計算の仕方を思いつくと，背後にあるこうした性向は不適応的となるかもしれない（このために，シジウィックのような哲学者にとって大いに心に響く直観——「将来」に対して「現在」を特に重視することを不合理的だという直観——が出現するのである）．このことはこうした感情をコントロールしたり，できるだけ無視しようとすることの理由を与えるのだが，それを持っていることを所与とすれば，われわれがそれに反応したり，管理したりすることを不合理的なものとするわけではない．

　遅延回避という現象と危険回避という現象には，興味深く重要な類似点が存在する[18]．後者もまた一種のメタ選好であり，それを通して主体の他のすべての選好がフィルターにかけられ，不確実な結果に結びついたすべての欲求の優先順位を選択的に引き下げる（確率に起因する，価値の「数学的」減少以上に）．実際，危険回避と遅延回避は非常に密接に関係した現象である．終わりが決まっていない連続した賭けに直面した個人は，十分長く待つ意欲がある限り，大数の法則によって，くじの数学的価値に近い利得を得ることが保証されているからである．こうして，この賭けに対する主観的効用を低下させる危険回避は結局のところ，この収束が起こるまで待ちたくないということと等価であるということになる．危険回避の場合には，この行動は背後にある身体的刺激——結果の不確実性によって生み出される不安の感覚——に対する反応としても解釈することができる．人々が確実な事柄に対していくぶん過大な選好を持つ理由の1つは，それによって彼らが心配を止めることができるからである．彼らは，良い賭けの機会を逃した後に勝者がお祝いしているのを見るときや，何年も保険の支払いをしたあげく事故に遭わないときに，自分の意思決定を後で後悔するかもしれない．しかし，意思決定がなされた時点での選好を前提とするとき，このことによってその意思決

---

18) Rachlin, *Science of Self-Control*, pp. 150–55. 同一の賭けを無期限に繰り返す主体の場合には，危険回避は時間選好と等価なものとなる．というのも，主体に十分長く待つ気があるならば，自分の利得が賭けの数学的価値に収束することが保証されているからである．こうしてラフリンは割引がもたらす合理性の「パラドックス」は，アレのパラドックスが逆説的であるのと同様であると主張する．

定が不合理なものになるわけではない．

　遅延回避を表現するための標準的戦略は，形式的には危険回避の表現と非常に似たものになる．われわれの選好の集合に，将来の満足の現在価値を減少させるメタ選好を含めるのである．それはある場合には暗黙的に，他の場合には明示的に，割引率の形で表現されるものである．ある場合には，これはある思考を曖昧な仕方で軽視するという形式をとる（「そのことは，時期が来たときに心配しよう」というように）．またあるときは，それはずっと明示的なものである（どのような貯蓄率を選択するのかを決定するときのように）．また別のときには，自分の計画に時間的な「区切り」を設けて，選択の遠い将来における帰結を単に無視する．いずれの場合でも，主体が使用する割引率は，曖昧になりがちな背後にある性向に対する多かれ少なかれ極端な形での組織化を表現するものである．言語を用いて明示的選好を定式化する能力を，背後にある性向をより秩序だったものにし，より成功の見込みの高い長期計画を作成する手段として使用するのである[19]．過剰な挫折感を蓄積することを避けようとするのと同じ仕方で，過度に引き延ばされた満足感に結びついた否定的感情を避けようと努めるのである．

　遅延回避は非常に重要でどこでも見られる現象なので，経済学者やゲーム理論家たちは，時間的な広がりを持つ選択問題を扱うときはいつでも，自動的に各主体の効用関数に割引率を組み込んでいる．しかしながら哲学者たちはそれを無視する傾向を持ってきた．これはおそらく，この分野全体で割引率を疑っているためである．この結果，実践的合理性に関する文献においては，あたかも非時間的で永遠のものであるかのようにして「欲求」について語る傾向と，どの一連の行為を取るべきかに関する主体の「より良い判断」が時間を通じてほぼ不変であると仮定する傾向が存在している．バニラ・アイスよりもチョコレートを選好するといった，主体の非時間的欲求の一つひとつは，（カント的用語を用いると）「図式化（schematize）」され，実際に

---

19) そうだとしても選択のすべての領域に対して単一の割引率を課すことは，現実の選好に対する非常に極端な様式化を意味している．Dilip Soman, George Ainslie, Shane Frederick, Xiuping Li, John Lynch, Page Moreau, Andrew Mitchell, Daniel Read, Alan Sawyer, Yaacov Trope, Klaus Wertenbroch, and Gal Zauberman, "The Psychology of Intertemporal Discounting: Why Are Distant Events Valued Differently from Proximal Ones?" *Marketing Letters* 16 (2005): 354 を見よ．現実的なモデルであれば，より大きな文脈特殊性を許すことになろう．

アクセス可能な可能世界の集合上の具体的な選好順序に転換されなければならないのであるが，このことが認識されていない．言い換えれば，欲求というものは，日常的出来事の時間的列の中に挿入されなければならないのである．このプロセスにおいて，欲求は主体の遅延回避によって調節されることになるが，このことによって，すべてを考慮した上でのランクづけにおいて，その欲求に付与される優先度の水準が影響を受けることになる．バニラ・アイスはすぐに食べることができ，チョコレートは30分かけて解凍しなければならないならば，合理的主体がたとえバニラよりもチョコレートを好むという抽象的な選好を持っていたとしても，バニラを選択することは理解できる．30分後にチョコレートが出されるときに，この主体は自分の意思決定を後悔しさえするかもしれないが，それはこの意思決定を行ったことを不合理にするものではないのである．

すでに見てきたように，経済学者が用いる標準的な割引関数は，利子率とのアナロジーに基づいており，個人が将来の満足を実際どのように割り引いているかに関する経験的観察に基づくものではまったくない．このタイプの関数によって，1期間後に受け取る1単位の利得の価値を現在の利得で表現する割引因子（δ）が導入される．現在が$t=0$ならば，時点$t+x$における利得の価値はδの指数関数，すなわちδ^{t+x}とされる．これは自明のように思われるが，実際には，いくつかのいくぶん実質的な心理学的仮定に基づくものである．とりわけそれは，諸個人がある一定の長さの遅延に対して，その遅延がいつ起こったのか（たとえば，明日か数年後か）に関係なく，正確に同じ態度をとることを仮定している．

しかし実際には，諸個人がすべての遅延を同じ仕方で扱っていないこと，したがって諸個人は標準的な経済学モデルが示唆する仕方で将来を割り引いていないことを示す経験的証拠が多数存在する．ジョージ・エインズリーはこのことを，非常に簡単なさまざまな研究の中で例証してきた[20]．たとえば，すぐに現金化可能な100ドルの小切手と，3年後に現金化可能な200ドルの小切手との間の選択に直面したとき，多くの人々は前者を選択するだろう．しかし，同じ人々の多くは，6年後に現金化可能な100ドルの小切手と，9

---

20) George Ainslie, *Picoeconomics: The Strategic Interaction of Successive Motivational States within the Person* (Cambridge: Cambridge University Press, 1992).

年後に現金化可能な200ドルの小切手との間の選択に直面したときには200ドルを選択するだろう[21]．彼らが何を考えているのかを想像することは難しくない．第1のケースでは，人々は「3年は長い．100ドルを取った方がよさそうだ」と考える．第2のケースでは，彼らは「すでに6年間待っているのだから，あと3年はたいしたことじゃない．200ドルを選んだ方がよさそうだ」と考えるのである．

こうして，われわれが将来を考える仕方には，エインズリーが「ワープ」と呼ぶものが存在していることになる．遅延を我慢しなければならない時間が近ければ近いほど，われわれは遅延に対して忌避的になるように思えるのである．言い換えれば，われわれは単に我慢強くないだけでなく，目先ではさらに我慢に耐えられないのである．こうして，われわれの割引率の経験的にもっと正確な表現は，エインズリーが「双曲」割引関数と呼ぶものの形態をとることになる．これは，満足を目先でずっと大きく割り引くものである．たとえば人々がお金に対して持つ感覚のより正確な近似は，金額合計を$t+1$で割ることで得られる．ここでtは遅延の年数である．したがって，1年後の1,000ドルの期待効用は現在の500ドルと同じである（2年後では333ドル，3年後では250ドル，4年後では200ドル等々）．よりフォーマルには（ここで，rは個人的なばらつきを反映するもので，より大きな値はより我慢に弱いことを示している）[22]，

$$\sum_{t=0}^{n} \frac{u_t(a)}{1+r(t)} \qquad (8.1)$$

である[†]．

この関数の主要な特徴は，それが非常に近い将来において予期される満足については，大きく「かぶりつく」ときのように減少させるが，長期ではかなり平準化するということである．したがって，それは驚くほど多くの人々がクレジット・カードの負債を増やし，同時に退職にそなえて貯金するのはなぜなのかを説明することができる（もし人々が将来を指数関数的に割り引

---

21) George Ainslie, *Breakdown of Will* (Cambridge: Cambridge University Press, 2001), p. 33
22) Rachlin, *Science of Self-Control*, p. 39. また次も見よ．Ainslie, *Picoeconomics*.
† 分母の$r(t)$は，rがtの関数という意味ではなく，$r \times t$を表す．

くなら，20パーセントの利子率で借りる気満々の40歳の人は75歳で起こることにはまったく関心を持たないだろう）．

　抽象的にみるならば，この種の双曲割引関数の何が本質的におかしいかを理解することは難しい．理性的な人が遅延に対して忌避的でありうるという理由から，実践的合理性のモデルに時間選好を取り入れたいと思ったとしても，なぜ合理性が，将来のどの時点でも，すべての遅延に対して同じ仕方で感じることを要請するのかを理解するのは難しいのである．それは少なくとも，哲学文献で現在入手可能な理論より，ずっと完全な選好合理性の理論を必要とすることになるだろう．

　しかしながら双曲割引関数それ自体から目を転じ，このような割引関数に基づいて行為することの結果のいくつかを見るならば，この見方は変わってしまう．結局のところ，指数関数的割引関数のあまり評価されてこなかった特徴の1つは，(それが示す定常的性質のおかげで)「図式化された (schematized)」選好の動学的安定性を保証することである[23]．言い換えれば，選択肢 a が選択肢 b よりも時点 t で選好されているならば，他の時点においてもそうなるということである．個人が極端に近視眼的であるならば，その人は変わることなく近視眼的だろう．こうした人々は常により少ない目先の善を，より遠い時点のより多くの善よりも好むことになろう．

　これに対して，双曲割引は選好の動学的不安定性を生み出してしまう．ある特定の選択肢に対する期待効用は，非常に近い時点では（遅延の長さが短くなればなるほど）「急増する（spike up）」傾向を持つので，以前に優位にあると思われていた選択肢を上回ってしまうことがときに発生するのである．このことは，エインズリーの100ドルと200ドルの小切手の例ではっきりと理解することができる．今の時点では〔100ドルと200ドルの選択で〕100ドルを選択するが，〔6年後の100ドルと9年後の200ドルの選択で〕9年後に現金化できる200ドルの小切手を選択した人々に対しては，おそらく6年後に彼らのもとに行き，100ドルで200ドルの小切手を買うことができるだろう（潜在的にありうる賦存効果［endowment effect］を無視したうえでのこと

---

23) George Lowenstein and Drazen Prelec, "Anomalies in Intertemporal Choice: Evidence and Interpretation," in George Lowenstein and Jon Elster, eds., *Choice over Time* (New York: Sage, 1992), p. 121.

であるが).こうして双曲割引は,事前コミットメントと誘惑という現象を説明することができる.ヒュームはこのことをうまく描写している.

　私が12ヵ月後に遂行すべき行為について反省するときには,その時点でそれがより近接したものなのか離れたものかに関係なく,私は常により大きな善を選好する決心をする.このことに関するいかなる相違も,特に私の現在の意図と決心に相違をもたらさない.私と最終的決定との距離は,こうした小さな相違をすべて消失させてしまう……しかし,距離がより近くなると,私が最初に見逃していたこうした事情が現われ始め,私の行為と感情に影響を持ち始める.現在の善に対する新たな傾性(inclination)が湧き起こり,私の最初の目的と決意に確固として固執することを難しくするのである[24].

しかしながら,ヒュームがこのことを記述するのを選んだのは選好の逆転としてではなく,むしろわれわれの判断が情念に圧倒されることの例としてであった.「後者の対象が前者の対象よりも優れていると完全に確信していたとしても,われわれは自分の行為をこの判断によって規制することができず,常に近く,接しているものをより好んで弁護するわれわれの情念の誘惑に負けてしまうのである」[25].ほとんどの哲学者はヒュームに従ってこうした評価を受け入れ,この種の放縦を厳密なアクラシアとして分類する傾向にあった.これに対して,エインズリーの分析は放縦を合理化するような説明(少なくとも実践的合理性の理論に関する限り)を,選好逆転の帰結として提供するものである[26].「より小さな善」を選択する双曲的割引者は,意思決定の時点において,自分自身のすべてを考慮したうえでの判断と整合的に行為しているのである.

---

24) Hume, *A Treatise of Human Nature*, 2nd ed., ed. L. A. Selby-Bigge (Oxford:Clarendon, 1978), p. 536.
25) Hume, *A Treatise of Human Nature*, p. 535.
26) ちなみに,エインズリーはこのような記述を受け入れていない.「より近い経験を相対的に過大評価することは,われわれを依存症に弱くすることよりもずっと多くのことをもたらす.」彼は言う.「合理性の基本的性質の1つが整合性であるような文化においては,このことはわれわれを最初から不合理的にするのである.」*Breakdown of Will* (Cambridge: Cambridge University Press, 2001), p. 161.

以下の具体例を考えてみよう（図8.1）．これは，手持ちのお金が少ない人が土曜日の夜に映画を観に行くことと，日曜日の夕食のためにお金をとっておくこととの間で選択をしなければならない状況である．日曜日に夕食をとることに関する非時間的効用（10）は，映画を観ることに関するそれ（7）よりも大きい．2つのグラフは，この週のそれぞれの日におけるこれら2つの結果に対する期待効用を月曜日から描いたものである．左側のグラフ（a）は指数的割引関数（1日あたり$\delta=0.8$）を持った主体のケースを示しており，右側のグラフ（b）は双曲的割引率を持った主体（効用を遅延の「日数＋1」で割っている）のケースを示している．両方の個人は明らかに，日曜日の夕食のためにお金を持つことがより大きな善であることを理解することができる．また，両者とも月曜日には，このより大きな善の方を好むことから開始している．重要な違いは，双曲割引を行う人にとってはこの選好が金曜に逆転し，土曜日を通して逆転したままで，日曜日に再び逆転してもとに戻ることにある．したがって，この人を放っておくならば，日曜日の夕食のためにお金をとっておく決心するが，映画を観に行く機会が現われるときに気を変えて映画を観に行くだろう．

明らかに，主体たちには，将来の満足を双曲的に割り引くことを回避したいと思うあらゆる種類の十分な理由がある．双曲的割引関数を生成するような遅延回避のパターンを示すことは，選好合理性の観点からは不合理的ですらある．しかしこうしたすべてのことにかかわらず，エインズリーのモデルが成功裏に示しているのは，このような仕方で「誘惑に屈する」主体が，意思決定の時点において意図的・反選好的な選択に従事しているのではないということである．それどころか，この人の遅延に対する忌避がこの人の他の選好と相互作用する仕方のために，この人のすべてを考慮した上での選好が動学的に不安定であると考える十分な理由が存在しているのである．このように，厳密なアクラシアと見えるものは，実際には一時的な選好変化なのである．

たとえば，双曲割引には感情予測（affective forecasting）の失敗も含まれる（そして個人が過去の失敗を矯正するときに，選好逆転が発生する）可能性がある．人々は一般的に，時間の推移とともに自分の選好がどのように変化するのかを予測することがあまり得意でない．あるとりわけエレガントな実験では，学生たちは毎週の授業のときに食べるスナックを選択する機会

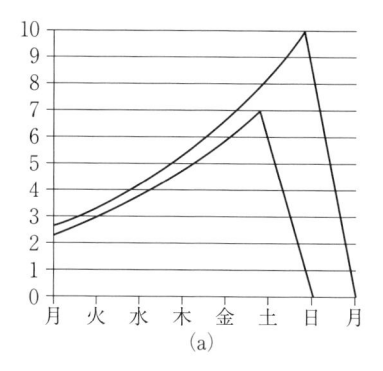

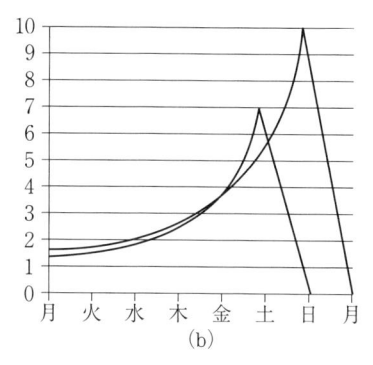

図 8.1　指数的割引と双曲割引

を与えられた．3週間にわたって6つの選択肢のメニューから選択するのである[27]．半数の学生たちは，毎回の授業の始めにその日に食べたいものを決定する機会を与えられるが，別の半数の学生たちには，これからの3週間の授業で何を食べるかを一度に選択する機会が与えられた（第3章第5節の「食事計画」と非常に似た仕方で）[†]．一度に選択する機会を与えられた学生たちのおよそ3分の2は，異なる3つの週に対して異なる3つのアイテムを選択した（したがって消費の多様性を最大化した）．しかし，逐次的に選択した学生たちのうち，3つの週で3つの異なるアイテムを選んだのは10パーセントに満たなかった．彼らは単純に自分の好きなものを再び（何度も）選択したのだった．消費の直前に3つのアイテムを選択する機会を与えられた第3の対照群は，ほとんどすべてが3つの異なるアイテムを選択した．つまり，最初の「一度きりの選択」に直面していたグループは飽和に関する間違った関心を示していたのである．1週間が経過すると，自分の選好がベースラインに「リセット」されるという事実を無視していたのである．

　一度にすべての選択をする機会を与えられた学生たちのほとんどが，自分の将来の選好に関して勘違いをしているのだから，おそらく彼らのほとんどは，そうする機会が与えられたならば，後になってから喜んで気を変えただ

---

27)　Itamar Simonson, "The Effect of Purchase Quantity and Timing on Variety-Seeking Behavior," *Journal of Marketing Research* 27 (1990): 150–62.
†　これらの2つのグループは毎回1つのアイテムを授業終了時に消費することになっている．後出の第3のグループは消費の直前に3つのアイテムを選択する．

ろう．彼らがしていることは自分の過去の誤りを正していることにすぎないのだから，これは完全に合理的である．しかし，双曲割引を行う人に関しても同じストーリーを語ることは容易である．6年もの間待ったところで，あと3年はそれほど重要ではないだろうという理由から，9年後に現金化できる200ドルの小切手を受け取る人は，同じような予測エラーをしているのである．この人は，6年後には，自分が直近の3年間の遅延の見込みに対して忌避的なのと同じように，3年間の遅延に対して忌避的だろうという事実を無視しているのである．こうして，6年後に3年間の遅延が実際には重要だとわかるとき，この人は自分の意思決定を変更したいと思うだろう．しかしそうするときに，この人は以前の予測エラーを正しているのにすぎないのである．

　もちろん，ここでの説明は主体に認知バイアスを帰属させることに依存している．したがって，全体的な選好逆転という事柄に関して，ほんのわずかな（soupçon）不合理性が存在している．重要な点は，主体がアクラシア的と思われるような意思決定を行っているときに，この主体は不合理に，あるいは自分自身のすべてを考慮したうえでの選好に反して行為しているのではないということにすぎない．もっとはっきりした例をあげてみると，出産のときに麻酔薬を使わないことを選好する妊婦に関する研究によれば，ひとたびお産が始まると大多数がこの意思決定を逆転させるが，分娩後1ヵ月たつと以前の選好に向けて揺り戻されることがわかっている[28]．私は，この逆転を「不合理的」と呼ぶことに（あるいは，分娩の際における麻酔薬使用のお願いを無視する医師を正しいと認めることに）誰しも躊躇すると思う．しかし，苦痛にどれだけ耐えられるかに関する非現実的な期待は，自分がどれだけ我慢強くなれるかに関する非現実的な期待とまったく同じ種類のものである．したがって単なる時間の経過だけでも合理的選好変化の原因として機能する可能性があるが，その理由は単に時間の経過が人の我慢強さを「テスト」するからにすぎないのである．

　哲学者たちに，エインズリーの分析のこうした側面を無視する傾向があったことは興味をかきたてる．たとえばメレは，エインズリーの仕事が，主体

---

28) Jay J. J. Christensen-Szalanski, "Discount Functions and the Measurement of Patients' Values: Women's Decisions during Childbirth," *Medical Decision Making* 4 (1984): 47–58.

が誘惑に負けるときに何をしているのかに対する非常にもっともらしい説明を提供していることを認識している．したがって，彼は割引に関するエインズリーの基本的な分析を受け入れている．しかし，メレがそれを自分自身の理論に組み込むのは，双曲割引が特定の欲求に結びつけられた「動機的」スコアを目先において突出させる結果をもたらし，評価に反する仕方でわれわれを行為させるのだと示唆することによってである．彼は単純に，割引を非認知的現象であり，われわれの評価的判断に影響するものではないと仮定している．しかし，上で提示した分析が示唆していることは，双曲割引に特徴的な選好逆転は，主体が自分の選好を合理的に再評価していることの帰結であるかもしれないということである．遅延忌避を示す主体たちにとっては，たとえ彼らの非時間的選好が不変であったとしても，動学的不安定性が彼らの選好システムの自然な特徴であるかもしれないのである．このように，エインズリーの割引の分析は，「動機的」スコアと「評価的」スコアという別個のものをわれわれの欲求に結びつける必要性を消去し，厳密にアクラシア的な行為が本当に生じるのかに関して重大な疑いを生じさせる．

8.3　応用

エインズリーの分析の大きな魅力の1つは，それが依存症に関する非常に説得力ある説明を提供してくれることである．依存症という現象を物質の摂取が創出する化学的依存性と混同する傾向が一般的であり，哲学者たちに広く共有されてもいる．この仮定は，たとえばニコチンやアルコールのようなある種の物質が主体の合理的能力を出し抜くことを可能にするような化学的性質を持っており，それを摂取することを意志に反して主体に強要するというものである[29]．これはいわゆる依存症の病気モデルと呼ばれるものであるが，今では評価が高くない．依存症は身体的依存性とは非常に異なるものである．身体のニコチンやヘロインに対する依存を断ち切るには数日しかかからない．これに対して依存症をなくすにはかなりの期間が必要となる．これは依存症が，物質が生み出す刺激（すなわち快楽）のパターンと，そのことが主体自身の意識的意思決定に対して及ぼす力から生じるからである．有害

---

29)　Watson, "Skepticism about Weakness of Will," *Philosophical Review* 86 (1977): 325.

な依存性のある物質に共通しているのは，それらが非常に急激に快楽を生じさせ，続けて，顕著な良くない残効をもたらすことである．この快楽が十分大きく十分早く来るものならば，将来を大きく割り引く主体は熟慮の際に，この残効に対してほんのわずかな注意しか払わないことになるだろう．

　タバコを吸うことがタバコを噛むことよりもずっと常習的である理由や，ヘロインの静脈注射がそれを吸うことよりもずっと常習的であることの理由はこれである．しばしば身体はどちらのケースでも同量の精神活性物質を摂取するが，問題はそれがどれだけ速く血流に（そして，そこから脳に）入るのかである．同様に，ヘロインとメタドンはどちらもアヘン剤（opiate）であって，それらの脳に対する影響は本質的に同じである．相違はそれらがもたらす刺激のパターンにある．メタドンは静脈からではなく経口摂取され身体に長く留まる．したがって，それはヘロインが生み出すような陶酔的感覚（いわゆる「ヒット」）をもたらさない．ヘロイン常習者がそれを止めるためにメタドンを摂取するのは，化学的依存性がなくなることに結びついた禁断症状を処理する必要なしに，常習性を断ち切ることを可能にするからである．他方，ペイン・コントロールのためにモルヒネを摂取する人々は遊びのためにそれを使用する人とは非常に異なる刺激パターンを経験し，しばしば常習性を発展させることがない．身体的依存を発展させ，モルヒネを中止したときに急性の禁断症に苦しむときでさえ，彼らは概して渇望に苦しむことがない[30]．

　図8.2は，常習性を持つ物質を特徴づける刺激パターンを示している[31]．末尾の部分で生じる不効用が割り引かれるのは，単に最初の部分で大きな快楽の突出があるからである．

　この分析は，あらゆる種類のものが常習的となりうること，それらは何ら特別な化学的性質を持つ必要がないことを明らかにしている．ニコチン，アルコール，ヘロインがたまたま特に常習的なのは，ますますひどくなる禁断症状のせいであり，このことがもう一度「ヒット」を感じたいというインセンティブを増幅させている．しかしこれらの物質と，ちょうど図8.2に示さ

---

30) Duncan Raistrick and Robin Davidson, *Alcoholism and Drug Addiction* (Edinburgh: Churchhill Livingston, 1985), p. 13.
31) Raistrick and Davidson, *Alcoholism and Drug Addiction*, p. 31.

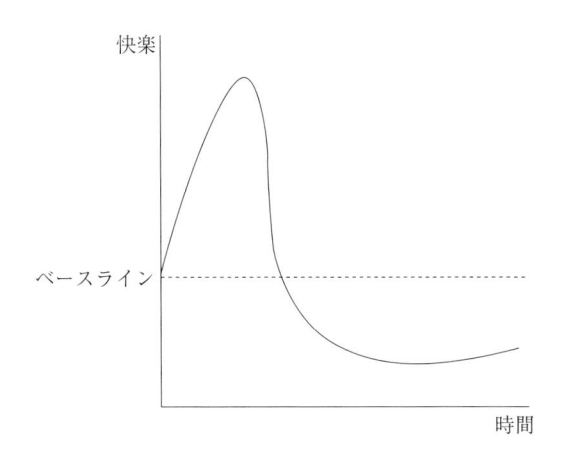

図 8.2 依存症のパターン

れたような刺激パターンを生み出すべくデザインされているさまざまな形態のジャンク・フードは，原理的に何ら異なることがない．たとえば，さまざまな塩味のスナック食品は時間とともに（とりわけ，塩の味を受け取る舌の上で）直ちにより大きな味覚をもたらすために，表面積を最大化するよう改良されてきた．そして，さえない後味がもう1個食べたいというインセンティブを生み出すのである．これは塩味のナッツから風味を加えたトルティーヤ・チップスに至るまで，すべてのものの秘訣である．

　エインズリーの分析の大きな長所の1つは，それが依存症という現象がどれほど広範囲にわたっているかを示してくれることにある．われわれのすべてが多かれ少なかれ将来を双曲的に割り引くという事実は，たとえ結局のところあまり満足度の高くないものだとしても，われわれは皆，抵抗することを難しくさせるような特定の報酬パターンを持つ活動の誘惑に対して弱いということを意味している．最初の部分で満足が高く，それに遅れて一定期間の不満足がやってくるような活動は，たとえ非時間的なパースペクティブからは後者が前者を十分上回るときでさえ選択される傾向がある．同様に，最初の部分ですべての不満足があり，その後により大きな満足が来るような活動は，たとえ非時間的なパースペクティブからは後者が前者を十分上回るときでさえ敬遠される傾向にある．

　もちろん，将来を指数的に割り引く主体ですら，図8.2の曲線のような刺

激パターンを生み出す活動に従事するよう誘われる可能性がある．したがって，なぜ主体たちが広い意味で近視眼的あるいは自己破壊的な活動に従事するのかを説明するのに，双曲割引に訴える必要はない．説明のために双曲割引が必要とされるのは，冷静な瞬間には，その活動が自己破壊的であると判断し中止する決意をしながら，後になって心変わりして継続するというようなときに常習者たちが示すパターンである．この種の選好逆転は単なる割引の帰結としては説明することができない．それは，短期を異常に過大に評価する割引の産物なのである．

哲学文献を顕著に特徴づける意志の弱さの典型例（喫煙，パーティでもう1杯ビールを飲んでしまうこと，遅くまで起きてしまうこと等）はすべて，こうしたパターンを中期において示すような活動の例である．しかしながら，短期や長期で発生する似たような現象はさまざまに存在する．エインズリーの分析を少し改変すれば，これらの現象を表8.1のように分類することができるだろう[32]．

もっとも重要な点は，割引に関するエインズリーの仮説が主体の側に厳密なアクラシア的行為を措定する必要がなく，これらすべての現象に対して驚くほど簡単な統一的説明を提供していることである．これは良いことである．なぜならば，表8.1は，メレの意志の弱さの分析が正しいならば不合理性がどれほど遍在的となるかを示しているからである．蚊にさされたところを掻いたり，ドリトス（Doritos）を食べたり，本を書かないでEメールをチェックするたびに，その人は不合理的に行動していることになろう．もし動機と評価の不整合が広範に存在すると仮定することを回避したいならば（広い意味でセラーズ的な理由から），これらを選好逆転として説明する方が理解しやすいのである．

エインズリーの分析は，主体が誘惑に負けるときに発生するさまざまな形態の不道徳性を説明するためにも応用可能である．慎慮と道徳性とのアナロジーは多くの人に気づかれてきた[33]．第6章と第7章の議論が示しているよ

---

32) 表8.1は Ainslie, *Breakdown of Will*, p. 64 に基づいている．「衝動」というカテゴリーは私が加えたものである．また，エインズリーが痒みよりもずっと短い刺激パターンとして分析している「痛み」のカテゴリーは消去した．これは興味深い理論であるが，私にはやや推測的なものに思える．私の議論には，このことに依存するものは何もないので，ここではこの分析は省略することを選択した．

記述	サイクルの長さ	問題と認識されるまでの期間	例
衝動脅迫	数カ月から数年	数年から数十年	ワーカホリック，けちや衒学のような人格の収縮
依存症	数時間から数日	数日から数年	薬物乱用，突発的な感情習癖
衝動	数分から数時間	数日	「テレビ・サーフィン」，過食，先送りのような悪習慣
うずき	数秒	数分	物理的痒み，強迫観念，チック，マンネリズム

注：Ainslie, *Breakdown of Will*, p. 64 に基づく．

表8.1　機能障害行動の諸形態

うに，適切な仕方で社会化した大人は規範同調的な選択性向を持っており，これが彼らの行為に際して，かなりの大きさの熟慮上の重みづけを社会規範に対して付与させる．この規範同調的な性向もまた，ある種のメタ選好として解釈することが可能である．すなわちそれは，結果と比較した行為に対する主体の選好の（つまり，欲求と比較した原理の）優先順位を高くするのである．このことは，ある特定の規範を自分の行為（conduct）を拘束するものとして受容する主体はまた，それに一致して行為するように動機づけられるだろうことを意味している．これ以上，わざわざその人のアニマル・スピリットを整合的なものにする必要がないのである．

　疑いなく多くの人々は，たとえば自分の兄弟をいじめたり，不倫したり，脱税したりすることは悪いことだと決めつけながらも，その機会が出現するとそうする衝動に抗しがたいことを見いだすというような経験していることだろう．「ヒューム主義的外在主義者」ならば，このことは次のように言って説明するだろう．彼らはこうしたことをすることが悪いと「知って」いるのだが，単にそうしないという動機づけを欠いているのである．その理由は，道徳的規範によって裏づけられた「外的」理由を適切な「内的」理由に変換するのに必要な事前の動機づけを欠いているからか，あるいは，適切な「内的」理由を持ちながら，何らかの理由でその理由に対する動機的スコアを評

---

33) Thomas Nagel, *The Possibility of Altruism* (Princeton: Princeton University Press, 1970), pp. 36-46.

価的スコアと整合的なものとして確保することに失敗したからであると．私の説明はもっと平凡なもので，しかるべき重大さを持ってその原理を受け入れることに失敗したか，道徳的だらしなさ——原理一般に対して適切な優先度を付与することに失敗すること——のためによって，単に，大域的な選好順序を決定する際に，欲求が原理よりも重視されるというものである．この世の中には，原理に対して欲求を上回る辞書的順序を付与する人はほとんど存在せず，したがって通常ほとんどの人には不道徳的行為を誘発するのに十分なインセンティブが存在しているのである．

エインズリーの分析は，欲求が原理を「圧倒する」ことがついカッとなって発生し，このことが，軽率なケースによく見られるように誘惑，逸脱，後悔というサイクルを生み出すという事実を説明することによって，この平凡な説明に対する追加的支持を提供してくれる．結局のところ人々は，平均的満足における長期的利益しかもたらさないようなものよりも図8.2に示されたような刺激パターンを示す欲求に誘惑される可能性がずっと高いのである．このことは主として，社会規範を尊重する性向が比較的「平坦な」満足のパターンを生み出すからである．規範は直接行為と結びつけられているので，それがもたらす評価は時間とともに変化しない傾向にある．これに対して，結果によって評価される行為は，その結果が時間的により近接したり，より離れたりするのに応じて，評価が変わる傾向を持つ．したがって，たとえば事前に嘘をつかないと決心しながら，嘘の利益が目の前に現われるときに，そうする誘惑が劇的に増大するということを見いだすということが簡単に生じるのである．これは暴力や浮気の場合にはもっとはっきりしている．

「平坦さ」に関するこの主張の1つの例外は，社会規範を破ることに関して突如として恥や不快感を感じることである．社会的ルールを破ることは思われているほどには簡単ではない．大抵の人々は，映画館の行列に厚かましく割り込んだり，バス停でまったく知らない人をつまずかせたりすることや，あるいは混雑したレストランで立ち上がって歌を歌うことですら，考えると恥ずかしく感じる[34]．（おそらくは人々の反応を観察するための社会学的実験として）こうした行為を遂行しようと決心するが，そのときになるとその決心がなくなることは容易に想像することができる[35]．非同調性に結びつけられた当惑はときおり，選好の動学的不整合性を生み出すほど非常に鋭いものとなる．これに対して，規範同調性から生じる正の満足感は時間を通じて

ずっと安定的なものに思われる．

　もちろんこれらの例はどれも決定的なものではないし，人々は，われわれが誘惑に屈するケースで何が生じているかに関して非常に異なる直観を持っている．結局のところ問題は，意志の弱さという現象をどのように記述したいのか——厳密なアクラシアとしてか一時的な心変わりか——ということにすぎない．内省，言語的直観，あるいは哲学的「分析」がこの問題を解決するというのは疑わしく思える．すでに示唆したように，「一時的な心変わり」仮説に賛成する，言語哲学から派生した強力な議論が存在している．しかしながら哲学者たちは，伝統的に厳密なアクラシアの説明に賛成してきた．それは，一見して気まぐれな心の変化を動機づけうるものが何なのかを，彼らが理解することができなかったからにすぎない．5分前には馬を撃つことがいいアイディアに思えたとしたならば，なぜ今はそれがいいアイディアに思えないのだろうか．5分間が経過したという事実以外には世界は何も変わっていない．だとしたらなぜ選好が変わるのだろうか．

　だからこそ，割引という現象により大きな注意を払うことと結びついたエインズリーの分析が非常に重要なのである．主体が時間選好を持つならば，世界状態に対する選好の一つひとつは時間でインデックスをつけられなければならない．このことによって，1週間が経過したという事実がどのようにして主体の状況に対する評価を変化させうるのかを理解することがより容易となる．もし，エインズリーが診断を下したように，主体の時間選好が双曲的構造を持つならば，主体の評価がどうして，われわれが意志の弱さとして特徴づけるようになった時間を通じた不整合性のパターンを示しうるのかを理解することが容易となる．もちろん，これは厳密なアクラシアという診断

---

34)　このことは，多くの道徳的清廉が，道徳的優柔不断と同じ構造を持っているという興味深い可能性を示唆している．人々がルールを尊重するのは，彼らがルールを破ることによる短期の不快を，フリー・ライダーの長期的便益との相対的比較で「過大評価」するからである．たとえば兵士たちの多くは，ひとたび最初の抑制が克服されたならば，人々を殺すことがきわめて「容易」になるということを発見して苦悩を経験したことを報告する．

35)　Stanley Milgram, "On Maintaining Social Norms: A Field Experiment in the Subway," in *The Individual in a Social World* (New York: McGraw Hill, 1992) を見よ．ハロルド・ガーフィンケルもまた，自宅で，それよりもずっと小さな「違反の実験」を遂行するように言われた学生たちの多くが，「そうすることが怖い」という理由でそれを遂行することができなかったことを報告している．*Studies in Ethnomethodology* (Cambridge: Polity, 1984), p. 47.

に対する決定的な反論ではない．しかしながらそれは，哲学的議論の構造を今日に至るまで大きく規定してきた，アクラシアの議論に有利な推測を消去してくれるのである．

8.4　自己コントロール

　これまでの議論は，実践的合理性の理論から排除されないという意味で，割り引くことそれ自体は不合理的ではないという私の主張に基づくものであった．この点で割引は危険回避や規範同調性に似ている．これらはすべて，非時間的選好の観点からは最大化をしていないように思われる一連の行為に主体を従事させるようなメタ選好なのである．こうして，このようなメタ選好を持つ主体は，長期の利益を逃して短期の満足を選択したり，数学的にはより良い賭けがあるのに「確実なこと（sure thing）」の選択を選好したり，規範を尊重することを選択して他の点では望ましい結果を達成する機会を逸したりするかもしれないのである．主体がこうした選好を持つならば，それに基づいて行為しない理由は原理的にはないように思われる．

　他方，こうしたメタ選好が原理的に排除されえないという事実は，主体が自分の特定の選好を反省したり，決して変更することができない，あるいはすべきではないといったことを意味しない．規範同調的な選択性向の場合，前章における超越論的論証はそのような考慮が無駄であることを示していた．しかしこのことは主体の割引率のケース（と危険回避の水準のケース）では明らかに異なる．実際，主体が通常採用する割引率があらゆる種類の悪さをすると信じ，したがって主体がそれを変更しようとするもっともな理由を有していると考えるに足る十分な理由が存在する．とりわけ主体には，双曲的割引率ではなく指数的割引率（あるいはもしかしたらゼロの時間選好さえ）を採用する正当な理由があるのである．

　この文脈において，社会化プロセスのかなりの部分が，子供たちが喜びを遠ざける能力を獲得するプレッシャーをかけることにかかわっていることは注目に値する（このことはおそらく，衝動性が年齢とともに着実に後退する理由の一部となっている）[36]．このことは，子供たちの人生は，将来に対す

---

36) Rachlin, *Science of Self-Control*, p. 44.

る割引を小さくするならばより良いものとなるだろうという親たちが広く抱いている確信を反映している．とりわけそれは，長期計画を発展させてそれをやり通したり，あるいはより一般的に，後悔の少ない人生を生きる能力を子供たちに与えることになるだろう．（経済学者たちは，コストのかかるシグナリング・システム――それは就職市場で「能力の高い」個人が自分を「能力の低い」ものから差別化することを可能にする――として教育の分析を展開することにかなりのエネルギーを費してきた．よりもっともらしい分析は，喜びを遠ざける能力を多く持つものと少なく持つものとを分離均衡が区別するというものだろう．）

とりわけ，大きな割引率を持つことによって，われわれが常習性やそれと似たような悪い習慣（たとえば夜遅くまで起きているとか，クレジット・カードの過度の利用，過食，先送り，ポルノの見すぎ，テレビゲームのやりすぎ，テレビの見すぎやネット・サーフィンのしすぎなど）に陥りやすくなるという事実は，より節度のある個人になるためのあらゆる理由を提供してくれる．したがって，われわれの欲求と選好の多くを暗黙裏に構造化している割引率を持つことに対して，しばしば正当な反論がなされることになろう．これらの欲求がすべて合理的熟慮を通して修正可能であるとするならば，1次的社会化や習慣が特定の割引率をもたらすという事実だけでは，その率がどのくらいであるべきかという問題は解決できない．もちろん，われわれの志向的計画システムの背後には，気を配らなければならない身体的・本能的システムが存在するので，われわれは理想的に思える率を自由に選択することが決してできない．将来の満足を割り引かないと単純に決意することは，挫折しないことを単純に決意するのと同様に成功しそうにない．それにはある程度の自己コントロールが必要となる．

自己コントロールについて考えるとき，この言葉の2つの意味を区別することが有用である．メレの自己コントロールの定義（主体による，欲求の動機的なランクづけと評価的なランクづけとの間のデフォルト的な相関水準）は，本質的に受動的である．この見解では，ある人が常に最善と考えることを行う傾向にあるならば，その人は多くの自己コントロールを有しているということになる．しかし，動機的スコアと評価的スコアがあまり揃っていない主体が，どのようにしてこの事実に反応するのか，という問題も存在する．メレは，こうした状況に反応して主体が採用するかもしれない多数の異な

る戦略——注目管理（attention management）がもっとも重要なものだが——の概要を説明している[37]．これは自己コントロールのより能動的な概念にかかわるものであるが，そこでは主体は何らかの方法で，自分の評価的スコアと動機的スコアが整合的となること（あるいは，自分の行為が評価に従い，必ずしも動機には従わないこと）を確実にするために介入する．それにもかかわらず，厳密なアクラシアの熱心な支持者たちにとっては，自己コントロールの能動的形態には何か謎めいたものが常に存在してきたのであった．おそらく，それをもっともうまく言い表わしているのはアリストテレスであり，彼は「水に溺れているならば，水を吐くために何を飲まねばならないのだろう」という問いを発している[38]．意志の弱さは非理性の理性に対する勝利を表現するものとして受け取られているので，それへの対抗策として，より多くの推論がどのようにして効果的となりうるのかは明らかでない．アクラシア的に行為しない十分な理由が存在するものの，もしこの十分な理由だけで決定的であるならば，最初から人はアクラシア的に行為していなかっただろう．

しかしながら，基本的に意志の弱さを双曲割引によって引き起こされた一時的な選好逆転の問題とみなすならば，能動的な自己コントロールはずっと理解しやすくなる．この見解によれば，将来を指数的に割り引く人（あるいは極限的なケースではまったく割り引かない人）は，言葉の受動的な意味で自己コントロールを高度に有していることになる．その人は常に最善と考えることを行うだろう．あることをしたいと思いながら，その後に気が変わる人——したがって将来時点で行うことを現時点でコントロールするインセンティブを持つ人——は双曲割引を行う人だけである．このとき，能動的な意味での自己コントロールが意味しているのは，双曲割引を行う人が選好の動学的不安定性をコントロールするために，あるいは選好の動学的不安定性に直面して自分の行動をコントロールするために採用する（合理的）戦略のことである．ここには何も不可解なことや逆説的なことはない．

能動的な意味での自己コントロールは，本質的には一種の事前コミットメ

---

37) Mele, *Irrationality*, pp. 51-52.
38) Aristotle, *Nichomachean Ethics*, trans. Christopher Rowe (Oxford: Oxford University Press, 2002), p. 191 (book VII.2 1146a).

ント戦略である．そのような試みは，予想される選好逆転が生じないことを確実にしたり，生じうる局所的な選好逆転にもかかわらず，大域的な選好順序が確実に同じになるようにしたり，あるいは生じうるいかなる選好逆転にもかかわらず，現在の選好に自分の行為が確実に一致するようにしたりすることによって行われる．後者のタイプの例を単なる過去の自己の専制ではなく自己コントロールの例としているのは，ひとたび一時的な選好逆転が過ぎ去ると，事前になされた意思決定が事後的にも承認されるからである．（もちろん意思決定がなされる時点では，この予想された承認は純粋に推測的なものであり，しばしば間違うことがある．誘惑に屈服して，予想された悪影響に直面しない場合，人々はしばしば自己コントロールの行使が努力に値しなかったと決めつける．したがって，計画が十分根拠を持って自己コントロールの行使であると特徴づけられるのは，一貫して有害なものであることが証明されている習慣を扱うときに限られる．）

　ここにおいて，事前コミットメントが達成されうるのは，内的メカニズムを通してか，外的メカニズムを通してかのいずれかであると認識することが重要である．自己コントロールの一般的説明書の中では，意志力の行使を含む戦略と，ある種の「次善策」を含む戦略とを区別することが有用である．主体は意志力の行使によって，予想される選好逆転が発生しないように，あるいはその影響が軽減されるように，直接的に自分の（暗黙的あるいは明示的な）割引率を修正するかもしれない．しかし，主体は自分の割引率を修正するよりもむしろ，自分を問題含みの選好逆転を生じさせる状況に置くことを回避することを選ぶかもしれない．あるいはその状況が不可避であれば，主体は何か他のインセンティブを再配置し，そのインセンティブが自分の現在の選好に対して最善な行為に有利に作用するようにするかもしれない．後者のものはすべて管理のテクニックである．これは根本的な問題——すなわち主体が将来を双曲的に割り引く傾向——を矯正するのではなく，それを回避し，したがって，根本的問題を残しているにもかかわらず，それが機能障害行動を生み出してしまうことを阻むのである．

　自己コントロール戦略は，以下のような見出しによって分析することが可能である．

　1. 意志力．主体の割引率は背後にある身体的状況——たとえば不安や我慢できないという曖昧な感じや，空腹や目先の性的興奮のようなより特定的

な身体的状態の急迫——に感応的ではあるが，こうした状況によってすべてが決定されてしまうわけではない．空腹を経験しつつある主体は，空腹にどう反応するかを決定する際，かなりの裁量を持っているのである．通常主体は，自分の「なすべきこと」のリストに「何かを食べる」という内容の欲求を追加し，自分の志向的計画を修正することによって，空腹の感じに反応するだけである．何を食べようと意図するか，いつ食べようと意図するかはすべて，食べたいという欲求と他の諸計画との相互作用によって決定されるだろう．さらに，主体は単に身体的刺激を無視するという選択肢も保持している（とりわけ他にもっと急を要する目標があり，それに配慮しなければならないならば）．その後で，刺激がより継続的で注意をそらすようなものとなり，他の目標遂行の効果を落とし始めたことに気づくならば，この欲求に「譲歩」し，「何かを食べる」を優先リストの上位にあげるかもしれない．他方，この欲求を無視し続けるかもしれない．

　正確にはここで何が起きているのだろうか．空腹を感じることは，何かを食べたいという欲求を採用することの，ある程度までの根拠しか構成しない．通常はこれは単純な言語参入手番となる．すなわち主体は，知覚された身体的刺激の水準をほぼ反映した優先順位を持った志向的状態——すなわち食べたいという欲求——を採用することによって，身体的刺激に反応する．しかし主体には，たとえばダイエットしているとか，時間通りに仕事を始めたいといった，食べないということのある程度の理由もあるかもしれない．このとき主体は，食べたいという欲求に反するこれらの理由に反応して，食べたいという欲求に関する優先順位を下方修正するだろう．（このような熟慮の様式が持つダイナミクスを正確にどのように特徴づけたいかはここでの争点ではない．）そうするとき，主体は自分の計画の中で，完全に身体的刺激に基づくときにそれが受けるだろう優先順位よりも低い優先順位を，その活動に対して付与することによって，自分の食物に対する必要性を「コントロール」する選択をしているのである．これは，われわれが意志力について語るときに通常考えていることである．

　こうした理由から，注目管理が効果的な自己コントロールの重要な要素となる．脳は通常さまざまな刺激で充満しており，それらの刺激すべてが注目を獲得するために互いに競いあっている．この競争の原動力は概してコントロール不可能であるものの，人々はさまざまな程度でそれに影響を及ぼすこ

とができる．すでに見てきたように，計画を言語という媒体で定式化することは，そうするためにわれわれが利用することができる重要な道具である[39]．空腹のような特定の身体的刺激は時間とともに強くなり，注目を獲得する競争においてより効果的になり始めるだろう．他に食べない理由があり，したがって空腹の苦痛を無視する選択をした主体は時間の経過とともに，この計画の遂行がますます困難になっていることに気づくことになる（そして極限的なケースでは，志向的コントロールの喪失に悩まされることになる）．したがって，計画通りに行動するための重要なテクニックの1つは，何か他の行動や思考に没頭することによって空腹の刺激が注目を確保するのを阻止することである．

　この見解からは，意志力の失敗はどのように説明されるのだろうか．報告書執筆のために働き続けていて，空腹を感じ始めた人のケースを考えてみよう．仕事に没頭しているならば，この人は最初はこのことに気づきさえしないだろう．しかし，このことに気づき始めたときには，道路をわたってサンドイッチを買うことと，今している仕事をもう少し継続することの得失を量ることになる．この人が生産的に仕事をしていると感じ，あと2時間食事休憩を取らないと決心したとしてみよう．この人は自分の関心を再度報告書に向けて仕事にとりかかる．しかし時間が経つにつれて，ますます空腹の苦痛で気をそらされていると感じることになる．関心を再度報告書に向け続けるが，1時間ほどするとついに折れてサンドイッチを買いに出かける．仕事に戻ってきたときには，心はすでに報告書には向かなくなっており，自分の意思決定を後悔する．

　このことを特徴づける際の間違ったやり方は，これをアクラシアまたは不合理性の例として特徴づけることである．この人が非志向的な身体的状態（空腹）と（働きたいという）欲求を有しており，サンドイッチを買いに出かけたときに，前者が後者に勝ち，この人の行為を決定するようになるというわけでもないだろう．また，身体的刺激が増すにつれて，2つの欲求（1つは食べたいという欲求で，もう1つは働き続けたいという欲求）のうち，前者がそれだけでより大きな動機的力を獲得したというのも違う．われわれが扱っているのは，身体的刺激の変化に反応した，合理的な心変わりなので

---

[39] Daniel Dennett, *Consciousness Explained* (Boston: Little, Brown, 1991), pp. 195-96.

ある．主体は身体的刺激に根拠をもったある程度の食べる理由を持っており，報告書の重要性から導かれた，ある程度の食べないという理由も持っている．主体は当初，後者に反応して食べることの優先順位を低く見積っていたが，2時間にわたって身体的刺激を無視する自分の能力を計算ミスしたのである．この主体が「折れる」のは，身体的刺激が食欲に付与する優先順位に対する自分の見積りを変更するからである．当初変更しないと誓った欲求の優先順序を変更したことには，不合理性が含まれているかもしれないし，含まれていないかもしれないが，欲求が変わった後に，その欲求に基づいてこの主体がとった行為に何ら不合理性が含まれていないことは確実である．

2. 自己管理．厳密な形態での意志力は，現在利用可能な最善の理由に従って何をしようとしているかを決定し，身体的状態が変化しようが（そしてひょっとしたら外的状況が変化しようが），その計画を固守することにかかわるものである．極端なケースでは，このことは単に自分の熟慮に対して単一の指数的割引率を課し，そうすることが背後にある身体的状態のレベルで生み出すかもしれないあらゆる不快を無視するということに帰着する．しかしながら，「遠い将来よりも現在を好ませる，自分あるいは他人における，あの魂の狭隘さを人間は根本的に矯正することができない」というヒュームの主張にある程度の真実があることは確かである[40]．言い換えれば，ほとんどの人々は自分に対して1つの割引率を課すことがどうしてもできないのである．こうした理由から彼らは，より大きな問題となる一時的選好逆転を回避するために，さまざまな間接的戦略や計略を用いることになる．注目管理のように，これらのうちのあるものは行為にとって非常に重要であり，意志力の要素として考えるのがもっとも良い．しかし，他のものは次善策（work-around）により近いものである．たとえば代替的な満足の使用について考えてみよう．身体的刺激には極端に非特定的となる傾向がある．そこでわれわれは，それが何であるかを決定し，特定の内容を持った欲求の形成へと進むために，しばしば環境的手掛りに頼ることになる．われわれは皆，

---

[40] Hume, *A Treatise of Human Nature*, p. 537. この節は，「彼らは自分の本性を変更することができない」と言って，さらに続く．引用された節が正しくなるのは，人々が遠い将来よりも現在を好む傾向を根本的に矯正することができないという主張が強調されるときだけである．このことは，彼らがその傾向に影響を与えることができないということを言っているわけではない．

おそらく，何かを食べる必要性を感じつつも，それが何かがわからないままに台所を歩き回った経験を持っているだろう．タバコに対する渇望ほど特定的なものですら，それとしては現われず，容易に誤って空腹と同一視されてしまうことがある．禁煙の努力をする人々は，タバコに対する強い渇望に直面するときにスナック食品を食べることで，この非決定性を利用することができる（この反対も真である．ダイエットしている人々は空腹を感じたときにタバコを吸うことがしばしばある）．こうしたことはそれほど満足できるものではないが，身体的刺激を管理可能な水準に保つのにいくらかの助けになる．

　同様にして，自分の人生の重要な領域において満足を抑えなければならないというかなりのプレッシャーに晒されている人々は，周辺的な領域において「熱狂する」ことを選択するかもしれない（極限スポーツをやったり，ある消費カテゴリーに過度な支出をしたり等々）．彼らはまた，ある部面における克己心の行使に対して自らに報いるために，他の領域で自制心を緩めるという選択をするかもしれない（たとえばレポートを時間内に仕上げることと引き換えに，高価なランチを楽しむとか）．実際には，彼らは自分の生活の別の領域で異なる暗黙的な割引率を適用することで，我慢できない感じや欲求不満の感じを切り抜けるという選択をしているのである．特定の戦略の効果は個人ごとに異なるかもしれないが，ある活動から生じる喜びがスピルオーバー効果を持ち，主体がコントロールしようとしている活動に関連する刺激レベルを引き下げる可能性があることに疑いの余地はない．人々はまた，自己コントロールを試みるための努力が過大な緊張を強いると考える領域では，単にそのような努力をしないことを選択するかもしれない．エインズリーはこうした領域を「失敗領域（lapse district）」と呼んでいる．ここでは，過去の失敗が「衝動コントロールの全般的な喪失の前兆となった」ので，「意志の努力を敢えて試みない」のである[41]．（この失敗領域が臨床的観点から注目すべきものになるときに，それが「症候」と呼ばれることになると彼が付け加えていることは参考になる．）

　人々がある特定の意思決定について考える仕方も，彼らが適用する割引率に対して重要なインパクトを与える．たとえば人々が貨幣額で問題を処理す

---

[41] Ainslie, *Breakdown of Will*, p. 149.

るときには，選好の動学的不安定性を呈する度合いが小さくなることが観察されてきた．エインズリーはこのことに対して1つの説明を提案している．それは，貨幣が直接消費されずに購買時点で消費財に変換されるので，満足の時間的に拡張した系列の代役として機能するというものである[42]．この結果，貨幣は効果的に選好の集合全体——そのあるものはすぐに満たされ，他のものは後になって満たされる——を「束ねる」のである．このために，時間的近接性によって引き起こされるある財に対する欲求の一時的な急増は，より近接していない財に対する欲求と組み合わされるときに，より平坦なものにされる傾向を持つだろう．したがって自分の支出習慣をコントロールする最良の方法の1つは，自分の消費を純粋に貨幣額で考えることである．たとえば，購買の一つひとつをそれが家計予算に対して持つ全般的影響という観点から考える等々．

3．環境管理．自己コントロールのもっとも過小評価されている側面の1つは，人々が選好逆転に苦しむ状況に自分を置くことを回避するために講じている方策である．マハトマ・ガンジーの禁欲へのアプローチは，2人の裸の女性の間で眠ることだったかもしれないが（そうすることで禁欲を純粋な意志力の練習にしている），不倫をどうにか抑制しているほとんどの男性が成功しているのは，彼らがそのような状況に身を置かないからである（そして，可能性が低くとも，そのような状況が発生した場合には回避的行為をとる）．実際，ガンジーの「ブラーマチャリヤにおける実験」には，あたかも徳が競争的に実践される公開競技でもあるかのように，どこか自慢気なところがある．普通の人々にとっては，誘惑に屈することを回避する標準的方法は誘惑されるような状況を回避することである．

この種の環境管理はあまりにも至るところに見られるので，その多くが気づかれないままである．ときに明示的な経験則が存在する．食料品の買い物に行くのは，きっちり食べてからにしろ．禁煙したいなら，トイレにタバコを流してしまえ．ヘロインをやめようとしているなら，新しい友達の輪を獲得しろ．学位論文を書きあげたいなら，インターネット回線を外せ．お金を使いたくないなら，現金を持ち歩くな．より微妙な例だが，人々の家——それは自分自身で作り上げた環境である——の中にも，その人が育んだり維持

---

42) Ainslie, *Breakdown of Will*, pp. 100–101.

したりしたいと思っているような習慣や日課に対するサポートとして機能する多くの要素を見つけることができる．台所にある食料の種類，テレビの場所，運動器具，作業空間はしばしば「外的足掛り（external scaffolding）」[43] となるが，これはある種の活動を容易にし，他の活動を難しくするように（あるいはある種の活動が特定の活動と結びつきやすくするように）デザインされている．

　もちろん，自分の環境に依存している程度が大きい人々もいれば，小さい人々もいる．実際にはほとんど意志力を持たなくても，環境管理の創意工夫によって自己コントロールすることができる，非常に強い自己コントロールを持っている人々は多く存在する．ホテルのように，いつもと異なる環境に置かれたときに，彼らの型にはめられた習慣が崩壊する程度を観察することによって，そのような外的足掛りの重要性が理解できる．（たとえば，家では寝室にテレビがないという理由だけで，テレビを見ながら夜更ししすぎてしまうかもしれないのである．）

　4. 協力．自己コントロールのもっとも過小評価されてきた側面の1つは，他の人々を用いて，自分が決意に従うのを助けてもらうことである．ヒュームは，お互いにこの種の手助けを提供できる能力が，実際，「市民統治と忠誠心」[44] の基礎をなしていると論じた．ひとたび最善の計画を決めてしまえば，その計画を固守することを保証するような仕方で，自分のことを罰したり，制約したりする権限や，自分の代わりに行為したりする権限さえ他者に与えることができる．（ユリシーズが船員たちに命じて自分をマストに縛りつけさせ，その後のすべての命令を無視するようにさせたことは古典的な例である．[45]）

　われわれが正しい道から外れないようにするために，どれほど他者に依存しているかはしばしば見逃されている．生得的な認知能力を増幅するために，脳が物理的環境の諸要素（たとえば鉛筆，算盤の珠や言語的記号）に植民地を設けるのと同じ仕方で，われわれは，とりわけ補完性を利用できる場合に，

---

43) この用語は Andy Clark, *Being There* (Cambridge, Mass.: MIT Press, 1997) による．次節において，さらなる議論がなされている．
44) Hume, *A Treatise of Human Nature*, p. 537.
45) Jon Elster, *Ulysses and the Sirens: Studies in rationality and irrationality* (Cambridge: Cambridge University Press, 1979) を見よ．

他者の認知能力を同じ目的のために使用しているのである．したがって通常，夫婦の間には，お金の出入りを管理する人，誕生日を覚えている人，車に乗った際にナビゲーターの役割を果たす人等々が存在している．仕事を効果的に分割することができる人々は，1人でいるときよりも一緒になったときに結局「頭がよくなる」．滅多に気づかれないのは，夫婦がお互いに口うるさくする権利を与えあうことで，明示的あるいは暗黙的な仕方で，自己コントロールを行使する負担を分割していることである．このことは家庭内の仕事の分業にも見られる——健康的な食品を買う可能性がもっとも高い人が食料品の買い物の責任を持つ可能性がもっとも高い人であり，お金を貯蓄して支払いを期限内に行う可能性がもっとも高い人がやりくりの責任を持つ可能性がもっとも高い等々．結婚している人々が平均的に，独身者，別居者，離婚者よりも幸せであるという事実には多くの異なる説明が存在しうるが，1つの要因は，夫婦がお互いの悪習を矯正するために恒常的に努力をしている度合いであるに違いない（もちろんこれは短期的には苦痛だが，長期的には有益な手続きである）．

伝統的に多くの社会的制度が，自己コントロールを促進するような仕方で，また個人が失敗する場合には代理でそれを行使するような仕方で組織化されてきたことも注目に値する．たとえば貯蓄をするための最善の方法は，給料が預金されると直ちに自動引き落しをする権限を銀行に与えることである[46]．（これは税金を支払うための最善の方法でもある．だから国家は源泉徴収を義務づけているのだろう．）雇い主は通常，給料を1年間一括ではなく，2週間ごとか1ヵ月ごとに支払う．また，従業員に補償する形態は単純な現金というよりも恩典である．北米のバーでは，強い酒はボトルでなくショットで販売されている．これらの例はいくらでもあげることができる．

5. ルール作り．最後に，人々が自分自身の行動を制約するためにルールを作成するというよく知られた現象が存在する．この種のルール作成を理解する最善の方法は，ある行為を遂行することに反対する相応の (pro tanto) の理由として，個人が原理に協力を求めているとみなすことである．その行為の長期的帰結を予想することから生じる欲求ベースの理由を強化するため

[46) より一般的には，Cass R. Sunstein and Richard M. Thaler, "Libertarian Paternalism Is Not an Oxymoron," *University of Chicago Law Review* 70 (2003): 1159-1202 を見よ．

である．したがって，ドーナツを食べる誘惑にかられており，その長期的な健康上の帰結だけでは抑止にとって不十分だと考えている主体は，その行為が違反することになるような何らかの原理を探すかもしれない．もしこれが成功するならば，彼はこの原理にコミットすることができ，それをドーナツを食べることに反対する理由として，健康上の帰結による反対理由に付け加えることができる．こうして，彼は節度ある行為（conduct）に有利になるように自分自身の規範的コントロール・システムを活用するのである．

もう1つの簡単な戦略は，良い習慣が身につくことに関して，他者の協力を仰ぐことである．ここでは，ある行為に結びつけられうる規範的力に依存しているのではなく，反復を通して構築することができる正のカセクシスに結びつけられる規範的力に依存しているのである．多くの人々は習慣的行動——毎日遂行する行為の集合——を持つことを好むものであり，そこからの逸脱はその帰結にかかわらず，不快の源泉となりうる．したがって，もし正しいルーティンの集合——健康的な食事，規則的運動，十分な睡眠——を獲得できるならば，このルーティンを固守することによる満足それ自体だけで，発生するかもしれない短期的な誘惑を退けるのに十分かもしれない（特に目前にある行為の価値が通常割り引かれないことを考えるならば）．

主体が自分の行動をコントロールする方法として，しばしば自分自身でルールを発明するという事実を理解することはこれよりも少し難しい．この現象の説明のために，これまで多くの仮説が提出されてきた[47]．しかしながら，これまで広く無視されてきた1つの可能な説明は，自分で課したルールが，当初は個人間の規範的コミットメントという外的足掛かりを用いて採用されたコミットメントの内面化されたバージョンを表現しているというものである．12ステップ・プログラムと支持グループの成功の一部は，各人が機能障害行動の矯正を他者の前で公に確約することができるという事実によるものである．グループに約束をし，自分の失敗は他者をがっかりさせるかもしれないという感覚を持つことは，遵守に対する追加的な規範的根拠を提供するものである．より一般的に，全員が問題を矯正しようとしている人々のグループの中にいるだけで，主体の規範同調的性向の引き金を引くことになるかも

---

47) 概観については，Ainslie, *Breakdown of Will*, pp. 78–85 と，Rachlin, *Science of Self-Control*, pp. 142–43 を見よ．

しれない.

　私は，自己に課したルールという現象は本質的に社会的コントロールのこうした外的メカニズムの内面化を表現するものと考えている．実際，人々はこの種の制約を記述する際に，しばしば個人間インタラクションのモデルを用いるものである（たとえば「自分に対して約束した」とか「神に約束した」というような言葉で）．また，内面化されたバージョンが個人間のバージョンほど効果的でないと信じるかなりの理由も存在する．たとえば依存症との闘いでの成功と社会的孤立との間には，非常に強い負の相関関係がある[48]．最初に外的規範に対する遵守の形態でルール遵守が学習され，その後に規範的自己コントロールが内面化を通して獲得されたのだとすると，このことは筋が通る．このことはさらに，計画能力や志向的状態を採用する能力を原基的なものとし，こうした能力を用いてルール遵守や社会規範の発生を説明しようとする理論家たちが，説明順序を逆転させてしまっていると信じる追加的理由ともなっている．

　このために，意志力の行使としてのルール作成と，管理技術としてのルール作成の間に明確な区別がないという事態がしばしば発生する．たとえば結婚式は両者の要素を継ぎ目ない仕方で結合するものである．その意見が気になる人々全員の前で約束することは，自宅の奥で約束することと同じではない．両方とも約束することを含んでおり，したがって自分にルールを課すことを含んでいる．しかし前者には，自分の現在と将来のインセンティブを構築するために，そのルールの遵守に有利に作用するような仕方でかなりの社会的・環境的資源を動員することが含まれている．

8.5　意志の補綴学

　第4章において私は，人間の脳の「生来の」認知能力を，それを増幅するために用いている外的メカニズム——社会的，文化的，物理的資源——から分離することはできないと論じた．両者は分離不可能であるだけでなく，それらを分離しようと欲することは奇妙なことでもある．そうすることは，人間的な認知様式が持つ固有の天賦の才を曖昧にすることになるからである．

---

48) Rachlin, *Science of Self-Control*, pp. 100-101.

アンディ・クラークは言う．

　進んだ認知は，推論を分散するわれわれの能力に決定的に依存している．すなわち，達成された知識と実践的知恵を複雑な社会構造に広める能力，言語的・社会的・政治的・制度的制約という複雑なウェブの中に人間の脳を位置づけることで，個々人の脳に対する負担を削減する能力である．……［人間の脳は］，他の動物や自律ロボットが持つ，断片的で特殊用途で行為指向の器官とそれほど違わない．しかし，われわれは１つの決定的に重要な点において優れている．われわれは，これらの無秩序な資源から複雑で一貫した行動を成型するために，われわれの物理的・社会的世界を構造化する名人である．われわれは，より少ない知性で成功するように，知性を用いてわれわれの環境を構造化する．われわれの脳は，われわれが平和に愚か者でいられるように世界を賢くするのである！　あるいは，違った仕方で見るならば，われわれが心と呼ぶ，賢く合理的な推論エンジンを最終的に構成しているのは，人間の脳にプラスして，これら大量の外的足掛りである[49]．

理論的合理性の本性に関するこうした反省は，われわれの実践的合理性の理解に対しても深遠な含意を有している．われわれの知性の構成に入り込むもっとも重要な「外的足掛り」は言語である．われわれはそれを当初は外的記号と社会的実践の集合として習得する．数えたり，分類したり，複雑な指示に従ったりする能力だけでなく，志向的計画に従事し，ときに混沌として対立するわれわれの行動性向に，線形で一貫した合理的秩序を課す能力を与えてくれるものは言語の習得である．意思決定理論がモデル化しようとしている合理的な最大化主体を作り出すのは，こうした能力の内面化である（そしてもちろん，行動経済学者たちが示してきたように，この内面化は部分的なものにとどまり，ある場合には断片的である）．だから，目標を追求して最大化戦略のようなものに成功する場合にわれわれのほとんどが何とかそれを成し遂げているのは，われわれの物理的環境（コンピュータ，紙の束，ポスト・イット，銀行口座等々）と他の人々（法律家，株式仲買人，同僚，配

---

49) Clark, *Being There*, p. 180.

偶者等々）を利用して，すさまじい数の認知的要求を「負担軽減（offload）」することによってである[50]．

　この外的足掛りの重要性を認識することは，必然的に「自律的」個人に関するわれわれの考え方を変えずにはおかない．哲学的（そしてキリスト教的）伝統は，慎慮に反する誘惑ないし反道徳的誘惑に関して，「重要」な自己コントロールの唯一の形態は意志力であるというように，外的なものに対して内的なものを特権化する傾向を持ってきた．しかし，われわれが自分の認知資源を増幅するために環境を構造化する仕方と，動機的資源を増幅するために環境を構造化する仕方にははっきりとした区別はない．この文はラップトップ・コンピュータで書いているが，私はこのコンピュータからすべてのゲームをきっぱりとアンインストールしたし，それはインターネットに繋がっていない．このように設定されているのは，執筆しなければならないときにゲームをしたり，ネット・サーフィンをしたりすることを抑える意志力が私にはないからである．したがって，多くの時点で私が書き続けている唯一の理由は，ゲームをしたり，ネット・サーフィンをしたりするには立ち上がって階段を下り，デスクトップ・コンピュータを起動しなければならないからである．言い換えれば，私は内的コントロールの意味で「自制」の失敗を経験していることになる．しかし私は，熟考の際に（「冷静な瞬間」に）支持する選好に基づくならば着手することになる行為に有利に作用するような仕方で，外的インセンティブを事前に組織化して「自制」を保持しているのである．内的戦略が外的戦略よりも何らかの仕方で優れていると想像することは，自己コントロール行使の1つのスタイルを他のものよりも恣意的に特権化しているにすぎないのである．

　多くの人々は自分自身の意志力を，限られた量しか割り当てられていない希少資源のようなものとして扱っている[51]．したがって人々は，どの誘惑を直接的にコントロールし，どれを環境を利用することで「負担軽減」するか

---

50) Andy Clark, "Economic Reason: The Interplay of Individual Learning and External Structure," in John Drobak and John Nye, eds., *The Frontiers of the New Institutional Economics* (San Diego: Academic Press, 1996), p. 271.
51) 彼らがそうすることは，おそらく正しいのである．Roy F. Baumeister, Ellen Bratslavsky, Mark Muraven, and Dianne M. Tice, "Ego Depletion: Is the Active Self a Limited Resource?" *Journal of Personality and Social Psychology*, 74 (1998): 1252–65 を参照せよ．

という予算的な意思決定を行う（記憶に留めるべきか，筆記すべきかを決定するのとほぼ同様に）．ビールを1ケース買ったうえで消費を制限すべきだろうか，あるいは6本パックだけ買って家に帰るべきだろうか．人々が6本パックでビールを買い，そうするために1本当たりでは多くの金額を支払うという事実は，外的コントロールが自己コントロールの重要な特徴であることを示唆している．このことは，深夜営業の酒屋が純粋に喜べるものではないことをも意味している．ある人にとってはより便利になる一方で，それは多くの人々が自分の自己コントロール・システムの一部として使用する外的足掛り（つまり，6本パックを消費した後にはもうビールが入手できなくなるということ）の一部をもぎ取ることにもなるのである．このように，酒屋の深夜営業は正しくは，自己コントロールを行使するためにかつて頼っていた社会的協力の1つの形態をなくしてしまい，人々の自律性を減少させるイノベーションとみなされるべきである．

　ジョエル・アンダーソンは，こうした外的足掛りが一種の人工装具（prosthetic）とみなされるべきことを主張してきた[52]．この観点からすれば，われわれは認知的補綴学，意志の補綴学，道徳的補綴学，そしておそらくその他にも多くのものを持っていることになろう．ある意味においては，手足を切断した患者から義肢を取り上げることは，その人の統合性にとって，最初に手足を喪失したこととまったく同じ程度の深刻な驚異となるかもしれない．しかし，ひどく近視な人の眼鏡を取り上げることについてはどうだろう．いじめっ子はそうしたことをいつもしているが，それは大抵の場合に，殴られたり蹴られたりすることよりずっとひどくその人を傷つける侵害である．さらに，誰かの衣服を取り上げることはどうだろう．「自然に」身体の一部であるものと，それに付加したものとの区別は，人格的統合性を考える際には役立たない．この状況は自律性と意志について考える際にもほぼ同様である．

　意志について考える際に，外的コントロール戦略に対して内的コントロール戦略を特権化すべきでないもう1つの理由は，異なる人々が，どの仕事を環境に負わせるのかに関して異なる選択を行うということである．食事に対

---

52) Joel Anderson, "Neuro-Prosthetics: the Extended Mind and Respect," in Marcus Düwell, Christoph Rehmann-Sutter, and Dietmar Mieth, eds., *The Contingent Nature of Life* (Dordrecht: Springer, 2008).

する渇望のコントロールを比較的容易に感じ，家いっぱいのチョコレート，キャンディ，スナック食品を保持している人もいるだろう．また，こうした渇望をコントロールすることが難しいと感じ，こうした品目のすべてを自分の家から確実に追放しようとする人もいるだろう．彼らは事実上，購買時点でコントロールを行使することを選択し，そうすることで消費する（あるいは場合によっては消費しない）時点でのコントロールを容易にする家の環境を創出しているのである．後者の場合に，彼らが内的コントロールではなく，外的インセンティブに基づいて行為しているという事実は，彼らの動機を低く評価する理由とはならない．重要な点は，彼らが自分自身で創出したインセンティブに基づいて行為しているということである．

　もちろん，外的なものに対して内的なものを特権化するという問題は，将来に備えた選択の場合にはそれほど深刻なものではない．それがもっと大きな意義を持つのは反道徳的誘惑に対する抵抗の場合である．哲学者たちの多くはカントに従い，過度に厳密な自律性の定義を採用してきた．それによれば，原理だけでなく，少しでも欲求の影響を受けることは主体の自律性への侮辱を構成する．もちろん，このことは義務に・一致して行われた行為と，義務から行われた行為との間の区別に反映している．このような区別は，主体たちが義務から行為しながらも，後に義務の動機を上回る誘惑に負けるだろうことを知り，義務に一致して行為することが自分の利益となるように自分のインセンティブをしばしば整えていることを無視している．言い換えれば，彼らはこの意志力の特別な行使の負担を環境を利用して軽減しているのである．カントの見解によれば，このことによって彼らの後者の行為は他律的になり，その道徳的価値が失われることになる．こうして，道徳的行為の圧倒的多数は最終的に超道徳的なものとして再分類されてしまう（彼の見解が正しいならば，真に道徳的行為が遂行されたかどうかを知る方法がないと言うとき，カントは確かに正しいことを言っている）[53]．

　われわれが記憶できる量が，書かれた形ですぐに使用できる情報のほんの一部しか表現していないのと同様に，われわれのほとんどが呼び起こすことができる道徳心の量は，われわれが周囲の環境を利用して「負担軽減」した

---

53) Immanuel Kant, *Foundations of the Metaphysic of Morals*, trans. Lewis White Beck (Indianapolis: Bobbs-Merrill, 1959), p. 13 (Ak 397).

もののほんの小さな割合しか表現していない．だから，多くの研究が，正直のような伝統的「徳」に結びつけられた安定的な性格特性が存在しないことを示してきたのである[54]．それはまた「悪の陳腐さ（banality of evil）」といわれる現象——なぜ人々はしかるべき状況としかるべき社会的環境におかれるときに嫌悪すべきことを喜んで行うのか——をも説明する．私はこれまでに，不幸にしてスタンリー・ミルグラムの有名な実験の参加者の1人になってしまったならば，自分もまた同胞に対して死に至らしめるほどのショックを与えていただろうと信じている人に出会ったことがない．その理由の一部は単なる希望的観測である（大学教授の94パーセントが自分の業績は平均的質よりも上であると考えたり，ほとんどの人々が平均以上の飲酒スキルを持っていると考えているのと同様に）[55]．しかし，その理由の別の一部は，われわれが自分の環境に依存している程度をまったく認識していないことの表現でもある[56]．同様に，われわれのほとんどは非常に複雑な算術ができると考えているが，筆記用具や計算機等を取り上げるならば「われわれ」にはまったくたいした算術ができないことが判明するのである．同様に，道徳的行為が優勢であるような社会的文脈から切り離されるときには，われわれはそれほど道徳的にならない傾向がある．これに反応する1つの仕方は，われわれはみな悪い人間であると仮定することである．もう1つの可能な反応——これは私が勧めるものでもある——は，道徳的意志に対するわれわれの伝統的理解を再考することである．

　もちろん，紙と鉛筆で算術の計算をするときには，稼働中の短期記憶の負担軽減分をどこに負わせたのかは非常にわかりやすい．道徳性はどこに対し

---

[54] 次を見よ．Gilbert Harman, "Moral Philosophy Meets Social Psychology: Virtue Ethics and the Fundamental Attribution Error," *Proceedings of the Aristotelian Society* 99 (1999): 315-31; John Doris, *Lack of Character: Personality and Moral Behavior* (Cambridge: Cambridge University Press, 2002)); John Darley and C. Daniel Batson, "From Jerusalem to Jericho: A Study of Situational and Dispositional Variables in Helping Behavior," *Journal of Personality and Social Psychology* 27 (1973); Lee Ross and Robert Nisbett, *The Person and the Situation: Perspectives of Social Psychology* (New York: McGraw-Hill, 1991); Walter Mischel, *Personality and Assessment* (New York: Wiley, 1968).
[55] Thomas Gilovich, *How We Know What Isn't So: The Fallibility of Human Reason in Everyday Life* (New York: Free Press, 1991).
[56] Timothy D. Wilson, *Strangers to Ourselves: Discovering the Adaptive Unconscious* (Cambridge, Mass.: Harvard University Press, 2002), p. 98.

て負担軽減の分を負わせるのだろうか．何よりもまず，それは社会的制度に対して負担を担わせるものである．われわれの日々の実践を規制し，日常的な社会的インタラクションにおける期待を構造化する規範は，われわれの道徳的生活を具体的に体化したものである．われわれのほとんどは，お互いに負っているものの詳細について日々刻々と考えるよりもむしろ，単純にルールに従っている．われわれは社会規範に同調するのである．このことは認知的負担を軽減する（それは行為の広範な帰結を予想することからわれわれを解放してくれるから）だけでなく，規範は社会的にサンクションされもするので，動機的負担をも軽減してくれる．それは認知の人工装具（prosthetic）であり，同時に意志の人工装具でもある．同類同士でのインタラクションはその重要な要素である．犯罪を犯すことを避ける最善の方法は犯罪者とのつき合いを回避することである．より一般的に，あるタイプの行為を行うことを予防する最善の方法は，人々がその種の行為を特にタブーとみなすような社会的文脈に身を置くことである．このことは，われわれが同調しようとする傾向を強化するだけでなく，そうしない場合のサンクションに対する恐れを抱かせることになる．人間知識のほとんどが書物の中に見いだされ，脳にあるのは一時的にすぎないのと同様に，人間的道徳のほとんどは社会的制度の中に見いだされる．もちろん脳と規範の関係は複雑であり，さらに詳細に論じられる必要がある．重要な点は道徳性を，社会的インタラクションを媒介するために，その「ときどき（on the fly）」あるいはリアルタイムに適用するある種の抽象的公式とみなすことは，エミール・デュルケムが言うように「道徳性の一端（summit）を基礎」と勘違いすることだということである[57]．

---

57) Emile Durkheim, *The Rules of the Sociological Method*, trans. W. D. Halls (New York: Free Press, 1982), p. 67.

第9章
規範倫理学
Normative Ethics

　オーストラリアのアザラシ猟の船の乗組員たちは，1835年ニュージーランドに到着した際，誤りを犯してしまった．彼らが途中で立ち寄った小さな群島には「魚と貝が豊富にあり，多数の住民が住んでいるが，戦い方を知らないし武器も持っていない」ことをしゃべってしまったのである[1]．このことで，彼らはニュージーランドの先住民であるマオリ族の人々の注意を，チャタム諸島とそこに住む遠い親類であるモリオーリ族へと向けてしまった．この2つの集団は同じポリネシアの祖先の子孫であるにもかかわらず，およそ1000年前にはお互いの存在を忘れてしまっていて，それ以来，非常に異なる文化を発展させていた．新たな隣人の存在について聞いたマオリ族が，500人の男たちからなる戦闘部隊をチャタムに送るという反応を示したときに，両部族の文化的相違の1つが劇的に示されることになった．平和的な紛争解決の伝統を持っていたモリオーリ族は「抗戦はせずに，平和，友好関係，そして資源の分割を申し出ることを評議会で決定した」．他方，マオリ族は攻撃を選択した．「続く2，3日の間に彼らは何百ものモリオーリ族を殺し，その身体の多くを調理して食べ，他のすべてのものを奴隷にしたが，2，3年のうちに奴隷にしたもののほとんどを殺してしまった．」征服に参加した者のひとりが説明するには，すべては「われわれの慣習と一致して」行われたものであり，マオリ族はこのことについてほとんど考えることがなかっ

---

1)　Jared Diamond, *Guns, Germs and Steel: The Fates of Human Societies* (New York: Norton, 1999), p. 57.

た[2]．

　ここには，「ナイス」な文化と「ナスティ」な文化とでもいうべきもの同士の遭遇の典型例がある．さまざまなポリネシア諸島に「ナイス」な文化が存在していることはよく知られている．ヨーロッパ人の探検的航海のもっとも初期の報告には，ヨーロッパ文明の見苦しい特徴——戦争，性的抑圧，あるいは貴族的階層システム——がまったく存在しないような社会に関する息を飲ませるような解説が含まれている．そうした慣習が支配的でないような文化の存在は，多くの人々によって，自国においてもこうした慣習を廃止できることの証拠であるとみなされた．しかしそこで熟考し，こうした「ナイス」な文化がもっぱら遠く離れた太平洋諸島だけに見いだされることが偶然ではないという可能性について考える人々はほとんどいなかった．もっと具体的にいうと，「ナイス」な文化が孤立した島だけに見いだされる理由が，戦わない鳥（fightless bird）がそのような島でしか見いだされない理由——自然の捕食者が存在しないこと——と同じである可能性を考慮しそこねたのである．もちろん，文化のケースで捕食者として行為したのは「ナスティ」なマオリであった（イスラム教徒が北アフリカで，漢民族がアジアで，アステカ人がメソアメリカで，ヨーロッパ人が世界のほとんどの地域で行ってきたのと同じように）．人間のすべての主要な文明が本質的に「ナスティ」な文化の上に築かれてきたことは偶然といえるのだろうか．

　この話の要点はこうである．もちろん，生物学的領域において利他的行動の発生と再生産を制限しているダイナミクスのあるものが，文化の領域においても作用していると指摘している点で，進化理論家たちは間違っていない．とても「ナイス」な行為規範を規定している社会規範のシステムがずっとナスティな行為規範にとって代わられることをどうしたら回避できるかは，明らかだとは言えない．このことはある意味では直観に反している．「ナイス」なシステムはしばしばパレート優位な結果を生み出し，「ナスティ」なシステムはパレート劣位の結果を生み出すので，分別のある人々は自動的に前者に引きつけられるだろうと考える，ほとんど抗しがたい傾向が存在しているからである．しかし歴史はこの想定を裏切るものである．利他的行為が「種にとって良い」場合，そうした行為のパターンが動物の間に発生するだ

---

2) Diamond, Guns, *Germs and Steel*, p. 54.

ろうと考えるのと同じ誤謬を，文化的領域においても犯すリスクにわれわれは常にさらされている．進化論的パースペクティブの利点は，人間同士の利他的ないし協力的行動を説明する上での問題点の存在——社会生物学的パースペクティブではなく文化的パースペクティブを採用したからといって直ちに消滅しない問題点の存在——を示してくれることにある．ほとんどの道徳哲学者たちはこの問題を理解すらしてこなかったので，解決案を展開することに関してもほとんど進展を見せてこなかった．

　そうはいっても，進化理論家たちの多くも行き過ぎている．彼らは，上述した根拠の上に立って，生物学的システムのダイナミクスを研究するのに用いられたのと同じ種類のゲームが，問題なしに文化的システムを扱うために拡張されうると仮定しているのである．以下，この戦略の限界について議論することから始めたい．その上で，新たな戦略について詳細に述べることにしよう．この戦略は，規範システムに対するより問題含みでない態度を採用しているとともに十分に「現実的」であり，複製の必要性が規範システムの内容に対して課している制約を考慮しているものである．

9.1　進化ゲーム理論の問題点

　マオリ族とモリオーリ族の逸話のような話は，文化的再生産のダイナミクスが，生物学的領域に存在しているのと同じような圧力から制約を受けているという見解の信憑性を高めるものである．しかしながら第6章において苦労して示したように，諸個人の遺伝的適応度に対する貢献という観点から特定の社会的制度を説明しようとする進化的理論は役に立たないものである．進化生物学は，人間という種において文化依存性が発生することを理解する上で重要な役割を果たしうる．それはまた，文化的伝達——すなわち道徳的懲罰を伴う同調的模倣——を支える生物学的「プラットフォーム」の構造を見分けるうえでも役に立ちうる．翻って，文化の発生は言語および志向的計画システムの発展を可能にする．しかしひとたび文化的伝達が作用するようになると，生物学的な選択諸力が特定の志向的状態の内容にまで「到達し」，それを決定することはできなくなる．その理由は，文化的プラットフォームの構造があまりにも適応度を高めるような性質を持ったものなので，生物学的には不適応なあらゆるタイプの内容の伝達を可能にしてしまうからであ

る³⁾．生物学は，文化的再生産の領域内においても強力なバイアスの源としては役立ちうるものの，もはや選択的な機能を果たさない．言い換えれば，生物学的要因は行動パターンの文化的適応度に貢献するかもしれず，どのパターンが選択されるかに対しても影響するかもしれないが，直接的な選択の力としては作用しえないのである．

　したがって，「集合行為問題における協力」を，生物学的な選択諸力によって直接的に育まれる選好として取り扱うことは不適切である．すなわち，「協力」と「裏切り」を戦略とする進化ゲームを設定することは，人間行動の分析としては経験的に不適切な社会生物学的枠組みに暗黙にコミットすることと同じである．もちろん，進化ゲーム理論家たちはこのことに対する回答を有している．彼らは言う．「協力」と「裏切り」が遺伝的にプログラムされた行動性向として解釈されるか，文化的に伝達されたミームと解釈されるかは重要でない．それらは同じ再生動学（replicator dynamics）に服しているのだから⁴⁾．利他主義が遺伝子であろうが，ミームであろうが，それ自身が広がっていくプロセスという点では同じ障害に直面している．すなわち，利益のすべては他者に帰属することになるのだから，利他主義は，模倣者を引きつけ，フリー・ライダーたちを思いとどまらせるという難題に直面するのである．したがって両方のケースにおいて再生動学を適用することが可能であり，問題としている「戦略」が生物学的なものか，文化的なものかにかかわらず，同じゲーム理論モデルが妥当するのである．

　このことは大体正しい．生物学的システムと文化的システムのどちらのモデル化にも再生動学を使用することができるのは，これらのダイナミクスの性質が非常に形式的なものだからである．標準的な方程式が表現していることは，ある段階における特定の変異 i の個体群における割合 p_i' は，それ以前の段階における i の割合に，その変異の適応度 f_i と個体群における平均的

3）　ピーター・J・リチャーソンとロバート・ボイドが書いているように，「文化的不適応はデザインのトレードオフから生じる．文化は広い範囲の環境に対する急速な適応を可能にするが，その結果として体系的な不適応へと導くものである．……遺伝子ではなく模倣を用いてダーウィン主義的システムのシミュレーションを行う際に，自然選択は利己的な文化的変異が広がることを可能にするような諸条件を創出したのである」．*Not By Genes Alone* (Chicago: University of Chicago Press, 2005), p. 188.
4）　たとえば，Brian Skyrms, *The Evolution of the Social Contract* (Cambridge: Cambridge University Press, 1996), p. 11 を見よ．

適応度 f との差を掛けたもので決定されるということに過ぎない[5]．

$$p_i' = p_i(f_i - f) \qquad (9.1)^{\dagger}$$

このことに反論すべき点はない．これが述べていることは，自分自身を再生産することが相対的に上手なものは，自分自身を再生産することが下手なものと比べて個体群内の比率を時間を通じて増加させる傾向を持つだろうという主張でしかない．より重要なことはこれが，「適応度」とは何か，それがどのように決定されるのかに関して実質的なことを何も語っていないという点である．したがって，再生動学が文化的用途に問題なしに適用されうるようなあらゆる仕方を想像することが可能である．たとえば，単語の使用頻度をモデル化しようとすることを考えてみればよい．多くの言語使用者の日々の生活における発話から一定の長さの部分を記録し，彼らの語彙の中で各語が発生する頻度を決定することができる．そして使用される語彙が時間を通じてどのように変化するのかを見るために，さまざまな時点で発話のサンプルを取ることができよう．ある語は使用されなくなり，他の語が導入されるなど，一定のドリフトに遭遇することは疑いない．こうして，異なる語に対して異なる「適応度」を割り当てるモデルを構築し，発話者によって発話される語の「個体群」の中でその語がより多く使用されることに，新奇性や話題性のような要因がどのように作用するかを示すことができるだろう．

このようなモデルに関しては，何ら反対すべきものがないと思われる一方で，それがもたらす問題点も容易に理解することができる．正確にいうと，何が語の「適応度」を決定しているのだろうか．決まり文句のような表現がポピュラー・ソングと同じような仕方で——すなわち心に焼きついて離れないことで——その再生産上の能力を獲得することは明らかである．流行語はウイルスのように人口に広がるが，やがて多くの人々が使用し始めると「燃え尽き」てしまう．「犬」や「ドア」のような他の表現は，その環境に犬やドアがどれだけ多く存在するかや，その操作やコントロールにかかわる指示を与える実用的必要性にその適応度を負っている．「その (the)」のような

---

[5] Herbert Gintis, *Game Theory Evolving: A Problem-Centered Introduction to Modeling Strategic Interaction* (Princeton: Princeton University Press, 2000), p. 195.

† (9.1) の右辺は p_i の時間微分 $\dot{p}_i$ でなければならない．

他の語は，純粋に言語内的な文法的慣習からその適応度を獲得している．「ありがとう（thanks）」や「ごめんなさい（sorry）」のような他の語は，われわれの社会的実践の諸側面によって決定されている（たとえば，英語を話す人たちのほとんどが「失礼します（excuse me）」と言う状況で，カナダ人は「ごめんなさい（sorry）」という）．

　これらの例を見ると，発話の中である頻度で発生する傾向性以外には，語の「適応度」を構成する単純な性質が何もないことは明らかなはずである．典型的な言語使用者の発話パターンの決定においては，あまりにも多くのことが発生しており，ある言葉が発生する頻度を決定する要因の単純な集まりを取り出すことができないのである．その結果，ある言葉の「適応度」を真に決定する唯一の方法は，それが時点t_1とt_2でどれほど使用されているかを見て，ますます使用される頻度が高くなる語はより適応度が高く，使用頻度が減少する語は適応度が低いと推論することである．厳密に形式的なレベルではそうすることを妨げるものは何もない．唯一の問題は，それが古くからの「適者生存」のスローガンを同義反復にしてしまうことである．適者は生き残るもの以外の何ものでもなくなるのである．

　生物学には比較的独立した適応度と生殖的成功の概念が存在しており，このことによって，特定の突然変異が個体群内の特定の対立遺伝子の頻度に対して持つ影響について確度の高い予測を行うことが可能となる．科学者がミバエに「微調整を加えて（tweak）」，目があるべきところに余分な足の組を生やすようにするとき，われわれはこのことが適応度を下げるだろうと予測することができる．こうしたミバエを一般的個体群の中に入れて，2，3世代にわたりチェックし，どれだけ多くの突然変異がまだ存在しているかを見る必要は実際ないのである．しかし，語に関してはそのような予測を想像することは難しい．たとえば，ユーモア作家のジェレット・バージェスが「ブロマイド（bromide）」という言葉を，つまらないものやありきたりのものを指すために用い始めたとき，彼はその反対を意味するものとして「サルファイト（sulphite）」という言葉も導入したのだった．前者は流行して標準的な言葉となったのに対して，後者はそうならなかった．彼はまた，まったく新たな新語を何十も考案しているが，そのうちで一般的に用いられるようになったのは，唯一「宣伝文（blurb）」という言葉だけだった．こうしたことを誰が事前に予測できただろうか．また，ある表現が他の表現よりも適応度

が高いということは，どのような意味において，その表現の特徴となるのだろうか．（「宣伝文」が「igmoil」や「tasivate」よりも適応度が高い理由は何なのだろうか．）

　以上の謎はすべて，語の使用の比較的単純なケースで発生しているものである．ここで文化的再生産について考えよう．これまでの議論は，文化的伝達の主要なメカニズムとして模倣に焦点を当ててきた．しかし，なぜ諸個人がある行動形態を模倣し，他の行動形態を模倣しないのかに関して，何ら具体的なことを言ってきたわけではない．ロール・モデルの認知的評価がほとんど行われていないような子供時代でさえ，その影響は非常に複雑である．膨大な量の伝達が家庭内での1次的社会化で行われており，それらは単純な垂直的伝達の形態をとっている．しかし，ひとたび子供が家庭の外に出始めると，伝達のラインは急速に込み入ったものとなる．同年代のグループだけでなく，地位の高い諸個人や，特定の制度的役割にある諸個人（たとえば先生など）が影響力の主要な源泉となる．個人がある特定の同輩グループとつき合ったり，ある特定次元の地位的な階層に反応したり，特定の権威ある人に肯定的あるいは否定的に反応したりすることがどのような動機によるものかについては，誰も確実なことを言うことができない．

　子供が大人レベルの洗練度に近いレベルで物事を成し遂げるようになると，その子が自分の行為に対して課する合理的吟味の水準が，文化的伝達をさらに複雑化することになる．その子は，さまざまな文化的親を盲目的に模倣する代わりに，さまざまな行動パターンの長所を反省的に評価し始めるかもしれないのである．その結果として，その子はすでに採用している文化的パターンを改訂あるいは拒否したり，以前には見なかったような行動パターンあるいは信念システムを探し出したり，既存のパターンを改善することを目的とした自律的学習に従事したりするかもしれない．ミーム学の文献は，文化的伝達の非認知的メカニズムに焦点を当てる傾向にある（たとえば，ある行動形態は，その行動形態に対して注意を向けさせることで模倣者を引きつけるが，他のものは社会的繋がりや社会的に認知されることを保証することで模倣者を引きつける．また別のものは快楽的な形の満足を提供することで，さらに別のものは認知バイアスを最大限に利用することで模倣者を引きつけたりする等々）[6]．しかしながら，これらすべての行動形態は合理的評価に服している．またそれだけでなく，認知的メカニズムもまた伝達の独立した

経路として機能している．他者から行動を変えるように説得されることで，行動を変化させることもあるのである[7]．

このように，文化的再生産のモデルにおいて「適応度」とみなされているものはブラック・ボックスにとどまっている．そのブラック・ボックスの中では，何十もの異なる要因のすべてが未知の仕方で，また非常に予測が難しい仕方で相互作用している．われわれが道徳性の理解に関心を持つならば，主要な問いはこのブラック・ボックスの「内部」で起こっていることの方が「外部」で起こっていることよりも重要かどうかということである．文化的パターンとしての協力の分析に進化モデルを応用しようとしてきた人々は，協力が文化的領域において低い適応度を持つと仮定してきたが，その理由は，他の種にみられる利他主義が生物学的領域において低い適応度を持つ理由とほぼ同じであった．こうした仮定によって，人間同士の協力の発生と再生産の条件を分析するのに同じ再生動学を用いることが正当化されるのである．彼らは，道徳性のミームはそれが宿主にもたらす効用利得のために（通常，宿主にとっての効用は利己的なミームに対する「適応度の増大」と同じではないという事実を隠しながら），非適合的（unfit）であると仮定することから始める[8]．こうして彼らは，文化のブラック・ボックスの「外部」にそれを維持するような外的構造（たとえば集団選択のような）を探そうとするのである．明示的に述べられていないが，ここではわれわれが，文化的領域において何が適合的（fit）で何が非適合的となるのかに関して，ある程度の自信を持って判断できるということが仮定されている．

しかし文化的再生産の一般理論が存在していないのに，われわれは，文化的複製子として何が「適合的」で，何が「非適合的」かということをどうして自信を持って言うことができるだろうか．ある文化的文脈においては自爆テロが非常に頑健なミームであることを思い起こすことが役に立つ．民族誌

---

[6] これは，まさにリチャード・ドーキンスの当初の議論が意味していたものである．*The Selfish Gene*, 2nd ed. (Oxford: Oxford University Press, 1989), pp. 192–98.

[7] Maurice Bloch, "A Well-Disposed Social Anthropologist's Problem with Memes," in Robert Aunger, ed., *Darwinizing Culture* (Oxford: Oxford University Press, 2000), pp. 189–203 を参照．この本には，他にも多くの有益な論文が含まれている．

[8] Daniel Dennett, *Darwin's Dangerous Idea: Evolution and the Meanings of Life* (New York: Simon and Schuster, 1995), pp. 362–63.

学者たちは，文化的領域において確立し再生産することに成功してきた社会的実践の異常なまでの多様性を何世代にもわたり記録してきた．首狩り，祖先崇拝，人間の生贄，独身の誓いなどがミームとして大きな成功を収めることができてきたのに，どうして平和，愛，相互理解はそうでないのだろうか．
　とりわけ，われわれは地位システム（status system）がどのように作用するかに関する科学的理解をほとんど持っていない．もちろん，われわれは社会の参加者として，社会において地位システムがどのように機能しているか——そして地位を上昇させたり低下させたりすることに何が必要か——に関する直観的把握を持っている．しかし誰も，なぜある特定の財や記号が地位の標識となり，他がそうでないのかを説明することができないし，ましてや予測することもできない．しかし，道徳性と地位との間には明らかに重要な関係が存在している（高い地位にある人の悪い行動はしばしば「信用の失墜」をもたらすのだから）．人々はより高い威信を持つ人の模倣をする傾向を持っているので，地位は文化的領域における「バイアス」を伴った伝達の重要な源泉としても機能している[9]．したがって，道徳性が文化的パターンとして存続しうるのは，それが威信を付与し，このことがさらに協力する人を文化的親とする可能性を高くするからだという可能性がある．
　同様にもっともらしいこととして，われわれが「呪術的思考」——自分が協力的に行為すれば，それが原因となって他人にも同じことをさせることになると信じさせる認知バイアス（あるいは同様の結論へと導くことになる楽観主義バイアス）——の犠牲者であるということも考えられる[10]．つまりわれわれが協力的に行為するのは，自分の行為が報いられる確率を慢性的に計算ミスしているからである．もしこれが真であるならば，文化的領域における協力の成功は，ミームと，それが作用する「ミーム空間」とが持つある内在的特徴の帰結ということになろう．（それは，ほかのある機能にとって適応的となる認知バイアスの副産物でさえある可能性がある．）こうして，協力が文化的パターンとして非常に「適合的」となる理由は，文化的再生産のメカニズムとその領域で作用している選択的諸力のタイプが，生物学的領域

---

9) Richerson and Boyd, *Not By Genes Alone*, pp. 163–64.
10) Eldar Shafir and Amos Tversky, "Thinking through Uncertainty: Nonconsequential Reasoning and Choice," *Cognitive Psychology* 24 (1992): 449–74 を見よ．

で支配的なものと顕著に異なるからなのだと考えられる．

　ショーン・ニコルズの道徳的感情理論の「自然化された」バージョンは，この種の仮説の上に成立している．彼の主張は，われわれの自然な感情反応（affective reactions）を決定している，利他的行為を生み出すことを目的とした標準的な生物学的適応が，文化的再生産の領域において増幅されるというものである[11]．こうした適応は適応的な心理という基礎の上だけで行為する種においては特に頑健というわけではないが，それが文化的再生産にバイアスを与えることができるために，文化的領域においてより強力なものとなるのである．それはリチャーソンとボイドが「内容バイアス」と呼ぶもの——文化的再生産の全般的ダイナミクスにおいて向社会的行動形態に有利に作用する——を生み出す[12]．したがって，共感というわれわれの自然的な感覚は，思われているほどには共感的に行為させるようなものではないものの，他者の厚生に対する関心から行為することを促進するルールを受容し再生産させる可能性を高めるのである．そして，こうしたルールが持つ動機づけの力が，顕著に高い水準での現実の共感的行動を引き起こすのかもしれない．

　もしこのような仮説が正しいならば，道徳性の場合，すべての興味深い事象は，進化ゲーム理論家たちが「適応度」のさまざまな決定要因を無視して設定しているブラック・ボックスの内部で発生していることがわかるだろう．したがって，再生動学モデルが協力の成功に関して特別な洞察をもたらすことはないだろう．このモデルは，人間同士の利他的行動パターンがそれを消去する圧力となる生物学的な選択諸力からなぜ隔離されているのかを理解することに役立つのだが，それ以上には，どうしてこうしたパターンが成功するのかに関して何も教えてくれないだろう．こうしたパターンが成功する要因を決定するためには，われわれは参加者のパースペクティブを採用し，文化的領域に対する直観的知識を用いて，協力的な社会規範の成功に寄与するいくつかの要因だけを取り出して分析した方がよいであろう．進化ゲーム理論の道具は，この問題に対していかなる手掛りも提供してくれない．（実際，「協力の進化」の分野の研究論文で検討されてきた仮説の範囲は，利他主義

---

11) Shaun Nichols, *Sentimental Rules* (New York: Oxford University Press, 2006), pp. 155-57.

12) Richerson and Boyd, *Not By Genes Alone*, pp. 155-56.

を文化的パターンとして維持するメカニズムのフォーマル・モデルを開発する欲求によって人為的な制約を受けてきたと疑わざるをえないのである．）

ともあれ，以上の考察が十分に説得的でないとしても，文化的パターンの理解に対するアプローチとしての進化ゲーム理論に対する最終的で決定的な反論が残っている．これらのモデルは，変異が実質的にランダムであるという仮定からスタートしている[13]．しかし文化の場合には，変異はしばしばランダムではない．とりわけ，人間のような知的な動物を扱う場合にはそうである．試行錯誤の学習ですら，行動におけるランダムな変異を含んでいることは滅多になく，ボイドとリチャーソンが「ガイドつきの変異」と呼ぶもの――そこでは，個人は何がよりうまくいくかに関する知的な仮説の上に立って行動を変化させる――を含んでいる．このことは進化的システムのダイナミクスを著しく変化させる．自然選択は成功しない変異を消去する「淘汰プロセス（culling process）」として機能するものである．

「ガイドつきの変異」はまったく異なる仕方で作用する．それは淘汰プロセスではないからである．諸個人はある形式の学習によって自分自身の行動を修正し，他の人々はこうして修正された行動を模倣によって獲得する．その結果，ガイドつきの変異の強さは人口における変動性の量には依存しない……．（したがって）バイアスを伴う伝達が自然選択との間に重要なアナロジーを持つのに対して，ガイドつきの変異はまったくそうではない．それは，遺伝的進化との間に良い類似物をまったく持たない文化的変化の源泉である[14]．

このことは明らかに道徳性の地位にとって重要な意味を持っている．しばしば人々は，たとえフリー・ライダー問題のために協力の利益の達成に困難

---

13) もちろん，生物学においてさえ，変異は真にランダムなものではない．DNAの分子構造がある変化を他のものよりも起こりやすくするからである．変異は，このDNAの表現型発現として生み出された構造の機能的性質に相対的にのみランダムである．たとえば，三心腔心（three-chambered heart）を持つ爬虫類における突然変異は純粋にランダムでないものの，四心腔心（four-chambered heart）に移行する可能性は，二心腔心（two-chambered heart）へと「回帰」する可能性と同じである．このように選択は進化的変化の方向性を決定することに関するすべての仕事をしているのである．
14) Peter Richerson and Robert Boyd, *Not by Genes Alone*, p. 116.

第9章 規範倫理学 447

を感じたとしても，協力の利点をきわめて明確に理解することができる．このことは，協力が，たとえランダム変異のプロセスにとってはそうでないとしても，ガイドつき変異のプロセスにとっては強力な「アトラクター」となることを意味している．人々はしばしば十全な協力に向けて動きたいと考えるが（たとえば内戦を終了させたり，腐敗をなくしたり，法と秩序を守ったり等々），このことは文化的システムのダイナミクスに重要なインパクトを与えることになる．しかし，こうした要因は標準的な進化ゲーム理論のモデルから排除されているのである．

9.2 道徳と黙約

もし以上の考察が正しいならば，進化ゲーム理論家たちは，客観化のパースペクティブを採用することによって協力について知ることができる量に関して過大評価する傾向を持ってきたことになる．文化的継承システムは単に規範に同調するわれわれの能力の産物というだけではない．それは，命題的に差別化された発話の発展を通して，自分自身で明示的に規範の内容を表象し，したがって規範に対する「2階の」態度を展開させる能力を個人に与えている．人々は規範について推論する．遺伝的システムではなく文化的継承システムにおいて，協力的規範が非協力的規範よりも良い成果を収めるという事実の説明は，部分的には，人々には協力的規範を採用することに対する十分な理由があるということである．したがって，規範合理性の理論が文化的進化の「ミーム的」モデルよりも有用である理由は，信念形成に関する認識論的説明が疫学的説明よりも啓発的である理由と同じである．（疫学的説明は，「覚えやすく」あるいは「感情的共鳴」を持つような科学理論の人気に貢献するかもしれないが，そのような観点で科学史を説明するには限界がある．）さらに，合理性を「単にもう1つのミームの集合」として特徴づけし直すことは，まったく役にも立たない．合理性は理由を与えたり求めたりするゲームを規制するルールを意味しており，したがって，言語的に定式化されたすべての文化的内容の再生産の根底にある構造の部分をなしているからである．

残念なことに，選好の非認知主義的理論ないし主観主義的理論を促してきたようなタイプの基礎づけ主義は，規範合理性のもっともらしい説明の発展

を阻害する傾向をも持っている．ここでの問題は2つある．第1に，基礎の探求（あるいは究極的根拠づけ［Letzbegrundung］）は，特定的な行為が道徳的か不道徳的かを決定するために適用できる単純な公式を探し求める傾向を生み出してきた（たとえば，定言命法や最大幸福原理など）．第2に，基礎づけ主義的な想定は，（文化相対的であるために）基礎づけ主義的な正当化の様式にあまり馴染まないような規範の地位を低くみるように哲学者たちを促してきた．したがって「道徳」とそれ以外の，たとえばエチケットのルールなどのような，単に「慣習的な」社会規範との間に区別が設けられることになったのである．その最終的な帰結として，道徳哲学者たちは自分たちのエネルギーを規範合理性の一般理論を生み出すことに向けるのではなく，正（right）と邪（wrong）を一挙に区別する方法の特定化を目的とする，極端に抽象的で非常に理想化された原理や意思決定手続きの議論に向けることに終始してきたのである．

　こうした傾向を拒否することが重要だと私は思う．先の議論を通して明らかなように，私は道徳的規範とより一般的な社会規範との間に明確な区別が存在するとは思わない．こうした明確な区別が存在すると考える人々は，表面上は道徳的ルールとその他の社会規範がきわめて類似しているように見える事実にもかかわらず，フィリッパ・フットが言うように，道徳的ルールにはそれを他の社会規範から異なるものにしている「特別な尊厳と必然性」が付加されているという直観に基づいて，そのように考えがちなのである[15]．実際，フットはこの主題に関する彼女の議論を開始するにあたり，道徳的ルールとエチケットのルールはともに「定言命法」の形式をとることに注意している．したがって，エチケットのルールに根拠を持つ命法は，たとえ「主体の欲求や利益との関係を欠いている」としても，「サポートを持たず，サポートを必要として」存在しているわけではない．そうした命法は「ルールの支持だけ」を必要としているのである[16]．しかし彼女は続けて「エチケットを考慮することは，自動的に理由を与える力をまったく持っていない」が，「道徳的考慮は必ず誰に対しても行為の理由を与える」と主張する[17]．これは，エチケットの場合には，「ある人が「行ったこと」を行う理由があった

---

15) Philippa Foot, "Morality as a System of Hypothetical Imperatives," in *Virtues and Vices* (Oxford: Blackwell 1978), p. 160.
16) Foot, "Morality as a System of Hypothetical Imperatives," p. 160.

ことを自分で否定したとしてもその人は正しいかもしれない」が，道徳性の場合にはそうではないという観察に基づいている[18]．

しかし，これが原則的区別を構成しているとは到底いえない．第1に，人々がもっとも重要な考慮に何ら訴えることもなくして，単にエチケットに従わないという選択をする権利を持つというのは，まったく明らかではないからである．さらに，自己利益に訴えることは適切であるように思われない．「本当に腹ペコだった」と言ったとしても，他の人々の食事の準備がなされる前にがつがつ食べ始めてしまったことは正当化されないのである．また，エチケットのルールに関心がないことを公言することが本当に自分の正当化に役立つかどうかも明らかでない．もちろん，エチケットの規範を破ることに対する正統な道徳的理由がある可能性があるが，道徳性のルールを破ることに対する正統な道徳的理由がある可能性もあるのである[19]．多くの人々は，どんな道徳的規範もそれと競合的な道徳的考慮の十分に重大な集合があるときには（あるいは十分に不快な帰結の集合があるときには），それを破ることが正当化されうると考えている．道徳的関心によってエチケットのルールが容易に覆されるという事実は，特に重要とみなしている規範の集合を指示するためにわれわれが「道徳性」という言葉を用いているという事実を反映しているにすぎない．

---

17) Foot, "Morality as a System of Hypothetical Imperatives," p. 161. 彼女はその後に再びこれを取り上げ，エチケットを考慮することは，「主体の利益や欲求と独立に，自動的に理由を与える力を持っていない」(p.176) と述べている．デイヴィド・ブリンクは，道徳哲学者たちの間で共有されているこのアイディアに同調し，エチケットのルールは合理的主体性の構造によって課されたものではないので，道徳的主体は「エチケットのルールのもとで生活する」必要がまったくないかもしれないと言う．David O. Brink, "Kantian Rationalism: Inescapability, Authority, and Supremacy," in Farrett Cullity and Berys Gaut, eds., *Ethics and Practical Reason* (Oxford: Clarendon, 1997), p. 281.
18) Foot, "Morality as a System of Hypothetical Imperatives," p. 161.
19) Richard Joyce, *The Evolution of Morality* (Cambridge, Mass.: MIT Press, 2006), p. 193 は「エチケットに従うことで高められるような利益を持つ人々のみ」が，ルールに従う理由を持つと示唆している．しかし，彼が制度に「真の拘束力」がないことを示すためにあげる例は，友人がスズメバチを食べるのを止めるために，口にものを入れたまま話す人についてのものである．私にはこれは，道徳的ルールがエチケットに対して切り札を出した明白な例であって，自己利益がエチケットに切り札を出した例ではないように思われる．友人がスズメバチを飲み込むのを止めるために，正当に破ることができるような道徳的ルールの例も数多く存在する．

エチケットは任意に選択可能なものであり，道徳性はそうではないという考えは，哲学的文献においてほとんど疑問視されてこなかったが，それは一見して怪しいものである．このことが疑問視されることなく受容されてきたことの理由の一部が，アカデミックな哲学者たちの間にある職業的歪みにあることは疑いないことである．彼らは，社会的黙約に対する軽視を知的深遠のしるしとみなしているのである（不思議なことに，彼らがこうした考え方を粗暴で敬意を示さない学生たちにまで拡張することは滅多にない）．また，その理由の一部が反文化的思考——それは人々がこうした種類の社会的黙約を息が詰まる抑圧的なものとみなすことを促してきた——の効果であることも疑いない．このため哲学的文献には，時代遅れのエチケットのルールに対する非難に満ちている一方（たとえばフットは「第三者の家への招待は第三者に対して回答しなければならない」という，おそらくほとんどの読者が聞いたことのないようなルールを冷笑している）[20]，日常生活の構造化において重要な役割を果たすルールに対する言及はまったくない（たとえば，見知らぬ人同士の物理的接触を制限するルールや，行列に並んでいるときの行動や会話での順序交代，アカデミック・セミナーにおける行為などを規制するルールである）．また一般的に哲学者たちは，われわれの社会におけるエチケットに対する高度に儀礼的な蔑視がそれ自身として規範的に実効化されていることに気づいていないのである（ちょうど，「カジュアル」な服装がしばしば「フォーマル」な服装以上に強力に非公式的な社会的サンクションによって実効化されるように）．

エチケットに対するこの誤解がどれだけ根深いものであるかを理解するには，少し反省してみるだけで十分である．エチケットのルールは，「礼儀正しいこと」と「失礼であること」という双対的概念をめぐって組織化されている．失礼であること，人を怒らせること，あるいは「無作法」を示すことは，他の人々に対する敬意を示さないことを記述するもう1つ別の方法でしかない[21]．こうしてわれわれはきわめて自然に，エチケットの退廃を道徳的過ちとして取り扱うのである．もちろん人が他者に対して敬意を示す正確な

---

20) Foot, "Morality as a System of Hypothetical Imperatives," p. 160.
21) Sarah Buss, "Appearing Respectful: The Moral Significance of Manners," *Ethics* 109 (1999): 795–826 を見よ.

仕方は黙約的（conventional）要素を含んでいる．しかし，同じことは道徳性についても言える．人々が最後通牒ゲームに反応する仕方は，北アメリカでは公平性の原理の遵守を反映しており，ニューギニアにおいては贈与を規制する規範の順守を反映している．われわれの社会では，後者の規範は「エチケット」として分類されているが，前者の規範は「道徳性」あるいは「正義（justice）」として分類されている．しかし明らかに，お金の分配の際に正義の要求よりも「単なる」エチケットに対する考慮を優先させているという理由で，ニューギニアの人々は不道徳的であるとは誰も言いたくないであろう．

別の例をとると，ほとんどの哲学者たちはためらうことなくセクシャル・ハラスメントを道徳的争点に分類することだろう．しかし，セクシャル・ハラスメントは性的暴行と同じではない．ハラスメントはほとんど完全に，エチケットのルールの違反を含んでいる．これらのルールは最近の発明ではなく，そのほとんどが何世紀にもわたって存在してきたものである．ジュディス・マーチンがいうように，「セクシャル・ハラスメントは非紳士的な行動に対する現代的な言い方である——これらは，2つの悲しむべきエチケットの侵害であるが，誰もがそれらをまったく新しいものだというふりをしているのである」[22]．過去の数十年に起こったことは，これらのルールがエチケットの身分から道徳性の身分へと「出世した」ということである．（同様に，性的行動を統治する非常に多くの規範が道徳性からエチケットへと「降格」されてきた．）その理由は単に，公共的領域におけるジェンダー平等性に対するコミットメントのために，われわれがセクシャル・ハラスメントをより深刻に受け取るようになったことにすぎない．このことがルールの本質の変化を含むと考えることに説得力がないのは，われわれの文化の中の誰もが1970年代後半のある時期までは，セクシャル・ハラスメントが道徳的に間違っていることを「理解」しそこねてきただけだと考えることに説得力がないのとまったく同様である．

道徳的ルールに特別の地位を与えるための，現代の哲学者仲間の間でより人気のある理由は，エリオット・テュリエルの仕事によって開始された道徳心理学の研究伝統に訴えることによって得られている．この仕事の目的は，

---

22) Judith Martin, *Miss Manners Rescues Civilization* (New York: Crown, 1996), p. 163.

「非常に幼い子供たちでさえ」道徳的ルールと黙約的ルールの区別を理解していることを示すことにある．多くの実験により，子供たちがたとえば他人を叩くことを禁止するというような道徳的規範を，エチケットの規範や日常茶飯事を構造化するルールよりも権威あるものとして扱うことが示されてきた．明らかに子供たちは，黙約的ルールの侵害をより深刻でないものとみなすだけでなく，それを権威依存的で文化特定的なものとみなしもする．それどころか，道徳的ルールは「無条件に義務的で，一般化可能かつ非人格的」なものとみなされる[23]．したがって，誰かを叩いてもいいかどうかと質問された先生がそうしてもいいと言ったとしても，子供たちはダメと応えるが，ボウルからスープを飲んでもいいかどうかと質問された先生がいいと言うときには，子供たちはいいと応える傾向を示すのである．子供たちは道徳的ルールに対して普遍性を帰属させる（すなわち，「道徳的ルールは他の国でも同じである」と言う）傾向を持つが，黙約的なルールに対してはそうしないのである．

こうした発見に基づき，（テュリエルを含む）何人かの心理学者たちは，道徳的判断と黙約的判断は完全に別個の認知モジュールで行われており，2つのルール集合は互いに素な領域を構成しているという驚くほど強い結論へと導かれていった[24]．これは非常にありそうにないことに思える[25]．第1に，そこでテストされてきた道徳的規範の集合は，特定の個人に対して明白に同定できるような害を与えるという比較的重大な違反を含むもので，きわめて狭いということに注意すべきである[26]．しかし「道徳性」がこれよりもはるかに広いものであることは確かである．たとえばリチャード・ジョイスは，これらの実験の権威に基づいて道徳と黙約の区別を受け入れた後，以下のよ

---

23) Elliot Turiel, Melanie Killen, and Charles Helwig, "Morality: Its Structure, Functions and Vagaries," in Jerome Kagan and Sharon Lamb, eds., *The Emergence of Morality in Young Children* (Chicago: University of Chicago Press, 1987), p. 169.
24) Elliot Turiel, "Distinct Conceptual and Developmental Domains: Social Convention and Morality," in H. Howe and C. Keasey, *Nebraska Symposium on Motivation, 1977: Social Cognitive Development* (Lincoln: University of Nebraska Press, 1979), p. 77.
25) Monica Bucciarelli, Sangeet Khemlani, and Philip N. Johnson-Laird, "The Psychology of Moral Reasoning," *Judgment and Decision Making*, 3 (2008): 121-39を参照．彼らは，証拠を注意深く見直したうえで，「道徳的推論は，たまたま道徳性にかかわる義務論的命題に関する通常の推論にすぎない」ことを示唆している（p. 126）．

うなことを道徳的侵害の例として用いている．「借りた本を返さないこと，サービスの悪いウェイトレスに対して失礼な振舞いをすること，ホテルの廊下から新聞の朝刊を投げつけること．」[27] 私には，子供がこうした規範のどれかを普遍的であるとか，権威から独立しているとみなすことは，まったく自明なことではないように思える．（図書館員が本を返さなくてもいいと言ったときはどうだろうか．ホテルのマネジャーがホールにある新聞を取っていってもいいと言ったときはどうだろうか．）

　道徳的行為／不道徳的行為の上の例はすべて他者を顧慮するものであること，そうした行為に対する許可はそれによってもっとも直接的に影響を受ける人でなく，関係のない第三者からやってくるものであることに注意することも重要である．（他の子供を殴ってもいいと言うのは先生であって，殴られる子供ではない）．他方，黙約的ルールは典型的には自分を顧慮した行動を含んでいる[28]．子供たちが，合意に基づく行為を禁止したり自己を顧慮する行動を禁止したりする道徳的規範について，どのように感じるのかを知ることは興味深いだろう．また，適切な比較には，他者を顧慮するような黙約的規範——そこでは，「害」はそれ自身に備わっているものではなく，黙約によって定義されている——も含まれなければならないだろう．（他の子供たちに唾を吐きかけることはいいか．おしっこをかけることはいいか．行列で彼らの前に割り込むことはいいか．）

　結局のところ，被験者たちが「無条件に義務的で，一般化可能で，非人格的」とみなすようなエチケットのルールを探しだすことは比較的容易である．ニコルズは，胸が悪くなるような行為を禁止する規範が道徳的規範とまったく同じ反応パターンを引き起こすこと（すなわち，人々がそのような規範の違反を「中立的な違反よりも許しがたく，より深刻で権威依存的でない」とみなすこと）を示すことによって道徳的／黙約的という区別の誤りを暴いて

---

26) こうしたラインに沿った，より詳細な批判については，Daniel Kelly and Stephen Stich, "Two Theories about the Cognitive Architecture Underlying Morality," in Peter Carruthers, Stephen Laurence, and Stephen Stich, eds., *The Innate Mind: Foundations and the Future* (Oxford: Oxford University Press, 2006),pp. 348–66 を見よ．
27) Joyce, *The Evolution of Morality*, p. 197.
28) J. G. Smentana and J. L. Braeges, "The Development of Toddlers' Moral and Conventional Judgments," *Merrill-Palmer Quarterly* 36 (1990): 329–46.

いる[29]．ディナー・パーティで自分のコップに唾を出し，それを飲む人のケースを考えてみよう．これは明らかにエチケットのルールであるにもかかわらず，ボウルからスープを飲むことを禁止するようなより中立的ルールとは異なる仕方で，被験者たちがこれを扱う傾向にあることをニコルズは発見した．具体的には，被験者たちは，パーティの主催者がいいと言ったとしても，唾を飲むことは受け入れられないと判断し，たとえそれを禁じるルールがないとしてもいいことではない等々と判断したのである．言い換えれば，被験者たちはこうしたエチケットのルールの集合に関して，哲学者たちが道徳性に関して持ったのと同じ種類の直観を持ったのである．

　ニコルズの説明は，他者に害を与えることを禁止する規範のように，胸が悪くなるような行為を禁止する規範は感情反応を持つというものである．人々は，その行為を受容できないと判断するだけでなく，そのことを強く感じもする．このことによって，人々はその規範を異なる仕方で扱うようになる[30]．したがってニコルズによれば，「道徳的／黙約的課題という区別は実際には，感情的システムに支えられた規範集合（危害に関する規範）と，感情的システムに支えられていない規範集合（黙約的規範）の区別に関するものである」[31]．テュリエルやその他の研究者たちが探求していたのは道徳性一般ではなく，適応的無意識のレベルにおいて利他的感情に支えられている，危害に関する規範の非常に特定的な集合なのである．しかし，そのような感情によって支えられていない道徳的ルールは多数存在する．とりわけ害が大幅に拡散することや，匿名の犠牲者を含むような道徳的ルールである．犠牲者が誰かが特定できるときでさえ，人々は「知らない人」が受ける害に対しては「自分が知っている人」が受ける害に対してよりもずっと許容的な態度を示すものである[32]．したがって危害に関する規範に関してすら，規範の道

---

29) Nichols, *Sentimental Rules*, p. 22.
30) 感情反応が道徳的判断において果たす役割に関するより懐疑的な観点については，Joshua Greene, "The Secret Joke of Kant's Soul," in Walter Sinnott-Armstrong, ed. *Moral Psychology*, vol. 3: *The Neuroscience of Morality: Emotion, Disease, and Development* (Cambridge, Mass.: MIT Press, 2007), pp. 355-79 を見よ．
31) Nichols, *Sentimental Rules*, p. 21.
32) Johannes A. Landsheer, Harm't Hart, and Willem Kox, "Delinquent Values and Victim Damage: Exploring the Limits of Neutralization Theory," *British Journal of Criminology* 34 (1994): 52.

徳性を，その規範の侵害に随伴したりしなかったりする感情反応と過度に密接に結びつけて，これと同一視することは良いアイディアといえない．

9.3　後黙約的道徳性

　テュリエルによれば，道徳性と黙約の区別は，人々が自分たちの行為を規制するために用いているルールの2つのタイプの区別にかかわる．他方，哲学者たちは道徳性を単に黙約から区別するだけでなく，道徳性をときおり（混乱させる仕方で）「黙約的道徳性」として記述されるものからも区別することで，さらに賭け金をつりあげる傾向にあった[33]．この言葉は，人々が道徳的に正しいとか道徳的に間違っていると考える（take）ことを意味している．そして「道徳性」（あるいはおそらく「本来の道徳性」）は，実際に正しいこと，間違っていることのためにとっておかれる．たとえば，ホモ・セクシュアルは伝統的に「罪深い」とみなされてきたし，いまだに大多数のアメリカ人はそのようにみている．しかし，もちろんそれが実際に不道徳的かどうかという問題は，世論調査によって決定されるべきではない．このような例に基づいて通常引き出される結論は，社会でたまたま支配的となるような規範は，本来の道徳性の観点からはとるに足らないものであるということである．多くの社会は，歴史上の多くの異なる時点で，不道徳的規範を実効化してきた（あるいはより正確にいえば，すべての歴史を通じてすべての社会が，世俗的かつ啓蒙主義的知識人たちが現在間違っているとみなしている規範を実効化してきた）．道徳性と既存の社会規範との間の家族的類似性（family resemblance）を提案することですら，道徳性を経験的考慮で「汚す」リスクを冒すこととされ，その規範性の基礎を覆すこととされてきた．

　しかし，黙約的道徳性の地位に関しては非常に密接に関連した問題が存在

---

33) この概念はその起源を Jean Piaget, *The Moral Judgment of the Child*, trans. Marjorie Gabain (New York: Free Press, 1965) に有している．それはまた，「黙約的」という用語を用いたローレンス・コールバーグによってかなり詳細に彫琢された．Kohlberg, *The Philosophy of Moral Development* (New York: Harper and Row, 1981) と *The Psychology of Moral Development* (San Francisco: Harper and Row, 1984) を見よ．キャロル・ギリガンのコールバーグのモデルに対するよく知られた批判は，前黙約的，黙約的，後黙約的レベルという広い分類を疑うものではない．それは，これらのレベル内部の「段階」の詳細に異議を申し立てているに過ぎない．

しており，それは通常それほど否定的ではない反応を引き起こしている．われわれは規範倫理学の体系を展開するときに，黙約的道徳性全体をどれだけ深刻に考えるべきなのだろうか．全員がある行為を間違っていると考えているという事実は，それが本当に間違っているかどうかを決定するときに，したがってまた規範倫理学の体系がこの判断に対する説明を与える必要があるのかを決定するときに，何らかの意味を持つべきなのだろうか．哲学者たちの中には，彼らの道徳性に対する説明が黙約的道徳性のある側面と衝突した際に，そのことは単に黙約的道徳性にとっての残念な事実にすぎないと考えているものもいる．このことは，黙約的道徳性は飾り立てられた世論にすぎないという見解と整合的である．しかし，こうした線に一貫して固執しようとする人はほとんどいない．たとえば，J・J・C・スマートは，直観に反するような功利主義の含意に関して「耐え忍んできた」ことで有名である[34]．他のほとんどの功利主義者たちは，彼らの教説が実際には黙約的道徳の制約（あるいは「道徳的直観」）——たとえば罪を犯していない人々の臓器を取り出すことを禁止する規範——と衝突しないことを示すことにかなりのエネルギーを割いてきた．

　こうして，われわれは変な状況に辿りつくことになる．ほとんどの道徳哲学者たちは特定の判断に関する黙約的道徳性に対してはほぼ否定的な態度をとり，それが真の道徳的制約の源泉として役立ちうることを否定しながら，彼ら自身の規範倫理学の体系が黙約的な道徳的推論の結果と一致するような判断を確実に生み出すように努めているのである．しかし彼らは大概，両者を両立させることになぜそれほどの関心を払うのかを具体的に述べることなしにそうしている．群集の高揚感が何日も続く一方で，犠牲者の死が急速で苦痛を伴わない場合，功利主義が罪のない人をリンチすることを提案したとしても何が問題なのだろう．ついでに言えば，ヘーゲルが示唆したように，カントの定言命法が，貧しい人々を助けることが道徳的に許容されないことを証明していると解釈できること（「もし全員がそうしたとすると，貧しい人が誰もいなくなる」）の何が問題なのだろう．デイヴィド・ゴティエの契約主義（contractarianism）が，われわれが子供たちや障害者たちに対す

---

34) Bernard Williams and J. J. C. Smart, *Utilitarianism: For and Against* (Cambridge: Cambridge University Press, 1973), pp. 69-72.

る正義の義務を何ら負わないことを含意したとしても何が問題なのだろうか[35]．哲学的論証が本当にそれらを擁護する人々が主張しているほど良いものならば，なぜこうした結論が新たな発見として歓迎されることがないのだろうか．(「ほら，結局われわれはこうした人々を助ける必要がないことがわかったんだよ．」) ゴティエの場合，この結論は多くの人々が人間の歴史を通して考えてきたことに同調しているだけである．したがって問題は，それが時間に無関係な永遠の「道徳的直観」に違反しているということではありえない．問題は，現代的な道徳的姿勢（mores）に違反しているということである．道徳哲学者たちは，彼らの理論的枠組みの内部においては，黙約的道徳性に対して規範的地位を割り当てることができないのに，どうして意見を翻し，その同じ理論の適切性を検証するために黙約的な道徳的直観を用いることができるのだろう．

答えは，一方での黙約的道徳性と，他方での，哲学者たちが「規範倫理学」の規定のもとに展開している抽象的な理論との関係に関する不適切な理解にあると私は思っている．黙約的な道徳的推論の重要な特徴の1つは，それが硬直的なことである（これはときおり，誤って保守的バイアスとみなされている）．黙約的道徳の推論者たち（これにはほとんどの時代のほとんどの人々が含まれる）は通常，彼らが固守しているルールをどのように正当化すべきかに関して何らの考えも持っていない．しばしば彼らは議論の最初のステップあるいは第2のステップを作り出すことができるものの，正当化のさらなる要請に直面するとすぐに「唖然」(dumbfounded) としてしまう[36]．その結果，彼らはルール間の軋轢を生み出すような状況（友人を助けるために盗みを働いたり，家族を助けるために嘘をついたり等々）の扱い方があまり上手ではない[37]．彼らはこうしたルールを「第一原理」から導いていないので，そのような軋轢を解消する段になると頼るべき抽象的資源をあまり持たないのである．しかしながら，そのようなジレンマに直面するときに，人口の中の少数の人々は，ローレンス・コールバーグが「後黙約的（postcon-

---

35) David Gauthier, *Morals by Agreement* (Oxford: Clarendon, 1986), p. 268.
36) この表現はJonathan Haidt, "The Emotional Dog and Its Rational Tail: A Social Intuitionist Approach to Moral Judgment," *Psychological Review* 108 (2001): 814-34によって広まったものである．
37) Kohlberg, *Psychology of Moral Development*, pp. 171-205.

ventional)」と呼んだ道徳的推論に従事するだろう. このグループは, 支配的な社会規範の集合に究極の権威を付与するよりもむしろ, それらの規範をより一般的諸原理から導かれたものとみなすだろう. こうして, 複数の規範が対立するとき, 彼らは黙約的な社会的義務の集合に対して仮説的態度を採用し, それらをより一般的な諸原理の観点から分析し, 当該状況においてどの規範が支配的となるべきか (もしそのようなものが存在するならば) を決定する.

　これら2つの方向づけに明確な区別は存在しない. 黙約的道徳性は, それ自身のうちに多数の非常に抽象的な諸原理を含んでおり, こうした諸原理はほとんどどのような状況においても適用可能で (たとえば,「お互いを愛しなさい」,「正直でありなさい」,「自分に対して正直でありなさい」等々), より特定的な規範に対する切り札となりうる. 個人の道徳的思考において黙約性の水準を決定しているのは, その人がある具体的な社会規範に対して仮説的態度を採用したいと思ったり, こうした義務がより抽象的な道徳的考慮によって覆されることを許容したりする度合である. この点において, 道徳哲学者たちは「道徳性」を黙約的−後黙約的というスペクトラムのはるか遠くの端に位置づける傾向を持ってきたため, 道徳的推論のもっとも後黙約的形態だけが, そもそも道徳的推論の形式に属するものとみなされることになる. 標準的見解は, 黙約的道徳性が存在しているのは, ただ人間の合理性の「限界性」のためだというものである. どの問題に対しても道徳的に正しい解答へと導く理想的な推論プロセスが存在している. 残念ながら, われわれにはすべての状況で正答を計算する時間や資源がないので, われわれは時間を通じて適切なヒューリスティクスであることが示されてきた一組のルールを採用する. これらのルールは長期的に見て, 近似的に正しい解決策に辿りつくうえで役に立つ. (この構造は, 現代の帰結主義者たちの推論にもっとも明白である. 彼らのほとんどは, 道徳的に正しい解決策は, ある概念枠組みに従って, 善を最大化する結果を計算することで決定されるが, 計算論的・認識論的限界のために, われわれにはしばしばそうすることができないのだと信じている. このためにわれわれは, 時間を通じて一般的に善を最大化することが証明されてきたルールを採用するのであると.)[38]

　こうした類いの理論に対して, 多くの異なる反論がなされてきた. しかし, もっとも根本的な仮定——黙約的推論は何らかの仕方で後黙約的推論に依存

しているという考え——はほとんど疑問視されずにきたのであった．当然，この依存関係は論理的なものでなければならず，遺伝的なものではない．発達論的には，誰しも，最初に黙約的道徳性を習得して，黙約的道徳的推論の長い段階を経験することなしに，後黙約的推論に従事する能力を獲得するということはありえない[39]．したがって，誰しも実際には後黙約的資源から黙約的道徳性を導いているのではない．この見解の内容はむしろ，黙約的道徳性はそれが持つ妥当性や，それが持つ何らかの規範的権威に関して，後黙約的道徳性に依存しているということでなければならない．われわれは最初に黙約的道徳性を学習するかもしれないが，理性の年齢に達して，ドグマティックに獲得した確信を疑問視しだすときに，こうした道徳的規則を批准したり改訂したりするため，後黙約的資源に依存するのである．こうして，後黙約的道徳性は黙約的道徳性に対する正当化の基礎を提供する．

　この見解は間違っていると私は思う．後黙約的道徳性が黙約的道徳性の基礎を提供するというどころではなく，実際には，後黙約的道徳性はその権威を黙約的道徳性に依存しているのである．黙約的道徳性は驚くほど複雑な文化的人工物である．それは何千年もの歳月をかけて生み出され，人々が社会的インタラクションの中で日常的に遭遇する環境や課題に対して調整するために，それまでになされた非常に多くの大小の変化を組み込んでいる．影響を与えるものの中にはいくつかの主要な宗教的伝統や哲学の学派だけでなく，文学の業績（たとえばジェーン・オースティンの小説），社会運動（たとえばフェミニズムや1960年代の対抗文化），テレビ番組や映画（たとえば警察が登場するドラマ，善と悪の闘い），歴史的出来事（たとえばホロコーストや公民権運動）が含まれる．黙約的道徳性をコモン・ローとのアナロジーで考えることは役に立つかもしれない（もちろん書かれてもいないし，より体系的でないのだが）．結局のところ黙約的道徳性が表現しているのは，諸個人が誤解と衝突を最小限にしながら，日常生活の中で互いにインタラクトしたいと意欲し，それを可能にするような条件なのである．大抵の義務は社会

---

38)　Richard M. Hare, *Moral Thinking: Its Levels, Method, and Point* (Oxford: Oxford University Press, 1981) を参照．また，Brad Hooker, Elinor Mason, and Dale Miller, eds., *Morality, Rules, and Consequences: A Critical Reader* (Edinburgh: Edinburgh University Press, 2000) の中の諸論文も見よ．

39)　Kohlberg, *Psychology of Moral Development*, pp. 171-205.

的役割によって分けられ，差別化されている．夫あるいは妻，親，兄弟姉妹，友人，同僚，他人等々の役割である．われわれがお互いに負っていることに関して発生する日常的な問題のほとんどは，これらの役割によって課される義務を参照することで解答される．社会的インタラクションにおいて大人としての能力を示すことができるということは，これらの役割特定的な義務の習得（そしてもちろん，それに従うのに必要とされるような動機上の構造を根底に持つこと）にかかわっているのである．

エチケットが時間を通じて発展し変化するのと同様に，黙約的道徳性も発展変化する．後黙約的道徳性はこのプロセスの外側に位置するのではなく，むしろこのプロセスの一部となる．ミシェル・ムーディ－アダムスが書いているように，「現代世界の経済的・社会的・政治的次元を形づくるのに役立っている道徳的言語の多くは，道徳的経験の構造の解釈を明確に述べようとする顕著に哲学的な努力の産物である」[40]．この見解によれば，われわれが後黙約的道徳性とみなしているものは，本質的には，黙約的道徳性に暗黙的に存在している義務の構造を明示的に述べるようにデザインされた表出語彙である．しかし，ひとたびこうした義務の構造を明示的に述べる能力を持つようになると，われわれは関連する規範を批判したり，おそらくは変えたりすることができるようになる．したがって，それはロバート・ブランダムが「表出的合理性」と呼んでいるものの行使なのである．すなわちそれは，われわれの実践を反論や代替案と突き合わせることができる形式で明示的に表現することによって，合理的コントロールのもとにおく方法なのである[41]．このような仕方で，当初は単に黙約的道徳性の内容を表現する方法として導入された抽象的概念は改革のための道具ともなる．

この場合，黙約的道徳性に対して道徳哲学が果たす役割と，推論の日常的パターンに対して論理学が果たす役割との間には重要なアナロジーが存在し

---

40) Michele Moody-Adams, *Fieldwork in Familiar Places: Morality, Culture, and Philosophy* (Cambridge, Mass.: Harvard University Press, 1997), p. 194.
41) Robert Brandom, *Making It Explicit* (Cambridge, Mass.: Harvard University Press, 1994), p. 106. このようにして，「表出的合理性」のパースペクティブは，ムーディ－アダムスの要請を充足することになる．すなわち彼によれば，哲学的貢献は「反理論家の「日常的な」道徳的思考や議論に対する崇拝と，体系的な倫理学理論家の哲学的な道徳探求に対する崇拝との間の中間的経路を誘導するものである」．*Fieldwork in Familiar Places*, p. 194.

ている．すでに見てきたように（第5章第4節），理由を与えたり求めたりするゲームは「質料的推論（material inference）」ルールの集合によって規制されている．これらのルールは，所与のポジションからどのような手番を行う権利を人が付与されているのかを非常に具体的な言葉で特定化しているルールである．たとえば，「雨が降っている」というポジションから，人は「歩道は濡れている」と主張する権利を付与される[42]．最初は，推論を行うことは人がすることができることである．条件法のような論理学的語彙を言語に導入することの目的は，「それがなければ人々が（暗黙的に）することしかできなかったことを（明示的に）言うことを可能にする」ということである[43]．たとえば，それは上で述べたような質料的推論を明示的主張の形式で表現することを可能にしてくれる——「もし雨が降っているのならば，歩道は濡れているだろう．」しかし，雨とか歩道ではなく，推論について語ることを可能にする語彙を獲得するためには，論理語でない語彙（nonlogical vocabulary）を論理語でない語彙に代入することによって，正しいものから正しくないものに変換することがないような論証シェーマを導入することが重要である．「もしxならばyである．xである．したがってyである」はこのタイプのシェーマである．それは，雨という観念から濡れた歩道の観念へとどのように到達するのか，稲妻を見るという観念から雷を聞くという観念へとどのように到達するのか等々について語ることを可能にするのである．しかし，ひとたびこのシェーマが導入されると，もとの質料的推論のそれぞれの中で「実際に」生じていることは，このシェーマの暗黙の応用であったと考え，これらの推論の妥当性は推論ルールの妥当性から引き継がれたものだと考える誘惑にかられてしまう．このことは，質料的推論は（条件法を省略された前提とした）省略三段論法であるという広く受け入れられている仮定を生じさせることになる．

　ブランダムはこれを「形式主義的誤謬」と呼んでいる．日常的な推論が論理学を前提としているという考え方は正反対である（したがってこの観点からは，初等的な命題論理の言葉で定式化された問題に直面した「街を歩いている人」が「わずかな推論戦略しか（あるいはまったく推論戦略を）」用い

---

42) Brandom, *Making It Explicit*, pp. 97–102.
43) Brandom, *Making It Explicit*, p. 108.

ないということは驚くに値しないことがわかる）[44]．ブランダムによれば，「推論の形式的有用性は推論の質料的有用性から導かれ，推論の質料的有用性の観点から説明されるのであって，推論の質料的有用性を説明するために推論の形式的有用性に訴えるべきではない」．しかし，人々はこうした依存の順序を一貫して逆転させ，表出語彙の構築プロセスを背後にある認知的機構の発見のプロセスと勘違いする．「真理」の概念はこの好例を提供している．哲学者たちの多くは，「真である（is true）」を「文代用形（prosentences）」の形成を可能にするために導入された，純粋に表出語彙の１つとみなしている．後者は，われわれが命題変数を含む自然言語の文を定式化することができるようにするために必要とされるものである．これはさらに，主張や志向的状態を量化したいと思うときにも有用となる[45]．しかし，このことは一貫して「真理」に関する誤った印象を生み出してきた．すなわち，真理は，われわれのすべての日常的な主張や信念がそれに合致しなければならないとわれわれが考えるような独立した規範ないし理想——それは，何が真であるかと，たまたま真であると信じていることとの間の深い溝を有してもいる——であるという印象である．それは実際には，われわれがこれらの主張や信念が満たしているとすでに暗黙的に考えている基準について語るために，われわれが使用している表出語彙の１つにすぎないのである[46]．

「道徳性」を実体化し，黙約的道徳性から切り離された独立の理想として取り扱う傾向は，まったく同じ「形式主義的誤謬」から生じるものである．唯一の違いは，道徳性の領域においては，われわれは純粋に形式的語彙を作り上げることにそれほど成功してこなかったということである（明らかな例外としては，「正しい」，「良い」という言葉や，「義務的である（obligatory）」，「禁止されている（forbidden）」のような義務論的様相などがある）．カントの定言命法のいずれかの定式化が成功していたならば（たとえば「貧しい人々にお金を与える」というようなあるタイプの行為を，「約束を破る」と

---

44) Denise Dellarossa Cummins, "Evidence for the Innateness of Deontic Reasoning," *Mind and Language* 11 (1996): 174.
45) Brandom, *Making It Explicit*, p. 105.
46) リチャード・ローティが真であるという述語（truth predicate）の「注意深い使用」と呼んでいるものを含んでいる．さらに発展した例に関しては，Joseph Heath, *Communicative Action and Rational Choice* (Cambridge, Mass.: MIT Press, 2001), pp. 215-16 を見よ．

いうような他のタイプの行為に代入するだけでは,質料的に良い推論を質料的に悪い推論に変えてしまうことができないような仕方で),カント主義者たちは何ら躊躇することなく,定言命法はわれわれの通常の道徳的判断のすべての根底にあるものであると(間違って)宣言していたことであろう.

　表出的語彙をつくりだすこうしたプロセスは,もっと中間的な抽象レベルにおいても発生する.たとえばわれわれは,世界の他のすべての社会におけるように,分配上の対立(あるいは「誰が何を得るか」)を解決するために用いられる多数の規範を持っている.しかし,異なる状況に特化された異なるルールが存在しており,人々は異なるレベルの個人的地位,貢献,必要性,功績を含むさまざまなケースにおいて非常に異なる判断を行っている[47].「ケーキ・カット」問題,「共同生産」や「チーム努力」問題,家庭内の分業問題などが存在しているのである.しかし,哲学者たちはこうしたすべての多様性に挫けることなく,非常に高い水準の抽象度において諸概念を導入し(たとえば,「無羨望性 [envy-freeness]」,「ケーパビリティ・スペース」,「選択／状況」のような),そのような言葉で定義された原理がすべてのより特定的な規範を含むようにすることで,「決定的な (the)」平等の原理の定式化を展開しようと試みてきた.したがって,哲学的議論はほとんど完全に,どのような問題含みの反例をも生み出さないような平等の原理の明示的定式化を展開することに焦点を当ててきたのである[48].理論家たちは,どのように財産が分割されるべきか,どのように投資家が報いられるべきか,どのようにケーキが分けられるべきかについての身近な直観からスタートするだろう.そして彼らは,高度に様式化されたケースにおいて適切な分割を生み出すような明示的原理を定式化しようと試みるだろう.批判者たちは,このようにして定式化された原理が一見して「不正な (unjust)」分割をもたらすような反例を生成することによって応答する.これらの反例はしばしば非常に重要なものとなり,研究の文献において名前を獲得するまでになる.「飼いならされた主婦 (tamed housewife)」問題,「直観的に認めがたい結論 (repugnant conclusion)」,「高くつく趣味 (expensive tastes)」の反論等々.

---

47) David Miller, "Distributive Justice: What the People Think," in *Principles of Social Justice* (Cambridge, Mass.: Harvard University Press, 1999), pp. 61-92 を参照.
48) John Roemer, *Theories of Distributive Justice* (Cambridge, Mass.: Harvard University Press, 1996) pp. 183-93 を見よ.

理論家は次に，こうした問題含みの結論に行きつくことを回避するために，原理にひねりを加えようとする．批判者が微調整された原理に対する反例を展開するにつれて，同様のサイクルが繰り返される．

　哲学者たちがこうした企てに成功する保証は何もない．しかしこのことは，われわれが日常生活で行っている平等性の判断に何か気まぐれなものがあることを意味しているのではない．論理学者たちが体系化することに決して成功してこなかったような推論的語彙も多数存在しているのである．たとえば，誰も「なぜなら（because）」に関するフォーマルな意味論を展開することに成功してこなかったが，それは非常に重要な推論的用語である．この言葉がかかわっている異なる推論の範囲がそのレベルでの組織化をサポートできないというだけの理由によって，誰も成功しないということもありうるのである．しかしこのことによって，われわれがこの言葉を用いながら，完全に妥当な推論をし続けることができないということにはならない．

　規範倫理学における領域でも，体系化がありえなさそうなものがいくつかある．たとえば，われわれがより「帰結主義的」規範を適用するような領域（たとえばトロリーの方向を変更するような）と，われわれがより「義務論的」となる領域（たとえば人々を押すことのような）が存在している．百年以上もの間，カント主義や功利主義の信条を持つ哲学者たちは，これら す べ て の規範の論理を明示的に述べるための適切な表出的資源が，彼らが好む枠組みの内部に存在することを示そうと努めてきた．こうした努力のどれもが特に説得的というわけではなかった．また，平均的人間の道徳的推論は両方の要素を含んでいるので，不整合性を生み出しうるということを示すことは容易である．しかし，そのような「矛盾」の発見が道徳性を根底から覆すことになるだろうか．まったくそうならないことは，不規則動詞の存在がフランス語文法の完全性を覆さないのと同じである．そのことは単に，道徳性が非常に複雑な文化的人工物であり，単一の選択ルールや正当化のシェーマに要約されえないということを示しているにすぎないのである．

　チャールズ・テイラーは，こうしたダイナミクスのために，規範倫理学で行われている仕事のほとんどが洗練された形態の恣意的区割り（gerrymandering）をほとんど超えることなく終わっていると主張した[49]．提案された

---

49) Charles Taylor, *Sources of the Self* (Cambridge, Mass.: Harvard University Press, 1989).

原理が，多様な道徳的問題に対して明らかに間違った解答を生成するという理由から拒否されることは日常茶飯事である．したがって人々はそれらの原理をもう少しだけいじくり回し，次の反例を引き出すために再度戻っていく．このことは結果として，しばしば以下のような原理をもたらすことになる（T・M・スキャンロンから）．

　原理M：特別な正当化がない場合には，ある人Aにとって，以下のことは許されない．他の人Bに影響を与えるために，ある行為Xを行うこと（ここでXは，AがBにしてもらいたいと思っており，Bはそうすることもそうしないことも道徳的に自由だが，そうでなければしないことである）．また，Bがもし自分がXをするならばAがYを行うだろうと予想するようにAが導くこと（ここでYは，Aがそれを行うことをBが望んでいるが，AがしないだろうとBが信じているものである）．実際にはAはBがXを行うならばYを行う意図を持っておらず，BがXを行い，AがYを行うことでそれに報いなければ，Bは非常な損失を被るだろうと，Aが正当に予測できるときに[50]．

　この結果を読むと，哲学の「分析的」スタイルのパロディのようである．しかし，このような提案の意図されざるおかしさを別にすると，このような原理が，約束を守るという社会的実践よりも概念的に先行しており，より根本的であるという考えの方がより奇妙である（この原理は，この社会的実践から生じるすべての直観に適合的であろうとして，明らかに恣意的に区割りされているのだから）．
　問題は，われわれが抽象的原理の定式化に先立ち，道徳的諸問題に対する正しい解答と間違った解答をすでに知っているならば，どこに原理を定式化することの真意があるのかということである．なぜ，最初にどうやってこの判断に到達したのかをより明示的に述べようとするだけでなく，合理性の構造や全員一致の合意の条件といった道徳的でない源泉からその判断を導き出せるように，高級な原理を発明したりするのだろうか．テイラーはこの問題

---

50) T. M. Scanlon, *The Importance of What We Care About* (Cambridge: Cambridge University Press, 1998), p. 298.

に誤った診断をくだし，次のように主張している．恣意的区割りは，単にわれわれの道徳的直観の背後にある実質的な道徳的コミットメントを認めるだけではなく，道徳性の純粋に形式的あるいは手続き的概念化を展開しようとする試みから生じるのだと．実際のところ，テイラーが展開する道徳の実質的概念化，とりわけ現代社会を動かしている「超善（hypergoods）」に対する彼の特徴づけは，形式主義的倫理学体系と同様に恣意的区割りの疑いがある．それはまた，彼が発明している表出語彙を，われわれの社会的実践の背後にある深層構造（義務論的構造ではなく，価値倫理学的構造なのではあるが）の発見と勘違いする「形式主義的誤謬」に陥ってもいる．

　真の争点は，道徳性に対する形式的あるいは手続き的アプローチと実質的アプローチとの対立や，正を善に優先すべきかどうかということにあるのではない．それは単に，道徳的語彙における抽象のレベルに関係するにすぎない．重要なことは，哲学者たちが自分たちの課題を見失わないことである．規範倫理学の仕事の要諦は道徳性の基礎を発見することではなく，われわれの実践に関するより頑健なテーマ化と批判的反省を可能にする表出語彙を発展させることにある．そのような語彙を発展させることを可能にするのは，究極的には，共有された黙約的道徳性に対するわれわれのコミットメントである．道徳哲学者たちの間で，道徳的直観に関する限りでは非常に高いレベルでの収束が見られるものの，これらの直観を導出するとされる高階の原理に関して同じような意見の一致がまったくないという事実は，ほかにどのような仕方で説明できるだろう．どんな特定の社会規範もあるときが来ると拒否されるようになるという事実は，われわれが，社会生活を構造化している規範の集合全体に対するコミットメントを停止することができるということや，規範を第一原理から論点先取りのない仕方で再構築できるということを意味しない．社会的インタラクションを運営していく際にわれわれに利用可能な唯一の資源が，さまざまな哲学学派によって支持されてきたような抽象的原理だけだったならば——つまり，人々が実際にこれまで長年にわたって提案されてきたようなさまざまな定式を用いて推論しているのだとすれば——社会的世界は実際，非常に混沌とした場所となっていることだろう．

9.4 道徳的観点

道徳をまず何よりも社会規範の集合と同一視する「制度的」理論に対しては，2つの主要な反論が存在する．第1は不道徳的制度の問題であり，第2のものはアノミー状態のインタラクション（あるいは制度的に規制されていないインタラクション）の問題である．第1の反論によれば，制度的理論では，問題含みの制度とその他の社会規範体系との間にたまたま何も不整合性がないときに，どのようにして諸個人が，自分たちが住む社会に対し批判的姿勢を採用することができるのかを理解することが難しくなると言う．第2の反論によれば，諸個人が異常な状況に置かれたときや，規範システムの内部に地位を持たない人々を取り扱う場合，制度的理論では，あたかも諸個人が何でも自分の好きなことをしたり，純粋に道具的な方向づけを採用したりする自由を持つかのようになってしまうと言う[51]．これらの批判は両方とも，黙約的道徳性の「外側に」何らかの標準ないし基準が存在し，すべての既存の道徳的義務をその観点から評価でき，状況が必要とするときにはそこから新たな義務を導出できるようになっていなければならないということを示唆している．私は，そのようなアルキメデスの点は存在しないと論じてきた．この節では，「不道徳的」制度の問題を扱う前に，第2の反論に答えることにしたい．

規範的に規制されないインタラクションに対する関心は，どんな社会でも，社会的インタラクションを規制する規範システムが当該集団にとって比較的よくあるような状況を処理するためだけに展開されてきたという事実に言及する．すなわち，前例のない状況や，少なくとも非常に異常な状況にあるときに，規範システムはどのようにすべきかに関して何ら明快な指針を与えてくれないかもしれないということである．しかしこのことは，われわれが何でも好きなことをしたり，純粋に道具的な仕方で行為したりする自由を持つことを意味しない．われわれはこの問題を「シマウマ」の問題と呼ぶことにしよう[52]．たとえば，生命倫理におけるほとんどの差し迫った問題は技術的発展から生じるものである．こうした技術的発展は，道徳的に厄介にみえるとともに黙約的道徳性によっては明確に規定されていない仕方で，可能な行

---

[51] Scanlon, *Importance of What We Care About*, p. 297.

為の範囲を拡張してしまう．われわれは人を殺してはいけないことを知っているが，堕胎についてはどうだろうか．われわれは，困難に陥った人々を助ける義務があることを知っているが，これには末期患者に対する英雄的処置が含まれるだろうか．「道徳的問題」の典型的な入門書は通常，このようなシマウマの一覧表をほとんど超えていない．道徳性が本当に後黙約的資源（あるいは「第一原理」）から導出されているのならば，なぜこれらのケースがこれほど厄介なのかがわからなくなる．しかし，われわれの道徳的信念が文化的に伝達された黙約的道徳性から生じているのであれば，なぜこれらのケースが難しいのかを理解することはずっと容易である．たとえば，われわれが「人間性」という概念の境界線を決定する明確な基準を持っていないのは，伝統的にそのような基準を必要としてこなかったからであり，大多数のケースで現在もそうだからである（それはちょうど，われわれがどこからどこまでが赤で，どこからどこまでがオレンジかを決定する正確な基準を必要としていないのと同じである）．

いずれにせよ，このようなシマウマの出現を黙約的道徳性の枠組み内で扱う方法を理解することは難しくない．主要な戦略は，規範的に規制されている確立された実践の中に暗黙のうちに内包されている観念や原理（たとえば人に対する「尊敬」や人間の「尊厳」の観念）をより高いレベルの抽象度で明示的に述べ，それを新たなケースに投影しようと努めることである．多くの場合，十分一般的で，新ケースを処理するために拡張できるような原理を定式化することが可能であろう．次に，これらの新しいケースをそのカテゴリーに含めることの帰結を体系的に探求し，賛否両論を考察することができる等々．（典型的な「道徳的問題」の教科書をみるならば，実際，こうした問題にアプローチするほとんどの哲学者たちがやっていることはこれである

---

52)「シマウマ」は，教科書以外にはほとんど見られないような，普通ない医学的状態を指すために医師が用いる言葉である．この言葉は古い諺，「蹄の音を聞いたときに，ウマを思い，シマウマを思うな」——患者の症状は，珍しい病状より通常の病状を原因とする可能性の方が高い——から取ったものである．医学界で，熱心な医学生の行きすぎを抑えるためによく使用される別の有用な諺は，「よくあることはよく起こる」である．道徳哲学者たちもこのことから学ぶことができよう．典型的な「道徳的問題」の教科書は，意図することなく，学生たちの間に道徳的懐疑論（あるいは少なくとも主観主義）を促しているが，これは単に，教科書が難しい問題——中絶，安楽死，クローン——ばかりに焦点を当て，われわれが毎日用いている大多数の完全に問題のない道徳的判断を無視しているからである．

とわかる．しかし，それは彼らの自己理解とはしばしば異なっている．)

　したがってシマウマの出現は，道徳の制度的理論にとって深刻な問題とならない．より困難な問題は，多くの黙約的道徳規則が強い内集団バイアスを持っており，場合によっては，集団外の成員に対していかなる道徳的地位をも否定するという事実から生じる．アリストテレスがギリシャ人と野蛮人との間に明確な区別をし，野蛮人の集団の道徳的権利はまったく存在しないか，あっても弱いものであると感じていたことは非常に有名である．この点では，彼は自分の時代の黙約的道徳性に従っていただけであった．これはまた部族社会の道徳規則にきわめてありふれた特徴でもある[53]．このことは次のような問題を発生させる．黙約的道徳性が，ある集団の人々との社会的インタラクションは規範的に規制されていないと定めていたとしたならば，その人々を適当と思う程度に不正に扱うことはよいことになるのか．自分の社会の道徳的規則がその人の道徳的地位を否定しているという理由だけで，人に対して道具的姿勢を採用することが許されるのだろうか．

　ここでの解答はもちろんノーである．自分の規範システムがある人に対する特定の義務を規定していないという事実によって，その人に対するすべての道徳的義務を免れるということにはならない．道徳的主体は，行為の規範的理由に対して，道具的理由を上回る熟慮上の優先順位を付与し続けるだろう．この事態は，この文脈において，規範システムが具体的な行為の理由を供給していないというだけのことなのである．しかし，何も特定の規範的制約がないという事実だけでは，規範的コントロール・システムは完全に意味のない（transparent）ものにはならない．行為の規範的理由に対して熟慮上の優先順位を付与する主体は，自分が選択する行為が少なくとも，規範に組み込まれるための候補として残ることに関心を持ち続けるだろう．

　われわれは道徳的人格を，自分の欲求との比較において，自分の原理に対して熟慮上の優先順位を付与するようなタイプの人であると考えている．したがって，インタラクションを規制するような文化的に伝達された原理がないときに，道徳的人格は，規範的規制に対して開かれていることを示すような仕方でこの性向を示し続けることができる——相手となる人格が共有規範の基礎として受容できないような仕方で，行為することを差し控えることに

---

53) Richerson and Boyd, *Not By Genes Alone*, pp. 221-24.

よってである.このようにして,規範的コントロール・システムは,規範がない場合ですら,それ自身の非常に弱い形の制約を行為に対して課すのである.だからこそ,インタラクションについて「道徳的に考えること」と道具的に考えることの間には違いが存在しているという考え方が出てくる.哲学者たちが「道徳的観点」からの判断について語るときに明示的に述べようと試みてきたのは,この違いである.ある状況において,具体的な規範的指針を持たない人は自分を他者の立場に置き,自分の行為がその人の観点からどのように見えるかを考慮し,それがその人にとって受容可能かどうかを決定しなければならない.このことは,自己利益を追求できないということを意味するのではなく,単に,互恵性の可能性という制約のもとに自己利益を追求しなければならないということを意味するにすぎない.

このように,「道徳的観点」の存在は,われわれが根本的性向によって規範に従う生き物であり,したがって,定まった規範がない場合ですら規範同調的性向によって導かれ続けるという事実の反映である.われわれは,規範になりうる原理の基礎のうえに行為することによって,また,明らかに他者からの反論を生じさせたり,規範的制約を必要とする仕方で行為することを差し控えることによってそうするのである.クルト・バイアーは道徳的観点のこのような把握について,以下のように明示的に述べている.「道徳的であるとは,自分の利益を除外することがすべての人に対して等しく利益となるときにはいつでも,自己利益を却下するようにデザインされたルールに従うことである」[54].ジョン・ロールズは,「互恵性の原理」を以下のように明示的に述べている.それは,「仮説的な状況と条件のもとで,それに参加する人々が相互的受容のために正当に提案できるような諸原理を満たすことを,実践に対して要請する」ものであると[55].おそらくこのアイディアのもっとも単純な表現はカントの中に見いだされる.彼は定言命法を,自分自身を例外とすることを避けるべしという命令であると注解しているのである[56].ス

---

54) Kurt Baier, *The Moral Point of View* (Ithaca, N.Y.: Cornell University Press, 1959), p. 314.
55) John Rawls, *Collected Papers* (Cambridge, Mass.: Harvard University Press, 1999), p. 208.
56) Immanuel Kant, *Foundations of the Metaphysic of Morals*, trans. Lewis White Beck (Indianapolis: Bobbs-Merrill, 1959), p. 42 (Ak 425).

キャンロンは，他者が正当に拒否できないような仕方でのみ行為すべしという命令によって，同様の直観に訴えている[57]．われわれはしばしば，特定的な形態の黙約的道徳の推論を補完するものとして，実践的判断のこの構造を子供たちに教えている．「誰かが自分にそんなことしたら，どんな気持ちになる？」と問うのである．したがって，さまざまに定式化された黄金律の文化的普遍性ということも教えていることになる．

　カントとスキャンロンに見られる定式化について魅力的な点は，それらが道徳的観点の内容を否定的基準として明示的に述べていることである．彼らの定式化は何をすべきかを言っているのではなく，可能性のいくつかを排除しているだけである（すなわち，他人が同じことをすることを容認したくない場合における，自己利益の追求である）．こうした定式化に関する問題が生じるのは，この2人の哲学者がさらに，あたかもひとたび黄金律の適切な明示化をなしたならば，黙約的道徳性なしで済ませられるかのように，この観点の自己充足性を主張している（あるいは，こうしたルールが，すべての黙約的道徳性のルールを導出できるような基礎的原理を提供しうることを主張している）からにすぎない．どんなに注意深く定式化されていようとも，そのような原理の機械的適用は，われわれが深いところで保持している道徳的信念の多くに反した結論を容易にもたらしうるのである．

　問題は，道徳的観点はそれだけで道徳律を生成するには弱すぎるという点にある．黙約的道徳性は複雑な文化的人工物であり，何世代にもわたって発展するものである．それはまた，人々がその中で生活している世界の特定の環境——人々が従事したがっている協力的活動のタイプ，対立と競争の典型的な要因，人間の脆弱性の特徴的な形態等々——によって導かれている．これらすべてが単一の原理から導出可能であると信じることは，エミール・デュルケムが道徳の「一端（summit）」を「基礎」と勘違いすることと呼んだもの——日常的な道徳性が，哲学者たちの展開するようなタイプの抽象的原理に依存していると考えること——の一例である．

---

57) T. M. Scanlon, "Contractualism and Utilitarianism," in Amartya Sen and Bernard Williams, eds., *Utilitarianism and Beyond* (Cambridge: Cambridge University Press, 1982), pp. 103-28.

（哲学者たちは）認知されていて，争う余地のない倫理を自分たちの思索の出発点とすることを余儀なくされるが，その倫理は彼らの時代と環境において一般的に守られているものでしかありえない．その倫理を説明するものと思われている法則を彼らが抽出するのは，その倫理の要約的観察からである．彼らの推論の素材を供給しているのは，この倫理である．それは，彼らが自分の演繹の終点で回復するものでもある．そうでない道をとるためには，道徳家は研究室のしじまの中で，自分の思考の力だけによって，社会関係の完全なシステムを構築することが必要であろう．道徳法則はすべてを貫いているのだから[58]．

　道徳的観点はせいぜい，共有された道徳律の一部として採用されうるような原理を，他者の同意が確実にえられそうにないものから分離することによって，行為原理の可能な空間を分割するだけのものである．こうして，道徳的観点による反省は原理を生成できるが（個人の行為に対する選好という意味で），こうした原理はせいぜい社会規範に組み込むための候補でしかなく，そうなったとしても依然として無効にされうるようなものである．人は自分を例外としないように努めるべきであるが，同時に，自分の特定の場合について例外を認めるべきなのはなぜかについて，十分良いストーリーを語ることができるならば，当該規範が他者に受容されえない理由はない．このように，道徳的観点は規範的に規制されていないインタラクションのケースで指針を提供し，（たとえばあからさまに搾取的な取り決めに対抗して）文化的伝達におけるバイアスの源泉として機能するが，道徳性の基礎としては機能しえないのである．

　道徳的観点がいかに弱いものなのかを示す例として，アステカ族とその隣人であるトラキシカラ族（Tlaxcalan）の例を考えよう．彼らは，お互いに生贄にする者を安定的に供給することができるように，16世紀を通して儀礼的戦争を維持していたといわれている（どちら側も，自分たちのグループのメンバーを生贄にすることは許されないこととみなしていたとの理由による）．ある意味で，この半永久的戦争状態は合意によるものであり，相互に

---

58) Emile Durkheim, *The Division of Labour in Society*, trans. George Simpson (New York: Free Press, 1933), p. 435 (translation altered).

便益をもたらすものである．両サイドは，自分たち自身に対してしたであろうように，他者に対して行為していた．したがって私としては，この取り決めは道徳的観点から許容できるものであったと考える．もちろん，これに反対してなされるべき議論は存在する．しかし，そうした議論は異なる形態を取らなければならない．戦争あるいは人間の生贄を非難するために用いることができるような，どちらの集団の黙約的道徳性にも内在的でかつ実質的な道徳的原理が存在するかもしれない．もちろん，この取り決めは（すべてではないにしても）多くの典型的な選好システムの観点からは非最適である．より複雑な形態の協力の発展がいずれ（商業の精神が戦争の精神を置き換えるにつれて），より強い協力的規範に対する必要性へと導くかもしれない．両国が半永続的戦争状態に留まるという取り決めには多くの悪いことが存在しているが，その悪いことの中に黄金律の違反が入っているとは限らない．

9.5 独立した道徳的判断

　1951年，心理学者のスタンリー・ミルグラムは，われわれの不道徳的行動に対する理解を大きく変えることになる一連の実験を開始した[59]．これらの実験における彼の目標は，ハンナ・アーレントの「悪の陳腐さ」に関するテーゼをテストすることであった．アドルフ・アイヒマンのエルサレムにおける裁判の全体をみる中で，アーレントは，アイヒマンは検察が描き出そうと努めた怪物ではまったくなく，実際には言われたことを遂行する官吏にすぎないということを確信したのであった．彼は自分の仕事を目標を持って遂行していたにもかかわらず，ホロコーストの犠牲者に対する特別な悪意や非常な敵意を何ら持たずに仕事を遂行しており，彼らの死を組織的に処理することで精一杯だったのである．ミルグラムは当初アーレントの分析に対して懐疑的であったが，彼の実験結果はこの疑いを完全に払拭してしまった．実際には大部分の個人が，われわれが独立した道徳的判断と考えているものを持っていないということを彼は発見したのである．確かに，彼の実験の被験者たちのほとんどは，自分たちがするように言われたことに関して不平を言い，疑問の声をあげた——それに対しては，テストを取り仕切っていた実験

---

[59] Stanley Milgram, *Obedience to Authority* (New York: Harper and Row, 1974).

者は単にきっぱりと「この実験では，あなたが先に進むことが必要なのですよ」と応答していたのだった．しかしながら，そう言われると，大部分の被験者は彼らの知る限りでは自分たちと同じ実験ボランティアである人に対して，致命的としか思えない電気量を投与し始めたのであった．しかし，彼らが明らかな不快感を持ちながらそうしたという事実は，彼らがいかなる強い意味においても邪悪ではないことを示していた．彼らは，自分たちが置かれた社会的状況がどのようなものであっても，その中で期待に沿おうとする同調者にすぎなかったのである．

ミルグラムの発見が西洋の文化と社会にもたらした衝撃は，控えめに評価しようとしても難しいだろう．大雑把にいうとミルグラムのおかげで，「同調性」は強力な悪徳とみなされるようになった（徳と悪徳の両者に対して中立的な性向——徳と一緒になれば徳となり，悪徳のあるところでは悪徳となるというようなもの——にすぎないものではなくなった）．さらに，独立した道徳的判断の養成は，ホロコーストのような道徳的破局の繰り返しを避ける最善の方法として，緊急な関心事とみなされるようになった．また独立した道徳的判断は同調性のアンチテーゼとみなされるようになった．

こうした背景の中では，道徳性を模倣的同調性に従事する傾向と同一視しようと試みる理論はどれも，多くの人々にもっともらしくないものに映る可能性が高い（たとえ非常識で間違ったものと思われないとしても）．しかし，人々がミルグラムの実験から受けた標準的な教訓——それは同調性の非難という結果をもたらしたのだが——は，唯一の可能性ではない．ミルグラムは，同調性が社会秩序を維持する上で果たしている重要な役割を示すことに成功したのだが，彼はまた，この同調的性向が基本的に「善」と「悪」に対して中立的であること，すなわち，それはどのような種類の行動の伝達にも使用されうることをも示したのであった．通常そこから引き出されている結論は，悪の発生を減らすためには，人々は同調することを止めて，自分自身の判断に依拠し始めるべきだということである．これに対して，われわれが選択する推論は，「善」を促進し「悪」を止めさせることに関していうならば，社会的文脈が重要だということである[60]．ある意味ではミルグラムは，人間の

---

60) これは，John Doris, *Lack of Character* (Cambridge: Cambridge University Press, 2002) の中心的な教訓でもある．

道徳性が社会的インタラクションによって供給される足掛りにどれほど依存しているのか——人々が慣れ親しんだ足掛りを取り去り，それを道理に反する邪悪なものと置き換えれば，人々がそれほど道徳的に振る舞わないことを見いだすだろう——を示した最初の人だったのである．

　ミルグラムの実験上の発見の解釈が通常促しているような仕方で，非同調性と独立した判断に焦点を当てることは，主体をとりまく社会的環境で発生していることよりも，その主体の「頭の中で」起こっていることに特別な地位を付与することになる．これは，すべての同調的傾向を根絶する試みの動機となる（それはこれまで無駄であったし，すでにみたように，これからも無駄であるに違いない）．そうではなくて，制度的なものに対する集中力を維持して，外的環境がどれほどわれわれの道徳的行為のすべてに対して足がかりを提供しているかを認識するならば，同調性を悪徳とみなす理由は何もない．それは悪を広げる可能性を持つのと同じ程度に，善を促進する可能性を持つ性向なのである（少し高い可能性でとは言えないまでも）．ミルグラムの実験は，人々自身の選好が，犠牲者との共感的同一化のおかげでたまたま「善」であるのに対し，同調する圧力が「悪」の源泉であるような設定で行われていたことを認識することが重要である．実験者が事態を逆転し，個人は反社会的な仕方で行動する（たとえば，ただ乗りする）誘引を持つが，より向社会的な規範（たとえば協力）に同調する圧力にさらされる場合には，同調性は「善い」行動の重要な源泉となる[61]．

　したがって，独立した道徳的判断について考えるとき，それと同調性との対照性を打ち立てることから始めることは有益でない．そうしてしまうと容易に，個人が自分の判断において真に独立的であるためには，自分の社会的環境や黙約的道徳性の影響から自由でなければならないとの考えに導かれてしまう可能性が生じる．この考えから，個人は自分の判断を基礎的な第一原理から導出しなければならないという考えまでは，ほんのわずかなステップしか必要がなくなる．しかしこれは間違っている．人々が黙約的道徳性のある側面に対して反対の立場をとるときに実際に生じていることは，それに反

---

61) この仮説のいくつかの証拠は Jeffrey M. Smith and Paul A. Bell, "Conformity as a Determinant of Behavior in a Resource Dilemma," *Journal of Social Psychology* 134 (1994): 191–200 に見いだすことができる．

対するために，黙約的道徳性の何かほかの特徴（おそらくは，より体系的な特徴）に訴えているということである．

したがって問題は，道徳的熟慮の逃れようのない文脈的性格と「内的」性格を認めつつも，いかにして，独立した道徳的判断と（社会的諸制度の形態で）「現に存在している」道徳性に対する単なる同調性との相違に関するわれわれの直観的理解を保持しうるのかということである．問題解決への鍵は，社会化を通して非反省的に獲得される特定の性向がどのようにして主体の志向的計画システムに組み込まれ，またそれによって配備されるのかを検討することにある．主体の欲求システムが形成される仕方と，主体の諸原理が発展する仕方の間には重要な類似点が存在している．発達の初期段階における子供の行動はほとんど完全に，各要素が特定の機能——食べること，つかむこと，操作すること，身体的ダメージを回避すること等々——を処理するのに専門化した適応的無意識によって支配されている．これらのメカニズムは，空腹，欲求不満，苦痛等々といった一般化された身体的刺激に対して直接的に反応する．言語能力を発達させるにつれて，分析的能力の拡張とともに，子供はこれらの行動をより一貫性のある計画行為のシステムへと統合し始める．身体的状態の記号による表象はこのプロセスの重要な要素であり，これによって子供は，たとえば今生じている空腹の感じに反応することが可能となるだけでなく，数時間のうちに空腹になるだろうという予想に基づいて行為することが可能となる．われわれが主体を合理的とみなし始めるのは，これらの種類の能力の発達によってである．

このように，主体が言葉の厳密な意味で「欲求」を獲得し始めるのは，自分の行動の目標状態を言語的に表象するときである．しかしながら，この言語化プロセス——それは，意思決定理論家が基礎的なものとみなす包括的で整合的な選好順序に結実する——に対する「インプット」は，「ボトムアップ」だけでなく「トップダウン」でもあり，「水平的」でもある．ここで，ボトムアップとは身体的状態から来るもののことを言い，トップダウンとは自分の価値や善の把握から生じるものであり，水平的とはロール・モデル模倣やその他の文化的伝達の諸形態から生じるもののことである．下からの「インプット」はしばしば非決定的であるだけでなく，しばしばごちゃ混ぜで一貫性のないものであるが，それはまさに，適応的無意識に中央統合システムが欠けているからである．たとえば非推移性（intransitivity）は当たり

前である．したがって，選好順序を発達させるプロセスの一部には，論理的に整合的な欲求の集合を積極的に発達させることが含まれる．しかし，それ以外にも非常に多くのことが存在している．たとえば，性欲の発達についてみてみると，個人の欲求形態を決定しているのは，性的興奮が発生した状態だけではないことがわかる．性的欲求は，適切な行為／不適切な行為を決定している規範とともに，その個人が合意している価値によって強力に構造化されているのである．したがって，たとえば個人が人間の「尊厳」をどのように考えているのかは，どの衝動を進んで取り上げて自分の計画的活動に組み込むのか，どの衝動を抑圧，無視，昇華させるかを決定するうえで大きな役割を果たしている．

　成熟した個人はこのプロセスを通じて，「独立した」欲求システムに辿りつくことになる．それは，非認知的な身体的状態の集合の単なる記号的表象ではないし，善に対する何らかの抽象的概念化の刻印でもないし，文化的親や同年代のグループから丸ごと採用されるものでもない．それどころか，それは少なくともこれら3つすべての混合体であり，多かれ少なかれ個人の特定の環境に合わせて調整され，自分自身の判断の行使を通じて発達してゆく和解の結果である．

　個人が自分の行為を支配する原理の集合を発展させてゆく仕方も，これに非常によく似ている．われわれは最初は，完全に非反省的な仕方で社会的実践の一定範囲に同調する性向を獲得する．われわれが学習するルールのあるものは記号的形態で教えられる（われわれが親から嘘をつかないように言われるときのように）が，あるものは他人が提供した例の模倣を通して獲得される（このようにして，われわれは気軽な会話の際にとるべき人との適切な距離や，混雑したエレベーターの中で何を見ていたらよいかを学ぶのである）．ともあれ，10年間ものひっきりなしの社会化の後に，典型的な子供はすべきこと，してはならないことの非常に広範なリストを尊重する性向を身につけるのである（そのうちのあるものは家庭で，あるものは学校で，あるものは仲間たちとの関係で，等々）．志向的計画システムの課題は，これらの禁止事項・許可事項のすべてを（あるものは拒否し，あるものは取り入れながら）統合し，日常的行為を規制することができると同時に，個人的欲求の正当な満足を可能にするような原理の整合的集合を発展させることにある．

　社会化のプロセスを通して，個人は特定の行動パターンを尊重する性向を

獲得するだけでなく，より抽象的なアイディアや原理（しばしばそれらは宗教的教義や道徳的説話を通してコミュニケートされる）の集合をも獲得する．したがって，諸原理の整合的システムを発展させることには，具体的な行動規範の調停や優先順序づけだけでなく，これらの抽象的アイディアに従ってシステム全体を構造化することも含まれる．だから，たとえば「お互いを愛しなさい」というキリスト教の命令を重視する人が発展させる個人的原理の集合は，合衆国憲法がすべての社会関係について考える場合のテンプレートを提供していると考える人のそれとは，スタイルと内容において異なるだろう．このような諸個人が共有された諸制度の枠組みの中で通常きわめて幸福に共存できるのは，単に，個人的原理におけるこれらの相違が各人の寛容の範囲内に収まっており，社会的逸脱の諸形態に誤判別されそうにないことによるのである．

　こうして，主体が自分の選択を制約するために，明示的に定式化された諸原理を意識的に適用し始めるにつれて，模倣的同調性に対する非反省的性向として始まったものは，志向的計画システムの発展とともに反省的で安定的な規範的コントロール・システムになる．これは，われわれがその個人の「個人的道徳性」とみなすものの発展と一致している．われわれが欲求に関して，文化的影響――推移性を課したり，満足のスケジュール化を図ったり，葛藤の場合に「現実原則（reality principle）」〔フロイトの用語〕を課したりするなど――と自然的衝動との不整合的な束を組織化するのとまったく同じように，われわれは規範に関しても，最重要とみなすものを抽出し，システムに「合致」しないものを廃棄し，それらすべての間の一貫性を確保するよう努力するのである（それは，われわれが一貫性をそれ自身として評価するからではなく，合理的な行為計画に従事したいがためである）．われわれは道徳的観点からの判断にも従事する．規範の大きなまとまりの部分が問題を含んでいると感じるときには，われわれは，道徳的観点が課している互恵性の制約条件のもとで，重要だとみなしている他の諸原理に関する情報を合わせつつ，どのようにすればそれらが再構造化されうるかを想像するかもしれない．これらのプロセスを通して，われわれは個人的な道徳律や原理の集合を発展させるのだが，それらは黙約的道徳性のある特徴から導かれているとともに，ひょっとしたらそれに矛盾しているかもしれないのである．

　こうしたことが，逸脱とは区別された異議申し立ての可能性を生み出して

いる．公民権運動のような歴史上の道徳的改革の大運動をみるとき，異議申し立ては常に，すでに文化の中で非常に広く共有されている道徳的観念の「厚みのある」言語で定式化されてきたことがわかる．効果的な反体制活動家は，現在支配的な社会的諸制度に対して「外部」からの批判を行わない．彼らは，道徳的主張がすでに日常的に明示的に述べられている言語を用いながら，内部からそれらを攻撃するのである．しばしば観察されてきたように，反体制活動家の道徳的辛辣さを特徴づけているのは，彼らが共同体の中で広く共有されている諸原理と異なる諸原理を信じているということではない．彼らは通常同じ諸原理に従っている．彼らは単にそれらをより真面目に受け取り，したがってそれらをより整合的で完全な仕方で適用しているか，さもなければ，それらが尊重されていないことが耐えられないことを表明しているのである．

　したがって，正当化の文脈主義的理論と結合した道徳性の制度的理論を採用したとしても，不正義な規範に直面したときに黙りこむ必要はない．それは，特定の規範や実践に反対する徹底的な哲学的議論が存在しないという認識を構成しているにすぎないのである．しかしながら，哲学的議論の不在は，道徳的議論の不在を含意するものではない．内容懐疑論は，道徳的義務の特定の集合に対する究極的基礎を提供することで打ち負かされるのではなく，単に，われわれの社会生活が供給する豊富な資源的背景を所与とするとき，道徳的議論が失敗するだろうと期待する原理的理由が存在しないことを示すことによって打ち負かされることになる．われわれには思考の力だけによって，その場で道徳性のすべてを構成することなどできない．おそらくその方法では，コミュニケーションのシステムを構成することもできないだろう．幸運なことに，そうする必要はないのである．われわれは非常に強力な文化的人工物（黙約的道徳性）と洗練された文化的人工物（自然言語）を手にしており，これらがそうする必要性から解放してくれるからである．われわれが望みうることは，後世の人々が恩恵を受けるように，これらの人工物の発展と精緻化に対して貢献することなのである．

9.6　結論

　近代の道徳哲学は，道徳に徹底的な公理化を課する試みや，他のすべての

具体的義務をそこから導出できるような，最大限に倹約的な原理の集合を開発する試みによって支配されてきた．功利主義とカント主義は，両者とも道徳性のすべてを単一の原理に還元しようと試みている点で，この傾向の極端を表現している．そこで望まれていることは，この非常に抽象的原理がさらに，道徳性の「外部」にある何かによって正当化されうるだろうということであった．たとえば人間の合理性の性質，社会契約の構造，人間行為に固有な目的，あるいはその種の何かのようなものである．このことが，内容懐疑論に対する，論点先取りでない応答の基礎を提供することになるだろうと考えられたのである．

　しかし，デュルケムが正しく述べたように，この種の公理的取り扱いは，われわれの道徳的思考に存在する依存関係に関して完全に正反対の方向に向かっている．したがって，進化的パースペクティブから道徳性を分析しようとしてきた理論家たちは一点において正しかった．道徳を世代から世代へと再生産される文化的人工物として取り扱うことの方が，それをある抽象的原理の演繹的帰結の集合として分析するよりも道理にかなっている．進化理論家たちが誤りを犯しているのは，道徳を単純な文化的パターン——たとえば「他者が協力するときに協力し，他者が裏切るときに裏切れ」というような戦略——として扱う意思決定をしている部分である．実際，道徳性はルールの非常に複雑な集合であり，われわれはそれを子供時代のすばらしい部分を費して習得するのである．それは戦略よりも言語に似ている．進化理論家たちは道徳性を戦略の一種だと誤って理解しているので，文化的パターンとして，その「適応度」に関する単純な一般化を行うことが可能であると誤って仮定してきたのである．

　実際には，内容懐疑論に対する説得的な応答の基礎を提供してくれるのは，文化的人工物としての道徳性の非常な幅広さである．道徳性は社会生活の非常に遍在的な特徴なので，われわれはしばしばそれを透過してみてしまい，われわれの社会的インタラクションのすべてがどれほど，道徳的内容を暗黙裏に持っている規範によって構造化されているのかを認識しそこねてしまうのである．こうしてわれわれは，すべてのインタラクションだけでなく，道徳的問題に関するすべての議論や論争においても，どれだけ多くのことが当然視されているのかを見そこねてしまう．反対意見が提出されたり，問題含みとなった規範の正当化に必要とされる「後退停止点（regress-stoppers）」

の資源を提供しているのは，まさに共有規範のこうした背景——どんな秩序ある社会生活にも必要な特徴——である．仮言命法，評価的信念やその他のものを正当化の鎖に導入する必要はない．われわれの道徳的議論に関する限り，それは実際には端から端まで規範なのである．

　道徳理解に対するこのような制度的アプローチのもっとも重要な特徴は，それが近代において道徳哲学を事実上支配してきた存在論的心配を和らげてくれることに役立つことである．われわれの道徳的判断は何に関するものなのか．それらの客観的相関物は何なのか．中世のキリスト教哲学者たちは長い間，この疑問に対する説得的な解答を持っていた．道徳的判断は善に関するものであり，善は所与の対象の形相（form）の中に客観的相関物を持っていた．対象の運動の原理を指示するのはこの形相であった．こうして，岩の形相がそれが落下すべきであると指示するのであり，したがって岩にとっての善は大地と一体になることである．このことによって道徳は科学の不可分な部分となった．善は事象に関するいかなる説明においても，その部分として登場しなければならないからである（最終的因果の枠組みの中で）．善について熟慮するときに，われわれは何をしているのだろうか．われわれは単に，われわれ自身の形相が指示することを自己意識的に追求しようと試みているにすぎない．そして，神が宇宙をその中のすべての形相とともに創造したのだから，これらの形相は神の意図の物質的体化にすぎないのである．こうして道徳科学と自然科学は，存在論的に統一された単一の現象，すなわち神の摂理による秩序を理解するための2つの異なるアプローチとなるのである．

　この中世における統合の特定的な詳細は重要ではない．重要なことは，この世界観の内部では，道徳性が自然の中に継ぎ目なくフィットしていることである．自然科学，道徳性と宗教の間にいかなる緊張もないのである．残念ながら，この大構想において道徳性が占める場所は，近代科学によって消去されてしまったものの1つである．形相と究極的因果という概念がなくなるとともに，自然の一般的存在論の内部に「善」を配置すべき自明な場所がもはやなくなってしまった．こうして，多くの20世紀の哲学者たちは，単に，道徳の「誤り理論（error theory）」が宗教の「誤り理論」と密接に関係しているものと仮定した．岩それ自体ではなく，重力が落下する岩に対して責任があると考え始めると，善はもはや世界に対する科学的説明において，い

かなる役割も果たすことがなくなる．そして，もし岩に対する「善」のようなものが存在すると考えることが誤りであるとするならば，人間に対しても「善」のようなものを考えることは誤りであったに違いない．

その結果，科学革命は哲学者（そしてより一般的には社会）を，もっともらしい道徳的存在論がない状態に置いてしまったのである．信念はある意味で，物的世界「に関する」ものとして記述でき，欲求は情念あるいは内的身体状態の集合「に関する」ものであるのに対して，道徳的判断が何に関するものであるかはもはや明らかでなくなった．評価的判断がある種の経験的相関物を持っていることを示そうとして，道徳的実在論者たちがどれだけ創意工夫を重ねてきたとしても，その仕事のすべては，価値は「存在論的に奇妙」であるというジョン・マッキーの判断の背後にある印象を強化するだけのように思われる[62]．（道徳的実在論者の議論は，ヴィトゲンシュタインがG・E・ムーアの外部世界の証明を聞いたときに言ったとされている発言——なぜ懐疑論がそれほど問題だったのかを理解し始めた——をしばしば思い出させる．）

道徳性の制度的理論は謎を解消してくれる．社会規範が道徳的判断の「存在論的」相関物である．道徳性は，われわれのインタラクションを支配するルール「に関する」ものである．それが判断の収束を——実際に収束する程度に——見込ませるのは，われわれが共有された社会的諸制度のもとに生活しており，それらの諸制度は暗黙的な道徳的内容と明示的な道徳的内容の両者で満たされているからである．哲学者たちが大抵の場合にこの可能性を見逃してきたのは，単に，黙約的道徳性は道徳性とみなすには十分道徳的でないと考える傾向があったからである．私はこれが間違いであることを示そうと努めてきた．哲学者たちが黙約的道徳性の欠点を明示的に述べるために伝統的に依拠してきた資源のすべては，それ自身がわれわれの黙約的道徳性の部分（さもなければ，われわれの黙約的道徳性の暗黙的特徴を明示的に述べるために導入された表出語彙）なのである．この規範システムを批判するためにその外に立つ必要がないことは，経験的信念システムを改善するためにその外に立つ必要がないのと同じことなのである．

---

62) J. L. Mackie, *Ethics: Inventing Right and Wrong* (London: Penguin, 1977).

第10章
結論

Conclusion

　人間は，遺伝的に無関係な個体間での大規模な協力を示す地球上で唯一の種である．われわれはまた唯一の「道徳的動物」でもある．私は，これらは同じ現象を記述する2つの異なる仕方にすぎないと考える．もっと具体的にいうなら，後者は単に，前者であることがどのようなことかを参加者の観点から記述する方法にすぎない．動物行動学的記述の利点は，数世紀にわたって権利，義務，徳，価値に関して重箱の隅をつついてもできなかった仕方で，道徳哲学の中心的問題を扱いやすくみえるようにしたことである．「どうしてわれわれは道徳的動物なのか」という問いは，比較的わかりやすい（ひょっとしたら自明ではないとしても）解答を持っているはずである．それはまた，社会科学者たちが過去の20年から30年にわたり，解決へ向けて明確な進歩を遂げてきた問題でもある．残念ながら進化理論家たちはしばしば彼らの経験的問いに解答することが，伝統的に道徳哲学者たちを悩ませてきた問いに解答を与えるにはほど遠いものであることを理解してこなかった．他方，道徳哲学者たちは一般的に，進化理論家たちの経験的な仕事が自分たちの伝統的問いに対するもっともらしい解答の範囲を制約することを理解してこなかった．

　たとえば道徳感情論は，道徳性が拡張された共感の一形態に根差しているという主張にしばしば基づいている．しかし，「人間社会における大規模な協力は拡張された共感に基づいているのか」という問いは容易に発することができる．これまで見てきたように，その答えははっきりしたノーである．共感は，人間の社会性を説明するメカニズムとして十分頑健なものではない．

また共感が，他の仕組みを通して，どのように大規模協力を実現するのに十分頑健なメカニズムへと強化されうるのかを理解することは容易でない．共感は疑うことなくわれわれの道徳的生活の一部であるものの，それはどのようにして大規模な協力が達成されるのかという主要な問いに対する解答にはなりえないし，したがってわれわれを他の霊長類から区別するものを説明しない．

　哲学者たちはしばしば拙速に，自分たちは規範的理論の領域で考えているので，経験的な詳細は自分たちの関心事に対して無関係であると考えてきた．こうして，彼らは自分たちがデータから自由に推測する自由を持っていると考えている．もちろん彼らが，事実に関する前提から規範的結論を導くという大学学部生レベルの誤りを非難するのは正しい．しかし，規範的結論が事実に関する前提から導出されえないという事実だけでは，道徳性の規範的構造の理論的構築が，現存する科学的知識と――進化生物学と文化人類学から発達心理学と社会学理論までの諸領域において――整合的である必要がないということにはならない．結局のところ，規範的理論を展開することは，物事がどうあるべきかを立法することと同じではないのである．道徳哲学者は，毎日の社会的インタラクションの中にすでに暗黙的に存在している規範を再構成的に明示的に述べるということをしているのである．たとえば，道徳性が社会化の産物であるかどうかは経験的問題である．もしそれが社会化の産物であるならば，それがどのようにして代々の世代を通じて再生産され，どのように発生し，なぜ時間を通じて変化するのかに関する経験的説明が必要だろう．これらはすべて経験的問題であるが，それに対する解答がもっともらしいメタ倫理学的理論と規範的理論の範囲に対して制約を課すような問いでもあるのである．

　たとえば，道徳性が本当に徳の体系であるならば，そのような徳を帰属させるための素朴心理学的な基準を満たしたり，満たさなかったりする諸個人の行動の中に体系的な違いを探し出すことができるはずである．さらに，これらの徳を備えていたりいなかったりすることは，「道徳的」行動を予想する際に予測的な価値を持つはずである．しかし，経験的研究は何度も何度も，徳理論が有効となる一般性の「中程度の」レベルにおいて，性格の安定的な特徴が一般的に存在しないことを（そしてもし存在したとしても，それらは状況的要因によって容易に圧倒されてしまうだろうことを）示してきた[1]．

この問題を研究しているほとんどの心理学者たちが合意できるのは，何らかの有用な予測的価値を持つ5つの人格的特徴だけである．これらの特徴（「ビッグファイブ」として知られているもので，神経症的傾向，外向性，協調性，誠実性，経験への開放性である）が，徳理論の伝統的カテゴリーのどれにも対応していないことは注目に値する．これらは，ずっと高い一般性のレベルに属している．また，非常に特殊なタイプの状況を処理するときに用いる，かなり安定的な「スクリプト」を人々が発達させるということについて広範な合意が存在するが，これらのスクリプトは足し合わされても，徳理論によって措定されているようなタイプの広い性向のようなものにはならないということも広く合意されている．（たとえば，私は所得税の申告に関しては実直と言えるほど正直だが，消費税についてはそういう機会が与えられれば免れる．したがって「納税」という狭いカテゴリーに関してすら，何かに役立つ仕方で，私を正直とも不正直とも記述できないのである．）最後に，徳理論は，道徳的制約に個人が従うかどうかを決定する心理学的要因としておそらく最重要なものである模倣や同調性に対して，いかなる役割も付与していないという事実がある．言い換えれば，徳理論は人間の動機心理学の領域における20世紀の主要な発見のどれとも適合しないのである．これが道徳哲学に対する帰結を持つのは確実なことであり，「徳」と「悪徳」という語彙が本質的に誤りに導きやすいことが示されたずっと後になっても，アリストテレスの言語を用いた理論を提唱し続けることはできないのである．

　もっと具体的な例をとってみよう．なぜ人々は酔うと不道徳的に振る舞うのだろうか．合衆国における暴力犯罪のなんと40パーセントは，アルコールの影響下にある人々によるものである[2]．したがって，当然のことながら，アルコールが個人に及ぼすどのような効果がそのような規範的秩序の侵害の可能性を高めるのかという問題に関して，かなりの量の研究が存在している．たとえばアルコールが否定的ないし暴力的感情を刺激するかもしれないとい

---

1)　たとえば，Bibb Latané and John M. Darley, *The Unresponsive Bystander: Why doesn't He Help?* (New York: Appleton-Century Crofts, 1970) を見よ．Doris, *Lack of Character*, は関連文献の有用なサマリーを与えている．

2)　Lawrence A. Greenfeld, *Alcohol and Crime: An Analysis of National Data on the Prevalence of Alcohol Involvement in Crime* (Washington, D.C.: U.S. Department of Justice, Bureau of Justice Statistics, 1998).

う仮説が広範に研究され，決定的に否定された[3]．ほとんどの現代の研究は，「脱抑制」理論を改良したものに焦点を当てている．この理論が示唆しているのは，アルコールは何ら特定の感情や行動を喚起しないが，単に規範的コントロールを弱めるということである．文献の中でよく用いられているイメージを使うならば，それはアクセルを踏むようなものではなく，むしろ自分の足をブレーキから離してしまうようなものである．（アルコールが規範的コントロール一般を減退させること，すなわち，人々が無礼に，型破りな仕方で，後先を考えず，そして不道徳的に行動する可能性を高めることも注目に値する．）私には，これは明らかに動機のヒューム主義的理論に反しており，自然主義的なカント主義的理論に都合のよい発見であるように思われる．それは，道徳性が正しい欲求の種類を持つことに関するものではなく，間違った種類の欲求を拒否することに関するものであることを示唆している．しかし，これらの種類の経験的発見の明らかな重要性にもかかわらず，この主題に関する哲学的議論は完全に総合的ア・プリオリのレベルで展開されてきた[4]．

　もちろん，なぜ道徳哲学者たちが科学的発見を軽視するこうした傾向を持つのかを理解することは難しくない．科学者が道徳性を理解しようと努めるのに対して，典型的哲学者はそれを擁護したいと思っているのである．実際，この衝動はあまりに強いものなので，それは記述的適切性に対する追求をしばしば圧倒し，哲学者たちをして，道徳的義務を正当化するという目標にもっとも適していると考える心理学的ないし人類学的理論を考案させるに至った[5]．この傾向は，科学者たちがしばしば，ある形態の道徳的非認知主義が正しいことを前提とし，したがって哲学者たちが最初から否定したくなるような理論的枠組みの内部で活動しているという事実によって支えられた．哲

---

3) Robert Nash Parker and Linda-Anne Rebhun, *Alcohol and Homicide: A Deadly Combination of Two American Traditions* (Albany: State University of New York Press, 1995), pp. 34-36.

4) こうしたことが変化しつつある兆候も存在している．たとえばJohn Doris and Stephen Stich, "As a Matter of Fact: Empirical Perspectives on Ethics," in Frank Jackson and Michael Smith, eds., *The Oxford Handbook of Contemporary Philosophy* (Oxford: Oxford University Press, 2005), 114-52 を見よ．

5) Stephen Darwall, Allan Gibbard, and Peter Railton, "*Fin-de-siécle* Ethics: Some Trends," *Philosophical Review* 101 (92): 188-89 を見よ．

学者たちは，道徳性の科学的研究を自分たちの関心事に対してほとんど関係のないものとみなす傾向を持っているが，それは，「プロスペクト理論」が興味深いとみなされてはいるものの，数学者や論理学者たちの仕事に対して特に重要でないと思われているのと同じである．

進化理論家たちは，われわれの道徳性に対する常識的理解に対して，その「誤謬を暴く」ことに努めてきたが，このことがしばしば事態を悪化させてきた（この傾向は，マイケル・ギゼリンの「利他主義者を傷つけてみれば，偽善者が血を流していることがわかる」というスローガンにもっともよく表現されている）[6]．この点に関してわれわれの自己理解に対してより寛大な態度を持っている人々ですら，しばしば，自己理解が課している精査基準を道徳性がパスするかどうかについて驚くほどの無関心さを示してきた．たとえば，デイヴィド・スローン・ウィルソンとエリオット・ソーバーは『他者に対して (Unto Others)』の中で集団選択説の洗練された再提示を行い，そのようなメカニズムが人間の利他主義の背後にある心理学的システムの原因であるかもしれないことを示そうとしている．私は，彼らの説明は説得的でないが，いずれにせよ，人々はそれが説得的であることを希望するかもしれないと論じてきた．というのは，もし彼らの説明が正しいとしたら，人間の間で利他主義を維持する唯一の方法は，人口が同族結婚によって再生産する小集団に分断され，それらが定期的に再結合されることである．このことは，地球規模で人口移動があり，社会的流動性が高く，人種的統合が行われている時代には，利他的性向の容赦ない根絶が人間集団において発生すると（そして，すべての人間の文明の崩壊を）予想できることを意味している[7]．

同様に，キース・スタノヴィッチはきわめて説得的に，文化依存性こそがわれわれの利己的な遺伝子の命令に対する「ロボットの反乱」に必要なすべ

---

6) Michael Ghiselin, *The Economy of Nature and the Evolution of Sex* (Berkeley:University of California Press, 1974), p. 247. また，Michael Ruse and Edward O. Wilson, "The Evolution of Ethics," in Michael Ruse, ed., *Philosophy of Biology* (London:Macmillan, 1989), pp. 313-19 も見よ．ついでに言えば，こうした議論の問題点は悪い生物学から派生するものであり，必ずしも悪い哲学から派生しているわけではない．Michael Ruse, "The New Evolutionary Ethics," in Matthew H. Nitecki and Doris V. Nitecki, eds., *Evolutionary Ethics* (Albany: State University of New York Press, 1993), pp. 133-62 も参照．

7) Elliot Sober and David Wilson, *Unto Others* (Cambridge, Mass.: Harvard University Press, 1998).

ての前提条件を創出することを主張している．われわれは，それに従うことがもはやわれわれの利益とならないようなさまざまな生物学的衝動を持っているが，志向的計画システムの発展が，そのような命令から自分自身を解放するために必要な道具を与えてくれるのである．しかしながらスタノヴィッチはさらに進んで，われわれは利己的な遺伝子だけでなく，利己的なミーム——これも，われわれの犠牲において自分自身を再生産しようとしている——の犠牲者でもあると言っている．奇想天外なニーチェ的ひねりでもって，彼は，狭く理解されたわれわれの自己利益と利己的ミームとが対立するときには，われわれはこれらの文化的に伝達された行動パターンに対する「ロボットの反乱」に立ち上がるべきだと論じるのである[8]．彼は，自分が暗黙のうちに道徳性の廃棄を提案しているということに気づいていないように思われる（それはとりわけ，われわれの種の超社会性の基礎を除去し，文明の崩壊等へと導くような行動である）．彼は，われわれが伝達しているミームの利益から「われわれの」利益を分離することが可能な，これらのミームの外側に立った観点が存在することも仮定している[9]．

道徳性を母なる自然によって仕掛けられたある種の策略と考える進化的自然主義者たちの傾向は，きわめて広く行きわたっている．たとえば，リチャード・ジョイスは，自然は「われわれがお互いの関係を道徳的観点から考えるように，われわれをデザインした」と主張している．しかし，さらに続けて，彼は次のように問うのである．

> 母なる自然は，なぜわれわれにこの恩恵を与えてくださったのだろうか．それは賞賛に値するような目的のためでなく（したがって，あまり大きな声をあげて彼女を賛美する歌を歌うのはやめよう），単に気のよいことが，われわれの祖先がより多くの子供をつくるのに役立ったという理由による．

---

[8] Keith Stanovich, *The Robot's Rebellion* (Chicago: University of Chicago Press, 2004), pp. 192-94.

[9] Daniel Dennett, *Darwin's Dangerous Idea* (New York: Simon and Schuster, 1995) は言う．「しかし，人間の心がそれ自身かなりの程度にミームの産物であることが正しいならば，われわれは，すでに考察した考え方の両極化を維持することができないだろう．「ミーム vs. われわれ」ではありえない．早期におけるミームの侵入はすでに，われわれが誰であり，何であるかを決定するうえで重要な役割を果たしてしまっているからである．自分自身を異質で危険なミームから守るために格闘している「独立した」心というものは神話である．」p. 365.

こうした自然な向社会的傾向が，非認知的感情，行動性向，性癖，忌避，好みには拡張されたが，信念には拡張されていないと考えるのは素朴すぎる．しかし，信念が自然選択の影響下にあることを認めることは，認識論的関心を喚起することになる．生殖上の成功が試金石となるときには，現実を忠実に表象することは状況依存的な道具的価値しか持たないからである．われわれは，もしある領域における誤った信念がより多くの子孫を残すことになるならば，それこそが，自然選択が常に選択する道筋となるだろうと認めざるをえないのである．道徳的思考はまさにそのような領域であるかもしれない[10]．

　これは明らかに，一般的な懐疑論のもう1つのケースである（「君がそれを信じるのは，君の遺伝子が君にそうして欲しいからだけだ」）．しかもこの議論は，それが創出することになるより一般的な認識論的問題を顧慮することなく，特定の哲学的主張に反対して提出されている．外部世界や他者の心の存在に対するわれわれの信念が，遺伝子によって押しつけられたもう1つの便利なフィクションにすぎないとジョイスが考えようとしているとは思われない．なぜここに違いが存在するのか．問題は，道徳性が規範的であり，ある観点から見ると，規範的地位には「非科学的」，もしかしたら迷信的とさえ見える何かが存在していることにある．（もちろん，これらの規範的地位の「べき性（oughtness）」の伝統的説明が，規範的地位を神の命令にまで辿ることを要していたということは役に立たない．このことは，われわれの存在論から神を消去することが，結果として，規範的なるものの領域全体の消去に帰結するという考えにかなりの支持を与えてきた．）したがって，自然主義的気質を持った哲学者たちは，規範性の自然主義的再構築を提供しようと試みるのではなく，通常，規範性の誤謬を暴き，却下し，あるいは還元しようとしてきたのである．
　しかし，科学的探求の領域から規範性を取り除くことは困難であることがわかってきた．規範性を取り除こうとするには，われわれの道徳的義務の感覚を何らかの仕方で説明することによって，それなしで済ませるようにすることが必要なのは明らかである[11]．しかし，このことはわれわれにさまざま

---

10) Richard Joyce, *The Evolution of Morality* (Cambridge, Mass.: MIT Press, 2006).

な異なる現象——社会的インタラクションの秩序だった性質から,志向的状態が内容を持つことや言語的表現が意味を持つことまで——を還元不能な規範的概念に訴えることなく説明することを強いるものでもある.こうしたことは,これらのどの領域においてもなされてこなかった.実際,もっともらしく聞こえる「自然主義的」説明がなされるときには,通常,ある規範的概念が裏口からこっそり持ち込まれているからである[12].たとえば,「表象」は本質的に規範的概念であるが,それはしばしば,あたかも純粋に記述的であるかのように扱われている.「因果性」もまた,それが説明上の原基,すなわち,それ以上の説明を要しないものであるかのように扱われている.しかし因果性は非常に複雑で,ほとんど理解されていない関係であり,それの適用は本質的にあらゆる種類の反事実的条件文に対するコミットメントに基づいているように思われる.ロバート・ブランダムが洞察しているように,このような反事実的条件文の背後にある様相的関係は,義務論的様相の標準的な集合と同様に(たとえ,それ以上ではないとしても)謎に満ちている[13].

　過去10年から20年にわたって,規範はわれわれの世界観から消去されるべきものであるという考え方から,規範をより良く理解する必要があるという見解への一般的シフトがあったのは,このような問題がさまざまな異なる領域で不意に出現してきたからである.科学者と哲学者たちは,規範的主張の「奇妙さ」に対する彼らの当初の反応を通り抜けて進むことを余儀なくされてきた.もちろん,このことは規範的なるものや,人間の社会,言語,合理性,認知が規範的なるものに依存している仕方に関して,真に奇妙なものが存在しないということを意味しているのではない.だから,超越論的論証というカント主義的戦略が非常に重要なのである.カント主義者は,われわ

---

11) 現代のダーウィン主義者たちは,宗教擁護者との外部闘争において,ほとんど一様に,この問題が進化論の説明上の適切性に言及することを通して解決されるべきだと考えている.しかし彼らは,現代の科学的世界観が規範的現象の説明——とりわけ道徳的義務の拘束力の誤りを暴くことではなく,むしろそれを再構成して説明すること——に失敗していることが,教育のある人々の間で宗教的世界観が持続することの主要な理由を構成していることをまったく理解していない.

12) Mark Norris Lance and John O'Leary-Hawthorne, *The Grammar of Meaning* (Cambridge: Cambridge University Press, 1997), pp. 344–47.

13) Robert Brandom, in "Modality, Normativity, and Intentionality," *Philosophy and Phenomenological Research* 63 (2001): 587–610.

れが世界を経験する仕方，われわれが推論する仕方，われわれがお互いにインタラクトする仕方に，恣意的な要素があることを，ある観点から認めることにまったく違和感を持たない．われわれの心が進化の産物であることを所与とすれば，心がいくぶん予測不可能な「デザイン」上の特徴を持っていないことは非常に驚くべきことだろう．しかし，われわれが真にアクセスできるのは，われわれ自身の観点という1つのパースペクティブであり，それはわれわれが経験する世界，われわれが用いる推論形式，われわれの発達を構造化しているようなタイプの社会的インタラクションの内部に据えつけられたパースペクティブなのである．こうして，一見して恣意的な要素の多くは実際にはわれわれにとっては恣意的でないのである．われわれが持つオペレーティング・システムにパッチを当てるには遅すぎる．

　しかしながら，道徳性を擁護するうえで，このような論証戦略を用いるときには抑制をかけることが重要である．超越論的論証は特定の規範的義務を正当化するために用いることはできず，義務的制約という現象一般——われわれが規範的コントロール・システムを持ち，社会規範を尊重する性向を持っているという事実——を正当化するのに用いることができるだけである．これは決して小さな達成ではない．道徳性が義務（duty）——何らかの予期された報酬のためにでなく，それ自身のために遂行されなければならない行為——のシステムという形態を持つという事実は，しばしばもっとも不思議な特徴とみなされてきたからである．私は，規範的コントロール・システムが可能な規範の内容について弱い制約しか課さないこと，したがって「道徳的観点」もまた超越論的正当化と整合的であることを示唆してきた．しかしこのことは，われわれの道徳的義務の残りの部分を導出するのに必要な前提や手続きを与えてくれるものではない．それは，個人が黙約的道徳性を獲得しそれに同調するために存在しなければならない心理学的構造の特定化を示しているにすぎないのである．黙約的道徳性は，非常に複雑な文化的人工物であり，何世代もかけて作り出され精緻化されてきたものである．われわれが道徳的論証と呼んでいるもののほとんどは，黙約的道徳性のこのシステム内部の資源に依存しているのである．

　したがって，超越論的論証戦略は動機的懐疑論に対する応答だけを提供している．私の内容懐疑論に対する応答は，おそらくそれほど満足のいくものではないだろう．というのも，私は実質的な道徳原理に対しては，その哲学

的正当化を提供することが可能だと思わないからである．唯一の正当な哲学的応答は，内容懐疑論に好意的なすべての論証が，暗黙のうちに問題含みの認識論的理論——通常はある形の基礎づけ主義——を前提としていることを示すことである．したがって，われわれが共有する黙約的道徳性が提供する資源の豊富さを所与とすれば（そして，異なる文化間という文脈においては，規範的規制を要求するインタラクションのプラグマティックな構造および協力の潜在的便益を所与とすれば），争点となっている道徳的原理に対して合理的正当化を与えることにわれわれが困難を感じる特別な理由は何もない．ある特定の原理がそのような熟慮の中から勝者として現われなければならないことを示す決定的な論証は何も存在しないし，どの原理も勝者として現われることがないことを示す決定的論証も存在しないのである．

　ここで提出された論証は，すでに予告した通り，義務的制約の現象の擁護を構成してはいるが，道徳性の完全な理論を構成しているものではない．このことが，議論を合理性の道具的把握——合理的主体は行為をそれがもたらす帰結だけで評価し，それ自身のためには決して評価しないとの主張——の批判から始めた理由である．私の第1の論証戦略は単に，帰結主義者たちがその主張の正しさの論証に失敗していることを示すことでしかなかった．これはそれほど難しいことではなかった．合理的選択理論の理論家たちが採用しがちな，価値に関する主観主義は，彼らが態度を翻して，主体が自らの行為の内在的性質に関心を払うのを禁止することを非常に難しくしていたからである．こうして，ほとんどの仕事は単に，道具的理論の技術的側面に関する誤解を取り除くことにかかわるものにすぎなかった．

　しかし，ひとたび主観主義的態度を捨て，主体の志向的状態の内容の起源を探求し始めると，道具的理論のより深い問題が明らかになり始める．合理性の道具的把握は多くの点で，われわれがもっとも近い関係にある霊長類と異なっているのは，われわれがより賢い，あるいはより大きな計算能力を持っていることだけにあるという考えの表現にすぎない．このことが，われわれが個体として，自分の自己利益がどこにあるのかをよりうまく計算できるようにしているというのである．この見解によれば，われわれは根本的には他の動物と同じ心的装備——同じ種類の心的状態，同じ種類の計算能力——を持っていることになる．唯一の違いは，われわれがより大きな脳を持ち，したがってこうした認知的素養をよりよく使用することができるという点に

ある.

　本書で展開された分析が示唆していることは，人間の知性——より具体的には人間の合理性——が，存在の階層における「垂直的な」動きというよりも，むしろ「水平的な」進化的発展であるということである．それは，すべての高等な哺乳類が共有するシステムの集合の量的な増加を通して生み出されたのではない．むしろそれは，もともとは他の用途に適応していた認知機構の，前例のない——そして非常に成功的な——使用を可能にする間接的なひねりなのである．根本的には，それは公的コミュニケーションの道具としての言語の発達である．このことが「言語アップグレード」を利用可能にし，そのことがさらに志向的計画システムの基礎となっているが，この志向的計画システムの配備こそ，実践的合理性の理論がモデル化しようとしているものなのである．このように，合理的計画に関するわれわれの能力は，われわれの他の心理学的システムの多くとはいくぶん異なるものである．おそらくもっとも注目すべき違いは，それがたとえばわれわれの知覚システムとは異なり，ある種の社会的・文化的資源に依存しているという点である．このことが，社会的環境の構成的な特徴のいくつか——たとえば，規範に規制された社会生活の構造のようなもの——が内部に入り込み，われわれの心理学的能力の構成的な特徴になる理由となっている．そして，このことはさらに，なぜ合理的な実践的熟慮と義務的制約の間に解きがたい絆が存在しているのかを説明する．

　もし人間が非常に頭のいいチンパンジーにすぎず，人間の合理性が，穴の中からシロアリを釣るときにチンパンジーが用いる認知能力の増幅にすぎないのならば，われわれはおそらく道具的推論者となっていたことだろう．また，われわれは非常に非協力的で，語るに値する文化や文明を持たず，150名を超えない原始的集落に住んでいたことだろう．しかし，このイメージは人間知性に対する誤解を表現している．われわれの知性は進化的発展の頂点ではない．また動物界の内部には，そのような方向性を持った明らかな性向は何もないのである．われわれはむしろ，奇妙で，ちょっとありえなさそうな小さな枝分れのようなものである．

　地球外知性の探求が，地球上の知性に対する出来の悪い理論に動機づけられているのと同様に，地球外的な道徳性の探求も的外れの発想に基づいている．人間の道徳性は，明らかにわれわれの種において呈示されているような

特定タイプの社会性の帰結であり,より具体的には,われわれの種の中で社会的統合が達成されている仕方の帰結なのである.大集団での協力からそれほどの便益を得られないような種には,そのような必要がないだろう.平均的な血縁度がより高い種は生物学的メカニズムで十分なので,共有した文化を通じた統合を必要としないだろう.したがって道徳性は特殊人間的現象である.しかし同時に,われわれがそれなしに人間である自分を想像することができないほど,道徳性は深いところで人間的なのである.

訳者解説

著者について

　本書は Joseph Heath, *Following the Rules: Practical Reasoning and Deontic Constraint*, Oxford University Press, 2008 の日本語全訳である．読者の便宜のために，原書にはなかった参考文献のリストを作成して巻末に配置した．

　著者のジョセフ・ヒースは 1967 年生まれのトロント大学の哲学教授である．彼はマギル大学を卒業した後，ノースウェスタン大学で博士号を取得した．このときに日本でもよく知られているユルゲン・ハーバーマスの指導を受けている．

　ヒースは日本では，先頃出版された『資本主義が嫌いな人のための経済学』（邦訳，NTT 出版）が大変好評だったことでよく知られているだろう．この著作は右派と左派それぞれの経済政策に関する考え方がどのように歪んでいるかを，哲学者独特の切れ味鋭い批判的思考で明らかにしたものである．このように大衆的な著作でも大活躍のヒース氏だが，彼のコアとなる専門分野は合理的選択理論，行為理論，批判理論であり，この分野で多数の専門論文を残している．本書は，日本で紹介される彼の専門分野における初の著作であり，合理的選択理論，行為理論，倫理学，道徳哲学などをカバーしている．

本書を翻訳するに至った背景

　私が本書を知ることになったきっかけは 2007 年の春に遡る．当時，ヒース氏がウェブ上で見られるようにしていた本書の草稿をスタンフォード大学名誉教授の青木昌彦先生が発見し，私に読むように強く勧めてくださったのである（草稿の当時のタイトルは *Deontic Constraint* であった）．この出来事の背景を理解することは，本書が持つ基本的性格について読者に知っていただくための一助となると思うので，以下に若干の背景説明をしておきたい．

　2007 年の春は，青木先生が東京財団からの資金援助のもとに仮想制度研

究所 (VCASI: Virtual Center for Advanced Studies in Institution) という研究所を立ち上げたばかりの時であった．この研究所は，哲学，経済学，社会学，心理学，生物学，物理学，脳科学等々の分野において第一線で活躍する方々を研究所フェローとして招聘し，超学際的な議論を促進するためのプラットフォームを（主にサイバースペース上に）構築することを目的として設立されたものである（その錚々たる陣容についてはVCASIのウェブページを参照されたい）．またこれと連動して，われわれの研究や問題意識に関連する書籍を叢書《制度を考える》としてNTT出版から刊行していくというプロジェクトも始まった．

　長年にわたり，狭い意味での経済学を超えて他分野の研究に広く目を配られてきた先生は，世紀の変り目を前後して社会科学の深いところで生じている超学際化に逸早く着目しておられた．古くから交流のあるサミュエル・ボールズ，ハーバート・ギンタス，ダグラス・ノースといった経済学者が，進化生物学や認知科学の成果を積極的に取り入れて新しい経済理論を展開しつつあったことも影響していただろう．比較制度分析という新分野を立ち上げて研究を推し進めてきた先生にとって，人間が制度をどのようにして成立させ，維持し，また変化させていくのかという問題の理解は最重要の課題であり，この問題に立ち向かうために，狭い意味での経済学を超えたところにある人間行動の研究に目を向けることは自然であった．こうして先生は，行動科学の各分野で進行中の最先端研究が共通の問題意識を持つに至っていることを強く意識するようになり，「制度」や「ゲーム理論」というキーワードを媒介とすることによって，こうした共通の問題意識について分野を超えた議論が可能となると考えた．上述した仮想制度研究所を立ち上げた背景には，このような問題意識があったのである．

　私自身もまた経済学の方法論に強い関心を抱いていた．当時は，合理性に基づく標準的な経済学やゲーム理論が，新たに登場してきた経済学の実験研究によって大きな挑戦を受けるようになっていた時期である．また，方法論的な観点からは標準的経済学とまったく異質といってよい神経経済学や行動経済学の登場によって，経済学者は経済学という学問をどのように理解したらよいのか「混乱した」状況にあったといえるだろう．私は，この問題状況をどのように考えたらよいのかという問題意識を持っていたのであった．

　私は完全な理解にはほど遠かったものの，ヒースの草稿を貪るようにして

読んだ．そして本書が，社会科学や行動科学を研究している研究者にとって非常に重要な視点を提供するものであることを確信するに至った．こうして私はヒースにE-mailを書き，本書の翻訳が始まったのであった．

　また本書では，哲学，意思決定理論，ゲーム理論，社会学，心理学，進化生物学等々の各分野にちらばって存在する，最先端の関連する知見がみごとに総動員されて活用されている．それは，まさに仮想制度研究所が目指していた分野の壁を超えた議論の実例ともいえるものであった．本書が叢書《制度を考える》の一冊として上梓されることになった理由はここにある．

本書の基本的主張

　まずこの本を初めて手にした読者のために，本書におけるヒースの基本的主張を，できる限り専門用語を使用せずに，平易に述べておくことにしよう．

　本書のテーマは，われわれの行為選択に対して日常的に制約を課している「道徳性（morality）」である．本書におけるヒースの見解によれば，道徳と社会規範やエチケットに本質的な差異は存在しない．また道徳や社会規範の本質は，人間がルールに従うという現象に求められるので，本書のテーマは「社会規範やルールの一般的理論」であると言い直してもよいだろう．

　ではヒースは本書において何を主張しているのか．

　ヒースによれば，20世紀の社会科学の理論の多く（とりわけ経済学がそうであるが，人類学と社会心理学は例外である）は，特有の合理性概念——信念と欲求という2つの状態のみを組み合わせることで最適な行為を導くという「道具的合理性」——に依拠して理論を発展させてきたため，道徳性という現象を軽視する傾向を持ってきた．道徳性は道具的合理的な主体同士のインタラクションによって説明されるべきだとの考え方が一般的であったのである．

　これに対してヒースは本書において，逆に道徳性こそが人間の合理性の根本に存在するものだと主張する．きわめて広範囲かつ大規模な協力によって人間が社会秩序を形成・維持し，さらにそれを変革しているプロセスの根底には，人間という生物学的種に特有の模倣的な「規範同調性向（norm conformative disposition）」が存在する．しかも，この模倣的な規範同調性は生物学的進化の中で獲得したものだが，われわれが文化を形成し，言語を使用することを可能にしたものであり，われわれの無意識的行動だけでなく，意

識的・合理的行為を根底から支えているものである．したがって，われわれが日常的に行っている合理的思考や計画は規範同調性なしにはありえないし，合理的意思決定にとって規範同調性は不可欠な部分をなしているのである．

こうした基本的な考え方からは，以下のような社会科学に対する含意が導かれる．

第1に，期待効用理論のような合理的意思決定の標準的理論の中に，主体が規範的行為に対して一定の重みづけをしている状態（本書では「原理［principle］」と呼ばれる）を組み込むことの方がより適切な表現の仕方となる．また，そうすることで，実験ゲーム理論が示してきた数多くの変則的な経験的証拠——合理的理論が予測する以上に人間がコーディネーションや協力に成功していること——が無理なく整合的に理解できると主張される．

第2に，これまで多くの社会科学の理論で社会秩序を説明する際にとられてきた説明戦略——合理的諸個人がインタラクトする状況を出発点として社会秩序の生成を説明する——が，事実のうえでも理論的のうえでもまったく逆転しているということがわかる．そもそも合理性は人間が言語を使用することを前提とするものであり，さらに言語使用は人間が規範同調性を伴って社会的実践に従事することによって説明されるものである．したがって，規範同調性なくして合理性はありえないのであって，あらかじめ合理性を備えた状態から人間がルールに従うことを説明しようとする上記の説明順序はまったく倒錯していることになる．

第3に，われわれの合理性が，言語交換という独特の規範性を伴う外的な社会的実践を通して形成されてきたということは，われわれの合理的計画能力に関する「外在主義（externalism）」を導く．もともと共同体の中での言語交換を規制している規範性が合理性の根源をなしており，それが，各個人の中に内面化されたものが，合理的意思決定理論がモデル化することを目指してきた実践的合理性を構成しているからである．人間が自らが創出した環境と一体となって情報処理するとともに，行為を規制しているという構図は広範に観察されるものである．道徳的行為に関して言えば，社会的制度の多くはわれわれの道徳的な「意志の弱さ」を補強するものとみなすことができる．

第4に，われわれを取り巻く道徳がきわめて複雑な構造をしているという洞察が導びかれる．われわれは生物学的進化のプロセスの中で，他の動物と

も共通するような「血縁淘汰」や「互恵的利他主義」を獲得している．われわれはこうした基礎の上に，模倣的同調性の獲得を経由して規範同調性や文化依存性を獲得してきたのである．このために，われわれの道徳的行為の動機は，進化的に形成されて無意識的に作用するものと，文化の領域で意識的・合理的に作用するものとによって多重かつ過剰に決定されているのである．また，文化的進化は生物学的遺産のバイアスを受けつつ，ある程度それから独立して文化的に伝達された行動パターンを生み出していることもわかる．道徳は，このようなプロセスを通してわれわれが日常的なコーディネーション問題や協力問題を調整する中で何千年もの時間をかけて，歴史的に蓄積してきたものである．ただし，規範が言語的に定式化されたものである以上，このことはもちろん道徳的改革の可能性を排除するものではない．むしろこの議論は，われわれが全面的に規範の外に立つことができないことのみを意味しているのである．

　以上のような結論を導くためにヒースが依拠しているのは，彼自身の強靭な思考力だけではない．20世紀の言語哲学の最良の思考は，そのほとんどが認識論の領野で展開されてきた．本書は，この洞察を実践的領野に適用したものとみなすこともできる．本書で展開されている行為理論は，一言で表現するならば「認識論の自然化」に対応する「実践的合理性の自然化」の理論と言ってもよいかもしれない（ヒースの哲学の特徴については以下に，ブランダムとの関係に関してもう少し述べてある）．

　しかし本書について特筆すべきは，ヒースが彼の主張を補強するために，哲学や経験科学——とりわけ進化生物学，文化人類学，発達心理学，社会学理論——の最先端の成果を使用していることである．これほど多分野にわたる研究成果を自家薬籠中のものとしていることは，彼の博覧強記ぶりを示すものである．

本書で言及される哲学者・科学者たち

　ヒースは本書の中で自分の立場を論証するために，きわめて広範囲の人類の知的遺産に依拠している．そこで，本書の内容を論理的に辿るというよりも，まずはそのリストをあげてみることにしよう．知的好奇心のある読者はどこかに取っ掛りを見いだすかもしれない（そのためにも，本書の参考文献リストをまずはご覧いただきたい）．

本書の「アンチヒーロー」は何といっても，トマス・ホッブズとデイヴィド・ヒュームである．ホッブズは今日の意思決定理論にも受け継がれている「実践的合理性の道具的把握（instrumental conception of practical rationality）」を初めて明確化した哲学的巨人として評価されている．しかし，彼の実践的合理性の理論に含まれている「帰結主義（consequentialism）」——行為はそれがもたらす結果の価値によってのみ評価されるという見解——や，「欲求に対する非認知主義（noncognitivism about desire）」——欲求は合理的に改訂されえないとする見解——は本書において徹底的に批判される対象である．また，ホッブズは個人的主体が持つ合理性と社会秩序の成立との間の説明順序を完全に逆転させた哲学者として描かれることになる．

　ヒュームは主として，「欲求に対する非認知主義」を支持する強力な動機理論——ヒューム主義的動機理論——を構築した祖として登場する．その特徴は，われわれの欲求の正当化を遡及的に遂行していくと，最終的には個人に生じる身体的刺激に落ち着くと主張するところにある．そこでは身体的刺激が欲求と同一視されることになる．これに対してヒースは，最新の心理学理論を引き合いに出し，身体的刺激がそのまま欲求となることはなく，人間が自分の必要性に対して合理的なモデルを形成しており，身体的刺激から合理的な欲求を紡いでいくという理論を展開する．協力問題の本質の把握に失敗し，それをコーディネーション問題に解消しようとしたことでも，ヒュームは批判されている．

　われわれの欲求システムが基礎的な身体的刺激に還元されないことを論理的に示す場面では，W・V・O・クワインが登場する．彼の有名な論文「経験主義の2つのドグマ」は認識論の領域での業績であり，信念システムを扱って，後に多くの人が基礎づけ主義を退ける論拠となったものだが，ヒースはこれを欲求システムの基礎づけ主義を批判するものとして用いることでヒューム主義的動機理論を批判している．

　他方，本書のヒーローはイマヌエル・カントとルートヴィヒ・ヴィトゲンシュタインであろう．ヒースが言語の成立を論じるところで用いている観点は，文が第一義的な意味の担い手であって，そこから文を構成する語の意味が派生するというものである．これはゴットロープ・フレーゲの「文脈原理」にほかならないが，カントは「判断」をわれわれがする行為として捉えるという同様の観点を初めて提起した哲学者として再評価されている．本書

の後半において，ヒースが規範同調性なくして合理性がありえないことを論じる際に用いる「超越論的論証」の元祖もまたもちろんカントである．ヴィトゲンシュタインの「私的言語論」は1人の個人だけでは規範性が成立しえないことを説得的に論証した業績として評価されている．この議論はヒースによって，規範性を持つ言語や，信念，欲求といった状態が社会的実践の中で生まれてきたことの論証に用いられる．

しかし合成性を持つ言語が発生する論理の説明においてヒースが実質的に依拠するのはヴィトゲンシュタインの言語ゲームではなく，ウィルフリド・セラーズやドナルド・デイヴィドソン，ロバート・ブランダムといった「言語哲学のプラグマティズム的転回」を代表する哲学者たちである．ヒースの哲学がとりわけ大きく依拠しているのは，ロバート・ブランダムによって開始された哲学的プログラムである．それは人間の知性をサーモスタットやオウムの反応と根本的に異なるものとして捉える「合理的プラグマティズム」として特徴づけられる．また，人間がプレーしている言語ゲームにおける「推論（inference）」で果たす役割によって，「概念（concept）」の内容が決定されることを示す「推論主義（inferentialism）」としても特徴づけることが可能である．ただし，ここでの「推論」には，われわれがあまりにも慣らされてしまった形式論理学に登場する形式的推論とはかなり異なる「質料的推論（material inference）」と呼ばれるものが含まれる．たとえば，「ピッバークはプリンストンの西にある」から「プリンストンはピッバークの東にある」を結論づけるような，われわれが日常的に行う推論が質料的推論であって，これを正しいものにしているのは，推論の形式論理的な要件ではなく，西とか東とかいう概念の把握である．その詳細については本文やブランダムの著作（*Making It Explicit* や *Articulating Reasons* を参照されたい．

経験科学の分野に目を移すと，社会学者としてはエミール・デュルケムやタルコット・パーソンズが高く評価されている．彼らの規範理論を継承して発展してきた今日の「社会化（socialization）」の理論は，ヒース自身の実践的合理性の理論にとって，包摂して説明しなければならない部分とみなされている．とりわけ，合理的個人がルールに従うのはサンクションを受けることの不効用に反応するからというだけでは社会秩序を十分に説明できないということが，本書におけるヒースのルール観の中核をなしている．

経済学者やゲーム理論家として取り上げられる人々の多くは，本書では批

判の対象となる．たとえば，ケン・ビンモアはゲーム理論をトートロジーとみなしていることが間違いとして批判されている．また，エルネスト・フェールは実験ゲーム理論で観察されてきた変則的な主体の選択行動が認知的・意識的なものであることを主張していることが評価されている一方で，マシュー・ラビンとともに，特定の社会規範を効用に組み込むことで，一般的な社会規範の理論に行きつくことに失敗している例とされている．

おそらく本書の中でもっとも高く評価されている経済学者・ゲーム理論家は，サミュエル・ボウルズとハーバート・ギンタスであろう．ロバート・フランクによるものを含む多くの理論が人間が示す「超社会性（ultrasociality）」——人間が遺伝的に無関係な個体間で大規模な協力を示すこと——を説明する理論としては不十分だとして退けられる中で，彼らの「強い互恵性（strong reciprocity）」の理論はそれを説明する可能性を持つ理論として高く評価される．しかし，彼らの理論が「協力と分かち合い」という特定的な規範に焦点を絞っていることについては，フェールらと同様に一般化が不十分な理論であるとして，その限界が示唆されている．

ヒースが「日本語版に寄せて」の最後の部分で書いているように，本書は「合理性がそれ自身でルール遵守的能力の1つのタイプであるという」カント哲学の立場を「自然主義」的に——すなわち自然科学的方法によって——論証したものとみなすことができる．したがって，本書には心理学者，言語学者，進化理論家（あるいはこれら各分野を対象とする哲学者）などによる理論や経験的証拠が多数取り上げられている．もちろん，それらのあるものは肯定的に，他のものは否定的にである．

たとえばジェリー・フォーダーは，幼児が自然言語を習得する以前に意味論と統語論の両方を備えた「思考の言語（language of thought）」を持つと考えた哲学者・言語学者であるが，その立場はヴィトゲンシュタインの「私的言語論（private language argument）」を用いてヒースの立場から厳しく批判される．また，フォーダー同様に脳のモジュール性を重視し，人間の高度な認知についてもそれを担うモジュールがあるとする仮説を主張している進化心理学者，ジョン・トゥービーとレダ・コスミデスの理論ももっともらしくないとして退けられる．

他方，肯定的に取り上げられるのはアンディ・クラーク，マイケル・トマセロ，ジョージ・エインズリー，ロバート・ボイド，ピーター・リチャーソ

ンなどである．ヒースはすでに述べたように「外在主義者」である．クラークは認知科学の哲学者で「拡張された心（extended mind）」という概念を提唱した人であり，「われわれは……複雑で一貫した行動を成型するために，われわれの物理的・社会的世界を構造化する名人である」と捉えているが，この立場はヒースの立場でもある．人間が模倣的同調性を進化的に獲得したことが規範同調性を生み出し，蓄積的文化や言語を獲得するに至ったという論理をヒースが打ち立てる際には，トマセロの研究に多くを負っているように思われる．また，人間が将来の利得を指数関数的に割り引くのではなく，双曲的に割り引いているというエインズリーの「双曲割引」の理論は，長年哲学者たちを悩ませてきた「意志の弱さ」の問題を，主体の合理性に抵触することなく，一時的な選好の逆転として説明することができる理論として高く評価されている．

　ヒースの見解では，人間の協力行動は生物学的領域においては不適応的なものであるが，人間が独自に築きあげた文化的領域においては「集団選択（group selection）」を促す作用を果たすことで発展してきたものである．このように，文化的進化が生物学的進化によってバイアスを受けつつも，かなりの程度の自律性を保持していることを論証する部分では，ヒースはボイドとリチャーソンの理論に大きく依存している．

　したがってヒースは，文化的に規定された行動パターンまでも進化生物学的に説明しようとする理論に対して総じて否定的である．たとえば，E・O・ウィルソンの「社会生物学」である．ただしウィルソンについては，一方で，人間が言語，合理性，文化，道徳を獲得したことを「単一の適応」——社会的学習ヒューリスティック，すなわち模倣的同調性の性向——の産物として見ていることに対して高い評価を与えている．また，近年，洗練された「集団選択」の理論を展開しているエリオット・ソーバーとデヴィッド・スローン・ウィルソンについても，利他主義の発生を直接的に生物学的領域において説明しようとする「怪しげな仮説」として批判的に扱われている．同様の観点から，ヒースは「進化ゲーム理論」についても否定的である．それは「協力」や「裏切り」をゲームの戦略として協力の創発を進化論的ダイナミクスで説明しようとするものだが，ヒースにとっては人間の道徳は言語のように複雑な文化的人工物であり，このような単純な分析では解明できないものなのである．

大脳新皮質の大きさと協力的集団の規模とを関係づけるロビン・ダンバーの理論もまた，大規模な協力を説明するには十分でないとして退けられる．こうした議論の途中では，もちろんドーキンスの理論も取り上げられている．

実験哲学者のショーン・ニコルズの自然主義的な道徳感情論はヒースの道徳観に大きな影響を与えている議論である．道徳的行為はわれわれが明確な表象を持つ「社会規範」だけでなく，進化論的に規定された「感情反応（affective response）」をも伴うものである．このように道徳的行為の動機は，いくつかのメカニズムによって過剰決定されているというのがニコルズの見解である．また，キース・スタノヴィッチによる心の「二重プロセス理論（dual process theory）」——人間の情報処理を無意識的な「TASS（The Autonomous Set of Systems）」と言語的・意識的な「分析的システム」からなるものとして捉える理論——は，バーナード・ウィリアムズの「適応的無意識（adaptive unconsciousness）」の概念とともに，本書の至るところで用いられる．しかし，スタノヴィッチのロジックも全面的に受け入れているわけではない．スタノヴィッチは，文化的に伝達された行動パターンがわれわれの自己利益と対立するときには，文化的に伝達された行動パターンに対する「ロボットの反乱」に立ち上がるべきだと論じているが，ヒースはこの企てが不可能であることをきわめて説得的に論じている．

これらの人々の著作のいくつかのものは，この間，日本でも次々と邦訳が出版されるに至っている．たとえば，ハーバート・ギンタスの『ゲーム理論による社会科学の統合』，アンディ・クラークの『現れる存在』，ジョージ・エインズリーの『誘惑される意志』（以上，邦訳はNTT出版），キース・スタノヴィッチの『心は遺伝子の論理で決まるのか』（邦訳，みすず書房），マイケル・トマセロの『心とことばの起源を探る』（勁草書房），ロビン・ダンバーの『ことばの起源』（青土社）などである．私自身，これらの著作の本質的意義について，蒙を啓かれたのは本書を通してであった．上で見たように，本書の中でヒースはこれらのそれぞれについて独自の視点からきわめて明晰に批判的に論じているので，これらの著作に興味を持つ読者にとっても本書は大いに参考になるだろう．

本書のための読書ガイド

本書を手にする読者はどのような関心から本書を手に取るのだろうか．い

くつかの類型を想定したうえで，本書の読書案内をしておくと，以下のようになる．

　まず，経済学者やゲーム理論家には是非とも，第1章「道具的合理性」から第3章「義務的制約」までを読んでいただきたい．おそらく経済学やゲーム理論の研究者の多くは，自分たちが当然視している合理的意思決定の理論がどのような意味を持っているかについて，時間をとって考えたことがないであろう．もちろん本書が合理的意思決定の理論を論じる仕方は哲学的な観点からのものである．しかし，哲学的にどのように論じられているのかを知ることは，新たな研究への大きな刺激となるはずである．ヒースが本書で提案していることは，限定合理性概念や行動経済学的モデルへと安易に走るのではなく，合理性概念にとどまりつつ，それを社会的文脈において拡張することである．「原理」を組み込んだ合理性の理論がゲーム理論にどのように応用されうるのかについても，ヒースはかなりのページ数を割いて論じているが，この部分はゲーム理論家にとって大きな刺激となるに違いない．また，第9章で展開されているヒースの進化ゲーム理論批判も参考になるだろう．

　社会学に関心を持つ読者で本書を手にとった方であれば，本書全体を通して，ヒースが経済学と社会学とを統合するような理論の構築を模索している点に注目していただきたいと思う．従来しばしば，人間の意思決定の合理的な部分は経済学が扱い，不合理な側面は社会学が扱うと言われてきたが，ヒースは社会規範を意思決定理論に組込むことで，経済学と社会学の側面をあくまでも合理的な枠組みの中で統合しようとする．しかし，このことはヒースが合理的・意識的意思決定だけを考えていることを意味しない．彼が合理的な意思決定の枠組みに執着するのは，「表出的合理性（expressive rationality）」にこだわるからである．

　進化生物学に興味のある読者であれば，是非とも第6章の「自然主義的パースペクティブ」を読んでいただきたい．そこでは，トマセロやボイド＝リチャーソンに依拠しながら，模倣的同調性を進化的に獲得した人間が蓄積的な文化の構築や言語習得を可能にし，文化依存的に規範を成立させるに至ったことが論じられる．また，利他性が生物学的領域では不適応かもしれないが，文化的領域においては「適合的（fit）」であり，文化的領域を確立した人間にとっては「集団選択」的メカニズムを作用させてきた可能性が高いことなどが論じられている．すでに述べた，E・O・ウィルソンの「社会生物

学」に対する批判の仕方も興味深いのではないだろうか．

『ルールに従う』という表題を見て，いわゆるルール・フォローイングの問題だなと直観して本書を手にとった読者に対しては，もちろん第4章「志向的状態」のヴィトゲンシュタインの私的言語論から始まる言語ゲームの理論（第4章の第3節以降）を読んでいただきたい．本書では，言語の合成性を説明しうる理論ではないとしてヴィトゲンシュタインの言語ゲームの詳細に立ち入ることなく，セラーズの言語ゲームとそれをさらに彫琢したブランダムの「理由を与えたり求めたりするゲーム（giving and asking for reasons）」に中心的重要性を付与している．管見の及ぶ限りでは，本訳書はおそらくセラーズの言語ゲーム論やブランダムの大著 *Making It Explicit* に触れた最初の日本語の文献となるのではないだろうか．本書における「理由を与えたり求めたりするゲーム」の説明はこうした読者に大きな刺激を与えると推測する．また，これらの読者には，ヒースが人間のルール遵守行動を発達心理学や進化論の立場から自然主義的に説明しようとしている第6章の内容も興味深いであろう．第6章の内容に依拠して，規範性が合理性の前提条件となることを示した第7章の「超越論的論証」も是非読んでいただきたい．

それほど哲学に詳しくないが，哲学的興味を持っている読者にとっても，第4章はきわめて明晰に書かれた現代の言語哲学入門として役立つであろう．そこでは，信念をイメージとみなすか，文とみなすかという対立軸——「心理学的心象主義（psychological imagism）」vs.「心理学的文主義（psychological sententialism）」——と，言語を頭の中にできた信念をコミュニケートするだけの道具とみなすか，言語は信念にとって構成的であると考えるかという対立軸——「コミュニケーション的見解（communicative view）」vs.「構成的見解（consititutive view）」——の2つの次元から，さまざまな哲学的立場が明快に論じられる．ヒースの立場は心理学的文主義と言語に対する構成的見解を組み合わせたものであり，人間の思考は社会的実践としての言語交換が内面化したものであると考える「外在主義」である．第8章の「意志の弱さ」もまた，この外在主義的立場から論じられている．ヒュームの動機理論のエッセンスをなす，身体的刺激を欲求と同一視する見解を，最新の心理学的知見とクワインの理論に基づいて退けている部分も読みごたえがあるだろう．

道徳理論や倫理学に興味がある読者には，是非とも第9章の「規範倫理

学」を読んでいただきたい．そこでは，道徳哲学者が社会規範やエチケットを区別して，道徳を特権化してきたことが徹底して批判されているだけでなく，ニコルズの理論に依拠しながら，複雑な階層をなす道徳現象が生き生きと描かれている．たとえば，既存の社会規範や道徳を批判するということが，決して社会規範や道徳の「外部」からは行いえないことをヒースは説得的に論じている．

謝辞

　冒頭の翻訳の経緯の説明でわかるように，本書の翻訳に5年あまりの歳月を費やしてしまった．まずはこのことでご迷惑をかけた方々にお詫びしたい．
　これだけの月日がかかったことの理由の一部が私の根っからの怠慢にあることは認めざるをえないものの，今から振り返ってみると，この5年は本書の内容を十分に理解するために必要な歳月だったのではないかとも思う．経済学，とりわけゲーム理論を専攻してきた私にとって経済学的内容の部分は比較的容易に理解できたが，本書の至るところで縦横無尽に展開されている多岐にわたる分野——哲学，心理学，進化論，認知科学など——の理論をある程度まで消化するためには，実際に引用されている論文や書物などに当たって勉強する以外になかったからである．難解と言われるロバート・ブランダムの哲学をある程度理解することにも労力を要した．また，「比類のない」スタイルを持つハロルド・ガーフィンケルの英文が引用されているところ（第3章注15）などは，それだけで相当の時間を費やしたことが思い出される．
　最後にこの場を借りて，本書を翻訳するにあたってお世話になった方々にお礼を申し上げたい．まずは本書の存在を草稿段階から教えてくださった青木昌彦先生である．青木先生の推薦がなかったら，おそらく本書の日本語訳は存在しなかったであろう．青木先生は本書の生みの親である．
　本書を一通り訳した後に，経済学以外の分野が関係する部分の訳稿に不安を抱いたため，何人かの専門家にもアドバイスを仰ぐこととなった．とりわけ，社会学者である瀧川裕貴氏（東北大学国際高等研究教育機構・先端融合シナジー研究所）とたまたまtwitterで知り合いになり，彼に相談したところ，常松淳氏（東京大学大学院人文社会系研究科）と河村賢氏（東京大学大学院博士課程）と一緒に訳稿を検討することを快く引き受けてくださった．

彼らには，本書の前半部分について非常に詳細な検討をしていただいた．また研究室が近いために普段からお世話になっている生物学者の黒須詩子先生（中央大学経済学部）には，第6章「自然主義的パースペクティブ」を読んでいただき専門的な訳語について貴重なアドバイスをいただいた．

完成してみると本訳書は500ページ近くもの大著となってしまった．そのため校正にも多くの時間を費やすことになったが，新真知君（中央大学大学院経済学研究科），ゼミ生だった石川隆彦君（中央大学大学院公共政策研究科）と水野孝之君（中央大学経済学部）には草稿を丁寧に読んでもらいコメントをいただいた．原著には参考文献が一括して掲げられていないが，読者の便宜を図って本書では参考文献を巻末に付した．これは新君の助力によるものである．また，水野君には索引の作成や校正作業でかなりの時間を割いていただいた．

以上の方々のご協力を仰いだおかげでかなりの改善があったはずだが，訳稿の最終的な責任が私にあることは言うまでもない．私としてはできる限りの注意を払ったつもりであるが，思わぬところで誤訳等があるに違いない．誤りについて読者諸氏からご指摘をいただければ幸いである．

最後になるが，本書の担当者であるNTT出版の永田透さんにはこの訳書が出版されるまでの長きにわたり，大変お世話になったし，ご迷惑もおかけしてしまった．本書の校正作業では谷川孝一さんのいつもながらのプロフェッショナルな仕事のおかげで，本文と参考文献リストの全般にわたって大幅に改善することができたし，NTT出版の柴俊一さんにも貴重なコメントをいただいた．ここに記して謝意を表したい．

Meae uxori quae me semper curat gratias ago. （2013年正月）

第2刷の追記　本書第1刷に対して，吉田敬氏（東京電機大学・玉川大学）からは多くの修正すべき点をご指摘いただいた．この場を借りて感謝いたします．またブランダムの哲学に関する日本語文献について翻訳中には気づかなかったが，様々な文献が存在することが最近になって気がついた．とりわけ，岡本裕一朗氏（玉川大学）の『ネオ・プラグマティズムとは何か――ポスト分析哲学の新展開』（ナカニシヤ出版，2012年）は，わかりやすい本であり，ブランダムについても1章分を割いて解説している．是非とも参考にしていただきたいと思う．　　　　　　　　　　　　（2013年5月2日記）

『ルールに従う』概要

「原理」を組み込んだ合理的行為の理論の構築（第1章-第3章）

　ホッブズ以来発展してきた主体の「合理的意思決定」のモデルは，「信念（belief）」と「欲求（desire）」という2つの状態を組み合わせることで特定の行為を導き出すという基本的構造を持っている．それは，確率論を組み込んでかなりの精緻化を見せてきたものの，今日の経済学において標準的とされている期待効用理論にも引き継がれている構造である．確率論を組み込んだ枠組みでは，「信念」は不確実性の状況において，どのような世界の状態がどのような確率で生じるのかということに対する予想を現わす用語である．また，「欲求」は現在の標準的な言葉で表現すれば，行為と世界の状態によって決定される「結果」の集合に対して主体が持つ選好順序のことを意味している．

　これまでの哲学的文献においてこのモデルは「実践的合理性の道具的把握」と呼ばれ，それは「帰結主義」と「欲求の非認知主義」という2つの哲学的立場を必然的に伴うものと思われてきた．帰結主義とは，主体が行為を選択する際に評価する行為の価値が，行為それ自体から生じるのではなく，行為が最終的にもたらす結果の価値から生じるという考えである．また，欲求の非認知主義とは，欲求は信念と異なって，合理的に改訂できるような対象ではないという見解である．しかし，ヒースはこの2つの前提を周到な議論で退ける．

　合理的意思決定モデルの上述した基本的構造は，個人的意思決定という「非社会的文脈」においては問題とならないが，社会的インタラクションを含む「社会的文脈」においては問題含みとなるとヒースは言う．現在標準的なサヴェッジの期待効用理論では，行為は世界の状態と組み合わさって結果を生み出す．そして，各結果に対して効用を持つ主体はもっとも期待効用の高い行為を選択することになる．これに対して社会的インタラクションのゲーム的状況においては，自分が選択する行為と組み合わされて結果をもたら

すべき「状態」が外生的に与えられていないばかりか，相手プレーヤーが選択する行為そのものになっている．しかもこのことがお互いに生じているから，お互いに行為を決定することができない状態に陥ってしまうのである．

ゲーム理論の研究プログラムは，ここで発生する「読み合い」の無限後退を停止させる均衡概念を開発することで，この問題を「解決」してきた．ゲームの均衡が実現している状態においては，各主体はお互いに相手の（均衡における）選択によって信念を形成し，それを所与として最適な結果をもたらす行為を選択しているので，実践的合理性の道具的把握の構造はそのまま保持されることになる．

こうしてゲーム理論は実践的合理性の道具的把握を社会的インタラクションへと拡張することに成功しているように見えるが，ヒースはこれに対して批判的である．彼はその理由をいくつかあげている．

第1に，実験ゲーム理論が明らかにしてきたように，現実の人間はゲーム理論が予測している以上にコーディネーションや協力に成功する傾向を持っていることである．たとえば有名な「囚人のジレンマ」と呼ばれるゲームを匿名的な条件のもとで1回だけプレーするような状況に置かれたとしても，被験者たちはかなりの頻度で「協力」を選択することがよく知られている．これは，90年代以降に標準的経済学を揺るがし，専門家の間でもその前提条件に対する強い懐疑を促す動因となった知見である．ヒースはこのことを重視し，社会規範の理論へと目を向ける．

社会規範に関する社会学的研究が明らかにしてきたことは，実践的合理性の道具的把握の立場に立つ人々が主張してきたように，社会秩序は各主体がサンクションの存在によって道具的に動機づけられる結果として成立しているだけではないということである．人間は誰であれ社会化のプロセスを経験する．1次的社会化と呼ばれるプロセスにおいて，人は社会規範を一定程度重視するという熟慮上の重みづけをすることを学習し，2次的社会化と呼ばれるプロセスにおいて，特定の文化的文脈において特定の行為を社会規範として学習することで，社会規範を内面化するのである．そこではサンクションは人々が規範に対して十分な熟慮上の重みづけをしなかったこと（あるいは動機づけられた逸脱）に対して向けられるのであって，単純に特定の行為の違反に対して向けられるわけではない．ゲーム理論が現実の人間の社会的行為の説明に失敗してきたことは，このように社会秩序を支える行為の選択

が道具的合理性だけによって保持されているわけではないことと深く関連しているのである．

　第2は，実践的合理性の理論において，帰結主義的立場を選択することに十分な哲学的理由が存在しないことである．ヒースは，行為と結果をどのように区別したらよいかという哲学的論争をレビューすることでこのことを議論しているが，その詳細は本文に任せよう．それよりも重要なことは，個人的・非社会的な意思決定の状況と社会的な意思決定の状況では，問題の難しさが根本的に異なることである．すでに述べたように，ゲーム理論は「均衡」という概念を用いることにより，非社会的文脈で用いられる「信念」と「欲求」の組み合わせによる行為の選択という基本構図を，そのまま社会的インタラクションの状況でも使用できると考えている．しかし，社会的インタラクションを含む状況では，人間がそれ以外の新たな認知資源を用いていると考える方向性もありうるだろう．それはルール遵守の行動において，われわれが日常的に行為そのものに対して価値を与えている仕方の中にも見られるものである．

　最終的にヒースは，ルール遵守の際に人々がそうしているように，人々が行為それ自体に対して価値をおくような合理的意思決定のモデルの構築を提案する．行為それ自体に対して評価を与えることをヒースは「原理（principle）」と呼ぶ．このようにして彼は，結果に結びついた状態としての「欲求」，状態に結びついた状態としての「信念」，行為に結びついた状態としての「原理」を並立させた実践的合理性の理論を提案するのである．具体的な定式化とその理由については，本文の (3.1) 式および (3.5) 式を巡る議論をご覧いただきたい．

　また，ヒースはこの定式化を具体的なゲーム理論的分析に応用してもいる．詳細は本文に譲るが，コーディネーション・ゲームの複数均衡を解決するために上記の理論を用いている部分もゲーム理論に興味を持つ読者にとって大変興味深い部分であろう．

志向的状態の発生と選好の非認知主義に関する議論（第4章–第5章）

　上述したように，ホッブズの「実践的合理性の道具的把握」は2つの部分を持つ．第1の部分をなす「帰結主義」は，第1章から第3章までの議論で退けられた．ここからは第2の部分である「欲求に関する非認知主義」が取

り上げられる．そのためにヒースは，信念，欲求（選好），原理の本質を掘り下げ，それがどこから発生したのかという問題に取り組む．そうすることで第5章で「選好の非認知主義」を批判し，第7章「超越論的必然性」で「われわれは合理的である限り，規範的でなければならない」という主張を展開するための地ならしを行っている．

　実践的合理性の基本的な構成要素である信念，欲求，原理はすべて，現代の哲学において「志向的状態」と呼ばれるものである．ここで「志向的」とか「志向性」という言葉は，それが何かに関するものであり，内容を持つということを意味する哲学用語である．志向性を持つ主要な存在物としては思考と言語があるが，19世紀までは思考が持っている志向性（心的志向性）に対して説明上の優先順位が与えられ，言語が持つ志向性（意味論的志向性）はそこから派生していると考えられてきた．この順序を逆転させ，意味論的志向性がより根本的（ないしは同程度に根本的）と考えるようになったのが20世紀に起こった「言語論的転回」である．思考が内容を持つ限り，それは言語表現を持つものである．すなわち，志向的状態とは命題的内容を持つ状態であるということができる．

　信念や欲求が言語的構造を持っているということは，それが社会的インタラクションに先立って与えられると考えることをもっともらしくないものにする．ホッブズは，人々が志向的状態を完全に備えた状態で社会的インタラクションに入ることによって社会秩序を形成すると考えていた（「ホッブズ的説明戦略」）．しかし，そもそも言語が社会的インタラクションを通して学習されるものであることを認めるならば，言語によって表現された命題的内容を持つ信念や欲求の説明は社会的インタラクションに関する説明から導かれるべきである．

　言語や志向的状態の発生を説明する哲学的理論は2つの段階に分けられる．第1段階は，志向的状態を前提とせずに，人々のおこない（conduct）にどのようにして規範性が生じるのかを説明することである．志向的状態を前提とした人間のおこないは「行為（action）」と呼ばれ，志向的状態を前提としない人間のおこないは「行動（behavior）」と呼ばれるので，この語を用いるならば，最初に「人間行動の理論」の枠組みの中でどのようにして原初的な規範性が発生するのかを説明する必要がある．次に第2段階として，どのようにして言語や志向的状態が発生するのかを説明することになろう．こ

こでヒースは，近年ロバート・ブランダムによって展開されてきた説明戦略——言語哲学のプラグマティズム的転回——に沿って議論を展開する．

まず，志向的状態を前提としないで，どのようにして規範性が立ち上がることが可能なのだろうか（ブランダムはこのような規範を「実践に内包された規範」と呼んでいる）．行動に対して規範的評価を与える有力な候補はサンクションである．特定の行動パターンが肯定的にサンクションされたり，否定的にサンクションされたりすることで，行動が暗黙的な規範的評価に服することになり，共同体の実践において，サンクションされた行動に規則性が生じるとすれば，それを「原初的規範性」と呼んでよいであろう．ここで，サンクションをいかに適切にサンクションするのかという高階のサンクションの問題が発生するが，ヒースは2人の主体が互恵的にサンクションすると考えるだけで，この問題は回避されると主張する．

次に言語の発生の説明である．ここではゴットロープ・フレーゲの「文脈原理」——文全体こそが言語的意味の第一義的な担い手であり，その文の意味への貢献によってそれを構成する語の意味が派生するという考え——が力を発揮する．文脈原理によれば，われわれが言語を用いて何かをするのは文によってである．

ここでウィルフリッド・セラーズによって展開された言語ゲームのアイディア——それは本書において「理由を与えたり求めたりするゲーム」とか「主張ゲーム」と呼ばれている——が用いられる．言語的交換においてわれわれが主張するとき，その主張は一定の「規範的地位」を持つコミットメントとしての「意味」を持つ．われわれはその主張をする権利を付与されていなければならないし，さらなる主張を行う権利を付与されるのである（チェス盤における駒のポジションと移動のルールと類推的である）．チェスとこのゲームが異なるのは，このゲームのプレーヤーにはゲーム外の状況によって主張をする権利が与えられることもあるし（言語参入手番），言語ゲームによってゲーム外の行動の資格が与えられることもある（言語退出手番）．また，あるポジションがある人によって取られると，他の誰でもそれに対する権利を付与されることになる．われわれがこのような言語ゲームのルールを把握したときに，表現の意味が発生する．そして，部分文的要素の意味は，それが現われる文の推論的性質に対してなす貢献を通して決定される．

こうして外的な社会的実践としての言語がひとたび成立すると，それは

個々の言語使用者の認知能力を増幅する．われわれの脳をコンピュータとするならば，言語は「究極のアップグレード」である．言語はわれわれが自分の行為を計画する際に用いる道具を与えてくれるが，こうした能力によって，意思決定理論がモデル化しようとしてきたような「志向的計画システム」が成立する．期待効用の最大化は，言語使用者に独自な種類の能力なのである．

信念と欲求が志向的状態であることをひとたび認めるならば，欲求が合理的熟慮のコントロールの範囲外にあるとする「欲求の非認知主義テーゼ」を保持することは困難となるはずだが，西洋哲学において，このテーゼは伝統的に当然視されてきた．ヒースは第5章「選好の非認知主義」において，非認知主義の1つの定式化としてヒューム主義的動機理論を検討し，これを退けている．

ヒューム主義的動機理論には2つの要素がある．第1の要素は，「すべての行為はある欲求または選好に対する言及を通して正当化される必要がある」という主張を確立することを目指す「目的論的論証」である．第2の要素は，「欲求それ自身はさらなる欲求に対する言及を通してのみ正当化できる」という「欲求イン・欲求アウトの原理」である．従来，欲求に対する非認知主義を確立するには，これら2つの論証を行うことで十分であるとされてきたが，ヒースはこのどちらの立場も非認知主義を確立することに成功しないとしている．

この2つのうちより真剣な検討に値するのは，欲求イン・欲求アウトの原理である．この原理を用いた「欲求の非認知主義テーゼ」は，欲求をアウトプットとして生み出すどのような熟慮のプロセスも，欲求をインプットとして受け取らなければならないが，このことからすべての欲求が熟慮のプロセスであることは不可能であると結論づける．すなわち，動機づけられない欲求が存在し，それが他の欲求の基礎とならなければならないのである．

この論証は認識論における基礎づけ主義者たちが用いる「後退論証」とまったく同様の形式をとっている．すなわち，信念を正当化できるものが信念だけであるとすると，この正当化の連鎖は無限となるか，循環するか，それ自身は正当化を要しない特定の信念で停止するかのいずれかである．ここで無限の連鎖や循環性を否定するならば，それ自身は他の信念による正当化を要しない「基礎的信念」が存在するはずである．信念の場合，経験主義者たちは単純な観察文がこうした基礎的信念を構成すると考えていた．同様に，

欲求の正当化には他の欲求の正当化が必要だとすると，「動機づけられていない欲求」が存在するはずである．そのもっともらしい候補はわれわれの身体的状態——ヒュームのいう「情念」——である．しかも，信念は共有されている外部世界に基礎づけられるので，人々の間で合意できるという期待が成立するが，欲求の場合には個人の身体状態に基礎づけられるので，合意は期待できないことになる．

　認識論における基礎づけ主義は，基礎的信念からの演繹によって導出される理論的信念と基礎的信念とに信念を分類し，後者を経験との照合によって確認することで，われわれが確実に真である命題を確保できる道筋を明らかにしようとする企てである．しかし，W・V・O・クワインの「経験主義の2つのドグマ」以来，信念の1つひとつを経験によって照合し確認することはできず，各信念は信念全体の集合と世界との関係によって確認されると考えるようになっている．欲求についても同様のことが言えそうである．それぞれの基礎的な身体的欲求がその背景にある身体的状態に「几帳面に（punctnally）」関係しているというよりも，身体的欲求の集合自体が身体の必要性のモデルのようになっているのである．ヒューム主義者は身体的状態と身体的欲求とを同一視する傾向を持つが，実際には生理学的刺激は散漫で非決定的な状態であり，これに一定の秩序をもたらして欲求として整理することをしているのは志向的計画システムである．

規範的コントロールなしには合理的でありえない（第6章–第7章）

　道徳哲学者たちは人間の協力性向についてさまざまな説明を提供してきたが，自然主義的パースペクティブからはこれはどのように説明できるのだろうか．第6章「自然主義的パースペクティブ」はこの問題に関して，進化生物学的観点からの棚卸しが試みられる．自然主義的な（すなわち自然科学的な）検討を加えるには，「利他主義」という言葉——それを行う生命体にとって不利益となるが，他の生命体にとっては利益となる行動——を使用する必要がある．

　動物の世界における利他的行動を説明できることが知られている．もっとも異論の少ない2つのメカニズムは「血縁選択」と「互恵的利他主義」である．これらはラフに言えばそれぞれ人間の「共感」と「友情」に関係する利他主義にかかわるものである．しかし，人間が遺伝的に無関係な個体間での

大規模な協力を示していること——超社会性——を説明するには，このどちらも十分でないことが詳細に論じられる．このことを説明するために提出されてきたさまざまな理論が検討されるが，最終的に，ヒースが推奨するのは，ピーター・リチャーソンとロバート・ボイドによって発展されてきた生物学的進化と文化的進化を組み合わせた「二重継承理論」である．

　近年，人間の子供が模倣的学習に異常なほど大きく依存していることが注目されてきた．マイケル・トマセロの研究によれば，人間の子供はチンパンジーとは異なり，自身自身の知性や目的が課する「フィルター」を取り除いた，純粋に模倣的な学習を行う．このような正確な模倣は累積的な文化的伝達の可能性を生み出す．こうして，われわれは遺伝的に有利な行動パターンと文化的に伝達された行動パターンの両方の蓄積の恩恵を受けることができるようになったわけである．

　ところで，文化的継承システムが生み出す行動パターンが生物学的な進化が生み出すそれと乖離するためには，文化的変異が獲得される仕方にある種のバイアスが存在しなければならない．その有力な候補となるのが，これまで社会心理学者たちが強調してきた人間の「同調バイアス」である．同調バイアスによって，文化的パターンの再生産のダイナミクスは大きな影響を受ける．それは進化生物学の領域において，もっともらしくないとして退けられてきた集団選択の力を文化進化の領域において非常に強力なものにする．同様に，同調的模倣を行わない人々を罰する性向として「道徳的懲罰」が生ずると，さらに同調的模倣の効果が増強される．

　こうして，もともとは生物学的進化によって提供された規範同調的性向は，それ自体としては利他的行動や利己的行動に対して中立的なものにすぎないが，それが文化的進化のプラットフォームとして機能するようになると，利他的に行為する人々が一定数存在している集団に有利に作用するようになる．人間の利他主義はこのように，文化的パターンとして発生すると考えられる．

　規範同調的性向は先に述べた「実践に内包された規範」の現実における展開にとって必要なビルディング・ブロックともなる．さらにそれは「理由を与えたり求めたりするゲーム」のような社会的実践を可能にし，言語や志向的計画システムをも発生させる．ルールに従うことこそが，われわれを現在あるような知的生物にしたのである．

　ヒースは，自然主義的なパースペクティブを通して得られた以上の議論を

道徳哲学に結びつけ，道徳哲学上の含意を引き出そうとする．ここで取り上げられるのは，人々が仮に正当化可能な道徳的判断を見いだしたとしても，それに基づいて行為する動機を持たない可能性があることを主張する「動機的懐疑主義」である．

　動機的懐疑主義の問題に関しては，ヒュームの「懐疑論的解決」をベンチマークにすることができる．ヒュームは，懐疑論者の主張を受け入れるものの，事実の問題として，それが何ら深刻な問題をもたらさないことを示そうとする．このことを示す際に，ヒュームは道徳性を単一の原始的性向——共感——から生じた統一的現象として扱っていたが，上で述べたような進化論的パースペクティブは人間の向社会的行動が複数の起源を持つことを示している．われわれには懐疑論的解決を展開するための多くの強力な資源——血縁選択，互恵性，規範同調性——が利用可能なのである．実際，道徳性はこれらが絡みあった複雑な現象である．

　たとえばショーン・ニコルズは，他者に害をもたらすことを禁止する道徳の場合に，文化的に伝達された「社会規範」に，ルール遵守を強化する「感情反応」が組み合わせられていることを示している．感情反応は自然選択によって「適応的無意識」のレベルで生み出されたものである．その意義は，危害を禁じる規範が文化進化の中で再生産される可能性を高くするような仕方で，文化進化に対してバイアスを与えているということにある．こうして，われわれは事実の問題として，社会化された大人が道徳性を重視するということ，そしてこれが安定的な均衡を構成していることを示すことで，懐疑主義的な疑いを和らげることができる（「懐疑論的解決」）．

　しかし，この懐疑論的解決にも盲点が存在する．それは，なぜわれわれが道徳的になるのかではなく，逆に，なぜわれわれは自然な感情反応を消し去り，不道徳になる努力をしないのかという問題である．われわれはもはや進化的適応環境に生きているわけではないので，以前は意味のあったヒューリスティクスはもはや上手く作動していないかもしれない．とりわけ，1回限りの囚人のジレンマ・ゲームでも協力するというような無制約の協力的性向を取り除き，道具主義的な合理性に基づいて協力が自己利益にとって意味あるときにのみ協力した方がいいのではないだろうか．

　ヒースは，血縁選択と互恵的利他主義に基づく協力的性向に関しては，こうした議論に反論することが難しいと考える一方で，規範同調的性向に関し

ては，合理的主体が除去することを選択できるようなものではないと主張する．その論証の道具立てとして用いられるのが，「超越論的論証」である．これはラフに言うと，次のような議論である．合理性は言語の使用を含むが，言語を学習することは規範的に規制された社会的実践をマスターすることを必要とする．したがって，規範的コントロールは合理的主体性の前提条件となるということである．

意志の弱さと自己コントロールについて（第8章）

　ここでヒースは哲学者が伝統的に「意志の弱さ」と呼んできた問題について論じている．これは，なすべき行為を決定した後でも，実際にそうするかどうかはわからないという現象のことである．多くの哲学者たちは，すべてを考慮したうえで x を行うべきだと決定しながら，そうしないケース——意図的・反選好的選択——の例が存在していると想定し，それを「アクラシア」と呼んできた．

　ヒースはまず，これまで例として出されてきたアクラシアは厳密な意味でのアクラシアではないかもしれない可能性について詳述する．すなわち，一見アクラシアに見える現象は，(1) 志向的計画システムによらない非意図的行動か，(2) 御しがたい刺激に直面した際の選択か，あるいは (3) 選好のダイナミックな不安定性の結果として生じた選択として説明が可能なものである．

　ここでとりわけ重要なのは，選好のダイナミックな不安定性である．哲学者たちは伝統的に時間選好や割引を不合理的なものとして忌避してきたために，選好の動学的安定性を仮定する傾向にあった．しかし今日では割引に関する洗練された理解によって，一見して意図的・反選好的選択のように見えるものが，実際には不合理な選択ではないことが明らかにされてきた．今では多くの経済学者に知られるようになった「双曲割引」である．

　経済学者が伝統的に採用してきた時間選好の表現は，どの時間においても一定の割引率を持つ仕方——指数割引——であったが，それは経験的観察に基づくものではない．近年は，人間が双曲割引と呼ばれる時間選好を持つという経験的証拠が積み上げられてきた．双曲割引では，同じ長さの期間の遅延（たとえば3年）を我慢しなければならないが，その状況が近くに発生するか（たとえば現在），遠い将来に発生するか（たとえば6年後）で，人間

は割引の仕方を変更する．近ければ近いほど割引率を大きくするのである．

　今，遠い時点に大きな効用を獲得する見込みを持つ x と，それより手前の時点で x より小さな効用をもたらす y が存在すると考えよう．指数割引を行う主体の場合には，時間が経過する過程で x と y の選好が逆転することがない．しかし双曲割引を行う主体の場合，現在時点では x を選好するが，y を選択できる時間が近づくと y を選好してしまうという現象が発生しうる．ヒースは依存症の例をあげるとともに，これまでアクラシアと考えられてきた多くの事例が，人間が双曲割引を行うことによって説明できると主張する．また，双曲割引を行う人はその時点で，自分自身のすべてを考慮した上での判断と整合的に行為しているのである．

　もちろん，双曲割引を行うよりも指数割引を行った方がよいという明白な理由が存在するので，人々は自分の選好を変更しようとしたり，事前の選好に沿った選択ができるように努力をすることができる．より一般的には，自分の割引率を小さくして将来を重視することが望ましい状況がいくらでも存在するだろう．そのようなことを達成するには，ある程度の自己コントロールが必要である．選好の動学的不整合性に対処するために何らかの方法で介入するような自己コントロールを能動的な自己コントロールと呼ぶが，それには（1）意志力による方法，（2）自己管理による方法，（3）環境管理による方法，（4）他者の協力に頼る方法，（5）ルールを作り，これに頼る方法などがある．

　哲学的伝統は重要な自己コントロールの唯一の形態は「意志力」であるというように，外的コントロールに対して内的コントロールを特権化する傾向を持ってきた．しかし，ヒースは本書において一貫して，「人間の脳の『生来の』認知能力を，それを増幅するために用いている外的メカニズム——社会的，文化的，物理的資源——から分離することはできない……両者は分離不可能であるだけでなく，それらを分離しようと欲することは奇妙なことでもある」という外在主義的な立場を取っている．こうした観点からは，外的コントロールに対して内的コントロールを特権化する理由はない．

　われわれは認知的負荷の大きな作業をするときに，しばしば環境を「外的足掛り（external scaffolding）」として，それに負担を負わせることをする．道徳についても同様のことを言うことができる．道徳性の場合の足掛りは「社会的制度」である．

複雑な文化的人工物としての道徳（第9章-第10章）

　近代の道徳哲学は，道徳を少数の原理の集合から公理論的に説明しようとする試みに多大なエネルギーを費してきた．この試みに特徴的なのは，道徳とエチケットのような慣習的・黙約的な社会規範とを峻別する傾向であった．同様に，正しいとか間違っていることに実際にかかわっている本来の道徳性——これはローレンス・コールバーグが「後黙約的道徳性」と呼んだものにほぼ等しい——は，人々が正しいとか間違っていると考えているだけの「黙約的道徳性」と根本的に異なると考える傾向も存在してきた．しかしヒースはこの傾向を拒否する．

　後黙約的道徳性は，黙約的道徳性に暗黙に存在している義務の構造を明示的に述べるようにデザインされた表出語彙なのであって，その権威を黙約的道徳性に依存している．他方，黙約的合理性は人間が何千年もの歳月をかけて生み出され，人々が日常的に直面する課題に対する調整をするための知恵を組み込んだ複雑な文化的人工物である．これが単一の原理から導出可能であると信じることは，エミール・デュルケムが道徳の「一端」を「基礎」と勘違いすることだと指摘したような間違いを犯すことである．

　道徳を世代から世代へと再生産される文化的人工物として取り扱うアプローチを指向してきた点において，進化理論家たちは正しかった．進化論的パースペクティブは人間同士の利他的ないし協力的行動を説明する上でクリアしなればならない問題点を明確化することに多大な貢献を果たしてきた．しかしながら，進化理論家たちの多くも問題を単純化しすぎている．彼らはしばしば，道徳をゲーム理論の戦略のような単純な文化的パターンとして捉え，たとえば再生動学のような道具を用いて分析しようとしている．しかし，われわれが道徳現象を理解する上で重要な点は，再生動学においてはブラック・ボックスとされていることの内部にある．道徳は簡単なゲームの戦略として定式化することができない非常に複雑なルールの集合であり，自然言語に似ている存在なのである．

参考文献

Ainslie, George, 1974, "Impulse Control in Pigeons," *Journal of Experimental Analysis of Behavior* 21(3): 485-89.
Ainslie, George, 1992, *Picoeconomics: The Strategic Interaction of Successive Motivational States with in the Person*, Cambridge: Cambridge University Press.
Ainslie, George, 2001, *Breakdown of Will*, Cambridge: Cambridge University Press. 山形浩生訳『誘惑される意志――人はなぜ自滅的行動をするのか』NTT出版，2006年．
Akers, Ronald L., 1990, "Rational Choice, Deterrence, and Social Learning Theory in Criminology: The Path Not Taken," *Journal of Criminal Law and Criminology* 81: 653-76.
Alexander, Richard, 1979, *Darwinism and Human Affairs*. Seattle: University of Washington Press. 山根正気・牧野俊一訳『ダーウィニズムと人間の諸問題』思索社，1988年．
Alexander, Richard, 1987, *The Biology of Moral Systems*, New York: de Gruyter.
Allison, Henry, 1990, *Kant's Theory of Freedom*, Cambridge: Cambridge University Press.
Alston, William, 1989, *Epistemic Justification,* Ithaca, N.Y.: Cornell University Press.
Anand, Paul, 1987, "Are the Preference Axioms Really Rational?" *Theory and Decision* 23: 189-214.
Anderson, Joel, 2008, "Neuro-Prosthetics: the Extended Mind and Respect," in Marcus Düwell, Christoph Rehmann-Sutter, and Dietmar Mieth, eds., *The Contingent Nature of Life,* Dordrecht: Springer.
Anscombe, Gertrude Elizabeth Margaret, 1959, *Intention*, Oxford: Blackwell. 菅豊彦訳『インテンション――実践知の考察』産業図書，1984年．
Argyle, Michael and Monika Henderson, 1984, "The Rules of Friendship," *Journal of Social and Personal Relationships* 1: 211-37.
Aristotle, 1996, *Physics*, trans. Robin Waterfield, New York: Oxford Universi-

ty Press. 出隆他訳「自然学」『アリストテレス全集』第三巻所収, 岩波書店, 1968年.

Aristotle, 2002, *Nichomachean Ethics*, trans. Christopher Rowe, Oxford: Oxford University Press. 高田三郎訳『ニコマコス倫理学』全二巻, 岩波書店, 1971年・1973年.

Aronfreed, Justin, 1968, *Conduct and Conscience: The Socialization of Internalized Control over Behavior*, New York: Academic Press.

Averill, James R., 1980, "A Constructivist View of Emotion," in Robert Plutchik and Henry Kellerman, eds., *Emotion: Theory, Research, and Experience*, vol. 1, New York: Academic. 305-39.

Axelrod, Robert, 1984, *The Evolution of Cooperation*, New York: Basic Books. 松田裕之訳『つきあい方の科学——バクテリアから国際関係まで』ミネルヴァ書房, 1998年.

Ayer, Alfred J., 1954, "Can There Be a Private Language?" *Supplementary Proceedings of the Aristotelian Society* 28: 63-76.

Baier, Kurt, 1959, *The Moral Point of View*, Ithaca, N.Y.: Cornell University Press.

Bargh, John A. and Tanya L. Chartrand, 1999, "The Unbearable Automaticity of Being," *American Psychologist* 54: 462-79.

Baumeister, Roy, Ellen Bratslavsky, Mark Muraven, and Dianne M. Tice, 1998, "Ego Depletion: Is the Active Self a Limited Resource?" *Journal of Personality and Social Psychology*, 74: 1252-65.

Berg, Joyce, John Dickhaut and Kevin McCabe, 1995, "Trust, Reciprocity, and Social History," *Games and Economic Behavior* 10: 122-42.

Berger, Peter and Thomas Luckmann, 1966, *The Social Construction of Reality: A Treatise in the Sociology of Knowledge*, New York: Doubleday. 山口節郎訳『現実の社会的構成——知識社会学論考』新曜社, 2003年.

Berk, Laura and Ruth Garvin, 1984, "Development and Private Speech among Low-Income Appalachian Children," *Developmental Psychology* 20: 271-86.

Berk, Laura, 1994, "Why Children Talk to Themselves," *Scientific American*. November: 78-83.

Bicchieri, Cristina, 1988, "Strategic Behavior and Counterfactuals," *Synthese* 76: 135-69.

Bicchieri, Cristina, 1999, "Local Fairness," *Philosophy and Phenomenological Research* 59: 229-36.

Bicchieri, Cristina, 2006, *The Grammar of Society: The Nature and Dynamics of Social Norms*. Cambridge: Cambridge University Press.

Bickerton, Derek, 2000, "How Protolanguage Became Language," in Chris Knight, Michael Studdert-Kennedy, and James R. Hurford, eds., *The Evolutionary Emergence of Language: Social Function and the Origins of*

Linguistic Form., Cambridge: Cambridge Univeristy Press, pp. 266-70.

Bickerton, Derek, 2000, "Resolving Discontinuity: A Minimalist Distinction between Human and Non-human Minds," *American Zoologist* 40: 862-73.

Bieri, Peter and Rold P. Horstmann, eds., 1979, *Transcendental Arguments and Science: Essays in Epistemology*, Dordrecht: Reidel.

Binmore, Ken, 1994, *Playing Fair: Game Theory and the Social Contract*, vol. 1, Cambridge, Mass.: MIT Press.

Binmore, Ken, 1998, *Just Playing: Game Theory and the Social Contract*, vol. 2, Cambridge, Mass.: MIT Press.

Blair, James, Derek Mitchell, and Karina Blair, 2005, *The Psychopath*, Oxford: Blackwell.

Bloch, Maurice, 2000, "A Well-Disposed Social Anthropologist's Problems with Memes," in Robert Aunger, ed., *Darwinizing Culture: The Status of Memetics as a science*, Oxford: Oxford University Press.

Bolton, Gary E., 1991, "A Comparative Model of Bargaining: Theory and Evidence," *American Economic Review* 81:1096-1136.

Bonjour, Lawrence, 1985, *The Structure of Empirical Knowledge*, Cambridge, Mass.: Harvard University Press.

Boukydis, C. F. Zachariah, 1981, "Adult Perception of Infant Appearance: A Review," *Child Psychiatry and Human Development* 11: 241-54.

Bowles, Samuel and Herbert Gintis, 2003, "Origins of Human Cooperation," in Peter Hammerstein, ed., *Genetic and Cultural Evolution of Cooperation*, Cambridge, Mass.: MIT Press.

Bowles, Samuel and Herbert Gintis, 2004, "The Evolution of Strong Reciprocity: cooperation in heterogeneous populations," *Theoretical Population Biology* 65: 17-28.

Boyd, Robert and Joan B. Silk, 2002, *How Humans Evolved*, 3rd ed., New York: Norton.

Boyd, Robert and Peter J. Richerson, 1988, "The Evolution of Reciprocity in Sizable Groups," *Journal of Theoretical Biology* 132: 337-56.

Boyd, Robert and Peter J. Richerson, 1992, "Punishment Allows the Evolution of Cooperation (or Anything Else) in Sizable Groups," *Ethology and Sociobiology* 13: 171-195.

Boyd, Robert and Peter J. Richerson, 2005, "Climate, Culture and the Evolution of Cognition," in Boyd and Richerson, *The Origin and Evolution of Cultures*, Oxford: Oxford University Press.

Boyd, Robert and Peter J. Richerson, 2005, "Social Learning as an Adaptation," in Boyd and Richerson, *The Origin and Evolution of Cultures*, Oxford: Oxford University Press.

Boyd, Robert and Peter J. Richerson, 2005, "Solving the Puzzle of Human Cooperation," in Stephen Levinson and Pierre Jaisson, eds., *Evolution and

Culture, Cambridge, Mass.: MIT Press.

Boyd, Robert and Peter J. Richerson, 2005, "The Evolution of Reciprocity in Sizable Groups," in Boyd and Richerson, *The Origin and Evolution of Cultures*, Oxford: Oxford University Press.

Boyd, Robert and Peter J. Richerson, 2005, "Why Culture Is Common, but Cultural Evolution Is Rare," in Boyd and Richerson, *The Origin and Evolution of Cultures*, Oxford: Oxford University Press.

Boyd, Robert, Herbert Gintis, Samuel Bowles, and Peter J. Richerson, 2005, "The Evolution of Altruistic Punishment," in Herbert Gintis, Samuel Bowles, R. Boyd, and E. Fehr, eds., *Moral Sentiments and Material Interests: The Foundations of Cooperation in Economic Life*, Cambridge, Mass.: MIT Press.

Braithwaite, John, 1989, *Crime, Shame and Reintegration*, New York: Cambridge University Press.

Brandom, Robert, 1994, *Making It Explicit: Reasoning, Representing, and Discursive Commitment*, Cambridge, Mass.: Harvard University Press.

Brandom, Robert, 2000, *Articulating Reasons: An Introduction to Inferentialism*, Cambridge, Mass.: Harvard University Press.

Brandom, Robert, 2001, "Modality, Normativity, and Intentionality," *Philosophy and Phenomenological Research* 63: 587-610.

Brandom, Robert, 2002, "Non-inferential Knowledge, Perceptual Experience, and Secondary Qualities: Placing McDowell's Empiricism," in Nicholas H. Smith, ed., *Reading McDowell: On Mind and World*, London: Routledge.

Bratman, Michael, 1987, *Intentions, Plans and Practical Reason*, Cambridge, Mass.: Harvard University Press.

Bratman, Michael, 1999, *Faces of Intention: Selected Essay son Intention and Agency*, Cambridge: Cambridge University Press. 門脇俊介・高橋久一郎訳『意図と行為――合理性，計画，実践的推論』産業図書，1994年．

Braybrooke, David, 1985, "The Insoluble Problem of the Social Contract," in Richmond Campbell and Lanning Sowden, eds., *Paradoxes of Rationality and Cooperation: Prisoner's Dilemma and Newcomb's Problem*, Vancouver: University of British Columbia Press.

Brickman, Philip, Dan Coates, and Ronnie Janoff-Bulman, 1978, "Lottery Winners and Accident Victims: Is Happiness Relative?" *Journal of Personality and Social Psychology* 25: 917-27.

Brink, David O., 1997, "Kantian Rationalism: Inescapability, Authority, and Supremacy," in Farrett Cullity and Berys Gaut, eds., *Ethics and Practical Reason*. Oxford: Clarendon.

Broome, John, 1994, "Discounting the Future," *Philosophy and Public Affairs* 23: 128-56.

Broome, John, 2001, "Are Intentions Reasons? And How Should We Cope with Incommensurable Values?" in Christopher Morris and Arthur Ripstein, eds., *Practical Rationality and Preference: Essays for David Gauthier,* Cambridge: Cambridge University Press.

Bryne, Richard and Andrew Whitten, eds., 1998, *Machiavellian Intelligence: Social Expertise and the Evolution of Intellect in Monkeys, Apes, and Humans,* Oxford: Oxford University Press. 藤田和生訳『マキャベリ的知性と心の理論の進化論――ヒトはなぜ賢くなったか』ナカニシヤ出版, 2004年.

Bucciarelli, Monica, Sangeet Khemlani, and Philip N. Johnson-Laird, 2008, "The Psychology of Moral Reasoning," *Judgment and Decision Making* 3: 121-39.

Buss, David M., 1989, "Sex Differences in Human Mate Selection: Evolutionary Hypothesis Tested in 37 Cultures," *Behavioral and Brain Science* 12: 1-49.

Buss, David M., 1992, "Mate Preference Mechanisms: Consequences for Partner Choice and Intrasexual Competition," in Barkow *et al., The Adapted Mind.*

Buss, Sarah, 1999, "Appearing Respectful: The Moral Significance of Manners," *Ethics* 109: 795-826.

Camerer, Colin and Richard H. Thaler, 1995, "Ultimatums, Dictators and Manners," *Journal of Economic Perspectives* 9: 209-19.

Campbell, Donald T., 1975, "On the Conflicts between Biological and Social Evolution and between Psychology and Moral Tradition," *American Psychology* 30: 1103-26.

Campbell, Richmond and Lanning Sowden, eds., 1985, *Paradoxes of Rationality and Cooperation,* Vancouver: University of British Columbia Press.

Carruthers, Peter, 1996, *Language, Thought and Consciousness: An Essay Philosophical Psychology,* Cambridge: Cambridge University Press.

Carruthers, Peter, 1998, "Conscious Thinking: Language or Elimination?" *Mind and Language* 13: 457-76.

Carruthers, Peter, 2002, "Modularity, Language, and the Flexibility of Thought," *Behavioral and Brain Sciences* 25: 657-719.

Carruthers, Peter. 2004. "Practical Reasoning in a Modular Mind," *Mind and Language* 19: 29-278.

Cheng, Patricia and Keith J., Holyoak, 1985, "Pragmatic Reasoning Schemas," *Cognitive Psychology* 17: 391-416.

Chisholm, Roderick, 1942, "The Problem of the Speckled Hen," *Mind* 51: 368-73.

Christensen-Szalanski, Jay J. 1984, "Discount Functions and the Measurement of Patients' Values: Women's Decisions during Childbirth," *Medical Decision Making* 4: 47-58.

Clark, Andy, 1996, "Economic Reason: The Interplay of Individual Learning and External Structure," in John Drobak and John Nye, eds., *The Frontiers of the New Institutional Economics*. San Diego: Academic Press.

Clark, Andy, 1997, *Being There: Putting Brain, Body, and World Together Again*, Cambridge, Mass.: MIT Press. 池上高志・森本元太郎監訳『現れる存在――脳と身体と世界の再統合』NTT出版，2012年．

Clark, Andy, 1998, "Magic Words: How Language Augments Computation," in Peter Carruthers and Jill Boucher, eds., *Language and Thought: Interdisciplinary Themes*, Cambridge: Cambridge University Press.

Cohen, Morris, 1947, *The Meaning of Human History*, LaSalle, Ill.: Open Court.

Conte, Rosaria and Mario Paolucci, 2002, *Reputation in Artificial Societies: Social Beliefs for Social Order*, Dordrecht: Kluwer.

Cosmides, Leda and John Tooby, 1992, "Cognitive Adaptations for Social Exchange," in J. Barkow *et al.*, eds., *The Adapted Mind: Evolutionary Psychology and the Generation of Culture*, NewYork: Oxford University Press.

Cummins, Denise Dellarossa, 1996, "Evidence for the Innateness of Deontic Reasoning," *Mind and Language* 11: 160-90.

Cummins, Denise Dellarossa, 1996, "Evidence of Deontic Reasoning in 3- and 4-Year-Old Children," *Memory and Cognition* 24: 823-29.

Dancy, Jonathan, 1995, "The Argument from Illusion," *Philosophical Quarterly* 45: 421-38.

Darley, John and C. Daniel Batson, 1973, "From Jerusalem to Jericho: A Study of Situational and Dispositional Variables in Helping Behavior," *Journal of Personality and Social Psychology* 27.

Darwall, Stephen, Allan Gibbard, and Peter Railton, 1992, "*Toward Fin-de-siécle* Ethics: Some Trends," *Philosophical Review* 101: 115-89.

Davidson, Donald, 1980, "Actions, Reasons and Causes," in *Essays on Actions and Events*, Oxford: Oxford University Press. 服部裕幸・柴田正良訳『行為と出来事』勁草書房，1990年．

Davidson, Donald, 1980, "How Is Weakness of the Will Possible?" in *Essays on Actions and Events*, Oxford: Oxford University Press. 同上書所収．

Davidson, Donald, 1980, "Mental Events," in *Essays on Action and Events*, Oxford: Clarendon, 同上書所収．

Davidson, Donald, 1984, "Radical Interpretation", in *Inquiries into Truth and Interpretation*, Oxford: Clarendon Press. 野本和幸他訳『真理と解釈』勁草書房，1991年．

Davidson, Donald, 1984, "Theories of Meaning and Learnable Languages," in Donald Davidson, *Inquiries into Truth and Interpretation*, Oxford: Clarendon. 同上書所収．

Davidson, Donald, 1986, "A Coherence Theory of Truth and Knowledge," in Ernest LePore, ed., *Truth and Interpretation: Perspectives on the Philosophy of Donald Davidson*, Blackwell: Oxford.

Davidson, Donald, 1990, "The Structure and Content of Truth," *Journal of Philosophy* 87: 279-328.

Davis, Mark H., 1994, *Empathy: A Social Psychological Approach*, Boulder, Colo.: Westview Press. 菊池章夫訳『共感の社会心理学——人間関係の基礎』川島書店，1999 年．

Dawes, Robyn M. and Richard H. Thaler, 1988, "Anomalies: Cooperation," *Journal of Economic Perspectives* 2: 187-97.

Dawkins, Richard, 1982, *The Extended Phenotype*, Oxford: Freeman. 日高敏隆他訳『延長された表現型——自然淘汰の単位としての遺伝子』紀伊國屋書店，1987 年．

Dawkins, Richard, 1989, *The Selfish Gene*, 2nd ed., Oxford: Oxford University Press. 日高敏隆他訳『利己的な遺伝子〈増補新装版〉』紀伊國屋書店，2006 年．

Dawkins, Richard, 1990, *The Blind Watchmaker: Why the Evidence of Evolution Reveals A Universe Without Design*, London: Penguin. 日高敏隆訳『盲目の時計職人——自然淘汰は偶然か?』早川書房，2004 年．

Deacon, Terrence, 1998, *The Symbolic Species The Co-evolution of Language and the Brain*, New York: Norton. 金子隆芳訳『ヒトはいかにしてと人なったか——言語と脳の共進化』新曜社，1999 年．

Debruine, Lisa M., 2002, "Facial Resemblance Enhances Trust," *Proceedings of the Royal Society: Biological Sciences*, 269: 1307-12.

den Hartogh, Govert A., 2002, *Mutual Expectations: A Conventionalist Theory of Law*. The Hague: Kluwer.

Dennett, Daniel, 1991, *Consciousness Explained*, Boston: Little, Brown. 山口泰司訳『解明される意識』青土社，1997 年．

Dennett, Daniel, 1995, *Darwin's Dangerous Idea: Evolution and the Meanings of Life*, New York: Simon and Schuster. 山口泰司他訳『ダーウィンの危険な思想——生命の意味と進化』青土社，2000 年．

Descartes, René, 1986, *Meditations on First Philosophy*, trans, John Cottingham. Cambridge: Cambridge University Press. 山田弘明訳『省察』筑摩書房，2006 年．

de Waal, Frans, 1998, *Chimpanzee Politics*, rev. ed., Baltimore: Johns Hopkins University Press. 西田利貞訳『政治をするサル——チンパンジーの権力と性』平凡社，1994 年．

de Waal, Frans, 2006, *Primates and Philosophers: How Morality Evolved*, Princeton: Princeton University Press.

Diamond, Jared, 1999, *Guns, Germs and Steel: The Fates of Human Societies*, New York: Norton. 倉骨彰訳『銃・病原菌・鉄——1 万 3000 年にわたる

人類史の謎』全二巻, 草思社, 2000 年.
Dijksterhuis, Ap and John A. Bargh, 2001, "The Perceptual-Behavior Expressway: Automatic Effects of Social Perception and Social Behavior," in M. Zanna, ed., *Advances in Experimental Social Psychology*, vol. 33. New York: Academic Press.
Dijksterhuis, Ap, 2005, "Why We Are Social Animals: The High Road to Imitation as Social Glue," in Susan Hurley and Nick Chater, eds., *Perspectives on Imitation: From Neuroscience to Social Science*, 2 vols, Cambridge, Mass.: MIT Press.
Doris, John and Stephen Stich, 2005, "As a Matter of Fact: Empirical Perspectives on Ethics," in Frank Jackson and Michael Smith, eds., *The Oxford Handbook of Contemporary Philosophy*, Oxford: Oxford University Press.
Doris, John, 2002, *Lack of Character: Personality and Moral Behavior*. Cambridge: Cambridge University Press.
Dretske, Fred, 1988, *Explaining Behavior: Reasons in a World of Causes*. Cambridge, Mass.: MIT Press. 水本正晴訳『行動を説明する――因果の世界における理由』勁草書房, 2005 年.
Dugatkin, Lee, 1998, *Cheating Monkeys and Citizen Bees: The Nature of Cooperation in Animals and Humans*, New York: Free Press. 春日倫子訳『吸血コウモリは恩を忘れない――動物の協力行動から人が学べること』草思社, 2004 年.
Dummett, Michael, 1978, *Truth and Other Enigmas*, Cambridge, Mass.: Harvard University Press. 藤田晋吾訳『真理という謎』勁草書房, 1986 年.
Dummett, Michael, 1978, "Can Analytical Philosophy be Systematic, and ought It to be?" 同上書所収.
Dummett, Michael, 1981, *Frege: Philosophy of Language*, 2nd ed., Cambridge, Mass.: Harvard University Press.
Dummett, Michael, 1991, *The Logical Basis of Metaphysics*, Cambridge, Mass.: Harvard University Press.
Dummett, Michael, 1993, *Origins of Analytical Philosophy*, London: Duckworth. 野本和幸他訳『分析哲学の起源――言語への転回』勁草書房, 1998 年.
Dummett, Michael, 1993, "Language and Communication," in Michael Dummett, *The Seas of Language*, Oxford: Clarendon.
Dunbar, Robin, 1992, "Neocortical Size as a Constraint on Group Size in Primates," *Journal of Human Evolution* 22: 469-93.
Dupuy, Jean-Piere and Pierre Livet, eds., 1997, *Les Limites de la Rationalité*, Paris: La Découverte.
Durkheim, Emile, 1933, *The Division of Labour in Society*, trans. George Simpson, New York: Free Press. 井伊玄太郎訳『社会分業論』全二巻, 講談社, 1989 年.

Durkheim, Emile, 1982, *The Rules of the Sociological Method*, trans. W. D. Halls, New York: Free Press. 宮島喬訳『社会学的方法の基準』岩波書店, 1978年.

D'Arms, Justin, 1996, "Sex, Fairnss, and the Theory of Games," *Journal of Philosophy* 93: 615–27.

Eckler, Rebecca, 2005, *Knocked Up: Confessions of a Hip Mother-to-Be*, New York: Villard.

Elster, Jon, 1979, *Ulysses and the Sirens: Studies in Rationality and Irrationality*, Cambridge: Cambridge University Press.

Elster, Jon, 1985, "Rationality, Morality and Collective Action," *Ethics* 96: 136–55.

Elster, Jon, 1989, *Nuts and Bolts for the Social Sciences*, Cambridge: Cambridge University Press. 海野道郎訳『社会科学の道具箱——合理的選択理論入門』ハーベスト社, 1997年.

Elster, Jon, 1989, *The Cement of Society: A Study of Social Order*, Cambridge: Cambridge University Press.

Engel, Pascal, 1991, *The Norm of Truth: Introduction to the Philosophy of Logic*, trans. Miriam Kochan and Pascal Engel, Toronto: University of Toronto Press.

Farrell, Joseph, 1993, "Meaning and Credibility in Cheap-Talk Games," *Games and Economic Behavior* 5: 514–31.

Fehr, Ernst and Joseph Henrich, 2003, "Is Strong Reciprocity a Maladaptation? On the Evolutionary Foundations of Human Altruism," in Peter Hammerstein, ed., *Genetic and Cultural Evolution of Cooperation*, Cambridge, Mass.: MIT Press.

Fehr, Ernst and Klaus M. Schmidt, 1999, "A Theory of Fairness, Competition and Cooperation," *The Quarterly Journal of Economics*, 114: 817–68.

Fernald, Anne, 1992, "Human Maternal Vocalizations to Infants as Biologically Relevant Signals: An Evolutionary Perspective," in J. Barkow, eds., *The Adapted Mind*, New York: Oxford University Press.

Finkelstein, Claire, 2001, "Rational Temptation," in Chrisopher W. Morris and Arthur Ripstein, eds., *Practical Rationality and Preference: Essays for David Gauthier*, Cambridge: Cambridge University Press.

Fisher, Irving, 1930, *The Theory of Interest: As Determined by Impatience to Spend Income and Opportunity to invest It*, New York: MacMillan. 気賀勘重・気賀健三訳『利子論』日本経済評論社, 1980年.

Fisher, Ronald, 1930, *The Genetic Theory of Natural Selection*, Oxford: Clarendon Press.

Fodor, Jerry, 1975, *The Language of Thought*, New York: Crowell.

Fodor, Jerry, 1982, *A Theory of Content and Other Essays*, Cambridge, Mass.: MIT Press.

Fodor, Jerry, 1987, *Psychosemantics,* Cambridge, Mass.: MIT Press.
Foot, Philippa, 1978, "Morality as a System of Hypothetical Imperatives," in *Virtues and Vice,* Oxford: Oxford University Press.
Frank, Robert H, 1987, "If Homo-Economicus Could Choose His Own Utility Function, Would He Want One with a Conscience?" *American Economic Review* 77: 593-604.
Frank, Robert H., 1988, *Passions within Reason: The Strategic Role of the Emotions,* New York: Norton. 山岸俊男監訳『オデッセウスの鎖──適応プログラムとしての感情』サイエンス社, 1995年.
Frank, Robert H., and Philip J. Cook, 1995, *The Winner-Take-All Society: Why the Few at the Top Get so Much More Than the Rest of Us,* New York: Penguin.
Frankfurt, Harry, 1987, "Freedom of the Will and the Concept of a Person," in Frankfurt, *The Importance of What We Care About: Philosophical Essays,* Cambridge: Cambridge University Press.
Friedman, James W., 1971, "A Noncooperative Equilibrium for Supergames," *Review of Economic Studies* 38: 1-12.
Fudenberg, Drew and Eric Maskin, 1986, "The Folk Theorem in Repeated Games with Discounting or with Incomplete Information," *Econometrica* 54: 533-54.
Fudenberg, Drew and Jean Tirole, 1991, *Game Theory,* Cambridge, Mass.: MIT Press.
Fukuyama, Francis, 1995, *Trust: The Social Virtue and the Creation of Prosperity,* London: Penguin. 加藤寛訳『「信」無くば立たず──「歴史の終わり」後, 何が繁栄の鍵を握るのか』三笠書房, 1996年.
Galef Jr., Bennett G., 1988, "Imitation in Animals: History, Definition and Interpretation of Data from the Psychological Laboratory," in Bennett G. Galef Jr. and Thomas R. Zentall, eds., *Social Learning,* Hillsdale, N.J.: Erlbaum.
Garfinkel, Harold, 1963, "A Conception of, and Experiments with, 'Trust' as a Condition of Stable, Concerted Actions," in O. J. Harvey, ed., *Motivation and Social Interaction: Cognitive Determinants,* New York: Ronald, pp. 187-238.
Garfinkel, Harold, 1984, *Studies in Ethnomethodology,* Cambridge: Polity Press.
Gauthier, David, 1975, "Reason and Maximization," *Canadian Journal of Philosophy* 4: 411-33, reprinted in Gauthier, *Moral Dealing: Contract, Ethics, and Reason,* Ithaca: Cornell University Press, 1990.
Gauthier, David, 1986, *Morals by Agreement,* Oxford: Clarendon Press. 小林公訳『合意による道徳』木鐸社, 1999年.
Gauthier, David, 1994, "Assure and Threaten," *Ethics* 104: 690-721.

Ghiselin, Michael, 1974, *The Economy of Nature and the Evolution of Sex*, Berkeley: University of California Press.
Giancola, Peter R., 2000, "Executive Functioning: A Conceptual Framework for Alcohol-Related Aggression," *Experimental and Clinical Psychopharmacology* 8: 576–97.
Gibbard, Allan, 1990, *Wise Choices, Apt Feelings: A Theory of Normative Judgement*, Cambridge, Mass.: Harvard University Press.
Gilbert, Daniel T. and Timothy D. Wilson, 2006, "Miswanting: Some Problems in the Forecasting of Future Affective States," in Sarah Lichtenstein and Paul Slovic, eds., *The Construction of Preference*, Cambridge: Cambridge University Press.
Gilovich, Thomas, 1991, *How We Know What Isn't So: The Fallibility of Human Reason in Everyday Life*, New York: Free Press. 守一雄・守秀子訳『人間この信じやすきもの——迷信・誤信はどうして生まれるか』新曜社, 1993年.
Gintis, Herbert, 1998, "Why Do We Cooperate?" *Boston Review*, February/March.
Gintis, Herbert, 2000, *Game Theory Evolving: A Problem-Centered Introduction to Modeling Strategic Interaction*, Princeton: Princeton University Press.
Gintis, Herbert, 2000, "Strong Reciprocity and Human Sociality," *Journal of Theoretical Biology* 206: 169–79.
Gintis, Herbert, 2003, "Solving the Puzzle of Prosociality," *Rationality and Society* 15: 155–187.
Gintis, Herbert, 2007, "A Framework for the Unification of the Behavioral Sciences," *Behavioral and Brain Sciences* 30: 1–61.
Goldman, Alvin, 1986, *Epistemology and Cognition*, Cambridge, Mass.: Harvard University Press.
Gould, Stephen Jay, and Elisabeth S. Vrba, 1982, "Exaptation—A Missing Term in the Science of Form," *Paleobiology* 8: 4–15.
Gould, Stephen Jay, 1977, *Ontogeny and Phylogeny*, Cambridge, Mass.: Belknap Press. 仁木帝都・渡辺政隆訳『個体発生と系統発生——進化の観念史と発生学の最前線』工作舎, 1987年.
Greene, Joshua, 2007, "The Secret Joke of Kant's Soul," in Walter Sinnott-Armstrong, ed., *Moral Psychology*, vol. 3: *The Neuroscience of Morality: Emotion, Disease, and Development*, Cambridge, Mass.: MIT Press.
Greenfeld, Lawrence A., 1998, *Alcohol and Crime: An Analysis of National Data on the Prevalence of Alcohol Involvement in Crime*, Washington, D.C.: U.S. Department of Justice, Bureau of Justice Statistics.
Haack, Susan, 1993, *Evidence and Inquiry: Towards Reconstruction in Epistemology*, Oxford: Blackwell.

Habermas, Jürgen, 1987, *The Theory of Communicative Action*. Boston: Beacon Press. 河上倫逸訳『コミュニケイション的行為の理論』全三巻，未来社，1985-87年．

Habermas, Jürgen, 1990, *Moral Consciousness and Communicative Action on the Natural Foundation of Moral Judgement*, trans. Shierry Weber-Nicholson, Cambridge, Mass.: MIT Press. 三島憲一他訳『道徳意識とコミュニケーション行為』岩波書店，2000年．

Haidt, Jonathan, 2001, "The Emotional Dog and Its Rational Tail: A Social Intuitionist Approach to Moral Judgment," *Psychological Review* 108: 814-34.

Hamilton, W. D., 1963, "The Evolution of Altruistic Behavior," *American Naturalist* 97: 354-56.

Hammond, Peter, 1988, "Consequentialist Foundations for Expected Utility," *Theory and Decision* 25: 25-78.

Hampton, Jean, 1998, *The Authority of Reason*, Cambridge: Cambridge University Press.

Hardin, Garrett, 1968, "The Tragedy of the Commons," *Science* 162: 1243-48.

Hardin, Russell, 1981, *Collective Action*, Baltimore: Johns Hopkins University Press.

Hare, Richard M., 1963, *The Language of Morals*, Oxford: Oxford University Press. 小泉仰訳『道徳の言語』勁草書房，1982年．

Hare, Richard M., 1981, *Moral Thinking: Its Levels, Method, and Point*, Oxford: Oxford University Press.

Hare, Robert, 1980, "A Research Scale for the Assessment of Psychopathology in Criminal Populations," *Personality and Individual Differences* 1: 111-9.

Harman, Gilbert, 1986, *Change in View: Prineiples of Reasoning*, Cambridge, Mass.: MIT Press.

Harman, Gilbert, 1999, "Moral Philosophy Meets Social Psychology: Virtue Ethics and the Fundamental Attribution Error," *Proceedings of the Aristotelian Society* 99: 315-31.

Harré, Rom ed., 1986, *The Social Construction of Emotion*, Oxford: Blackwell.

Harris, Paul and Maria Nunez, 1996, "Understanding of Permission Rules by Preschool Children," *Child Development* 67: 233-59.

Harsanyi, John and Reinhard Selten, 1988, *A General Theory of Equilibrium Selection in Games*, Cambridge, Mass.: MIT Press.

Hauser, Marc, and Elizabeth Spelke, 2004, "Evolutionary and Developmental Foundations of Human Knowledge: A Case Study of Mathematics," in Michael Gazzaniga, *The Cognitive Neurosciences III*, Cambridge, Mass.: MIT Press. 3: 853-64.

Hauser, Marc, 2006, *Moral Minds*, New York: HarperCollins.

Hausman, Daniel M., 2000, "Revealed Preference, Belief, and Game Theory," *Economics and Philosophy* 16: 99-115.

Hay, Dale F. and Harriet L. Rheingold, 1983, "The Early Appearance of Some Valued Social Behaviors," in Diane L. Bridgemen, ed., *The Nature of Prosocial Development*, New York: Academic Press.

Heap, Shaun Hargreaves, and Yanis Varoufakis, 2004, *Game Theory: A Critical Text*, 2nd ed. London: Routledge. 荻沼隆訳『ゲーム理論――批判的入門』多賀出版，1998年.

Heath, Joseph, 1995, "Is Language a Game?" *Canadian Journal of Philosophy* 25: 1-28.

Heath, Joseph, 1996, "A Multi-stage Game Model of Morals by Agreement," *Dialogue* 35: 529-52.

Heath, Joseph, 2001, *Communicative Action and Rational Choice*, Cambridge, Mass.: MIT Press.

Heath, Joseph, 2001, *The Efficient Society: Why Canada is as Close to Utopia as it Gets*, Toronto: Penguin.

Heath, Joseph, 2001, "Brandom et les sources de la normativité," *Philosophiques* 28: 27-46.

Heath, Joseph, 2005, "Methodological Individualism," in Edward N. Zalta, ed., *Stanford Encyclopedia of Philosophy*, http://plato.stanford.edu/entries/methodological-individualism/.

Heath, Joseph, 2008, "Business Ethics and Moral Motivation: A Criminological Perspective," *Journal of Business Ethics*. 83: 595-614.

Henrich, Joseph, Robert Boyd, Samuel Bowles, Colin Camerer, Ernst Fehr, Herbert Gintis, and Richard McElreath, 2001, "In Search of Homo Economicus: Behavioral Experiments in 15 Small-Scale Societies," *American Economic Review* 91: 73-8.

Heritage, John, 1984, *Garfinkel and Ethnomethodology*, Cambridge: Polity Press.

Heritage, Pace John, 1984, *Garfinkel and Ethnomethodology*, Cambridge: Polity Press.

Herman, Barbara, 1993, *The Practice of Moral Judgment*, Cambridge, Mass.: Harvard University Press.

Hildebrandt, Katherine, and Hiram E. Fitzgerald, 1978, "Adults' Response to Infants Varying in Perceived Cuteness," *Behavioral Processes* 3: 159-72.

Hildebrandt, Katherine, and Hiram E. Fitzgerald, 1983, "The Infant's Physical Attractiveness: Its Effects on Attachment and Bonding," *Infant Mental Health Journal* 4: 1-12.

Hobbes, Thomas, 1991, *Leviathan*, ed. Richard Tuck, Cambridge: Cambridge University Press. 永井道雄・上田邦義訳『リヴァイアサン』全二巻，中央公論新社，2009年.

Hobbes, Thomas, 1998, *On the Citizen*, ed. Richard Tuck and Michael Silverthorne, Cambridge: Cambridge University Press. 本田裕志訳『市民論』京都大学学術出版会，2008年．(*De Cive* からの翻訳)

Hoffman, Martin L., 1977, "Sex Differences in Empathy and Related Behaviors," *Psychological Bulletin* 84: 712-22.

Holldobler, Bert and Edward O. Wilson, 1991, *The Ants*, Cambridge, Mass.: Harvard University Press.

Hollis, Martin and Robert Sugden, 1993, "Rationality in Action," *Mind* 102: 1-35.

Holton, Richard, 2004, "Rational Resolve," *Philosophical Review* 113: 507-35.

Hooker, Brad, Elinor Mason, and Dale Miller, eds., 2000, *Morality, Rules, and Consequences: A Gritical Reader*, Edinburgh: Edinburgh University Press.

Hubin, Donald, 1999, "What's Special about Humeanism?" *Nous* 33: 30-45.

Hume, David, 1975, *Enquiries Concerning Human Understanding and Concerning the Principles of Morals*, 3rd ed., ed. L. A. Selby-Bigge. Oxford: Clarendon. 斎藤繁雄・一ノ瀬正樹訳『人間知性研究――付・人間本性論摘要〈新装版〉』法政大学出版局，2011年．

Hume, David, 1978, *A Treatise of Human Nature*, 2nd ed., ed. L. A. Selby-Bigge. Oxford: Clarendon. 土岐邦夫・小西嘉四郎訳『人性論』中央公論新社，2010年．

Husserl, Edmund, 1977, *Cartesian Meditations: An Introduction to Phenomenology*, trans. Dorion Cairns, The Hague: Martinus Nijhoff. 浜渦辰二訳『デカルト的省察』岩波書店，2001年．

Isaac, Mark, Kenneth F. McCue, and Charles R. Plott, 1985, "Public Goods Provision in an Experimental Environment," *Journal of Public Economics* 26: 51-74.

Jeffrey, Richard, 1983, *The Logic of Decision*, 2nd ed., Chicago: University of Chicago Press.

Joyce, Richard, 2006, *The Evolution of Morality,* Cambridge, Mass.: MIT Press.

Kagan, Shelly, 1998, *Normative Ethics,* Boulder, Colo.: Westview Press.

Kahneman, Daniel, Paul Slovic, and Amos Tversky, eds., 1982, *Judgment under Uncertainty: Heuristics and Biases*, Cambridge: Cambridge University Press.

Kahnemann, Daniel, 2006, "New Challenges to the Rationality Assumption," in Sarah Lichtenstein and Paul Slovic, eds., *The Construction of Preference.* Cambridge: Cambridge University Press.

Kant, Immanuel, 1929, *Critique of Pure Reason*, trans. Norman Kemp Smith, New York: St. Martin's Press, 1929. 篠田英雄訳『純粋理性批判』全三巻，岩波書店，1961-62年．

Kant, Immanuel, 1959, *Foundations of the Metaphysic of Morals*, trans. Lewis White Beck, Indianapolis: Bobbs-Merrill. 宇都宮芳明訳『道徳形而上学の基礎づけ〈新装版〉』以文社，2004年．

Kant, Immanuel, 1991, *Kant's Political Writings*, 2nd ed., ed. Hans Reiss, Cambridge: Cambridge University Press.

Kaplan, Mark, 1996, *Decision Theory as Philosophy*, Cambridge: Cambridge University Press.

Kavka, Gregory, 1983, "The Toxin Puzzle," *Analysis* 43: 33-36.

Kelly, Daniel and Stephen Stich, 2006, "Two Theories about the Cognitive Architecture Underlying Morality," in Peter Carruthers, Stephen Laurence, and Stephen Stich, eds., *The Innate Mind: Foundations and the Future*, Oxford: Oxford University Press.

Kim, Oliver and Mark Walker, 1984, "The Free Rider Problem: Experimental Evidence," *Public Choice* 43: 3-24.

Kitcher, Philip, 1993, "The Evolution of Human Altruism," *Journal of Philosophy* 90: 497-516.

Kitcher, Philip, 1999, "Games Social Animals Play: Commentary on Brian Skyrms's Evolution of the Social Contract," *Philosophy and Phenomenological Research* 59: 221-8.

Kleene, Stephen, 1988, "The Work of Kurt Godel," in Stuart Shanker, ed. *Godel's Theorem in Focus*. London: Routledge, pp. 48-73.

Klima, Gyula, 2004, "The Medieval Problem of Universals," in Edward N. Zalta, ed., *Stanford Encyclopedia of Philosophy*, http://plato.stanford.edu/entries/universals-medieval/.

Kohlberg, Lawrence, 1981, *The Philosophy of Moral Development: Moral Stages and the Idea of Justice*. New York: Harper and Row.

Kohlberg, Lawrence, 1984, *The Psychology of Moral Development: The Nature and Validity of Moral Stages*, San Francisco: Harper and Row.

Korsgaard, Christine M., 1996, *Creating the Kingdom of Ends*, Cambridge: Cambridge University Press.

Korsgaard, Christine M., 1996, *The Sources of Normativity*, Cambridge: Cambridge University Press. 寺田敏郎他訳『義務とアイデンティティの倫理学——規範性の源泉』岩波書店，2005年．

Kripke, Saul, 1979, "A Puzzle about Belief," in Avishai Margalit, ed., *Meaning and Use*, Dordrecht: Reidel, pp. 239-83.

Kripke, Saul, 1982, *Wittgenstein on Rules and Private Language: An Elementary Exposition*, Cambridge, Mass.: Harvard University Press. 黒崎宏訳『ウィトゲンシュタインのパラドックス——規則・私的言語・他人の心』産業図書，1983年．

Lance, Mark Norris and John O'Leary-Hawthorne, 1997, *The Grammar of Meaning: Normativity and Semantic Discourse*, Cambridge: Cambridge

University Press.
Landsheer, Johannes, Harm't Hart, and Willem Kox, 1994, "Delinquent Values and Victim Damage: Exploring the Limits of Neutralization Theory," *British Journal of Criminology* 34: 44-53.
Langlois, Judith, Jean M. Ritter, Rita J. Casey, and Douglas B. Sawin, 1995, "Infant Attractiveness Predicts Maternal Behaviors and Attitudes," *Developmental Psychology* 31: 464-72.
Latané, Bibb and John M. Darley, 1970, *The Unresponsive Bystander: Why doesn't He Helps?*, New York: Appleton-Century Crofts. 竹村研一・杉崎和子訳『冷談な傍観者――思いやりの社会心理学』ブレーン出版, 1997年.
Leimar, Olaf and Richard C. Connor, 2003, "By-product Benefits, Reciprocity, and Pseudoreciprocity in Mutualism," in Peter Hammerstein, ed., *Genetic and Cultural Evolution of Cooperation*, Cambridge, Mass.: MIT Press.
Lepage, François, 2001, "Qu'est-ce qu'un acte jugé faisable?" *Philosophiques* 28: 369-80.
Levi, Isaac, 1997, *The Covenant of Reason: Rationality and the Commitment of Thought*. Cambridge: Cambridge University Press.
Lewis, David, 1969, *Convention*, Cambridge, Mass.: Harvard University Press.
Lewis, David, 1973, *Counterfactuals*, Oxford: Blackwell. 吉満昭宏訳『反事実的条件法』勁草書房, 2007年.
Liberman, Varda, Steven M. Samuels, and Lee Ross, 2004, "The Name of the Game: Predictive Power of Reputations versus Situational Labels in Determining Prisoner's Dilemma Game Moves," *Personality and Social Psychology Bulletin* 30:1175-85.
Lowenstein, George and Drazen Prelec, 1992, "Anomalies in Intertemporal Choice: Evidence and Interpretation," in George Lowenstein and Jon Elster, eds., *Choice over Time*, New York: Sage.
Luce, R. Duncan and Howard Raiffa, 1957, *Games and Decisions: Introduction and Critical Survey*, New York: Dover.
MacIntyre, Alisdair, 1984, *After Virtue: A Study in Moral Theory*, 2nd ed. Notre Dame, Ind.: University of Notre Dame Press. 篠崎榮訳『美徳なき時代』みすず書房, 1993年.
Machiavelli, Niccolo, 1985, *The Prince*, trans. Harvey C. Mansfield Jr., Chicago: University of Chicago Press. 佐々木毅訳『君主論』講談社, 2004年.
Mackie, J. L., 1977, *Ethics: Inventing Right and Wrong*, London: Penguin. 加藤尚武監訳『倫理学――道徳を創造する』哲書房, 1990年.
Martin, Judith, 1996, *Miss Manners Rescues Civilization*, New York: Crown.
Marwell, Gerald and Ruth E. Ames, 1981, "Economists Free Ride, Does Anyone Else?" *Journal of Public Economics* 15: 295-310.
Maynard Smith, John, 1964, "Group Selection and Kin Selection," *Nature* 201: 1145-47.

McCLelland, David C., Richard Koestner, and Joel Weinberger, 1989, "How Do Self-Attributed and Implicit Motives Differ?" *Psychological Review* 86: 690-702.

McClennen, Edward, 1990, *Rationaliy and Dynamic Choice: Foundational Exploration*, Cambridge: Cambridge University Press.

McClennen, Edward, 1997, "Rationalité et Règles," in Jean-Pierre Dupuy and Pierre Livet, eds., *Les Limites de la Rationalite*, Paris: La Decouverte.

McClennen, Edward, 2004, "The Rationality of Being Guided by Rules," in Alfred R. Mele and Piers Rawling, *The Oxford Handbook of Rationality*, Oxford: Oxford University Press.

McDowell, John, 1984, "Wittgenstein on Following a Rule," *Synthese* 58: 325-64.

McNaughton, David and Piers Rawling, 1991, "Agent-Relativity and the Doing-Happening Distinction," *Philosophical Studies* 63: 167-85.

Mead, George Herbert, 1934, *Mind, Self and Society: From the Standpoint of a Social Behaviorist*, Chicago: University of Chicago Press. 稲葉三千男他訳『精神・自我・社会』青木書店，2005年．

Mealey, Linda, 1995, "The Sociobiology of Sociopathy: An Integrated Evolutionary Model," *Behavioral and Brain Sciences* 18: 523-99.

Mele, Alfred, 1987, *Irrationality: An Essay on Akrasia, Self-Deception, and Self-Control*, New York: Oxford University Press.

Meltzoff, Andrew, 1988, "Infant Imitation after a 1-Week Delay: Long-Term Memory for Novel Acts and Multiple Stimuli," *Developmental Psychology* 24: 470-76.

Milgram, Stanley, 1974, *Obedience to Authority: An Experimental View*, New York: Harper and Row. 山形浩生訳『服従の心理——アイヒマン実験』河出書房新社，2012年．

Milgram, Stanley, 1992, "On Maintaining Social Norms: A Field Experiment in the Subway," in *The Individual in a Social World*. New York: McGraw Hill.

Mill, John Stuart, 1969, "Utilitarianism," in *Collected Works of John Stuart Mill*, vol. 10, ed. J. M. Robson. Toronto: University of Toronto Press. 井原吉之助訳「功利主義論」『世界の名著49　ベンサム・J.S.ミル』中央公論社，1979年．

Miller, David, 1999, "Distributive Justice: What the People Think," in *Principles of Social Justice*, Cambridge, Mass.: Harvard University Press.

Mischel, Walter, 1968, *Personality and Assessment*. New York: Wiley.

Mitani, John C., 2005, "Reciprocal Exchange in Chimpanzees and Other Primates," in Peter M. Kappeler and Carel P. van Schaik, eds., *Cooperation in Primates and Humans: Mechanisms and Evolution*, Berlin: Springer.

Moody-Adams, Michele, 1997, *Fieldwork in Familiar Places: Morality, Culture, *Philosophy,* Cambridge, Mass.: Harvard University Press.

Moss, Lenny, 2003, *What Genes Can't Do,* Cambridge, Mass.: MIT Press.

Myerson, Roger, 1991, *Game Theory: Analysis of Conflict,* Cambridge, Mass.: Harvard University Press.

Nagel, Thomas, 1970, *The Possibility of Altruism,* Oxford: Clarendon Press.

Nagell, Kathy, Kelly Olguin, and Michael Tomasello, 1993, "Processes of Social Learning in the Tool Use of Chimpanzees (Pan troglodytes) and Human Children. Homo Sapiens," *Journal of Comparative Psychology* 107: 174–86.

Nash, John, 1951, "Non-cooperative Games," *Annals of Mathematics* 54: 289–95.

Nichols, Shaun, 2004, *Sentimental Rules: On the Natural Foundations of Moral Judgment,* New York: Oxford University Press.

Nord, Erik, 1999, *Cost-Value Analysis in Health Care: Making Sense out of QALYS,* Cambridge: Cambridge University Press.

Norman, Donald A. and Tim Shallice, 1986, "Attention to Action: Willed and Automatic Control of Behaviour," in Richard J. Davidson, Gary Schwartz, and David Shapiro, eds., *Consciousness and Self-Regulation: Advances in Reseach and Theory,* New York: Plenum. 4: 1–18.

Nowak, Martin A. and Karl Sigmund, 1998, "The Dynamics of Indirect Reciprocity," *Journal of Theoretical Biology* 134: 561–74.

Nozick, Robert, 1993, *The Nature of Rationality,* Princeton: Princeton University Press.

Nozick, Robert, 2002, "Moral Constraints and Moral Goals," in Stephen Darwall, ed., *Deontology,* London: Blackwell.

Oliver, Pamela, 1980, "Rewards and Punishments as Selective Incentives for Collective Action: Theoretical Investigations," *American Journal of Sociology* 85: 1356–75.

Orbell, John, Alphons J. C. van de Kragt, and Robyn M. Dawes, 1988, "Explaining Discussion-Induced Cooperation," *Journal of Personality and Social Psychology* 54: 811–19.

Ordeshook, Peter, 1986, *Game Theory and Political Theory: An Introduction,* Cambridge: Cambridge University Press.

Orians, Gordon H. and Judith H. Heerwagen, 1992, "Evolved Responses to Landscapes," in J. Barkow eds., *The Adapted Mind,* New York: Oxford University Press.

Ostrom, Elinor, 1998, "A Behavioral Approach to the Rational Choice Theory of Collective Action," *American Political Science Review* 92: 1–22.

Parker, Robert Nash and Linda-Anne Rebhun, 1995, *Alcohol and Homicide,* Albany: State University of New York Press.

Parsons, Talcott, 1937, *The Structure of Social Action: A Study in Social The-*

ory with Special Reference to a Group of Recent European Writers, 2 vols, New York: McGraw Hill. 稲上毅・厚東洋輔訳『社会的行為の構造』全五巻，木鐸社，1974年．

Parsons, Talcott, 1951, *The Social System*, New York: Free Press. 佐藤勉訳『社会体系論』青木書店，1974年．

Peters, Ellen, 2006, "The Functions of Affect in the Construction of Preferences," in Lichtenstein and Slovic, eds., *The Construction of Preference.*

Pettit, Philip and Michael Smith, 1996, "Freedom in Belief and Desire," *Journal of Philosophy* 93: 429-49.

Pettit, Philip, 1996, "Institutional Design and Rational Choice," in Robert E. Goodin, ed., *The Theory of Institutional Design*, Cambridge: Cambridge University Press. pp. 54-89.

Piaget, Jean, 1965, *The Moral Judgment of the Child*, trans. Marjorie Gabain, New York: Free Press. 大友茂訳『臨床児童心理学Ⅲ──児童道徳判断の発達』同文書院，1957年．

Pigou, Cecil, 1920, *The Economics of Welfare*, London: Macmillan. 気賀健三他訳『厚生経済学』東洋経済新報社，1953-55年．

Pilliavin, Jane Allyn and Hong-Wen Charng, 1990, "Altruism: A Review of Recent Theory and Research," *Annual Review of Sociology* 16: 27.

Pinker, Steven, 1994, *The Language Instinct: How the Mind Creates Language,* New York: Marrow. 椋田直子訳『言語を生みだす本能』全二巻，日本放送出版協会，1995年．

Pinker, Steven, 2002, *The Blank Slate: The Modern Denial of Human Nature,* New York: Penguin. 山下篤子訳『人間の本性を考える──心は「空白の石版」か』全三巻，日本放送出版協会，2004年．

Plato, 1941, *The Republic*, trans. Francis MacDonald Cornford, London: Oxford University Press. 藤沢令夫訳『国家』全二巻，岩波書店，1979年．

Putnam, Robert, 2000, *Bowling Alone: The Collapse and Revival of American Community,* New York: Simon and Schuster. 柴内康文訳『孤独なボウリング──米国コミュニティの崩壊と再生』柏書房，2006年．

Quine, Willard Van Orman, 1961, *From a Logical Point of View: Nine Logico-Philosophical Essays*, 2nd ed., Cambridge, Mass.: Harvard University Press. 飯田隆『論理的観点から──論理と哲学をめぐる九章』勁草書房，1992年．

Quine, Willard Van Orman, 1969, "Epistemology Naturalized," in *Ontological Relativity and Other Essays,* New York: Columbia University Press.

Quinn, Warren, 1993, "Putting Rationality in Its Place," in Quinn, *Morality and Action,* Cambridge: Cambridge University Press.

Rabin, Matthew, 1993, "Incorporating Fairness into Game Theory and Economics," *American Economic Review* 83: 1281-1302.

Rachlin, Howard, 2000, *The Science of Self-Control.* Cambridge, Mass.: Har-

vard University Press, 2000.
Railton, Peter, 1996, "Moral Realism: Prospects and Problems," in Walter Sinnott-Armstrong and Mark Timmins, eds., *Moral Knowledge?: New Readings in Moral Epistemology*, New York: Oxford University Press.
Raistrick, Duncan and Robin Davidson, 1985, *Alcoholism and Drug Addiction*, Edinburgh: Churchhill Livingston.
Rasmusen, Eric, 1989, *Games and Information: An Introduction to Game Theory*, 2nd ed., Oxford: Blackwell. 細江守紀他訳『ゲームと情報の経済分析〈基礎編・応用編〉』九州大学出版会, 2010-12年.
Rasmusen, Eric, 1992, "Folk Theorems for the Observable Implications of Repeated Games," *Theory and Decision* 32: 147-164.
Rawls, John, 1999, *Collected Papers*, Cambridge, Mass.: Harvard University Press.
Rheingold, Harriet L. and Dale F. Hay, 1980, "Prosocial Behavior of the Very Young," in Gunther S. Stent, ed., *Morality as a Biological Phenomenon: The Presuppositions of Sociobiological Reseach*, rev. ed., Berkeley: University of California Press. pp. 93-108.
Richard, Mark, 1997, "Propositional Attitudes," in Bob Hale and Crispin Wright, eds., *Blackwell Companion to Philosophy of Language*, Oxford: Blackwell.
Richerson, Peter J. and Robert Boyd, 2005, *Not By Genes Alone: How Culture Transformed Human Evolution*, Chicago: University of Chicago Press.
Richerson, Peter J. and Robert Boyd, 1998, "The Evolution of Human Ultrasociality," in Irenaus Eibl-Eibesfeldt and Frank Kemp Salter, eds., *Indoctrinability, Ideology, and Warfare: Evolutionary Perspectives*, New York: Berghahn.
Richerson, Peter, J. Robert Boyd, and Joseph Henrich, 2003, "Cultural Evolution of Human Cooperation," in Hammerstein, ed., *Genetic and Cultural Evolution of Cooperation*, Combridge, Mass: MIT Press.
Roemer, John, 1996, *Theories of Distributive Justice*, Cambridge, Mass.: Harvard University Press. 木谷忍・川本隆史訳『分配的正義の理論——経済学と倫理学の対話』木鐸社, 2001年.
Ross, Lee and Robert Nisbett, 1991, *The Person and the Situation: Perspectives of Social Psychology*, New York: McGraw-Hill.
Ross, Michael, 1989, "Relation of Implicit Theories to the Construction of Personal Histories," *Psychological Review* 96: 341-57.
Roth, Alvin E., 1995, "Bargaining Experiments," in John H. Kagel and Alvin E. Roth, eds., *Handbook of Experimental Economics*, Princeton: Princeton University Press.
Ruse, Michael and Edward O. Wilson, 1989, "The Evolution of Ethics," in Michael Ruse, ed., *Philosophy of Biology*, London: Macmillan.

Ruse, Michael, 1993, "The New Evolutionary Ethics," in Matthew H. Nitecki and Doris V. Nitecki, eds., *Evolutionary Ethics*, Albany: State University of New York Press.

Sahlins, Marshall, 1976, *The Use and Abuse of Biology: An Anthropogical Critique of Sociobiology*, Ann Arbor: University of Michigan Press.

Sally, David, 1972, "Conversation and Cooperation in Social Dilemmas: A Meta-Analysis of Experiments from 1958 to 1972," *Rationality and Society* 7: 58-92.

Savage, Leonard J., 1972, *The Foundations of Statistics*, 2nd ed., New York: Dover.

Sayre-McCord, Geoffrey, 1989, "Deception and Reasons to Be Moral," *American Philosophical Quarterly* 26: 113-22.

Scanlon, T. M., 1982, "Contractualism and Utilitarianism," in Amartya Sen and Bernard Williams, eds., *Utilitarianism and Beyond*, Cambridge: Cambridge University Press.

Scanlon, T. M., 1998, *The Importance of What We Care About*, Cambridge: Cambridge University Press.

Schelling, Thomas, 1960, *The Strategy of Conflict*, Cambridge, Mass.: Harvard University Press. 河野勝監訳『紛争の戦略――ゲーム理論のエッセンス』勁草書房，2008年.

Schelling, Thomas, 1978, *Micromotives and Macrobehavior*, New York: Norton.

Schneider, Friedrich and Werner W. Pommerehne, 1981, "Free Riding and Collective Action: An Experiment in Public Microeconomics," *Quarterly Journal of Economics* 96: 689-704.

Schopenhauer, Arthur, 1969, *The World as Will and Representation*, 2 vols. trans. E. F. J. Payne, New York: Dover. 西尾幹二訳『意志と表象としての世界』全三巻，中央公論新社，2004年.

Schroeder, David A., Thomas D. Jensen, Andrew J. Reed, Debra K. Sullivan, and Michael Schwab, 1983, "The Actions of Others as Determinants of Behavior in Social Trap Situations," *Journal of Experimental Social Psychology* 19: 522-39.

Sellars, Wilfrid, 1963, "Phenomenalism," in *Science, Perception and Reality*, London: Routledge and Kegan Paul, pp. 60-105. 神野慧一郎他訳『経験論と心の哲学』（抄訳）勁草書房，2006年.

Sellars, Wilfrid, 1963, "Some Reflections on Language Games," 同上書所収.

Sellars, Wilfrid, 1997, *Empiricism and the Philosophy of Mind*, Cambridge, Mass.: Harvard University Press. 浜野研三訳『経験論と心の哲学』岩波書店，2006年.

Selten, Reinhard, 1975, "Reexamination of the Perfectness Concept for Equilibrium Points in Extensive Games," *International Journal of Game Theo-*

ry 4: 25-55.
Sethi, Rajiv and E. Somanathan, 2003, "Understanding Reciprocity," *Journal of Economic Behavior and Organization* 50: 1-27.
Shafir, Eldar and Amos Tversky, 1992, "Thinking through Uncertainty: Nonconsequential Reasoning and Choice," *Cognitive Psychology* 24: 449-74.
Shafir, Eldar and Amos Tversky, 1997, "Penser dans l'incertain," in Jean Pierre Dupuy and Pierre Livet, eds., *Les Limites de la Rationalité*. Paris: La Découverte, 1:118-50.
Sidgwick, Henry, 1962, *The Methods of Ethics*, 7th ed., London: MacMillan.
Silk, Joan, Sarah F. Brosnan, Jennifer Vonk, Joseph Henrich, Daniel J. Povinelli, Amanda S. Richardson, Susan P. Lambeth, Jenny Mascaro, and Steven J. Schapiro, 2005, "Chimpanzees Are Indifferent to the Welfare of Unrelated Group Members," *Nature* 437: 1357-59.
Silk, Joan, 2003, "Cooperation without Counting: The Puzzle of Friendship," in Peter Hammerstein, ed., *Genetic and Cultural Evolution of Cooperation*, Cambridge, Mass.: MIT Press.
Silk, Joan, 2003, "The Evolution of Cooperation in Primate Groups," in Herbert Gintis, Samuel Bowles, Robert Boyd, and Ernst Fehr, eds., *Moral Sentiments and Material Interests: The Foundations of Cooperation in Economic Life*, Cambridge, Mass.: MIT Press.
Simon, Herbert, 1982, *Models of Bounded Rationality*, 2 vols, Cambridge, Mass.: MIT Press.
Simonson, Itamar, 1990, "The Effect of Purchase Quantity and Timing on Variety-Seeking Behavior," *Journal of Marketing Research* 27: 150-62.
Singer, Peter, 1981, *The Expanding Circle: Ethics and Sociobiology*, New York: Farrar, Straus and Giroux.
Sjöberg, Lennart, and Tommy Johnson, 1978, "Trying to Give Up Smoking: A Study of Volitional Breakdowns," *Addictive Behaviors* 3: 149-64.
Skyrms, Brian, 1996, *The Evolution of the Social Contract*. Cambridge: Cambridge University Press.
Smentan, Judith, Diane L. Bridgeman, and Elliot Turiel, 1983, "Differentiation of Domains and Prosocial Behavior," in Diane L. Bridgeman, ed., *The Nature of Prosocial Development: Interdisciplinary Theories and Strategies*, New York: Academic Press.
Smentana, J. G. and J. L. Braeges, 1990, "The Development of Toddlers' Moral and Conventional Judgments," *Merrill-Palmer Quarterly* 36: 329-46.
Smith, J. Maynard, 1964, "Group Selection and Kin Selection", *Nature* 201: 1145-47.
Smith, Jeffrey M. and Paul A. Bell, 1994, "Conformity as a Determinant of Behavior in a Resource Dilemma," *Journal of Social Psychology* 134: 191-200.

Smith, Michael, 1987, "The Humean Theory of Motivation," *Mind* 96: 54.

Smith, Michael, 1994, *The Moral Problem,* Oxford: Blackwell.（樫則章監訳『道徳の中心問題』ナカニシヤ出版，2006 年）

Sobel, Jordan Howard, 1988, "World Bayesianism: Comments on the Hammond/McLennan Debate," in Bertrand R. Munier, ed., *Risk, Decision and Rationality,* Dordrecht: Reidel.

Sobel, Jordan Howard, 1994, *Taking Chances: Essays on Rational Choice,* Cambridge: Cambridge University Press.

Sober, Elliot and David Wilson, 1998, *Unto Others: The Evolution and Phychology of Unselfish Behavior*, Cambridge, Mass.: Harvard University Press.

Soler, Manuel, Juan Soler, Juan Martinez, Tomás Pérez-Contreras, Anders Møller, 1998, "Microevolutionary Change and Population Dynamics of a Brood Parasite and Its Primary Host: The Intermittent Arms Race Hypothesis," *Oecologia* 117: 381-90.

Soman, Dilip, George Ainslie, Shane Frederick, Xiuping Li, John Lynch, Page Moreau, Andrew Mitchell, Daniel Read, Alan Sawyer, Yaacov Trope, Klaus Wertenbroch, and Gal Zauberman, 2005, "The Psychology of Intertemporal Discounting: Why Are Distant Events Valued Differently from Proximal Ones?" *Marketing Letters* 16: 347-60.

Spelke, Elizabeth S. and Sanna Tsivkin, 2001, "Language and Number: A Bilingual Training Study," *Cognition* 78: 45-88.

Sripada, Chandra and Stephen Stich, 2006, "A Framework for the Psychology of Norms," in Peter Carruthers, Stephen Laurence, and Stephen Stich, eds., *The Innate Mind: Culture and Cognition.* Oxford: Oxford University Press.

St. Augustine, 1998, *The City of God against the Pagans*, ed. and trans. R. W. Dyson, Cambridge: Cambridge University Press. 服部英次郎他訳『神の国』全四巻，岩波書店，1982-86 年．

St. Thomas Aquinas, 1947, *Summa Theologica*, trans. Fathers of the English Dominican Province, New York: Benzinger. 高田三郎他訳『神学大全』全四五巻，創文社，1960-2012 年．

Stanovich, Keith, 2004, *The Robot's Rebellion: Finding Meaning in the Age of Darwin*. Chicago: University of Chicago Press. 椋田直子訳『心は遺伝子の論理で決まるのか――二重過程モデルでみるヒトの合理性』みすず書房，2008 年．

Sterelny, Kim, 1992, "Evolutionary Explanations of Human Behavior," *Australasian Journal of Philosophy* 70: 156-173.

Sterelny, Kim, 2007, "Social Intelligence, Human Intelligence and Niche Construction," *Philosophical Transactions of the Royal Society: Biology*, 362: 719-30.

Sternglanz, Sarah Hall, James L. Gray, and Melvin Murakami, 1977, "Adult

Preferences for Infantile Facial Features: An Ethological Approach," *Animal Behavior* 25: 108-15.
Stroud, Barry, 1968, "Transcendental Arguments," *Journal of Philosophy* 65: 241-56.
Stroud, Sarah, 2003, "Weakness of Will and Practical Judgment," in Sarah Stroud and Christine Tappolet, eds., *Weakness of Will and Practical Irrationality*, Oxford: Oxford University Press.
Sugden, Robert, 1986, *The Economics of Rights, Co-operation and Welfare*. Oxford: Blackwell. 友野典男訳『慣習と秩序の経済学』日本評論社，2008年．
Sunstein, Cass R. and Richard M. Thaler, 2003, "Libertarian Paternalism Is Not an Oxymoron," *University of Chicago Law Review* 70: 1159-1202.
Sykes, Gresham M. and David Matza, 1957, "Techniques of Neutralization: A Theory of Delinquency," *American Sociological Review* 22: 664-70.
Tajfel, Henri, 1978, *Differentiation among Social Groups: Studies in the Social Psychology of Intergroup Relations*, London: Academic Press.
Tajfel, Henri, 1981, *Human Groups between Social Categories: Studies in Social Psychology*, Cambridge: Cambridge University Press.
Taylor, Charles, 1989, *Sources of the Self: The Making of the Modern Identity*, Cambridge, Mass.: Harvard University Press. 下川潔他訳『自我の源泉――近代的アイデンティティの形成』名古屋大学出版会，2010年．
Taylor, Michael, 1987, *The Possibility of Cooperation*, Cambridge: Cambridge University Press.
Thaler, Richard, 1992, *The Winner's Curse: Paradoxes and Anomalies of Economic Life*, Princeton: Princeton University Press. 篠原勝訳『セイラー教授の行動経済学入門』ダイヤモンド社，2007年．
Thaler, Richard, 1992, "Cooperation," in *The Winner's Curse*, Princeton: Princeton University Press. 同上書所収．
Thompson, Roger and David Oden, 1995, "A Profound Disparity Re-visited: Perception and Judgment of Abstract Identity Relations by Chimpanzees, Human Infants and Monkeys," *Behavioural Processes* 35: 149-61.
Thornton, Tim, 2004, *John McDowell*, Montreal: McGill-Queen's University Press.
Tomasello, Michael, 1995, "Language Is Not an Instinct," *Cognitive Development* 10: 131-56.
Tomasello, Michael, 1999, *The Cultural Origins of Human Cognition*. Cambridge, Mass.: Harvard University Press. 大堀壽夫他訳『心とことばの起源を探る』勁草書房，2006年．
Tooby, John and Leda Cosmides, 1992, "The Psychological Foundations of Culture," in J. Barkow, eds., *The Adapted Mind*, New York: Oxford University Press.

Toulmin, Stephen, 1950, *An Examination of the Place of Reason in Ethics*, Cambridge: Cambridge University Press.
Toulmin, Stephen, 1979, "The Inwardness of Mental Life," *Critical Inquiry* 6: 1-16.
Trivers, Robert, 1971, "The Evolution of Reciprocal Altruism," *Quarterly Review of Biology* 46: 35-57.
Turiel, Elliot, Melanie Killen, and Charles Helwig, 1987, "Morality: Its Structure, Functions and Vagaries," in Jerome Kagan and Sharon Lamb, eds., *The Emergence of Morality in Young Children*, Chicago: University of Chicago Press.
Turiel, Elliot, 1979, "Distinct Conceptual and Developmental Domains: Social Convention and Morality," in H. Howe and C. Keasey, *Nebraska Symposium on Motivation, 1977: Social Cognitive Development*, Lincoln: University of Nebraska Press.
Turiel, Elliot, 1980, "The Development of Moral Concepts," in Gunther S. Stent, ed., *Morality as a Biological Phenomenon*, rev. ed. Berkeley: University of California Press, pp. 109-23.
Tversky, Amos, 1969, "Intransitivity of Preferences," *Psychological Review* 76: 31-48.
Vanberg, Viktor, 1994, *Rules and Choice in Economics*, London: Routledge.
Velleman, J. David, 2000, "The Story of Rational Action," in Velleman, *The Possibility of Practical Reason*, Oxford: Clarendon.
Verbeek, Bruno, 2002, *Instrumental Rationality and Moral Philosophy: An Essay on the Virtues of Cooperation*, Dordrecht: Kluwer.
von Böhm-Bawerk, Eugen, 1890, *Capital and Interest*, trans. William A. Smart, London: Macmillan.
von Neumann, John and Oskar Morgenstern, 1947, *The Theory of Games and Economic Behavior*, 2nd ed., Princeton: Princeton University Press. 銀林浩他訳『ゲームの理論と経済行動』全三巻, 筑摩書房, 2009年.
von Wright, Georg Henrik, 1968, *An Essay on Deontic Logic and the General Theory of Action: With a Bibliography of Deontic and Imperative Logic*, Amsterdam: North-Holland.
Vygotsky, Lev, 1978, *Mind in Society: The Development of Higher Psychological Processes*, Cambridge, Mass.: Harvard University Press.
Wallace, R. Jay, 1990, "How to Argue about Practical Reason," *Mind* 99: 355-85.
Watson, Gary, 1977, "Skepticism about Weakness of Will," *Philosophical Review* 86: 316-39.
Watt, A. J., 1975, "Transcendental Arguments and Moral Principles," *Philosophical Quarterly* 25: 40-57.
Williams, Bernard and J. J. C. Smart, 1973, *Utilitarianism: For and Against*,

Cambridge: Cambridge University Press.

Williams, Bernard, 1981, *Moral Luck: philosophical Papers 1973-1980*, Cambridge: Cambridge University Press.

Williams, George C., 1966, *Adaptation and Natural Selection: A Critique of Some Current Evolutionary Thought*, Princeton: Princeton University Press.

Williams, Michael, 1992, *Unnatural Doubts: Epistemological Realism and the Basis of Skepticism*, Oxford: Blackwell.

Wilson, Edward Osborne, 1974, *The Insect Societies*, Cambridge, Mass.: Harvard University Press.

Wilson, Edward Osborne, 1975, *Sociobiology: The New Synthesis*, Cambridge, Mass.: Belknap Press. 坂上昭一他訳『社会生物学』新思索社，1999年.

Wilson, Edward Osborne, 1978, *On Human Nature*, Cambridge, Mass.: Harvard University Press. 岸由二訳『人間の本性について』筑摩書房，1997年.

Wilson, Timothy and Daniel Gilbert, 2003, "Affective Forecasting," in Mark P. Zanna, ed., *Advances in Experimental Social Psychology*, vol. 35, San Diego: Academic Press.

Wilson, Timothy, 2002, *Strangers to Ourselves: Discovering the Adaptive Unconscious*, Cambridge, Mass.: Harvard University Press. 村田光二訳『自分を知り，自分を変える――適応的無意識の心理学』新曜社，2005年.

Wittgenstein, Ludwig, 1958, *Philosophical Investigations*, trans. G. E. M. Anscombe, Oxford: Blackwell. 藤本隆志訳『ウィトゲンシュタイン全集8 哲学研究』大修館書店，1976年.

Wittgenstein, Ludwig, 1969, *On Certainty*. Oxford: Blackwell. 黒田亘訳「確実性の問題」『ウィトゲンシュタイン全集9』大修館書店，1975年.

Wittgenstein, Ludwig, 1974, *Tractatus Logico-Philosophicus*, trans. D. F. Pears and B. F. McGuinness. London: Routledge. 野矢茂樹訳『論理哲学論考』岩波書店，2003年.

Woodcock, Scott and Joseph Heath, 2002, "The Robustness of Altruism as an Evolutionary Strategy," *Biology and Philosophy* 17: 567-90.

Wright, Crispin, 1986, "How Can the Theory of Meaning Be a Philosophical Project?" *Mind and Language* 1: 31-44.

Wright, Crispin, 1992, *Truth and Objectivity*, Cambridge, Mass.: Harvard University Press.

Wright, Crispin. 1993, *Realism, Meaning and Truth*, 2nd ed., Oxford: Blackwell.

Wynne-Edwards, Vero Copner, 1962, *Animal Dispersion in Relation to Social Behavior*, Edinburgh: Oliver and Boyd.

事項索引

ア行
悪の陳腐さ（banality of evil） 435, 474
アクラシア 11, 390, 407, 423
　厳密な——的行為 392, 396-7, 408, 411, 414, 417, 420
アステカ族 438, 473
アニマル・スピリット 389, 415
アノミー状態 468
アルコール 411-2, 487-8
異議申し立て 479-80
意識 116, 165-6, 169-70, 176, 178, 183, 197, 207-8, 256, 261, 267, 273, 331, 370, 380, 386, 392-3, 399, 479
　——の哲学 169-70, 196
　——的意思決定 411
　自己—— 261
意思決定
　——の木 122, 124
　——理論 8, 19, 33, 36, 65, 70, 85-6, 88, 129, 161, 164, 209-10, 219, 258, 431
　——理論家 120, 270, 477
意志
　——の人工装具 436
　——の補綴学 430, 433
　——の弱さ 11, 273, 276, 279, 387-8, 390, 392, 414, 417, 420
　——力 421, 427, 430, 432, 434
依存症 362, 411, 413
　——の病気モデル 411
一人称特権（first-person authority） 218
逸脱（deviance） 118
　社会的—— 374, 379, 386, 479
遺伝子 291-2, 360, 440, 491

遺伝子と文化の共進化（gene-culture coevolution） 354
遺伝的進化 336
遺伝的適応度 334, 360, 363, 439
意図（intention） 272-4, 278
　——的・反選好的選択 387, 394, 397-8, 408
　——に関する実在主義 279
　——の話法（intention-talk） 278
意図的行為（intentional action） 228, 388
意味値（semantic value） 180
意味の一義的な担い手 192-3, 197
意味論 177, 179, 193, 198, 267
　——的語彙 214-5
　——論的志向性 165-6, 370
因果 364-5, 492
　——的関連 182
　——的連関 365, 367
インセンティブ 69, 71, 77, 80, 114, 347, 421, 430, 432
　——の問題 108
　外的—— 434
ウェスターマーク効果 356
内なる場所（foro interno） 220, 373
エチケット 16, 449-52, 461
エミュレーション学習（emulative learning） 323
オッカムの剃刀 272

カ行
解概念 47
　→ 均衡
懐疑主義 347
　——的論証 231

549

認識論的―― 364
懐疑論 238, 388, 483, 491
　――者 232, 234, 364, 376
　――的解決 349-50, 353, 357, 360, 362, 365
　――的論証 388
外在主義（externalism） 168, 247
外的足掛り（external scaffolding） 427, 429, 431-2, 476
外適応（exaptation） 211
外的コントロール戦略 433
ガイドつきの変異 447-8
学習（learning）
　社会的―― 286, 322-3, 370
　試行錯誤の―― 322, 370, 447
　模倣的―― 319, 323, 325, 376
格率（maxim） 119
仮象（appearance） 275-6, 278
カセクシス 352
下志向的な行動性向（subintentional behavioral dispositions） 253
下志向的メカニズム 260
可塑性 332-3
価値 114, 117, 257
　――関数 125, 132-3, 137, 148, 151, 156
　――システム 258
可能世界（possible world） 130, 133, 146, 220, 266, 271, 366, 368
仮言命法（hypothetical imperative） 5, 109, 262, 270, 482
環境管理 426, 427
還元主義 355
　――的プログラム 52-3, 64
観察報告文 235, 245-6, 248
感情（emotion） 252
感情（sentiment） 221-2, 388
感情主義的道徳理論 256
感情の共鳴（affectiue resonance） 339, 356, 358, 361, 448
感情反応（affective reactions） 310, 354, 357-9, 371, 446, 455

感情予測（affective forecasting） 254, 397, 408
感情ルール（sentimental rule） 353
間接互恵性 79, 300, 303
監督注意システム（supervisory attention system） 209
カント主義 403, 465, 481
　――者 362, 492
　――的理論 488
　――的な進化的自然主義 13
寛容の原理（principle of charity） 368
帰結主義（consequentialism） 7-9, 11, 13, 23, 25, 71, 91-2, 103, 127, 129, 131-3, 136, 161, 164, 283
　重み―― 127
　――者 14, 459, 494
　――的規範 465
　弱い―― 131
危険回避 402-3, 418
記号論（semiotics） 192
規則主義（regulism） 185
規則性主義（regularism） 186-7, 189
基礎づけ主義（foundationalism） 234-5, 237, 239-40, 244, 246-7, 262, 275, 449, 494
期待効用 30, 33, 279
　――の最大化 209
規範（norm） 70, 102, 116, 122, 161
　――合理性 448-9
　――システム 357, 439, 468, 470, 483
　――のプラグマティックな把握 186
規範性（normativity） 185, 191-2, 220, 491
　原初的――（original normativity） 192
　――の源泉 199, 269, 273, 281
規範的意思決定理論 108
規範的期待均衡 347
規範的コミットメント 429
規範的コントロール 149, 160, 372, 374, 382, 488

——システム　117, 148, 346, 353, 362-3, 369, 375, 383-4, 429, 470-1, 479, 493
　　——の実践　373
規範的推論　370
規範的地位（normative status）　199, 200, 491
規範的評価（assessment）　188, 192
規範同調者　319
規範同調性（norm conformity）　16, 104, 114-5, 117, 260, 261, 317, 330, 343, 348, 351, 369, 382, 417, 418
　　——の超越論的正当化　364
規範同調的（norm-conformative）　328
　　——行為　116-7
　　——性向　114, 329-30, 334, 343, 362-3, 371-3, 386, 429, 471
　　——選択性向　374, 378, 383, 384, 385, 414
規範に関する認知主義　266
規範倫理学　457-8, 465, 467
義務的スコアづけ（deontic scorekeeping）　214, 218, 280, 396
義務的制約（deontic constraint）　3, 5-9, 11-5, 70, 103, 123, 125, 149, 155, 160, 283, 348, 363, 369, 372, 383, 385, 493-5
　　——の合理性　10
義務的地位（deontic status）　214, 220, 251, 279, 372-3, 375, 377-8
義務論　15
　　——者　14
　　——的推論　206
　　——的様相　217, 463, 492
逆選択　100
客観主義　238-40
究極的価値　257-8
究極のアップグレード　205
　　→　言語アップグレード
共感　353, 384, 446, 485-6
　　自然な——　349-50

自発的——　295
——的同一化（sympathetic identification）　381, 476
競争
　　頂上への——　79
　　底辺への——　58, 60-1, 79, 318
共通知識（common knowledge）　116, 138, 153, 156, 159
共有地の悲劇　58
協力　64, 66, 69, 71, 97-8, 284, 319, 363, 427, 444, 446, 448, 485
　　——的規範　93, 446, 448, 474
　　——的行動　331
　　——的性向　285, 361
　　——的選好　81
　　——的戦略　134
　　——的徳　121
　　——的な社会規範　446
　　——のインセンティブ　78
　　——の進化　446
　　——の文化的進化　328
　　——問題　96
キリスト教　222, 432, 479
　　——哲学者　482
均衡　47, 53, 135
　　——選択　49-50, 52-4, 89, 96, 98
近親相姦　355-6
繰り返しゲーム　97, 144, 148-9, 156
　　繰り返し囚人のジレンマ　76, 298, 301
　　→　囚人のジレンマ
　　有限回繰り返しゲーム　52, 78
　　有限回繰り返し囚人のジレンマ　88
クロスワード・パズル　242-4, 247
計画理論　86, 89, 91-3, 219
経験主義の2つのドグマ　242
経験論　197
経済学帝国主義　283
経済人（homo economicus）　283, 374
経済的インセンティブ　346
形式主義的誤謬　462, 467
形而上学　366, 383
形相　482

事項索引　551

契約主義（contractarianism） 457
ケーキ・カット問題 302, 464
ゲーム理論 6, 8, 44, 51, 55, 65, 85, 88, 133, 156, 161, 164, 191, 272
　——家 81, 83, 104, 133-4, 144, 148, 150, 259, 300
血縁選択（kin selection） 290, 293-6, 298, 301-2, 306, 329, 351-2, 361, 381
言語 165, 168, 175, 178, 183, 211, 213, 219, 286, 340-1, 343, 350, 372, 431, 439, 481, 492
　——の使用 374
　——の発生 331
　——のプラグマティズム的説明 204
　——の構成的見解 171
　——のコミュニケーション的見解 170, 180
　合成的—— 330-1
　→ 自然言語
言語アップグレード 12, 209-10, 213, 220, 330, 370-1, 495
原行為の理論（proto-action theory） 184
言語ゲーム 199, 201-2, 246
言語行為 199, 215
言語参入（language-entry） 201, 205, 377
言語参入手番 244-5, 247, 250, 264, 277-8, 388, 394, 422
言語退出（language-exit） 201, 205, 277-8, 377
言語退出手番 268, 278
言語哲学 v
　——のプラグマティズム的転回 204
言語モジュール 341
言語理解 194
言語論的転回 163-4, 166, 169-70, 197, 367
顕示選好（revealed preference） 82-4, 210
限定合理性（bounde drationality） 66, 85

原理（principle） 123-4, 141, 148, 162, 259, 261, 271, 370, 378, 428-9, 473, 479
　——の合理性 261
　——の適宜性 126
権利（entitlement） 214-5, 372
語 192-3
行為 84, 128, 196, 215, 220, 272-3, 276
　——者性（agency） 4
　——の規範的理由 377-8, 470
　——の理由 252, 264, 388
　——理論 iv, 14-5, 17, 19, 108, 120, 164, 184, 204, 220, 272, 274, 281
公共財ゲーム 99-100, 103, 134, 153, 315
向社会的行動（prosocial behavior） 311, 350-2, 384, 446
厚生主義 122
合成性（compositionality） 193, 199
後退停止点（regress-stoppers） 264, 481
後退問題 190
後退論証 231-5, 237, 238, 241, 243, 247, 263-4
行動経済学 431
行動主義 112-5
幸福主義的（eudaemonistic）倫理学 258
公平性 316, 319, 452
後方帰納法 88
公民権運動 480
後黙約的（postconventional） 458-9
　——資源 460, 469
　——推論 459-60
　——道徳的 456, 460-1
効用 258
　——関数 34, 120, 122, 124-5, 144-6, 403
　——原理 349
　——最大化 210, 271, 280
功利主義 457, 465, 481
合理主義 197
合理性 vi, 362, 370, 374, 448, 492

──障害（dysrationalia） 382
──の道具的把握　6, 8-9, 11, 36, 41, 52, 55-6, 62, 64, 69, 81, 85, 89, 108, 119, 163, 204, 270, 494
合理的行為　66, 220, 283
──のフォーマル・モデル　119
──の理論　184, 370
合理的コントロール　461
合理的熟慮　221-2, 267, 331, 363, 375, 387, 419
合理的主体　vi, 362, 374, 384, 404
合理的主体性　374-5, 385
合理的選択モデル　104
合理的選択理論　6-9, 11, 19, 62, 64, 83, 99-101, 105-6, 119, 136, 220, 284, 494
コーディネーション　64, 68-9, 94
──・ゲーム　135
──問題　94-6, 137, 139, 140, 309
互恵性（reciprocity）　97, 98, 160, 351
──の一般化されたシステム　4
──の原理　471
→ 強い互恵性(strong reciprocity) 312-3, 318-9, 328
互恵的利他主義（reciprocal altruism）297-8, 300-8, 310, 312, 314-6, 329-30, 352, 356-7, 361
心の哲学　11, 19, 240
個体レベルの選択　287
個別（the particular）　194-6, 203
コミットメント　86, 90, 93, 98, 105, 126, 214-6, 218, 220, 244, 273, 278, 280, 372-3, 382
コモン・ロー　460
誤欲求（miswanting）　249
ゴルディウスの結び目　169
根源的解釈　197
混合戦略　49-50
──均衡　51, 135, 137
根本的性向　156, 158-9, 471
根本的選択性向　148-50, 153, 157

サ行

最後通牒ゲーム　122, 150-1, 284, 315-6, 452
サイコパシー（psychopathy）　381-3
　1次的──（primary psychopathy）381
　2次的ソシオパシー　382
サイコパス（psychopath）　383
最小主義的見解　177
再生動学（replicator dynamics）440-1, 444, 446
最大幸福原理　449
最大生得性の主張（maximal innateness claim）　177
サヴェッジの3分法　133-4, 136, 161-2
挫折感　395, 400-1, 403
サンクション　78, 81, 104, 112, 114, 118, 159-60, 188-9, 192, 436
　外的──　72, 93, 110-1, 349-50
　肯定的な──　111, 188
　──・システム　72, 118, 159
　──の内面化　379
　社会的──　71, 451
　高階の──　77, 190
　否定的──　111-2, 188
賛成的態度（pro-attitude）　268-9, 271
三段論法　194
恣意的区割り（gerrymandering）186, 465-7
──問題　189-90
時間選好　141-3, 145, 388, 398-9, 400, 406, 417
時期尚早の具体化の誤り　120, 150, 316
志向性（intentionality）　165-6, 173, 179, 185, 192, 199, 220
　意味論的──　165-6, 370
　心的──　165
至高善（best good）　236
志向的計画　422, 431
志向的計画システム（intentional planning system）　168, 176, 204, 211,

事項索引 | 553

219, 253-6, 266-7, 330, 343, 354, 356-7, 363, 370-1, 375, 382, 384, 386, 393-4, 419, 439, 477-9, 490, 495
志向的計画能力　169
志向的コントロール　386
　　――の喪失　254, 256, 423
志向的状態(intentional state)　9, 11, 22, 24, 43, 84, 93-5, 105-6, 108, 119, 125, 128, 164-6, 169, 171, 173, 183-5, 213, 216, 218-20, 222, 240, 266-9, 272, 274-6, 343, 373, 376, 430, 439, 463, 491
　　――の規範性　186, 219
　　――の内容の起源　494
　　――を物化する傾向　373
志向的推論　393
志向的説明　228
志向的メカニズム　117
思考の言語(langnage of thought)　171, 175, 182, 198-9
思考の乗り物(uehicle of thought)　171
自己管理　424
自己コントロール　391-2, 418-22, 425, 427-8, 432-3
　　能動的な――　420
自己利益　3-5, 41, 62, 70, 97, 155, 284, 302, 310, 361-3, 450, 471, 490, 494
自生的秩序(spontaneous order)　79
自然言語　170, 178, 193, 204, 341, 463, 480
　　――の構成的見解　171
　　――のコミュニケーション的把握　171
自然主義　vi, 216, 286, 492
　　――的誤謬　262, 353
　　――的なパースペクティブ　285
自然状態　61, 74, 77, 107, 156
自然選択(natural selection)　211, 287, 289, 291-3, 314, 320-1, 342, 354, 447
実験ゲーム理論　63, 103-4, 134, 283-4, 315
　　――家　106, 285

実践的合理性　10, 12, 17, 24, 30, 66, 100, 105-6, 108, 124, 127, 145, 149, 169, 175, 271, 284, 364
　　――に関するヒューム主義的理論　348
　　――の道具的把握　19, 24, 42
　　――の理論　81, 120, 127, 146, 162-3, 169, 178, 185, 221, 267-8, 387, 399, 407, 418, 495
実践的熟慮　20-2, 25, 66, 140, 159, 272, 274, 278, 388, 495
　　――のフォーマル・モデル　108
実践的推論(practical reasoning)　v, 63, 124, 173, 179, 387
　　――の質料的性質　270
実践的理性(practical reason)　258, 276, 347
　　――に関する懐疑論　229
　　――に関する懐疑主義　234
　　――に関する基礎づけ主義　234
　　――の道具的把握　6
実践に内包された規範(norms implicit in practice)　185, 188, 191, 193, 199, 217, 269, 330, 370, 372
失敗領域(lapse district)　425
しっぺ返し(tit-for-tat)　76-7, 298, 301
質料的推論(material inference)　267, 462
私的言語論(private language argument)　179, 182-3, 216, 274
支配された戦略　45-6, 48, 56, 85
支配戦略　137
支配的な社会規範の集合　266, 377, 379, 381
「シマウマ」の問題　468
社会化(socialization)　111-3, 118, 258, 339, 350-1, 376, 379, 383, 414, 478, 486
　　1次的――　113-4, 117, 419
　　2次的――　113
社会学　70, 486
　　――者　113
社会規範　16, 70, 96, 110, 112-4, 117, 119, 141, 261, 264, 267, 273, 319, 328,

554

346-7, 369, 376, 378, 384, 416, 430, 436, 468, 473, 483, 493
社会心理学　　iv
社会生物学　　325, 331, 334-5, 439
——者　　295, 333, 335-6, 339-40
——的説明　　335, 337
社会秩序　　68-72, 78-80, 84, 98, 111, 118, 261, 363, 475
　　——の「主意主義的」性格　　109
社会的インタラクション　　42-3, 54-5, 63-5, 68-9, 80-2, 86, 93, 106, 109, 132-3, 149, 159, 162-4, 169, 177-8, 204-5, 259-60, 266, 283-4, 303, 306, 309, 319, 352, 377, 436, 461, 467-8, 470, 476, 481, 491, 493
社会的行為　　266
　　——の理論　　111, 163
社会的昆虫　　286, 311
社会的コントロール　　118, 386, 430
社会的実践　　183, 193, 197, 204, 207, 213, 219, 330, 338, 370, 372-4, 431, 466-7, 478
社会的統合　　155, 159, 160, 495
社会的文脈　　65, 435, 475
社会的黙約　　451
社会理論家　　68, 80, 110, 113, 117
　　——の「誤り理論」　　482
集合行為問題（collective action problem）　　58, 61-2, 71-2, 79-80, 82, 92, 96-7, 99, 121, 159, 161, 315, 317-8
　　——における協力　　440
囚人のジレンマ　　56-60, 62, 82, 85, 90, 92, 96, 107, 112, 120, 153, 155-6, 272, 284, 288, 313-4, 317
　　多人数——　　155
　　→　繰り返し囚人のジレンマ，多人数囚人のジレンマ
集団選択（group selection）　　299, 308-9, 315, 327-8, 330-1, 356, 444, 489
　　効果増強的な——　　327
主観主義　　241
　　——者　　238

——的理論　　448
主観的動機集合（subjective motivational set）　　226, 233, 240, 247
熟慮上の重み　　141, 370, 374, 377, 415
熟慮上の優先順位　　470
呪術的思考　　445
主張（assertion）　　197, 201
主張ゲーム　　201
主張的な保証（assertoric warrant）　　201
純粋戦略　　49
　　——均衡　　52
　　——ナッシュ均衡　　137
象徴的価値　　117
象徴的報酬　　160
情念　　225, 236, 239, 248, 256, 407
食物禁忌　　334-5
諸システムの自律的セット（TASS）　　176
　　→　適応的無意識
所与の神話（myth of the given）　　240, 248
自律性　　433-4
進化ゲーム　　76, 440
　　——理論　　80, 298, 302, 446-8
　　——理論家　　446, 448
進化心理学　　211, 356
　　——者　　337, 360
進化生物学　　285, 486
進化的安定戦略　　302
進化的適応　　168, 176, 360
進化的適応環境（environment of evolutionary adaptation）　　140, 176, 209, 340, 359, 370
進化的パースペクティブ　　350-1, 439, 481
進化理論　　13, 286
　　——家　　75, 300, 307, 320, 438-9, 481, 485, 489
人工物　　205
心象主義（imagism）　　171, 185
身体的刺激　　248, 255, 265, 394-5,

事項索引　　555

401-2, 422-4, 477
身体的状態　249-50, 252, 256, 266, 388, 395, 399-400
心的状態　166
信念(belief)　v, 9-11, 22-3, 25, 27, 32-3, 37, 43-4, 51, 84, 95, 105, 119, 124, 164, 172-4, 183, 204, 215-8, 220, 222, 227-8, 241, 251, 258, 269-72, 275-6, 368
　　基礎的――　233, 235, 240-1, 243
　　原信念(protobelief)　174
信念システム　242, 244, 263
信念的コミットメント(doxastic commitment)　269, 373
信念的地位(doxastic status)　269
信念・欲求心理学　v, 22, 25, 30
信念話法(belief-talk)　172, 216
信憑性ある脅し　78
信頼　157-8
信頼ゲーム(assurance game)　90
信頼性　277
　　――の推論　245
信頼問題　97
真理　180, 463
　　必然的――　390
心理学　30
　　――者　113, 206, 208, 487
　　――的実在論　220, 277, 390
　　――的心象主義(psychological imagism)　170, 196-7
　　――的文主義(psychological sententialism)　170-1, 175, 213
心理主義(psychologism)　11, 365
慎慮(prudence)　3-4, 227, 378, 414, 432
慎慮の原理(principle of prudence)　398
推論(inference)　172, 201, 203
　　――規則　206
　　――的性質　204
　　――的役割(inferential role)　372
スケジューリング　255, 394
正義(justice)　452

整合性主義(coherentism)　240
生得性　339
制度
　　社会的――　428, 436, 439, 480, 483
　　――的理由　262, 264
　　――的理論　468, 470, 482
性比　288
生物学　442
　　――的遺産　336
　　――的進化　325, 327, 331, 340
　　――的選択圧力　329, 439-40, 446
　　――的脳　219
　　――的領域　438-9, 444
生命倫理　359, 468
世界ベイズ主義　129-33, 145-6
セクシャル・ハラスメント　452
摂動完全均衡　51
説明順序(order of explanation)　166, 168, 198, 274, 280, 430
説明戦略　192
善　482-3
選好(preference)　9-10, 37, 40, 81-2, 122, 141, 164
選好逆転　397, 407, 410-1, 414, 420-1, 424, 426
選好順序　478
選好の動学的不安定性　406, 420, 426
センス・データ　274-6
全体論　242
双曲割引(hyperbolic discounting)　406, 408, 411, 414, 418, 420
相対的適応度　288
贈与　102
ソーシャル・キャピタル　78
ソシオパシー(sociopathy)
　　1次的――　382
　　2次的――　382
ソシオパス(sociopath)　380
外なる場所(foro externo)　373
素朴社会学(folk psychology)　258
素朴心理学(folk psychology)　7, 105-6, 119-20, 127, 216

タ行

第一原理　458, 467, 469, 476
ただ乗り　72, 98, 313-4, 316
脱抑制　386, 488
単称名辞　203-4
地位システム（status system）　445
チープ・トーク　101, 103, 160
遅延回避　400-4, 408
知覚　197, 204
逐次的合理性　88-9
知性　310, 343
　領域一般的——　13
知性主義　239
秩序の問題　64, 71, 75, 85, 161
注目管理（attention management）　389, 420, 422
超越論的演繹　365-7
超越論的議論　12
超越論的正当化　372, 493
超越論的必然性　366, 385
超越論的論証　362, 364, 369, 376, 378, 383, 386, 418, 492-3
超社会性（ultrasociality）　13, 285-6, 293, 303, 306, 308, 310, 312, 315, 319, 327-8, 342, 351, 490
超社会的種　285
超同調（hyper conformism）　378
超道徳家（amoralist）　383
　合理的な——　13
懲罰　109, 112
　→　道徳的懲罰, 利他的懲罰
懲罰メカニズム　159
チンパンジー　175
定言命法　5, 15, 109, 262, 449, 457, 463-4, 471
デカルト的懐疑　166, 279, 368
適応的説明　337-8
適応的無意識（adaptive unconscious）　176-7, 180, 204, 207-10, 250, 255, 267, 296, 306, 337, 354, 356, 361, 371, 387, 392-5, 455, 477
適応度（fitness）　286-7, 441-2, 444, 446, 481
　個体——　291
　絶対的——　288
適宜性　124, 127, 138, 141, 157
適合の方向（direction of fit）　22-3
哲学者　174, 492
哲学的プラグマティズム　196
デフォルトの権利　244, 266
デフォルトの社会行動　371
転換点効果（tipping point effect）　327-8
ドイツ観念論　196
同一指示的（coreferential）　172, 203
動機　229
　——の主観主義的理論　240
　——のヒューム主義的理論　226, 229, 488
動機システム　389-90
動機心理学　108
動機づけられない欲求　233, 236, 240-1, 247, 257
動機的懐疑主義　347-8, 353, 362, 364, 377
動機的懐疑論　493
　——者　380
動機的スコア　389, 391, 394, 411, 415, 419-20
動機的レベル　389
道具主義（instrumentalism）　23, 40, 164, 283
　——者　80-1, 94, 109, 169
　——的説明　160
　——的理論　70, 273
道具的合理性　6, 54, 60, 62, 69, 70, 88, 150, 360, 363
道具的推論　270
道具的に合理的な主体　372, 377-8
道具の理論　161, 494
統語論　177-8
同調性（conformity）　475-7, 487
同調的社会学習　328, 331
同調的性向　475

事項索引　557

同調的模倣（conformist imitation）
　353, 328, 439
同調バイアス　326-7, 370
道徳（moral）　16, 454
道徳科学　482
道徳器官　355
道徳原理　493-4
道徳心理学　353, 452
道徳性（morality）　3, 284, 348-9,
　351-3, 362, 414, 436, 444-7, 450-2, 456,
　463, 465, 467, 473, 475-6, 481-3, 485-6,
　488-91, 493-6
　　──と黙約の区別　456
　　──の制度的理論　480, 483
道徳的改革　480
道徳的懐疑論　4, 380
道徳的感情　349
道徳的感情理論　446, 485
道徳的観点　379, 471-4, 479, 490, 493
道徳的規範　376, 449-50, 454
道徳的義務　352
道徳的行為　353, 434-5, 454
道徳的考慮　449
道徳的コミットメント　383
道徳的実在論者　41, 483
道徳的熟慮　477
道徳的主体　385, 470
道徳的人格　470
道徳的推論　352, 355-6
道徳的生活の現象学　5
道徳的だらしなさ（moral laxity）
　378, 382
道徳的懲罰（moral punishment）
　328, 331, 343, 439
道徳的直観　457-8, 467
道徳的動物　485
道徳的判断　347, 483
　　独立した──　474-7
道徳的／黙約的という区別　455
道徳的ルール　449, 452-3, 455
道徳哲学　17, 347, 461, 480, 485, 487
道徳哲学者　14-6, 284, 386, 439, 449,

　467, 485-6, 488
道徳の超越論的必然性　12
トートロジー　83
徳（virtue）　353
　　人為的──　96
　　自然な──　349
　　──理論　486-7
　　──倫理　258, 352, 375
独裁者ゲーム　151
毒素のパズル　279-80
徳の「誤り理論（error theory）」　482
共適応　341
トラキシカラ族（Tlaxcalan）　473
取消可能（defeasible）　251-2, 266

ナ行

内集団バイアス　304, 306, 470
内的コントロール　110, 432-4
内面化　111-2, 118, 208, 218
内容懐疑主義（content skepticism）
　347-8, 377
内容懐疑論　480-1, 493-4
ナッシュ均衡　48, 50, 54
　　──回帰　77
　　──概念の精緻化　51
二重継承（dual inheritance）　336
　　──システム　325
　　──モデル　331, 354-5
二重プロセス理論　207, 331, 393
人間　175, 485
人間行動の理論（a theory of human behavior）　184
認識論的な後退論証　388
認知システム　390
認知心理学者　208
認知的規範　376, 380
認知における言語の役割　173
認知の期待　191
認知モジュール　213, 453
ネオテニー　294
　　──反応　358-9
ノイラートの船　263

ハ行
バイアス 208
　内容―― 446
　認知―― 66, 410, 443, 445
配偶者選好 338
発達心理学 65, 486
　――者 350
発達的可塑性 322
パレート最適 57
反社会的行動 382
反射性 114, 213, 260
繁殖適応度 286
範疇論（theory of categories） 194
反応性向（responsive disposition） 192
　信頼できる―― 248, 250, 265
非意図的 393
　――行為 386
　――行動 392
非帰結主義 6-7, 70, 127, 131, 134, 162
　――的構造 109
非社会の文脈 65, 86
ビッグファイブ 487
非認知主義（noncognitivism） 22-4, 164, 240, 387
　欲求に関する―― 220-1, 223-6
　選好に関する―― 10, 269, 283, 388, 448
　道徳的―― 170, 488
ヒューム主義 230, 234, 239, 249, 255, 362
　――者 229-31, 234, 238, 248, 254, 257, 357
　――的懐疑論 388
　――的外在主義者 415
　――的動機理論 224
　――的非認知主義 230
ヒューリスティック 208, 211-2, 359, 370, 402, 459
評価的システム 389-90
評価的スコア 389, 391, 394, 411, 415, 419, 420

評価的レベル 389
表現型（phenotype） 332, 334
標識（marker） 207-8, 218
表出的（expressive）
　表出語彙 258, 268-71, 279, 461, 463-4, 467, 483
　――観点 148
　――合理性 461
　――適切性 106, 150, 270
　――役割 105, 149
　――理論 371
表象（representation） 492
　――主義 11, 20
平等の原理 464
表面的な認知主義 223
フォーカル・ポイント 95-6, 140, 161
フォーク定理 52, 76-8, 98
フォン・ノイマン＝モルゲンシュテルン効用関数 82, 108, 126
フォン・ノイマン＝モルゲンシュテルンの手続き 36, 128
複数均衡 135
不合理性 12, 423-4
負担軽減（offload） 431-2, 434, 436
不道徳性 375
不道徳な行為 386, 416, 454
部分ゲーム完全均衡 51, 76, 301
普遍（the universal） 194-6, 203
ブラーマチャリヤにおける実験 426
プラグマティズム 204, 277
　――的な説明順序 205-6, 376
プラトン主義 195
フリー・ライダー 57, 75, 80, 98, 107, 298-301, 311, 440
　――戦略 72, 134, 318, 322
　――問題 74, 290, 309, 311, 448
フレーミング効果 66
プロスペクト理論 488
文 192
文化
　ナイスな―― 438
　ナスティな―― 438

事項索引 559

文化依存性　12, 319-20, 343, 376, 439, 489
文化規範　103
文化人類学　486
文化的親　114, 325, 443, 445, 478
文化的継承システム　325, 340, 357, 370, 448
文化的再生産　443-4, 446
文化的システム　448
文化的進化　325, 327-31, 335-7, 340, 354, 357, 448
文化的人工物　340-1, 460, 465, 472, 480-1, 493
文化的選択　337
文化的適応度　326
文化的伝達(cultrural transmission)　286, 319, 321, 324-8, 335, 352, 439, 443, 473, 477
　　文化的に伝達された行動パターン　320-1, 325, 343, 490
　　文化的に伝達された社会規範　354
　　文化的に伝達されたミーム　440
文化的テンプレート　257, 267
文化的パターン　445, 447, 481
文化的複製子　444
文化的領域　438, 444-6
分析的システム　176, 210-1
分析哲学　272
文脈原理　193
文脈主義(contextualism)　240, 347, 480
ベイズ的意思決定　6
包括適応度(inclusive fitness)　290, 292, 294, 303-4, 325, 351, 354, 357
報復的懲罰　77, 79
ボールドウィン的進化　340
ホッブズ的原子論　204
ホッブズ的構造　309
ホッブズ的説明戦略　79, 177-8
ホモ・サピエンス　323

マ行
マオリ族　437, 439
ミーム　337, 440, 444-5, 448, 490
ミーム学　443
ミュー中間子　245-6, 251
無限回繰り返しゲーム　52, 78
無限後退　237
命題的態度　v
命題的に差別化された言語　370
メタ選好　141-2, 402-3, 415, 418
メタ倫理学　486
メンタリーズ（mentalese）　175, 177-8, 180
目的論的行動　388
目的論的論証　226-30, 233, 238, 268
黙約（convention）　95, 112, 372, 454
黙約主義　98
黙約的（conventional）　16
　　——規範　454
　　——道徳性　456-61, 463, 467-70, 472, 474, 476-7, 479-80, 483, 493-4
　　——ルール　453-4
モジュール　176, 211
モジュラリティ　211
模倣（imitating）　265, 371, 443, 478, 487
　　——機械　372
　　——的学習（imitative learning）　319, 323, 325, 376
　　——的性向　371, 376
　　——的同調性　335, 343, 347, 357, 371, 475, 479
　　——的反射　371
モリオーリ族　437, 439

ヤ行
約束　74, 97, 103, 466
約束ゲーム（assurance game）　309
唯名論　195
友情　305-6
有性生殖　293
幼児　175
幼児殺害（infanticide）　358
様相　123

真理—— 217
　——意味論　366
　——作用子　366
抑制制御（inhibitory control）　256, 375
欲求（desire）　v, 22-3, 25, 27, 32, 34, 37, 40, 43, 105, 119-20, 122, 124, 126, 141, 164, 169, 183, 204, 215-6, 220, 222-3, 227-8, 238, 241, 248, 251-2, 254, 258-9, 262, 265, 267-9, 271-2, 378, 422, 477
　——の起源　230
　高階の——　142
欲求イン・欲求アウト（desire-in desire-out）の原理　226, 229-31, 233, 238
欲求システム　254-5, 258
欲求話法（desire-talk）　251

ラ行

ラクトース耐性　340
ラプラスの理由不十分の原理　135
利己的な遺伝子　291, 296, 489-90
利己的なミーム　490
理性（reason）　179, 225, 267
　——の「規範性」　180
利他主義（altruism）　286-9, 292-3, 298, 300, 303, 307-8, 320-1, 329-30, 342-3, 351-2, 355, 360-1, 440, 444, 489
　——者　299, 301
　——の維持可能性　327
利他的協力　75
利他的行為　300, 320, 352, 438, 446
利他的行動　290, 293, 297, 310-1, 319, 327, 331, 353, 375
利他的性向　360, 363, 381
利他的懲罰（altruistic punishment）　75, 313, 328
理由を与えたり求めたりするゲーム　218-9, 222, 244, 247, 266, 268-9, 271, 278, 330, 370, 376-7, 379, 385, 448, 462
理論的信念　235
ルール　iii, 71-2, 96, 107, 109, 260, 481

ルール功利主義　14, 91
ルール作成　428, 430
ルール遵守　iv, 12, 119, 185, 382, 430
　——に対する懐疑論　v
　——の動機心理学　108
ルール崇拝　92, 115, 163
ルール道具主義　91, 363
霊長類　211-2, 285, 298, 303, 307-8, 310-2, 322-3, 343, 370, 486, 494
ロール・モデル　257, 325, 443
ロボットの反乱　489, 490
論理学　462

ワ行

割引　388, 398, 417-8
　指数的——　406, 408, 418, 424
　双曲——　406, 408, 411, 414, 418, 420
　——因子　143-4, 156, 378, 404
　——率　142-3, 145-6, 403, 405, 421

事項索引　561

人名索引

ア行

アーレント，ハンナ　474
アイヒマン，アドルフ　474
アウグスティヌス　222
アクィナス，トマス　237
アクセルロッド，ロバート　76, 298
アリストテレス　174, 232, 236, 272, 420, 470, 487
アレキサンダー，リチャード　300
アンダーソン，ジョエル　433
ヴァンバーク，ヴィクター　111
ヴィトゲンシュタイン，ルートヴィヒ　v, 166, 179-82, 196, 199, 244, 367, 372, 483
ウィリアムズ，ジョージ　287
ウィリアムズ，バーナード　131, 226, 229, 233
ウィリアムズ，マイケル　244
ウィルソン，E・O　332-3, 335, 376
ウィルソン，ティモシー　176, 253
ウィルソン，デイヴィド・スローン　308, 355, 489
ウェーバー，マックス　257
ウォーレス，ジェイ　230
エインズリー，ジョージ　404-8, 410-1, 413-4, 416-7, 425-6
エルスター，ヤン　115
オースティン，ジェーン　460

カ行

カーネマン，ダニエル　208, 210, 249
カフカ，グレゴリー　279
ガンジー，マハトマ　426
カント，イマヌエル　vi, 5, 7, 12-3, 15, 20, 67, 109, 124, 127, 131, 192, 195-7, 204, 270, 352, 364-7, 378, 385, 434, 457, 463, 471-2
キッチャー，フィリップ　302
ギンタス，ハーバート　iv, 104, 312, 314-6, 328
グールド，スティーブン・ジェイ　322
グドール，ジェーン　296, 310, 360
クラーク，アンディ　205, 219, 341, 431
クワイン，W・V・O　242, 245
コースガード，クリスティーン　237-9, 269, 347
コーヘン，モーリス　323
コールバーグ，ローレンス　458
コスミデス，レダ　211
ゴティエ，デイヴィド　62, 92, 280, 378, 457-8

サ行

サヴェッジ，レオナルド　8, 127
シェイクスピア　216
シェリング，トマス　59, 94-6, 139
シジウィック，ヘンリー　402
シャリス，ティム　209
シュミット，クラウス　121
ジョイス，リチャード　453, 490-1
ショーペンハウアー，アルトゥル　196
スキャンロン，T・M　466, 472
スカームズ，ブライアン　302
スタノヴィッチ，キース　176, 296, 382, 490, 360, 489
ステレルニー，キム　335
スマート，J・J・C　457
スミス，マイケル　228, 230, 233

セラーズ，ウィルフリッド　200, 201, 240, 276-7, 280, 377, 390
ソーバー，エリオット　308, 355
ソーベル，ジョルダン・ハワード　129, 131
ソクラテス　16

タ行

ダイクステルハウス，アプ　265, 371
ダメット，マイケル　166, 170
ダンバー，ロビン　310
チェン，パトリシア　206
チョムスキー，ノアム　177
デイヴィドソン，ドナルド　84, 197, 274, 368-9, 375
テイラー，チャールズ　41, 465-7
デカルト，ルネ　170, 263
デネット，ダニエル　207, 210, 216
テュリエル，エリオット　452-3, 455-6
デュルケム，エミール　16, 111, 436, 472, 481
トゥヴァースキー，エイモス　208, 210
ドゥ・ヴァール，フランス　306
トゥービー，ジョン　211
ドーキンス，リチャード　291-2, 326
トマセロ，マイケル　323-4, 341
トラシュマコス　40
トリヴァース，ロバート　297, 302

ナ行

ナッシュ，ジョン　48-9, 55
ニコルズ，ショーン　353-8, 381, 446, 454-5
ネーゲル，トマス　227-8, 229, 237-9
ノーマン，ドナルド　209

ハ行

バーガー，ピーター　68, 337
バーグ，ジョン　265
ハーク，スーザン　242
バージェス，ジェレット　442

パーソンズ，タルコット　109, 111, 113-4, 117-8
ハーバマス，ユルゲン　16
バイアー，クルト　471
ハイエク，フリードリッヒ・A　79
ハウザー，マーク　355
バス，デイヴィド　338
ハミルトン，W・D　290
ハンプトン，ジーン　127, 136
ビッカートン，デレク　212
ビッキエーリ，クリスティナ　54, 120
ヒューム，デイヴィド　96-8, 169-70, 217, 221, 225, 234, 236, 239, 348-51, 364, 388, 407, 424, 427
ピンカー，スティーブン　178
ビンモア，ケン　83, 155
フェール，エルネスト　115, 121
フェルベーク，ブルーノ　121
フォーダー，ジェリー　175, 177-80
フォン・ヴリクト，ヨリ・ヘンリック　26
フォン・ノイマン，ジョン　36, 43, 65
フッサール，エドムント　165-6, 170
フット，フィリッパ　449, 451
ブラットマン，マイケル　91, 273, 280
プラトン　195
フランクファート，ハリー　142
フランク，ロバート　311
ブランダム，ロバート　11, 185-90, 202-3, 214, 244-5, 251, 267-72, 330, 343, 372-3, 461-3, 492
ブレア，ジェームズ　354
フレーゲ，ゴットロープ　193
ヘーゲル　457
ヘンリッヒ，ジョセフ　115, 160, 303
ボイド，ロバート　160, 286, 303, 307, 309, 323, 325, 327-30, 356, 446-7
ボウルズ，サミュエル　312, 314-6, 328
ホーグランド，ジョン　188
ホッブズ，トマス　19-24, 26, 33, 36, 40, 61-2, 72, 74-5, 79, 107, 159, 163-4,

169-70, 178, 256, 283
ホルヨーク, キース　206

マ行

マーチン, ジュディス　452
マイヤーソン, ロジャー　55
マキアヴェリ　40
マクノートン, デイヴィド　134
マッキー, ジョン　262-3, 483
マッキンタイア, アリスデア　41
ミーリー, リンダ　381
メレ, アルフレッド　390-2, 394, 396, 398, 410-1, 414, 419
ミルグラム, スタンリー　435, 474-6
ミル, ジョン・スチュアート　349-51, 362
ムーア, G・E　483
ムーディーアダムス, ミシェル　461
モルゲンシュテルン, オスカー　36, 43, 65

ラ行

ラビン, マシュー　121
リチャーソン, ピーター　160, 286, 303, 307, 309, 323, 325, 327-30, 356, 446-7
ルイス, デイヴィド　94-6
ルックマン, トマス　68, 337
レヴィ, アイザック　129-31
ローリング, ピアズ　134
ロールズ, ジョン　471
ロック, ジョン　170

［著者紹介］

ジョセフ・ヒース（Joseph Heath）

1967年カナダ生まれ．哲学者．トロント大学教授（哲学・公共政策・ガバナンス）．革新的な専門書から一般読者向けの本まで幅広い著書がある．著書に *Communicative Action and Rational Choice*（2001），*The Efficient Society*（2001），*The Rebel Sell*（with Andrew Potter. 2001），『資本主義が嫌いな人のための経済学』（NTT出版）などがある．

［訳者紹介］

瀧澤弘和（たきざわ・ひろかず）

中央大学経済学部教授．東京大学大学院経済学研究科博士課程単位取得修了．論文に Kawagoe, T. and H. Takizawa, "Equilibrium Refinement vs. Level-k Analysis: An Experimental Study of Cheap-talk Games with Private Information," *Games and Economic Behavior*, Vol.66, 238-255, 2009. 訳書に青木昌彦『比較制度分析に向けて』，ジョン・マクミラン『市場を創る』（以上，共訳，NTT出版）などがある．

＊叢書《制度を考える》

ルールに従う
社会科学の規範理論序説

2013年2月15日　初版第1刷発行
2013年5月20日　初版第2刷発行

著　者　ジョセフ・ヒース
訳　者　瀧澤弘和
発行者　軸屋真司
発行所　NTT出版株式会社
〒141-8654　東京都品川区上大崎3-1-1 JR東急目黒ビル
営業本部／TEL 03-5434-1010　FAX 03-5434-1008
出版本部／TEL 03-5434-1001　http://www.nttpub.co.jp
装幀　松田行正
印刷・製本　中央精版印刷株式会社

©Takizawa Hirokazu 2013 Printed in Japan
ISBN 978-4-7571-4236-7 C3030
定価はカバーに表示してあります。
乱丁・落丁はお取り替えいたします

叢書《制度を考える》創刊の辞

　20世紀の終わりに中東欧の共産主義政治経済体制が崩壊するにおよんで，久しく続いた資本主義市場経済との優劣論争には実質上幕が下ろされた．とはいえ，このことが直ちに市場制度による摩擦のない世界統合を意味するものではないということが明らかにされるのに時間はかからなかった．市場経済は，政治的，社会的，歴史的，認知的などの諸要因との複雑な相互作用を通じて発展するものであり，またその成果の社会に対する含みの評価も多様でありえよう．また現時点を中半に挿む1世紀間に，世界人口が3倍にも増加するという展望は，エネルギーや地球環境に重い負荷をかけ，世界経済の持続的な成長可能性や国際政治経済体制の安定性にたいする大きなチャレンジとなりつつある．

　こうした状況の下で，人間社会のあり方を規定する制度についての関心がここ十数年程の間に大いに高まってきたことは不思議ではない．その関心は，経済学，政治学，法学，社会学，文化人類学，歴史学，地理学，認知科学，哲学など広い分野に及び，また学問的知見も徐々に蓄積されつつある．しかし，それぞれの分野での研究成果が互いに影響し合うという状況にはほど遠く，また制度とは何か，というような基本的な概念に関してさえ，まだ合意が成り立っていないというのが現状である．しかし，制度とは何か，とは単なるスコラスティックな論争ではなく，現実の世界に大きな影響を持ちうる問題なのである．

　本叢書は，そういう状況を鑑みて，制度に関する進化しつつある学問的な知見を広く社会に伝えるという意図をもって企画された．とはいえ，その収録にあたっては，独創性・創成性，狭い分野境界を越えた潜在的影響力と洞察，鋭敏な分析方法や思考方式，歴史や制度比較にかんする新鮮な記述とその意味の読みとりなど，何らかの点において類書にない特色を持った書物を内外に広く求めて，選択していきたい．それらの書物が広く読まれることによって，日本における制度研究の視野と超学際的なコミュニケーションが拡がり，ひいては進化する学問的成果が，社会におけるよりよい制度の探索と共鳴することを期待したい．

　　　　　　　叢書主宰　青木昌彦
　　　　　　　　協力者　池尾和人　池上英子　岡崎哲二
　　　　　　　　　　　　河野勝　瀧澤弘和　松井彰彦　山岸俊男

NTT出版＊叢書《制度を考える》

比較制度分析に向けて ［新装版］　　青木昌彦著／瀧澤弘和＋谷口和弘訳

制度とは何か．制度はいかに変わりうるか――ゲーム理論御枠組みの拡充と豊富な比較・歴史情報の結合によって，経済学・組織科学・政治学・法学・社会学・認知科学における制度論的アプローチを統合しようとする画期的業績．シュンペーター賞受賞．

B5 判変型・定価　（本体 3,900 円+税）

現代中国の経済改革　　呉敬璉著／青木昌彦監訳／日野正子訳

1979 年以降の中国経済改革に関する体系的分析であるとともに，近代経済学の分析用具とくに比較制度分析を利用して，過去および現在に直面したさまざまな問題についての鋭い考察を加え，包括的で洞察力に満ち，学問的に説得力のある〈現代中国経済の全体像〉を提供する．

B5 判変型・定価　（本体 5,700 円+税）

市場を創る
――バザールからネット取引まで　　ジョン・マクミラン著／瀧澤弘和＋木村友二訳

市場を上手に設計することによって最大の利益を引き出せることを，オークション理論の専門家である著者が最新の研究をベースに，豊富な事例を用いて平易に語る．市場経済を考えるために多くのヒントを与えてくれる一冊．

A5 判・定価　（本体 3,400 円+税）

比較歴史制度分析　　アブナー・グライフ著／岡崎哲二＋神取道宏監訳

ゲーム理論を用いて中世の地中海貿易の構造を分析した大著．著者が創始した比較歴史制度分析の手法は，制度分析における，数理モデルと歴史研究のギャップを埋める画期的な試みとして世界的に注目された．

B5 判変型・定価　（本体 6,800 円+税）

学校選択制のデザイン
――ゲーム理論アプローチ　　安田洋祐編著

新しい教育政策として注目を集める学校選択制は，子どもや親にとって最善なかたちで設計されているだろうか．ゲーム理論の最先端の知見に基づき，日本とアメリカの学校選択制の現状を分析し，具体的な政策提言を試みる，若き経済理論家たちの挑戦．

A5 判・定価　（本体 2,400 円+税）

コーポレーションの進化多様性
――集合認知・ガバナンス・制度　　青木昌彦著／谷口和弘訳

コーポレーション（会社，組織）の本質と行動を，進化多様性のひとつとして理解して，ゲーム理論，制度分析，認知科学の最新の研究成果を取り込んで展開する．オックスフォード大学クラレンドン講義に基づいた，企業理論の決定版．

A5 判・定価　（本体 3,400 円+税）

――――――――― NTT出版＊叢書《制度を考える》 ―――――――――

ゲーム理論による社会科学の統合
　ハーバート・ギンタス著／成田悠輔＋小川一仁＋川越敏司＋佐々木俊一郎訳
ゲーム理論を中心に、実験社会科学・進化論・認知科学の最新研究を縦横無尽に駆使して展開される、〈知の巨人〉ギンタスによる「社会科学の統合」をめざす壮大なプロジェクトがいま始まる。

A5判・定価（本体5,600円＋税）

――――――――― NTT出版　関連書籍 ―――――――――

資本主義が嫌いな人のための経済学
ジョセフ・ヒース著／栗原百代訳

右はリバタリアンから左はリベラルまで、資本主義に関する議論は誤解に満ちている。資本主義に疑問を持つ人ほど経済学を知るべきだ。哲学者がユーモアあふれる語り口で書いた、素人のための経済学入門。

46判・定価（本体2,800円＋税）

誘惑される意志　　　　ジョージ・エインズリー／山形浩生訳
――人はなぜ自滅的行動をするのか

なぜ意志は存在するのか？　それはどのように進化し、その結果、なぜ今日の現代文明にみられる全般的な欲求不満に陥ったのか？　人間の「迷い」の本質を「双曲割引」によって解明した名著。

46判・定価（本体2,800円＋税）

意思決定理論入門　イツァーク・ギルボア著／川越敏司＋佐々木俊一郎訳

意思決定理論をなるべく数式を用いずに問題集形式で解説。人々がより良い意思決定をするために、理論がどう役立つか検討できるように構成されている。基礎から最新のトピックまでこの一冊で学べる。

A5判・定価（本体2,800円＋税）

現れる存在　　　　アンディ・クラーク著／池上高志＋森本元太郎監訳
――脳と身体と世界の再統合

心は、脳の中にだけあるものではない。心は、脳と身体と世界（環境）の相互作用から創発するものである。ロボット研究、脳科学、赤ちゃん学、人工生命などの豊富な事例を交えて問題提起した、〈心の哲学〉の現代の古典、ついに邦訳なる。

46判・定価（本体3,800円＋税）